U0882716

གནས་རྙིང་དགོན་གསེར་ཐང་ཇོ་བོ་ཤཱཀྱ་མུ་ནེ།

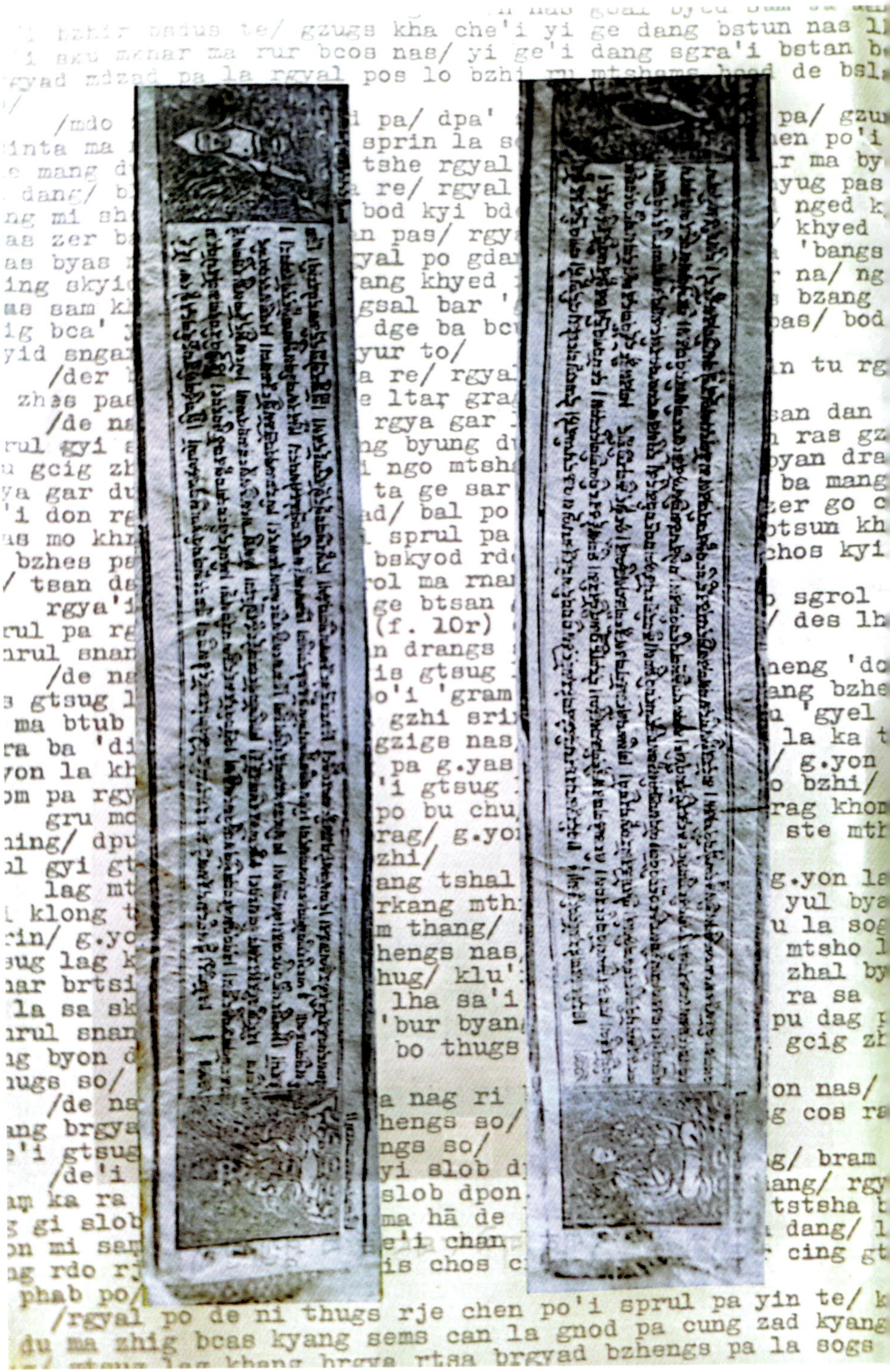
bzhir bsdus te/ gzugs kha che'i yi ge dang bstun nas
sku mkhar ma rur bcos nas/ yi ge'i dang sgra'i bstan
/rgyal po de ni thugs rje chen po'i sprul pa yin te/
du ma zhig bcas kyang sems can la gnod pa cung zad kyang

ཉང་སྟོད་ཞིང་མཆོག་དཔལ་གནས་རྙིང་གི་གྱེན་ཐོ་སྐྱེས་བུ་ དམ་པ་རྣམས་ཀྱི་རྣམ་པར་ཐར་པ་རིན་པོ་ཆེའི་ གཏེར་མཛོད་ཅེས་བྱ་བ་བཞུགས་སོ། །

བོད་ལྗོངས་བོད་ཡིག་དཔེ་རྙིང་དཔེ་སྐྲུན་ཁང་།

图书在版编目(C I P)数据

后藏乃宁寺教史:藏文/朗卡等著. - -拉萨:西藏藏文古籍出版社,2011.11(雪域文库)

ISBN 978-7-80589-172-9

Ⅰ. ①德… Ⅱ. ①德… Ⅲ. ①佛教史-藏语② Ⅰ.①后… Ⅱ.①朗… Ⅲ.①喇嘛教—寺庙—历史—西藏—藏语 Ⅳ.①B947.275

中国版本图书馆 CIP 数据核字(2011)第 179889 号

后藏乃宁寺教史

作　者	朗卡等
责任编辑	普琼旺堆
出版发行	西藏藏文古籍出版社
印　刷	四川嘉创印务有限责任公司
开　本	850×1168　1/32
印　张	12.75
印　数	1,001-3,000
版　次	2011 年 10 月第 1 版
印　次	2024 年 1 月第 2 次印刷
书　号	ISBN 978-7-80589-172-9 民文(藏)
定　价	31.00 元

དཔེ་སྐྲུན་གསལ་བཤད།

ད་ཡམ་དཔར་སྐྲུན་ཞུས་པའི་《སྐྱེས་བུ་དམ་པ་རྣམས་ཀྱི་རྣམ་པར་ཐར་པ་རིན་པོ་ཆེའི་གཏེར་མཛོད་》ཞེས་བྱ་བའམ་གནས་སྐབས་སྤུས་མིང་དུ《གནས་སྙིང་གྲེན་ཐོ་》ཞེས་པ་དེ་ཧྥ་གོའི་རྒྱལ་ས་པ་ལི་ཡི་དཔེ་མཛོད་ཁང་Mme. Zayane Macdonldདུ་ཉར་ཚགས་གནང་ཡོད་པའི་བོད་ཡིག་མ་དཔེ་དེ་སྤྱི་ལོ1972ནས1976བར་ལ་ལ་སྙིང་འགྱུར་ཡིག་ཏུ་ཕབ་འདུག་པ་ཞིག་བོད་རིག་པ་མཁས་ཅན་སྐུ་ཞབས་Gene Smithཡིས་བོད་ལྗོངས་སྤྱི་ཚོགས་ཚན་རིག་ཁང་གི་ཞིབ་འཇུག་སྐུ་གཞོན་ཚེ་རིང་ལགས་སུ་གནང་འབུལ་བྱུང་བ་དེ་ང་ཚོར་དཔེ་སྐྲུན་བྱ་རྒྱུར་མཁོ་འདོན་གནང་བྱུང་བ་དང་གནས་སྙིང་དགོན་པའི་སྐུ་ཞབས་བློ་བཟང་བྱམས་པ་ལགས་ནས་ཤིང་དཔར་མ་དཔེ་དཔར་སློག་རྒྱབ་པ་ཞིག་ཀྱང་མཁོ་འདོན་གནང་བྱུང་།

མ་དཔེ་དེ་གཉིས་ནས་ལ་སྙིང་འགྱུར་ཡིག་དེར་ཐོག་མའི་ལེའུ་གཉིས་ཁ་གསབ་ཏུ་བཀོད་ཡོད་པ་ཕུད་ནང་དོན་གཅིག་མཚུངས་ཡིན་པ་མ་ཟད། ཤོག་གྲངས་སོ་སོའི་མགོ་ཚུགས་དང་འཇུག་རྫོགས་ཀྱི་ཡིག་འབྲུ་ཡང་གཅིག་མཚུངས་ཡིན་པས་ཐོག་མའི་དཔར་མ་གཅིག་ལས་གྲེས་པ་ཡིན་འདུག

ལ་སྙིང་འགྱུར་ཡིག་དེར་ཐོག་མའི་ལེའུ་གཉིས་ཁ་གསབ་འདུག་པས་ད་ལམ་ཁོ་བོས་ཆ་ཚང་བོད་ཡིག་ལ་ཚུར་ཕབ་ནས་ཐེངས་འདིའི་དཔར་སྐྲུན་གྱི་མ་ཕྱི་བྱས་པ་དང་ཤིང་དཔར་མ་དཔེ་དཔར་སློག་རྒྱབ་པ་དེ་དང་དཔྱད་འདུར་ཞིབ་

ཚགས་བྱས་ནས་དཔར་དུ་སྐྲུན་པ་ཡིན། ལ་སྟེང་འགྱུར་ཡིག་དང་། ཤིང་དཔར་མ་དཔེ་གཉིས་ཀར“རྣམ་པར་ཐར་པ་རིན་ཆེན་གཏེར་མཛོད་ཅེས་བྱ་བ་འདི་ལ་དོན་རྣམ་པ་ལྔས་འཆད་པ་ཡིན་ཏེ། དེ་ཡང་ལྔ་གང་ཞེ་ན། འདི་ལྟ་སྟེ། བཀའ་དྲིན་ཅན་སྟོན་པའི་བྱོན་ཚུལ། ཁ་བ་ཅན་རྒྱལ་པོའི་གདུང་རབས། ཞིང་མཆོག་གནས་སྙིང་གི་ཆགས་ཚུལ། དེ་དག་ཏུ་བླ་མའི་བྱོན་རིམ། ཐུགས་རྗེ་ཅན་དཔྱིལ་གྱི་གདུང་རབས། དང་པོ་བཀའ་དྲིན་ཅན་སྟོན་པའི་བྱོན་ཚུལ་དང་། ཁ་བ་ཅན་རྒྱལ་པོའི་གདུང་རབས་གཉིས་ནི། གྱེན་ཐོ་ཆེན་མོར་བལྟ་བར་བྱའོ་” ཞེས་འཁོད་ཡོད་ཀྱང་ལ་སྟེང་འགྱུར་ཡིག་དེར་ལེའུ་དང་པོ་དང་གཉིས་པ་གཉིས་ཁ་གསབ་ནས་བཀོད་འདུག

སྤྱིར་དཔེ་དེབ་འདི་བཞིན་རྩོམ་པ་པོ་མང་པོས་བརྩམས་པ་ཡིན་འདུག་ལ་སྐྱེས་བུ་མང་པོའི་རྣམ་ཐར་དེ་གདན་རབས་གོང་མའི་རྣམ་ཐར་དེ་རྗེས་མས་བརྩམས་པ་ཡིན་འདུག་པ་དང་། ཡང་སྔོས་གོང་དུ་སྨོས་པའི་ཁ་གསབ་ལེའུ་གཉིས་པོ་དེའི་འཇུག་ཏུ“པར་འདི་བླ་མ་བདེ་ལེགས་ག་པས་བསྒྲུབས་”ཞེས་འཁོད་ཡོད་ལ། མཁན་ཆེན་རིན་ཆེན་བློ་གྲོས་ཚུད་པའི་གོང་གི་གདན་རབས་བླ་མ་རྣམས་ཀྱི་རྣམ་ཐར་རྣམས“བདེ་ལེགས་ག་པ་དཔོན་པོ་ནམ་མཁས་བསྒྲུབས”ཞེས་འཁོད་ཡོད་པ་དང་། དེ་རྗེས་ཀྱི་རྣམ་ཐར་མང་པོ་ཡང་བདེ་ལེགས་ག་པས་བསྐྲུལ་ནས་དོན་དུ་སྨིན་པ་ཡིན་འདུག་པས་དཔེ་དེབ་འདི་གྲགས་པ་རྒྱལ་མཚན་སོགས་ཀྱི་རམ་འདེད་འོག་བླ་མ་བདེ་ལེགས་པ་ནམ་མཁས་སྒྲིག་འཛུགས་དང་བརྩོམས་སྒྲིག་གི་ཐུགས་འགན་བཞེས་པར་ངེས་འཛིན་ཞུ་བཞིན་ཡོད།

དཔེ་མིང་《གནས་སྙིང་གྱེན་ཐོ་》(《གནས་སྙིང་གྱེད་ཐོ་》ཞེས་པའི་

འབྲི་ཚུལ་ཡང་འདུག) ཞེས་པ་དང་། 《མྱང་སྟོད་ཞིང་མཆོག་དཔལ་གནས་རྙིང་གི་གྲེན་ཐོ་སྐྱེས་བུ་དམ་པ་རྣམས་ཀྱི་རྣམ་པར་ཐར་པ་རིན་པོ་ཆེའི་གཏེར་མཛོད་ཞེས་བྱ་བ་བཞུགས་སོ》ཞེས་པ་དེ་གནས་རྙིང་སྐུ་ཞབས་བློ་བཟང་བྱམས་པ་ལགས་དང་བོད་ལྗོངས་སྤྱི་ཚོགས་རིག་ཁང་གི་མཁས་དབང་འགའ་ཞིག་ལ་བཀའ་གྲོས་ཞུས་ནས་རེ་ཞིག་གནས་རྙིང་གྲེན་ཐོ་ཆེ་ཆུང་གང་ཡིན་དང་། གྲེན་ཐོ་ཡིན་མིན་ཁ་མཆོན་གཅོད་མ་ཐུབ་ཀྱང་གངས་ལྗོངས་ཡུལ་གྲུ་ཀུན་ཏུ་ཡོངས་སུ་གྲགས་པའི་དཔེ་མིང་དེ་དཔེ་དེབ་འདིའི་སྤྱི་མིང་དུ་རེ་ཞིག་བེད་སྤྱོད་བྱས་པ་ཡིན། གལ་སྲིད་དཔེ་དེབ་འདི《གནས་རྙིང་གྲེན་ཐོ》མ་ཡིན་པར་ར་སྤྲོད་དང་ཕྱག་དཔེ་མིག་འདོན་མཛུབ་བཙུགས་གནང་མཁན་བྱུང་ན་དགོངས་དྭངས་ཡོང་རེ་ཞུ་རྒྱུ་མ་ཟད། ལག་ཐལ་མོ་སྦྱར་ནས་ཐུགས་རྗེ་ཞུས་ཏེ་གྲེན་ཐོ་ཆེ་ཆུང་གང་ཉུང་མ་དཔེ་དངོས་མཇལ་ཡོང་བའི་རེ་བ་ཞུ་རྒྱུ་དང་། ངེད་དཔེ་སྐྲུན་ཁང་ནས་དཔར་སྐྲུན་ཞུ་རྒྱུའི་རེ་བ་ཡང་ནན་པོ་བཙལ་རྒྱུ་ཡིན།

དཔེ་དེབ་འདི་དཔར་སྐྲུན་བྱེད་གཞིར་དུ་གཞིས་རྩེ་ས་གནས་སྲིད་གྲོས་ཀྱི་རིག་གནས་ལོ་རྒྱུས་དཔྱད་གཞིའི་རྒྱུ་ཆ་ཞིབ་འཇུག་རྩོམ་སྒྲིག་ཚོགས་ཆུང་གིས་སྤྱི་ལོ1989ལོར་ཤིང་དཔར་མ་དཔེ་དེ་གཞིར་བཟུང་ནས《མྱང་སྟོད་དཔལ་གནས་རྙིང་དགོན་གྱི་ལོ་རྒྱུས་བཞུགས་སོ》ཞེས་པ་རྩོམ་སྒྲིག་གནང་འདུག་པ་དེ་དང་《ཀཿཐོག་སི་ཏུའི་དབུས་གཙང་གནས་ཡིག》ནང་འཁོད་གནས་རྙིང་གནས་བཤད་ཐུང་ངུ་ཞིག་འདུག་པ། གནས་རྙིང་སྐུ་ཞབས་བློ་བཟང་ལགས་ནས་ཉེ་ཆར་བྲིས་གནང་བའི་གནས་རྙིང་དགོན་པའི་ངོ་སྤྲོད་མདོར་བསྡུས་སོགས་ཞིབ་འཇུག་པ་དང་གནས་མཇལ་བ་སོགས་རིམ་པ་མི་འདྲ་བའི་ཀློག་པ་པོའི་དགོས་པ་སྐོང་ཆེད་མཉམ་དུ་སྟབས་བསྡུན་དཔར་དུ་སྐྲུན་པ་ཡིན།

རྩོམ་སྒྲིག་བྱེད་པའི་རྒྱུད་རིམ་ནང་གནས་རྙིང་དགོན་མིང་ལ་འབྲི་ཚུལ་གཉིས་ཡོད་པ་སྟེ་སྔ་མོའི་གནས་རྙིང་པ་ཡིན་པས་ར་མགོ་ཅན་གྱི་“རྙིང་”འབྲི་བ་དང་། གནས་ཀྱི་སྙིང་པོ་ཡིན་པས་ས་མགོ་ཅན་གྱི་“སྙིང་”འབྲི་ཚུལ་ཡོད་འདུག་ཀྱང་མ་ཕྱི་ལ་གང་བཀོད་ཀྱི་“རྙིང་”འདི་བཀོད་ཡོད། ལ་སྟེང་འགྱུར་ཡིག་དང་ཞིང་དཔར་མ་དཔེ་གཉིས་ཀའི་མ་ཡིག་དག་པོ་མེད་པ་དང་། ཞིང་དཔར་དེ་གསལ་པོ་མི་འདུག་པས་སུམ་རྟགས་ལྟ་བུ་མངོན་གསལ་ཡིག་ནོར་ཡིན་ངེས་པ་འགའ་ཞིག་ཐད་ཀར་བཅོས་པ་ཕུད་བཟོ་ཉེས་དྲུས་ཐལ་མ་ཡོང་བའི་ཆེད་དུ་མ་དཔེར་གང་ཡོད་ཇི་བཞིན་རང་སོར་བཞག་ཡོད། འོན་ཀྱང་མ་དཔེར་མ་དག་མ་གསལ་མང་དག་ཡོད་པར་དགོངས་བཞེད་གནང་བཞིན་རྩོམ་སྒྲིག་རྒྱུད་རིམ་ནང་ཉེས་པའི་ཚང་ཚོང་ཇེ་སླེད་ཐོན་སྲིད་པར་མཁྱེན་ལྡན་བཟོད་པའི་ཐུགས་བརྩེའི་བདུད་རྩིས་དག་བཤེར་གཙང་གསལ་ཡོད་པ་ཞུ། ཞིབ་ཕྲའི་རྩོམ་སྒྲིག་ཞུ་སྐབས་དགོས་ངེས་ཀྱི་ཐག་གཅོད་འགའ་ཞིག་ཞུ་དགོས་བྱུང་བས་གསལ་བཤད་ཞུ་རྒྱུ་བཤམ་གསལ།

གཅིག། མ་དཔེར་འཁོད་པའི་ཡིག་གཟུགས་ཀྱི་མཚན་བུ་རྣམས་དཔར་སྐྲུན་བྱེད་བདེ་ཡོང་ཆེད་སོ་སོའི་མཚམས་སུ་གུག་ཆུང་དུ་(　)འདི་བཀོད་པའི་ནང་ཡིག་ཆུང་གིས་བྲིས་ཡོད། ལ་སྟེང་འགྱུར་ཡིག་ལ་མ་འཁོད་པར་ཞིང་དཔར་ནང་འཁོད་པ་ཡིན་ན་གོང་གི་གུག་རྟགས་ཆུང་ངུའི་ནང་དུ་མ་ཡིག་གི་ཆེ་ཆུང་དང་མཚུངས་པས་བྲིས་ཡོད།

གཉིས། ལ་སྟེང་འགྱུར་ཡིག་དང་ཞིང་དཔར་མ་དཔེ་གཉིས་མི་འདྲ་བ་ཡོད་རིགས་ཞིང་དཔར་མ་དཔེ་དེའི་ཡིག་འབྲུ་དེ་རྟགས་[　]འདི་རྒྱབ་པའི་ནང་དུ་བཙུག་ཡོད།

གསུམ། མ་དཔེ་སོ་སོའི་ནང་ཡིག་འབྲུ་ཆད་པ་ཁ་གསབ་དགོས་རིགས་མངོན་གསལ་ལ་རྟགས་〖 〗འདི་རྒྱབ་པའི་ནང་དུ་བྲིས་ཡོད།

བཞི། མ་དཔེ་སོ་སོའི་ནང་ཡི་གེའི་དག་ཆ་དང་། ནང་དོན་བྲིས་ནོར་མངོན་གསལ་ལ་དག་བཅོས་ཞུ་ཁུལ་བྱས་རིགས་རྟགས་〈 〉འདི་བཀོད་པའི་ནང་བྲིས་ཡོད།

ལྔ། མ་དཔེའི་ནང་དུ་མ་གསལ་བར་ཁ་སྐོང་བྱ་ཐབས་མེད་པའི་རིགས་ལ་ཡིག་འབྲུ་རེ་ཆད་རྗེས་ལ་རྟགས་□རེ་བཀོད་པའམ་ཐད་ཀར་གུང་རྟགས་ནང་མཆན་རྒྱབ་ཡོད།

དྲུག ཕྱིས་འབྱུང་མ་དཔེ་གཞན་འཚོལ་བསྙེད་ཐུབ་ན་དཔྱད་སྡུར་བྱེད་བདེ་ཡོང་ཆེད་ལ་སྔེང་འགྱུར་ཡིག་དང་ཤིང་དཔར་མ་དཔེ་གཉིས་གཅིག་མཚུངས་ཡིན་པས་ཤོག་གྲངས་ཇོགས་མཚམས་སུ་མ་དཔེའི་ཤོག་གྲངས་བཀོད་ཡོད།

རྒྱལ་ཆེའི་ཞྭག་པ་པོ་རྣམས་གཟིགས་བདེ་ཡོང་ཆེད་མ་དཔེའི་ལེའུ་ཇི་བཞིན་དཀར་ཆག་ཁ་གསལ་བཀོད་ཡོད་ལ་མ་ཡིག་གི་དཀྱུས་སུ་ཡིག་ནག་གིས་མངོན་གསལ་དུ་བཏང་ཡོད།

མཇུག་ཏུ་ལ་སྔེང་འགྱུར་ཡིག་བོད་ཡུལ་དུ་ཚུར་ལོག་ཐུབ་པའི་མཐུན་རྐྱེན་སྐུན་མཁན་སྐུ་ཞབས་Gene Smithལ་སྙིང་དབུས་ནས་ཐུགས་རྗེ་དང་རྗེས་དྲན་ཞུ་རྒྱུ་དང་། གནས་རྙིང་དགོན་པའི་སྐུ་ཞབས་བློ་བཟང་བྱམས་པ་ལགས་གིས་ཤིང་དཔར་མ་དཔེའི་དཔར་སློག་བྱས་པ་མགོ་འདོན་གནང་བ་དང་། བོད་ལྗོངས་སྤྱི་ཚོགས་ཚན་རིག་ཁང་གི་ཚེ་རིང་ལགས་ནས་ལ་སྔེང་འགྱུར་ཡིག་མགོ་འདོན་གནང་བ། གནས་རྙིང་དགོན་པའི་སྐུ་ཞབས་བློ་བཟང་ཚུལ་ཁྲིམས། བློ་

བརྟན། ཕུན་ཚོགས་རིག་བཟང་། ཆོས་ཤོད་བསྟན་དར་ལགས་སོགས་ཀྱིས་སྒྲུང་ལ་ལ་མ་འཛེམས་པར་ཐེངས་འདིའི་དཔར་སྐྲུན་གྱི་མཐའ་ཞུས་གནང་བ་བཅས་ལ་སེམས་དབུས་ནས་ཐུགས་རྗེ་ཞུ་རྒྱུ་མ་ཟད། གཞིས་རྩེ་སྲིད་གྲོས་ཀྱི་རིག་གནས་ལོ་རྒྱུས་དཔྱད་གཞིའི་རྒྱུ་ཆ་ཞིབ་འཇུག་ཚོམ་སྒྲིག་ཚོགས་ཆུང་དང་གནས་སྙིང་དགོན་པའི་སྐུ་ཞབས་བློ་བཟང་ལགས་དང་རྣམ་རྒྱལ་ཕུན་ཚོགས་ལགས་སོགས་དཔེ་དེབ་འདིའི་དཔར་སྐྲུན་གྱི་རྒྱུ་ཆ་མཛོད་བསྐྲུན་གནང་མཁན་དང་ཕྱུག་རོགས་ཞུ་མི་ཚང་མར་ཚོམ་སྒྲིག་པ་རི་ནང་སྐྱིད་མདའི་བུ་བྱུང་དབང་འདུས་ཀྱིས་སྙིང་ཐག་པ་ནས་ཐུགས་རྗེ་ཞུ་རྒྱུ་དང་བཅས་ལ་སྟོད་བྱུང་ཕོངས་ཉེ་སྐོར་བྲིས་པས་བཀྲ་ཤིས་ཤོག །

དཀར་ཆག

སྐྱེས་བུ་དམ་པ་རྣམས་ཀྱི་རྣམ་པར་ཐར་པ་རིན་པོ་ཆེའི་གཏེར་མཛོད། (ཀ་པ་) …………………………………… (1)

བཀའ་དྲིན་ཅན་སྟོན་པའི་བྱོན་ཚུལ། ………………………… (4)

ཁ་བ་ཅན་རྒྱལ་པོའི་གདུང་རབས། ………………………… (13)

ཁ་བ་ཅན་གྱི་མིའི་འཕེལ་ཚུལ། ………………………… (14)

རྒྱལ་པོའི་གདུང་བརྒྱུད་བྱོན་ཚུལ། ………………………… (21)

སྐྱེས་བུ་དམ་པ་རྣམས་ཀྱི་རྣམ་པར་ཐར་པ་རིན་པོ་ཆེའི་གཏེར་མཛོད། (ཁ་པ་) …………………………………… (47)

ཞིང་མཆོག་གནས་སྙིང་གི་ཆགས་ཚུལ། ………………………… (50)

དེ་དག་ཏུ་བླ་མའི་བྱོན་རིམ། ………………………… (55)

རྒྱ་འཇམ་དཔལ་གསང་བ། ………………………… (55)

ཛོ་སྲུས་ཡང་དག་སྐྱབས། ………………………… (57)

ཛོ་སྲུས་ཕྱུར་པ་སྐྱབས། ………………………… (58)

ཛོ་སྲུས་ཕྱུར་པ་འཕེལ། ………………………… (62)

ཐུགས་རྗེ་ཅན་དབྱིལ་གྱི་གདུང་རབས། ………………………… (63)

དང་པོ་ས་བདག་ཆོས་སྐྱོང་རྒྱལ་པོའི་འཇའ་སས་ཆེ་བ། …… (64)

གཉིས་པ་སྟག་ཚང་གྲུབ་ཐོབ་ཆེན་པོའི་ལུང་བསྟན་གྱིས་ཆེ་བ།

.... (64)
གསུམ་པ་པཎ་ཆེན་དཱི་པཾ་ཀ་ར་ཤྲཱི་ཛྙཱ་ནའི་ལུང་བསྟན་དང་རབས་གནས་ཀྱིས་ཆེ་བ། .... (65)
བཞི་པ་ཡོལ་སྟོན་སྐུ་མཆེད་ཀྱི་གྲུབ་རྟགས་དང་ཕྱག་བཞེས་ཀྱིས་ཆེ་བ། .... (68)
ལྔ་པ་རྗེ་བཙུན་སྤྱན་རས་གཟིགས་ཀྱི་ལུང་བསྟན་གྱིས་ཆེ་བ། .... (71)
དྲུག་པ་ཕྱག་དྲུག་ཡེ་ཤེས་མགོན་པོའི་བཀའ་བབས་ཀྱིས་ཆེ་བ། .... (74)
བདུན་པ་འབྲི་ཆེན་ཤེས་རབ་འབར་གྱི་གདན་སས་ཆེ་བ། ... (75)
བརྒྱད་པ་བསྟན་བསྲུངས་མ་ཧཱ་ཀ་ལའི་ཞལ་བཞེས་ཀྱིས་ཆེ་བ། .... (76)
དགུ་པ་སློབ་མའི་མཆོག་གྱུར་གྲུབ་ཐོབ་རྣམ་གསུམ་གྱིས་ཆེ་བ། .... (77)
བཅུ་པ་བརྒྱུད་པའི་མཆོག་གྱུར་བྱང་སེམས་བྱོན་ཚུལ། ...... (78)
མཁན་པོ་དཀོན་སེང་། .... (78)
མཁན་པོ་དབང་ཕྱུག་རིན་ཆེན། .... (78)
སློབ་དཔོན་སྟོང་ཚབ། .... (83)
སློབ་དཔོན་གསང་བའི་རྡོ་རྗེ། .... (83)
འགྲོ་མགོན་ཟང་ཟང་པ་པད་མ་རིན་ཆེན། .... (84)
སློབ་དཔོན་ཆོས་ཀྱི་དབང་ཕྱུག .... (85)

མཁན་པོ་ཆོས་ཀྱི་རིན་ཆེན། …………………… (87)
སློབ་དཔོན་ཆོས་ཀྱི་གྲུབ་པ། …………………… (94)
མཁན་པོ་ཆོས་ཀྱི་རྒྱལ་མཚན། …………………… (95)
རིན་པོ་ཆེ་གངས་པ། …………………… (103)
བླ་མ་འཇམ་དཔལ་གསང་ལྡན། …………………… (112)
མཁན་ཆེན་རིན་ཆེན་དཔལ། …………………… (112)
བདག་ཉིད་ཆེན་པོ་བྱམས་པ་དཔལ་བ། …………………… (116)
མཁན་ཆེན་རིན་ཆེན་བཟང་པོ། …………………… (117)
མཁན་ཆེན་རྩ་རི་པ་ཡོན་ཏན་རིན་ཆེན། …………………… (120)
མཁན་ཆེན་འདུལ་བ་འཛིན་པ་བསོད་ནམས་རིན་ཆེན། …………………… (120)
བླ་མ་རྡོ་རྗེ་དཔལ་ལྡན། …………………… (121)
མཁན་ཆེན་གངས་པ་གཞོན་ནུ་རིན་ཆེན། …………………… (121)
མཁན་ཆེན་འཇམ་དབྱངས་ཤེས་རབ་རིན་ཆེན། …………………… (123)
དཀའ་བཞི་པ་ཆེན་པོ། …………………… (124)
རིན་ཆེན་འབྱུང་གནས། …………………… (126)
མཁན་ཆེན་རིན་ཆེན་དབང་ཕྱུག་བཟང་པོ། …………………… (138)
སློབ་དཔོན་ཀུན་དགའ་རྒྱལ་མཚན། …………………… (141)
མཁན་ཆེན་དཀའ་བཞི་འཛིན་པ་རིན་ཆེན་བསམ་གཏན། …………………… (141)
མཁན་ཆེན་རིན་ཆེན་བློ་གྲོས། …………………… (145)

མཁན་པོ་འཇམ་དབྱངས་རིན་ཆེན་རྒྱལ་མཚན། ······ (148)

རིན་པོ་ཆེ་སངས་རྒྱས་རིན་ཆེན་རྒྱལ་མཚན། ········· (161)

ཐུགས་འཆང་དཔལ་འབྱོར་རིན་ཆེན་རྒྱལ་མཚན། ··· (162)

མཁན་ཆེན་འཇམ་དབྱངས་རིན་ཆེན་གྲུབ་པ། ······ (164)

རྗེ་རྒྱལ་མཚན་རིན་ཆེན། ······················ (170)

རྗེ་འཇམ་དཔལ་ཀུན་དགའ་བདེ་ལེགས་རིན་ཆེན་རྒྱལ་མཚན།
································ (184)

མཐུ་ཆེན་གྲགས་པ་རྒྱལ་མཚན། ················· (205)

ཆོས་ཀྱི་རྒྱལ་མཚན་དཔལ་བཟང་པོ། ·············· (215)

མཁན་པོ་རིན་ཆེན་འཇམ་དཔལ་སྙིང་པོ། ··········· (223)

མཁན་པོ་རིན་ཆེན་རྡོ་རྗེ། ······················ (242)

མཁན་པོ་ཆོས་ཀྱི་རྡོ་རྗེ་རིན་ཆེན། ················· (266)

སྔེ་ཆེན་བླ་མ་སྟོང་དཔོན་གྱི་གདུང་རབས་ན་རིམ་སོགས།
································ (269)

བཀའ་བབས་གསུམ་གྱི་སྒོ་ནས་ལ་ཞང་གི་མཁན་རབས་ལ་བསྡུགས་པ་དང་
བའི་སྐབས་ཕྲེང་བཞུགས་སོ། ། ························ (283)

སྤྱང་སྟོད་དཔལ་གནས་སྙིང་དགོན་གྱི་ལོ་རྒྱུས་བཞུགས་སོ། ། ··· (289)

《ཀཿཐོག་སི་ཏུའི་དབུས་གཙང་གནས་ཡིག》ནང་གསལ་བའི་གནས་
སྙིང་དགོན་པའི་གནས་ཡིག་ཐུང་ངུ། ······················ (384)

གནས་སྙིང་དགོན་པའི་ངོ་སྤྲོད་མདོར་བསྡུས། ·············· (387)

སྐྱེས་བུ་དམ་པ་རྣམས་ཀྱི་རྣམ་པར་ཐར་པ་

རིན་ཆེན་གཏེར་མཛོད།

(ཀ་པ་)

༄༅། །ན་མོ་གུ་རུ། སྐྱེས་བུ་དམ་པ་རྣམས་ཀྱི་རྣམ་པར་ཐར་པ་རིན་པོ་ཆེའི་གཏེར་མཛོད་ཅེས་བྱ་བ། བླ་མ་དང་ལྷག་པའི་ལྷ་ལ་ཕྱག་འཚལ་ལོ། །སྤྱི་གཙུག་ཉི་ཟླ་པདྨའི་གདན་སྟེང་ས། །རྡོ་རྗེ་འཆང་སོགས་རྩ་བརྒྱུད་བླ་མ། །རབ་འབྱམ་ཞིང་བདག་ཕྱོགས་བཅུའི་སངས་རྒྱས། །འགྲོ་བའི་དོན་མཛད་རྒྱལ་བ་རིགས་ལྔ། །མི་མཇེད་ཞིང་བདག་བསྟན་གཙོ་ཐུབ་དབང་། །རྩེ་ལྔའི་རི་བདག་མགོན་པོ་འཇམ་དབྱངས། །རི་བོ་གྲུ་འཛིན་སྤྱན་རས་གཟིགས་དབང་། །ལྕང་ལོ་ཅན་ན་ཕྱག་ན་རྡོ་རྗེ། །གཡུ་ལོ་བཀོད་བདག་རྗེ་བཙུན་སྒྲོལ་མ། །ཆོས་སྐུར་སངས་རྒྱས་སྣང་བ་མཐའ་ཡས། །ལོངས་སྤྱོད་རྫོགས་སྐུར་ཐུགས་རྗེ་ཆེན་པོ། །སྤྲུལ་སྐུར་པདྨ་འབྱུང་གནས་ཞེས་གྲགས། །བསིལ་བ་ཚལ་ན་མགོན་པོ་ཕྱག་དྲུག །བླ་མ་སངས་རྒྱས་བྱང་སེམས་རྣམས་དང་། །ཡིད་དམ་མཁའ་འགྲོ་ཆོས་སྐྱོང་རྣམས་ལ། །རབ་གུས་དད་པའི་ཡིད་ཀྱི་ཕྱག་འཚལ། །

ཀུན་བཟང་རྣམ་འཕྲུལ་ཐོ་ཐོ་སྙན་བཙན། །སྤྱན་རས་གཟིགས་དངོས་སྲོང་བཙན་སྒམ་པོ། །འཇམ་དབྱངས་སྤྲུལ་པ་ཁྲི་སྲོང་ལྡེ་བཙན། །གསང་བདག་རྣམ་འཕྲུལ་མངའ་བདག་ཁྲི་རལ། །ཆོས་རྒྱལ་ཆེན་པོ་མེས་དབོན་རྣམས་ལ། །རྩེ་གཅིག་གུས་པའི་སྒོ་ནས་ཕྱག་འཚལ། །

ཡང་ཕུར་གྲུབ་ཐོབ་འཇམ་དཔལ་གསང་བ། །རིགས་གསུམ་སྤྲུལ་པ་ཡོ་ལ་སྟོན་མཆེད་གསུམ། །བྱམས་པས་རྗེས་བཟུང་འབྲི་ཆེན་ཤེས་འདར་〈འབར〉། །སྤྱན་རས་གཟིགས་སྤྲུལ་ལ་སྟོད་དགོན་མཁར། །སེམས་པ་ཆེན་པོ་རིན་ཆེན་རྒྱལ་མཚན། །དེ་ལ་སོགས་ཏེ་གནས་རྙིང་མཁན་བརྒྱུད། །རྣམ་དག་དྲི་མེད་རྣམས་ལ་ཕྱག་འཚལ། །དེ་ལྟར་ཕྱག་བསྟོད་སྔོན་དུ་བརྗོད་ནས། །སྒྲོ་བཀུར་སྒྲེ་〈བསྒྲེ་〉སྣད་དྲི་མས་དབེན་པའི། །རྣམ་ཐར་རིན་ཆེན་གཏེར་

མཛོད་འདི་བརྩམས། །

འདིར་རྣམ་པར་ཐར་པ་རིན་ཆེན་གཏེར་མཛོད་ཅེས་བྱ་བ་འདི་ལ་དོན་རྣམ་པ་ལྔས་འཆད་པ་ཡིན་ཏེ། དེ་ཡང་གང་ཞེ་ན། འདི་ལྟ་སྟེ〈སྟེ〉། བཀའ་དྲིན་ཅན་སྟོན་པའི་བྱོན་ཚུལ། ཁ་བ་ཅན་རྒྱལ་པོའི་གདུང་རབས། ཞིང་མཆོག་གནས་སྙིང་གི་ཆགས་ཚུལ། དེ་དག་ཏུ་བླ་མའི་བྱོན་རིམ། ཐུགས་རྗེ་ཅན་དབྱིལ་གྱི་གདུང་རབས།

དང་པོ་བཀའ་དྲིན་ཅན་སྟོན་པའི་བྱོན་ཚུལ་ནི། སྲིད་པ་གསུམ་གྱི་བླ་མ། ཁམས་གསུམ་གྱི་ས་མཁན། འོ་སྐོལ་གྱི་སྟོན་པ་ཡང་དག་པར་རྫོགས་པའི་སངས་རྒྱས་ཤཱཀྱ་ཐུབ་པ་དེ་རིགས་གང་ལས་འཁྲུངས་སྙམ་ན། འཛིག་རྟེན་ན་རིགས་ཐམས་ཅད་ཀྱི་མཆོག་ཏུ་གྱུར་པ། གཙོ་བོར་གྱུར་པ། བླ་མར་གྱུར་པ། ཤཱཀྱའི་རིགས་ལས་འཁྲུངས་པ་ཡིན་ཅིང་། དེ་ཡང་ཐོག་མར་འཛིག་རྟེན་འདིར་ལྷ་དག་དབབས་པ་ལས་མིར་གྱུར་ཏེ། (དགའ་ལྡན་འགའ་ལ་ཐོག་ལས་ལུས་སྒྲ་ཕྲགས་པོའི་མི་ཆད། ལྷ་བདེ་ལྡན་དང་བདེ་ལ་ཐོག་ལས་སྒྲ་མི་སྙན་པ་ཆད། དམུ་ལྡན་དང་དམུ་ལ་ཁོག་ལས་བ་ལང་སྤྱོད་པ་ཆད། ལྷ་ཤེད་བུ་དང་ཤེ་མ་ཐོག་ལས་འཛམ་བུ་གླིང་པ་ཆད། ཨུ་རྒྱན་པ་ཀླུ་ལས་ཆད། བལ་པོ་ཐུག་ཁྲིམ་ལས་ཆད། བོད་སྤྲེའུ་དང་བྲག་སྲིན་ལས་ཆད་དོ།) དེ་དག (P. 2ན) གི་མི་རྣམས་ཀྱིས་རྒྱལ་པོར་བསྐོས་པ་ནི་མང་པོས་བསྐུར་བའོ། ། དེའི་རྗེས་སུ་འོད་མཛེས། དགེ་པ། དགེ་མཆོག གསོ་སྦྱོང་འཕགས། སྤྱི་བོ་སྐྱེས། ང་ལ་ནུ་ཅེ་གྲུག་གི་ཚེའི་ཚད་ཀུན་དཔག་ཏུ་མེད་པའི་འཁོར་ལོས་བསྒྱུར་བ་ཡིན་ནོ། །

དེའི་བརླ་གཡས་རོལ་ནས་སྐྱེས་པ་མཛེས་པ་སྟེ། གླིང་བཞི་ལ་དབང་

ངོ། །དེའི་བཏྲ་གཡོན་ནས་སྐྱེས་པ་ཉེ་མཛེས་ཏེ་གླིང་གསུམ་ལ་དབང་ངོ། །དེའི་རྐང་པ་གཡས་ནས་སྐྱེས་པ་མཛེས་ལྡན་ཏེ་གླིང་གཉིས་ལ་དབང་ངོ། །དེའི་རྐང་པ་གཡོན་ནས་སྐྱེས་པ་ཉེ་བའི་མཛེས་ལྡན་ཏེ་གླིང་གཅིག་ལ་དབང་ངོ། །དེ་དག་ནི་འཁོར་ལོས་བསྒྱུར་བའི་རྒྱལ་པོ་ཡིན་ལ། འདི་མན་ཆད་ནི་སེམས་ཅན་གྱི་སྟོབས་ཀྱིས་ཁམས་ཀྱི་རྒྱལ་ཕྲན་དུ་གྱུར་ཏོ། །དེ་ཡང་མཛེས་ལྡན། བཟང་པོ། ལེགས་བཟང་། བཏང་བཟུང་། ཡན་ལག ཡན་ལག་ཤིང་རྟ། ངན་སྤོང་། སྐལ་ལྡན་ཤིང་རྟ། རྒྱ་མཚོའི་བུ། རྒྱ་མཚོ་ཆེན་པོ། ཤང་ཀུ་ནི། ཤང་ཀུ་ནི་ཆེན་པོ། ལེགས་མཐོང་། ལེགས་མཐོང་ཆེན་པོ། རབ་ཐོབ། རབ་ཐོབ་ཆེན་པོ། རབ་བསྒྲགས། རབ་བསྒྲགས་ཆེན་པོ། འོད་བྱེད། རྟུལ་ཐོད། ལྷུན་པོ་ལྡན། ལྷུན་པོ་ཡོད། ཀུན་ནས་འོད་ཟེར། དེའི་བུ་ནས་བརྒྱུད་སྟེ་ཐམ་རྒྱལ་པོ་དགྲ་འདུལ་གྱི་བར་རྒྱལ་རབས་བརྒྱ། ཡུལ་གྲུས་འཛིན་པ་བྱུང་ངོ། །

དེའི་བུ་ནས་བརྒྱུད་སྟེ་ཐམ་རྒྱལ་བ་ལས་རྒྱལ་བའི་བར་རྒྱལ་རབས་ལྔ་ཁྲི་ལྔ་སྟོང་ཡུལ་དམག་གིས་མི་ཚུགས་པར་བྱུང་ངོ། །དེའི་བུ་ནས་བརྒྱུད་སྟེ་བར་རྒྱལ་པོ་བཟོད་པར་དཀའ་བའི་བར་རྒྱལ་རབས་སུམ་ཁྲི་དྲུག་སྟོང་□□□བྱུང་ངོ། །དེའི་བུ་ནས་བརྒྱུད་སྟེ་རྒྱལ་པོ་□□□པས་བྱིན་གྱིས་བར་རྒྱལ་རབས་བརྒྱད་ཁྲི་བཞི་སྟོང་ཡུལ་ཀྱི་ལ་པི་ལའི་གྲོང་ཁྱེར་དུ་བྱུང་ངོ། །དེའི་བུ་ནས་བརྒྱུད་སྟེ་རྒྱལ་པོ་གླང་པོས་བྱིན་གྱིས་བར་ལ་རྒྱལ་རབས་སུམ་ཁྲི་ཉིས་སྟོང་གླང་པོ་ཆེའི་གྲོང་ཁྱེར་དུ་བྱུང་ངོ། །དེའི་བུ་ནས་བརྒྱུད་སྟེ་རྒྱལ་པོ་བལ་སྣ་ཅན་གྱི་བར་རྒྱལ་རབས་ལྔ་སྟོང་ཡུལ་□འཛོག་ཏུ་བྱུང་ངོ། །དེའི་བུ་ནས་བརྒྱུད་སྟེ་ཐམ་རྒྱལ་པོ་རྒྱལ་བྱིན་གྱི་བར་རྒྱལ་རབས་སུམ་ཁྲི་ཉིས་སྟོང་གྲོང་ཁྱེར་མ་རྒྱལ་བ་ལས་རྒྱལ་བར་བྱུང་ངོ། །དེའི་བུ་ནས་བརྒྱུད་སྟེ (P. 2བ) རྒྱལ་པོ་རྒྱལ་སྡེའི་

བར་རྒྱལ་རབས་སུམ་ཁྲི་ཉིས་སྟོང་གྲོང་ཁྱེར་ཀ་ན་ཡ་ཀུ་ཙར་བྱུང་ངོ། །དེའི་བུ་ནས་བཟུང་སྟེ་རྒྱལ་པོ་ཀླུའི་ལྷའི་བར་རྒྱལ་རབས་ཉི་ཁྲི་ལྔ་སྟོང་གྲོང་ཁྱེར་ཏ་ལའི་ཕྲེང་བར་བྱུང་ངོ། །དེའི་བུ་ནས་བཟུང་སྟེ་རྒྱལ་པོ་རྒྱ་མཚོའི་ལྷའི་བར་རྒྱལ་རབས་ཁྲི་ཉིས་སྟོང་གྲོང་ཁྱེར་ཏ་མ་ལིར་བྱུང་ངོ། །དེའི་བུ་ནས་བཟུང་སྟེ་རྒྱལ་པོ་སློ་གྲོས་བཟང་པོའི་བར་རྒྱལ་རབས་ཉི་ཁྲི་བརྒྱ་〈བརྒྱད་〉སྟོང་ཝ་སའི་གྲོང་ཁྱེར་དུ་བྱུང་ངོ། །དེའི་བུ་ནས་བཟུང་སྟེ་རྒྱལ་པོ་མུན་སེལ་གྱི་བར་རྒྱལ་རབས་ཉི་ཁྲི་ལྔ་སྟོང་གྲོང་ཁྱེར་རྒྱལ་པོའི་ཁབ་ཏུ་བྱུང་ངོ། །དེའི་བུ་ནས་བཟུང་སྟེ་རྒྱལ་པོ་དབང་ཕྱུག་སྡེའི་བར་རྒྱལ་རབས་བརྒྱ་〈བརྒྱད་〉སྟོང་གྲོང་ཁྱེར་ཕྱཱ་ནྣ་ཙ་ཤྲཱིར་བྱུང་ངོ། །དེའི་བུ་ནས་བཟུང་སྟེ་རྒྱལ་པོ་བཀའ་ཐུབ་སྦྱོད་ཀྱི་བར་རྒྱལ་རབས་སྟོང་གྲོང་ཁྱེར་གྲུ་འཛིན་དུ་བྱུང་ངོ། །དེའི་བུ་ནས་བཟུང་སྟེ་རྒྱལ་པོ་སའི་གདོང་གི་བར་རྒྱལ་རབས་བརྒྱད་ཁྲི་བཞི་སྟོང་གྲོང་ཁྱེར་རྩ་ཅན་དུ་བྱུང་ངོ། །དེའི་བུ་ནས་བཟུང་སྟེ་རྒྱལ་པོ་སའི་བདག་པོའི་བར་རྒྱལ་རབས་འབུམ་ཕྲག་གཅིག་གྲོང་ཁྱེར་ཕྱཱ་ནྣ་ཙ་ཤྲཱིར་བྱུང་ངོ། །དེའི་བུ་ནས་བཟུང་སྟེ་རྒྱལ་པོ་ས་འཛིན་གྱི་བར་རྒྱལ་རབས་འབུམ་ཕྲག་གཅིག་གྲོང་ཁྱེར་དམག་གིས་མི་ཚུགས་པར་བྱུང་ངོ། །དེའི་བུ་ནས་བཟུང་སྟེ་རྒྱལ་པོ་ལྷ་ཆེན་པོའི་བར་རྒྱལ་རབས་བརྒྱད་ཁྲི་བཞི་སྟོང་གྲོང་ཁྱེར་ཐེ་མི་ལིར་བྱུང་ངོ། །དེའི་བུ་ནས་བཟུང་སྟེ་རྒྱལ་པོ་མུ་ཁྱུད་ཀྱི་བར་རྒྱལ་རབས་བརྒྱད་ཁྲི་བཞི་སྟོང་གྲོང་ཁྱེར་མི་ལར་བྱུང་ངོ། །དེའི་བུ་ནས་བཟུང་སྟེ་ཐ་མ་རྒྱལ་པོ་ཀྲི་ཀྲིའི་བར་རྒྱལ་རབས་བདུན་ཁྲི་བདུན་སྟོང་གྲོང་ཁྱེར་ཀུན་ཏུ་སྣང་དུ་བྱུང་ངོ། །དེའི་ཚེ་སངས་རྒྱས་འོད་སྲུངས་འཇིག་རྟེན་དུ་བྱོན་ནོ། །རྒྱལ་པོ་ཀྲི་ཀྲིའི་བུ་ལེགས་སྐྱེས་ཏེ། དེའི་བུ་ནས་བཟུང་ཏེ་རྒྱལ་པོ་རྣ་བ་ཅན་གྱི་བར་རྒྱལ་རབས་བརྒྱ་ཡུལ་གྲུ་འཛིན་དུ་བྱུང་ངོ། །དེ་ལ་སྲས་གཉིས་ཏེ། གོའུ་

ཏ་མ་དང་། བ་ར་ཛྷཛོའོ། །གོའུ་ཏ་མས་བུ་རམ་ཤིང་གི་ལོ་མ་ལ་ས་བོན་བཞག་པས་སྲས་གཉིས་ཏེ། དེ་གཉིས་ཀྱི་མིང་ཡང་ཉེ་མའི་རིགས་སམ། གོའུ་ཏ་མའམ། ཡན་ལག་སྐྱེས་སམ། བུ་རམ་ཤིང་པ་ཞེས་མིང་བཞིར་གྲགས་སོ། །དེའི་བུ་བུ་རམ་ཤིང་པ་ནས་བཟུང་སྟེ་བུ་རམ་ཤིང་འཕགས་སྐྱེས་པོའི་བར་རྒྱལ་རབས་བརྒྱ་ཡུལ་གྲུ་འཛིན་དུ་བྱུང་ངོ་། །དེའི་བུ་ལྷ་ལས། ཆེ་བ་ནི་སྐར་མདའ་གདོང་། ལག་རྣ། གླང་པོ་ཆེ་འདུལ། དགའ་ཐུབ་ཅན་ཏེ་བཞི་པོས་སེར་སྐྱའི་གྲོང་ཁྱེར་བཟུང་ནས་ཤིན་ཏུ་བོད་〈འབོད〉པ་ཆེ་བས་ཤཱཀྱ་ཞེས་གྲགས་སོ། །དེར་མིས་གང་ནས་གྲོང་ཁྱེར་ལྷས་(P. 3ན) བཙན་ནས་བཟུང་ངོ་། །བུ་ཕྱི་མ་ནི་རྒྱལ་སྲིད་དགའ་འོ། །གོང་འོག་རྣམས་ལ་བུ་མེད་པར་གྱུར་ནས་ཐམས་ཅད་ཀྱི་རྒྱལ་པོ་དགའ་ཐུབ་ཅན་གྱིས་བྱས་སོ། །དེའི་བུ་གནས་འཛིན། དེའི་བུ་ནས་བཟུང་སྟེ་ཤིང་རྟ་བཅུ་པའི་བར་རྒྱལ་རབས་ལྷ་ཁྲི་ལྷ་སྟོང་གྲོང་ཁྱེར་སེར་སྐྱར་བྱུང་ངོ་། །དེའི་བུ་ཤིང་རྟ་བརྒྱ་པ། དེའི་བུ་ཤིང་རྟ་བཅུ་དགུ་པ། དེ་བཞིན་དུ་ཤིང་རྟ་ཁྲའོ། ཤིང་རྟ་རྒྱལ། བརྩན་པའི་ཤིང་རྟ། གཞུ་བཅུ་པ། བཅུ་གུ་〈དགུ〉པ། གཞུ་རྒྱལ། གཞུ་དཀྲ། གཞུ་བརྟན་ནོ། །དེ་ལ་བུ་གཉིས་ཏེ། སེང་གེ་འགྲམ་དང་། སེང་གེའི་ང་རོའོ། །འཛམ་བུ་གླིང་གི་གཞུ་ཐོགས་གང་ཇི་སྙེད་པ་དེ་ཐམས་ཅད་ཀྱི་ནང་ནས་སེང་གེ་འགྲམ་མཆོག་གོ །དེ་ལ་བུ་བཞི་སྟེ། ཟས་གཙང་སྲས། ཟས་དཀར། བྲེའོ་ཟས། བདུད་རྩི་ཟས་སོ། །བུ་མོ་ཡང་བཞི་སྟེ། གཙང་མ། དཀར་མོ། བྲེ་མོ། གཙང་མེད་〈བདུད་རྩི〉མའོ། །ཟས་གཙང་གི་སྲས་གཉིས་ན་〈ནི〉སྟོན་པ་བཅོམ་ལྡན་འདས་དང་། དགའ་འོ་འོ། །ཟས་དཀར་གྱི་བུ་གཉིས་ནི་བཟང་ལྡན་དང་། རྒྱལ་ལོ། །བྲེའོ་ཟས་ཀྱི་བུ་གཉིས་ནི། མ་འགགས་པ་དང་མིག་ཆེན་ནོ། །བདུད་རྩི་ཟས་ཀྱི་བུ་གཉིས་ནི།

ཀུན་དགའ་བོ་དང་ལྷ་〈ལྷས〉སྦྱིན་ནོ། །

བཅོམ་ལྡན་འདས་ཀྱི་སྲས་ནི་སྒྲ་གཅན་ཟིན་〈འཛིན་〉ནོ། །བཅོམ་ལྡན་འདས་ཀྱི་ཡུམ་གྱི་བརྒྱུད་ནི་གྲོང་ཁྱེར་ལྷས་བཙན་ན་ཤཱ་ཀྱའི་རྒྱལ་པོ་ལེགས་པར་རབ་སད་ཀྱི་བུ་མོ་ཆེ་བ་སྒྱུ་འཕྲུལ། ཆུང་བ་སྒྱུ་འཕྲུལ་ཆེན་མོའོ། །བཙུན་མོ་ནི། ཤཱ་ཀྱ་ལག་ན་དེ་ཙོན་ཅན་གྱི་བུ་མོ་ས་མཚོ་མའོ། །དེ་ལྟར་མང་པོས་བཀུར་བ་ནས་སྒྲ་འཛིན་གྱི་བར་ལ་ནི་རྒྱལ་རབས་ས་ཡ་གཅིག་དང་། ཁྲི་ཕྲག་བདུན། སྟོང་ཕྲག་བཞི། བརྒྱ་ཕྲག་ལྔ་དང་བརྒྱད་སོང་ལ། བྱེ་བྲག་ཏུ་ནི་མའི་རིགས་དང་། ཡན་ལག་སྐྱེས་དང་། བུ་རམ་ཤིང་པ་ཞེས་གྲགས་མས་〈ནས་〉རྒྱལ་རབས་ལྔ་ཁྲི་ལྔ་སྟོང་དང་བརྒྱ་〈བརྒྱད་〉ཅུ་སོང་ལ། དེ་བས་ཀྱང་གོང་ཏ་མ་མི་རབས་གཅིག་གིས་སྤོའོ། །ཤཱཀྱ་ཞེས་གྲགས་ནས་རྒྱལ་རབས་ལྔ་ཁྲི་ལྔ་སྟོང་དང་བཅོ་བརྒྱད་སོང་ངོ་། །དེ་གོང་དུ་དེ་དག་མ་གྲགས་སོ། །དེ་ལའང་ཚད་མེད་པའི་འཁོར་ལོས་བསྒྱུར་བ་དྲུག་སྟོང་། གསེར་དང་། དངུལ་དང་། ཟངས་དང་། ལྕགས་ཀྱི་འཁོར་ལོས་བསྒྱུར་བ་དང་བཞི་སྟེ་འཁོར་ལོས་བསྒྱུར་བ་བཅུ་དང་། གཞལ་དུ་མེད་པ་རིན་པོ་ཆེའི་ཕུང་པོ་སྟོན་པ་བཅོམ་ལྡན་འདས་ཤཱ་ཀྱ་ཐུབ་པ་སྟེ་བཅུ་གཅིག་ནི་ཆེ་བའི་ཆེ་(P. 3བ)བ་ཡིན་ལ། གཞན་ནི་དེ་ལྟ་མ་ཡིན་ནོ། །

འོ་སྐལ་གྱི་སྟོན་པ་ཡང་དག་པར་རྫོགས་པའི་སངས་རྒྱས་ཤཱ་ཀྱ་ཐུབ་པ་འདིའི་རིགས་ཕུན་སུམ་ཚོགས་པ་བརྗོད་ཟིན་ཅིང་མཛད་པ་ཕུན་སུམ་ཚོགས་པ་ནི། བསྐལ་པ་དཔག་ཏུ་མེད་པའི་སྔོན་རོལ་དུ་སངས་རྒྱས་སུ་ཟིན་ཡང་། གདུལ་བྱའི་ངོར། འཛམ་བུའི་གླིང་དུ་ཚེ་ལོ་བརྒྱ་པ་ལ་སངས་རྒྱས་པའི་ཚུལ་བསྟན་ནས། དཀའ་དང་པོ་བདེན་པ་བཞི་དང་། གཉིས་པ་མཚན་ཉིད་མེད་

པ། གསུམ་པ་དོན་དམ་རྣམ་པར་ངེས་པ་ལས་བཙམས་ཏེ་ཆོས་ཀྱི་འཁོར་ལོ་རིམ་པ་གསུམ་དུ་བསྐོར་བས། གདུལ་བྱ་རྣམས་རང་རང་གི་ལམ་དང་འབྲས་བུ་ལ་བཀོད་ནས་མཐར་གྲོང་ཁྱེར་རྩ་མཆོག་གི་ཤིང་ས་ལ་ཟུང་གཅིག་གི་ཚུལ་དུ་མྱ་ངན་ལས་འབྲས་〈འདས〉པའི་ཚུལ་བསྟན་པའི་རྗེས་སུ། དེ་ཉིད་ཀྱི་བསྟན་པ་ལོ་ལྔ་སྟོང་གནས་ཏེ། སེམས་ཅན་ལ་ཕན་བདེ་འབྱུང་བ་ཡིན་ནོ། །དེའང་འབྲས་བུའི་དུས་ལྔ་བརྒྱ་པ་ཕྲག་གསུམ། སྒྲུབ་པའི་དུས་ལྔ་བརྒྱ་པ་ཕྲག་གསུམ། ལུང་གི་དུས་ལྔ་བརྒྱ་པ་ཕྲག་གསུམ་སྟེ། ལྔ་བརྒྱ་པ་ཕྲག་དགུ རྟགས་ཙམ་འཛིན་པ་ལྔ་བརྒྱ་པ་ཕྲག་གཅིག་སྟེ་ལྔ་བརྒྱ་པ་ཕྲག་བཅུ་གནས་པར། འབྲས་བུའི་དུས་ལ་རྒྱུན་ཞུགས་དགྲ་བཅོམ་ཕྱིར་མི་ལྡོག་པ་ཐོབ་པ་མང་། སྒྲུབ་པའི་དུས་ལ་ཞི་ལྷག་སྒོམ〈སྒོང་〉པ་དང་ཚུལ་ཁྲིམས་དང་ལྡན་པ་མང་། ལུང་〘གི་〙དུས་ལ་སྡེ་སྣོད་གསུམ་སོ་སོར་འབྱེད་པ་མང་བར་གསུངས། སྟོན་པ་སྐྱ་མྱ་〘ངན་〙ལས་འདས་པའི་རྗེས་སུ། བསྟན་པ་འཛིན་པའི་གང་ཟག་ནི་མི་བརྗེད་གཟུངས་ཐོབ་ཆོས་ཀྱི་སྤྱན་ཨང་འ་བས། སྟོན་པའི་གསུང་འཛིན་གསུང་རབ་སྡུད་མཛད་པའི། ཉེ་བ་འཁོར་དང་འོག〈འོད་〉སྲུངས་ཀུན་དགའ་འོ། །ཤ་ནའི་གོས་ཆེན་ཉེར་སྦས་ཧྲི་ཧྲི་ཀ། ནག་པོ་ལེགས་བཙན་〘སྟོན་〙པའི་〘གཏད་〙རབས་ཡིན། ཅེས་པ་ལྟར། དེ་དག་གང་དེ་ལ་སོགས་པ་དགྲ་བཅོམ་པ་ལྔ་བརྒྱ་དང་། བདུན་བརྒྱ་ལ་སོགས་པས་བཀའི་བསྡུ་རིམ་པར་མཛད་ཅིང་བསྟན་པ་རྒྱས་པར་མཛད་ལ། ཐེག་པ་ཆེན་པོའི་ལུགས་ཀྱིས་ནི་རྒྱལ་པོའི་ཁབ་ཀྱི་ལྷོ་ཕྱོགས་བི་མ་ལྷ་ཕ་ཞེས་པའི་རི་ལ། རྒྱལ་སྲས་འབུམ་ཕྲག་བཅུ་འདུས་ཏེ། འཇམ་དཔལ་གྱིས་མདོན་པ། བྱམས་པས་འདུལ་བ། ཕྱག་ན་རྡོ་རྗེས་མདོ་སྡེ་བསྡུས་སོ་ཞེས་གྲགས་སོ། །རྟོག་གེ་འབར་བ་ལས་ཀྱང་། ཐེག་པ་ཆེན་པོ་(P. 4ན) སངས་རྒྱས་ཀྱིས་གསུངས་

པ་ཡིན་ཏེ། ཚ་བའི་སྡུད་པར་བྱེད་པ་ཀུན་ཏུ་བཟང་པོ་དང་། འཇམ་དཔལ་དང་། གསང་བའི་བདག་པོ་དང་། བྱམས་པ་ལ་སོགས་པ་རྣམས་ཀྱིས་བསྡུས་པའི་ཕྱིར་རོ། །བདག་ཅག་གི་ཚ་བའི་སྡུད་པར་བྱེད་པ་ཉན་ཐོས་ནི་མ་ཡིན་ཏེ། ཐེག་པ་ཆེན་པོའི་གསུང་ནི་དེ་དག་གི་ཡུལ་མ་ཡིན་པའི་ཕྱིར་རོ། །ཞེས་འབྱུང་ངོ་། །

གཞན་ཡང་རྒྱན་དྲུག་མཆོག་གཉིས། མཁས་པ་སློ་དྲུག་ལ་སོགས་པ་མཁས་གྲུབ་ཀྱི་སྐྱེས་བུ་དུ་མ་ཞིག་དང་། གྲུབ་ཆེན་བརྒྱད་ཅུ་ལ་སོགས་པ་གྲུབ་ཆེན་དུ་མ་ཞིག་བྱོན་ནས་སངས་རྒྱས་ཀྱི་བསྟན་པ་དར་དར་མཛད་ཅིང་། ཁྱད་པར་རྒྱལ་བས་མདོ་སྡེ་དུ་མ་ལུང་བསྟན་ཅིང་། འཛམ་བུ་གླིང་པ་ལ་བཀའ་དྲིན་ཆེ་བ་ཀླུ་སྒྲུབ་ནི། ལང་ཀར་གཤེགས་པ་ལས། ལྷོ་ཕྱོགས་བྷེ་ཏའི་ཡུལ་དུ་ནི། །དགེ་སློང་དཔལ་ལྡན་ཆེར་གྲགས་པ། །དེ་མིང་ཀླུ་ཞེས་བོད་〈འབོད་〉པ་སྟེ། །ཡོད་དང་མེད་པའི་ཕྱོགས་འཇིག་པ། །ང་ཡི་ཐེག་པ་འཇིག་རྟེན་དུ། །བླ་མེད་ཐེག་ཆེན་རབ་བཤད་ནས། །བདེ་བ་ཅན་དུ་འགྲོ་〚བ་〛འོ། །ཞེས་པ་དང་། འཇམ་དཔལ་ཚ་རྒྱུད་ལས། དེ་བཞིན་གཤེགས་པ་ང་འདི་ནས། །ལོ་ནི་བཞི་བརྒྱ་ལོན་པ་ན། །དགེ་སློང་ཀླུ་ཞེས་དེར་འབོད་འབྱུང་། །བསྟན་པ་ལ་ནི་དད་ཅིང་ཕན། །རབ་ཏུ་དགའ་བའི་ས་ཐོབ་པ། །ལོ་ནི་དྲུག་བརྒྱ་དག་ཏུ་འཚོ། །རིག་པ་རྨ་བྱ་ཆེན་མོ་ནི། །བདག་ཉིད་ཆེན་མོ་དེས་ཀྱང་འགྲུབ། །བསྟན་བཅོས་སྣ་ཚོགས་དོན་དང་ནི། །དངོས་པོ་མེད་པའི་དོན་དེ་རིག །གང་ཚེ་ལུས་དེ་བོར་བ་ན། །བདེ་བ་ཅན་དུ་སྐྱེ་བར་འགྱུར། །དེ་ནི་མཐར་གྱིས་སངས་རྒྱས་ཉིད། །ངེས་པ་ཁོ་ནར་ཡང་དག་ཐོབ། །ཅེས་མགོན་པོ་ཀླུ་སྒྲུབ་ལུང་བསྟན་ནོ། །

གྲོང་ཁྱེར་རྩ་མཆོག་འོག་མའི་ཚལ་དབུས་འགྱུར་ཚལ་དུ་ལུང་བསྟན་པའི་མདོ་སྡེ་ལས་སྡོད་བཅུད་ཕྱི་ནང་མཐའ་དབུས་ཐམས་ཅད་མི་རྟག་པའི་ལུང་མང་བ་དང་། སྟོན་པ་ཐུབ་པ་ཉིད་ཀྱང་སྐུ་འགྱུར་བའི་ལུང་མང་པོ་བྱོན་པ་ལས། འཁོར་ཉན་ཐོས་རྣམས་ཀྱིས་བཤུམས་ཤིང་བརྒྱལ་བར་གྱུར་ཏེ། ཀྱེ་མ་ཀྱེ་ཧུད། འཇིག་རྟེན་མགོན་ཁྱོད་མི་བཞུགས་ན། །མུན་པའི་གླིང་འདི་སུ་ཡིས་སྐྱོབ། །ཅེས་པ་ལ་སོགས་པའི་སྨྲེ་གསོལ་བཏབ་པས། བརྒྱལ་བ་སླད་ཕྱིར་ཐུབ་པ་ཆེན་པོ་ཉིད་ཞལ་འཛུམ་པ་མཛད་དེ་བཀའ་སྩལ་བ། ཀྱེ་ཧོ། ང་ནི་མྱ་ངན་འདས་(P. 4བ) འོག་ཏུ། །ལོ་ནི་བཅུ་བཞི་ལོན་པའི་ཚེ། །ཨུ་རྒྱན་ཡུལ་གྱི་ནུབ་བྱང་མཚམས། །དྲི་མེད་ཀོ་ཤའི་མཚོ་གླིང་དུ། །པདྨ་གེ་སར་སྡོང་པོ་ལ། །ཀུན་པས་ལྷག་པའི་སྐྱེས་བུ་འབྱུང་། །ཁྱེད་རྣམས་མྱ་ངན་མ་བྱེད་ཅིག །སྨན་མཆོག་ནང་ནས་རྣམ་རྒྱལ་ལྟར། །མཐའ་ཡས་དབང་པོ་པདྨ་འབྱུང་། །ཁྱེད་རྣམས་མྱ་ངན་ཅི་ཕྱིར་བྱེད། །སྐར་ཚོགས་ནང་ནས་ཉི་ཟེར་ལྟར། །མཐའ་ཡས་དབང་པོ་པདྨ་འབྱུང་། །ཁྱེད་རྣམས་མྱ་ངན་ཅི་ཕྱིར་བྱེད། །ནོར་བུའི་ནང་ནས་ཡིད་བཞིན་ལྟར། །མཐའ་ཡས་དབང་པོ་པདྨ་འབྱུང་། །ཁྱེད་རྣམས་མྱ་ངན་ཅི་ཕྱིར་བྱེད། །འཇིག་རྟེན་མུན་པ་ངེས་སེལ་འགྱུར། །ཞེས་བཀའ་སྩལ་བས། འཁོར་རྣམས་བརྒྱལ་བ་སངས་ཀྱང་། ཀུན་པས་ལྷག་པའི་ལུང་བྱོན་པ་ལ་ཐེ་ཚོམ་སྐྱེས་པར་མཁྱེན་ནས། ཡང་བཀའ་སྩལ་པ། སྐྱེས་བུ་དེ་ནི་དུས་གསུམ་གྱི་སྤྲུལ་སྐུ་ལས་ཁྱད་པར་ལྷུས་རྫད་དུ་བྱུང་བར་འགྱུར་བ་ནི་འདི་ལྟ་སྟེ། མངལ་གྱིས་མ་གོས་པར་རང་བྱུང་དུ་འཁྲུངས་པ་སྟེ་སྐུ་སྐྱེ་བས་འཕགས་པ་དང་། སྒྲེས་སྒྲུད〈བགྲེས་རྒྱུད〉མི་མངའ་སྟེ་གདུལ་བྱ་ཀུན་ཡིད་འདྲེན་པས་འཕགས་པ་དང་། འདས་གྲོང་མི་མངའ་སྟེ་འཁོར་བའི་མཐའ་མཉམ་དུ་སྐུ་མི་འགྱུར་བའི་སྐུ་ཚེ་

འཕགས་པ་དང་། བདུད་བཞི་དང་ཕོར་བཅོམ་སྟེ་བདུད་ལས་རྣམ་པར་རྒྱལ་ཞིང་མཆོག་ཏུ་རྒྱལ་བས་འཕགས་པ་དང་། རིམ་གྱིས་སའི་སྦྱང་བགྲོད་སྐྱེ་བ་མཐུད་མི་དགོས་ཏེ་ཚེ་གཅིག་གིས་སངས་རྒྱས་པའི་ཐེག་པ་བསྟན་པའི་སྙིང་པོ་ལ་ཡོངས་སྤྱོད་པས་འཕགས་པའོ། །ཅིའི་ཕྱིར་ན། འོག་མི་འགྱུར་བ་ཚེ་དཔག་ཏུ་མེད་པ་དངོས་ནི་དེ་ཉིད་ཡིན་ནོ། །ཞེས་གསུངས་ཤིང་། །ཧེ་རུ་འདུས་པའི་སྤྱི་རྒྱུད་ལས་ཀྱང་། ཨེ་མ་ཧོ། སྐུ་དང་གསུང་དང་ཐུགས་ཀྱི་རྒྱུད། །ཡོན་ཏན་ཕྲིན་ལས་གཟི་བརྗིད་དྲེགས། །སྟོབས་ཀྱི་རྒྱུད་རྣམས་ཡོངས་སྤུད་པ། །པདྨའི་སྙིང་པོ་ལས་སྤྲུལ་ནས། །ཨུ་རྒྱན་ཕོར་ཅིག་རྒྱལ་སྲས་སུ། །ལྷ་ཡི་རབ་བསྐུལ་དེ་སྤུད་འགྱུར། །ཅེས་པ་དང་། སྒྱུ་འཕྲུལ་དྲ་བ་ལས་ཀྱང་། དཔལ་ལྡན་སངས་རྒྱས་པདྨ་སྐྱེས། །ཀུན་མཁྱེན་ཡེ་ཤེས་མཛོད་འཛིན་པ། །ཞེས་སོགས་ཀྱིས་ཨུ་རྒྱན་པདྨ་འབྱུང་གནས་ལུང་བསྟན་ནོ། །

གཞན་ཡང་། དུས་འཁོར་གྱི་རྒྱུད་ཕྱི་མ་ལས། དགེ་སློང་ཀླུ་སྒྲུབ་ཞེས་བྱ་མ་ལུས་ཡོན་ཏན་འབྱུང་འབྲུངས་སེམས་ཅན་ཀུན་ལ་ཕན་འདོགས་པ། སློབ་དཔོན་བློ་(P. 5ན) བརྟན་ཞེས་བྱ་བ་གཅོད་བྱེད་ཚེ་ཡི་གྲུབ་པ་སྟོང་ཕྲག་བཅུ་དང་བཅས་པ་རྣམས། དགེ་བཅུའི་ལམ་གྱིས་གྲུབ་པར་གྱུར་པ་འཕགས་པ་ལྷ་དང་ལ་བའི་ན་བཟའི་ཧ་དབྱངས་དང་། ཕྱོགས་ཀྱི་གླང་པོ་གཞན་ལ་ཕན་པའི་བསམ་པ་ཟླ་བ་པདྨ་པདྨའི་སྨྱུ་གུ་ཞེས། མ་འོངས་ཧྲ་ས་ལའི་རྟོག་པའི་རྒྱལ་པོ་མ་ལུས་པ་རྒྱལ་པོ་ཨིནྡྲ་བོ་དྷི་དང་། ཡེ་ཤེས་མིང་ཅན་རྡོ་རྗེ་དྲིལ་བུ་ལག་ལྡུང་ངག་ཀྱང་དེ་བཞིན་ཐོད་པར་ཆང་འཐུང་ཞིང་། ཁ་ཊྭཾ་ག་དང་རུས་པའི་རྒྱན་ཆ་ཆང་སྟོད་ཅཽ་སྟེར་བ་ནག་པོའི་མིང་ཅན་ནོ། །ཞེས་སོགས་ཀྱིས་གང་ཟག་དམ་པ་དེ་རྣམས་ལུང་བསྟན་ཅིང་། གཞན་ཡང་། ཐོགས་མེད་ཞེས་བྱའི་དགེ་སློང་

ནི། །བསྟན་བཅོས་དེ་ནི་དོན་ལ་མཁས། །མདོ་སྡེ་ངེས་དོན་དྲང་བའི་དོན། །རྣམ་པ་མང་པོ་རབ་ཏུ་འབྱེད། །འཇིག་རྟེན་རིག་པ་སྟོན་བདག་ཉིད། །གཞུང་འབྱེད་དང་ཚུལ་ཅན་དུ་མགྱུར〈འགྱུར་〉། །དེ་ཡིས་རིགས་པ་སྒྲུབ་པ་ནི། །ས་ལ་ཕོ་ཉ་མོ་ཞེས་བརྗོད། །དེ་ཡི་སྔགས་ཀྱི་མཐུ་ཡི་ནི། །བློ་ནི་བཟང་པོ་སྐྱེ་བར་འགྱུར། །བསྟན་པ་ཡུན་རིང་གནས་པའི་ཕྱིར། །མདོ་ཡི་དེ་ཉིད་དོན་སྡུད་བྱེད། །ལོ་ནི་བརྒྱ་དང་ལྔ་བཅུར་འཚོ། །དེ་ལུས་ཞིག་ནས་ལྷ་ཡུལ་འགྲོ། །འཁོར་བ་རྣམས་སུ་འཁོར་བ་ན། །ཡུན་རིང་བདེ་བ་རྗེས་སྤྱོད་ནས། །བདག་ཉིད་ཆེན་པོ་མཐར་གྱིས་དེ། །བྱང་ཆུབ་ཐོབ་པར་འགྱུར་བ་ཡིན། །ཅེས་ཐོག་མེད་ལུང་བསྟན་ནོ། །དེ་ན་རྒྱལ་བས་ལུང་བསྟན་པའི་སྐྱེས་བུ་དམ་པ་དེ་རྣམས་ཀྱིས་སངས་རྒྱས་ཀྱི་བསྟན་པ་ཡུན་རིང་དུ་དར་ཞིང་རྒྱས་པར་མཛད་དོ། །དཀའ་དྲིན་ཅན་སྟོན་པའི་ཕྲིན་ཚུལ་ལོ། །དེའི་འཕྲོས་ལ་བསྟན་འཛིན་སྐྱེས་བུ་རྒྱལ་བས་ལུང་བསྟན་པ་དང་བཅས་པའི་ལེའུ་སྟེ་དང་པོའོ། །

སྐྱོན་བྲལ་དྲི་མ་མེད་པ་སྐྱེ་དགུའི་གཙོ། །ཉིན་མོར་བྱེད་པའི་གདུང་བརྒྱུད་རྣམ་དག་པ། །རྟུལ་བྲལ་དྲི་མེད་མདོ་ཡི་དོན་བཞིན་དང་། །བསྟན་འཛིན་སྐྱེས་བུ་ལུང་བསྟན་ཐོབ་པ་རྣམས། །ཁོ་བོས་ཙུང་ཟད་ཡི་གེར་བཀོད་པ་ལ། །འདོད་འདུན་དོན་གཉེར་མེད་པའི་སྐྱེས་བུ་དང་། །སྤྱར་འདོད་ཕྲག་དོག་ཅན་རྣམས་མི་དགེས་ཀྱང་། །གཟུར་གནས་མཁས་པའི་ཚོགས་རྣམས་དགེས་པར་མཛོད། །བར་སྐབས་ཀྱི་ཚིགས་སུ་བཅད་པའོ། །

གཉིས་པ་ཁ་བ་ཅན་རྒྱལ་པོའི་གདུང་རབས་ལ། ཁ་བ་ཅན་གྱི་མི་གང་ནས་འཕེལ་ཚུལ། ཁྱད་པར་ཅན་རྒྱལ་པོའི་གདུང་བརྒྱུད་ཡོང་(P. 5བ) ཚུལ་དང་གཉིས་ལས།

དང་པོ་ནི་**བོད་ཁ་བ་ཅན་གྱི་མི་རྣམས་གང་ལས་འཕེལ་སྙམ་ན།** སྟོན་རྒྱ་གར་དུ། སྐྱབས་སེང་དང་། འཐབ་ཀ་འགྲུས་ནས་ཁྲབ་འཇུག་གིས་སྐྱབས་སེང་གི་ཕྱོགས་བྱས་པས་གཡུལ་བཀྱེ་བས། འཐབ་ཀ་རིགས་དཔུང་ཚོགས་བཅོ་བརྒྱད་དང་བཅས་པ་བརླག་པར་བྱས་སོ། །དེའི་ཚེ་རྒྱལ་པོ་རུ་པ་ཏི་ཞེས་པ་དམག་སྟོང་ཕྲག་གཅིག་དང་བཅས་པ་བུད་མེད་ཀྱི་ཆས་སུ་ཞུགས་ཏེ་རི་གངས་ཅན་གྱི་གསེབ་ཏུ་བྲོས་པ་ལས་འཕེལ་བ་ཡིན་པར་ལྷ་ལས་ཕུལ་དུ་བྱུང་བའི་བསྟོད་པའི་འགྲེལ་པར། སློབ་དཔོན་ཤེས་རབ་གོ་ཆས་བྱས་པ་ལས་བཤད་ཅིང་། ཆོས་སྐྱོང་བའི་རྒྱལ་པོ་སྲོང་བཙན་སྒམ་པོའི་བཀའ་ཆེམས་ལས། སྤྲེའུ་དང་བྲག་སྲིན་མོ་ལས་འཕེལ་བར་འདོད་དེ། དེའི་རྒྱུ་མཚན་ཡང་སྟོན་སྟོན་པ་བཅོམ་ལྡན་འདས་ཤཱ་ཀྱ་ཐུབ་པ་དགོངས་པ་ཡོངས་སུ་མྱ་ངན་ལས་འདས་ཁར། ནུབ་ཕྱོགས་བདེ་བ་ཅན་ནས་རྒྱལ་བ་འོད་དཔག་མེད་ཀྱིས། བྱང་ཆུབ་སེམས་པའི་འཕགས་པ་སྤྱན་རས་གཟིགས་དབང་ཕྱུག་ལ་བཀའ་སྩལ་བ། ཤར་ཕྱོགས་ན་མི་མཇེད་འཇིག་རྟེན་གྱི་ཁམས་ན་རྒྱལ་བ་ཤཱ་ཀྱ་ཐུབ་པ་དགོངས་པ་ཡོངས་སུ་མྱ་ངན་ལས་འདའ་བཞེད་དེ། བཅོམ་ལྡན་འདས་དེའི་ཐུགས་ཀྱི་དགོངས་པ་ང〈ད་〉ཉུང་མ་རྫོགས་པས། ཁྱོད་སོང་ལ་ཁ་བ་ཅན་གྱི་སེམས་ཅན་ལ་ཆོས་ཀྱི་འཁོར་ལོ་བསྐོར་དུ་གསོལ་ཞེས་གསོལ་བ་ཐོབ་ཅིག་(ཞེས་)བཀའ་བསྩལ་ཏོ། །དེ་ནས་ཡང་བྱང་ཆུབ་སེམས་དཔའ་སྤྱན་རས་གཟིགས་དབང་ཕྱུག་གིས་དེ་བཞིན་གསོལ་བ་བཏབ་པ་དང་། བཅོམ་ལྡན་འདས་ཤཱ་ཀྱ་ཐུབ་པས་བཀའ་བསྩལ་བ། རིགས་ཀྱི་བུ་ཁ་བ་ཅན་གྱི་སེམས་ཅན་གདུལ་ཤིན་ཏུ་དཀའ་བས་ཏེ་ད་ཉུང་འདུལ་བའི་དུས་ལ་མ་བབ་པས། མ་འོངས་པ་ན་བྱང་ཆུབ་སེམས་དཔའ་ཁྱོད་ལྷ་བུས་འདུལ་བར་གྱུར་ཅིག ཅེས་བཀའ་བསྩལ་བ་དང་། བྱང་

ཆུབ་སེམས་དཔའ་སྤྱན་རས་གཟིགས་དབང་ཕྱུག་གིས་དེ་མ་ཐག་ཏུ་ནུབ་ཕྱོགས་བདེ་བ་ཅན་དུ་འོངས་ནས། བཅོམ་ལྡན་འདས་འོད་དཔག་མེད་ལ། བཅོམ་ལྡན་འདས་ཤཱཀྱ་ཐུབ་པས་ཇི་སྐད་གསུངས་པ་བཞིན་གསོལ་བ་དང་། བཅོམ་ལྡན་འདས་འོད་དཔག་ཏུ་མེད་པས་བཀའ་བསྩལ་བ། རིགས་ཀྱི་བུ། ཕྱི་མ་མ་འོངས་པའི་དུས་ན། ཁ་བ་ཅན་གྱི་སེམས་ཅན་རྣམས་དང་པོར་ཁྱོད་ཀྱིས་ཟང་ཟིང་གིས་ཐུལ། ཐ་མ་ཆོས་ཀྱིས་རྒྱུད་སྨིན་པར་གྱིས་ལ་མཐར་ངའི་དྲུང་དུ་བདེ་བ་ཅན་དུ་ཁྲིད་ལ་ཤོག་ཤིག་ཅེས་(P. 6བ) བཀའ་བསྩལ་བ་དང་། རིགས་ཀྱི་བུ་དེས་སྐར་མཉན་ནས། ཤར་ཕྱོགས་མི་མཇེད་འཇིག་རྟེན་གྱི་ཁམས་འདིར་འོངས་སོ། །དེ་ནས་རྒྱལ་བ་ཤཱཀྱ་ཐུབ་པས། འཕགས་པ་སྤྱན་རས་གཟིགས་ལ་བཀའ་བསྩལ་བ། ཁྱོད་ཀྱིས་ངའི་བྱང་ཕྱོགས་ཁ་བ་ཅན་གྱི་རྒྱལ་ཁམས་ན་ཡོད་པའི་སེམས་ཅན་ཐམས་ཅད་སངས་རྒྱས་ཨ་མི་དེ་བའི་ཞིང་ཁམས་ནུབ་ཕྱོགས་བདེ་བ་ཅན་དུ་དྲོངས་ཤིག ཅེས་པ་དང་། སྤྱན་རས་གཟིགས་ཀྱིས། པོ་ཏ་ལ་ནས་ཞལ་བྱང་ཕྱོགས་སུ་གཟིགས་ནས་ཁ་བ་ཅན་གྱི་རྒྱལ་ཁམས་ཀྱི་སེམས་ཅན་རྣམས་ལ་ཉིན་ལན་གསུམ་མཚན་ལན་གསུམ་དུ་གཟིགས།

དེ་ལ་སྤྱིར་འཛམ་བུ་གླིང་འདིའི་སའི་འདུག་ལུགས་ནི། རྡོ་རྗེ་གདན་གྱི་བྱང་ཕྱོགས་རིའི་རྒྱལ་པོ་འཕགས་བྱེད་ཀྱི་ཤར་ནུབ་ཏུ་བཅད་པ་ན། གླང་པོ་ཆེས་སྲུངས་ཀྱི་བུའི་རྒྱལ་ཁམས་ཡོད་དེ་གླིང་དེ་ནེ་མེ་ཏོག་གི་གླིང་འདྲའོ། །དེའི་ལྷོ་ཕྱོགས་ན་ཁ་བ་ཅན་གྱི་རིས་ཤར་ནུབ་ཏུ་བཅད་པ་ན་བོད་ཁ་བ་ཅན་གྱི་རྒྱལ་ཁམས་ཡོད་དེ། སྲིན་མོ་གན་རྐྱལ་དུ་སྐྱེལ་〈འགྱེལ་〉བ་འདྲའོ། །དེའི་ལྷོ་ཕྱོགས་ན་ཙན་དན་གྱི་ཤིང་གིས་ཤར་ནུབ་ཏུ་བཅད་པ་ན། རྒྱ་གར་གྱི་རྒྱལ་ཁམས་ཡོད་དེ་ནོར་བུ་རིན་པོ་ཆེའི་གླིང་དང་འདྲའོ། །དེའི་ལྷོ་ཕྱོགས་ན་ཆུ་བོ་

མཛོས་ལྡན་གྱི་ཤར་ནུབ་ཏུ་བཅད་པ་ན་སྲིན་པོའི་རྒྱལ་ཁམས་ཡོད་དེ། མི་ཧོག་པདྨ་ཁ་ཅེ་བ་འདྲའོ། །གླིང་དེ་རྣམས་ཀྱི་ནང་ནས་ངན་ཤོས་ཁ་བ་ཅན་གྱི་རྒྱལ་ཁམས་འདི་ཡིན་ནོ། །འདི་ནི་དེ་བཞིན་གཤེགས་པའི་ཞབས་ཀྱི་མ་བཅགས། གསུང་གི་འོད་ཟེར་གྱིས་མ་ཁྱབ་པས། སངས་རྒྱས་ཀྱི་བསྟན་པའི་མིང་ཙམ་ཡང་མེད་ཅིང་། མཚན་མོ་མུན་ཏུམ་མུན་ནག་སྨག་ཏུ་གྱུར་བ་ལྟར་སྔར་ལེར་ནག་ཐིབ་པེ་འདུག་པར་གཟིགས་སོ། །

བོད་ཡུལ་ས་གཞི་འདིའི་འོག་ན་ལྕགས་ཀྱི་ཟ་མ་ཏོག་ལྟ་བུའི་དམྱལ་བའི་གནས་ཡོད་པས། ཡུལ་དེར་སྐྱེས་པའི་སེམས་ཅན་རྣམས་ཀྱང་སྡིག་པ་མི་དགེ་བ་ཉེ་ཚེ་བྱས་པའི་རྣམ་སྨིན་གྱིས་ཤི་འཕོས་ནས་མཚོའི་སྟེང་དུ་ཆར་བབས་པ་ལྟར། ཡར་ལ་གཅིག་ཡང་མི་གཏོལ་བར་ལྕགས་ཀྱི་ཟ་མ་ཏོག་ལྟ་བུའི་གནས་དེར་ལྷུང་བར་འགྱུར་རོ། །

དེ་ན་མིའི་འགྲོ་བ་གཅིག་ཀྱང་མེད་དེ། སྟོད་ཁམས་ན་ཡང་རི་དང་གངས་རི་རྣམས་སུ་སེང་གེ་ལ་སོགས་པའི་གཅན་ཟན་〈གཟན་〉དང་། ཤ་བ་དང་རྒོ་བ་ལ་སོགས་པ་རི་དྭགས་ཀྱི་གནས་བཅས། བར་སྐབས་བྲག་རི་དང་སྤང་རི་ལ་སོགས་པ་རྣམས་ལ་བྲག་སྲིན་མོ་དང་སྤྲེའུའི་གནས་བཅས། སྨད་ཁམས་(P. 6བ) ནགས་རི་སྤང་ལྗོངས་རྣམས་ལ་གླང་པོ་ཆེ་དང་བྱ་ལ་སོགས་པ་རྣམས་ཀྱི་གནས་བཅས་ཡོད་པ་ལ། དུས་དེ་ཉིད་ཀྱི་ཚེ་ན། འཕགས་པ་སྤྱན་རས་གཟིགས་ཀྱིས་ཕྱག་སྟོང་སྤྱན་སྟོང་དུ་སྤྲུལ། ཁ་བ་ཅན་གྱི་རྒྱལ་ཁམས་འདིར་བྱོན་ཏེ། དམྱལ་བའི་གནས་དེ་ཡང་ཚལ་པ་བཞིར་གས་དམྱལ་བ་པའི་སྐྱེས་བུ་རྣམས་ཀྱི་སྣང་བ་ལ་ལྕགས་ཀྱི་ཁང་པའི་སྟེང་ཐམས་ཅད་མེ་ཏོག་གི་གདུགས་སུ་གྱུར། འོག་ཐམས་ཅད་པདྨའི་གདན་དུ་གྱུར། ལོགས་ཐམས་ཅད་ལྷའི་པཉྩ་ལི་

ཀའི་གདུགས་དང་ཟ་ཡབ་དུ་གྱུར་ཅིང་ཤིན་ཏུ་བསིལ་བར་གྱུར་ནས། གཅིག་གིས་གཅིག་ལ་འདི་སྐད་ཅེས་ཕན་ཚུན་བསྒྲགས་པར་གྱུར་ཏེ། གྲོགས་པོ་དག་སྐྱེས་བུ་འདོད་པའི་གཟུགས་ཅན་ལ། དེའི་ཕྱིར་ཚུགས་ཅན་ཀུན་དའི་མདོག་ལྟར་དཀར་བ། ལུས་ལ་རྒྱན་ཐམས་ཅད་ཀྱིས་བརྒྱན་པ་དེ་གྱོན་པས་ཤིན་ཏུ་བསིལ་བར་གྱུར་ཏོ། །ཞེས་དབུགས་ཕྱུང་སྟེ་དེ་ཉིད་དུ་ཚེའི་དུས་བྱས་ནས་སུམ་ཅུ་རྩ་གསུམ་གྱི་ལྷར་སྐྱེས་སོ། །

དེའི་ཚེ་དེའི་དུས་ན་འཕགས་པ་སྤྱན་རས་གཟིགས་ཀྱི་སློབ་མ་རྫུ་འཕྲུལ་དུ་མ་སྟོན་ནུས་པའི་སྤྲེའུ་བྱང་ཆུབ་སེམས་དཔའ་ཞིག་ལ། ཁྱོད་ཀྱིས་བྱང་ཕྱོགས་ཁ་བ་ཅན་དུ་སྒོམ་ནུས་སམ་ཞེས་གསུངས་པས། སྤྲེའུ་དེས་ཁས་བླངས་སོ། །དེར་སྤྲེའུ་དེ་ལ་བསྙེན་ཁྲིམས་ལྷ་ཕོག་སྟེ་དགེ་བརྙེན〈བསྙེན〉དུ་ཁས་ལེན་དུ་བཅུག་ནས། སྤྲེའུ་དེས་རྫུ་འཕྲུལ་གྱིས་བྱང་ཕྱོགས་ཁ་བ་ཅན་དུ་འོངས་ནས་བྲག་རུབ་པོ་གཅིག་གི་རྩེ་ལ་བསྒོམས་པ་དང་། དེའི་དྲུང་དུ་བྲག་སྲིན་མོ་གཅིག་རྒྱང་རིང་པོ་ནས་འདོད་པ་བརྟེན་པའི་བརྫ་ཉིན་རེ་བཞིན་དུ་འཛུམ་པ་དང་། དེ་བཞིན་དུ་ཧེ་ཉེ་ཧེ་ཉེར་འོངས་ནས་མོ་ཁོབ་གཡོབ་པ་དང་ནུ་མ་སྟོན་པ་དང་། མཚན་ཨ་སྟོན་པ་དང་། དེ་བཞིན་དུ་ཉེ་མ་དྲུག་ཏུ་འདོད་པ་བསྐྱེད་པའི་བྲད་བྱས་ནའང་། སྤྲེའུ་འདོད་པ་རུང་ཟད་ཀྱང་མ་སྐྱེས་སོ། །

ཉེ་ཨ་བདུན་པ་ལ་བྲག་སྲིན་མོ་དེ་བུད་མེད་ཀྱི་ཆས་སུ་བྱས་ཏེ་སྤྲེའུའི་རྩར་འོངས་ནས། ཁྱོད་དང་ང་གཉིས་ཁྱིམ་ཐབ་བྱའོ་ཞེས་སྨྲས་པ་དང་། སྤྲེའུ་ན་རེ། ང་ཨརྱ་པ་ལོའི་དགེ་བརྙེན〈བསྙེན〉ཚངས་སྤྱོད་པ་ཡིན་པས་མི་རུང་ངོ་ཞེས་སྨྲས་པ་དང་། མོ་ན་རེ། ཁྱིམ་ཐབ་མ་བྱས་ན་ང་འདི་ཉིད་དུ་འཆི་འོ་ཞེས་རྩར་ཉལ་བ་དང་། དེར་སྤྲེའུ་དེས་བུད་མེད་དེ་ལ་སྙིང་རྗེའི་སེམས་ཀྱིས་བལྟ་ཞིང་ཧེ

ལྟར་བྱ་སྙམ་དུ་ཉེ་མ་བདུན་བསམས་ཀྱང་མ་ཤེས་ནས། ཇི་ལྟར་བྱ་བ་འཕགས་པ་ལ་ཞུའོ་སྙམ་དུ་རི་བོ་པོ་ཏ་ལར་རྫུ་(P. 7ན) འཕྲུལ་གྱིས་བྱིན་ནས། འཕགས་པ་ལ་གོང་གི་ལོ་རྒྱུས་བརྗོད། ཁྱིམ་ཐབ་བྱ་ཞེས་གསོལ་བ་འདེབས་ན་དེ་རུང་ངམ་མི་རུང་ཞུས་པས། འཕགས་པའི་ཞལ་ནས། དེ་དང་ཁྱིམ་ཐབ་གྱིས་ཅིག་གསུངས་པ་དང་། དེའི་དྲུང་ན་ཇོ་མོ་སྒྲོལ་མ་བཞུགས་པས་ཀྱང་དེ་བཞིན་དུ་གྱིས་ཤིག་ལེགས་སོ་ལེགས་སོ་ཞེས་གསུངས་སོ། །དེ་ནས་སྤྲེའུ་དེས་དེ་མ་ཐག་ཏུ་རྫུ་འཕྲུལ་གྱིས་ཁ་བ་ཅན་དུ་འོངས་ཏེ། བྲག་སྲིན་མོ་ལ་ཁྱིམ་ཐབ་ཏུ་ཁས་བླངས་སོ། །དེ་ནས་རིང་པོ་མ་ལོན་པར་བྲག་སྲིན་མོ་དེ་ལ་བུ་ཤ་དམར་པོ་ཟ་བ། ཁྲག་དྲོན་མོ་འཐུང་བ། ངོ་དམར་བ། སྤུ་དང་མཇུག་མ་མེད་པ་ཅིག་སྐྱེས་སོ། །དེ་ཆེར་སྐྱེས་པ་དང་མ་དེ་ཟ་བའི་ཚུལ་དུ་བྱུང་ནས། ཕས་སྤྲེ་ཕྲུགས་སྤྲེའུའི་ཁྲུར་ནགས་མ་བྱ་ཚོགས་ཅན་བྱ་བར་བསྐྱལ་ལོ། །དེས་སྤྲེའུ་མོ་རྣམས་དང་ལྷན་ཅིག་བསྟད་པས། དུས་གཅིག་ལ་སྤྲེའུ་བཞི་བརྒྱ་འཕེལ་ལོ། །

རིགས་བརྒྱུད་མང་དུ་འཕེལ་བ་ལ། དབྱར་གྱི་དུས་སུ་ཉི་ཚར་གྱིས་གདུངས། དགུན་གྱི་དུས་སུ་ཁ་བ་དང་ལྷག་པས་གདུངས། ཟས་གོས་ཡང་མེད་པས་བྱང་ཆུབ་སེམས་དཔའ་སྤྲེའུ་དགུལ་ཙམ་ན། ཕྲུག་གུ་ལྔ་བརྒྱ་ཙམ་འཁྲུངས་ཏེ། ཕ་ང་ཅག་ཅི་ཟ་ཅི་འཐུང་ཟེར་ལག་པ་ངེད་ཙར་འོངས་ཏེ་དེར་རིགས་བརྒྱུད་རྣམས་ཉམས་ཐག་ནས་སྙིང་རྗེ་བར་གྱུར་ཏེ། འདི་སུ་ཡིས་ལན་སྙམ་པ་ན། འཕགས་པའི་གསུང་བསྒྲུབས་པས་ལན་པ་ལ་ཞུ་སྙམ་ནས་བྱང་ཆུབ་སེམས་དཔའི་སྤྲེའུ་དེས་རི་བོ་པོ་ཏ་ལར་བྱིན་ཏེ། འཕགས་པ་ལ་ཕྱག་བྱས་ནས་ཇི་ལྟར་གྱུར་བ་ཞུས་པས། འཕགས་པའི་ཞལ་ནས། འོ་དེ་ལེགས་སོ། །ཁྱོད་ཀྱི་རིགས་དེ་ལ་གཉིས་སུ་འགྱུར་ཏེ་གཅིག་ནི་ཕའི་རིགས་སུ་འགྱུར་ལ། གཅིག་ནི་མའི་

རིགས་སུ་འགྱུར་རོ། །ཕའི་རིགས་གང་ཡིན་པ་དེ་ནི་དགེ་བ་དང་ཤེས་རབས་དང་སྙིང་རྗེ་ཆེ་བ། ཆོས་ཟབ་མོ་སྟོང་པ་ཉིད་ལ་ལྷག་པར་མོས་པ། དགེ་བའི་རྩ་བ་ཆུང་ངུས་ངོམས་མི་ཤེས་ཤིང་། བློ་རྒྱ་ཆེན་པོ་ལ་དགའ་བ། མིག་ཐད་ཀར་ལྟ་མི་ཤེས་པར་ཕར་ཕྱིག་ཚུར་ཕྱིག་བྱེད་པ། ལག་པས་གཅིག་ཏུ་སྡོད་མི་ཚུགས་པར་ཟ་ན་རྗེའུ་དང་ཤིང་བུ་ཡང་བཏུབ་པ། དེ་ནི་བྱང་ཆུབ་སེམས་དཔའི་བློ་ཆེན་ཞེས་བྱ་བའི་རིགས་སུ་འགྱུར་ཏེ། དེའི་བརྒྱུད་ཀྱིས་སྟོན་པའི་བསྟན་པ་འཕེལ་བར་འགྱུར་གྱི་ང་〈དེ་〉སྐྱོངས་ཤིག

མའི་རིགས་གང་ཡིན་པ་དེ་ཤ་དམར་པོ་དང་། ཁྲག་དྲོན་མོ་ལ་དགའ་བ། (P. 7བ) སྙིང་རྗེ་ཆུང་བ། ཚོང་དང་ཁེ་སྤོགས་ལ་དགའ་བ། སྐད་ཆེ་བ། ངོ་ལེབ་པ། ཞེ་སྡང་དང་གདུག་སེམས་ཆེ་བ། གཞན་གྱི་སྐྱོན་ལ་རྟོག་པ། དཔའ་རྩལ་ཆེ་བ། ཆོས་ལ་ཡིད་མི་གཏོང་བ། ཤི་ནས་ངན་སོང་དུ་འགྲོ་བར་འགྱུར་ཞིང་། རྟོལ་〈གདོལ་〉པ་ཤ་ཟ་ཞེས་བྱ་བའི་རིགས་སུ་འགྱུར་ཏེ། དེས་མཐའི་རྒྱལ་ཁམས་འདུལ་བར་འགྱུར་གྱིས། དེ་ཡང་གསོས་ཤིག

དེ་ལྟར་སྤྲེའུ་དང་བྲག་སྲིན་མ་འདུས་པའི་རྒྱུ་〈བརྒྱུད་〉འཕེལ་བ་ནི་བོད་ཀྱི་མི་རྣམས་ཡིན་ནོ། །

འཕགས་པ་སྤྱན་རས་གཟིགས་ཀྱིས་ཞལ་ནས། ངས་ཀྱང་ཁྱོད་ཀྱི་རིགས་བརྒྱུད་ཆོས་དང་ཟང་ཟིང་གི་སྒོ་ནས་བསྐྱང་གིས་གསུང་ནས། སྟོན་ལ་འབྲུ་སྣ་ལྔ་བསྐུར་ཏེ། ནས། གྲོ། སོ་ག་〈བ〉། སྲན་མ། སྲན་ཆུང་དང་ལྔའོ། །གཞན་ཡང་འཕགས་པས་སྤྲེའུ་དེ་གསོས་ཞུལ་དུ་གསེར་སྤེ་ཕྱིར་གང་གཏོར་ཁྱོད་ཀྱི་རིགས་བརྒྱུད་རྣམས་མཐར་འཚོ་བ་གསེར་གྱིས་འཚོ་བར་འགྱུར་གསུང་ནས་བོད་མཐའ་འཁོབ་ཁ་བ་ཅན་གྱི་རིགས་བརྒྱུད་ཀྱི་རྒྱལ་ཁམས་འདི་གསེར་གྱིས་འཚོ

བར་བྱིན་གྱིས་བརླབས་སོ། །

དེ་ནས་སྤྲེའུ་དེས་འབྲུ་སྣ་ལྔ་པོ་ཁྱེར་ཏེ་ཡུལ་དེར་ས་ཕྱོགས་ཉམས་དགའ་བ། བཀྲ་ཤིས་པ། རང་བཞིན་གྱིས་ཡོན་ཏན་ཐམས་ཅད་འབྱུང་བ། ཡོན་ཏན་རྣམ་པ་དགུ་དང་ལྡན་པར་ཤེས་པའི་ས་ཕྱོགས་དེར་བཏབ་བོ། །དེར་སྟོན་ལོ་ཐོག་ཕུན་སུམ་ཚོགས་པར་སྨིན་པས། སྤྲེའུའི་ཕྲུ་གུ་རྣམས་ལ། འོ་ང་〈ད་〉མ་གིར་སོང་ལ་ཟོ་བྱས་པས་དེ་ལྟ་ཡང་ཡར་ལུང་ཟོ་ཐང་བྱ་བར་གྲགས་པ་དེ་ཡིན་ཏེ། དེར་སྤྲེའུའི་ཕྲུ་གུ་རྣམས་ལེགས་པར་བསྐྱངས་སོ། །དེ་ལྟ་བུའི་སྤྲེའུའི་ཕྲུ་གུ་དེ་ལ་རིགས་རྣམ་པ་བཞིར་གྱེས་ཏེ། སྨུ་དང་། སེ་དང་། ལྡོང་དང་། སྟོང་དང་བཞིའོ། །འཕགས་པ་སྤྱན་རས་གཟིགས་དབང་ཕྱུག་གིས་ཀྱང་། ཁ་བ་ཅན་གྱི་རྒྱལ་ཁམས་འདིར་དུས་དུས་སུ་རིན་པོ་ཆེའི་གཏེར་ཁུང་ཁ་བྱེ་བ་དང་། ཡུལ་གཞན་གྱི་ནོར་རྫས་ངོ་མཚར་ཅན་མང་པོ་ཡོང་བ་དང་། ཕྱོགས་ཐམས་ཅད་ནས་ལས་སྒོ་མང་པོ་བྱེ་བ་དང་། ཆོས་དང་ཟང་ཟིང་ཐམས་ཅད་འཕེལ་བར་འགྱུར་བ་དང་། སྐབས་སྐབས་སུ་བྱང་ཆུབ་སེམས་དཔའི་ཐོད་སྐལ་བ་རེ་འབྱུང་བར་བྱིན་གྱིས་བརླབས་སོ། །དེ་ནི་འཕགས་པ་སྤྱན་རས་གཟིགས་དབང་ཕྱུག་གིས་མཐའ་འཁོབ་ཁ་བ་ཅན་གྱི་སེམས་ཅན་རྣམས་ལ་དང་པོར་ཟང་ཟིང་གིས་བསྡུས་པ་ཡིན་ནོ། །ཞེས་བྱ་བ་ལ་སོགས་(P. 8ན) པར་བཀའ་ཆེམས་ཀྱི་ཡི་གེའི་ནང་ན་སྣང་བས་དེར་ལྟ་བར་བྱའོ། །

འདིར་ནི་བོད་ཁ་བ་ཅན་གྱི་མིའི་བྱུང་ཚུལ་ཟུར་ཙམ་བརྗོད་པ་ཡིན་གྱི། གངས་རིའི་མགོན་པོ་སྤྱན་རས་གཟིགས་ཉིད་འཕྲུལ་པ་མི་མངའ་བས་འདི་ཉིད་ཚད་མར་བྱའོ། །

ཁ་བ་ཅན་གྱི་མི་གང་ལས་འཕེལ་ཚུལ་སོང་ནས། གཉིས་པ་ཁྱད་པར་ཁ

བ་ཙན་**རྒྱལ་པོའི་གདུང་བརྒྱུད་ཐོན་ཚུལ་ནི།** བོད་ཀྱི་རྒྱལ་བརྒྱུད་འདི། མང་པོས་བསྐུར་བའི་རྒྱལ་པོའི་རིགས་ཡིན་པ་ལ་སྐྱོན་དུ་མེད་ཅིང༌། ཁ་ཅིག་ཀོ་ས་ལའི་རྒྱལ་པོ་གསལ་རྒྱལ་གྱི་སྲས་ལྷ་ཚོགས་ཡིན་ཟེར། ཁ་ཅིག་རྒྱལ་པོ་ཤར་ཕྱིན་གྱི་བུ་ཤར་བ། ཤར་བའི་བུ་རྒྱལ་པོ་དམག་བརྒྱ་པ། དེའི་བུ་ཡིན་ཟེར། ཁ་ཅིག་རྒྱལ་པོ་གཟུགས་ཅན་སྙིང་པོའི་བུ་ཆུང་བ་སྟོབས་ཆུང༌། སྟོབས་ཆུང་གི་སྲས་ལྷ་ཚོགས་ཡིན་ཟེར། འདིར་ཚད་མར་བྱ་རྒྱ་རྡ་ས་ལའི་རྒྱལ་པོ་འཆར་བྱེད་ཀྱི་བུ་མིག་མས་འགེགས་〈འགེབས〉པ། སོར་མོ་དྲ་བས་འབྲེལ་བ། མཚན་དང་ལྡན་པ་ཞིག་བྱུང་བས་སྐྲག་སྟེ་ཟངས་ཁ་སྦྱར་གྱི་ནང་དུ་བཅུག་ནས་གང་གཱ་ལ་སྐྱུར་བ་ཞིང་པས་རྙེད་དེ་གསོས་པས། ཆེར་སྐྱེས་པ་ན་སྔར་གྱི་གཏམ་བཤད་པས་ཡིད་སྐྱོ་སྟེ་ནགས་རིའི་ཕུག་ཏུ་བྲོས་པ་ན་རིམ་གྱིས་ལྷ་རིའི་ཡུལ་བའི་ཁར་ཐོན་ཏེ། བཙན་ཐང་སྒོ་བཞིར་ཐོན་པ་ལ་བོན་པོ་རྣམས་དམུ་ཐག་དང་དམུ་སྐས་ལ་ཡོངས་པས་ལྷ་ཡིན་ཟེར་རོ། །དེ་ནས་ཁྱོད་སུ་ཡིན་དྲིས་པས་བཙན་པོ་ཟེར། གང་ནས་ཐོན་དྲིས་པས་ནམ་མཁའ་ལ་མཛུབ་མོ་སྒྲེང་ཞིང་སྐད་མ་གོ་ནས་ཤིང་གི་ཁྲི་ལ་བཞག་སྟེ། མི་བཞིའི་གཉའ་ལ་ཁུར་ནས་འདི་ལ་ཁ་བ་ཅན་གྱི་རྗེ་བོ་བྱའོ་ཞེས་མིང་ཡང་གཉའ་ཁྲི་བཙན་པོར་བཏགས། རྒྱལ་པོ་ལ་སྤུ་བ་དེ་ཡིན་ནོ། །སྡོམ་ནི〈ན〉། བོད་ཀྱི་རྒྱལ་པོ་ཁྲི་བདུན་ལྡེ་པ་གཅིག །ལེགས་དྲུག་ལྡེ་བརྒྱད་བཙན་བཞི་ཞེས་བྱ་བ། །ཉེ་ཤུ་རྩ་དྲུག་སྟོན་གྱི་རྒྱལ་པོ་ཡིན། །སྐྱིད་པའི་གདུང་རབས་དག་ནི་ཕྱེད་དང་བཅུ། །ཤིན་ཏུ་སྐྱིད་པ་རྒྱལ་རབས་ཕྱེད་དང་བཞི། །དེ་ལྟར་བཞི་བཅུ་བོད་ཀྱི་སྐྱིད་པའི་དུས། །འོན་ཀྱང་དམ་ཆོས་དར་ལས་འགྲུབ་པ་མེད། །དེ་ཚུལ་རྒྱས་པར་བཤད་ན་མཐའ་ཡས་སོ། །

མདོར་བསྡུས་ན། རྗེ་གཉའ་ཁྲི་བཙན་པོ། དིང་ཁྲི་བཙན་པོ། སྨུ་ཁྲི་

བཙན་པོ། སྲིབས་ཁྲི་བཙན་པོ། གདགས་ཁྲི་བཙན་པོ། སོ་ཁྲི་བཙན་པོ། གྲི་གུང་〈 གུམ་ 〉 བཙན་པོ་དང་བདུན་ལ་བོད་ཀྱི་རྒྱལ་པོ་གནམ་ལ་ཁྲི་བདུན་ཞེས་གྲགས་པ་ཡིན་ནོ། །གྲི་གུང་〈 གུམ་ 〉 བཙན་པོ་ཡན་ལ་སྐུ་འདའ་ཁར་དམུ་སྐས་(P. 8བ) ལ་གཤེགས་ཏེ་འོད་དུ་ཡལ་འགྲོ། གྲི་གུང་〈 གུམ་ 〉 བཙན་པོའི་རིང་ལ་དམུ་སྐས་ཆད་ནས། དེ་ཕྱིན་ཆད་སྤུར་ས་ལ་ལས་པ་ཡིན་ཟེར་རོ། །ཐ་མ་འདིའི་རིང་ལ་རྫོལ་བོན་དར་རོ། །

དེའི་སྲས་སྤུ་ལྡེ་གུང་རྒྱལ་ལ་ལྡེ་པ་གཅིག་ཞེས་བྱའོ། །དེའི་སྲས་ཐུབ་དེ་གོ་རུ་ལེགས། དེ་བཞིན་དུ་དེ་ཤོ་ལེགས། འབྲོང་ལེགས། ཨི་ཤོ་ལེགས། དེས་འཆིང་བར་སྟག་རྩེ་བརྩིགས་ཏེ་མཁར་ལ་སྤྱ་བ་དེ་ཡིན་ནོ། །གཅེན་རི་གནམ་ཟེ་ལེགས། གཙུང་ཟ་གནམ་ཟེ་ལེགས་རྣམས་ནི་ས་ལ་ལེགས་དྲུག་ཞེས་གྲགས་པ་ཡིན་ནོ། །དེའི་སྲས་ལྡེ་གནམ་ཟ་བཙན་པོ། ལྡེ་གནམ་འཕྲུལ་པོ། གཞུང་བཙན། ལྡེ་རྒྱུན་བུ། ལྡེ་སྣོལ་པོ། ལྡེ་སོ་སྣོལ་ནམ། ལྡེ་རྒྱུན་ནམ། ལྡེ་སོ་སྣོལ་པོ། ལྡེ་རྒྱལ་པོ་རྣམས་ནི་བར་གྱི་ལྡེ་བརྒྱད་ཡིན་ནོ། །(འདིར་གཅིག་མང་བས་དཀུ་འདུག་སྙིག་པ་པོས།) དེའི་སྲས་རྒྱལ་པོ་ཐོ་རི་ལོང་བཙན། དེ་བཞིན་དུ་ཁྲི་བཙན། ཁྲི་སྒྲ་དཔུང་བཙན། ཁྲི་ཐོག་རྗེ་ཐོག་བཙན་རྣམས་ནི་བཙན་བཞིའོ། །ཐོག་རྗེ་ཐེག་བཙན་གྱི་སྲས། ལྷ་ཐོ་ཐོ་རི་སྙན་བཙན་བྱོན་པའི་ཚེ་དགུང་ལོ་དྲུག་ཅུ་བཞེས་པ་ན། ཕོ་བྲང་ཡུམ་བུ་བླ་སྒང་གི་རྩེ་ན་བཞུགས་པ་ལ་ནམ་མཁའ་ནས་ཟ་མ་ཏོག་གཅིག་བབས། ཁ་ཕྱེ་བའི་〈 བས་ 〉 ནང་ནས་གསེར་གྱིས་མཆོད་རྟེན་ཁྲི་འཕུང་བཞི་ཕྱག་རྒྱ་དྲུག་རྫོགས་པ་གཅིག་ཐུགས་སངས་རྒྱས་ཀྱི་རྟེན་དུ་བྱོན། གསེར་གྱི་མདོ་སྡེ་ཟ་མ་ཏོག་པ་གཅིག་གསུང་ཆོས་ཀྱི་རྟེན་དུ་བྱོན། ལས་དགེ་བཅུའི་མདོ་དང་དཔའ་སྐོང་ཕྱག་རྒྱ་པ་མུ་དྲ་དང་བཅས་པ་

གཅིག་སྐུ་དགེ་འདུན་གྱི་རྗེན་དུ་ཕྱིན། བོན་དང་ཆོས་སུ་སུ་ཤོན་མ་ཕྱེད་པར། གཉན་པོ་གསང་བར་མཚན་གསོལ་ཏེ། མཁར་ཡོམ་བུ་བླ་སྒང་གི་རྩེར་དར་འཕོག་ཏུ་དྲིལ་ཏེ། བདེ་འདོད་སྡུག་བསྔལ་སྤྱོང་བའི་ཐབས་སུ་ཤེས་ནས། གསེར་〖སྐྱེམས་〗དང་གཡུ་སྔོན་གྱིས་མཆོད་ཅིང་གསོལ་བ་བཏབ་པས། རྒྱལ་པོ་ཉིད་ཀྱིས་དགུང་ལོ་ཉི་ཤུ་ཐོབ། ནུབ་མ་རྫེའི་རྣལ་ལམ་དུ། ད་གདུང་རབས་ལྔ་ནས་འདིའི་དོན་ཤེས་པ་འབྱུང་ཞེས་ལུང་བསྟན་ནོ། །དེའི་ནང་ཚོགས་འཕགས་པའི་གསུང་ནམ་མཁའ་ལ་རང་གྲག་ཏུ་ཕྱིན་ཏེ། བོད་ལུང་དུ་དམ་པ་ཆོས་ཀྱི་དབུ་བརྙེས་སོ། །ནམ་ལངས་སོ། །ཉི་མ་ཤར་རོ་ཞེས་བྱ་བའི་སྒྲ་སྒྲོགས་པར་གྱུར་སྐད། རྗེ་ཉིད་ཀྱིས་སྲས་དང་བློན་འབངས་རྣམས་ལ་བཀའ་ཆེམས་གསུངས་ཏེ། ཐམས་ཅད་དབང་དུ་སྡུད་ན་སྙིང་རྗེས་སྤྱི་ཚོག་སྐྱོངས། ཕྱོགས་བཞིའི་རྒྱལ་ཕྲན་འདུལ་ན་ནང་གི་ཁྲིམས་ལྷ་སྟོམས། （P. 9ན）བདེ་འདོད་སྡུག་བསྔལ་སྤྱོང་ན་གཉན་པོ་གསང་བ་མཆོད། ངའི་རྨི་ལམ་བདེན་ན་རྒྱ་ཆོས་བོད་དུ་དར། ཅེས་གསུངས་སྐད།

དེའི་སྲས་ཁྲི་གཉན་གཟུངས་བཙན། དེའི་སྲས་འབྲོ་གཉེན་ལྡེ་རུ། དེའི་སྲས་སྟག་རི་གཉན་གཟིགས་སྐུ་ཡོང་ཞིག་སྐྱེས་པ་རྒྱལ་སར་སྟོན་ཏེ་གཉན་པོ་གསང་བ་མཆོད་པས་སྤྱན་བྱེ་ནས་སྟག་རི་ལ་གཉན་འགྲོ་བ་གཟིགས་པས་མཚན་དེ་ལྟར་གྲགས་སོ། །རྒྱལ་པོ་འདིའི་རིང་ལ་བོད་རུ་བཞིར་བགོས་སྐད། རུ་འབོད་ཀྱི་རྒྱལ་ཁམས་ལ། དབུ་རུ་ལ་སྟོད་ལྡེ་〈སྟོང་སྡེ་〉བཅུ་གཉིས་སྟོང་ཆུང་དུའང་བཅུ་གསུམ། རུ་ལག་ལ་སྟོད་ལྡེ་〈སྟོང་སྡེ་〉བརྒྱད་ཆུང་ངུ་དང་དགུ། གཡོན་རུ་ཕྲ་ཡང་དེ་བཞིན། གཡས་རུ་ལ་སྟོང་སྡེ་དྲུག་ཆུང་ངུ་དང་དགུ། སུམ་པ་ལ་སྟོང་སྡེ་བརྒྱད་དོ། །དབུ་རུའི་མཚམས་ནི། ཤོར་འོལ་ཁ་ཤུག་བུ་བདུན།

ནུབ་སྙི་མོ་གཞུ། བྱང་སྲུས་ཀྱི་སླང་མ་གུར་ཕུབ། སྟོ་རྨལ་〔རྨ་ལ་〕ལ་རྒྱུད། དབུས་ཚོད་ལྷ་ས། གཡོན་ རུ་ཤར་གོང་ཡུལ་བྲེས་སྣ། ནུབ་ཁ་རག་སྤྱི་བདུད། བྱང་རྨ་ལ་ལ་རྒྱུད། སྟོ་ཤ་ཝུད་སྟག་སྒོ། དབུས་ཚོད་ཡར་ལུངས་ཁྲ་འབྲུག གཡས་རུའི་ཤར་སྲུས་ཀྱི་སླིང་མ་གུར་ཕུབ། ནུབ་གཙང་ཉེ་མ་རྒྱུ་གྲེས། བྱང་རྨའུ་ཧི་ཚུ། སྟོ་གཉེ་མོ་གཡུག་པོ་སྣ། དབུས་ཤངས་ཀྱི་ཞོང་ཞོང་། རུ་ལག་གི་ཤར་འཇམ་གྱི་ནེ་བཀྲ། ནུབ་རྐྱེན་ས་ལག་མིག བྱང་བྱེ་མ་ལ་སྟོན། སྟོ་བལ་པོ་སླིང་རྒྱུད། དབུས་ཚོད་སྲུས་ཀྱི་དུར་ས་སྣ། སུམ་པ་རུའི་ཡན་ལག་གི་རུའི་མཚམས་ནི། ཤངས་ཉེ་ཡུལ་བྲག་ལམ། ནུབ་ཡེལ་ཞབས་སྡེ་〈སྡིང་〉པོ་ཆེ། བྱང་ནགས་ཤོད་གཟིག་མ་འཕྲང་། སྟོ་སྨེའུ་ཚུ་ནག དབུས་རྒྱ་ཤོད་སྟག་ཚལ་ལོ། །དེ་རྣམས་རུ་བཞིའི་ས་མཚམས་ཟུར་ཙམ་མོ། །རྒྱས་པར་ནི་གཞན་དུ་ལྟ་བར་བྱའོ། །

སྟག་རི་གཉན་གཟིགས་ལ་སྲས་གནམ་རི་སྲོང་བཙན། དེའི་ཚེ་དེའི་དུས་ན་བྱང་ཆུབ་སེམས་དཔའ་འཕགས་པ་སྤྱན་རས་གཟིགས་དབང་ཕྱུག་གིས། ཁ་བ་ཅན་གྱི་སེམས་ཅན་རྣམས་དང་པོར་ཟང་ཟིང་གིས་བསྡུས། ཐོ་ཐོ་རི་གཉན་བཙན་གྱི་རིང་ལ་ཆོས་ཀྱི་བག་ཆགས་སད་པར་བྱས། ད་ནི་ཆོས་ཀྱི་སྣོད་རུང་འདུལ་བའི་དུས་ལ་བབ་པར་མཁྱེན་ནས། ཁ་བ་ཅན་དུ་སྤྱན་ཟུར་གཅིག་གཟིགས་པའི་སྙིན་མཚམས་ཀྱི་མཛོད་སྤུ་ནས། འོད་ཟེར་སྐྲ་མདའ་ལྟ་བུ་ཞིག་ནར་སོང་བས། སྟོན་མདར་སྦྲང་སྟོང་〈སྟོད་〉ཚལ་བྱ་བ་ན། རྒྱལ་པོའི་ཕོ་བྲང་བྱམས་པ་མི་འགྱུར་པ་ཞེས་བྱ་བ་ཡོད་དེ། དེ་ནས་ཡབ་རྒྱལ་པོ་གནམ་རི་སྲོང་བཙན་དང་། ཡུམ་འབྲོ་ཟ་ཐོད་དཀར་ཞེས་བྱ་བ་གཉིས་རིན་པོ་ཆེའི་ཁྲི་ལ་(P. 9བ) བཞུགས་པའི་དུས་སུ། ཡུམ་གྱི་ཐུགས་ཀར་ཐིམ་པར་གྱུར་ཏོ། །དེ་

ལ་གྲུས་མཚན་དང་ལྡན་པ་དབུ་ལ་ཨ་མི་དེ་བ་བཞུགས་པ་ཞིག་མེ་མོ་སླང་ལ་བསྣམས་ཏེ། ཁྲི་ལྡེ་སྲོང་བཙན་དུ་བཏགས་སོ། །དབུའི་འོད་དཔག་མེད་དར་ལེབ་ཏན་གྱིས་དཀྲིས་ཏེ། ལོ་བཅུ་གསུམ་པ་ལ་རྒྱལ་སར་སྟོན། མཐའི་རྒྱལ་འཕྲན་〈ཕྲན་〉ཐམས་ཅད་དབང་དུ་འདུས་ཏེ་སྐྱེས་འབུལ་ཕྲིན་ཡིག་གློག་གོ །

དེ་ལ་བོད་ལ་ཡི་གེ་མེད་པས། ཐོན་མི་ཨ་ནུའི་བུ་འཁོར་བཅུ་དྲུག་དང་བཅས་པ་ཡི་གེ་སློབ་དུ་རྒྱ་གར་ལ་བཏང་བས། མཁས་པ་ལི་བྱིན་གྱི་དྲུང་དུ་ཡི་གེ་བསླབས། པཎྜི་ཏ་ལྷ་〈ལྷ་〉རིག་པའི་སེང་གེ་ལ་བསླབས་ཏེ་བོད་སྐད་དང་བསྟུན་ནས་གསལ་བྱེད་སུམ་ཅུ་དང་། ཨ་ལི་བཞིར་བསྡུས་ཏེ། གཟུགས་ཁ་ཚེའི་ཡི་གེ་དང་བསྟུན་ནས་ལྷ་སའི་སྐུ་མཁར་མ་རུར་བཅོས་ནས། ཡི་གེ་དང་སྒྲའི་བསྟན་བཅོས་བརྒྱད་མཛད་པ་ལ་རྒྱལ་པོས་ལོ་བཞི་རུ་མཚམས་བཅད་དེ་བསླབས་སོ། །མདོ་ཟ་མ་ཏོག་བཀོད་པ། དཔའ་སྐོང་ཕྱག་རྒྱ་པ། གཟུངས་ཚིན་ཏ་མ་ཎི། དཀོན་མཆོག་སྤྲིན་ལ་སོགས་པ་ཐེག་པ་ཆེན་པོའི་མདོ་སྡེ་མང་དུ་བསྒྱུར། དེའི་ཚེ་རྒྱལ་པོ་ལོ་བཞིར་ཕྱིར་ཨ་ཐོན་པ་དང་། བློན་པོ་རྣམས་ན་རེ། རྒྱལ་པོ་ནི་ཕྱིར་མི་ཐུབ་པས་ཅི་ཡང་མི་ཤེས་པ་ཞིག་གོ །བོད་ཀྱི་བདེ་སྐྱིད་ཐམས་ཅད་ངེད་ཀྱིས་བྱས་ཟེར་བ་རྒྱལ་པོས་གསན་པས། རྒྱལ་པོའི་ཞལ་ནས། ཁྱེད་རྣམས་ངས་བྱས་མ་ཆེ་ཞིག་〈ཤིག〉 །རྒྱལ་པོ་གདན་ལས་མ་གཡོས་ན་འབངས་བདེ་ཞིང་སྐྱིད་པ་ཡིན། ང་ཡང་ཁྱེད་རྣམས་དེ་སྐད་ཟེར་ན། ངས་བྱས་སམ་ཁྱེད་ཀྱིས་བྱས་གསལ་བར་འགྱུར། ངས་ཁྲིམས་བཟང་པོ་གཅིག་བཅའ་ཡིས་གསུངས་ནས། དགེ་བ་བཅུའི་ཁྲིམས་བཅས་པས། བོད་བདེ་སྐྱིད་ཐར་བས་ཆེ་བར་གྱུར་ཏོ། །

དེར་བློན་པོ་རྣམས་ན་རེ། རྒྱལ་པོ་ནི་ཐུགས་ཤིན་ཏུ་སྐམ་མོ་ཞེས་པས་མཚན་ཡང་དེ་ལྟར་གྲགས་སོ། །

དེ་ནས་རྒྱལ་པོ་དེས་རྒྱ་གར་ལྷོ་ཕྱོགས་ནས་ཙན་དན་སྤྲུལ་གྱི་སྙིང་པོ་ལ་རང་བྱོན་དུ་བྱོན་པའི་སྤྱན་རས་གཟིགས་བཅུ་གཅིག་ཞལ་ལ་སོགས་པའི་ངོ་མཚར་ཅན་མང་པོ་སྤྱན་དྲངས། རྒྱ་གར་དུ་རྒྱལ་པོ་ཨུ་མ་ཏ་གེ་སར་ལ་སོགས་པ་འགྲོ་བ་མང་པོའི་དོན་རྒྱ་ཆེན་པོ་མཛད། བལ་པོའི་རྒྱལ་པོ་འོད་ཟེར་གོ་ཆའི་སྲས་མོ་ཁྲི་གཉེར་ཅན་གྱི་སྤྲུལ་པ་བལ་མོ་ཟ་ཁྲི་བཙུན་ཁབ་ཏུ་བཞེས་པས། དེའི་ལྷ་མི་བསྐྱོད་རྡོ་རྗེ། བྱམས་པ་ཆོས་ཀྱི་འཁོར་ལོ། ཙན་དན་གྱི་རྗེ་མོ་སྒྲོལ་མ་རྣམས་སྤྱན་དྲངས། རྒྱའི་རྒྱལ་པོ་སེང་གེ་བཙན་གྱི་སྲས་མོ་རྗེ་མོ་སྒྲོལ་མའི་སྤྲུལ་པ་རྒྱལ་མོ་ཟ་ཀོང་(P. 10ན)ཅོ་ཁབ་ཏུ་བཞེས། དེས་ལྷ་ས་འཕྲུལ་སྣང་གི་ཇོ་བོ་སྤྱན་དྲངས་སོ། །དེ་ནས་ཁྲི་བཙུན་གྱིས་གཙུག་ལག་ཁང་ཅིག་བཞེང་འདོད་ནས་བཙུག་ལག་ཁང་མང་པོའི་འགྲམ་གཞི་བཙུགས་ཀྱང་བཞེངས་སུ་མ་བཏུབ་པར། བོད་ཀྱི་ས་གཞི་སྲིན་མོ་གན་རྐྱལ་དུ་འགྱེལ་བ་འདྲ་བ་འདི་མནན་དགོས་པར་གཟིགས་ནས། དཔུང་པ་གཡས་ལ་ཁ་ཚལ། གཡོན་ལ་ཁྲ་འབྲུག རྐང་པ་གཡས་ལ་གཙང་འགྲམ། གཡོན་ལ་གྲོམ་པ་རྒྱང་རྗེ་ཏུ་བཞིའི་གཙུག་ལག་ཁང་ཆེན་པོ་བཞི། གྲུ་མོ་གཡས་ལ་ཀོང་པོ་བུ་ཆུ། གཡོན་ལ་ལྷོ་བྲག་ཁོམ་འཐིང་། དཔུས་མོ་གཡས་ཀ་བྲག གཡོན་ལ་དྲ་དུམ་ཙེ་སྟེ་མཐའ་འདུལ་གྱི་གཙུག་ལག་ཁང་བཞི། ལག་མཐིལ་གཡས་ལ་བྱང་ཚལ་གྱི་ཀླུང་ནོན། གཡོན་ལ་ཁམས་ཀྱི་གླིང་ཐང་སྒྲོལ་མ། རྐང་མཐིལ་གཡས་ལ་མང་ཡུལ་བྱམས་སྤྲིན། གཡོན་ལ་མོན་ཡུལ་བུམ་ཐང་། སྤུ་གྲོ་སྐྱེར་ཆུ་ལ་སོགས་པ་གཙུག་ལག་ཁང་མང་པོ་བཞེངས་ནས། སྙིང་འོ་ཐང་མཚོ་ལ་རྗེ་མཁར་བརྩིགས། ཤིང་གིས་ཕུག གླུའི་འདམ་གྱིས་ཞལ་ཞལ་བྱས། ར་ལ་ས་བཀལ་ནས་བདལ་ཏེ་ལྷ་སའི་གཙུག་ལག་ཁང་ར་ས་འཕྲུལ་སྣང་བཞེངས། སློ་འབུར་བྱང་མར་བཟོ་རྒྱུ་སྦྱི〈ཕྱུད〉དག་པ་ལས

རང་བྱོན་དུ་བྱོན་ངའི་〈པའི་〉ཇོ་བོ་ཐུགས་རྗེ་ཆེན་པོ་བཅུ་གཅིག་ཞལ་བཞུགས་སོ། །

དེ་ནས་རྒྱལ་པོས་རྒྱ་ནག་རི་བོ་རྩེ་ལྔར་བྱོན་ནས་ལྷ་ཁང་བརྒྱ་རྩ་བརྒྱད་བཞེངས་སོ། །རྒྱ་མོ་བཟའ་ཀོང་ཅོས་ར་མོ་ཆེའི་གཙུག་ལག་ཁང་བཞེངས་སོ། །དེའི་ཚེ་རྒྱ་གར་གྱི་སློབ་དཔོན་ཀུ་ས་ར་དང་། བྲམ་ཟེ་ཤཾ་ཁ་ར་དང་། བལ་པོའི་སློབ་དཔོན་ཤི་ལ་མཉྫུ་དང་། རྒྱ་ནག་གི་སློབ་དཔོན་ཧ་ཤང་མ་ཧ་དེ་བ་ཚེ་དང་། ལོ་ཙྪ་བ་ཐོན་མི་སམ་བྷོ་ཊ་དང་། དེའི་མན་དུ་དྷརྨ་ཀོ་ཤ་དང་། ལྷ་ལུང་རྡོ་རྗེ་དཔལ་རྣམས་ཀྱིས་ཆོས་ཅི་རིགས་སུ་བསྒྱུར་ཅིང་གཏན་ལ་ཕབ་བོ། །རྒྱལ་པོ་དེ་ནི་ཐུགས་རྗེ་ཆེན་པོའི་སྤྲུལ་པ་ཡིན་ཏེ། ཁྲིམས་ར་དུ་མ་ཞིག་བཅས་ཀྱང་སེམས་ཅན་ལ་གནོད་པ་ཙུང་ཟད་མེད་ཅིང་། གཙུག་ལག་ཁང་བརྒྱ་རྩ་བརྒྱད་བཞེངས་པ་ལ་སོགས་པ་སྤྲུལ་པ་ཁོ་ནས་བཞེངས་པ་དང་། གཞན་ཡང་ཐུགས་རྗེ་ཆེན་པོའི་སྤྲུལ་པ་ཡིན་པ། ཕྱི་ནུབ་མཚམས་སུ་མཆོད་རྟེན་མགོ་ལྔ་པ་ཅིག་བཞེངས་པའི་དུས་བཙུན་པའི་ཆ་བྱད་ཅན་དང་མཇལ་བ་དང་། ལིའི་བཙུན་པ་གཉིས་ཀྱི་ལོ་རྒྱུས་ཀྱང་ཡོད་དོ། །རྒྱལ་པོ་དེས་ལོ་དྲུག་ཅུ་རྩ་དྲུག་རྒྱལ་སྲིད་བཟུང་སྟེ། བརྒྱད་ཅུ་རྩ་གཉིས་བཞེས་པའི་ཚེ། མོང་བཟའ་ཁྲི་ལྕམ་དང་། བློན་པོ་སྣ་ཆེན་པོ་གཉིས་ལ་ཞལ་ཆེམས་བཞག་པ། དེ་ནས་མི་རབས་ལྔ་ཉིད་ན། །ཆོས་སྐྱོང་རྒྱལ་པོ་འབྱོན་པར་འགྱུར། །དམ་ཆོས་མ་ལུས་ (P. 10བ) རྒྱས་པར་བྱེད། །ཐ་མ་དེ་ཡང་སངས་རྒྱས་འགྱུར། །དེ་ནས་མི་རབས་འགའ་ལོན་ནས། །རྒྱལ་པོ་བྱོལ་སོང་མིང་ཅན་འབྱོན། །དམ་ཆོས་མ་ལུས་སྤུབ་པར་བྱེད། །ཐ་མ་སེམས་ཅན་འཁྲུལ་བར་འགྲོ། །དེ་ནས་མི་རབས་འགའ་ཞིག་ན། །དམ་ཆོས་མེ་སྟག་ཙམ་ཅིག་འབྱོན། །ཁ་བ་ཅན་གྱི་རྒྱལ་ཁམས་འདིར། །

མར་མེ་འཆི་ཁར་གསལ་བ་བཞིན། །རྟགས་ཙམ་འཛིན་པའི་དུས་སུ་ནི། །བསྟན་པ་ཤིན་ཏུ་གསལ་བ་འབྱུང་། །ཅེས་པ་ལ་སོགས་པའི་བཀའ་ཆེམས་མང་དུ་གསུངས་ནས། རྒྱལ་པོ་ཉིད་རྗེ་བོ་ཐུགས་རྗེ་ཆེན་པོ་ཞལ་བཅུ་གཅིག་པ་ལ་ཐིམ་མོ། །ཁྲི་བཙུན་གྱི་ཞལ་ནས། མཁའ་ལ་ཉི་མ་ཤར་ཙ་ན། །མུན་པ་དག་ལ་བསྟད་དབང་མེད། །སངས་རྒྱས་བྱིན་རླབས་ཞུགས་ཙ་ན། །དུག་ལྔ་དག་ལ་བསྟད་དབང་མེད། །སེམས་ལ་རྟོགས་པ་ཤར་ཙ་ན། །མ་རིག་པ་ལ་བསྟད་དབང་མེད། །སངས་རྒྱས་ཐུགས་རྗེས་བསྐུལ་ཙ་ན། །འཇིག་རྟེན་དག་ཏུ་བསྟད་དབང་མེད། །རང་ལུས་སངས་རྒྱས་ཐོབ་འདོད་ན། །སྤྱན་རས་གཟིགས་ལ་གསོལ་བ་འདེབས། །ཅེས་གསུངས་ནས་རྗེ་བོའི་སྐུ་ལ་ཐིམ་མོ། །ཀོང་ཇོའི་ཞལ་ནས། ལྷ་ཤཱཀྱ་མུ་ནེ་ར་མོ་ཆེ་ནས་གདན་དྲངས། འཕྲུལ་སྣང་གི་སློ་འབུར་དུ་སྤྱོས་སྒོ་ལ་ཞལ་ཞལ་གྱིས་ལ་འཇམ་དཔལ་གྱི་སྐུ་བྲིས་གཅིག་གསུང་སྟེ་དེ་ཡང་རྗེ་བོ་ཐུགས་རྗེ་ཆེན་མོ་ལ་ཐིམ་མོ། །བློན་པོ་རྣམས་ཀྱིས་ཀྱང་ལྷ་གཉིས་བརྗེས་ཏེ་ཞལ་ཆེམས་ལྟར་བྱས་སོ། །

དེའི་སྲས་གུང་སྲོང་གུང་བཙན། དེའི་སྲས་མང་སྲོང་མང་བཙན། དེའི་སྲས་འདུ་སྲོང་མང་པོ་རྗེ་རླུང་ནམ་འཕྲུལ་གྱི་རྒྱལ་པོ། དེའི་སྲས་ཁྲི་ལྡེ་གཙུག་བཙན་མེས་ཨག་ཚོམས་ཏེ་བཅུ་ལ། གུང་སྲོང་གུང་བཙན་ལོ་བཅུ་གསུམ་ལོན་ནས་ལོ་བཅོ་ལྔ་ཆབ་སྲིད་གཟུང་ནས་འདས་ཏེ་སྔར་ཡབ་ཀྱིས་ཆབ་སྲིད་གཟུང་〈བཟུང་〉པས་བྱེད་དུ་བཅུག་སྟེ། སྐྱིད་པའི་གདུང་རབས་བྱེད་དང་བཅུའོ། །ཁྲི་ལྡེ་གཙུག་བརྟན་གྱིས་ལྷ་ས་མཁར་བྲག འཆིམས་ཕུ་ནམ་དྲལ། དེར་འཕུར་མཁར་སྟེ། མདོ་སྣང་ལི་ཚུ་ཁྲི་རྩེ། བྲག་དམར་དུ་ཀྭ་ཚུ་ཤར་སྒོ། འཕང་ཐང་ཀ་མེད། ཀ་ཚུ་པན་ཚུང་། བྲག་དམར་མགྲིན་བཟངས་ལ་སོགས་པ་བཞེངས།

ཐན་ཀ་ནུ་ལ་ཀོ་ཤ་དང་། སྐེགས་ཛཱཉྙ་ན་ཀུ་མ་རས་མདོ་སྡེ་ལས་བརྒྱ་པ་དང་། གསེར་འོད་དམ་པ་དང་གཉིས་བསྒྱུར། རྩིས་དང་སྨན་དཔྱད་ལ་སོགས་པའང་བསྒྱུར་ཏེ། ཆོས་བསྲོལ་〈སྲོལ་〉ཆེར་མཛད་དོ། །

དེའི་སྲས་ལྷུང་ཚ་ལྷ་དབོན་ལ་རྒྱའི་རྒྱལ་པོའི་སྲས་མོ་ཀྲིམ་ཤིམ་ཀོང་ཅོ་བླངས་པས། བུ་ཤི་སྡེ་མེས(P. 11ན) དང་འདུས་ནས་ལྷ་ཤྲཱ་ཀྲ་ནུ་ནེ་བཙལ་ཏེ་མཆོད་པ་བྱས་གསོལ་བ་བཏབ་པས། དེ་ལ་སྲས་མཚན་ལྡན་ཞིག་ས་ཕོ་རྟའི་ལོ་དཔྱིད་ཟླ་ར་བའི་སྐར་མ་རྒྱལ་གྱི་ཉིན་ནམ་ལངས་ཉི་མ་ཤར་བ་ལ་སྐུ་འཁྲུངས་སོ། །ཡབ་རྒྱལ་པོ་ལ་འཕང་ཐང་དུ་བསྟན་པར་ཆས་པ་ན། རྒྱལ་བུ་སྟ་ནམ་ཟས་ཕྲོགས་ཏེ། སྟ་ནམ་གྱི་བུར་བྱས་དགུང་ལོ་བཞི་ལོན་ཙ་ན་རྒྱལ་བུ་རང་ལ་རང་གིས་མཚན་གསོལ་ཏེ། ཁྲི་སྲོང་ལྡེ་བཙན་ལགས། ཞེས་གསུང་ངོ་། །

དེ་ནས་རྒྱལ་བུ་དགུང་ལོ་བཅུ་གསུམ་ལོན་པའི་ཚེ། ཡབ་རྒྱལ་པོ་ལྷ་བཙུན་ལྷ་ལ་སྐུ་གཤེགས་ནས། ཁྲི་སྲོང་ལྡེ་བཙན་རྒྱལ་སར་སྟོན། རྒྱལ་བུ་དེས། རྒྱའི་ཡུལ་དུ་སང་ཤི་ལ་སོགས་མི་བཞི་ཆོས་ཆོལ་དུ་བཏང་ངོ་། །དེའི་དུས་སུ་ཏ་ཤང་མདོན་ཤེས་ཅན་གྱིས་བོད་〚ཀྱི་〛ཕོ་ཉ་བ་འཕགས་པ་བྱང་སེམས་ཀྱི་སྤྲུལ་པ་ཞིག་འོངས་སྟེ་འདི་འདྲའོ་ཞེས་འབག་བྱས་སོ། །སླེབས་པ་དང་རྒྱའི་རྒྱལ་པོས་བསྙེན་བཀུར་དང་། ཆོས་མང་པོ་བསྒྱུར། ཏ་ཞང་ཞིག་དང་བཅས་པ་བཙྫངས་ཏེ་བོད་དུ་སླེབ་པ་ན། རྒྱལ་བུས་ཡབ་མེས་ཀྱི་ཆོས་ལུགས་བཞིན་བྱེད་པར་བྱས་པ་ལ་བློན་པོ་རྣམས་ཀྱི་སྡུག་པར་བྱས། བློན་པོ་རྣམས་ཀྱིས་ཆོས་ཁྲིམས་གཤིག་སྟེ། ལྷ་ཤྲཱ་ཀྱ་ནུ་ནེ་རྒྱ་ཡུལ་དུ་སྐྱེལ་བར་བརྩམས་པས། མི་གསུམ་བཀྱུས་མ་ཐེག་པར་བྱེ་ཐེམས་སུ་སྦས་ལྷ་སར་བཤས་ར་བྱས་སོ། །དེའི་ཚེ་སྟ་ནམ་ཁྲི་ཐོག་རྗེ་ཐང་ལ་འབར་ཞེས་བྱ་བ་རྒྱབ་གས་ནས་ཤི། ཅོག་གྲུ་སྐྱེས་ངམས་རྒྱལ་འགོང་བྱ་

བ་བསྐམས་ནས་ཤི་བ་ལྷ་བྱེ་འོག་ཏུ་བཙུག་པས་ལན་ཟེར། ཏྲེའུ་གཉིས་ཀྱིས་བཏེག་ནས་ལྷ་མང་ཡུལ་སྐྱིད་གྲོང་དུ་བསྐྱལ་ལོ། །མཁར་བྲག་དང་མགྲིན་བཟངས་གཤེགས་སོ། །དེའི་ཚེ་བ་ལམ་སླག་གི་སྦས་གསལ་སྣང་གི་བུ་ཚ་མིང་སྲིང་གཉིས་དུས་གཅིག་ལ་གྲུམ་ནས་ཧ་ཤང་གིས་ཚེ་ག་བྱས་ཏེ། བུ་མོ་ལོ་དུས་ན་རང་གི་བུར་སྐྱེས་ནས་སྐྱེ་བ་དྲན་པ་ཅིག་བྱུང་སྟེ། རྒྱལ་པོས་མང་ཡུལ་གྱི་ཁར་བློན་པོར་བསྐོས་ཏེ་བཏང་ངོ་། །

དེའི་ཚེ་སང་ཤིས་ཆོས་བྲག་ལ་སྦས་པ་བཏོན། རྒྱལ་པོ་ལ་ཡབ་མེས་ཀྱི་ཆོས་བསྒྲོལ་〈སྒྲོལ་〉ཆེར་མཛད་པ་དང་། ཆོས་ཀྱི་གཏམ་བྱས། ཆོས་སྦས་པ་རྣམས་སྣན་དུ་གསོལ་བས་དད་པར་གྱུར་ཏེ། སང་ཤི་ལ། རྒྱ་མི་འགོ་དང་། པཎྜི་ཏ་ཨ་ནན་ཏ་དང་གསུམ་གྱིས་བསྒྱུར་ཅིང་གསུངས་ཏེ་བསྒྱུར་བར་བརྩམས་པ་ན། བློན་པོ་མ་ཞང་གྲོམ་པ་སྐྱེས་ལ་སོགས་པས་བཀག་གོ །དེར་བློན་པོ་ཆོས་ལ་དགའ་བ་རྣམས་ཀྱིས་སང་ཤི་མང་ཡུལ་དུ་བཟུངས་སོ། །གསལ་སྣང་གིས་མང་ཡུལ་དུ་མ(P. 11བ)བསྟོད་པར་རྒྱ་གར་དུ་ཕྱིན་ནས། མ་ཧ་བོ་དྷི་དང་། ཤྲིན་ལེན་ཏ་ལ་མཆོད་པ་བྱས། བལ་ཡུལ་དུ་མཁན་པོ་བོ་དྷི་ས་ཏྭ་དང་མཇལ་ཏེ་མང་ཡུལ་དུ་སྤྱན་དྲངས། གཙུག་ལག་ཁང་བཞེངས་པའི་སེམས་བསྐྱེད་དེ། ཡེ་ཤེས་དབང་པོ་ཞེས་མིང་བཏགས་སོ། །སློབ་དཔོན་བོད་དུ་འབྱོན་པར་ཞུས་པས། ལུང་བསྟན་ཅིང་ཞལ་གྱིས་བཞེས་ཏེ་བལ་པོར་གཤེགས་སོ། །སྦས་ཆོས་བསླབས་ནས་ཕོ་བྲང་ལྷུང་ཚུགས་སུ་རྒྱལ་པོ་དང་མཇལ་ཏེ་ཆོས་ཀྱི་བཀའ་མཆིད་བྱས། བོ་དྷི་ས་ཏྭའི་ལོ་རྒྱུས་བཤད་པས། ཁྱོད་〖ཉོན་〗ཅིག ངས་ཞང་ཉང་བཟང་ཁོད་ཀྱིས་གསོལ་དུ་གཞུག་གོ་གསུངས་ནས། ཞང་ཉ〈ཉང་〉བཟང་དང་། འགོས་ཁྲི་བཟང་ལ་སོགས་པ་ཆོས་ལ་དགའ་བའི་བློན་པོ

ཀུན་ལ་ཆོས་བྱེད་པར་སློལ་བཏབ་པས། ཉ་〈ཉང་〉བཟང་ན་རེ〈རེས་〉། མ་ཞང་དབང་ཆེ་ལ་ཆོས་ལ་གནག་པས་མི་འགྲུབ་མཆི་ཟེར། འགོས་ན་རེ་ཐབས་བགྱིས་པར་ཛོ་ཐོག ཁོ་བོའི་གཏིང་གཙོན་སླད་ཀྱིས་མཛོད་ཅིག་ཟེར་རྒྱལ་བློན་ཚད་བྱས་ཏེ། འགོས་ཀྱི་བློ་བརྟན་ནས་མ་ཞང་གྲིམ་པ་སྐྱེས་གསོན་པོ་དུར་དུ་བཅུག་སྟེ་ཁ་ཕ་འོང་གིས་བཅད་དོ། །དེ་ནས་ཡེ་ཤེས་དབང་པོ། ཨ་ཙ་ཪྻ་བོ་དྷི་ས་ཏྭ་སྤྱན་འདྲེན་དུ་བཏང་། ལང་གྲོ་སྣང་ར་དང་། གཉེར་སྟག་ཚང་སྟོང་གཟིགས་དང་། སྦྲང་རྒྱ་ར་ལེགས་གཟིགས་གསུམ་བསུ་རུ་བཏང་བ་མང་ཡུལ་དུ་མཇལ་ནས། ལང་གྲོ་སྣ་ར་དང་། ཨ་ཙ་ཪྻ་དེར་བཞག་ནས་ཕོ་བྲང་དུ་ཇེ་ལ་ཞེ་ས་ཕུལ་བས། ཞང་བློན་རྣམས་ན་རེ། ལྷོ་བལ་གྱི་ངན་སྔགས་བྱེད་མི་〈མི་〉བྱེད་བརྟག་དགོས་ཟེར། སང་ཤི་དང་། སེང་གོང་ལྷ་ལུང་གཟིགས་དང་། མཆིམས་མེ་ལེན་གསུམ་བཏང་བས། སྐད་མ་ཤེས་ཏེ་ཁ་ཆེ་ཨ་ནན་ཏ་ལ་ལོ་ཙཱ་བཙོལ་ཏེ་ཨ་ཙ་ཪྻ་ཅི་འདྲ་དྲིས་པས། བཟང་པོ་ཞིག་སྟེ་ཐུགས་འཕྲིག་མི་འཚལ་ཟེར་ནས་ཕོ་བྲང་དུ་སྤྱན་དྲངས་ཏེ། ཁ་ཆེ་ཨ་ནན་ཏས་ལོ་ཙཱ་བྱས་ནས་ཕོ་བྲང་ལྷུང་ཚུགས་སུ་ཟླ་བ་བཞིར་དགེ་བ་བཅུ། ཁམས་བཅོ་བརྒྱད། རྟེན་འབྲེལ་བཅུ་གཉིས་ཀྱི་ཆོས་བཤད་པས། བོད་ཀྱི་ལྷ་སྲིན་ཁྲེལ་ཏེ་འཕང་ཐང་ཆུས་ཁྱེར། དམར་པོ་རི་ལ་ཐོག་རྒྱ〈བརྒྱབ་〉། མི་ནད་ཕྱུགས་ནད་སྲིན་མཆེད་པ་ལྟར་བྱུང་བས། བོད་ཡོ་ལོག་ནས་ཆོས་བྱས་པས་ལན་ཟེར་ཏེ། ཨ་ཙ་ཪྻ་བལ་པོར་བཏང་ངོ་། །

དེ་ནས་རེ་ཞིག་ནས་སྦས་གསལ་སྣང་རྒྱ་ཡུལ་དུ་ཆོས་འཚོལ་དུ་བཏང་། སང་ཤི་ལ་སོགས་པ་སུམ་ཅུ་ཨ་ཙ་ཪྻ་སྤྱན་འདྲེན་དུ་བཏང་ངོ་། །དེའི་ཚེ་རྒྱའི་ཧ་ཞང་ན་རེ། ད་སྟེ་ཟླ་བ་དྲུག་ཞག་དྲུག་ན་འབབས་པ་ཧ་སྐད་ཀྱི་སྤྲུལ་པ་འདི་འདྲ་

བ་ཅིག་འོང་ཞེས་འབག་བྱས་ཤིང་སླེབ་པ་དང་། རྒྱ་རྗེས་བྱ་དགའ་བྱིན། ཏ་ཞང་ལས་སྣོམ་ལུགས་བླངས་(P. 12ན) ཏེ་འཁོར་བ་ན་སྐྱེས་ཕུལ་ལོ། །ཨ་ཙ་ར་བ་དང་〈ད་དུང་〉 སྤྱན་མ་འདྲོངས་པས་ཁྱོད་སོང་ཤིག་གསུང་ནས་བལ་པོར་ཕྱིན་ཏེ་ཨ་ཙ་ར་སྤྱན་འདྲངས་ཏེ་བྲག་དམར་མགྲིན་བཟང་དུ་བྱོན་དུས། ཨ་ཙ་རའི་ཞལ་ནས། ཆོས་བྱེད་མི་སྟེར་ཞིང་བཙན་པོ་སྐུ་ཚེ་ཐུང་བ་ལ་སོགས་པ་བར་ཆད་དུ་མ་ཞིག་འབྱུང་བ་དེ། སྔོན་སངས་རྒྱས་བཞུགས་པ་ནས་ཡབ་མེས་ཀྱི་རིང་ད་ལྷ་ཡན་ཆོས་ལ་བོད་ཀྱི་ལྷ་སྲིན་གདུག་པ་ཅན་མ་ཐུལ་བ་འགའ་ཙམ་མཆིས་པ་དེ་རྣམས་ཀྱིས་ལན་པས། དེ་རྣམས་འདུལ་བའི་གཉེན་པོར་འཛམ་བུ་གླིང་བྱེ་བ་ཕྲག་བརྒྱ་ན་ནུས་པའི་མཐུ་ཆེ་བ་ཨུ་རྒྱན་གྱི་མཁན་པོ་པདྨ་སམ་བྷ་བ་ཞེས་བྱ་བ་བལ་ཡུལ་ཡང་ལེ་ཤོད་ཀྱི་བྲག་ཕུག་ན་བཞུགས་པས་དེ་སྤྱན་དྲངས་ཤིག་གསུངས་པས། བཙན་པོས་སྒྲི་ལམ་དུ་བྱུང་བ་སྐད་བགྱིས་ཏེ། སྦ་མད་〈སྦས་མང་〉 རྗེ་གསལ་སྣང་དང་། སེང་གྲོ་ལྷ་ལུང་གཉིས་ལ་གཡོག་པོ་སྣ་ནམ་རྡོ་རྗེ་བདུད་འཇོམས། ལྕེ་ཛྙཱ་ན་སི་དྡྷི། མཆིམས་ཤཱཀྱ་པྲཛྙཱ། དྲང་ཏི་ཛ་ཡ་ར་ཀ་སི་ཏ། ཤུལ་བུ་དཔལ་གྱི་སེང་གེ་དང་ལྔ་བཏང་བས། སློབ་དཔོན་གྱི་སྤྱན་ཕྱར་སྐྱུང་མ་རྣམས་ཀྱིས་བསྐྱལ་ནས། སློབ་དཔོན་ནམ་མཁའ་ལ་བྱོན་ཏེ་མང་ཡུལ་གུང་ཐང་དུ་བཞུགས་པ་དང་མཇལ་ནས། རིམ་གྱིས་ལྷ་སྲིན་གདུག་པ་ཅན་རྣམས་དམ་ལ་འདོགས་ཤིང་བྱོན། ཏལ་པོ་རི་ལ་ཆགས་བབ་སྟེ། རྒྱལ་པོ་དང་མཇལ་ཏེ་མལ་གྲོའི་ཕུར་བྱོན། བོད་ཀྱི་ལྷ་སྲིན་ཐམས་ཅད་དམ་ལ་བཏགས་སོ། །

དེ་ནས་སློབ་དཔོན་པདྨ་འབྱུང་གནས་བསམ་ཡས་སུ་སྤྱན་དྲངས་ཏེ་ས་ཆོག་མཛད། སློབ་དཔོན་བོ་དྷི་ས་ཏྭས་དུས་ས་སྦྱད་མཛད་དེ། ཨོ་ཏན་ཏ་པུ་

རེའི་གཙུག་ལག་ཁང་ལ་དཔེ་བླངས་ཏེ། རི་རབ་གླིང་བཅུ་གཉིས་ཉི་ཟླ་ཟུང་ཅིག་མཐའ་ལྕགས་རིས་བསྐོར་བའི་བཀོད་པ་མཛད་དེ། བུ་སྟོན་རིན་པོ་ཆེའི་ཆོས་འབྱུང་ན། མེ་མོ་ཡོས་བུའི་ལོ་ལ་རྨང་གཏིང་ནས། ས་མོ་ཡོས་ལ་ཚར་བར་བཞེངས་ལ། པདྨ་བཀའ་ཆེམས་དང་རྒྱལ་པོ་བཀའ་ཆེམས་ན། རྟ་གཅིག་སྟག་ལོ་རྨང་གཏིང་ནས། རྟའི་ལོ་ལ་འགྲོངས་པ་ཡིན། ལོ་ལྔ་དག་ལ་བསམ་པ་འགྲུབ། ལུག་གི་ལོ་ལ་རབ་གནས་མཛད། ཅེས་འབྱུང་བས། དེས་ན་གང་ཡིན་སྤྱོད་〈དཔྱོད་〉པར་ཞུའོ། །སྔ་མ་ལྟར་ན་སློབ་དཔོན་པོ་ཧྲི་ས་ཏྭ་དང་། སློབ་དཔོན་པདྨ་སཾ་བྷ་ཞབས་རབ་གནས་མཛད། ལོ་བཅུ་གསུམ་དུ་དགའ་སྟོན་བྱས་ཏེ་ཞེས་འབྱུང་ངོ་། །

ལུག་ལོ་ལ་ཐམས་ཅད་ཡོད་སྨྲའི་སྡེ་པའི་དགེ་སློང་བཅུ་གཉིས་སྤྱན་དྲངས་ཏེ། བོད་ལ་བཙུན་པ་བཏུབ་མི་བཏུབ་སད་པའི་ཕྱིར། སད་མི་མི་བདུན་ལ་སོགས་པ་རབ་ཏུ་བྱུང་བའི་མཚན། ཡེ་ཤེས་དབང་པོ་ལ་སོགས་པ་(P. 12བ) ཡིན་ཅིང་། སློབ་དཔོན་ཆེན་པོ་པདྨ་འབྱུང་གནས་ནི། ངམ་ཤོད་ཀྱི་ཕྱི་མ་ནེའུ་བསེང་དུ་བསྒྱུར་བ་དང་། བསམ་ཡས་དང་། ལྷ་སའི་བར་ལ་ལ་མེད་པ་དང་། གཙང་པོ་སྦུབས་སུ་འཇུག་པ་ལ་སོགས་པ་མཛད་པར་བྱས་ཏེ། བཙན་པོ་ཁྲུས་གསོལ་བའི་ཆུ་དངུལ་གྱི་བུམ་པ་ནམ་མཁའ་ལ་སྐྱུར་བས་ལྷའི་ཆུ་འོ་མའི་མདོག་འདྲ་བ་གང་བྱུང་བ་དབུ་སྐྲ་བསིལ་བར་གསོལ་བས། བློན་པོས་སྐྱོ་མ་བྱས་ཏེ་སྐྱར་བཟྡངས་སོ་ཞེས་འབྱུང་ངོ་། །ཕྱི་མ་ལྟར་ན། ལུག་གི་ལོ་ལ་སློབ་དཔོན་པདྨས་རབ་གནས་མཛད་པས། བྱིན་རླབས་ངོ་མཚར་ཅན་གསུམ་བྱུང་སྟེ། བྱང་ཆུབ་གླིང་གི་རྣམ་པར་སྣང་མཛད་ནམ་མཁའ་ལ་འཕགས་པ་དང་། དབུ་རྩེའི་ལྷ་ཐམས་ཅད་ཕྱིར་ཤར་ཕྱོགས་ལ་ཐོན་བྱུང་བ། མངའ་བདག་གི་

ཐུགས་ལ་ང་ནང་དུ་མི་ཆུག་སྙམ་པ་སྐད་ཅིག་ལ་ནང་དུ་བྱོན་པ་དང་། རྗེ་རིངས་ཀྱི་ཟངས་ཀྱི་ཁྲི་བོ་ཆེ་བཞི་སྐད་ཐེངས་གསུམ་གསུམ་འདོན་པ་ལ་སོགས་པ་ངོ་མཚར་བའི་ལྟས་དུ་མ་དང་བཅས་པའི་རབ་གནས་མཛད་ནས་དགའ་སྟོན་ལོ་བཅུ་གསུམ་མཛད་པར་མཐུན།

དེ་ནས་སློབ་དཔོན་གྱིས་ཆོས་འཁོར་རྒྱ་ཆེན་པོ་བསྐོར། བོད་ཡུལ་དུ་ལོ་ལྔ་བཅུ་ང་གཅིག་བཞུགས། འབྱོན་པར་ལྷ་སར་སྲས་མུ་ཏིག་བཙན་པོས་གུང་ཐང་ལ་ཐོག་ཐུག་གཤེགས་སྐྱེལ་མཛད། བོད་ཁ་བ་ཅན་རྣམས་ལ་གང་ལ་གང་འཚམ་པའི་ཞལ་གདམས་གནང་ནས། ཨུ་རྒྱན་ཡུལ་ལ་ཉི་ཟེར་ལ་ཆིབས་ནས་གཤེགས་ཟེར་རོ། །སྦའི་ཡི་གེར། དེའི་ནུས་མཐུས་རྒྱལ་བློན་རྣམས་འཇིགས་ཏེ། མྱུར་དུ་བལ་པོར་སྐྱེལ་ཞེས་འབྱུང་སྟེ། དེའང་། སློབ་དཔོན་པདྨས་གྲ་ཛོལ་གཞུང་གི་ཆུ་མིག་ཆེར་གཏོར་བ་དང་། ངམ་ཤོད་ཀྱི་བྱེ་མ་ནེའུ་བསེང་དུ་བསྒྱུར་བར་བརྩམས་ཏེ། ཐུན་ཅིག་དགོངས་པ་མཛད་པས། ཀླུ་སྡིངས་ཞེས་པའི་སྐམ་སར་ཆུ་རྫོལ། དེ་ནས་རྒྱལ་པོའི་དབུ་སྐྲ་འཁྲུད་པ་ལ་དངུལ་གྱི་བུམ་པ་ནམ་མཁའ་ལ་བཏང་སྟེ། རི་རབ་རྩེ་ནས་ཆུ་འོ་མ་འདྲ་བ་གང་བྱུང་བས། དབུ་སྐྲ་བསིལ་ཚེ་རིང་པར་གྱུར་གསུངས་པས། ཞང་བློན་གྱིས་མོན་གྱི་སྒྱུ་ཆུ་ཡིན་ཟེར་ནས་ཕོ་སྟེ། བཙན་པོ་ལ་འདི་མཐུ་ཆེ་བས་རྒྱལ་ས་ཕྲོགས་དོགས་ཡོད་པས། སླར་བཏང་ངོ་ཞེས་ནན་གྱིས་ཞུས་ནས། སློབ་དཔོན་ལ་ཡུལ་དུ་བཞུད་ཅེས་ལུང་རྩལ་ནས་གསེར་མང་པོ་ཕུལ་བས། འདོད་ན་འདི་རེ། ང་ལ་འཁོར་ལོས་བསྒྱུར་བའི་རྒྱལ་སྲིད་ཀྱིས་ཀྱང་དགོས་པ་མེད། བྱེ་མ་ཕུ་དུད་གང་བླངས་པ་གསེར་དུ་བསྒྱུར། རྒྱལ་པོ་དགའ་བའི་སླད་དུ་ཁྱེར་གང་བསྣམས་ནས་གཤེགས་སོ། །

དེའི་ཚེ་ཞང་བློན་གྱིས་འདི་མ་དགྱེས་ན་བོད་ལ་གནོད་ཟེར་གཤེད་མ་བཀྱེ། ངོངས་འཕངས་འཁྲིད་ལ་(P. 13ན) བསྐྲུབས། སློབ་དཔོན་གྱིས་ལྷ་སྲིང་ས་ཅིག་མཛད་པས་མི་ཉི་ཤུ་ཙམ་གྱིས་འགྲོ་བ་དང་སྨྲམ་ནུས། སང་ཡུལ་དུ་ཕྱིན་པ་དང་། ངས་བོད་ལ་གན་འདོགས་འཕྲོ་ལ་ལས་པས་ཐུགས་ལ་གཅིགས། འོན་ཀྱང་མུ་སྟེགས་མི་འབྱུང་། ཆོས་ལ་བར་སྤུན་ཆེན་འབྱུང་ངོ་། །གསུང་ནས་སྐྱེལ་མ་རྣམས་ལོག་གོ །ཡུང་གར་བསྐྱུར་ནས་དལ་མདའ་འཕེན་པ་རྣམས་ལ་ཐུབ། འགྲོ་བ་དང་སྨྲ་ཤེས་པར་འགྱུར་རོ། །ང་རེ་ཞིག་ལྷོ་ནུབ་སྲིན་པོའི་ཡུལ་དུ་འགྲོ་གསུངས་ནས། སྲིན་གསེབ་ན་ཕར་ལ་ཆོས་གོས་ལ་གཡོག་པ་བྱས་ནས་འཕུར་བཞུད་དོ། །དེ་རྣམས་ཀྱིས་འཕོར་ཏེ་ཡུང་གར་བཏབ་པས་དེ་ལྟར་གྱུར་ཅིང་། དེ་དག་རྒྱལ་པོས་གསན་པས་ཐུགས་ལ་ཤིན་ཏུ་གཅགས་སོ། །འདིའི་ལུགས་ཀྱི་དགའ་སྟོན་ཡང་ལོ་གསུམ་མོ། །

གཙུག་ལག་ཁང་བཞེངས་ཚུལ་ནི། སྔོན་ལ་ཨ་ཏྲ་པ་ལོའི་གླིང་བཞེངས། ལྷ་རྣམས་བོད་ཀྱི་མི་ལ་དཔེ་བྱས་ཏེ་བཞེངས། བཙུན་མོ་ཆེ་བ་ཚེ་སྤྱངས་བཟའ་དམར་རྒྱལ་མོ་ཏོག་སྒྲོན་མས་ཁམས་གསུམ་ཟངས་ཁང་གླིང་བཞེངས། ཕོ་ཡོངས་བཟའ་རྒྱལ་མོ་བཙུན་གྱིས་དབུ་ཚལ་གསེར་ཁང་གླིང་བཞེངས། འབྲོ་བཟའ་བྱང་ཆུབ་སྨན་གྱིས་དགེ་རྒྱས་བྱེ་མ་གླིང་བཞེངས།

གླིང་ཆེན་པོ་བཞི་ནི། འཇམ་དཔལ་གླིང་། ཐུགས་རྗེ་རྒྱུན་འབྱུང་གླིང་། ཁྲུས་མཛད་བྱམས་པ་གླིང་། སེམས་བསྐྱེད་བྱང་ཆུབ་གླིང་། གླིང་ཕྲན་བརྒྱད་ནི་ཨ་ཏྲ་པ་ལོའི་གླིང་། བྱམས་པ་གླིང་། འཇམ་དཔལ་གླིང་། ཕྱག་ན་རྡོ་རྗེའི་གླིང་། བདུད་འདུལ་སྔགས་གླིང་། རྣམ་དག་ཁྲིམས་པ་གླིང་། མི་གཡོ་བསམ་གཏན་གླིང་། བརྗོད་སྒྲ་ཚངས་པ་གླིང་། པེ་དཀར་མཛོད་གླིང་།

བི་རོ་ཙ་ན་གླིང་། ཕྱོགས་བཞིར་མཆོད་རྟེན་ཆེན་པོ་བཞི་ལ་སོགས་པ་བཞེངས་སོ། །

གཞན་ཡང་གཙུག་ལག་ཁང་བརྒྱ་རྩ་བརྒྱད་བཞེངས། སློབ་དཔོན་བི་མ་ལ་མི་ཏྲ་ལ་སོགས་པ་པཎ་ཆེན་མཁས་པ་ཉེར་གཅིག་གདན་དྲངས། ལོ་ཙྪ་བ་བི་རོ་ཙ་ན་དང་། ཀ་ཅོག་ཞང་གསུམ་ལ་སོགས་པས་སྡེ་གསོད་གསུམ་དང་། རྒྱུད་སྡེ་བཞི་ལ་སོགས་པ་དམ་པའི་ཆོས་མཐའ་དག་བསྒྱུར་ཏེ། བོད་ཡུལ་འདིར་དམ་པའི་ཆོས་དར་ཞིང་རྒྱས་པར་མཛད་དོ། །

འབྲུག་གི་ལོ་ལ་ཕོ་བྲང་ལྷན་དཀར་ན་བཞུགས་པའི་སྟོན། སྒྲ་བསྒྱུར་གྱི་བན་དེ་དཔལ་བརྩེགས་དང་། བན་དེ་ཀླུའི་རྒྱལ་མཚན་ལ་སོགས་པས་བོད་ཁམས་སུ་དམ་པའི་ཆོས་འགྱུར་རོ་འཚལ་གྱི་མཚན་བྱང་། བམ་པོ་དང་ཤྭ་ལོ་ཀའི་གྲངས་སུ་མཆིས་པ་གཏན་ལ་ཕབ་ནས་དཀར་ཆག་ཏུ་བྲིས་སོ། །དེ་ནས་ཨ་ཙཪྻ་བོ་རྡྷིའི་ཞལ་ནས། སློབ་དཔོན་པདྨས་བསྟན་མ་བཙུ་གཉིས་ལ་བཀའ་བསྒོ་བས་བོད་དུ་མུ་སྟེགས་ནི་མི་འབྱུང་གི། སངས་རྒྱས་ཀྱི་བསྟན་པ་ཉིད་ཁ་གཉིས་སུ་གྱེས་ནས་རྩོད་པར་འགྱུར་(P. 13བ)བས། དེའི་ཚེ་ངའི་སློབ་མ་ཀ་མ་ལ་ཤཱི་ལ་སྤྱན་དྲོངས་ལ་རྩོད་པ་བྱེད་དུ་ཆུག་ཅིག བྱས་པས་རྩོད་པ་ཆོས་ཕྱོགས་སུ་ཞི་བར་འགྱུར་རོ། །ཞེས་ལུང་བསྟན་ཏེ་རྣམ་འཕྲུལ་རྒྱབ་ནས་ཞི་བར་གཤེགས་སོ། །

དཔལ་དབྱངས་སློབ་དཔོན་དུ་བསྐོས་ནས་ཆོས་སྟོན། ཡེ་ཤེས་དབང་པོ་ལྷ་བྲག་ལ་སྒོམ་དུ་གཤེགས། དེའི་ཚེ་རྒྱའི་ཧ་ཤང་མ་ཧཱ་ཡ་ན་བྱུང་ནས་དེའི་ཆོས་ལུགས་དར་བ། སློབ་དཔོན་ཀ་མ་ཤཱི་ལས་བཏུལ་ནས་ཆོས་རྣམ་དག་ལ་བཀོད། དུས་ཕྱིས། ཧ་ཤང་གིས་རྒྱའི་ཤན་པ་མི་བཞིས་སློབ་དཔོན་ཀ་མ་ལ་ཤཱི་ལའི་

མཁལ་མ་མཉེམ་ཏེ་དགྲོངས། ཡེ་ཤེས་དབང་པོ་ཁམས་ཀྱི་ཟས་སྤྱངས་ཏེ་གཤེགས་ཤིང་། བཙན་པོ་ཡང་དགུང་ལོ་དྲུག་ཅུ་རྩ་བཞི་ལ་གཤེགས་ཏེ། དེ་ཉིད་འཇམ་དཔལ་གྱི་སྤྲུལ་པར་གྲགས་སོ། །

རྒྱལ་པོ་དེ་ལ་སྲས་བཞི་སྟེ། མུ་ཁྲི་བཙན་པོ་གཞོན་ནུ་ལ་ཛྲོངས། མུ་ཐིག〈ཏིག་〉བཙན་པོ་ཐར་པར་གཤེགས། མུ་ནེ་བཙན་པོས་ཆུ་ཕོ་སྟག་ལ་རྒྱལ་སྲིད་གཟུང་སྟེ། བསམ་ཡས་སུ་མཆོད་པ་ཆེན་པོའི་གཞི་བཙུགས། བོད་འབངས་ཕྱོགས་ཕྱུག་ལན་གསུམ་མཉམས། ཆབ་སྲིད་ལོ་གཅིག་དང་ཟླ་བ་བཅུ་མཛད། བཅུ་བདུན་པ་ལ་ཡུམ་གྱིས་དུག་བཏང་ནས་དགྲོངས་སོ། །

དེའི་གཅུང་པོ་ཁྲི་ལྡེ་སྲོང་བཙན་ལོ་བཅུ་བཞི་པ་ལ་རྒྱལ་སྲིད་གཏད་པས་སད་ན་ལེགས་ཞེས་གྲགས་ཏེ། དེས་སྐར་ཆུང་གི་སྡེ་རྒྱུད་གྲགས་གཅིག་གི་རྒྱུའི་གཙུག་ལག་ཁང་ཁྱད་པར་ཅན་བཞེངས། ཡབ་མེས་ཀྱི་བཀའ་སྲོལ་བཟང་པོ་ཚོ་མ་ཉམས་པ། གཙུག་ལག་ཁང་རྣམས་ཀྱི་ཞིག་གསོས་མཛད་པ་དང་། རྒྱན་གདངས་པ་དང་། ར་སའི་ཁྲམས་ཁྲ་མོ་བཞེངས་པ་ལ་སོགས་པའི་ཕྱག་རྗེས་མང་དུ་མཛད། པཎྜི་ཏ་བ〈པི་〉མ་ལ་ཙན་དྲ། ཀ་མ་ལ་ཤྲཱི། ཛྙཱ་ན་ས་ན། བལ་པོ་ཧཱུྃ་ཀ་ར་རྣམས་བཏེག་ཏེ། འགོར་བློའི་དབང་པོས་སྲུང་བ། རྨ་རིན་ཆེན་མཆོག ཡེ་ཤེས་སྡེ། ཛངས་པ་དེ་བྱིན་རྣམས་ཀྱིས་ལོ་ཙྪ་བྱས་ཏེ། ཆོས་ཕྱར་མ་བསྒྱུར་བ་མང་པོ་བསྒྱུར། བསྒྱུར་བ་རྣམས་སྐད་གསར་བཅད་ཀྱིས་བཅོས་ཤིང་གཏན་ལ་ཕབ། ཆོས་གྲྭ་དང་སྒོམ་གྲྭ་མང་པོ་བཙུགས། རབ་ཏུ་བྱུང་བ་རྣམས་ཀྱི་མངའ་ཐང་བསྟོད། བོད་འབངས་དགེ་བ་ལ་འགོད། དམ་པའི་ཆོས་རྒྱས་པར་བྱས་ཏེ། དགུང་ལོ་བཞི་བཅུ་ཞེ་བཞི་ལ་སྐྲགས་ཀྱི་ཕུ་རུ་སྐུ་གཤེགས་སོ། །

དེ་ལ་སྲས་གཙང་མ། དར་མ། རལ་པ་ཅན། ལྷ་རྗེ་ལྷུན་གྲུབ། ཁྲི་ཆེན་དང་ལྔའོ། །གཙང་མ་ལྷོ་བྲུམ་ཐང་དུ་སྤྱོན་ཏེ་དུག་གིས་དྲོངས། དར་མ་རང་རྒྱུད་ངན་པས་སེམས་ཅན་ལ་གནོད་ཀྱི་དོགས་ནས་རྒྱལ་སྲིད་(P. 14ན) མ་གཏད་པར། དེའི་གཅུང་པོ་ཕྲུག་ན་རྗེ་རྗེའི་སྤྲུལ་པ་ཁྲི་རལ་པ་ཅན་ལ་དགུང་ལོ་བཅུ་གཉིས་པ་ལ་རྒྱལ་སྲིད་གཏད། རྗེའི་ཞལ་ནས། གཙན་པོ་ལ་བྱ་བ་གསུམ་ཡོད་དེ། ཐུགས་དམ་དུ་གཙུག་ལག་ཁང་བཞེངས་པ་དང་། ལོ་པཎྜ་འདེགས་པ་དང་། བོད་ཁམས་བདེ་ལ་བཀོད་པ་དང་། སྐུ་ལ་བདོ་བ་ལ་དམག་འདྲེན་ང་འོ་〈པའོ་〉། དེ་ལ་ཡབ་མེས་ཀུན་གྱིས། ལ་ལས་རེ་རེ། ལ་ལས་གཉིས་གཉིས། ལ་ལས་གསུམ་ཀར་མཛད་ནའང་། རིམ་པར་མཛད་པས། ང་གསུམ་ཀ་དུས་གཅིག་ལ་བྱེད་ནས་〈པས་〉། བོད་རུ་ལག་དང་བཅས་པ་ནས་རྟ་དམག་ཁྲི་ཚོ་དྲུག་དང་ཉིས་སྟོང་ཁྲིད་ནས་རྒྱ་ནག་ལ་དམག་དྲངས་ནས་རྒྱའི་གྱེན་པོ་ཐམས་ཅད་བསད་ཆམ་ལ་ཕབ་པས། རྟ་པའི་ཉིན་ལམ་བཞི་བཅུ་མངའ་འོག་ཏུ་འདུས། དེའི་ཚེ་རྒྱའི་ཏ་ཞང་དང་བོད་ཀྱི་པཎྜི་ཏ་ཀུན་འདུས་ནས་བར་བྱེས་ཏེ། དཔོན་〈དཔོན་〉ཞང་བསྟུམས་མཛད། རྒྱའི་གོང་བུ་སྨེ་རུ་ས་མཚམས་སུ་བཙུག་ནས། གཅིག་གིས་གཅིག་ལ་དམག་མི་བྱེད་ངར་〈པར་〉མཐའ་དང་ཡི་གེ་བྲིས་ནས་ཀེ་ཤི་ཁྲ་སྒོ་དང་། ལྷ་སའི་ཇོ་རིང་ལ་བྲིས་སོ། །གཞན་ཡང་བལ་པོ་དང་། མི་ཉག་དང་། མོན་ལ་སོགས་པ་འཛམ་བུ་གླིང་གསུམ་གཉིས་ཆབ་སྲིད་དུ་ཆུག་ཅེས་གྲགས་སོ། །

བོད་ཀྱི་ཁྲལ་ཐམས་ཅད་ཀྱང་ཆུང་དུ་〈དུ་〉བཏང་ནས། ཕན་ཚུན་འཐབ་པ་དང་། རྐུ་བ་དང་། བྱི་ལ་སོགས་པ་བྱེད་པ་ནག་ཆེར་བཏང་པས། རྒྱ་ལམ་དུ་གསེར་གཡུ་བོར་ཀྱང་འཁྱེར་མི་ནུས་པ་བྱུང་ནས་ཤིན་ཏུ་བདེ་བ་ལ་

བཀོད། ཁྱད་པར་དུ། ང་དཀོན་མཆོག་གསུམ་གྱི་ཕོ་བྲང་གཅིག་བཞེངས་དགོས་ཏེ། དེ་ལ་ལྷ་ས་མཁར་དང་འདྲ། བསམ་ཡས་གླིང་དང་འདྲ། སྐར་ཅུང་〈ཆུང་〉འཆད་པ་འདྲ། ད་ཕྷ་〈ལྷ་〉ཁང་གཞན་པས་ཁྱད་འཕྲོན་པ་ཅིག་བཞེངས་སོ་གསུང་ནས། རྒྱ་གར་དང་། ལི། བལ་པོ། བོད་ཡུལ་གྱི་བཟོ་བོ་མཁས་པ་ཐམས་ཅད་བཀུག རྒྱའི་ཧུ་ཞག་རྗེས་མཁས་པ་ཞིག་གིས་ས་བཅལ་ནས་ཕོ་བྲང་འོན་ཆང་རྡོ། དཔེ་མེད་ཀྱི་གཙུག་ལག་ཁང་རྒྱ་ཕྱུགས་དགུ་ཐོག་ལ་སོགས་པ་ལྷ་ཁང་སྟོང་རྩ་གཉིས་བཞེངས་ཤིང་། ཐུབ་པའི་གསུང་རབ་རྣམས་ལ་གཟིགས་པས། ཡབ་མེས་ཀྱིས་རིང་ལ་བསྒྱུར་བའི་ཆོས་རྣམས་ལ་ལ་ནི་རྒྱ་ནག་སྐད་དུ། ལ་ལ་ནི་རྒྱ་གར་གྱི་སྐད་དུ། ལ་ལ་ནི་ལིའི་སྐད་དུ། ལ་ལ་ནི་ཟ་ཧོར་གྱི་སྐད་དུ་ལ་སོགས་པར་སྨྲས་ནས། ཡུལ་སྣ་ཚོགས་ནས་བསྒྱུར་བས་བརྡ་མི་འདྲ་བ་མང་པོ་དང་། ཆོས་སྐད་བོད་ལ་མ་གྲགས་པ་མང་པོ་ཞིག་བྱུང་བས། ཆོས་བསླབ་དཀའ་བར་གཟིགས་ནས། སངས་རྒྱས་རྒྱ་གར་དུ་བྱོན་ནས་དེ་ར་ཆོས་གསུངས་པའི་ས་(P. 14བ)ཡིན་པས། ང་ཡང་ཆོས་ཐམས་ཅད་རྒྱ་གར་གྱི་སྐད་དུ་མགྲིན་གཅིག་ཏུ་བྱེད་པས། ཀ་ཅོག་ཞང་གསུམ་ལ་གསེར་མང་དུ་བསྐུར། གཡོག་མང་དུ་བརྫངས་ནས། མེས་ཀྱི་དུས་སུ་བྱོན་པའི་ལོ་པཎ་ཞལ་བཞུགས་པ་རྣམས་སྤྱན་དྲངས་ལ་ཞོག་ཅེས་བཀའ་ལུང་སྩལ་བས། ཨ་ནྡོ་ཏ། ཛོ་ན་མི་ཏྲ། སུ་རེན་དྲ་བོ་དྷི་དང་། ཤི་ལ་ཨེན་དྲ་བོ་དྷི། ཛྙ་ན་ཤི་ལ། བོ་དྷི་མི་ཏྲ་རྣམས་སྤྱན་དྲངས། ལོ་ཙྪ་བ་མཁས་པར་ཆུད་པ། ཀ་ཅོག་ཞང་གསུམ། ཛྙ་ན་ར་ཀ་ཤི་ཏ། མཉྫུ་ཤྲི་ཝ་ར་མ། རཏྣ་ཤི་ལ་ལ་སོགས་པ་མདོར་ན་ཡབ་མེས་ཀྱི་དུས་ཀྱི་ལོ་པཎ་སྐུ་ཚེ་རིང་རིང་རྣམས་བསགས་ནས་བརྟེག་སྟེ། ཐེག་པ་ཆེ་ཆུང་ལས་བྱུང་བའི་རྒྱ་གར་སྐད་ལས་བོད་ཀྱི་སྐད་དུ་བསྒྱུར་ཞིང་། མིང་དུ་

བཏགས་པ་རྣམས་དཀར་ཆག་ཏུ་བྲིས་ཏེ། ནམ་དུ་ཡང་གཞུང་ལུགས་དེ་ལས་མི་བསྒྱུར་ཞིང་ཀུན་གྱིས་བསླབ་ཏུ་རུང་བར་གྱིས་ཤིག་ཅེས་བཀའ་སྩལ་ཏེ་སྔར་བསྒྱུར་བ་རྣམས་སྐད་གསར་བཅས་ཀྱིས་གཏན་ལ་ཕབ་ཅིང་། བཀས་བཅས་རྣམ་པ་གསུམ་མཛད་དེ། སྡེ་པ་བཞི་བྲག་ཏུ་གཞི་ཐམས་ཅད་ཡོད་པར་སྨྲ་བ་ལས་གཞན་དང་། གསང་སྔགས་རྣམས་མ་བསྒྱུར་ཅིག་ཅེས་བཀས་བཅད་དོ། །ཐ་ན་བྲེ་སྲང་དང་ཞོ་ཆ་ལ་སོགས་པའང་རྒྱ་གར་དང་མཐུན་པར་བཅོས་སོ། །

རབ་ཏུ་བྱུང་བ་རེ་རེ་ལ་ཡང་འབངས་མི་ཁྱིམ་གྲོང་བདུན་བདུན་ཕུལ་ནས་ཟས་གོས་སྦྱོར་དུ་བཅུག དེ་ལས་གཞན་པའི་ཆབ་འོག་རྣམས་ལས་ཀྱང་བསྡུས་ནས་ཞབས་ཏོག་དཔེ་མེད་པ་མཛད། བླ་སྒོ་དང་པོར་སྟོན། དབུ་ཐོད་གདན་དུ་འདིངས། ཞབས་སྤྱི་བོར་ལེན། སེར་མོའི་ལྷན་པ་སྐྲ་བོའི་ལུས་ལ་འདུག་པ་གཟིགས་ཀྱང་ཕྱག་མཛད། དེ་ནས་ལྷ་ས་དང་། བསམ་ཡས་དང་། སྐར་ཆུང་ལ་སོགས་པ་ཡབ་མེས་ཀྱི་ཐུགས་དམ་བཞེངས་པའི་འཕྲུལ་ལུས་པ་ཀུན་བཞེངས་པ་དང་། ཞིག་རལ་གསོ་བའི་དབུ་བཙུགས་པ་ན། སྨོན་པོ་དང་འབངས་ནག་ཕྱོགས་ལ་དགའ་བ་རྣམས་ཀྱི་བྱེ་དང་རྐྱ་སོགས་བྱར་མེད་པས་སྤྱོད་པ་ཤིན་ཏུ་ངོག ལྷ་ཁང་རྩིགས་པ་ལ་སོགས་པ་ཆོས་ཀྱི་ལས་ཀྱིས་སུན་ནས། ངེད་སྡུག་པ་ཕ་གི་ཆོས་ལན་ཟེར་ནས་བཙུན་པ་ལ་མཚོན་མོ་བཙུགས་པས་དེ་གཅོད་དུ་འཇུག མིག་ཡོག་བྱས་པའི་མིག་བཏོན། ཆོམ་རྐུན་པ་ལ་དགོན་མཆོག་གི་བརྒྱད་རྩུ་ཆལ་མཛལ་བ་ལ་སོགས་པའི་ཆོས་ཁྲིམས་མཛད་པས། ངན་པ་རྣམས་ཁྲེལ་ཏེ་བཙན་པོ་མ་བཀྲོངས་ན་ཆོས་ཁྲིམས་མི་ཤིགས། དེའི་སྔོན་ལ་ཆོས་ཀྱི་བློན་པོ་བན་ཆེན་པོ་དཔལ་གྱི་ཡོན་ཏན་དབང་ཆེ (P. 15ན) བས་མེད་པར་བྱ་དགོས་ཅེས་གློག་ཆད་བྱས་པས། བཙུན་མོ་ཅོག་རོ་ངང་ཚུལ་མ་

དང་། བན་ཆེན་པོ་བྱི་བྱས་ཞེས་སྐྱོམ་བཙུག་སྟེ། བན་ཆེན་པོ་བཀུམ། བཙུན་མོ་ལྷེབས། བཙན་པོ་འདི་མེ་ཕོ་ཁྱི་ལོ་འཁྲུངས་ནས། དགུང་ལོ་སོ་དྲུག་པ་ལྕགས་མོ་ཡོས་ལ། དབས་རྒྱལ་ཏོ་རེ་དང་། སྦྲུད་པོ་ཅོག་རོ་ལེགས་སྒྲ་གཉིས་ཀྱིས་ཞལ་ལྕག་པར་བཀན་ཏེ་བཀྲོངས་སོ། །སྲུ་ནི་བཙན་པོ་ཕྱེད་དུ་བཙུག་པས། འདི་ཡན་ལ་ཤིན་ཏུ་སྐྱིད་པའི་རྒྱལ་རབས་ཕྱེད་དང་བཞིའོ། །

དེ་ནས་གཅེན་དར་མས་ལོ་གསུམ་ཙུ་སོ་དྲུག་པ་ལ་རྒྱལ་སྲིད་གཟུང་〈བཟུང་〉། ཐེའུ་རང་དབས་རྒྱལ་ཐོ་རེ་ནང་བློན་དུ་བསྐོས། རྒྱལ་བློན་གཉིས་ཀའི་སྙིང་དུ་གདོན་གསོལ། བློན་པོ་སྣ་ནམ་རྒྱ་ཚ་ཁྲི་གསུམ་ལ་སོགས་ཀྱིས་ཆོས་ཁྲིམས་དང་འགལ་བ་མང་དུ་བྱས། དེའང་པཎྜི་ཏ་མ་ཧྭམ་ཤི་ལས་ཁར་ས་པ་ཊི་ལ་སོགས་པའི་རྟེན་མང་དུ་བཞེངས། ཉེ་གནས་ཁ་ཆེ་ཨུ་ཏ་པ་ལས་དངུལ་གྱི་བྱམས་པ་བཞེངས། མཆོད་པ་བཙུགས་པས། དུས་དེར་ལྷ་སར་སེར་བ། སྲུ་གེ་མི་ཕྱུགས་ལ་སྣད་བཏགས་ནས། ཆོས་བྱས་པས་ལན་ཟེར། ལོ་པཎ་ཀྱིས་ཆོས་བསྒྱུར་བའི་གྲྭ་བཤིག་ནས་བསྒྱུར་འགྲོ་ལ་ལུས། ཤཱ་ཀྱ་མུ་ནེ་སྐྱེལ་བར་བྱས་པས་བསྒྲུལ་མ་ཚུགས་པར་བྱེ་ཐེམས་སུ་བཙུག སྒོ་བརྩིགས་འདག་ཞལ་བྱས་ནས་བཙུན་པ་ཆང་འཐུང་པའི་རི་མོ་བྲིས་ནས་བཞག བསམ་ཡས་ལ་སོགས་པ་ལྷ་ཁང་ཕལ་ཆེ་བའི་སྒོ་བརྩིགས། པོ་ཏི་རྣམས་ལྷ་སའི་བྲག་ལྷེ་བ་ཅན་ལ་སྦས་བཞག རབ་ཏུ་བྱུང་བ་ཀུན་ཁྱིམ་པར་ཕབ། བཙུན་པའི་རྟགས་འདོར་དུ་མ་འདོད་པ་ཀུན་ལ་མདའ་གཞུ་དང་ཟ་བཤང་བསྒྱུར་ནས་རྔོན་པ་ལ་བཏང་། མི་ཉན་པ་རྣམས་བསད་དོ། །པཎྜི་ཏ་ལ་ལ་སྤྱུགས། ལ་ལ་ཡུལ་དུ་སྤྲད། ལོ་ཙྪ་བ་ཕལ་ཆེར་བྲོས། གཤེད་མ་བཀྱེ་སྟེ། ཛ་རིན་ཆེན་མཆོག་དང་། ཉང་ཏིང་འཛིན་བཟང་པོ་ལ་སོགས་པ་བཀྲོངས་ཏེ་བསྟན་པ་མེད་པར་བྱས་སོ། །

དེ་ནས་རིང་ཞིག་ན་ཡར་〈ཡེར་〉པའི་ལྷ་རི་སྙིང་པོ་ལ་ལྷ་ལུང་དཔལ་གྱི་རྡོ་རྗེ་སྒོམ་གྱིན་བཞུགས་པའི་དུས་སུ། ལྷ་མོ་རེ་མ་ཏི་བྱོན་ནས། ཁྱོད་གྲུབ་ཐོབ་ཡིན་ན་རྒྱལ་པོ་སྡིག་ཅན་སོད་ཟེར་བས་ཚུལ་དེ་ཚར་བས། རྒྱལ་པོ་ལ་སྙིང་རྗེ་ཁྱད་པར་ཅན་སྐྱེས་ཏེ། རྟ་དཀར་པོ་ལ་སོལ་བ་ཕྱེ་མས་བྱུགས་ནས་བྱོན། ཐེར་ནང་དཀར་ལ་ཕྱེ་ནག་པ་གསོལ། ལྕགས་མདའ་ལྕགས་གཞུ་བསྣམས་ནས་ལྷ་སར་བྱོན་པ་དང་། རྒྱལ་པོ་རྡོ་རིངས་ཀྱི་ཡི་གེ་ཀློག་གིན་ཡོད་པ་མཐོང་ནས། གཙུག་ལག་ཁང་དང་དགའ་ལྡན་〚བར་〛གྱི་མཆོད་རྟེན་ལ་སྐུ་བརྟེན་〈མཉེས་〉ནས་བཞུགས་པའི་མདུན་དུ་རྟ་བབས་ཏེ་དཔུས་〈པུས་〉མོ་ལ་རྟེན་ནས་(P. 15བ) གཞུ་བརྫངས་པས། རྒྱལ་པོས་ཞེ་ས་འབུལ་བར་གོའོ། །ཕྱག་དང་པོ་ལ་གཞུ་བརྫངས། གཉིས་པ་ལ་མདའ་སྐོང་〈སྐྱོང་〉སྦྱར། གསུམ་པ་ལ་མཐེབ་བཀྲོལ་ཏེ་བཏང་བས་བྲང་ལ་ཕོག་སྟེ། ད་〈ང་〉བདུད་ལ་གཤེད་ནག་པོ་བྱ་བ་ཡིན། རྒྱལ་པོ་སྡིག་ཅན་དེ་ལྟར་གསོད་པ་ཡིན་གསུངས་ནས་བྲོས་སོ། །རྒྱལ་པོས་ལག་པ་མདའ་ལ་འཇུས་ནས། ཡང་ན་ལོ་གསུམ་གྱིས་བསད་པ་ཐོས། ཡང་ན་ལོ་གཉིས་ཀྱིས་འཆིས་〈ཕྱིས་〉ཟེར་ནས། སྡིག་པའི་རྒྱལ་པོ་ལོ་གཅིག་དང་ཟླ་བ་ཕྱེད་བྱས་ནས། ལོ་བཞི་བཅུ་ལ་གུམ་མོ།

ལྷ་སར་བཙན་པོ་བཀྲོངས་སོ། །རམ་མདའ་རྒྱུགས་ཞེས་པོས་པས། མི་ནག་མཚོ་ལ་རྟ་བཤན། ཐེར་ཕྱི་ནང་ཟློག་སྟེ་གོན་ནས་ང་ལྷ་གནམ་ཐེ་དཀར་པོ་བྱ་བ་ཡིན་ཟེར་བྲོས་པ་བརྡས་〈འདེད་〉པས་མ་ཟིན་ཏེ། ལ་ལ་བྲང་སྲོང་སྲིན་པོའི་སྣར་ཟེར། ལ་ལ་གྲིབ་བསེ་སྒྲོམ་གྱི་ཤུར་ཟེར། ལ་ལ་ཐན་མོ་རྡོ་རིངས་སུ་ནམ་སྲོས་ནས་མ་ཟིན་ཟེར་ཏེ་གསུམ་དུ་འོང་བ་བྱང་ཆུབ་སེམས་པའི་རྣམ་འཕྲུལ་ཡིན་པར་ངེས་སོ།

དེ་ནས་དེས་མཛོན་པ་ཀུན་ལས་བཏུས། འདུལ་བ་འོད་ལྡན། ལས་ཀརྨ་ཤ་ཏམ་དང་གསུམ་ཕྱིར་ནས་ཁམས་སུ་བྱོན་ཏོ། །

མངའ་བདག་ཁྲི་རལ་ལ་བཙུན་མོ་ལྔ་བཞེས་ཀྱང་སྲས་མ་བྱུང་བར་འདས་ནས། སླད་དར་མའི་ཇོ་མོ་ཆེ་བ་བལ་མོ་བཟའ། དེར་མ་འདས་དུས་ང་ལ་སྦྲུམ་པ་ཡིན་བྱས་ཏེ། བུ་ཆུང་བཙལ་ནས་ང་ལ་འདང་སྐྱེས་པ་ཡིན་བྱས་པས། བློན་པོ་རྣམས་ན་རེ། འདང་སྐྱེས་པའི་བུ་ཆུང་ལ་སོ་མི་འབྱུང་ཏེ། ཡུམ་གྱི་བཀའ་བརྟན་དུ་ཆུག་བྱས་པས། ཡུམ་བརྟན་ཞེས་གྲགས་ཏེ། དེའི་སྲས་ཁྲི་ལྡེ་མགོན་པོ། དེའི་སྲས་མགོན་གཉེན། དེའི་སྲས་རིག་པ་མགོན་དན་〈དང་〉། ཉི་འོད་དཔལ་མགོན་གཉིས། རིག་པ་མགོན་པོའི་སྲས་ཁྲི་ལྡེ་སོ། དེའི་སྲས་འོད་སོ། དེ་ལ་སྲས་གསུམ། ཨ་ཙ་ར། མགོན་པོ་བཙན། མགོན་པོ་བརྟེགས་སོ། །ཉི་འོད་དཔལ་མགོན་གྱི་སྲས་མགོན་སྐྱིད། དེའི་སྲས་ཚ་ནལ་ཡེ་ཤེས་རྒྱལ་མཚན་ཏེ་ཡུམ་བརྟན་བརྒྱུད་དོ། །

བཙུན་མོ་ཡུང་བ་ཚེ་སྤོངས་བཟའ་ལ་ཁྲི་གནམ་སྡེ་འབྲུངས་པ་ཆེན་མས་གསད་དམ་སྦྲགས་ཀྱི་དོགས་ནས་ཉིན་མོ་ཉི་མའི་འོད་དང་། མཚན་མོ་མར་མེའི་འོད་རྒྱུན་མི་འཆད་པར་བྱས་ཏེ་བསྲུངས་པས་འོད་སྲུངས་སུ་གྲགས་ཏེ། རྒྱལ་སར་བཏོན་ནས་ལོ་ཏྲུག་ཅུ་རྩ་གསུམ་ལ་འདས་སོ། །དེ་ལ་སྲས་གསུམ་བྱུང་བའི་ཆེ་བ་དཔལ་འཁོར་བཙན་བཅུ་གསུམ་ལ་རྒྱལ་སར་བཏོན་ཏེ་སོ་གཅིག་ལ་འདས་སོ། །དེ་རྗེས་ཁེ་〈ཁེངས་〉ལོག་བྱས། ཁྲིམས་འཁྲུགས་མངའ་ཐང་ཉམས། དཔལ་འཁོར་ལ་ཇོ་མོ་གཉིས་ཡོད་པའི་མཆིམས་སྐྱིད་འཁོར་གྱི་སྲས་ཁྲི་བཀྲ་ཤིས་བརྩེགས་པ་དཔལ། སྣ་ནམ་མཚོའི་སྲས་(P. 16ན) ཁྲི་སྐྱིད་ལྡེ་ཉི་མ་མགོན་ནོ། །ཁྲི་བཀྲ་ཤིས་བརྩེགས་དཔལ་གྱིས་རྒྱལ་སྲིད་བཟུང་། དེ་ལ་སྲས

གསུམ། དཔལ་ལྡེ། འོད་ལྡེ། སྐྱིད་ལྡེ་གསུམ་ལ་སྨད་ཀྱི་ལྡེ་གསུམ་ཟེར་ཅིང་། དེ་རྣམས་ཀྱིས་གཟུང་〈བཟུང་〉པ་ལ་སྨད་དུ་རྒྱལ་སྲིད་ལྷམ་ཙམ་ཅིག་ཆགས་པས་དབུ་〈དབུས་〉གཙང་རུ་བཞིའོ། །དེ་རྣམས་ཀྱི་མི་བརྒྱུད་ནས་ཆད་པ་མུས། འཛད། ཁབ་སོ། གྲོམ་པ། ཉང་སྟོད། སྲད་གུང་ཐང་གི་བཙད་པོ་ལ་སོགས་པ་གཙང་ན་མང་ཞིང་། དབུས་ན་ཡང་རེ་རེ་ཙམ་ཡོད་དོ། །ཡུམ་བརྟན་བརྒྱུད་པ་ནི། བསམ་ཡས་དང་ལྷུང་རྒྱབ་ཀྱི་བཙད་པོ་ལ་སོགས་པ་དབུས་ན་མང་ཞིང་གཙང་ན་ཡང་རེ་རེ་ཙམ་ཡོད་དོ། །

སྐྱིད་ལྡེ་ཉི་མ་མགོན་བློན་པོ་ཞང་སྣ་ནམ་ཕྲུན་དང་བཅས་པ་མངའ་རིས་སུ་སྤྱུགས་པའི་དུས་སུ། བློན་པོ་ཞང་སྤྱ་ཚབ་རིན་ཆེན་སྡེ་དང་། ཅོག་རོ་ལེགས་སྒྲ་གཉིས་ཀྱིས་གཙང་བྲེ་མ་ལ་གཡུང་དྲུང་དུ་སྐྱུལ་ནས་ངུས་པས། བཙན་པོའི་ཞལ་ནས། ངས་སྟོད་དུ་རྒྱལ་ས་ཟིན་པ་སྲིད་ན་ཁྱེད་གཉིས་ཀྱིས་བུ་མོ་རེ་རྫོང་བར་ཞུ་གསུངས་པས། ཁོང་གཉིས་པོས་ཀྱང་ཁས་བླངས། དེ་ནས་ཡར་ཕྱིན་པས་མངའ་རིས་པས་བསུ་བ་བྱས། པོ་རངས་སུ་སྐྱུ་མཁར་ཉི་གཟུངས་བརྩེགས་ཏེ་མངའ་རིས་སྟོང་གསུམ་གྱི་རྒྱལ་པོར་ཁུར་ཞིང་སྟོད་དུ་རྒྱལ་སྲིད་ཞྭ་ཙམ་ཞིག་ཆགས་པ་ཡིན་ནོ། །བློན་པོ་གཉིས་པོས་བུ་མོ་བཙུན་མོར་ཕུལ་བས། སྤྱ་ཚབ་ཟ་རབས་ཆད། ཅོག་རོ་ལ་སྲས་གསུམ་བྱུང་བའི་ཆེ་བ་དཔལ་ལྡེ་མགོན་གྱིས་མང་ཡུལ་དང་། ནུབ་ར་བ་དང་། རུ་ཐོག་ལ་དབང་བྱེད་དུ་བཙུག ཆུང་བ་ལྡེ་གཙུག་མགོན་ལ། གར་ཞ། ཟངས་དཀར། མོན་ཡུལ། ཁམ་བུ་རྣམས་བྱིན་ནོ། །བར་པ་བཀྲ་ཤིས་ལྡེ་མགོན་ལ་པུ་རངས་དང་ལ་ཆེ། ཞང་ཞུང་ཁྱི་ནང་སྟེ་གུ་གེ་ལྡེ་བྱུང་དང་གློ་བོ་དོལ་པོ་ལ་སོགས་ལ་ཐོག་གོ །དེ་རྣམས་སྟོད་ཀྱི་མགོན་གསུམ་ཟེར་རོ།

བར་པའི་སྲས་འཁོར་རེ་དང་། སྐྱོང་ངེ་གཉིས། འཁོར་རེའི་སྲས་ན་ག་ར་ཛ་དང་། དེ་བ་ར་ཛ་གཉིས་སོ། །སྐྱོང་ངེའི་སྲས་ལྷ་ལྡེ་འོ། །དེའི་སྲས་འོད་ལྡེ་དང་། ཕོ་བྲང་ཞི་བ་འོད་དང་། བཙུན་པ་བྱང་ཆུབ་འོད་གསུམ་གྱི་དང་པོའི་སྲས་མངའ་བདག་རྩེ་ལྡེ། དེའི་སྲས་འོད་འབར་ལྡེ། དེའི་སྲས་བསོད་ནམས་ལྡེ་རྣམས་སོ། །སྐྱོང་ངེ་རབ་ཏུ་བྱུང་བ་ནི་ལྷ་བླ་མ་ཡེ་ཤེས་འོད་ཡིན་ནོ། །དེས་མཐོ་གླིང་གི་གཙུག་ལག་ཁང་ཁྱད་པར་ཅན་བཞེངས། ལོ་ཆེན་རིན་ཆེན་བཟང་པོ་རྒྱ་གར་ལ་ཆོས་སློབ་ཏུ་བཏང་། མཁས་པར་མཁྱེན་ནས་བོད་དུ་བསྟན་པ་དར་བར་མཛད་ཅིང་། ལྷ་བླ་མ་དེ་ནི་སངས་རྒྱས་སྨན་བླའི་སྤྲུལ་པར་གྲགས་སོ། །

དེའི་དཔོན་པོ་ཞི་བ་འོད་ཀྱིས་ཀྱང་ཆོས་ཅི་རིགས་པར་བསྒྱུར། འདིའི་གཅུང་པོ་ལྷ་བཙུན་བྱང་ཆུབ་འོད་ཀྱིས་ (P. 16བ) ནག་ཚོ་ལོ་ཙྪ་བ་ཚུལ་ཁྲིམས་རྒྱལ་བ་ལ་གསེར་མང་པོ་བསྐུར་ནས། འབྲི་ཀ་མ་ཤི་ལའི་གཙུག་ལག་ཁང་གི་བདག་པོ། མཁས་གྲུབ་ཏུ་མ་བརྟེན་ནས་ལེགས་པར་སྦྱངས་པའི་པཎྜི་ཏ་ཆེན་པོ་དཱི་པཾ་ཀ་ར་ཤྲཱི་ཛྙཱ་ན་ཇོ་བོ་རྗེ་ཞེས་མཚན་ཡོངས་སུ་གྲགས་པ་དེ་ཉིད་གདན་དྲངས། རྟེན་རབ་གནས་མེད་པ་ལ་རབ་གནས། ཡོན་བསྔོ་བ་མེད་པ་ལ་བསྔོ་བ། བོད་ཡུལ་དུ་སངས་རྒྱས་ཀྱི་བསྟན་པ་ནམ་ལངས་ཀྱི་ཁ་ལ་ཉི་མ་ཤར་བ་ལྟར་དུ་མཛད་དེང་སང་གི་བར་དུ་བསྟན་པའི་རྒྱུན་གནས་སོ། །

འདིར་ཡི་གེ་མང་བས་འཇིགས་པས་ཞིབ་ཏུ་མ་བཀོད་ཅིང་། རྒྱས་པར་གཞན་དུ་བལྟ་བར་བྱའོ། །ཁ་བ་ཅན་རྒྱལ་པོའི་གདུང་རབས་ཀྱི་ལེའུ་སྟེ་གཉིས་པའོ། །

སྐྱེ་སོགས་སྡུག་བསྔལ་སྤངས་ཀྱང་མཚན་དཔེའི་སྐྱེ་བ་འཛིམ་གའི་སྐུ། །སྒྲ་མེད་ཆོས་སྣང་མཛད་ཀྱང་སྒྲ་སྙན་དྲུག་ཅུ་སྒྲོགས་པའི་གསུང་། །སྤྲོས་མེད

སྒྲིས་ཀུན་བྲལ་ཡང་མཁྱེན་བརྩེ་རྣམ་ཀུན་ལྡན་པའི་ཐུགས། །མགོན་མེད་མགོན་སྐྱབས་མཛད་པ་བོད་རྗེའི་རྣམ་ཐར་མདོར་བསྡུས་ཡིན། །བར་སྐབས་ཀྱི་ཚིགས་སུ་བཅད་པའོ། །ཞེས་པ་འདི་ཡང་ཆོས་གྲྭ་ཆེན་པོ་གནས་སྙིང་གི་སྡེ་གདུང་བརྒྱུད་དང་བཅས་པ་དར་ཞིང་རྒྱས་པ་དང་། ཁྱད་པར། རྗེ་རིན་པོ་ཆེ་རིན་ཆེན་རྡོ་རྗེ་རྒྱལ་མཚན་དཔལ་བཟང་པོ་སྐུ་ཚེའི་རྒྱལ་མཚན་བརྟན་པར་བྱ་བའི་ཕྱིར། པར་འདི་བླམ་བདེ་ལེགས་པས་དད་པའི་སྒོ་ནས་བསྒྲུབས་པའི་དགེ་བས་རྣམ་དག་སྨོན་པའི་གནས་རྣམས་འགྲུབ་པར་ཤོག

འདིའི་རྗེས་སུ། བོད་ཁ་བ་ཅན་འདིར་སངས་རྒྱས་ཀྱི་བསྟན་པ་དར་ཚུལ། ས་པཎ་ཐོན་པ། བོད་ཀྱི་ཆོས་རྒྱལ་གྱི་གདུང་རབས། རྒྱ་དང་རྒྱལ་པོ་ཡོན་མཆོད་དུ་འབྲེལ་ལུགས། རྒྱའི་སྲུས་དང་། དཔོན་པོ་རྣམས་ཀྱིས་གདན་ས་བསྐྱངས། དེའི་གདན་ས་ཡོལ་མཆེད་གསུམ། དེ་གསུམ་གྱི་གདན་ས་འབྲི་ཆེན་པོ་ཤེས་རབ་འབར། དེ་ནས་གཟུང་〈བཟུང་〉སྡེ་དཔྱིལ་གྱི་གདུང་བརྒྱུད་ལ་སྟོད་པ་ཆེན་པོ་དཀོན་མཁར་ནས་བཟུང་སྟེ། སྤྱན་རས་གཟིགས་བརྒྱད་ཅུ་གྱ་བརྒྱད་འབྱོན་ཞེས། ཡིད་ཆེས་པའི་ཕྱིར་ཞབས་རྗེས་བཞག དེ་ང་རང་གིས་ལོ་གྲངས་བརྒྱད་ཅུ་གྱ་བརྒྱད་འགྲོ་བ་ལྟར་འདིས་མཚུངས་སྤྱན་རས་གཟིགས་ཀྱང་བརྒྱད་ཅུ་གྱ་བརྒྱད་རིམ་པར་འབྱོན་ཚུལ། འཇའ་ས། ལུང་ལག་རྟགས། ཆེ་བ་དང་བཅས་པ་རྣམས་འདིའི་འཕྲོས་ལ་ཡོད་པ། འོག་ཏུ་འཆད་པར་བྱེད་དོ། །(P. 17ན) (དེའི་གོང་རྣམས་ནི་ལ་སྙིང་འགྱུར་ཡིག་ནས་བོད་ཡིག་ཏུ་ཐད་ཀར་ཕབ་པ་ཡིན་ལ་དེ་གཤམ་ནས་ལ་སྙིང་འགྱུར་ཡིག་དང་ཤིང་དཔར་མ་ཡིག་གཉིས་བསྡུར་ནས་བཀོད་ཡོད།——སྒྲིག་པ་པོས།)

སྐྱེས་བུ་དམ་པ་རྣམས་ཀྱི་རྣམ་པར་ཐར་པ་

རིན་པོ་ཆེའི་གཏེར་མཛོད།

(ཁ་པ་)

༄༅། །ན་མོ་གུ་རུ། སྐྱེས་བུ་དམ་པ་རྣམས་ཀྱི་རྣམ་པར་ཐར་པ་རིན་པོ་ཆེའི་གཏེར་མཛོད་ཅེས་བྱ་བ། བླ་མ་དང་ལྷག་པའི་ལྷ་ལ་ཕྱག་འཚལ་ལོ། །སྤྱི་གཙུག་ཉི་ཟླ་པདྨའི་གདན་སྟེང་། །རྡོ་རྗེ་འཆང་སོགས་བརྒྱ་འགྱུད་〔རྩ་བརྒྱུད་〕བླ་མ། །རབ་འབྱམ་ཞིང་བདག་ཕྱོགས་བཅུའི་སངས་རྒྱས། །འགྲོ་བའི་དོན་མཛད་རྒྱལ་བ་རིགས་ལྔ། །མི་མཇེད་ཞིང་བདག་བསྟན་གཙོ་ཐུབ་དབང་། །རྩེ་ལྔའི་རི་བདག་མགོན་པོ་འཇམ་དབྱངས། །རི་པོ་ཏ་འཛིན་སྤྱན་རས་གཟིགས་དབང་། །ལྕང་ལོ་ཅན་ན་ཕྱག་ན་རྡོ་རྗེ། །གཡུ་ལོ་བཀོད་བདག་རྗེ་བཙུན་སྒྲོལ་མ། །ཆོས་སྐུར་སངས་རྒྱས་སྣང་བ་མཐའ་ཡས། །ལོངས་སྤྱོད་རྫོགས་སྐུར་ཐུགས་རྗེ་ཆེན་པོ། །སྤྲུལ་སྐུར་པདྨ་འབྱུང་གནས་ཞེས་གྲགས། །བསིལ་བ་ཚལ་ན་མགོན་པོ་ཕྱག་དྲུག །བླ་མ་སངས་རྒྱས་བྱང་སེམས་རྣམས་དང་། །ཡི་དམ་མཁའ་འགྲོ་ཆོས་སྐྱོང་རྣམས་ལ། །རབ་གུས་དད་པའི་ཡིད་ཀྱིས་ཕྱག་འཚལ། །

ཡང་ཕྱུར་གྲུབ་ཐོབ་འཇམ་དཔལ་གསང་བ། །རིགས་གསུམ་སྤྲུལ་པ་ཡོལ་སྟོན་མཆེད་གསུམ། །བྱམས་པས་རྗེས་གཟུང་〈བཟུང་〉འབྲི་ཆེན་ཤེས་འབར། །སྤྱན་རས་གཟིགས་སྤྲུལ་ལ་སྟོད་དཀོན་མཁར། །སེམས་དཔའ་ཆེན་པོ་རིན་ཆེན་རྒྱལ་མཚན། །དེ་ལ་སོགས་ཏེ་གནས་རྙིང་མཁན་བརྒྱུད། །རྣམ་དག་དྲི་མེད་རྣམས་ལ་ཕྱག་འཚལ། །དེ་ལྟར་ཕྱག་བསྟོད་སྔོན་དུ་བརྗོད་ནས། །སྒྲོ་སྐུར་སྲེ་སྣང་དྲི་མས་དབེན་པའི། །རྣམ་(P. 1བ་)ཐར་རིན་ཆེན་གཏེར་མཛོད་འདི་རྩམ། །

འདིར་རྣམ་པར་ཐར་པ་རིན་ཆེན་གཏེར་མཛོད་ཅེས་བྱ་བ་འདི་ལ་དོན་རྣམ་པ་ལྔས་འཆད་པ་ཡིན་ཏེ། དེ་ཡང་ལྔ་གང་ཞེ་ན། འདི་ལྟ་སྟེ། བཀའ་དྲིན་

ཅན་སྟོན་པའི་བྱོན་ཚུལ། ཁ་བ་ཅན་རྒྱལ་པོའི་གདུང་རབས། ཞིང་མཆོག་གནས་རྙིང་གི་ཆགས་ཚུལ། དེ་དག་ཏུ་བླ་མའི་བྱོན་རིམ། ཐུགས་རྗེ་ཅན་དབྱིལ་གྱི་གདུང་རབས།

དང་པོ་བཀའ་དྲིན་ཅན་སྟོན་པའི་བྱོན་ཚུལ་དང་། ཁ་བ་ཅན་རྒྱལ་པོའི་གདུང་རབས་གཉིས་ནི། གྱེན་ཐོ་ཆེན་མོར་བལྟ་བར་བྱའོ། །

གསུམ་པ་ཞིང་མཆོག་གནས་རྙིང་གི་ཆགས་ཚུལ་ནི། ཉང་སྟོད་རྒྱ་གར་གྱི་གླིང་། གནས་རྙིང་རྡོ་རྗེའི་གདན་མཚུང་〈མཚུངས་〉དོགས་〈དོག་མ་〉པདྨ་འདབ་བརྒྱད་འདྲ་བའི་སྟེང་། གནམ་འཁོར་ལོ་རྩིབས་བརྒྱད་འདྲ་བའི་འོག ས་གཞི་བཀྲ་ཤིས་རྟགས་བརྒྱད་ཡོད་པའི་སྦུབས། རྒྱབ་རི་གླང་པོ་ཆེ་ཉལ་བ་འདྲ་བའི་མདུན། དབུས་ནས་དཔའ་འབར་ཞིང་མཐའ་ནས་གཡང་ལུང་〈ལུད་〉པའི་གནས། དགོས་འདོད་ཐམས་ཅད་ཆར་བཞིན་དུ་འབབ་ཅིང་གྲུབ་ཐོབ་བརྒྱུད་མར་བྱོན་པའི་ཞིང་། མཁས་པ་བརྒྱ་ཕྲག་འདུ་བའི་གནས། བསྙེན་པ་ཙམ་གྱིས་ཉོན་མོངས་དང་གེགས་ཞི་བའི་གནས། བྱང་ཕྱོགས་སོ་བདུན་ལ་སོགས་པ་འཕགས་པའི་ཆོས་རྣམས་ངམ་ངམ་ཤུགས་ཀྱིས་རྒྱུད་ལ་སྐྱེ་བའི་གནས། མདོར་ན་སྐྱེས་བུ་དམ་པས་གནས་ཁྱད་པར་ཅན་དུ་ལུང་བསྟན་པའི་གནས་མཆོག་དཔལ་ལྡན་སྐྱེགས་ཀྱི་གནས་རྙིང་དེ། དུས་ཇི་ཙམ་ཞིག་ལ་(P. 2ན་)ཆགས་སྙམ་ན། དུས་ནི། སྔོན་བསྟན་པ་སྔ་དར་གྱི་དུས། དཔལ་བསམ་ཡས་ལྷུན་གྱིས་གྲུབ་པ་ན། ཆོས་སྐྱོང་བའི་རྒྱལ་པོ་ཁྲི་སྲོང་ལྡེ་བཙན་བཞུགས། དེའི་ཚེ་ལྷ་བཙན་པོ་ཉིད་ནུབ་གཅིག་མནལ་ལམ་གྱི་ལྟས་ཤིན་ཏུ་བཟང་བ་གཅིག་བྱུང་། དེའི་སང་ཉིན་སྔ་དྲོའི་ཆ་ལ་རྒྱལ་པོ་ཉིད་ཀྱིས་ཕོ་བྲང་གི་རྩེ་ནས་གཟིགས་པའི་དུས་སུ། བར་སྣང་ལ་འཇའ་ཚོན་སྣ་ལྔ་པ་ལེགས་པ་

གཅིག་འདུག་པའི་སྟ་རྩེ་གཅིག་དབུ་རྩེ་རིགས་གསུམ་ལ་ཟུག སྟ་གཅིག་རི་ཟངས་མདོག་ལ་ཟུག་འདུག་པ་དང་། རི་ཟངས་མདོག་ན་མེ་ཏོག་གི་ཆར་འབབ་ཀྱི་འདུག་པ་གཟིགས་པས། འདང་〈མདང་〉གསུམ་གྱི་རྨི་ལྟས་དང་། ད་ལན་གྱི་ལྟས་འདི་ཅི་ཡིན་སྙམ་པ་དགོངས་ནས། ཡ་གི་ན་ཅི་འདུག་ལྟོས་ཤོག་གསུང་། ལྟར་བཏང་བས། དེ་ན་སྔགས་པ་གཅིག་ལ་རྫ་མོ་ཡེ་ཤེས་ཀྱི་མཁའ་འགྲོའི་མཚན་རྟགས་ཚང་བ་གཅིག་དང་། གཟའ་མི་གཉིས་འདུག་པས་དེ་བཞིན་འདུག་ལགས་ཞུས་པས། དེ་པ་ངའི་གམ་དུ་ཕོས་ལ་ཤོག་གསུང་ནས་ཕོས་ཁྲིད་པས། ངའི་སྐུ་རིམ་བགྱིས〔པ་གྱིས་〕གསུང་ནས་རྒྱལ་པོའི་སྐུ་རིམ་པ་མཛད་དོ། །

རྒྱལ་པོ་དེའི་སྲས་ཁྲི་ལྡེ་སྲོང་བཙན་སད་ན་ལེགས་ཀྱི་དབུ་སྡེ་དང་། རྩ་བའི་བླ་མ་མཛད། མདོ་སྔགས་སྡེ་གཉིས་སུ་གྲགས་པའི་མདོའི་དབུ་སྡེ་དགེ་སློང་ཕ་མ། སྔགས་ཀྱི་དབུ་སྡེ་དགེ་བསྙེན་ཕ་མ་ལས་རྒྱ་འཇམ་དཔལ་གསང་བ་ཉིད་ནི་སྔགས་ཀྱི་དབུ་སྡེའི་གཙོ་བོ་ཡིན་ནོ། །རྒྱལ་པོ་དེའི་སྲས་མངའ་བདག་ཁྲི་རལ་པ་ཅན་གྱི་སྲོག་གི་སློབ་དཔོན་དང་། རྩ་བའི་བླ་མ་ཡིན་ཅིང་། རྒྱལ་པོ་དེ་ནི་དད་པ་དང་། བརྩོན་འགྲུས་དང་། བསོད་ནམས་དང་། མཐུ་སྟོབས་ཆེ་བ། སྤྱིར་ཆོས་བྱེད་ཀྱི་གང་ཟག་ཐམས་ཅད་ལ་གུས་པ། སྔགས་བླ་མ་ལ་ཤིན་ཏུ་མོས་པ། བླ་མའི་ཕྱིར་དུ་སྐུ་སྲོག་ཀྱང་གཏོང་ནུས་པའི་སྐྱེས་བུ་དམ་པ་དེས། སྤྱིར་བོད་ཡུལ་དུ་ལོ་པཎ་མང་པོ་སྤྱན་དྲངས་ནས། དམ་པའི་ཆོས་མང་དུ་བསྒྱུར། འགྱུར་〈བསྒྱུར་〉བཅོས་ནས་སྐད་གསར་བཅད་ཀྱིས་གཏན་ལ་ཕབ་པ། ཆོས་གྲྭ་དང་སྒོམ་གྲྭ་སྔར་ཡོད་རྣམས་ཀྱི་ཞབས་ཏོག སྔར་མེད་གསར་དུ་བཙུགས་ནས་ཆོས་པ་རྣམས་ཀྱི་ཞབས་ཏོག་བློར་མི་འཁྱུད་པ་མཛད་ཅིང་། ཁ་བ་ཅན་གྱི་རྒྱལ་

ཁམས་འདིར་དམ་པའི་ཆོས་ཤིན་ཏུ་དར་ཞིང་རྒྱས་པར་མཛད། ཁྱད་པར། འོན་འཚང་རྗེ་དཔེ་མེད་ཀྱི་ལྷ་ཁང་རྒྱ་ཕྱུགས་དགུ་ཐོག་མས་གཙོ་བྱས། གཙུག་ལག་ཁང་(P. 2བ་)སྟོང་རྩ་གཉིས་བཞེངས་པའི་དུས་སུ། གཙུག་ལག་ཁང་བཞེངས་པའི་ཞལ་ཏ་དང་། བཞེངས་ཚར་ནས་རབ་གནས་ཐམས་ཅད་རང་གི་རྩ་བའི་བླ་མ། ཐུགས་འཚང་དགེ་བའི་བཤེས་གཉེན་རྗེ་རྗེ་འཛིན་པ་ཆེན་པོ་རྒྱ་འཇམ་དཔལ་གསང་བ་ཉིད་ལ་ཞུས་སོ། །དེའི་ཚེ་གཙང་ཕྱོགས་ཉང་སྟོད་ཀྱི་ས་ཆར། གནས་གསར་ལྷ་ཁང་། ཉན་ཚོ་ལྷ་ཁང་། བྱེ་མངའ་ལྷ་ཁང་། ལྷག་ཚུང་ལྷ་ཁང་། རྟིང་ང་ལྷ་ཁང་རྣམས་བཞེངས་པའི་ཞལ་བཀོད་ལ་རྒྱ་འཇམ་དཔལ་གསང་བ་ཉིད་ཀྱིས་བྱོན་དུས། ཡོང་པ་སའི་དཔྱད་ལ་མཁས་པས། སྤྱིར་ཉང་སྟོད་ཀྱི་ས་ཆ་རྣམས་གཏན་ལ་ཕེབས། སྒོས་གནས་རྙིང་གི་ས་ཆ་འདི། ས་པདྨ་འདབ་བརྒྱད། གནམ་འཁོར་ལོ་རྩིབས་བརྒྱད། ལོགས་བཀྲ་ཤིས་རྟགས་བརྒྱད། རྒྱབ་རི་སྣང་པོ་ཆེ་ཉལ་བ་འདྲ་བ། དགེ་མཚན་དུ་མ་དང་ལྡན་པ། མ་འོངས་པ་ན་བསྟན་པ་དར་བའི་ས་ཕྱོགས་སུ་དགོངས་སོ། །

དེ་ཡང་གོང་གི་ལྷ་ཁང་དེ་རྣམས་ཀྱི་མིང་དང་འཐུན་〈མཐུན་〉པའི་བཞེངས་ཚུལ་ཟུར་ཙམ་བརྗོད་ན། རྩིས་གནས་རྙིང་དུ། བོད་ཡུལ་དུ་བཞེངས་བཞེད་པའི་ལྷ་ཁང་རྣམས་གྲངས་ཁ་ཐེམ་མ་ཐེམ་རྩིས་པའི་ས་ཡིན་པས་ན་རྩིས་ཀྱི་ལྷ་ཁང་། ཆོས་སུ་ལྷ་ཁང་། ཐམས་ཅད་ཀྱི་རྟིང་ལ་བཞེངས་པས་རྟིང་ང་ལྷ་ཁང་། རྩེའི་〈རྩིས་〉ལྷག་གཅིག་བྱུང་བ་ལ་བཞེངས་པས་ན། ལྷག་ཚུང་ལྷ་ཁང་ཞེས་གྲགས་པ་ཡིན་ནོ། །དེ་ལྟར་གཙུག་ལག་ཁང་ཐམས་ཅད་ལེགས་པར་གྲུབ་སྟེ། ལྷ་བཙན་པོ་ཉིད་ཐུགས་དགེས་ཏེ། བདག་གི་ཆབ་སྲིད་ཀྱི་ཕྱིད་བླ་མ་ལ་འབུལ་ཞུས་པས་མ་བཞེས་པར་བསྐུགས་ཀྱི་ཕུ་རི་ཟངས་མདོག་ཉིད་ལ་ཐུགས་

དམ་ལ་བཞུགས་སོ། །དེའི་ཚེ་དེའི་དུ་ན། ཆོས་རྒྱལ་ཁྲི་སྲོང་ལྡེ་བཙན་གྱི་རིང་ལ་གཙུག་ལག་ཁང་བརྒྱ་རྩ་བརྒྱད། མཆོད་རྟེན་བརྒྱ་རྩ་བརྒྱད་བཞེངས་པའི་དུས་སུ། བློན་པོ་གཙོ་ཆེ་བ་རྣམས་ལ། རྒྱལ་པོས་བཀའ་སྩལ་པ། ཁྱེད་རྣམས་ཀྱིས་ཀྱང་སྒྲིབ་པ་སྦྱོང་བའི་ཡན་ལག་ཏུ་ལྷ་ཁང་རེ་དང་། མཆོད་རྟེན་རེ་བཞེངས་ཤིག ཅེས་གསུངས་པ་ལ་བརྟེན་ནས། (P. 3ན་) ཁོང་རྣམས་ཀྱིས་ཀྱང་བཀའ་བཞིན་བཞེངས་པས། དེ་རྣམས་ཀྱི་ནང་ནས་ཀྱང་། བློན་པོ་ཆེན་པོ་མགོས〈འགོས〉ཁྲི་བཟང་བ་ཡབ་ལྷག་གིས་ལྷ་ཁང་དང་མཆོད་རྟེན་མཚར་བ། རྒྱལ་པོའི་ཐུགས་ཡུལ་དུ་འབབ་པ་བྱུང་ཞིང་། རྒྱལ་པོ་ཐུགས་རབ་ཏུ་དགེས་ནས། དང་པོར་ཁྱོད་ཀྱིས་བོད་ཡུལ་འདིར་ཆོས་དར་བའི་ཐབས་ཀྱི་བློ་བརྟན། ད་རེས་ཀྱང་ཁྱོད་ཀྱིས་བཞེངས་པའི་ལྷ་ཁང་དང་མཆོད་རྟེན་ཡོ་ན་མཚར་བར་འདུག་པས། ང〈ངས〉ཁྱོད་ཀྱི་བྱ་དགའ་ལ། ས་ཁྱུལ་དུ་ཆོད་པའི་སློ་བར་གཅིག་སྟེར་བ་ཡིན་པས། ས་དམིགས་ཆོལ་རིག་གསུང་ནས། བློན་པོ་མགོས〈འགོས〉ཀྱིས་གཙང་སྟོད་ཀྱི་ས་ཆ། མོན་སྐྱེར་ཆུ་ལྷ་ཁང་ཚུན། སྐར་ལ་མཚོ་གཞུག་ཡན་ཆད། འབྲི་འཚམས་ཛ་སླུག་པོ་ཚུན་གྱི་ས་ཆ་རྣམས་ཞུས་སོ། །དེར་བློན་པོ་མགོས〈འགོས〉ཀྱིས་ཀྱང་། ཆོས་སྐྱོང་བའི་རྒྱལ་པོས་གནང་བའི་ས་ཆ་དེར་བྱོན། ཡུལ་དེ་རྣམས་བློན་པོ་མགོས〈འགོས〉ཀྱིས་བཟུང་བ་ལ་བརྟེན་ནས། མགོས〈འགོས〉ཀྱི་ཕབ་རི། མགོས〈འགོས〉ཡུལ་སྟོང་གསུམ་ཞེས་གྲགས་པ་ཡིན་ནོ། །བློན་པོ་མགོས〈འགོས〉དེ་ལ་སྲས་པོ་གཉིས་ཡོད་དེ། ཁྲུང་གོད་རྩལ་དང་། རྡོ་རྗེ་རྩལ་གཉིས་སོ། །དེར་ཡབ་ཀྱི་ཞལ་ནས། ངས་ཚེ་སྟོད་ལ་རྒྱལ་པོའི་དགོངས་པ་བསྒྲུབས། ཚེ་གཞུག་འདི་ལ་ངན་སོང་གསུམ་གྱི་སྒོ་འགེགས་ཤིང་། མཐོ་རིས་ཐར་པའི་ལམ་སྣ་སྟོན་པའི་བླ་

མ་གཅིག་དགོས་པར་འདུག་པ། དབུས་ཀྱི་བསམ་ཡས་ན། ཆོས་རྒྱལ་མེས་དཔོན་རྣམས་ཀྱི་མཆོད་གནས། ཨུ་ཏྲན་〈རྒྱན་〉པདྨའི་དངོས་སློབ་ཡིན་〚པ་〛ངོས་ཤེས་པ། ང་རང་གི་རྩ་བའི་བླམ་རྒྱ་འཇམ་དཔལ་གསང་བ་ཞེས་བྱ་བ། སྟགས་འཚང་རྡོ་རྗེ་འཛིན་པ་ཆེན་པོ་གཅིག་ཡོད་པས། དེ་ཁྱོད་ཁྱུང་རྒོད་རྩལ་གྱིས་གདན་འདྲོངས་པ་གཅིག་གྱིས་ཤོག་གསུང་ནས། གདན་འདྲེན་དུ་ཕྱིན་པས། བླ་མའི་གསུང་ནས། ཉང་སྟོད་དུ་ལས་ཀྱི་འབྲེལ་བ་ཡོད་འགྲོ་དགོས་གསུང་། དེར་བླ་མས་མངའ་བདག་ཁྲི་རལ་གྱི་སྤྱན་སྔར་ཕྱིན། ངེད་གཙང་དུ་(P. 3བ) བློན་པོ་མགོས་〈འགོས་〉ཀྱིས་འབོད་མཁན་བྱུང་ནས་འགྲོ་དགོས་པར་གདའ་བ། ངེད་ལ་གཞི་འཆའ་བའི་ས་ཆ་གཅིག་ཐུགས་ལ་གདགས་དགོས་ཞུས་པས། རྒྱལ་པོའི་གསུང་ནས། དེ་ལྟར་བཞེད་པ་བཞིན་འབུལ་གསུང་པ་ལ། སྟོད་ན་རུ་ལག་ཁག་གསུམ། སྨད་ན་ཤེ་འུ་ལུང་གསུམ། བར་ན་སྐྱིགས་རུ་གསུམ་ས་ཆ་དང་བཅས་པ། འབྲི་ཁྱུང་རྗེ་འབངས་དང་བཅས་པ་རྣམས། བླམ་བརྒྱུད་པ་རྗེས་འཛིན་དང་བཅས་པ་ཤེས་སུ་ཆུག་གསུང་འཇའ་ས་གནང་། དེར་བླམ་མགོས་〈འགོས་〉ཁྱུང་རྒོད་རྩལ་དང་བཅས་པས། བློན་པོ་མགོས་〈འགོས་〉བཞུགས་པའི་གནས་དེར་ཕྱིན། ཁོང་ལ་ཆོས་མང་དུ་གནང་། དེར་ལོ་གསུམ་བཞུགས། བློན་པོ་ཆེན་པོ་ཡང་དགུང་ལོ་དྲུག་ཅུ་རེ་བདུན་ལ་སྐུ་གཤེགས། མགོས་〈འགོས་〉ཁྱུང་རྒོད་རྩལ་གྱི་ཞལ་ནས། རྡོ་རྗེ་རྩལ་ཁྱོད་ཀྱིས་ཡབ་ཀྱི་རྗེས་ཟུངས་ཤིག ངེད་ཡོན་མཆོད་གཉིས་ཀྱིས་སྐྱིགས་སུ་གཞི་གཟུང་〈བཟུང་〉ལ། ངས་བླ་མའི་ཞབས་ཏོག་བྱ་གསུང་ནས་སྐྱིགས་སུ་ཕྱིན་ནོ། །དེར་བླ་མའི་གསུང་གིས། བུ་སློབ་ཡོན་བདག་རྣམས་ལ། འདིར་ཁྱེད་རྣམས་ཀྱིས་གནས་གཞི་གཅིག་བརྩིགས་གཅིག་གསུང་ནས། བ་ག་ལུང་གི་

མདར། པ་ག་རྒྱགས་གྲོང་ཞེས་བྱ་བའི་ལྷ་ཁང་ཚོགས་ཁང་དང་བཅས་པ་བརྩིགས། དེར་གྲོང་ཁྱེར་ཡང་མང་དུ་ཆགས། གནས་དགོན་དུ་གནས་རྙིང་ལྷགས་རི་དབུ་མས་བསྐོར་བ་དང་། བླ་མའི་གཟིམ་ཁང་། ལྷ་ཁང་དང་བཅས་པ་བཞེངས། དཔེན་དགོན་དུ། དབུས་ལུང་ཐང་ཁྲུང་ལ་བླ་མའི་གཟིམ་ཁང་བརྩིགས། སྐྱིད་སྨོར་བླ་མའི་སྒྲུབ་ཁང་བརྩིགས། རྒྱའི་ལས་ཐབས་ཆེན་པོ་གསུམ་མཛད། དེའི་ཕྱག་བསྒྲིལ་〈སྒྲིལ་〉ནི། ཡུལ་དེར་སེར་བའི་གནོད་པ་སྲུང་ཞིང་གཏང་རག་མི་འདོད་པ་དང་གཅིག ཡུལ་དེ་དག་གི་ལྷ་འདྲེ་དྲག་པོ་ལ་གཉའ་བཙོལ་ནས། ཉ་དང་རི་དྭགས་དང་། བྱེས་མི་འོང་བ་ལ་གནོད་པ་མི་བྱེད་ཅིང་ཕན་པ་སྒྲུབ་པ་དང་གཉིས། ལྷ་བཙན(P. 4ན་)པོས་བཞེངས་པའི་ལྷ་ཁང་རྣམས་ལ་(རྩིས་ཀྱི་ལྷ་ཁང་། ཉན་མཚོ་ལྷ་ཁང་། བྱེ་མདའ་ལྷ་ཁང་། ཚོས་སུ་ལྷ་ཁང་། ལྷག་ཆུང་ལྷ་ཁང་རྣམས་སོ།) ཞིག་གསོས་བྱེད་མར་མེ་འབུལ་པ་དང་གསུམ་ལགས་སོ། །ཞིང་མཆོག་གནས་རྙིང་གི་ཆགས་ཚུལ་གྱི་ལེའུ་སྟེ་གསུམ་པའོ། །

བཞི་པ་དེ་དག་ཏུ་བླ་མའི་བྱོན་རིམ་ནི། ཐོག་མར་**རྒྱ་འཇམ་དཔལ་གསང་བ་**ཉིད། དེ་ལ་སྲས་པོ་བཞི་དང་། སྲས་མོ་གཉིས་བྱོན་ཏེ། རྒྱ་རྗོ་སྲས་ཡང་དག་སྐྱབས། རྒྱ་དཔལ་ཆེན་སྐྱབས། རྒྱ་བཀྲ་ཤིས་འཕེལ། རྒྱ་རིགས་འཛིན། སྲས་མོ་རྡོ་རྗེ་ལྷམ་མེ་དང་། རྡོ་རྗེ་སྨན་ནེ་གཉིས་སོ། །རྒྱ་རྗོ་སྲས་ཡང་དག་སྐྱབས་ཀྱི་སྲས་པོ། རྗོ་སྲས་བདུད་འཇོམས། དེ་ལ་སྲས་གཉིས་སྟེ། རྗོ་སྲས་ཕུར་པ་སྐྱབས་དང་རྗོ་སྲས་ཕུར་པ་འཕེལ་ལོ། །གཞན་ཡང་། ཡོལ་ཆོས་དབང་། ཡོལ་དྲང་སྲོང་། ཡོལ་ཐོག་འབེབས། འབྲི་ཆེན་ཤེས་རབ་འབར། ཁྲུང་རིན་ཆེན་གྲགས། ལ་སྟོད་པ་ཆེན་པོ་དཀོན་མཆོག་མཁར་ནས་གཟུང་〈བཟུང་〉སྟེ། ད་ལྟ་གདུང་བརྒྱུད་ཞལ་བཞུགས་པའི་བར་དུ་བྱོན་

པའོ། །

དེ་ཡང་ཞིབ་ཏུ་བརྗོད་ན། རྒྱལ་པོའི་འཛའ་སོས་བཅད་པའི་ས་ཆ། སྟོད་ན་རུ་ལག་ཁག་གསུམ། (གམ་རྒྱང་ཉིང་གསུམ) སྨད་ན་ཤེ་ཙུ་ལུང་གསུམ། (ཁྲོ་གངས། ལྷབ་ལྷབ་རི་གསུམ་སློགས་གཞུང་གསུམ་གྱི་རི་གདོང། ཕྱིག་པའི་ར་སྲུག་འབྲུ་བ་ཡར་ཆད་དོ།) བར་སྐྱེགས་རུ་གསུམ། འབྲི་ཁྲུང་རྗེ་འབངས་དང་བཅས་པ་ལ་འབྲིའི་སྙོས་འབངས། ལུང་པ་དཀར་པོ་སྣོ་བཞི་ཁྲུང་གི་སྙོས་འབངས། སླང་པ། ཚོས་གཟྱ། གུང་ས། ཕོ་མ་རྣམས་སོ། །བུ་སློབ་ལ་འབྲི་བན་དེ་བཞིའི་ སྟགས་པ། ཀན་སྐོར་གསུམ་ལ། མདའ་སྐོར་སྤེ་སར་ཇོ་བོ། བར་སྐོར་ལྷ་ཁྲ་མོ། ཕུ་སྐོར་སླང་ལུང་སྟགས་པ་སྟེ་གསུམ་མོ། །རྒྱ་འཛམ་དཔལ་གསང་བ་ཉིད་ཀྱིས་ལྷ་བཙན་པོའི་སྐུ་རིམ་ལ་དམིགས་ནས། གམ་རྒྱང་གི་མདོ་ (ཤུག་པ་རྐང་གཅིག) དང་། ཀླུངས་[སླུངས་] གསུམ་གྱི་བར་རི་ (ཤམ་བུ་ལྷ་བར) དང་། གཡས་རིའི་འདབས་ (རི་མོ་འཕྲང།) ལ་གཏོར་མ་རེ་བསྔེབས། སྐབས་སུ་ཧོམ་རེ་ (སྐྱེགས་སུ) མཛད། དེ་དུས་སུ་ཕྱོགས་ཕྱོགས་ཀྱི་སློབ་མ་རྣམས་ཀུང་འདུ་དགོས་སོ། །(P. 4བ་) (རྒྱལ་རློན་གྱི་ཐེམ་ཡིག་དག་ལས། ཉང་པོ་རོང་གི་སྟོད་ན་རྗེ་བཙན་ཆེན་དང་། བཙན་ཆུང་གཉིས་ལས། ཕྱིའི་བཙན་ཆེན་འབྲི་ཆུང་གཉིས་སོ། །བཙན་ཆུང་ཡུལ་རེ་རེ་ན་གཉིས་གཉིས་ཡོད་པ་ལས། སྐྱེགས་མི་ལྔ་བརྒྱའི་བཙན་ཆུང་ཡོལ་ལྕགས་དང་། ལང་བན་ནོ། །ཡོལ་ལྕགས་ཀྱི་སྙོས་འབངས། འགོས་དང་། སྐྱེགས་མིའོ། །ལང་བན་སྙོས་འབངས། མར་དང་མར་པའོ། དེས་ན་ཡོལ་སྐུ་མཆེད་ཡང་། འབངས་ཡོད་སར་ཕྱིན་པ་དེར་གདའ་འོ། །) རྒྱ་འཛམ་དཔལ་གསང་བ་ཉིད་ཀྱི་ཡོན་བདག །འགོས་ཁྲུང་ཀྲོད་རྩལ་གྱིས་ལི་བེར་ (ལྷ་ཁྲུང་གྲོང་ལེབ་) བརྩིགས། དེ་ལ་བུ་བཞི་བཙས་ཏེ། འགོས་རི་སྤྲིན། གཡུང་དཔལ། དོན་རིན། ཤེས་རབ་འཕེལ་རྣམས་སོ། །

དེར་བླ་མ་སྐུ་ན་བགྲེས་པས། སྲས་རྣམས་ལ་ས་ཆ་ཡོན་བདག་དང་

བཅས་པ་ཕོག་ཚུལ་ནི། རྒྱ་རྗེ་སྲུས་དཔལ་ཆེན་སྐྱབས་ལ། གམ་རྒྱང་གཉིས་ཡོན་བདག་དང་བཅས་པ་ཕོག ཤོང་གིས་བྲག་མོར་ཚོགས་ཁང་དང་། འགྲོན་〈མགྲོན་〉ཁང་བརྩིགས། ཤོང་གི་ཡོན་བདག་འགོས་གཡུང་དཔལ་གྱིས་མཛད། གམ་རྒྱང་ལ་ཡབ་ཀྱི་རྗེས་སྐྱོང་ཞིང་འདྲེན་གསོལ། དེའི་བརྒྱུད་པ་སྟོད་དུ་འཚུགས་སོ། །རྗེ་སྲུས་བཀྲ་ཤིས་འཕེལ་ལ། སྣད་ཤེ་ཨུ་ལུང་གསུམ་ཡོན་བདག་དང་བཅས་པ་ཕོག ཤོང་གི་ཡོན་བདག་འགོས་དོན་རིན་གྱིས་མཛད། ཤེ་ཨུ་ལུང་གསུམ་སོགས་གཞུང་གསུམ་ལ་ཡབ་ཀྱི་རྗེས་སྐྱོང་ཞིང་འདྲེན་གསོལ། རྒྱ་རིགས་འཛིན་ལ་ཉིང་རོ་ཡོན་བདག་དང་བཅས་པ་ཕོག ཤོང་གི་ཡོན་བདག་འགོས་ཤེས་རབ་འཕེལ་གྱིས་མཛད། ཉིང་རོ་ལ་ཡབ་ཀྱི་རྗེས་སྐྱོང་ཞིང་འདྲེན་གསོལ། **རྗེ་སྲུས་ཡང་དག་སྐྱབས་ལ།** གནས་རྙིང་དང་། པ་ག་〔བ་ག་〕རྒྱགས་གྲོང་གིས་ཕྱག་དྲངས་སྐྱོགས་ཙ་གསུམ། འབྲི་ཁྱུང་རྗེ་འབངས་དང་བཅས་པ་རྣམས་ཕོག དེ་རྣམས་ལ་ཡབ་ཀྱི་རྗེས་སྐྱོང་ཞིང་འདྲེན་གསོལ། ཤོང་གི་(P. 5ན་) ཡོན་བདག་འགོས་རི་ཕྱིན་གྱིས་མཛད། བླ་མས་ལུང་བསྟན་ཁྱད་པར་ཅན་ཞབས་རྗེས་སོགས་ཡོད་པ་འོག་ཏུ་འཆད་ཅིང་། སྤྲུལ་པའི་སྐུ་བླ་མ་ཁྱད་པར་ཅན་དེ་ཉིད་དགུང་ལོ་བརྒྱད་ཅུ་གྱ་བརྒྱད་པ་ལ་བདེ་བར་གཤེགས་སོ། །

དེའི་རྗེས་སུ་རྗེ་སྲུས་ཡང་དག་སྐྱབས་ལ་སོགས་པས། ནང་རྟེན་དུ་སྤྱན་རས་གཟིགས་ཀྱི་སྐུ་ལི་མ་བཞེངས། ད་ལྟའང་གནས་རྙིང་འདུ་ཁང་སྟེང་གི་མན་ཁང་ན་ཡོད་པ་དེ་ཡིན། ཕྱི་རྟེན་དུ་གནས་རྙིང་ལྷ་ཁང་ནང་དུ་མཆོད་རྟེན་བཀྲ་ཤིས་སྒོ་མངས་བཞེངས། སྐུ་གདུང་ཡང་རིལ་པོ་གཅིག་ཏུ་དེའི་ནང་ན་བཞུགས། དེ་ནི་མཁན་པོ་བོ་དྷི་ས་ཏྭའི་མ་འགལ་དང་། ཆོས་རྒྱལ་ཁྲི་རལ་གྱི་འཇའ་ས་ཡང་

བཞུགས། ཇོ་སྲས་ཡང་དག་སྐྱབས་དེ་ལ་སྲས་གཅིག་འཁྲུངས་ཏེ། ཇོ་སྲས་བདུད་འཇོམས་སོ། །ཇོ་སྲས་དེས་སྐུ་ཚེའི་སྟོད་ལ་ཡབ་ཀྱི་རྗེས་བཟུང་ཞིང་། སྐུ་ཚེའི་སྨད་ལ་ཡབ་དང་། ཨ་ཁུ་དཔལ་ཆེན་སྐྱབས་གཉིས་ཀའི་རྗེས་གཟུང་〈བཟུང་〉ཞིང་བསྐྱངས་སོ། །ཡོན་བདག་འགོས་རི་སྦྱིན་སྲས་གསུམ་བྱུང་སྟེ། འགོས་ནམ་དར། དོན་རིན། རྒྱལ་རྒྱལ། འགོས་ནམ་དར་མས་ལི་བེར་གཟུང་〈བཟུང་〉། དོན་རིན་གྱིས་གདོང་བེར་བཙིགས། རྒྱལ་རྒྱལ་གྱིས་གྲེང་〔གྲང་〕བེར་བཙིགས། ཇོ་སྲས་བདུད་འཇོམས་ལ་སྲས་གཉིས་བྱོན། ཇོ་སྲས་ཤུར་པ་སྐྱབས་དང་། ཇོ་སྲས་ཤུར་པ་འཕེལ་ལོ། །

གཅེན་པོ་དང་པོ་ནས་སྒྲུབ་པ་ལ་ཐུགས་སོང་བས། གླང་པའི་བྲག་བྱ་མོ་མགུལ་དུ་སྒྲུབ་པ་མཛད། རྗོགས་པ་ཆེན་པོ་བསྒོམས། ཚེ་སྦྱོངས་སུ་འགྲོ་དོན་ཡང་རྒྱ་ཆེར་མཛད།

དེ་ཡང་རྣམ་ཐར་ཞིབ་ཏུ་བརྗོད་ན། **ཇོ་སྲས་ཤུར་པ་སྐྱབས་དེས།** ཚེ་སྦྱོངས་ནས་ཞ་ལུ་རྒྱན་གོང་དུ། ལོ་སྟོན་རྡོ་རྗེ་དབང་ཕྱུག་གི་སྤྱན་སྔར་བྱོན། དགེ་བསྙེན་གྱི་སྡོམ་པ་ཞུས། མཚན་ཡང་མཁན་པོའི་མཚན་དང་འཐུན་〈མཐུན་〉པར་རྡོ་རྗེ་དབང་ཕྱུག་ཅེས་བྱ་བར་བཏགས་སོ། །ཁོང་གིས་ཆོས་ཡང་མང་དུ་མཁྱེན། མཆོག་ཏུ་ཡང་། ཡང་ཤུར་ལ་མཁས་པ་གཅིག〈P. 5བ་〉ཡོད། ལོ་དྲུག་ཅུ་རྩ་བདུན་ཙམ་ལོན། ཁོང་ལ་བུ་མེད་པས་ཕ་སྤུན་ཆོས་ཧྲན་ཆན་བག་རེ་བྱས་པས་ཐུགས་ཞེན་ཏུ་ཆད་དེ། ག་རེ་གང་ལའང་སྙིང་པོ་མི་འདུག་པས། སྟོ་བྲག་མཁར་ཆུ་ལ་སྒྲུབ་པ་བྱ་དགོངས་ནས། ཞིང་ཁང་ལ་སོགས་ཕག་ཏུ་གང་ལོམ་ལོམ་བཏོང་ས་པས། ཚ་མོ་ལོ་བཅུ་བཞི་ལོན་པ་གཅིག་ན་རེ། ཨ་ཁུ་སྟོན་པ་གང་དུ་གཤེགས་སྐམ་པ་ཡིན། སྐུ་བགྲེས་ཁར་བྱེས

སུ་ག་ཤེགས་པ་མཆི་ཡེ། བདག་གིས་ཀྱང་ཨ་ཁུའི་ཞབས་ཏོག་གང་ཐུབ་ཐུབ་བྱ་ཡིས། བདག་ཀྱང་ཆོས་གཅིག་བགྱིད་པས། བདག་གི་སྐྲ་འདི་ཡང་ཨ་ཁུ་སྟོན་པ་ལ་འབུལ་བས་གཙོད་པར་ཞུ་བྱས་པས། ཨ་ཁུ་སྟོན་པའི་ཞལ་ནས། ཁྱོད་ཀྱི་ཏ་དེ་ག་ཡིན་ཏེ། ང་ཡུལ་འདིར་བསྡད་པས་དམ་ཚིག་ཉམས་ནས་དམྱལ་བའི་རྒྱུ་བྱེད་པར་འདུག མཆོག་ཏུ་ཡང་། ཁྱོད་ཀྱི་ཕ་ཛོ་འདི། ངའི་ནུ་བོ་ཆུང་ཤོས་ཡིན་པས་བྱམས་ཚད་བྱས་པ་ཡིན་ཏེ། ང་ལ་ཁོ་སྡང་བར་གྱུར། ང་ན་སོ་རྒས་པས་བྱེས་སུ་འགྲོ་བ་མི་འོས་པར་འདུག་སྟེ། བསྡད་ས་མེད་པས་འགོགས་ནས་འགྲོ་གསུང་། ཁྱོད་ཀྱིས་བཞོན་པའི་གཡག་གཅིག་ཉོ་ས་ཨེ་འདུག་ལྟོས། འདི་ལ་ཁྱོད་ཀྱི་ཕག་ནོར་གྱིས་ཨ་གསུང་ནས་གསེར་སྲང་གང་དང་། གཡུ་ཆེ་ཆུང་འདྲེས་པ་བརྒྱ་ཟེན་པ་གཅིག་བྱིན། ཟླ་ཕྱེད་ཀྱི་བར་དུ་གསོང་ས་ཅིག་གསུང་ནས། དཔེ་ཆ་རྣམས་མེར་འབུལ་སྐམ་ནས་གྲབས་བྱས་ཡོད་ཙ་ན། ཚ་མོ་དེས། ཆང་བུམ་པ་གང་ཁྱེར་བྱུང་། ཨ་ཁུ་སྟོན་པ་ཅིས་ཀྱང་གཤེགས་ན་འདི་ལ་གཤེགས་སྐྱེམས་མཛོད་ཟེར་དྲངས། ང་མི་མཇལ་ཟེར་ནས་མང་དུ་དྲུས་སོ། །

ཁོང་རང་ཡང་ཆང་གིས་སྨྱོས་ནས་དཔེ་ཆ་སྒྲིག་པ་མ་བྱུང་། ནང་པར་ཐོ་རངས་སུ་སོང་ཙ་ན། དཔེ་ཆ་མ་སྒྲིག་པར་ཁུར་ལས་ཤོག ཡར་འབྲོག་ཤ་བོ་སྒང་བྱ་བ་ན། ལྷོ་བྲག་དཔལ་གྱི་ཡེ་ཤེས་ཞེས་བྱ་བ། གསང་སྔགས་མ་མོའི་ཆོས་སྐོར་ལ་(P. 6ན་) མངའ་བརྙེས་པ་གཅིག་ཡོད་པས། དེ་ལ་ཆོལ་ལ། ཁྱོད་རང་ཕྱིས་ཙ་ན་དགོས་པ་འདུག་ཟེར་བ་གཅིག་བྱུང་། འོ་ན་སྲིག་ཏུ་མི་རུང་ངམ་སྐམ་ནས། དྲེའུ་གཅིག་ཉོས། ཚ་མོས་ཀྱང་དྲེའུའི་རིན་ལ་འཐུད་བྱས། གཡོག་པོ་དགའ་ཚད་གཅིག་ཀྱང་ཚ་མོ་དེས་བཙལ་ནས་སྐྱེལ་དུ་བཏང་། མོ་རང་གིས་ཀྱང་ཉིན་ལམ་གཉིས་ཙམ་སྐྱེལ་ཐུང་བྱས། ཨ་ཁུས་བྱིན་པའི་གསེར་གཡུ་རྣམས་ཀྱི་ཁ་རུ་

མོ་རང་གི་རྣ་གཡུ་གཉིས་དང་སྐྲེ་གཡུ་ཕོག་ནས་ཕུལ། ཨ་ཁུ་སྟོན་པ་བགྲེས་ཁར་སྡིག་བྲག་ཏུ་གཤེགས་པ་ལ། ང་ཕག་ནོར་གྱིས་ཅི་བྱེད། ཨ་ཁུ་རང་གི་ཆོས་རྒྱུགས་ཀྱི་བསྟན་པ་མཛོད་ཟེར། མོ་འདོད་དུ་མ་བཏུབ་པོ། །ཨ་ཁུ་སྟོན་པ་མ་མཇལ་རིང་སྐུ་ཁམས་བཟང་པོ་མཛོད། བདག་ཀྱང་རང་དབང་ཐོབ་པ་དང་ཨ་ཁུའི་ཞུལ་དུ་མཆི་འོ་ཟེར་ནས་སོང་ངོ་། །དེ་ནས་རྒྱ་བན་དཔོན་གཡོག་གཉིས་ཀྱིས་ཡར་འབྲོག་ཤ་བོ་སྒང་ཟེར་བ་དེར་སླེབ་ཙམ་ན། འབྲོག་བན་རལ་པ་ཤར་རེ་བ་གཅིག་ཧྲན་དུ་བྱུང་ནས་བན་དེ་ཐུགས་པ་གང་ནས་ཕྱིན། གང་དུ་བཞུད། འོ་རྒྱལ་ཟེར་ནས་བསྡད་འདུག དེར་རྒྱ་བན་གྱིས། ཐག་ཀྱང་རིང་ཚོད་ནས་འོངས། ཉང་རོ་ཚེ་སྤྱོངས་བྱ་བའི་ས་ཆ་ནས་ཡིན། འགྲོ་བ་སྡིག་བྲག་མཁར་ཆུའི་བྲག་ལ་རོ་གོག་འདི་སྐྱེལ་དུ་འགྲོ་བ་ཡིན་བྱས་པས། འོ་ན་ཐག་རིང་པོ་ཏ་མན། ཁྱེད་ལ་སུན་མ་བཟང་པོ་འདུག་ཟེར། དེ་འདྲ་ཅི་གདའ་བྱས་པས། ཁྱེད་རང་གིས་མཐོན་〈མཐོང་〉ནས་འོང་གིས། རོ་ནུབ་འདི་ཀར་བཞུགས་དང་ཟེར། དེར་ངལ་བར་ཡང་བྱུང་ནས་བསྡད་པས། ནུབ་མོ་སྟོན་〈མདོན་〉སུམ་དུ་མཁའ་འགྲོ་མ་དང་། མ་མོའི་ལྷ་ཚོགས། དཔའ་བོ་དང་དཔའ་མོ་མང་པོ་བྱུང་ནས། ཁོང་རང་གི་ཤ་ཁྲག་ཏུས་པ་རྣམས་ཁྱེར་ཏེ་སོང་། དེ་འདྲ་ལན་འགའ་བྱེད། པནྡི་ཏ་སྨྲ་ར་ཞོལ་ལེ་བ་གཅིག་བྱུང་ནས། སྙིང་རུས་ཀྱིས་སྟོན་ནས་སྡིག་བྲག་མཁར་ཆུ་ལ་ཁྱེར་སོང་པས། ཉམས་དགའ་ཡལ་བ་ཞིག་བྱུང་ཅིང་། རིག་པ་ཟི་བུན་པ་གཅིག་བྱུང་པ་ནང་པར་ཁོང་ལ་བཤད་པས། ཤིན་ཏུ་བཟང་། (P. 6བ་) ཁྱེད་ཚེ་ལ་དབང་པའི་རིག་འཛིན་མྱུར་དུ་ཐོབ་པར་འདུག་གིས་ཟེར། རྒྱ་བན་གྱིས་ཁོང་ལ་ཁྱེད་གྲུབ་ཐོབ་ཅིག་རང་ཡིན་ནམ་བྱས་པས། ངས་གྲུབ་པ་མ་ཐོབ། ཡི་དམ་ལྷ་ལས་སུ་ཏུང་ཙམ་ཡིན་ཟེར། ངོ་མཚར་དུ་གྱུར་ནས།

གསེར་དུམ་ཅིག་ཕུལ་ནས་བྱིན་བརླབས་ཞུས་སོ། །དཔེ་སྐྲོམ་འདི་ཁྱེད་ལ་འཚོལ་བྱས་ནས། དཔེ་ཆ་ཚོ་ཁོང་ལ་བཅོལ་ལོ། །དང་པོའི་ལུང་བསྟན་དང་མཐུན་པར་བྱུང་ནས་སློ་བདེ།

དེ་ནས་ལྷོ་བྲག་མཁར་ཆུ་ལ་བྱོན། ལོ་གསུམ་སོང་ནས་གཏེར་ཐོན་པས། དེ་ལ་སྨན་རྟག་ཏུ་ངུའི་བཟའ་ཐབས་བཅུད་ལེན་དུ་མ་ཡོད་ཀྱང་ཟབ་པར་གྱུར་པ་འདི་སྟོན་པ་ཡིན་ཏེ། འདི་ཉམས་སུ་བླངས་བས་ལོ་སུམ་ཅུ་ལོན་ཙམ་ན། སྐྲ་དཀར་དང་། སོ་དང་སེན་མོ་ཐམས་ཅད་བརྗེས། དྲུག་ཅུ་ལོན་ཙ་ན་གཞོན་པ་ལྷའི་བུ་ལྟ་བུར་གྱུར་ནས། བྱིས་པ་ལོ་བཅུ་དྲུག་ལོན་པ་ཙམ་དུ་སོང་ངོ་། །དེ་ཀར་བཞུགས་ནས་སྨན་རྟག་ཏུ་ངུ་གསོལ་ལོ། །དེ་ནས་ལོ་དྲུག་ཅུ་ནས་ཚུར་བྱོན། ཡར་འབྲོག་ཤ་པོ་སྒང་དུ་བྱོན་པས། དཔལ་གྱི་ཡེ་ཤེས་ཀྱི་སྲས་རྡོ་རྗེ་ཡེ་ཤེས་ལ་ངའི་དཔེ་ཆ་དེ་ཁྱེད་ལ་བཅོལ་ནས་ཡོད་པས་ཞུ་བྱས་པས། ང་ལ་ཁྱེད་ཀྱི་དཔེ་ཆ་ནམ་བཅོལ། ང་ཤིན་ཏུ་རྒས་པར་གྱུར་པ་ལ་ཁྱེད་གཞོན་པ་ཐོ་གསར་གཅིག་འདུག་པས་ཁྱེད་སུ་ཡིན་ཟེར། ངས་ཁྱེད་ཀྱི་ཕ་ལོ་བཞི་བཅུ་ལོན་པ་ཅིག་འདུག་ཁྱེད་རང་ལོ་ལྔ་ལོན་པ་གཅིག་འདུག་པ་དེ་ཙ་ན་བཅོལ་བ་ཡིན་བྱས་པས། འོ་ན་དེ་ཙ་ནའི་བན་སྡེ་〈དེ་〉མགོ་སྐྱ་དེ་ཁྱེད་ཡིན་ནམ་ཟེར། ཡིན་བྱས་པས། འོ་ན་ཁྱེད་ཀྱི་ཅི་མཛད་པའི་ཡོན་ཏན་ཡིན་ཟེར་བ་ལ། ངས་སྨན་རྟག་ཏུ་ངུའི་བཅུད་ལེན་བྱས་པ་ཡིན་བྱས་པས་དེས་ངོ་མཚར་བ་ཡིན་གསུངས་པས། འོ་ན་དེ་བདག་ལ་ཡང་ཞུ་དགོས་ཟེར་ནས་དེ་ལའང་གདམས་པ་གདམས། དེ་ནས་ཡུལ་དུ་བྱོན་པས། གཞན་ངོ་ཤེས་པ་སུ་ཡང་མི་འདུག རྒན་མོ་ལོ་བརྒྱད་ཅུ་ལོན་པ་གཅིག་འདུག་ནས། དེ་ལ་ལོ་རྒྱུས་དྲིས་པས་ཐམས་ཅད་ཤི་ནས་མེད། ཁྱེད་འདྲའི་གཞོན་པ་རྒྱུས་ཆེ་བ་སུ(P. 7ན་)ཡིན་ཟེར་བས། ང་འདི་བཞིན་ཡིན་

ཟེར། སྔར་གྱི་ལོ་བརྒྱུས་〈རྒྱུས་〉སྣད་པས། ཕྱིད་ཤི་ནས་ཚེ་འཕོས་པ་ཡིན་ནམ་ཟེར། མན་གསུངས་པས། མོ་ན་རེ། ངའི་ཨ་ཁུ་སྟོན་པ་ལྷོ་བྲག་མཁར་ཆུ་ལ་གཤེགས་པ་གཅིག་ཡོད་དེ། ཅང་ཡིན་ནམ་ཟེར་བ་ལ། ཡིན་བྱས་པས། ཨ་ཁུ་སྟོན་པ་དང་མཇལ་བ་ང་རེ་དགའ་ཟེར་ནས་བྲོ་འཁྲབས། ཀྱུ་མོ་བགྱིས་སོ། །བདག་ལའང་བཅུད་ལེན་གྱི་གདམས་པ་ཞུ་ཟེར་ནས་བྱིན་ནོ། །ལོ་གསུམ་ཉམས་སུ་བླངས་པས། ཚེ་ལ་དབང་པའི་རིག་འཛིན་གྱི་གྲུབ་པ་བརྙེས་ནས། ད་ཙུང་སེ་བྲག་གི་རི་ལ་ཁུ་དཔོན་གཉིས་ཀ་བཞུགས་སོ། །

རྒྱ་བན་རྡོ་རྗེ་དབང་ཕྱུག་གི་གཙུང་པོ་**ཛོ་སྲས་ཕུར་པ་འཕེལ་**གྱིས་ཀུང་ཡབ་ཀྱི་གཡོག་མཛད། དེའི་དུས་སུ་ཡབ་ཀྱི་གསུང་ནས། བ་གའི་འདོ་〈མདོ་〉འདི་ཡང་གྲང་བ་ཞིག་〖འདུག་ལ་ང་〗རྒས་འདུག་པས། ངའི་སྡོད་ས་ཞིག་དབུས་ལུང་ཐང་ཁུགས་ཀྱི་རི་སྣ་གནས་སྙིང་མཐོང་ས་ཡ་གིར་གྱིས་གསུང་ནས། དེར་གཟིམས་ཁང་བརྩིགས། དེར་བཞུགས་ནས་སྐུ་ཡང་དེ་གར་གཤེགས། སྐུ་གདུང་ཡང་རིལ་བུ་གཅིག་ཏུ། ཕྱི་རྟེན་དབུས་ལུང་རི་གདོང་གི་འབུམ་པ་ཐོག་ཕུབ་མའི་ནང་ན་བཞུགས། ནང་རྟེན་ཡང་དབུས་ལུང་ན་བཞུགས་སོ། །ཛོ་སྲས་ཕུར་པ་འཕེལ་གྱི་སྐུ་ཚེའི་སྨད་ལ། ཨ་མེས་བཀྲ་ཤིས་འཕེལ་དང་། རིག་འཛིན་གྱི་རྗེས་ལ་སོགས་པ་མདོར་ན། འཇའ་སས་བཅད་པའི་ས་ཆ་དབང་རིགས། ཡོན་བདག་བུ་སློབ་ཐམས་ཅད་བསྐྱངས། བ་ག་རྒྱ་〈རྒྱགས་〉གྲོང་གི་ལྷ་ཁང་དང་། ཚོགས་ཁང་ཐམས་ཅད་བཙོས། གནས་སྙིང་གི་ལྷ་ཁང་ལ་ཞིག་གསོས་དང་། ལས་ཁང་དང་། རྡོ་ཁང་ལ་སོགས་པ་བརྩིགས། རྒྱལ་པོས་བཞེངས་པའི་ལྷ་ཁང་རྣམས་ཀྱི་ཞབས་ཏོག་ལ་སོགས་པ་མཛད་ཕྲིན་རྒྱ་ཆེན་པོ་མཛད།

རྒྱུའི་ཡོན་བདག་མགོས་〈འགོས་〉ནམ་དར་ལ་བུ་གསུམ་བྱུང་སྟེ། གཡུང་དྲུང་སྐྱབས། ཡེ་ཤེས་དཔལ། བཙུན་ཆུང་རྣམས་སོ། །གཡུང་དྲུང་སྐྱབས་ཀྱིས་ཆོས་ཡུལ་གྱི་ཏི་སེ་གཡའ་བོ་ཆེར་སྒྲུབ་པ་བྱས། གཉེན་རབས་མི་བོའི་ཞལ་གཟིགས། བོན་གྱི་གཏེར་མང་དུ་བཏོན། ལྷ་སྲིན་ཐམས་ཅད་དམ་ལ་ཐོགས། དེ་ནས་(P. 7བ་)ཉང་སྟོད་ཀྱི་བོན་གྱི་བསྟན་པ་ཚུགས་ཟེར་རོ། །

ཡེ་ཤེས་དཔལ་གྱིས་ལི་བེར་བཟུང་། མགོས་〈འགོས་〉བཙུན་ཆུང་ནི་མིང་སྲིང་མཐུན་པ་ལས། སྲིང་མོ་སྨྲུམ། ངོ་ཚ་ནས་ཤངས་ལ་འཐོན། རྟ་ནག་ཏུ་ཆགས། ལྷས་ར་གཅིག་ཏུ་བཙས་པ། མིང་སྲིང་ངོ་ཚ་སྨོལ་བས་ན་ཁྱུག་པ། ལྷས་སུ་བཙས་པས། མགོས་〈འགོས་〉ཁྱུག་པ་ལྷས་བཙས། མགོས་〈འགོས་〉མི་རྣམས་ཀྱིས་མགོས་〈འགོས་〉བཙུན་ཆུང་གི་སྲས། མགོས་〈འགོས་〉ཁྱུག་པ་ལྷས་བཙས་ཅེས་བྱ་བ། དང་པོ་ནས་ཆོས་ཀྱི་བག་ཆགས་སད་པས། ཇོ་བོ་རྗེ་ཨ་ཏི་ཤ་དང་། པཎ་ཆེན་ག་ཡ་དྷ་ར་ལ་སོགས་པ། རྒྱ་བོད་ཀྱི་མཁས་གྲུབ་དུ་མ་ཞིག་བསྟེན་ནས། ཕྱི་ནང་གི་ཆོས་མཐའ་དག་ལ་མཁས་པར་མཛད་ཅིང་། སངས་རྒྱས་ཀྱི་བསྟན་པ་གསལ་བར་མཛད་པ་ཡིན་ནོ། །རྒྱས་པར་ནི་དེ་ཉིད་ཀྱི་རྣམ་ཐར་དུ་བལྟ་བར་བྱའོ། །དེ་དག་ཏུ་བླ་མའི་བརྒྱུད་རིམས་ཀྱི་ལེའུ་སྟེ་བཞི་པའོ། །

ལྷ་པ་ཐུགས་རྗེ་ཅན་དབྱིལ་གྱི་གདུང་རབས་ནི། དཔལ་གནས་སྙིང་གི་གདུང་རབས་དྲི་མ་མེད་པ་འདི། ཆེ་བ་བཅུའི་སྒོ་ནས་ཁྱད་པར་ཏུ་འཕགས་ཏེ། ཆེ་བ་བཅུའི་སྒོ་ནས་འཆད་པར་བྱེད་པ་ཡིན་ཏེ། བཅུ་གང་ཞེ་ན། ས་བདག་ཆོས་སྐྱོང་བའི་རྒྱལ་པོའི་འཇའ་ས། ཕྱགས་འཆང་གྲུབ་ཐོབ་ཆེན་པོའི་ལུང་བསྟན། དྷི་པཾ་ཀ་རའི་ལུང་བསྟན་རབ་གནས། ཡོལ་སྟོན་སྐུ་མཆེད་

གསུམ་གྱི་གྲུབ་རྟགས། རྗེ་བཙུན་སྨྱོན་རས་གཟིགས་ཀྱི་ལུང་བསྟན། ཕྱག་དྲུག་ཡི་ཤེས་མགོན་པོའི་བཀའ་བབས། འབྲི་ཆེན་ཤེས་རབ་འབར་གྱི་གདན་ས། བསྟན་སྲུངས་མཧཱ་ཀཱ་ལའི་ཞལ་བཞེས། སློབ་མའི་མཆོག་གྱུར་གྲུབ་ཐོབ་རྣམ་གསུམ། བརྒྱུད་པའི་མཆོག་གྱུར་བྱང་སེམས་ཐྱོན་ཚུལ་དང་བཅུའོ། །

དང་པོ་ས་བདག་ཆོས་སྐྱོང་རྒྱལ་པོའི་འཇའ་སས་ཆེ་བ་ནི། གོང་དུ་སྨོས་པ་བཞིན། སྐྱོགས་པ་ཟལ་མོའི་སྐད། སྟོད་ན་ཉུ་ལག་ཁ〈ཁག〉གསུམ། སྨད་ན་ཤེ་ཞུ་ལུང་གསུམ། བར་ན་སྐྱོགས་ཉུ་གསུམ་འབྲི་ཁྱུང་རྗེ་འབངས་དང་བཅས་པ། མངའ་(P. 8ན་) བདག་ཁྲི་རལ་པ་ཅན་གྱི་འཇའ་སས་བཅད་ནས། རྒྱ་འཇམ་དཔལ་གསང་བ་ཉིད་ལ་གཙང་མར་ཕུལ་འདུག་པ། འདི་འདྲ་བའི་གཏན་འདྲ་ཁྱད་པར་ཅན་རྒྱལ་པོའི་འཇའ་སས་ཆོད་པ། གཞན་ལས་དགོན་པས་ན། ཆེ་བ་དང་པོའོ། །

ཆེ་བ་གཉིས་པ། ཐུགས་འཆང་གྲུབ་ཐོབ་ཆེན་པོའི་ལུང་བསྟན་གྱིས་ཆེ་བ་ནི། རྒྱ་འཇམ་དཔལ་གསང་བ་དེ་ཉིད་སྐུ་འདའ་ཁར། ཕྱིན་པ་རང་གི་སྲས་དང་བུ་སློབ་ཡོན་བདག་རྣམས་ཀྱིས། མ་འོངས་པ་ན་གནས་སྙིང་འདིར་ཇི་ལྟ་བུ་མཆིས་ཞུས་པས། གྲུབ་ཐོབ་ཆེན་པོའི་གསུང་གིས། ཁྱེད་རྣམས་ཡིད་ཆེས་པར་བྱ་བའི་ཕྱིར་དུ། ངེད་ཀྱིས་བསྟན་པར་བྱའོ། །ཁྱེད་རང་རྣམས་གོས་ཆེན་གཙང་མ་ཁ་གང་ཁྱེར་ཤོག་གསུང་། གོས་ཁ་གང་ཕུལ་བས། དེ་ལ་ཕྱིན་པ་ཉིད་ཀྱི་ཞབས་གཉིས་ཀྱི་རྗེས་བཞག ཞབས་རྗེས་ཀྱི་མཐའ་ལ་ཕྱིན་པ་ཉིད་ཀྱི་དགུང་ལོའི་གྲངས་དང་མཉམ་པ། བླ་མའི་སྐུ་འདྲ་བརྒྱད་ཅུ་གྱ་བརྒྱད་བྱོན། དེའང་གདུགས་ཡོད་པ་སུམ་ཅུ་སོ་གཉིས། པདྨ་ཡོད་པ་ཉི་ཤུ་ཙ་བརྒྱད། གདུགས་དང་པདྨ་མེད་པ་ཉི་ཤུ་ཙ་བརྒྱད་ཏེ་བརྒྱད་ཅུ་གྱ་བརྒྱད

བྱོན་པའོ། །འདི་ཅིའི་ལྟས་ལགས་ཞུས་པས། མ་འོངས་པའི་དུས་སུ་གནས་སྙིང་འདིར། སྤྱན་རས་གཟིགས་ཀྱི་སྤྲུལ་པ་བརྒྱད་ཅུ་གྱ་རྒྱད་བར་མ་ཆད་པར་འབྱོན། དེ་རྣམས་ཀྱིས་དགོན་པ་འདི་འཛིན་ཅིང་བསྟན་པ་ལ་ཕན་པ་འབྱུང་ཞེས་ལུང་བསྟན་མཛད་དོ། །ཞབས་རྗེས་གསེར་གྱི་པད་མ་ཅན་དངོས་བྱ་མོ་མགུལ་ན་བཞུགས་ཤིང་། འདི་ན་ཡང་ཞལ་བཤུས་འགའ་རེ་སྣང་། སྟགས་འཚང་གྲུབ་ཐོབ་ཆེན་པོའི་ལུང་བསྟན་གྱིས་ཆེ་བའོ། །

གསུམ་པ་པཎ་ཆེན་དཱི་པཾ་ཀ་ར་ཤྲཱི་ཛྙཱ་ནའི་ལུང་བསྟན་དང་རབ་གནས་ཀྱིས་ཆེ་བ་ནི། བོད་ཀྱི་ཆོས་སྐྱོང་བའི་རྒྱལ་པོའི་བརྒྱུད་པ་ཡིན་ངེས་པ། ལྷ་བླ་མ་ཡེ་ཤེས་འོད་ཀྱི་བཀའ་ལུང་དང་དུ་བླངས་ནས། ཞིང་རང་གི་དཔོན་པོ་ལྷ་བཙུན་བྱང་ཆུབ་འོད་ཀྱིས། ནགས་〈ནག་〉ཚོ་(P. 8བ་)ལོ་ཙྪ་བ་ཚུལ་ཁྲིམས་རྒྱལ་བ་ལ་གསེར་མང་པོ་བསྐུར། རྒྱ་བརྩོན་འགྲུས་སེང་གེ་དང་ཞིང་དཔོན་སློབ་རྣམས་ཀྱིས། རྒྱ་གར་རྒྱལ་པོ་དགེ་བ་དཔལ་གྱི་སྲས། ཇོ་བོ་ཆེན་པོ་རྗེ་ཨ་ཏི་ཤ་མངའ་རིས་སྟོད་དུ་སྤྱན་དྲངས། མངའ་རིས་ནས་རྗེ་བཙུན་མ་སྒྲོལ་མས་ལུང་བསྟན་པ། འབྲོམ་སྟོན་པ་རྒྱལ་བའི་འབྱུང་གནས་ཀྱིས་དབུས་གཙང་ལ་གདན་དྲངས་པའི་ཉན་ཚོ་གནས་སུ་ཆོས་འཁོར་རྒྱ་ཆེན་པོ་བསྐོར་བའི་དུས། ཡོལ་སྐུ་མཆེད་གསུམ་འཁྲུངས་ཡུལ་སྟག་ཚལ་ཡོལ་ལྷུགས་པ། སྐུ་གཞོན་ནུ་མ་ལ། སྤྲ་ཚབ་ནས་ནས་ཁྱུར་རེ་ཁྱུར་ཏེ། ཇོ་བོའི་སྤྱན་སྔར་ཆོས་གསན་པ་ལ་བྱོན། ཆོས་གསན་པས་མོས་པ་ཐོབ་ནས། ཆོས་ཉན་གཞན་གྱིས་པའི་རྗེས་ལ་ཡང་། ཇོ་བོ་ལ་སྤྱན་གཟིགས་ཀྱིན་བཞུགས་པས། ཇོ་བོའི་གསུང་ནས་ང་ལ་དད་དམ་གསུང་། དད་ལགས་ཞུས་པས། འོ་ན་ཆོས་གྱིས་གསུང་། ཆོས་རྒྱགས་མེད་ལགས་ཞུས་པས། ངས་སྦྱིན་གསུང་། ཇོ་བོས་ཆོས་རྒྱགས་གནང་

ནས། ཡོལ་སྒྲུ་མཆེད་གསུམ་པོ་སྦྲ་བཙུན་བསོད་ནམས་དབང་ཕྱུག་ལ་བསླབ་པ་ལེན་དུ་བཙུག རབ་ཏུ་བྱུང་བ་མཛད། འདིའི་སྡོམ་བརྒྱུད་ནི། ཐུབ་པའི་དབང་པོ། ཤཱ་རིའི་བུ། སྲས་སྒྲ་གཅན་ཟིན། བྲམ་ཟེ་སྒྲ་གཅན་ཟིན། ཀླུ་སྒྲུབ། ལེགས་ལྡན་འབྱེད། དཔལ་སྦས། ཡེ་ཤེས་སྙིང་པོ། ཞི་བ་འཚོ། རྨ་གཙྭ། གཡོ་དགེ་འབྱུང་། དགོངས་པ་རབ་གསལ། ཡང་གོང་ཡེ་ཤེས་གཡུང་དྲུང་། གྲུམ་པ་ཡེ་ཤེས་རྒྱལ་མཚན། ཚོང་བཙུན་ཤེས་རབ་སེང་གེ སྦྲ་བཙུན་བསོད་ནམས་དབང་ཕྱུག ཡོལ་སྟོན་ཆོས་ཀྱི་དབང་ཕྱུག འབྲི་ཆེན་ཤེས་རབ་འབར། ལ་སྟོད་པ་ཆེན་པོ་དཀོན་མཆོག་མཁར་ནས་གཟུང་སྟེ་ད་ལྟར་གྱི་མཁན་པོ་ཞལ་བཞུགས་པའི་བར་དུའོ། །

དེར་ཇོ་བོས་ཀྱང་ཆོས་དང་གདམས་ངག་རྫོགས་པར་གནང་། ཁྱད་པར་དུ། རྒྱ་གར་ནས་གདན་འདྲེན་པའི་སྦྱིན་བདག་ཆེན་པོ། ལྷ་བླ་མ་བྱང་ཆུབ་འོད་ཀྱིས་ཞུས་པས་ཀྱང་མ་གནང་། གདན་འདྲེན་གྱི་གཙོ་བོ་སྐད་གཉིས་སྨྲ་བ་ནགས་〈ནག་〉ཚོ་ལོ་ཙཱ་བ་ཚུལ་ཁྲིམས་རྒྱལ་བས་ཞུས་པས་ཀྱང་མ་གནང་། རྗེ་བཙུན་མ་ཨཱ་ཏྲཱ་ཏ་རས་ལུང་བསྟན་པའི་འབྲོམ་སྟོན་པས་ཞུས་པས་ཀྱང་མ་གནང་བའི། རྟ་མགྲིན་ཤོ་ན་མའི་ཆོས་སྐོར་མ་ལུས་པ་དང་། སྤྱན་རས་གཟིགས་ཀྱི་ཕྱི་ནང་གསང་གསུམ་གྱི་སྒྲུབ་ཐབས་རྣམས། དགེ་བཤེས་ཡོལ་འདི་སྙིང་རྗེ་ཆེ་གསུང་ནས་གནང་། ཕོང་རྣམ་པས་ཞལ་འཁང་ཡང་མཛད། ཅེས་ཇོ་བོའི་རྣམ་ཐར་ནགས་〈ནག་〉ཆོས་མཛད་པ་ན་ཡོད་དོ། །ཡོལ་མཆེད་གསུམ་གྱིས་ཀྱང་། ཇོ་བོས་གནང་བའི་ཆོས་སྐོར་རྣམས་ལ་རྒྱལ་དུ་ཐོན། རིགས་གསུམ་མགོན་པོའི་ཞལ་གཟིགས། དེར་ཇོ་བོས་ལུང་བསྟན་མཛད་དེ། ཉང་ཆུའི་རྒྱུད་ལ་ཞུགས་ལ་ཡར་རྒྱུག ས་པད་མ་འདབ་བརྒྱད་འདྲ་བ། གནམ་འཁོར་ལོ་རྩིབས་བརྒྱད་

འདྲ་བ། སོགས་བཀྲ་ཤིས་རྟགས་བརྒྱད་ཡོད་པ། རྒྱབ་རི་སྣང་པོ་ཆེ་ཉལ་བ་འདྲ་བ་ཡོང་། དེར་རྒྱུག་ལ་གནས་ཐོབ། ཕྱིས་བསྟན་པའི་རྒྱུན་ལ་ཕན། ཉང་སྟོད་འདིར་སོ་སོར་སྟོད་ལ་བསྟན་པ་དར་བར་གྱིས། འབངས་ཆོས་མ་དར་བའི་ས་ཆར་དགེ་འདུན་གྱི་སྡེ་བཙུགས་ན་བསོད་ནམས་ཆེ་གསུང་བ་ལ་བརྟེན་ནས། ཡོལ་སྐུ་མཆེད་གསུམ་པོས་ཡར་ཕྱིན། སྐྱིགས་ཀྱི་ཐད་ཀར་ཕེབས། ཡོལ་ཆེན་པོའི་དགོངས་པ་ལ། ཇོ་བོའི་ལུང་བསྟན་དང་འཐུན་〈མཐུན་〉པའི་ས་ཆ་དེ་འདི་ཡིན་པར་འདུག་སྙམ་དུ་དགོངས་ནས་གནས་སྙིང་དུ་ཕྱིན། ཇོ་སྲས་ཕུར་པ་འཕེལ་ལ། ངེད་ལ་བསམ་གཏན་སྒོམ་པའི་ས་ཆ་ཞིག་སླང་ཞུས་པས། རི་གདོང་ཡ་ག་ཡོལ་ཙམ་ན་ས་ཕུག་གཅིག་བདོག་པས་དེར་བཞུགས་པར་ཞུ་ཟེར་བ། ཨ་མེས་ཇོ་སྲས་ཕུར་པ་འཕེལ་གྱིས་ལུང་བསྟན་པས་ན། ཨ་མེ་ཡོལ་ཅེས་དེང་སང་གི་བར་དུ་གྲགས་པ་ཡིན་ནོ། །དེར་ཡོལ་ཆེན་པོས། ཇོ་སྲས་ལ་སོགས་པ་གནས་སྙིང་པ་རྣམས་ལ། ཇོ་བོའི་ལོ་རྒྱུས་ཞིབ་ཏུ་གསུངས་པས། གནས་སྙིང་པ་རྣམས་ཀྱང་དད་ནས། ཇོ་བོ་འདི་གདན་འདྲེན། དགོན་པ་འདིའི་རབ་གནས་ཀྱང་ཞུ། དེའི་གྲོགས་(P. 9བ་)ཁྱེད་ཀྱིས་ཐུགས་ལ་གདགས་དགོས་ཞེས། ཡོལ་ཆེན་པོ་ལ་ཞུས་པས། ཁོང་པས་ཀྱང་ཞལ་གྱིས་བཞེས་ནས། ཁོང་རྣམས་ཀྱིས་གདན་འདྲེན་དུ་ཕྱིན་པས། ཇོ་བོའི་གསུང་ནས་ང་འོང་མི་དགོས། འདི་རྣམས་ཁྱེར་ལ་དབུ་མའི་ལྷ་〈ལྷག་〉བུག་རྣམས་སུ་ཆུག་ཞིག་གསུང་ནས། ཐུགས་དམ་ཚ་ཚ་རབ་གནས་ཅན་མང་དུ་བསྐུར། དུས་ཚེ་བསྒྲིགས་ནས་ངས་འདི་ནས་མེ་ཏོག་གཏོར་གྱིས། ཁྱེད་རང་རྣམས་མཆོད་པ་ཤོམས་གསུང་། གནས་སྙིང་པ་རྣམས་ཀྱིས་ཀྱང་། གཙུག་ལག་ཁང་སྙིང་པའི་ནང་དུ་མཆོད་པ་རྣམས་བཤམས། དབུ་མའི་ལྷ་བུག་རྣམས་སུ་ཐུགས་དམ་ཚ་ཚ་རྣམས་བཙུག

ཇོ་བོའི་བཀའ་བཞིན་དུ་བསྒྲུབས་པའི་དུས་སུ། ཇོ་བོས་ཉན་ཚོ་ནས་མེ་ཏོག་གཏོར་བས། གཙུག་ལག་ཁང་རྙིང་པའི་ཏིང་གི་ནང་དུ་མེ་ཏོག་རྣམས་ཁྲལ་ཁྲལ་ཟེར་ནས་སླེབས་བྱུང་པ། གནས་རྙིང་པ་རྣམས་ཀྱི་འཐུན་〈མཐུན་〉སྣང་དུ་གྲུབ་པ་དངོས་སུ་མཐོང་བ་ཡིན་གསུང་ངོ་། །པཎ་ཆེན་དཱི་པཾ་ཀ་ར་ཤྲཱི་ཛྙཱ་ནས་ལུང་བསྟན་དང་རབ་གནས་ཀྱིས་ཆེ་བའོ། །

བཞི་པ་ཡོལ་སྟོན་སྐུ་མཆེད་ཀྱི་གྲུབ་རྟགས་དང་ཕྱག་བཞེས་ཀྱིས་ཆེ་བ་ནི། དུས་དེའི་ཚེ། ཇོ་སྲས་ཕུར་པ་འཕེལ་གྱི་དགོངས་པ་ལ། ང་ཡང་ན་སོ་རྒས། བུ་ལ་སོགས་བརྒྱུད་འཛིན་གྲུལ་ཐུབ་ཡང་མེད། རྒྱའི་ལས་ཐབས་འདི་རྣམས་མཐར་ཕྱིན་པའི་ཐབས་ཅིག་ཇི་ལྟར་གྲག་དགོངས་པའི་དུས་སུ། ཡོལ་ཆོས་ཀྱི་དབང་ཕྱུག་གིས་ཇོ་སྲས་ཕུར་པ་འཕེལ་ལ་ཞུས་པ། ཁྱེད་ཀྱི་དགོན་པ་འདིར་ངེད་ཀྱིས་དགེ་འདུན་གྱི་སྡེ་ཅིག་བཙས་ན། ཁྱེད་ལ་མི་མཉེས་པ་ཡོད་དམ་མེད་ཞུས་པས། ཇོ་སྲས་ཤིན་ཏུ་དད་ནས། ངའི་བསམ་པའི་དོན་གྲུབ། ཕ་རྒས་ཁར་བུས་སླེབ། ལེགས་སོ་གསུང་ནས་སྐྱིགས་ཀྱི་ས་ཆ་མ་ལག་དང་བཅས་པ་འདི་རྣམས། དང་པོར་ཆོས་རྒྱལ་ཁྲི་སྲོང་ལྡེ་བཙན་གྱིས། སྲས་ཁྲི་སྲོང་ལྡེ་བཙན་ལ་ཕོག དེས་མངའ་བདག་ཁྲི་རལ་པ་ཅན་ལ་ཕོག ཁོང་(P. 10ན་)གིས་རྒྱ་འཇམ་དཔལ་གསང་བ་ཉིད་ལ་ཕུལ། རྒྱ་འཇམ་དཔལ་གསང་བ་ཉིད་ཀྱིས་སྲས་ཡང་དག་སྐྱབས་ལ་སོགས་པ་རྣམས་ལ་ཕོག ཇོ་སྲས་ཡང་དག་སྐྱབས་ཀྱིས་བདུད་འཇོམས་ལ་ཕོག ཁོང་གིས་བདག་ལ་ཕོག་པའི་སྐྱིགས་ཀྱི་ས་ཆ་ཕུ་མདའ། རྒྱའི་ནང་རྟེན་སྤྱན་རས་གཟིགས་ལི་མ་དང་། ཕྱི་རྟེན་བཀྲ་ཤིས་སྒོ་མངས་ཀྱིས་ཐོག་དྲངས། དགོན་པ་ལྷ་ཁང་། རྟེན་གསུམ་དང་བཅས་པ་འབོགས་སོ། །ཡོན་བདག་ལ། ཕུ་ཊུ་ལག་ཁ〈ཁག་〉གསུམ།

མདའ་ཤེ་ཁུ་ལུང་གསུམ། བར་སྐྱེགས་ཏུ་གསུམ་ས་ཚ་དང་བཅས་པ་འབྲི་ཁྱུང་ཇྫེ་འབངས་དང་བཅས་པ། མགོས་〈 འགོས་〉མི་བརྒྱུད་དང་བཅས་པ། འབྲི་(བྲུ་སློབ་ལ་) བན་སྡེ་བཞིའི་(སྟགས་པའི་ཆན་སྐོར་གསུམ་ནི། མདའ་སྐོར་ཐེ་གསར་ཇོ་བོ། བར་སྐོར་ལྷ་ཁྲ་མོ། ཕུ་སྐོར་སྣང་ལུང་སྟགས་པ་རྣམས་སོ།) སྟགས་པ་ཆན་སྐོར་གསུམ་མི་བརྒྱུད་ཀྱིས་གཙོ་བྱས་གཏད་དོ། བྱ་བའི་ལས་ཐབས་ལ་ཡང་། རྒྱའི་ལས་ཐབས་གསུམ་པོ་(རྒྱའི་ཕྱག་བསྲོལ་〈 སྲོལ་〉གསུམ་ནི། ཡུལ་དེའི་སེར་བའི་གནོད་པ་སྲུང་ཞིང་གཏང་རག་མི་འདོད་པ། ལྷ་འདྲེ་དྲག་པོ་ལ་གཉའ་བཙོལ་ནས་ཉ་དང་རི་དྭགས་དང་བྱེས་མི་རྣམས་ལ་གནོད་པ་མི་བྱེད་ཅིང་ཕན་པ་སྒྲུབ་པ། བཙན་པོས་བཞེངས་པའི་ལྷ་ཁང་ལ་ཞིག་གསོས་བྱེད་ཅིང་ཞུགས་མར་འབུལ་བ་དང་གསུམ་སོ།) སྲོལ་མ་ནུབ་པ་དང་། འདི་ལ་འགྲིམ་པའི་འགྲོན་〈 མགྲོན་〉པོ་རྣམས་ལ་ཆུ་ཤིང་སྟེར་བ། ཕྱི་མོ་མགུལ་གྱི་ནང་རྟེན་ལ་སོགས་པའི་རྟེན་གསུམ་རྣམས་འོ་མི་རྒྱལ་བའི་ཞབས་ཏོག་བྱེད་པ། ངལ་གཉེར་གཏད་བའི་སྤྱིའུ་དང་སེར་བ་སྲུང་དགོས་ཐམས་ཅད་ཁྱེད་ཤེས་སོ། །ཁྱེད་ཤེས་སོ། །གསུང་ནས་སྐྱེགས་ས་ཚ་མ་ལག་ཡོན་བདག་དང་བཅས་པ། རྒྱ་ཇོ་སྲས་ཕུར་པ་འཕེལ་གྱིས་མཁན་པོ་ཡོལ་ཆེན་པོའི་ཕྱག་ཏུ་ཕུལ་ལོ། །ཡོལ་ཆོས་དབང་གིས། གནས་རྙིང་དང་ཡོལ་གཉིས་སུ་བཀའ་བརྟམས་〈 གདམས་〉ཀྱི་གྲྭ་ས་བཟང་པོ་བཙུགས། ཇོ་སྲས་ཀྱི་དགོངས་པ་བཞིན་གྱི་སྲོལ་རྣམས་མ་ཉམས་པ་དང་། ཐ་ཚོ་ཉི་ཤུ་རྩ་བཞིའི་མཁན་པ་〈 པོ་〉མཛད་ཅིག〈 ཅིང་〉། བརྒྱུད་སྟོང་འགྲེལ་ཆེན་ལ་འཆད་ཉན་ཡང་དག་པ་མཛད་(P. 10བ་)ནས། བསྟན་པ་རྒྱས་པར་མཛད་དོ། །ཡོལ་དྲང་སྲོང་གིས། ལྷོ་སྨེ་ལྷ་ཁང་བརྩིགས། ལྷུང་རར་དགེ་འདུན་གྱི་སྡེ་བཙུགས། འདུ་ཁང་དང་ལྷུགས་རི་དབུ་མ་མཛད། བྱེ་མདའ་ལ་སོགས་པ་བཏབ། ཡོལ་ཐོག་འབེབས་ཀྱིས། ཁུ་ལེའི་རི་ལ་རྫོག་པ་བཏབ། རྒྱ་དམ་པོ་བཙུགས་པས།

ཁྲུ་ལིའི་འཁྲོག་པ་ཆགས། དེ་ནས་སྤྱར་གྱི་ཡུལ་རྙིང་པ་ཀུན་གསོས་ནས་ཁྲུ་ལིའི་ས་ཁྲིམ་པ་ཆགས། ཐོད་འཁྲོག་དེ་རྣམས་དང་ཡོན་མཆོད་མཛད་དོ། །ཁྲི་མདའ་རྫོག་པའི་བར་ལ་གཤེགས་བཞུད་མཛད་དུས། བྲ་མ་ཡོང་ས་ཅིག་ཏུ་གྲོ་གསོལ་ས་ལན་འགའ་བྱུང་པས། གྲོ་ས་དགོས་པར་འདུག་གསུང་ནས་ཟེ་ཐང་བཏབ། བཙད་རྣམས་〔ནམས་〕སྡེ་ཆེན་ཡིན། ཞག་ས་དགོས་པར་འདུག་གསུང་ནས། མཆད་མངས་དང་ཟེ་ཐང་གཉིས་བཏབ། །ཁྲི་མདའ་དགེ་རྒྱས་ལྷ་ཁང་གསོས། ཁྲི་མདར་ཉ་མས་ལྷ་ཁང་བཞེངས་ནས་ཕུལ། ལྕགས་རི་མཛད། འདིར་སྟོད་ས་དགའ་གསུང་ནས་ཤོད་མགུར་བཏབ། དེར་ཡོལ་སྐུ་མཆེད་གསུམ་ཀར་གྱིས་བཞུགས་སོ། །

གཞན་ཡང་ཞ་ལུང་ལ་སོགས་པ་མང་དུ་བཏབ། གྲུབ་རྟགས་ཡོལ་ཆོས་དབང་གིས་ཆོས་གོས་ཉི་ཟེར་ལ་བཀལ། ཤམ་བུའི་རྩ་བརྒྱད་གྲོ་ལམ་དུ་ཁྲིད། ཡོལ་དྲུང་སྲུང་གིས་སྔོན་དམར་གྱི་རྡོ་རྗེ་བཙུགས་པས་ཁྲག་བྱུང་། ཡོལ་ཐོག་འབེབས་ཀྱིས་བྲག་དཀར་གྱི་རི་སེང་གེ་ཁ་གདངས་པ་འདྲ་བ། ཨ་མེ་ཡོལ་གྱིས་དགྲ་རུ་ཡོད་པ་ཞིག་ཡོད་པ་ལ། རྟ་པའི་ཟླ་བ་ལ་ཐོག་མདའ་གུ་〔མང་དགུ་〕ཕབ། སྟུག་རྐྱུ་ལྷར་བསིལ། དེའི་དཀྱིལ་ནས་ཤེལ་གྱི་མཆོད་རྟེན་མི་གང་པ་གཅིག་དང་། ཁྲུ་གང་པ་གཅིག་བྱུང་བ། མི་གང་པ་དེ་ཧོར་གྱིས་ཁྱེར་ནས་ཐོ་བྲང་ཏའི་ཏུའི་འགན་ཛོ་ར་ལ་ཡོད་ཟེར། གཞན་ཡང་རྐྱུ་ལྕགས་པ་ལ་སེར་བ་ཕབ་པ་ལ་སོགས་པ། སྐུ་མཆེད་གསུམ་ཀས་གྲུབ་རྟགས་དུ་མ་ཞིག་བསྟན་ཅིང་། མཁྱེན་པ་དང་ནུས་པའི་སྒོ་ནས་སངས་རྒྱས་ཀྱི་བསྟན་པ་རྒྱས་པར་མཛད་ཅིང་། སྐུ་གཤེགས་དུས་རིང་བསྲེལ་གྱི་སྙིང་པོ་ཅན་དུ་གྱུར་ཏོ། །དེའང་(P. 11ན་)ཡོལ་ཆོས་ཀྱི་དབང་ཕྱུག་ནི། བརྒྱད་སྟོང་འགྲེལ་ཆེན་གསུང་འཁྲོ་ལ། དེ་ཉིན་

གྱི་ཆོས་ཐུན་དེ་རྫོགས་པ་དང་། ཆོས་ཁྲིའི་ཐོག་དེ་ཀར་སྐུ་གཤེགས། མཆོད་རྟེན་ཡང་དེ་ཀར་བརྩིགས། སྐུ་གདུང་རིལ་པོ་གཅིག་ཏུ་བཞུགས་སོ། །དེའི་ཚེ་སྐུ་གདུང་ལ་རིང་བསྲེལ་ཟར་མ་ཚད་དུ་ཕྱིར་འཐོན། ཕྱིས་གསེར་འབུམ་དུ་བཏང་། ད་ལྟ་ཡོལ་གྱི་གཙུག་ལག་ཁང་གི་གཙང་ཁང་བྱང་མ་ན་བཞུགས་སོ། །སྐུ་མཆེད་གསུམ་ཀའི་ནང་རྟེན་གནས་རྙིང་གི་གཙུག་ལག་ཁང་རྙིང་པ་དང་། ལྷང་ར་གཉིས་ན་བཞུགས། ཡོལ་སྟོན་སྐུ་མཆེད་ཀྱི་གྲུབ་རྟགས་དང་ཐུག་བཞེས་ཀྱི་ཆེ་བའོ། །

ལྔ་པ་རྗེ་བཙུན་སྤྱན་རས་གཟིགས་ཀྱི་ལུང་བསྟན་གྱིས་ཆེ་བ་ནི། སྤྱན་རས་གཟིགས་ཀྱིས་ལུང་བསྟན་པའི་གདུང་རབས་དྲི་མ་མེད་པ་འདི། དང་པོ་བརྒྱུད་པ་གང་ལས་བྱོན་སྐམ་ན། དང་པོ་ནི། ལ་སྟོད་བྱང་གི་ས། ཐུབ་མདོའི་རི་ཁྲོད་དུ། སྔགས་འཆང་དཔྱིལ་རྒྱལ་བ་གྲུབ་པ་ཞེས་པ་སྤྲུལ་པའི་སྐུ་གཅིག ཐུགས་རྗེ་ཆེན་པོའི་སྒོམ་བཟླས་མཛད་ཅིང་། ཏིང་ངེ་འཛིན་ལ་རྩེ་གཅིག་ཏུ་མཉམ་པར་གཞག་པ་ལ། ཉིན་རེག བུ་མོ་ཡང་དག་སྒྲོལ་ཞེས་བྱ་བ་ཡེ་ཤེས་ཀྱི་མཁའ་འགྲོ་མ་དངོས་ཅིག་དང་། ཚེ་རབས་སྔ་མའི་ལས་འཐུན་〈མཐུན་〉ལ་བརྟེན་ནས་ལྷན་གཅིག་ཏུ་འདུས་པས། སྲས་རྒྱལ་མཚན་བཀྲ་ཤིས་དང་། རྒྱལ་པོ་གྲགས་ཞེས་བྱ་བ་གཉིས་བྱུང་། གཅེན་རྒྱལ་མཚན་བཀྲ་ཤིས་ལ། སྲས་རྡོར་རྗེ་རྒྱལ་མཚན་ཞེས་བྱ་བ། སྔགས་རྙིང་མ་ལ་མཁས་པ། ཡི་དམ་ལྷའི་ཞལ་གཟིགས་པ་གཅིག་བྱུང་། དེ་ལ་སྲས་འཇམ་དཔལ་རིན་ཆེན། ཐུགས་རྗེ་རིན་ཆེན། རྡོ་རྗེ་རིན་ཆེན་དང་གསུམ་བྱུང་སྟེ། དེ་གསུམ་ཀ་སྔགས་ཀྱི་ཡོན་ཏན་དང་ནུས་པ་ཤིན་ཏུ་ཆེ་བ། དེ་གསུམ་རིགས་གསུམ་མགོན་པོའི་སྤྲུལ་པར་བཞེད། སྲས་བར་པ་ཐུགས་རྗེ་རིན་ཆེན་ལ། སྲས་ཡང་དག་དཔལ། རིན་

ཆེན་འབྱུང་གནས། གཤིན་རྗེ་གྲགས། རྡོ་རྗེ་གྲགས་དང་བཞི་འབྲུངས། ཐམས་ཅད་ཀྱང་སྔགས་སྙིང་མའི་སྐོར་མཐའ་དག་ལ་མཁས་ཤིང་(P. 11བ་) ནུས་པ་དང་ལྡན་པའོ། །

དཔྱིལ་རིན་ཆེན་འབྱུང་གནས་དེ་ཉིད། སྐུ་བུ་ཆུང་གི་དུས་སུ་ཞང་པོས་ཁྲིམ་དུ་ཁྱེར་ཏེ་སླུ་གར་ལ་སོགས་པ་བྱས་པས། དེ་ལ་དཔྱིལ་ཞང་ཁྲིམ་ཞེས་གྲགས། དཔྱིལ་ཞང་ཁྲིམ་རིན་ཆེན་འབྱུང་གནས་(འདི་རྫོ་སྲས་དཔལ་ཆེན་གྱི་སྐུ་སྐྱེར་བཞེད།) དེ་ཆོས་ཀྱི་བག་ཆགས་སད་པས། གསང་སྔགས་གསར་རྙིང་གི་ཆོས་མང་པོ་མཁྱེན། དེའི་རྗེས་ལམ་དུ་ཐུགས་རྗེ་ཆེན་པོའི་སྤྲུལ་པ་ཡིན་ཟེར་བའི་མི་དཀར་པོ་གཅིག་འོངས་ནས། ས་བྱུང་ཕྱོགས་བོད་ཀྱི་རྒྱལ་ཁམས་འདི། །ང་ཐུགས་རྗེ་ཆེན་པོའི་གདུལ་བྱ་ཡིན། །ཁྱད་པར་ལྷ་ཡི་རྣམ་འཕྲུལ་དངོས། །སྐལ་ལྡན་ཁྱོད་ཀྱི་རྒྱུད་ལ་འཇུག །བྱང་ཆུབ་སེམས་དཔའི་གདུང་བརྒྱུད་ཟུང་〈བཟུང་〉། །ཅེས་གསུངས་ནས། མི་དཀར་པོ་དེ་སྔགས་འཆང་རིན་ཆེན་འབྱུང་གནས་ལ་ཐིམ་པས། སྔར་མེད་པའི་རྟགས་དང་ཉམས་བཟང་པོ་ཤར་ཏེ། ལ་སྟོད་པའི་གདུང་རབས་འདི་ཐུགས་རྗེ་ཆེན་པོའི་སྤྲུལ་པ་ཡིན་པ་ལ་ཐེ་ཚོམ་མེད་དོ་ཞེས། ཆོས་རྗེ་རས་ཆེན་གྱིས་མཛད་པའི་གདུང་རབས་རྣམ་གཞག་ཡོངས་གསལ་ན་བཞུགས། སྔགས་འཆང་རིན་ཆེན་འབྱུང་གནས་ཀྱི་རྡོ་མོ་ཆེ་བ་ལ། སྲས་ཁྱི་མཁར། ཁྱི་སྐྱེས། ཁྱི་རྫོང་གསུམ་བྱོན། རྡོ་མོ་ཆུང་བ་ལ་སྲས་དཀོན་མཁར། དཀོན་སེང་། དཀོན་སྲིན་གསུམ་བྱོན། ཁྱི་རྫོང་ལ་གདུང་རབས་མ་འཕེལ། ཁྱི་སྐྱེས་ལ་སྲས་སློབ་དཔོན་རྡོ་ཀ་ར། སློབ་དཔོན་རྡོ་ཀ་རས། རྗེ་མི་ལ་དང་། རས་ཆུང་པ་གཉིས་མཆོག་དཀར་གྱི་བྲག་ལ་བཏེག་ཟེར། དེའི་སྲས་སློབ་དཔོན་དམ་པ་ཕུར་མགོན། དེའི་སྲས་སློབ་དཔོན་སངས་རྒྱས། དེའི་སྲས་ཀུན་བཟང་

རྡོ་རྗེ་དང་། རྒྱ་མོ་བཀྲ་ཤིས་ཡིན་ཏེ། དེ་ནས་གདུང་རབས་མ་འཕེལ་བར་སྣང་། སློབ་དཔོན་ཁྲི་མཁར་གྱི་སྲས་མཁན་པོ་དབང་ཕྱུག་རིན་ཆེན་དང་། སློབ་དཔོན་སྟོང་ཚབ་(ཚེ་བ་)གཉིས་བྱོན།

སྔགས་འཆང་རིན་ཆེན་འབྱུང་གནས་པ་སྐུ་མཆེད་བཞི་པོ་ཆགས་པའི་གནས་དང་། ཡུལ་གཞིས་བཟུང་ཚུལ་ནི། ཡང་དག་དཔལ་གྱིས་མར་ལངས་གཟུང་〈བཟུང་〉། རིན་ཆེན་འབྱུང་གནས་ཀྱིས་གནས་འོག་གཟུང་〈བཟུང་〉། གཤིན་རྗེ་གྲགས་ཀྱིས་ཤི་ཤ་གཟུང་〈བཟུང་〉། རྡོ་རྗེ་གྲགས་ཀྱིས་སུམ་སྟོན་གཟུང་〈བཟུང་〉ངོ་། །དེར་སྔགས་འཆང་རིན་ཆེན་འབྱུང་གནས་དེས། ཤངས་ཀྱི་གད་(P. 12ན་)ཕུར་དུ་རྡོར་རྗེ་ཕུར་བུ་ལ་སོགས་པའི་ཆོས་བཀའ་མང་པོ་གསན་དུ་བྱོན། དེའི་ཕྱུགས་ཕྱིར་ཇོ་མོ་ཆུང་པ་ལ་འཁྲུངས་པའི་སྲས། དགོན་མཁར་སྐུ་མཆེད་གསུམ་པོ་ཡང་ཁྲིད་བྱོན་དུས། འབྲི་ཆེན་ཤེས་རབ་འབར་མཁས་པའི་སྙན་གྲགས་དབུས་གཙང་ཐམས་ཅད་ན་ཁྱབ་འདུགས་པ་ལ། ཡབ་ཀྱིས་ཀྱང་མཁས་བཙུན་ཆེན་པོ་དེའི་དྲུང་དུ། དགོན་མཁར་བ་སྐུ་མཆེད་གསུམ་པོ་རབ་བྱུང་ལ་བཏང་། དེའི་ཚེ་འབྲི་ཆེན་ཤང་སྟོད་བྱེ་མངའ་ན་ཆོས་ཀྱི་འཁོར་ལོ་བསྐོར་ཀྱིན་བཞུགས། དེའི་སྤྱན་སྔར་སྐུ་མཆེད་གསུམ་ཀ་བྱོན་ནས། རབ་ཏུ་བྱུང་བའི་བྱ་བ་གློག་པ་ཐོས་བསམ་ལ་རྩེ་གཅིག་ཏུ་དྲིལ་ཅིང་། མཁན་པོ་པ་ཆོས་གསུང་ཚང་〈ཚད་〉ཐམས་ཅད་ལ་ཡང་གསན་ནོ། །ལ་སྟོད་པ་ཆེན་པོ་འདི་ནི་སྐུ་སྐྱེ་བ་དུ་མར་ཆོས་ལ་སྦྱངས་ཤིང་། བག་ཆགས་སད་པའི་སྟོབས་ཀྱིས་རིང་པོ་མ་ལོན་པར་མཁན་པོ་འབྲི་ཆེན་པོའི་སྐུའི་ཡོན་ཏན་ཐམས་ཅད་བུམ་པ་གང་བྱོའི་ཚུལ་དུ་ཐུགས་སུ་ཆུད་ནས། མཁས་པའི་གྲགས་པས་ཁྱབ་པར་གྱུར་ཏོ། །

གཞན་པས་〈ཡང་〉སྐྱེས་བུ་དམ་པ་འདིས་བླ་མའི་མཆོག་བསྟེན་ཚུལ་ནི། སྐུ་གཞོན་ནུའི་དུས་སུ་ལོ་ཙྪ་བ་རིན་ཆེན་བཟང་པོ་ལས། རྒྱུད་འགྲེལ་ལ་སོགས་པའི་གཞུང་མང་པོ་དང་། རྣམ་རྒྱལ་ལ་སོགས་པའི་སྒྲུབ་ཐབས་མང་དུ་གསན། སྐུ་ནར་སོན་ཅིང་མཁས་པར་གྱུར་ནས། དབུ་ཚད་པ་ཆེན་པོ་ཁྱུང་རིན་ཆེན་གྲགས་ལས། ཚད་མའི་ཆོས་སྐོར་མཐའ་དག་དང་། གཞན་ཡང་ཆོས་མང་དུ་གསན། ས་སྐྱ་པ་མཁོན་ཀུན་དགའ་སྙིང་པོ་ལས་དུས་འཁོར་དང་། རྒྱུད་གསུམ་མན་ངག་དང་བཅས་པ་གསན། གསན་པ་རྣམས་ཀྱང་མཁྱེན་ཅིང་ཐུགས་སུ་ཆུད་པར་མཛད་ནས། མཁས་པ་དང་བཙུན་པ་དང་བཟང་བའི་ཡོན་ཏན་དང་ལྡན་ནོ། །རྗེ་བཙུན་སྤྱན་རས་གཟིགས་ཀྱིས་ལུང་བསྟན་གྱིས་ཆེ་བའོ། །

ཟྲུག་པ་ཐུག་ཟྲུག་ཡེ་ཤེས་མགོན་པོའི་བཀའ་བབས་ཀྱིས་ཆེ་བ་ནི། ལ་སྟོད་པ་དཀོན་མཁར་གྱིས། ཤངས་ཞོང་ཞོང་དུ་གྲུབ་ཆེན་ཁྱུང་པོ་རྣལ་འབྱོར་པའི་དྲུང་དུ་བྱོན། སྤྱིར་ཆོས་གདམས་ངག་མང་པོ་གསན་ཅིང་། རྫོགས་པར་གནང་། ཁྱད་པར་བདེ་མཆོག་དང་། མགོན་པོའི་དབང་བསྐུར་རྣམས་མཛད་པའི་དུས་སུ། བདེ་མཆོག་དང་མགོན་པོའི་ཞལ་གཟིགས། གྲུབ་ཆེན་ཁྱུང་པོ་རྣལ་འབྱོར་པ་ལ་སློབ་མ་ཚོགས་པ་ཁྲི་ཚོ་བརྒྱད་ཡོད་པའི་ནང་ནས། བུ་ཆེན་གྱི་ཐོག་མ་བདེ་མཆོག (P. 12བ་) དང་མགོན་པོ་ལ་མངའ་བརྙེས་པ། ལ་སྟོད་པ་ཆེན་པོ་དཀོན་མཆོག་མཁར་ཞེས་པར་མངའ་གསོལ། ཆོས་སྐྱོང་བྲན་བཞིན་དུ་ཉན་པའི་བཀའ་བསྒོ་དྲག་པོ་མཛད། མི་ཧྲི་པའི་ཐུགས་དམ་ཆོས་སྐྱོང་གི་ཐང་སྐུ། ད་ལྟ་ཤང་ལོ་མར་གྲགས་པ་དེ་གནང་པས། མ་བཞེས་པར་ཚུར་བྱོན་ཤང་བྱེ་མདར་ཕེབས་ནས་གྲོ་གསོལ་གྱིན་བཞུགས་དུས། ཐང་སྐུ་ནམ་

མཁའ་ལ་ཕྱིན་བྱུང་ནས། ལ་སྟོད་དཀོན་མཁར་གྱི་ཐུ་བར་ཕྱིན་བྱུང་སྟེ། ད་ལྟ་ཡང་གནས་རྙིང་གཟིམ་ཁང་ན་བཞུགས་སོ། །འདི་ནི་ཕྱག་དྲུག་ཡེ་ཤེས་མགོན་པོའི་བཀའ་བབས་ཀྱིས་ཆེ་བ་འོ། །

བདུན་པ་འབྲི་ཆེན་ཤེས་རབ་འབར་གྱི་གདན་སས་ཆེ་བ་ནི།

འབྲི་ཆེན་དེ། འབྲུངས་ཡུལ་གཙང་པོ་ནང་པ། སྐུ་གཞོན་ནུ་ལ་ཡོལ་སྟོན་ཆོས་ཀྱི་དབང་ཕྱུག་གི་དྲུང་དུ་ཕྱིན་ནས་རབ་ཏུ་བྱུང་བ་མཛད། ཡོལ་སྐུ་མཆེད་ལ་ཆོས་དང་ གདམམས་པ་ མཐའ་ དག་ གསན་ ཅིང་ ཐུགས་ སུ་ ཆུད་ པར་ མཛད། སྐྱེས་བུ་འདི་ནི་སྐྱེ་བ་མང་པོའི་སྔོན་རོལ་ནས། རྗེ་བཙུན་བྱམས་པ་མགོན་པོས་རྗེས་སུ་གཟུང་〈བཟུང་〉བ། ཡོལ་ཆེན་པོ་ལ་སློབ་མའི་མཆོག་ཏུ་མ་ཞིག་ཡོད་ཀྱང་། འདི་ཉིད་མཁས་པའི་མཆོག་ཏུ་གྱུར་པས། མཁན་པོ་ཡོལ་གྱི་གདན་ས། ཐ་ཚོ་ཉི་ཤུ་རྩ་བཞི་དང་། ཇོ་སྲས་ཕུར་པ་འཕེལ་གྱིས་ཕུལ་བའི་ས་ཆ་དབང་རིགས་དང་བཅས་པ་ཐམས་ཅད་གཏད་ནས་གདན་ས་བསྐྱོས་སོ། །ཁོང་པས་ཀྱང་བཞུགས་ས་ གཙོ་ ཆེར་ ཐོང་ འགྱུར་ དུ་ མཛད། གདན་ ས་ ཐམས་ ཅད་ བསྐྱངས་སོ། །གཞན་ ཡང་། བླ་ མའི་ མཆོག་ པཎྜི་ ཏ་ འབུམ་ ཕྲག་ གསུམ་ པ། ཇོག་ལོ་ རྔ་ བ་ བློ་ ལྡན་ ཤེས་ རབ་ ལ་ སོགས་ པ་ རྒྱ་ བོད་ ཀྱི་ མཁས་ གྲུབ་ དུ་ མ་ ཞིག་ བསྟེན་ ཅིང་། གསུང་ རབ་ མཐའ་ དག་ ལ་ མཁས་ པ་ དང་། ཁྱད་ པར་ བྱམས་ ཆོས་ལྔ་ ལ་ སོགས་ པར་ ཤེར་ ཕྱོགས་ ལ་ བྱམས་ མགོན་ གཉིས་ པ་ ལྟར་ གྱུར་ ཅིང་། ཕར་ཕྱིན་ནམ་གསུང་དུས་མི་རྟག་གི་ཆར་འབབ་པ་ངེས་པ་ཅན་དུ་གདའ་འོ། །

དགེ་བའི་བཤེས་གཉེན་འབྲི་དེ་ལ་སློབ་མའི་མཆོག་ཀྱང་ཁྱུང་རིན་ཆེན་གྲགས། ལ་སྟོད་དཀོན་མཁར། ཨར་བྱང་ཆུབ་ཡེ་ཤེས། སྣལ་པ་བསྲེགས་སྟོན། མདོག་པ་བྱང་གྲགས། བྱ་འདུལ་བ་འཛིན་པ་བརྩོན་འགྲུས་འབར་ལ་སོགས་པ་གྲྭ་པ་

དེང་〈དཔེ་〉འགྲེམས་སྟོང་ཕྲག་རེ་ཙམ་བྱུང་། དེ་དུས་སུ་ཙང་〈གཙང་〉གི་མཁས་པ་ཕལ་ཆེ་བ་ཁོང་གི་(P. 13ན་)བུ་སློབ་དུ་མ་གྱུར་པ་མེད་ཅིང་། རྒྱལ་ཁམས་སུ་ཆོས་འཁོར་རྒྱ་ཆེན་པོའི་སྒོ་ནས་སངས་རྒྱས་ཀྱི་བསྟན་པ་ཉིན་མོ་ལྟར་གསལ་བར་མཛད་དོ། །དེའི་ཚེ། མཁན་པོ་འབྲི་ཆེན་གྱིས་ཀྱང་སྟོང་ཐག་རྒྱ་ཆེན་པོ་མཛད་དེ། བུ་ཆེན་གཞན་རྣམས་ལ་ཆོས་དང་ཟང་ཟིང་གི་གནང་སྦྱིན་རྒྱ་ཆེན་པོ་མཛད་དེ། ལ་སྟོད་པ་ཕྱུག་ལེན་བྱེད་དུ་བཅུག་པ་ལ། གཞན་མ་ཀུན་ན་རེ། ཁོང་ལ་གནང་སྦྱིན་མི་མཛད་པ་མ་མཉེས་མིན་ནམ་ཟེར་གླེང་བའི་ཚེ། སངས་ཚོགས་སུ་མང་ཇ་བཀོལ། འབྲིའི་ཁྱད་འཕགས་བཅུ་གསུམ་གྱིས་ཐོག་དྲངས། དཔེ་ཆ་ལྷ་རྟེན། ཐབ་ཆ་གདན་ཆ། དགོན་པ་མ་ལག་ས་ཆ་ཡོན་བདག་དང་བཅས་པ་སྤར་ནས་ཇི་ལྟར་ཡོད་པའི་ཁ་ལ། གྱིང་ཁྲུང་ལ་སོགས་པའི་ཡོན་བདག་འཕེལ་དང་བཅས་པ། ལ་སྟོད་པ་དཀོན་མཆོག་མཁར་ལ་གཏད་ནས་གདན་ས་བསྐོས་སོ། །ཁྱད་འཕགས་བཅུ་གསུམ་ནི། གསེར་སྐུ་ཐུབ་པ་དམར་པོ། གླ་འབུམ་སྐུ་པོད་རྣམ་བཞི། གསེར་འབུམ་བྱིན་རླབས་ཆར་འབེབས། འབྲིའི་གླ་གདུགས་དཀར་པོ། ཆོས་དུང་བཀྲ་ཤིས་དར་ལྷུང་། གླ་ཡོལ་འགྲན་ཟླ་ཀུན་བྲལ། སྤྱག་ཆལ་ཉི་མ་རྒྱང་གྲགས། བུམ་པ་བཀྲ་ཤིས་འཛིད་〔འཛིང་〕རིངས། བེར་སེང་གེ་འདིང་བསྙོལ། དཀར་ཡོལ་ཟླ་བ་ཁྲོན་ཆུང་། གྲུམ་ཟེ་གནམ་སྟོན་མོ། བསེ་སྒ་བཀྲ་ཤིས་འོད་འབར། ཚེབས་པ་དང་པ་འཕུར་ཤེས་རྣམས་སོ། །འབྲི་ཆེན་ཤེས་རབ་འབར་གྱི་གདན་སས་ཆེ་བའོ། །

བརྒྱད་པ་བསྟན་བསྲུངས་མ་ཧཱ་ཀཱ་ལའི་ཞལ་བཞེས་ཀྱིས་ཆེ་བ་ནི། དེའི་ཚེ། ལ་སྟོད་པའི་ཐུགས་ལ། མཁན་པོའི་བཀའ་ཡིན་པས་གདན་ས་ནི་མཛད་དགོས་པར་བྱུང་། དུས་ངན་སྙིགས་མའི་དགོན་སྡེའི་བདག་དང་།

མི་མངས་ཀྱི་མགོ་དཔོན་ཇེ་ཙུག་འཐད་དམ་དགོངས་ཙ་ན། མཁན་པོ་ལ་སྟོད་པའི་མདུན་དུ། ཆོས་སྐྱོང་ཕྱག་དྲུག་པ་ཞལ་དངོས་སུ་བསྟན་ནས། ཐུགས་འཁྲིག་མི་འཚལ། དགོན་པའི་བདག་གཉེར་ང་རང་གིས་བྱེད་གསུང་། ལྷ་ངག་མི་འགྱུར་བའི་བདེན་ཚིག་གིས་ཞལ་བཞེས་དངོས་སུ་མཛད་དོ། །དེ་ནས་མཁན་ཆེན་ལ་སྟོད་པ་ཆེན་པོས་ཀྱང་། ཇོ་སྲས་དཔལ་ཆེན་སྐྱབས་ཀྱི་བྲག་མོའི་འགྲོན་〈མགྲོན་〉ཁང་ཡོད་པ་དེ། གནས་སྙིང་པས་ཆུ་ཡོད་པར་འདུག་སྙམ་ནས། དེར་དགོན་པ་བཏབ། གནས་གསར་བཞི་〈གཞི་〉ནས་བརྩིགས། ལྷུགས་རི་དང་གཙུག་ལག་ཁང་ལ་སོགས་པ་མཛད། གཞན་ཡང་(P. 13བ་) བྲ་ཐང་། ཟེ་ཐང་། འཆད་མངས། ཤོང་འགུར། ཀློག་པ་རྣམས་སུ་ལྷུགས་རི་དང་། ཁྲམས་ལ་སོགས་པ་རྒྱ་ཆེར་མཛད། བྱེ་མདར་གཙུག་ལག་ཁང་གསར་པ་བཞེངས། གཞན་ཡང་རྟེན་གསུམ་མང་པོ་དང་། ཤེར་ཕྱོགས་ཀྱི་མདོ་ཐམས་ཅད་བཞེངས། རྩིས་གནས་སྙིང་གི་ལྷ་ཁང་རྣམས་ལ་ཞིག་གསོས་མཛད་པ་སོགས་ཕྱག་བསྐྱོལ་〈སྐྱོལ་〉ཆེར་མཛད་དོ། །བསྟན་བསྲུངས་མ་ཧཱ་ཀཱ་ལའི་ཞལ་བཞེས་ཀྱིས་ཆེ་བའོ། །

དགུ་པ་སློབ་མའི་མཆོག་གྱུར་གྲུབ་ཐོབ་རྣམ་གསུམ་གྱིས་ཆེ་བ་ནི། གྲུབ་ཐོབ་དཔལ་ཕག་མོ་གྲུ་པ(ཁམས་པ་རྡོར་རྗེ)། གྲུབ་ཐོབ་ཉི་ཕུག་པ(ཉི་ཕུག་པ་ཆོས་ཀྱི་གྲགས་པ)། མཁན་པོ་དབང་ཕྱུག་རིན་ཆེན་དང་གསུམ་གྱིས་ཐོག་མ་མཛད་པའི་བུ་སློབ་གདུལ་བྱ་དཔག་ཏུ་མེད་པ་རྒྱུད་སྨིན་ཅིང་གྲོལ་བའི་ཆོས་ཀྱིས་ཚིམ་པར་མཛད། ཆོས་ཉན་གྲྭ་པ་དཔེ་འགྲེམས་བརྒྱད་བརྒྱ་རེ་ཙམ་བྱུང་ཞིང་དབྱར་ཐོག་གཅིག་ལ། བརྒྱད་སྟོང་འགྲེལ་ཆེན་འདྲི་བ་བདུན་ཅུ་ཐམས་པ་བྱུང་ངོ་། །དེ་ལྟར་སྐྱེས་བུ་དམ་པ་དེས་འགྲོ་བ་མང་པོ་སྨིན་གྲོལ་གྱི་ལམ་ལ་བཀོད།

སངས་རྒྱས་ཀྱི་བསྟན་པའི་བྱ་བ་རྒྱ་ཆེན་པོ་མཛད་པའི་སྐྱེས་བུ་དེ། ཁྲི་བའི་ལོ་ལ་སྐུ་འཁྲུངས་ནས། ཡོས་བུའི་ལོ་དགུང་ལོ་བརྒྱ་བཞེས་པའི་ཚེ། ཁོང་པ་རང་གིས་བཏབ་པའི་དགོན་པ་གནས་གོག་ཉིད་དུ་སྐུ་གཤེགས་སོ། །སྐུ་གདུང་ཡང་རིལ་པོ་གཅིག་ཏུ་མཆོད་རྟེན་གྱི་ནང་ན་བཞུགས་ཤིང་། ད་ལྟ་གནས་གོག་ཏུ་གྲགས་པའི་ལྷ་ཁང་ཆུང་ངུའི་ནང་ན་མཆོད་རྟེན་གཉིས་བཞུག་པའི་གཅིག་ཡིན་ནོ། །སློབ་མའི་མཆོག་གྱུར་གྲུབ་ཐོབ་རྣམ་གསུམ་གྱིས་ཆེ་བ་ཡིན་ནོ། །

བཅུ་པ་བརྒྱུད་པའི་མཆོག་གྱུར་བྱང་སེམས་བརྩོན་རྩུལ་ནི། རྗེ་བཙུན་སྨྱོན་རས་གཟིགས་ཀྱིས་ལུང་བསྟན་མཛད་པ་ནས་གཟུང་〈བཟུང་〉སྟེ། ད་ལྟར་གདུང་བརྒྱུད་ཞལ་བཞུགས་པའི་བར་ལ། སྨྱོན་རས་གཟིགས་ཀྱི་སྤྲུལ་པ་གདུང་བརྒྱུད་དྲི་མ་མེད་པ་བཞི་བཅུ་ཞེ་བཞི་བྱོན། ད་མ་འོངས་པ་ན་བཞི་བཅུ་ཞེ་བཞི་འབྱོན་པར་འགྱུར་རོ། །

དེ་ཡང་མཁན་པོ་ལ་སྟོད་པ་ཆེན་པོ་མར་ཆད་ཀྱི་གདུང་བརྒྱུད་བྱང་སེམས་རྣམས་ཀྱི་རྣམ་པར་ཐར་པ་མདོར་བསྡུས་ཙམ་རེ་བརྗོད་ན། **མཁན་པོ་དཀོན་སེང་ནི།** འབྲི་ཆེན་ཤེས་རབ་འབར་ལ་རབ་ཏུ་བྱུང་ཞིང་། འབྲི་ཆེན་དང་། རང་གི་གཅེན་པོ་གཉིས་ལ་སྟེ་སྣོད་ཀྱི་ཆོས་མཐའ་དག་གསན་ཅིང་ཐུགས་སུ་ཆུད་པར་མཛད་དེ། གཅེན་པོ་ལ་སྟོད་པ་ཆེན་པོའི་གདན་ས་ལོ་གཅིག་མཛད་ནས། གཅེན་པོས་བཏབ་པའི་དགོན་པ་སྐྱེགས (P. 14ན་) གནས་གསར་ཉིད་དུ་བདེ་བར་གཤེགས་ཤིང་། སྐུ་གདུང་ཡང་རིལ་པོ་གཅིག་ཏུ་ཕྱི་〈མཆོད་〉རྟེན་གྱི་ནང་ན་བཞུགས་པ་གཅེན་པོའི་ཕྱི་〈མཆོད་〉རྟེན་དང་བསྒྲིགས་ཡོད་དོ། །

མཁན་པོ་དབང་ཕྱུག་རིན་ཆེན་ནི། ཡབ་སློབ་དཔོན་ཁྲི་མཁར་

ཞེས་བྱ་བ། སྔགས་རྙིང་མ་བའི་ཆོས་མཐའ་དག་མཁྱེན་ཅིང་། ནུས་པ་དང་
ལྡན་པ་གཅིག་ཡིན། ཡུམ་ཤང་མོ་ཞེས་གྲགས། ཡུལ་གཡང་ཆོས་མ་ཡེ་ཤེས་ཀྱི་
མཁན་〈མཁའ་〉འགྲོ་མ་ཡིན། རྗེ་མོ་ཤང་མོ་དེས། སློབ་དཔོན་ཁྲི་མཁར་སྐུ
འདས་ནས། ཉ་རི་མངའ་ཆ་རྡོར་པོ་ལ། རྫོགས་ཆེན་ཀུན་བྱེད་རྒྱལ་པོ་གསན།
འཁྲིད་བཀའ་མང་དུ་ཞུས། གཡང་ཆོས་གད་〔གང་〕འཁྲིས་སུ་སྒྲུབ་པ་པོ་
〔ལོ་〕བདུན་མཛད། ཟླ་བ་དྲུག་ལ་སྒྲུབ་རྒྱགས་ཕྱེ་ཞོ་གཅིག་གིས་ཆོག་པ་དང་།
སྲིན་མོ་ཁོག་པའི་བྲག་མེ་ལོང་འདྲ་བ་ལ་སྐྱིལ་ཀྲུང་གྱིས་གཤེགས་པ་དང་།
གཞན་གྱི་སེམས་ཤེས་པ་དང་། སྔོན་གྱི་གནས་རྗེས་སུ་དྲན་པ་དང་། རྡོ་རྗེ་
གཞོན་ནུའི་ཞལ་གཟིགས་པ་དང་། ཕུར་པ་སྦྲ་འབྲབ་པ་དང་། རཀྟ་ཁོལ་བ་
མར་མེ་རང་འབར། སྨད་ཕུད་ལུང་། གཏོར་མ་ལ་མེ་འབར། ཐང་སྐུ་བཞད་
པ། སྒྲུབ་ཁང་དུ་ཀླུ་ལི་ཀླུ་ལ་ཡའི་རང་སྒྲ་ལ་སོགས་དཔག་མེད་བྱུང་། བྲག་ཆུང་
རིག་རྫོང་ལ་ཆར་ལྷིངས་ཕུག་ནས་བཞུགས་པས། ཀུན་གྱིས་གྲུབ་ཐོབ་མར་ཤེས
ནས། སྐོས་ཆུང་མ། འགར་ཆུང་མ། རྗེ་དཔལ། སོ་དགའ་ལ་སོགས་སློབ་མ
ཉིས་བརྒྱ་ལྷག་པར་འདུས། ཡོན་བདག་འགར་ཆོས་གཟིམ་ཁང་དང་མཆོད་
ཁང་གོང་མ་བརྩིགས། ཡོན་བདག་ཐུབ་པས་མི་ཏོག་གཞི་གདན་བྱས། སྟོན་
རྩིས་མའི་དུས། སློབ་མ་ཡ་ལ་ཆེར་གྱིས་ནས་མེད། ཤུལ་དུ་རུན་མ་བྱུང་། རུན་
མས་ནོར་ཁྱེར་བ་ཆོར་བ་ལ། ཁོ་པས་གྲོས་ཕྱིན་ཙ་ན། རྗེ་མོ་ཤང་མོའི་གསུང་
ནས། ཡོན་བདག་འཛིགས་མི་འཚལ། བདག་ཅག་རྒན་མོ་འགའ་ལས་མེད།
ས་ཕྱོགས་ཤིན་ཏུ་མི་བདེ་ག་ལེ་བཞུད་〖གསུངས་〗སྐད། དུས་གསུམ་མཁྱེན་
པས། སློབ་དཔོན་སྟོང་ཚང་ཁབ་ཏུ་བཞག མཁན་པོ་ཆེན་པོ་པ་ལ། ཨ་རྒྱའི་
〔ཁྱུའི་〕དྲུང་དུ་རྒྱུག་གསུང་ནས་གནས་རྙིང་དུ་བཏང་། དགུང་ལོ་བརྒྱད་ཅུ་གྱ

གཉིས་པ་ལ་ཇོ་མཚར་བའི་ལྟས་དུ་མ་དང་བཅས་ནས་བདེ་བར་གཤེགས་སོ། །

དེའི་སྲས་མཁན་པོ་དབང་ཕྱུག་རིན་ཆེན་པ་ནི། དགུང་ལོ་བཅུ་བཞི་པ་ལ། ལ་སྟོད་པ་ཆེན་པོ་དཀོན་མཆོག་མཁར་གྱི་དྲུང་དུ་རབ་ཏུ་བྱུན། (P. 14བ་) ཤེར་ཕྱོགས། ཚད་མ། འདུལ་བ། མངོན་པ་ལ་སོགས་པ་སྡེ་སྣོད་མཐའ་དག་ཐུགས་སུ་ཆུད་ཅིང་། མཁན་པོ་ལ་སྟོད་པ་ཆེན་པོ་ལ་〈ལས་〉གསན། པུར་ལྷེ་ལོ་ཙྪ་མཁས་པར་བསླབས། དྲི་མེད། རྣམ་རྒྱལ། གསང་འདུས་ལ་སོགས་པའི་གསང་སྔགས་ཀྱི་ཆོས་བཀའ་མང་དུ་གསན། ས་སྐྱར་རྗེ་བཙུན་གྲགས་པ་རྒྱལ་མཚན་ལ། རྒྱུད་གསུམ་མན་ངག་དང་བཅས་པ། འཇམ་དཔལ། མི་གཡོ་བ་ལ་སོགས་པ་གདམས་སྐོར་མང་དུ་གསན། བྱང་ཆུབ་སེམས་དཔའ་ཟླ་བ་རྒྱལ་མཚན་པའི་དྲུང་དུ། ངོན་ཞགས། བཀའ་གདམས་ལམ་རིམ་ལ་སོགས་པ་མང་དུ་གསན། ཤངས་པ་དུ་གུ་བ་ལ་ཆོས་སྐྱོང་གི་སྐོར་མཐའ་དག་གསན། གསན་པ་དེ་རྣམས་ཀྱང་མིང་དུ་མ་བཞག་པར། ལེགས་པར་མཁྱེན་ཅིང་ཐུགས་སུ་ཆུད་པར་མཛད། ལ་སྟོད་དཀོན་མཆོག་མཁར་གྱིས། ལྷ་ཁང་དང་། གནས་དགོན་དང་། ཕུ་ཊུ་ལས་〔ལག་〕ཁ་〈ཁག་〉གསུམ་ལ་སོགས་པ་ཇོ་སྲས་ཕུར་པ་འཕེལ་གྱིས། ཡོལ་སྟོན་ཆོས་ཀྱི་དབང་ཕྱུག་ལ་ཇི་ལྟར་ཕུལ་བ་རྣམས་ཀྱི་སྟེངས་སུ། ཐ་ཚོ་ཉེ་ཤུ་རྩ་བཞི། ཁུ་ལེ་བོད་འབྲོག་དང་བཅས་པ། བྱེ་ཁུད་ལ་སོགས་པ་འཕེལ་དང་བཅས་པ་མཁན་པོ་དབང་ཕྱུག་རིན་ཆེན་ལ་གཏད་ནས་གདན་ས་བསྐོས་སོ། །ཐ་ཚོ་ཉེ་ཤུ་རྩ་བཞི་ནི། སྐྱིགས་ནས་མཆེད་པ་ཚོ་ལ་ཐ་ཚོ་སྟོད་པ། ལྷང་ར་དང་ལྷེ་སྒེ་གཉིས་ནས་མཆེད་པ་ཚོ་ལ་ཐ་ཚོ་བར་པ། རྩིས་ནས་མཆེད་པ་ཚོ་ལ་ཐ་ཚོ་སྨད་པ་ཟེར། དེར་མཁན་པོ་དབང་ཕྱུག་རིན་ཆེན་པས་ཀྱང་། གདན་ས་ལེགས་པར་བསྐྱངས། ཐ་ཚོ་ཉེ་ཤུ་རྩ་བཞིའི་མཁན་

པོ་མཛད། ལ་སྟོད་པ་ཆེན་པོས་ཀྱང་། ཆོས་སྐྱོང་གི་བཀའ་ལུང་བཀའ་བབས་དང་བཅས་པ་གནང་བས། ཆོས་སྐྱོང་གིས་ཞབས་ཡ་གཅིག་དབྱར་སྐྱུ་ལྡན་ཡོན་ལ་བཞག ཡ་ གཅིག་ གུར་ ཅོག་ རྩེ་ ལ་ བཞག་ ནས་ ཕྱུགས་ བསེར་ མི་ འཚལ། དགོན་པ་ང་རང་གིས་བདག་གཉེར་བྱེད་གསུང་ནས། ལྷ་ངག་མི་འགྱུར་བའི་བདེན་ཚིག་གིས་དངོས་སུ་ཞལ་གྱིས་བཞེས་སོ། །

མཁན་པོ་དབང་རིན་པས། འགྲོ་དོན་དང་ཕྱག་རྗེས་མཛད་ཚུལ་ནི། ལྷེ་ར་རྡོ་རྗེ་དབང་གྲགས། གཙང་པ་འབྲི་རྒྱར། མི་ལུང་སྐུ་མཆེད་ལ་སོགས་པ་གྲངས་ལས་འདས་པ་ལ་བསླབ་པ་གནང་། ཕར་ཕྱིན་གྲྭ་པ་དཔེ་འགྲེམས་ཉིས་བརྒྱ་ཙམ་རེ་བྱུང་། མར་སྟོན་ལ་སོགས་པའི་ཞར་ཆོས་པ་མང་པོ་དང་། གདམས་(P. 15ན་) ངག་དཔག་ཏུ་མེད་པ་བྱུང་། བྲག་མོའི་གཙུག་ལག་ཁང་དུ་རྟེན་སྲུན་རས་གཟིགས་ཀྱི་གསེར་སྐུ་དང་། གསེར་གྱི་རྒྱུས་འབྲིང་བསྟུས་གསུམ་བཞེངས། འཇམ་དཔལ་གྱི་སྐུ་མདོ་ནས་སྤྱན་དྲངས། འཆད་མང་ས་སུ་དུས་གསུམ་སངས་རྒྱས་ཀྱི་སྐུ་བཞེངས། གནས་གསར། གནས་རྙིང་། གྲྭ་ཐང་རྣམས་སུ་དགེ་བཤེས་མང་པོ་བཏེག འཆད་ཉན་པ་མང་པོ་ལ་བདག་གཉེར་མཛད། བྱེ་མདའི་ལྷ་ཁང་གསར་པ་ཚོར་〔ཚར་〕བར་བཞེངས་སོ། །དེའི་གདན་ས་མཁན་པོ་ཟང་ཟང་པ་པདྨ་རིན་ཆེན་ལ་གཏད། ཆོས་སྐྱོང་ཡང་མི་ལ་མི་གཏོད་པ་ལྟར་གནང་།

གཞན་ཡང་། མཁན་པོ་དབང་ཕྱུག་རིན་ཆེན་གྱི་སྐུ་ཆེ་བའི་རྣམ་ཐར། རྒྱལ་བ་རིན་ཆེན་གངས་པས་མཛད་པ་ན། ཟད་པར་ཟིལ་གནོད་སྣང་སེམས་དབང་དུ་གྱུར། །དགེ་མཛད་བདེ་མཆོག་སྒྲོལ་མ་ཧ་མགྲིན་དང་། །ཕྱུགས་རྗེ་ཆེན་པོ་རྡོ་རྗེ་རྣལ་འབྱོར་མ། །རྣམ་པར་རྒྱལ་མ་གསང་འདུས་ལ་སོགས་

རྣམས། །ཡི་དམ་ཞལ་གཟིགས་གཞན་གྱིས་དེ་ལྟར་གནང་། །དཔལ་པོ་མཁའ་འགྲོ་ཆོས་སྐྱོང་དམ་ལ་འཁོད། །དབུ་སྒྲ་དཀར་ཚེ་བསྒོམས་པས་བྱུང་བ་འདྲ། །མི་དང་མི་མ་ཡིན་ལ་སོགས་པ་ཡི། །རིགས་ལྡན་བྱང་ཆུབ་ལམ་ལ་ལེགས་བཀོད་ནས། །ལེ་ལོ་ཅན་རྣམས་བརྩོན་པ་བསྐྱེད་པའི་ཕྱིར། །གྱ་བདུན་བཞེས་ཚེ་ཁྲ་ཡི་ཉ་ལ་ནི། །བླ་མ་ཡི་དམ་མཁའ་འགྲོ་ཆོས་སྐྱོང་དང་། དཔའ་པོ་དཔའ་མོ་དཀར་ཕྱོགས་ལྷ་ཀླུ་རྣམས། །འཇའ་འོད་རོལ་མོའི་སྒྲ་དང་བཅས་པར་བསུ། །སྤྱན་གཡས་འཁོར་བསྒྱུར་རྒྱལ་པོར་འགྲོ་དོན་གཤེགས། །ཕྱུར་ཞེན་འཇའ་འོད་ནམ་མཁའ་མཛེས་པས་རྒྱན། །དུང་གཡས་འཁྱིལ་དང་སྐུ་གདུང་རིང་བསྲེལ་སོགས། །བསམ་འདས་ཕྱི་ནང་རྟེན་སོགས་འགྲོ་ཕན་མཛད། །རང་བཟོ་སྤྱངས་ཏེ་རྣམ་ཐར་མདོར་བསྡུས་འདི། །གངས་པའི་མིང་ཅན་བདག་གིས་ནགས་རྒྱལ་བཀོད། །མཁན་པོ་འདི་ནི་གསང་སྔགས་མཚན་ཉིད་ཐམས་ཅད་ལ་ཤིན་ཏུ་མཁས་ཤིང་། བསྒོམས་པའི་ཉམས་རྟོགས་བཟང་པོ་དང་ཡང་ལྡན་ལ། ཡི་དམ་ལྷ་དཔག་ཏུ་མེད་པའི་ཞལ་གཟིགས་པ་ལ་ཐེ་ཚོམ་ཅུང་ཟད་ཀྱང་མི་ཟའོ། །

དེ་ལྟ་བུའི་སྐྱེས་བུ་དེ་ནི་བྱ་ལོ་ལ་སྐུ་འཁྲུངས་ནས། ཁྱིའི་ལོ་བརྒྱད་ཅུ་གྱ་བདུན་བཞེས་པའི་ཚེ་ཁྲའི་ཟླ་བའི་ཉ་ལ། ཡི་དམ་ལྷ་ཚོགས། མཁའ་འགྲོ་ཆོས་སྐྱོང་ སོགས་ གཟིགས་ སྣང་ ངོ་ མཚར་ ཅན་ དུ་ མ་ དང་ བཅས་ ནས་ བདེ་(P. 15བ་) བར་གཤོགས་〈གཤེགས་〉ཤིང་། ཕྱུར་ཞུགས་ལ་ཕུལ་བའི་ཚེ། འཇའ་འོད། སྒྲ། མེ་ཏོག་གི་ཆར་ལ་སོགས་པ་བྱུང་། སྐུ་གདུང་དེ་ཉིད་ལ་དུང་གཡས་འཁྱིལ་དང་། སྐུ་གདུང་རིང་བསྲེལ་ལ་སོགས་པ་དཔག་ཏུ་མེད་པ་བྱོན་ནོ། །

དེའི་གཙུང་པོ་**སློབ་དཔོན་སྟོང་ཆབ་**ཀྱང་སྔགས་རྙིང་མའི་ཆོས་སྐོར་མཐའ་དག་གསན་ཅིང་ཐུགས་སུ་ཆུད་པར་མཛད། །ཡི་དམ་ལ་ནུས་པ་ཐོན་པའོ། །དེ་ལྟ་བུའི་བླ་མ་དེ་ནི་དགུང་ལོ་དྲུག་ཅུ་རེ་བརྒྱད་པ་ལ་སྐུ་གཤེགས་སོ། །སློབ་དཔོན་སྟོང་ཆབ་ལ་སྲས་སློབ་དཔོན་བསོད་ནམས་རིན་ཆེན། སློབ་དཔོན་གསང་བའི་རྡོ་རྗེ། ཀུན་མཁྱེན་ཟང་ཟང་པ་པདྨ་རིན་ཆེན་དང་གསུམ་བྱོན། སློབ་དཔོན་བསོད་ནམས་རིན་ཆེན་གྱིས། མཁན་པོ་དབང་ཕྱུག་རིན་ཆེན་པའི་དྲུང་དུ་རབ་ཏུ་བྱོན། མངོན་པ། ཕར་ཕྱིན། ཚད་མ་རྣམས་མཁས་པར་མཁྱེན། གདན་ས་ལོ་གཉིས་གཟུང་〈བཟུང་〉། དགུང་ལོ་ཞེ་བཞི་ལ་སྐུ་འདས་སོ། །

བར་པ་**སློབ་དཔོན་གསང་བའི་རྡོ་རྗེ་**ངེས་〔དེས་〕རང་གི་ཡབ་ལ། ཡང་དག ཕུར་པ། ཆོས་སྐྱོང་ལ་སོགས་པ་མང་དུ་གསན། གཞན་ཡང་། སྨྱུ་ཚུགས་སྨན་བུ་ལུང་པ། ཁུ་ལུང་ཡོན་ཏན་རྒྱ་མཚོའི་བརྒྱུད་འཛིན། ལྷ་རྗེ་ར〔ལྷ་རྗེར་〕ཅ་འབར་གྱི་སྲས་རྒྱལ་ཚ་ཁྲི་སྟོན་སེང་འོད། དམིག་མངས་རྫོ་བཙུན་ཟླ་འོད་རྣམས་ལ་གསང་སྔགས་རྙིང་མའི་ཆོས་སྐོར་མཐའ་དག་གསན་ཅིང་ཐུགས་སུ་ཆུད་པར་མཛད། གསར་མའི་སྔགས་ཕྱོགས་ཀྱང་མང་དུ་གསན་ཅིང་མཁྱེན། དགུང་ལོ་དྲུག་ཅུ་རྩ་གཅིག་པ་ལ་སེའུ་སྐྱེས་ཤེང་། ཉི་མ་རེ་ལ་དཔག་ཚད་མང་པོ་བགྲོད་པའི་རྐང་མགྱོགས་དང་ལྡན་པ། བྱང་ཆུབ་ཀྱི་སེམས་དང་ལྡན་ཞིང་། གྲུབ་པ་ཐོབ་པའི་རྟགས་བསམ་གྱིས་མི་ཁྱབ་པ་སྟོན་ནུས་པ། ཧེ་རུ་ཀ། རྡོ་རྗེ་གཞོན་ནུ་ལ་སོགས་པ་ཡི་དམ་མང་པོ་དང་། མཁའ་འགྲོ་དང་ཆོས་སྐྱོང་གི་ཞལ་གཟིགས་པ། ལྷ་འདྲེ་ཐམས་ཅད་དྲན་དུ་འཁོལ་བ། མཐུ་དང་ནུས་པ་དང་རྫུ་འཕྲུལ་དང་ལྡན་པ་ཞིག་གོ །དེ་ལྟ་བུའི་བླ་མ་དེ་ནི་དགུང་ལོ་

བརྒྱུད་ཙུ་གྱི་དྲུག་པ་ལ་སྐུ་གཤེགས་སོ། །

དེའི་གཅུང་པོ། འགྲོ་མགོན་ཟང་ཟང་པ་**པདྨ་རིན་ཆེན་ནི།** ཡུམ་རྗེ་མོ་དཔལ་དགེ་བྱ་བ་ལ་འཁྲུངས་ཤིང་། རྗེ་བཙུན་ཟླ་འོད་དང་། སོ་བརྟན་པ་ལ་གཅེན་པོས་གསན་ཚད་གསན། དགུང་ལོ་ཉི་ཤུ་རྩ་གཅིག་པ་ལ། གནས་རྙིང་མཁན་པོ་དབང་ཕྱུག་རིན་ཆེན་པའི་དྲུང་དུ་ཕྱིན། རབ་ཏུ་བྱུང་བ་མཛད། མཁན་ཆེན་པ་ལ་ཕར་ཕྱིན་ལ་ཊཱིཀ་གི་ཐོག་ནས་གསན། རྐྱང་འདུར (P. 16ན་) དུ་ཚད་མ་གསན། གཙང་པ་འབྲི་རྒྱུར་ལ་ཕར་ཚད་དང་ཆེ་འགྲེལ་གསན། དཔང་སྟོན་ཉི་མ་གྲགས་ལ། རྒྱུད་གསུམ་གདམས་ངག་དང་བཅས་པ་གསན། གྲོ་ལུང་བདུད་འདུལ་གྲགས་ལ་ཞི་བྱེད་གསན། ཕར་ཚད་ལ་འཆད་ཉན་ལོ་མང་དུ་མཛད། ཉང་དར་གསལ་ཞར་ཆོས་པ་ཡིན། གྲྭ་པ་དཔེ་འགྲེམས་བརྒྱ་བསྐོར་རེ་སོང་[ཡོད་]། ལྷུ་སྲད་དབང་སྐོར་[བཟང་སྐྱོང་]ལ་བཀའ་བསྡམས་〈གདམས་〉སྐྱིད་ཕྱུགས་གསན། སྐྱིལ་མཁར་ལོབ་ང་[ལོས་པ་]ཕུ་རུ། རྗེ་རིན་ཆེན་དབང་ཕྱུག་ལ་གསང་འདུས། རྒྱུད་གསུམ་མན་ངག་དང་བཅས་པ་གསན། འབྲི་ཁུང་ཀུ་ར་ལ་བཀའ་བརྒྱུད་ཀྱི་གདམས་ངག་ཐམས་ཅད་གསན། གསན་པ་ཐམས་ཅད་ལ་སྦྱངས་པ་དང་། ཉམས་ལེན་ལེགས་པར་མཛད། ཕོང་པ་རང་གི་དཔོན་པོ་མཁན་ཆེན་ཆོས་ཀྱི་རིན་ཆེན་པ་ལ་སོགས་པ་གདུལ་བྱ་ལས་དག་པ་འགའ་ཞིག་གིས་ནི། ཕོང་པ་ཉིད་ཐུགས་རྗེ་ཆེན་པོ་ཞལ་གཅིག་ཕྱག་བཞི་པའི་རྣམ་པར་མངོན་སུམ་དུ་གཟིགས་པ་བྱུང་གསུང་བ་དང་། མཁན་ཆེན་ཆོས་རིན་པའི་གསུང་ནས། རིན་པོ་ཆེ་པ་ནི་གང་ཟག་རང་རྒྱུད་པ་མིན། རིན་པོ་ཆེ་ཟང་ཟང་པ་འདྲ་བ་ཚུགས་ཐུབ་པ། ཡོན་ཏན་དང་ལྡན་པའི་དགེ་བཤེས་རང་མི་〈ནི་〉འདུག་གསུང་ངོ་། །མཛད་པའི་ཕྱག་རྗེས་ཀྱང་། ཏ་

མཁར་དུ་མཁན་པོ་རིན་པོ་ཆེ་པའི་ནང་རྟེན་སྤྱན་རས་གཟིགས་བལ་ཡུལ་ནས་གདན་དྲངས། འཕྱིང་ཆུང་དུ། སློབ་དཔོན་སྟོན་བསོད་ཀྱི་ནང་རྟེན། གདུང་རྟེན་ཚོང་འདུས་ནས་གདན་དྲངས། ཁྲི་མདར་འཁྲུམས་མཆོད་བཞེངས། གྲོག་རར་མཁར་ལན་མཛད། རིན་པོ་ཆེ་གསེར་གྱི་གླེགས་བམ་འགའ་བཞེངས། གནས་རྙིང་དུ་མཁན་པོ་ཆེན་པོའི་ཕྱི་〈མཆོད་〉རྟེན་བཞེངས། བྲག་ཆུར་〔ཆུང་〕གཞི་ནས་བརྩིགས། ཤྲུ་མོ། འཕྱིང་ཆུང་། སྣད་རི། ཧ་ཟ་〔ཛ་〕། དཔེན་པ་རྣམས་ཀྱི་ཁྲམས་མཆོད་ལེགས་པར་མཛད། དམིག་མངས་ཀྱི་ཕྱིགས་ཁང་མཛད། ཕ་རི། ཤབ་ཚོ། སྤེ་ར། ཡུ་ལུ་ཆུང་། ཆོས་སྡིངས་རྣམས་བཏབ། སྐུ་དང་། གསུང་རབ་རྣམས་ཀྱི་ན་བཟའ། སྟེང་འོག་གི་རྒྱན་ལ་སོགས་པ་དང་། མཁར་ལན་ཡང་མང་དུ་མཛད་དོ། །བྲག་ཏུ། གསེར་སྐུ་བཀྲ་ཤིས་འོད་འབར་བལ་ཡུལ་ནས་སྤྱན་དྲངས། ཁྲི་རྒྱབ་ཚད་དང་ལྡན་པ་མཛད། ཕྱེལ་དུ་གསེར་སྲང་བརྒྱ་འབུལ་མཛད། ལ་སྟོད་དུ་དགེ་འདུན་སྟོང་ཕྲག་གསུམ་ལྷག་པ་ལ་གསེར་ཞོ་ཕྱེད་ཕྱེད་བཀྱེ། ཆོས་འཁོར། བསླབ་པ། ཚོགས་ཆོས། འཁྲིད། གདམས་ངག་ལ་སོགས་པའི་སྒོ་ནས་འགྲོ་བ་དཔག་ཏུ་མེད་པ་སྨིན་(P. 16བ་) ཅིང་གྲོལ་བར་མཛད་པའི་སྐྱེས་བུ་དམ་པ་དེ། ལྕགས་མོ་ཡོས་ལ་སྐུ་འཁྲུངས་ནས། ཆུ་མོ་ཡོས་ཀྱི་དགུང་ལོ་བདུན་ཅུ་དོན་གསུམ་བཞེས་པའི་ཚེ། སྨལ་པོའི་ཟླ་བའི་ཉི་ཤུ་གསུམ་གྱི་སྔ་དྲོ་ཉི་དྲོས་ཙམ་ལ་བྲག་ཆུང་དུ་དགོངས་པ་ཡོངས་སུ་མྱ་ངན་ལས་འདས་སོ། །

དེའི་གདན་ས་**སློབ་དཔོན་ཆོས་ཀྱི་དབང་ཕྱུག**་གིས་མཛད། ཡབ་གྲུབ་པ་ཐོབ་པའི་རྣལ་འབྱོར་པ་ཆེན་པོ་སློབ་དཔོན་སྟོན་གསང་དང་། ཡུམ་བུད་མེད་ཀྱི་སྐྱོན་ཤས་ཆེ་བས་མ་གོས་ཤིང་། ཡེ་ཤེས་ཀྱི་མཁའ་འགྲོའི་མཚན་

རྟགས་དང་ལྡན་པ་ཀླུ་ལྷམ་ཞེས་བྱ་བ་ལ་སྲས་བཞི་འཁྲུངས། ཡབ་ཀྱི་གསུང་ནས། ངའི་བུ་འདི་རྣམས་སེམས་ཅན་ལ་ཕན་ཐོགས་པ། མཚན་དོན་དང་ལྡན་པ་རེ་འོང་གསུང་ནས་མཚན་བཏགས་ཏེ། གཅེན་པོ་ལ་ཆོས་ཀྱི་དབང་ཕྱུག དེའི་འོག་མ་ལ་ཆོས་ཀྱི་རིན་ཆེན། དེའི་འོག་མ་ལ་ཆོས་ཀྱི་གྲུབ་པ། དེའི་འོག་མ་ལ་ཆོས་ཀྱི་རྒྱལ་མཚན་ཞེས་བཏགས་སོ། །གཅེན་པོས་དགུང་ལོ་བདུན་ལ། མཁན་པོ་བཟང་བཟང་པ་དང་། སློབ་དཔོན་ཡོལ་ཐང་སྟོན་བསོད་གཉིས་ལ་རབ་ཏུ་བྱུང་། ཡབ་ལ་སྔགས་རྙིང་མའི་སྐོར་གྱི་ཆོས་རྣམས་གསན་ཅིང་མཁྱེན། དགུས་སུ་སླལ་པ་ཞིག་པོ་ལ་ཕར་ཚད་གསན། གཞན་ཡང་རྒྱུད་འདུལ་མཚུར་ན་གཞོན་སེང་། བོ་དོང་ལུག་དུར་སོ་སྟོན། སྤྱི་བོ་ལྷས་པ་སེང་གེ་དཔལ། གཙུག་པ་རྡོ་རྗེ་སེང་གེ རྡོག་གཞུང་པ་ཀུན་དགའ་རྡོ་རྗེ་ལ་སོགས་པ་རྣམས་ལ་〈ལས་〉། ཐུགས་མཚན་ཉིད། འཕྲིད་གདམས་ངག་ལ་སོགས་པ་བསམ་གྱིས་མི་ཁྱབ་པ་གསན། པཎྜི་ཏ་ཛ་ན་ཤྲཱི་ལ་ལ་〈ལས་〉། བདེ་མཆོག་ཙ་རྒྱུད། རྒྱུད་ཕྱི་མ། བཤད་རྒྱུད་སྡོམ་པ་འབྱུང་བ། རྡོ་རྗེ་མཁའ་འགྲོ། བདེ་མཆོག་ཀུན་སྤྱོད། གཤིན་རྗེ་གཤེད་དམར་ལ་སོགས་པའི་སྒྲུབ་ཐབས། ཚད་མ་དང་། དུས་འཁོར་ལ་སོགས་པ་དང་། རྒྱ་གར་གྱི་འདྲི་ཀློག་ལ་སོགས་པ་ལེགས་པར་བསླབས། མཁས་པར་མཁྱེན། གཞན་ཡང་བྱམས་ཆོས། ཚད་མ་རྣམ་འགྲེལ་ངེས། དབུ་མ་རིགས་པའི་ཚོགས་དྲུག་དང་། རང་རྒྱུད་ཤར་གསུམ། གསང་འདུས་ལ་སོགས་པ་མཁས་པར་མཁྱེན། དབུས་གཙང་གི་དཔོན་པོ་གཅིག་ལ་ཡོན་ཏན་ཆེ། དགའ་ཟེར་བའི་གྲགས་པ་བྱུང་ཞིང་། ལུང་རིགས་ཀྱི་གྲྭ་པ་བཙུགས། དགེ་བཤེས་གཞོན་གྲུབ་དང་། དགེ་བཤེས་བྱང་འབར་ལ་སོགས་པས་ཞར་ཆོས་པས། མཁས་བཙུན་བཟང་གསུམ་ལྡན་པའི་སྟོན་པ་ལ་

(P. 17ན་) གྲྭ་པ་དཔེ་འགྲེམས་བརྒྱ་ལྷག་རེ་དང་། ཆོས་ཉན་གཞན་བསམ་ལས་འདས་པ་བྱུང་སྟེ། འགྲོ་བའི་དོན་རྒྱ་ཆེན་པོ་མཛད། དེ་ལྟ་བུའི་མཁན་པོ་ཆོས་ཀྱི་དབང་ཕྱུག་པ་དེ་ཉིད་(གསང་བདག་ལ་ལྷག་པར་རྩལ་ཐོབ།) ནི། ས་ཕོ་རྟ་ལོ་ལ་འཁྲུངས་ནས། མི་མོ་ལུག་གི་ལོ་དགུང་ལོ་ལྔ་བཅུ་ང་བདུན་པའི་ཚེ། རྟ་པའི་ཟླ་བའི་ཚེས་བཅོ་བརྒྱད་ལ་གནས་གསར་དུ་སྐུ་གཤེགས་སོ། །

འདི་ཡན་གྱི་གདུང་བརྒྱུད་གོང་མ་རྣམས་ཀྱི་རྣམ་ཐར་རྒྱས་པར་ནི། མཚན་ལྡན་ཆོས་རྗེ་རས་ཆེན་གྱིས་མཛད་པའི་གདུང་རབས་རྣམ་གཞག་ཡོངས་གསལ་དུ་བལྟ་བར་བྱའོ། །

མཁན་པོ་ཆོས་དབང་པའི་གདན་ས་**མཁན་པོ་ཆོས་ཀྱི་རིན་ཆེན་**གྱིས་མཛད། དགུང་ལོ་བཅུ་གཅིག་པ་ལ། མཁན་ཆེན་ཟང་ཟང་པ་དང་། སློབ་དཔོན་ཡོལ་ཐང་སྟོན་བསོད་ཀྱི་དྲུང་དུ་རབ་ཏུ་བྱོན། ཕྱིས་ཀྱང་མཁན་སློབ་དེ་ཉིད་ལ་བསྙེན་པར་རྫོགས་པ་མཛད། དེ་ལྟ་བུའི་བླ་མ་དེ་ལ་ཆེ་བའི་ཡོན་ཏན་བསམ་གྱིས་མི་ཁྱབ་པ་ཅིག་མངའ་ནའང་། མདོར་བསྡུ་ན་ལྔ་སྟེ། སྐུ་སྐྱེ་བ་སྔ་མ་རྒྱ་གར་འཕགས་པའི་ཡུལ་དུ་པཎྜི་ཏར་སྐུ་སྐྱེ་བ་བཞེས་ནས། ཁ་བ་ཅན་གྱི་ལྗོངས་འདིར་སྐུ་འཁྲུངས་ཤིང་གང་ཟག་དམ་པས་ལུང་བསྟན་པའི་ཡོན་ཏན་དང་། བླ་མ་བསྟེན་ཅིང་མདོ་རྒྱུད་མན་ངག་གི་ཆོས་ལ་མཁས་པར་སྦྱངས་པའི་ཡོན་ཏན་དང་། རྣམ་པར་ཐར་པ་གཙང་ཞིང་སྒྲུབ་པ་ལ་བརྩོན་པའི་ཡོན་ཏན་དང་། ཡི་དམ་གྱི་ལྷ་དང་། ཆོས་སྐྱོང་བའི་སྲུང་མ་རྣམས་ཀྱི་ཞལ་གཟིགས་ཤིང་མཐོང་སྣང་ཁྱད་པར་ཅན་བྱུང་བའི་ཡོན་ཏན་དང་། བླ་མ་དང་ཡི་དམ་གྱིས་བྱིན་གྱིས་བརླབས་པའི་མཐུས་འགྲོ་དོན་གྱི་ཕྲིན་ལས་བསམ་གྱིས་མི་ཁྱབ་པའི་ཡོན་ཏན་ནོ། །

དེ་ལ་དང་པོ་སྐུ་སྐྱེ་བ་སྔ་མ་རྒྱ་གར་ནུབ་ཕྱོགས་སུ་པཎྜིཏ་གཅིག་ཏུ་སྐུ་སྐྱེ་བ་བཞེས་ནས་འགྲོ་བའི་དོན་བསམ་གྱིས་མི་ཁྱབ་པ་མཛད། འོད་གསལ་གྱི་ངང་ལས་འཛམ་བུའི་གླིང་ཁ་བ་ཅན་གྱི་ལྗོངས། རྫོ་རྗེ་གདན་གྱི་བྱང་ནུབ། གཙང་རོང་པ་མཚོ་〈མཆོག〉དཀར་སྤྲུལ་སྐུ་འཁྲུངས་པའི་གནས་དེར། ས་མོ་ལུག་ལོའི་སྟོན་ཟླ་ར་བའི་ཚེས་པ་བཅོ་ལྔ་དངོས་གྲུབ་ལྡན་པའི་དུས་ཟླ་བ་ཉ་ཡོངས་སུ་གང་བའི་ཚེ། དགོངས་ཀྱི་〈དགོང་གི་〉ཐུན་དང་པོ་ལ་སྐུ་འཁྲུངས། རྗོ་བོ་རྗེའི་སྤྲུལ་པར་སློབ་དཔོན་པདྨས་ལུང་བསྟན་ཏེ། རོང་པ་མཆོག་དཀར་ཞེས་བྱ་ར། །ཆོས་ཀྱི་རིན་ཆེན་ཞེས་བྱ་བ། །རྗོ་བོ་རྗེའི་〈རྗེ་ཡི་〉བདུན་མཐར་འབྱུང་། །དེས་ལྷའི་བུའི་བདུད་གཅིག་འདུལ་བར་ལུང་བསྟན་ནོ། །

གཉིས་པ་ནི། རྗེ་ཟང་ཟང་(P. 17བ་)པའི་ཡབ། སེ་སྟོན་རིན་གྲགས། གཙང་པ་དྲུག་སོ། བཟང་རིངས། ཡོལ་ཐང་སྟོན་བསོད། ཕྱི་བོ་ལྷས་པ་བྱང་ཆུབ་འོད། ཁྲི་སྟོན་ཀུན་དགའ་འོད། དོན་མོ་རིའི་དགེ་བཤེས་ཟངས་ཁ་བ། ཁྲོ་ཕུ་ལོ་ཙཱ་བ་བྱམས་པ་དཔལ། ས་སྐྱ་ལོ་ཙཱ་ཀུན་དགའ་རྒྱལ་མཚན། ཞང་རྒྱལ་བ་དཔལ། སྣར་ཐང་པའི་སངས་རྒྱས་སྒོམ་པ། མཁན་པོ་ཆོས་དབང་། སློབ་དཔོན་འཇམ་དཔལ་གསར་མ། ལ་དྲུག་སྟོན་ཤག ཉིང་རོའི་དགེ་བཤེས་ཤེར་སེང་། ཁྲོ་མ་གཉའི་སློབ་དཔོན་གར་དར་པོ། གཅེན་པོ་གྲུབ་ཐོབ་འདར་ཕྱུར། ཉུང་〈ཉང〉སྨད་ཀྱི་སློབ་དཔོན་དམ་པ་དཀོན་གཉེར། འབྲི་ཁུང་གི་དགེ་བཤེས་རྗེ་སྲས། སེ་འཕྲེང་གི་རིན་པོ་ཆེ་སྒོམ་པ། གཡའ་རིའི་དགེ་བཤེས་མར་སྟོན། དགེ་བཤེས་ཡོན་ཏན་རིན་ཆེན། འབྲས་མོའི་བླ་མ་སྒོམ་པ། འབྲི་ཁུང་གི་སྤྱན་མངའ་རིན་པོ་ཆེ། གཙུང་པ་རིན་པོ་ཆེ། རྗེ་སྟན་འུག་པ་སྣ་པ་ལ་སོགས་པ་བླ་མ་བཅུ་ཕྲག་གསུམ་བསྟེན་ཅིང་མཉེས་པར་བྱས་ནས། དེ་

རྣམས་ལ་〈ལས་〉སྙེ་སྣོད། རྒྱུད་སྡེ། འཁྲིད། གདམས་པ། དབང་ཕྱག་ལེན། མན་ངག་ཕྲ་མོ་དང་བཅས་པ་བསམ་གྱིས་མི་ཁྱབ་པ་ཅིག་གསན་ཅིང་། ཕལ་ཆེ་བ་མཁྱེན་ཅིང་ཐུགས་སུ་ཆུད་པ་དང་། ཉམས་ལེན་མཐར་ཕྱིན་པ་མཛད་དོ། །

གསུམ་པ་ནི། ཐེག་པ་གོང་འོག་གི་སྡོམ་ཁྲིམས་མཐའ་དག་ལ་ཤིན་ཏུ་གཅེས་པར་མིག་འབྲས་བཞིན་དུ་འཛིན་པ་སྟེ། ཉེས་ལྟུང་གི་དྲི་མས་ཅུང་ཟད་ཀྱང་མ་གོས་པར་མཛད་ཅིང་། སྐུ་ཆེའི་སྟོད་ལ་ཤ་ཡང་མི་གསོལ། ན་བཟའ་ཕྲག་དཀྱུང་དང་། ཕྱ་རུ་ཁོ་ན་ཉིད་བསྣམས་ནས་གོང་པ་ཅན་མི་གསོལ། བཙུན་ཚུགས་ཁོ་ན་ལ་གཙོ་བོར་མཛད། ཚུལ་འཆོས་དང་ཆོས་བརྒྱུད་མི་མངའ། ཡུན་རིང་དུ་བསྟེན་ཀྱང་ཆོས་དང་འགལ་བའི་བྱ་བ་ཅུང་ཟད་ཀྱང་མཛད་པ་མི་མཐོང་ཞིང་། ཁྱད་པར་བདག་པས་གཞན་གཅེས་འཛིན་པའི་བྱང་ཆུབ་ཀྱི་སེམས་ཁྱད་པར་ཅན་རྒྱུན་དུ་མངའ་སྟེ། གཞན་ལ་ཞལ་ཆོས་འཇུག་པ་ཡང་། སེམས་ཅན་ལ་བྱམས་སྙིང་རྗེ་བྱང་ཆུབ་ཀྱི་སེམས་དང་མི་འགལ་བ་ཞིག་བྱེད་དགོས། དགེ་བ་གང་བྱེད་གཞན་དོན་དུ་འགྱུར་བ་ཞིག་བྱེད་དགོས་སོ། །ཞེས་ཡང་ཡང་གསུང་ངོ་། །གསང་སྔགས་ཀྱི་ཀུན་སྤྱོད་དང་ཡང་མི་འགལ་བར་མཛད་དེ། ཐུགས་དམ་གྱི་ལྷ་ཐུགས་རྗེ་ཆེན་པོ། འཇམ་དབྱངས། དགེ་རྗེར། བདེ་མཆོག་ལ་སོགས་པའི་རིམས་གཉིས་ཀྱི་རྣལ་འབྱོར་ལ་བརྟན་པར་བཞུགས་(P. 18ན་)ལ། རྗེས་ཐུན་མཚམས་སུ་གསང་སྔགས་ཀྱི་སྤྱོད་པ་དང་མ་བྲལ་བ། རྩ་བ་དང་ཡན་ལག་གི་དམ་ཚིག་ལས་མ་ཉམས་པར་མཛད་ཅིང་། ཕྲིན་ལས་བཞིའི་སྒོ་ནས་སེམས་ཅན་གྱི་དོན་རྒྱ་ཆེན་པོ་མཛད་ཅིང་། གསང་སྔགས་ཀྱི་གྲུབ་པ་བརྙེས་པའི་རྡོ་རྗེ་འཛིན་པོ་ཆེན་པོ་ཉིད་དུ་བཞུགས་སོ། །

བཞི་པ་ནི། གཙང་སྨད་དུ་ཁྲི་སྟོན་ལ་འཇམ་དཔལ་གྱི་དབང་ཞུས་པའི་དུས་སུ། འཇམ་དཔལ་གྱི་ལྷ་ཚོགས་ཐམས་ཅད་ཀྱི་ཞལ་གཟིགས་ཤིང་། ཁྲི་སྟོན་ཉིད་ཀྱང་འཇམ་དཔལ་ཨ་ར་པ་ཙ་ནའི་རྣམ་པར་གཟིགས་སོ། །ཐུགས་རྗེ་ཆེན་པོ་ནི་རང་གི་སྐྱེ་བ་སྔ་མ་ནས་ལས་བསགས་པའི་ལྷ་ཡིན་ངེས་སྙམ་པ་བྱུང་། རྨི་ལམ་དུ་ལོ་ཀེ་ཤྭ་ར་རྨི་བ་དང་། རིན་པོ་ཆེ་ཟང་ཟིང་པ་སྤྱན་རས་གཟིགས་སུ་རྨི་བ་བྱུང་། ཁྱད་པར་དུ་རིན་པོ་ཆེ་ཟང་ཟིང་པ་ཐུགས་རྗེ་ཆེན་པོ་ཞལ་གཅིག་ཕྱག་བཞི་པ་གཙོ་བོ་རྐྱང་པའི་རྣམ་པར་གྲོན་ནས། མཛོད་སྤུ་ནས་འོད་ཟེར་བྱུང་སྟེ་རང་ལ་ཐིམ་པའི་སྣང་བ་ཡང་བྱུང་གསུང་། ཡང་ལྕུགས་མོ་ཐག་ལ། སྟོ་བོད་མཚམས་སུ་གྲུམ་ཆུང་བྲག་དམར་དུ། རྗེ་རིན་པོ་ཆེ་ཟང་ཟིང་པའི་གཟིམས་ཁང་ན་བཞུགས་པའི་ཚེ། བླ་མ་ལ་གདུང་ཤུགས་དྲག་པོའི་སྒོ་ནས་གསོལ་བ་འདེབས་ཤིང་གདོང་མཆི་མ་དང་མ་བྲལ་བར་མཛད་དུས། མཚན་མོའི་སུམ་གཉིས་ཚུན་ཆོད་མི་རྟོག་པའི་ཏིང་ངེ་འཛིན་དུ་སོང་། དེ་ནས་ཐོ་རངས་ཀྱི་ཆ་ལ་ནམ་མཁའ་ལ་དར་སྣ་ཚོགས་ཀྱི་གདན་སྟེངས་ན། རིན་པོ་ཆེ་ཟང་ཟིང་པ་སྐུ་གཟི་བརྗིད་ཆེ་ཞིང་། འཛུམ་པའི་ཞལ་རས་དང་ལྡན་པར་བཞུགས་པའི་དབུའི་སྟེང་ན། འཕགས་པ་སྤྱན་རས་གཟིགས་དབང་ཕྱུག་གཙོ་འཁོར་གསུམ་པ་བཞུགས་པའི་མཐའ་ན་ཕར་ལ་ཆོས་སྐྱོང་ལྕམ་དྲལ་གྱིས་བསྐོར་བ་གཅིག་གྲོན་པའི་སྣང་བ་བྱུང་ངོ་། །དེ་ནས་ཇི་ཞིག་ལྟར་ན། རྗེ་བོ་གཙོ་འཁོར་གསུམ་པོ་དེ་རིན་པོ་ཆེ་ཟང་ཟིང་པ་ལ་ཐིམ་སྟེ། རིན་པོ་ཆེ་སྔར་བས་ཀྱང་སྐུ་གཟི་བརྗིད་ཆེ་བར་གྱུར། ཐུགས་ཀ་ནས་འོད་ཟེར་བྱུང་སྟེ། ཁོ་བོ་ལ་ཐིམ་ཞིང་བྱིན་གྱིས་བརླབས་པའི་སྣང་བ་བྱུང་། དེའི་རྗེས་ལ་རིན་པོ་ཆེའི་ཞལ་གྱི་སྒོ་ནས། མ་གཅིག་ཞལ་ནས་བརྒྱུད་པའི་ལམ་འབྲས་བུ་དང་བཅས་པ་གཅིག་གསུང་ཞིང་།

ཁོ་བོས་ཉན་པའི་སྣང་བ་བྱུང་། དེའི་རྗེས་ལའང་ཏིང་ངེ་འཛིན་དུ་སོང་ནས་ནང་པར་ཉི་མ་ཤར་གཏིང་ལས་མ་སང་གསུང་། གཞན་ཡང་། ཤབ་ཀྱི་བེར་ཀ་བཤོངས་ནས་དགེ་སྡིངས་ཀྱི་བར་ལ་རྗེ་བཙུན་མ་སྒྲོལ་མའི་ཞལ་གཟིགས་པ(P. 18བ་)དང་། སྨན་ཆུ་ལྷག་གི་ས་ཕུག་ཏུ། མི་གཡོ་བ་དང་། དབྱངས་ཅན་མའི་ཞལ་གཟིགས་པ་དང་། ཀྱེ་རྡོར་གྱི་དབང་ཞུས་པའི་དུས་ཀྱི་རྡོར་གྱི་ཞལ་གཟིགས་པ་དང་། ཡེ་ཤེས་མགོན་པོ་ཕྱག་དྲུག་པའི་ཞལ་ཡང་ཡང་གཟིགས་ཤིང་། འབྲི་ཁུང་པ་རྡོ་རྗེ་དཔལ་གྱིས་བསམ་ངན་སྦྱོར་རྒྱབ་བྱས་པས། དེའི་མགོ་བོ་ཁྱེར་ལ་འོང་ངམ་གསུང་པ་ལ། ཁྱེར་མ་འོངས་གསུངས་པ་ལ་སོགས་ངོ་མཚར་ཅན་མང་པོ་དང་། ཡི་དམ་ལྷའི་ཞལ་གཟིགས་ཚུལ་སོགས་ཞིབ་འདིར་མ་བྲིས་སོ། །

ལྔ་པ་ནི། བླ་མ་དམ་པའི་བྱིན་རླབས་དང་། རང་གི་སྦྱངས་སྟོབས་ཀྱིས་རྟོགས་པ་ཁྱད་པར་ཅན་ཐུགས་རྒྱུད་ལ་འཁྲུངས། མཉམ་རྗེས་འདྲེས་ནས་ཆུ་བོ་རྒྱུན་གྱི་རྣལ་འབྱོར་སྙོམ་ཁོར་ཡུག་ཏུ་འགྲོ་བ་དང་། རྣལ་ལམ་གཟུང་〈བཟུང་〉ནས་བདག་ཉིད་ཧེ་རུ་ཀ་དཔའ་བོ་གཅིག་པར་གྱུར་ཏེ། ཉི་མ་དང་ཟླ་བའི་སྟེང་དུ་ཕྱིན་ནས་སངས་རྒྱས་ཀྱི་ཞིང་ཁམས་དུ་མ་གཟིགས་ཤིང་། རྡོ་རྗེ་གདན་དང་། ལྷ་ས་འཕྲུལ་སྣང་ལ་སོགས་པ་ཐམས་ཅད་ད་ལྟ་ཇི་ལྟར་ཡོད་པ་བཞིན་གཟིགས་པ་ཡིན་ནོ། །དབུས་གཙང་དུ་ཧོར་དམག་ཐ་ན་མ་བྱུང་དུས། དོར་དོས་སྐྱེགས་གནས་གསར་དུ་མཁར་ཕབ། མི་མང་པོ་བསད། ཐམས་ཅད་དུར་ཁྲིད་གླིང་དུ་སོང་། རྒྱ་ལམ་ལ་འགྲོ་བའི་མི་རྣམས་ཀྱང་འགའ་རེ་སྡོངས་ནས་འགྲོ་བ་མ་རྟོགས་འགྲོ་མི་ནུས་པ་བྱུང་། དེའི་ཚེ་ཐམས་ཅད་ཀྱིས་ཐོས་པར་སྒྲོག་ཚགས་སྣ་ཚོགས་པའི་སྐད་སྒྲི་ཐུགས་མང་པོ་འདོན་པ་དང་། གནས་གསར་ཧོར་བོད་ཀྱི་

མི་མ་ཡིན་གྱིས་གང་བ་བྱུང་ནས་ཐམས་ཅད་འཇིགས་སྐྲག་པའི་ཚེ། ཁོང་པ་ཉིད་ཀྱིས་མི་མ་ཡིན་འདི་རྣམས་བཏུལ་ནས་ཐར་པའི་ས་བོན་བཞག ས་ཕྱོགས་ཐམས་ཅད་བདེ་ཞིང་བྱིན་གྱིས་བརླབས་ལ། ཉང་རོའི་རྒྱལ་ཁམས་ཀྱི་སྐྱེ་བོ་ཐམས་ཅད་འཇིགས་སྐྲག་ལས་སྐྱབ་པར་དགོངས་ནས། ཞག་གསུམ་དུར་ཁྲོད་གླིང་དེར་བཞུགས། རོ་རྣམས་ལ་ལ་ལ་ཧས་〈ཐུས་〉དང་། ལ་ལ་ལ་ཀློ་སྐྱོར་མཛད། བྱམས་པ་དང་སྙིང་རྗེ་བྱང་ཆུབ་ཀྱི་སེམས་ལྷུ་བའི་སྙིང་དུ་བཞུགས་པས། ཧོར་བོད་ཀྱི་མི་མ་ཡིན་དང་། སྣང་སྲིད་ཀྱི་ལྷ་འདྲེ་ཐམས་ཅད་ཀྱིས་ཆོ་འཕྲུལ་རྣམ་པ་གསུམ་གྱི་སྒོ་ནས། བྲིན་ཆུ་བར་དུ་རྗེ་བཙུན་མི་ལ་རྣལ་འབྱོར་ལ་ཇི་ལྟར་བྱུང་བ་ལྟར། ཆོ་འཕྲུལ་བསམ་གྱིས་མི་ཁྱབ་པ་བྱུང་། ཁྱད་པར་དུ་སྐྱེགས་གནས་གསར་གྱི་ལྷུགས་རི་ཐམས་ཅད་གཡོག་པས་ཁྱབ་པའི་བྱ་ཤིན་ཏུ་ཆེ་(P. 19ན་) བ་གཅིག་འུར་སྒྲ་ཐུག་〈ཐག་〉སྒྲ་དང་བཅས་ནས་བྱུང་། ཉིད་ཀྱི་ཞབས་ལའང་ཐེན་ཐེན་〈འཐེན་འཐེན་〉བྱེད་ཚུལ་སྟོན་པ་བྱུང་བ་ལ། ཉིད་ཀྱིས་ཞབས་དེ་ཕྱོགས་སུ་ནར་བརྐྱང་ནས་གཅེས་འཛིན་སྤྱངས་ཏེ་སྣང་བ་སེམས་ཀྱི་ཆོ་འཕྲུལ་དུ་མཁྱེན་ཅིང་སེམས་སྟོང་པར་ཐག་ཆོད་པས། འཁྲུལ་སྣང་གདོན་གྱི་བར་ཆོད་ལ་ཡང་བ་དང་བག་ཚ་བ་ཙུང་ཟད་ཀྱང་མ་བྱུང་བར་ལྷུ་བའི་སྙིངས་སུ་བཞག་པས། མཐར་བྱ་དེ་བཞོག་པ་ཞུམ་བྱས་འཕུར་སོང་། ཞག་གསུམ་སོང་དུས་ན་མི་མ་ཡིན་ཐམས་ཅད་དམ་ལ་ཐོགས་ཤིང་། ཐུན་མོང་གི་དངོས་གྲུབ་ཕུལ། ཆོས་ཀྱི་འབྲེལ་པ་ཞུས། སེམས་ཅན་རྣམས་ལ་མི་མ་ཡིན་གྱི་འཇིགས་ལས་སྐྱབས། ཞག་བཞི་སོང་བའི་ཐུ་རྡོ་ས་ཕྱོགས་བྱིན་ཕབ་ནས་རོ་བདག་པོ་མེད་པ་རྣམས་རིལ་ཐུས་〔རི་ལ་སྐྱུས་〕〈སྐྱུལ་〉། དེས་ཐུགས་དམ་གྱི་བོགས་ཐོན་ནས་ཕྲིན་ལས་ནམ་མཁའ་དང་མཉམ་པར་ཕྱུར་ཏེ། ཕྱིར་ཉང་

རོའི་རྒྱལ་ཁམས་མི་བདེ་བ་ཐམས་ཅད་རྒྱ་སྐྱིལ་ལམ་སྣ་གཏད་ཀྱི་སྒོ་ནས་ཐམས་ཅད་བདེ་བ་ལ་བཀོད་དོ། །

ཟླ་བོང་〈བོར་〉བྱམས་པའི་སྟོབས་དང་གསེར་མདོག་ཅན། །མགོ་དང་ཡན་ལག་མིག་སྦྱིན་མཛད་གཟིགས་ནས། །འདྲེན་པ་འདིས་ཀྱང་ཕོངས་པའི་སྐྱེ་བོ་ལ། །སྦྱིན་པ་གསུམ་གྱིས་དབུགས་འབྱིན་མཛད་པ་མཚར། །ཅེས་པ་ནི། དེའི་ཚེ་སྟོན་པ་ཉི་ཟླ་ལྷ་ར་གྲགས། ཡོངས་སྤྱོད་ཆར་བཞིན་བབས་ཏེ། རེ་བ་མེད་པའི་སྦྱིན་པ་རྒྱ་ཆེན་པོ་བཏང་སྟེ། རྒྱལ་བའི་སྐུ་གསུང་ཐུགས་ཀྱི་རྟེན་མང་པོ་བཞེངས། དེ་ཡང་གནས་གསར་དུ་གཙུག་ལག་ཁང་ཞུགས་ལ་སོང་བའི་རྟེན་རྣམས་ཀྱི་དོད་ལ། ཐུབ་པ་ཆེན་པོའི་སྐུ་རྒྱབ་མཐོ་བཅུ་བཞི་ཡོད་པ་གཅིག་བཞེངས། དེའི་ནང་རྫོངས་ལ་གདུང་རིང་བསྲེལ་མང་པོ་དང་། བྲམ་ཟེ་དྲི་མེད་སྙིང་པོའི་ཕུར་ཤ། མཁན་ཆེན་དབང་ཕྱུག་རིན་ཆེན་ལ་ཕྱོན་པའི་དུང་གཡས་འཁྱིལ། ཡོལ་ཆོས་དབང་གིས་ཆོས་གོས་ཉི་ཟེར་ལ་བཀལ་བའི་ཆོས་གོས། ཡོལ་དྲང་སྲོང་གིས་རྡོ་རྗེ་གཉུས་〖ནས་〗ཁྲག་བྱུང་བའི་རྡོ་རྗེ། ཤེལ་གྱི་མཆོད་རྟེན་ཁྲུ་གང་པ་ཐོག་འབེབས་ཀྱིས་བརྟན་པ་ལ་སོགས་ངོ་མཚར་ཅན་བསམ་གྱིས་མི་ཁྱབ་པ་གཅིག་དབུ་རྩེ་སོ་མ་ན་བཞུགས་སོ། །དེའི་རྗེས་ལ་གསེར་འབུམ་ཆ་གཉིས་བཞེངས། འདུལ་བ་ལུང་ལ་སོགས་པ་སྣག་ཚས་བྲིས་པའི་སྐུ་པོད་བདུན་ཙུ་ཙ་བགྲངས་བཞེངས། གཞན་(P. 19བ་)ཡང་ཕྱག་དཔེ་དང་ལྷ་རྟེན་བསམ་གྱིས་མི་ཁྱབ་པ་བཞེངས། གནས་གསར་དུ་ཞུགས་ལ་སོང་པའི་གསུང་རབ་རྣམས་གསབས། འབྲི་ཁུང་དུ་གསེར་འབུམ་བཞེངས་པ་ལ། བུར་ལྷང་ཉིས་བརྒྱ་ལྷག་གཅིག གསེར་གཡུ། གོས་དར། རྟ། སྣམ་ཕྲུག་ལ་སོགས་པ་གྲངས་ལས་འདས་པ་ཕུལ། མཁན་པོ་ཆོས་དབང་གི་ཕྱི་རྟེན་གནས་གསར་དུ

འབུམ་མོ་ཆེ་བཞེངས། འཕང་ཐང་དུ་གཟིམས་ཁང་། སྒྲོང་ཆུང་དུ་དཀར་
ཐིགས། རི་ཁྲིད་དུ་ཕུར་སྡིངས་དང་ལྷ་དོ་བཏབ། བསླབ་པ་གསུམ་གྱི་ཕྱུགས་
ལེན་རྒྱུན་ཆད་མེད་པར་མཛད་ཅིང་། རྒྱལ་བ་རིན་ཆེན་གངས་པ་དང་།
གསེར་སྡིངས་པ་ཀུན་མཁྱེན་ཆོས་ཀྱི་འོད་ཟེར་ལ་སོགས་པ་གདུལ་བྱ་དཔག་ཏུ་
མེད་པ་ཐོས་བསམ་སྒོམ་གསུམ་གྱིས་རྒྱུད་སྨིན་པར་མཛད་ཅིང་། འགྲོ་བ་མཐའ་
ཡས་པའི་དོན་རྒྱ་ཆེན་པོ་མཛད་དོ། །མཁན་པོ་རིན་པོ་ཆེ་དེ་ནི་སྐུ་འདའ་ཁར།
ཁོ་བོ་གཟའ་དང་སྐར་མ་དང་ཚེ་གྲངས་བཟང་པ་ཅིག་ལ་འགྲོ་བས། ཁྱེད་རང་
རྣམས་སྟོས་ཤིག་བྱ་བ་དང་། ཁོ་བོ་བདེ་བ་ཅན་དུ་འགྲོ་གསུང་བ་ལ་སོགས་པའི་
གསུང་ངོ་མཚར་ཅན་མང་པོ་དང་། ངོ་མཚར་བའི་ལྟས་དུ་མ་དང་བཅས་ཤིང་།
སྐྱེས་ཆེན་དམ་པ་དེ་ས་མོ་ལུག་གི་ལོ་སྟོན་ཟླ་ར་བའི་ཚེས་བཅོ་ལྔ་ལ་སྐུ་འཁྲུངས་
ནས། ཤིང་མོ་ཡོས་བུའི་ལོ་དགུང་ལོ་ལྔ་བཅུ་ང་བདུན་བཞེས་པའི་ཚེ། བྱ་སྨྲུག་
ཟླ་བའི་ཡར་ངོའི་ཚེས་བཅུ་གཅིག་གི་མཚན་མོ་བཞི་ཆ་ཙམ་ཡོད་པའི་དུས།
དབུ་ཚད་པ་ཆེན་པོ་ཁྲུང་རིན་ཆེན་གྲགས་ཀྱི་གདན་ས། སྣང་པ་འཕང་ཐང་
དགོན་པར་དགོངས་པ་ཡོངས་སུ་མྱ་ངན་ལས་འདས་སོ། །འདི་དག་གི་རྣམ་
པར་ཐར་པ་རྒྱས་པར་ནི། མཁན་པོ་རིན་ཆེན་དཔལ་བས་མཛད་པ་སོགས་སུ་
བལྟ་བར་བྱའོ། །

སློབ་དཔོན་ཆོས་ཀྱི་གྲུབ་པ་ནི། ཡབ་ལ་གསང་སྔགས་རྙིང་མའི་
ཆོས་སྐོར་མཐའ་དག་གསན་ཅིང་མཁྱེན། གཞན་ཡང་། རྒྱལ་ཚའི་སྲས་པོ་
བརྟན་པ། བརྟན་པའི་སྲས་པོ་ཉི་མ་དཔལ་ཡབ་སྲས། གཉན་སྟོན་པདྨ་རྒྱལ་
མཚན་ཡབ་སྲས། རྫིང་འབྲིང་གི་སློབ་དཔོན་མངའ་ཚ་ཡབ་སྲས་རྣམས་ལས་
གསང་སྔགས་རྙིང་མའི་ཆོས་སྐོར་མ་ལུས་པ་གསན། འབྲས་མོ་སྒོམ་པ་ལས།

འབྲུག་པའི་ཆོས་སྐོར་མཐའ་དག་གསན། རིན་པོ་ཆེ་ཟང་ཟང་པ། མཁན་ཆེན་ཆོས་རིན་པ། ཐར་པ་གླིང་ (P. 20ན་) པ་རྣམས་ལས་གསར་མའི་དབང་སྒྲུབ་ཐབས་རྣམས་དང་། འཁྲིད་གདམས་པ་དཔག་ཏུ་མེད་པ་གསན་ཅིང་། ཐུགས་འཆང་པ་ཆེན་པོ་ལ་སྟོད་ཀྱི་བན་སྟེ་〈 དེ་ 〉 གཅིག་ལ་ཡོན་ཏན་དང་ནུས་པ་ཆེ་བར་གྲགས་སོ། །དེ་ལྟ་བུའི་བླ་མ་དེ་ནི། ཆུ་ཕོ་ཁྱི་ལོ་ལ་སྐུ་འཁྲུངས་ནས། དགུང་ལོ་ལྔ་བཅུ་ང་གཅིག་པ་ཆུ་ཕོ་བྱི་བའི་ལོ། དབྱུག་གུའི་ཟླ་བའི་ཉེར་ལྔ་ལ་གནས་འོག་ཏུ་སྐུ་གཤེགས་སོ། །

མཁན་པོ་ཆོས་ཀྱི་རྒྱལ་མཚན་ནི་ སྐུ་འཁྲུངས་པའི་ཚེ་ཡང་། འཇའ་ཚོན་སྣ་ལྔ་བུ་ཆུང་ལ་ཟུག་པ་སོགས་ངོ་མཚར་བའི་ལྟས་དུ་མ་དང་བཅས་སྐུ་འཁྲུངས་ནས། ལོ་གསུམ་བཞེས་པའི་ཚེ། ཡུམ་གྱིས་ཁུར་ནས་ཕྱོགས་གཞན་ཞིག་ལ་ཕྱིན་དུས། བུ་ཆུང་གི་ཞལ་ནས། ནམ་མཁའ་སྤྲིན་གྱི་ཕུང་པོ་ཡིན། །ས་གཞི་རྡོ་ཡི་ཕུང་པོ་ཡིན། །སྣང་བ་སྒྱུ་མའི་ཕུང་པོ་ཡིན། །འཛིགས་〚 པ་ 〛 མི་འཚལ་གཤེགས་〈 གཤེགས་ 〉 སོ་〚 གསོལ་ 〛། །གསུངས། དགུང་ལོ་བརྒྱད་ལོན་པའི་ཚེ་འདྲི་〈 འབྲི་ 〉 ཀློག་ལ་སོགས་པ་མཁྱེན། ཡབ་ལ་〈 ལས་ 〉 ཡང་ཕུར་ལ་སོགས་པའི་དབང་ཐོབ། གཙེན་པོ་སློབ་དཔོན་ཆོས་ཀྱི་རིན་ཆེན་ལ་བསྙེན་གནས་ཞུས་ནས་མ་ཆག་པར་བསྲུང་། བྱང་ཆུབ་ལྟུང་བཤགས་ལ་སོགས་པའི་ཞལ་ཏོན་མང་པོ་དང་། ཕྱག་དང་བསྐོར་བ་སོགས་མང་པོ་མཛད། དགུང་ལོ་བཅུ་གཉིས་བཞེས་པའི་ཚེ། གཉག་སྟོན་པདྨ་རྒྱལ་མཚན་ལ། གསང་སྔགས་སྙིང་མ་མང་དུ་གསན་ཞིང་མཁྱེན། དགུང་ལོ་བཅུ་བཞི་པ་ལ་གནས་སྙིང་དུ་ཕྱིན། མཁན་པོ་དཔལ་ལྡན་བཟང་པ་〈 པོ་ 〉 དང་། གཙེན་པོ་སློབ་དཔོན་ཆོས་དབང་པ་གཉིས་ཀྱི་དྲུང་དུ་རབ་ཏུ་ཕྱིན། སློབ་དཔོན་ཆོས་དབང་དང་། སློབ་

དཔོན་གཙང་དྲུག་གཉིས་ལ། ཕར་ཚད་གསན་ཅིང་མཁྱེན་པར་མཛད། ཏེ་རའི་རྡོ་རྗེ་དབང་གྲགས་ལས། ཤེར་ཕྱིན་མདོ་འགྲེལ། སྤྱོད་ཕྱོགས་འདུལ་བ། མངོན་པ་པན་ཀན་ལ་སོགས་པ་གསན་ཅིང་ཐུགས་སྦྱོང་ཡང་མཛད། གཞན་ཡང་། རྗེ་རིན་པོ་ཆེ་ཟང་ཟང་པ། ལྷན་གྱི་སློབ་དཔོན་ཛོ་བསོད་གྲུ་རཏྣ། སློབ་དཔོན་ཐུབ་པ། སློབ་དཔོན་དཀོན་མཆོག་རིན་ཆེན། རིན་པོ་ཆེ་དབུ་རི་པ། བྱང་སེམས་ཚུལ་བྱང་། རྗེ་རྒོད་ཚང་པ་རྣམས་ལ་ཕྱི་ནང་གི་ཆོས་མཐའ་དག་གསན་ཅིང་། སྒྲ་〔སྒྲོ་〕འདོགས་ཆོད་པར་མཛད། ཆོས་འཁོར་རྒྱ་ཆེན་པོ་ཡང་བསྐོར། དུས་གསུམ་ཁེགས་པའི་བཤད་པ་མཛད་དོ། །མཁན་པོ་སློབ་དཔོན་གཙང་དྲུག་དང་། སློབ་དཔོན་གཅེན། སློབ་དཔོན་(P. 20བ་)ཆོས་ཀྱི་རིན་ཆེན་གཉིས་ཀྱི་དྲུང་དུ་བསྙེན་རྫོགས་ཀྱི་སྡོམ་པ་ཞུས་ཤིང་། དེ་ཕྱིར་〈ཕྱིན་〉ཆད་གསོ་སྦྱོང་མ་ཆད་པར་མཛད། སྔོན་ལས་ཀྱི་རྐྱེན་གྱིས། བར་སྐབས་སུ་བསྟན་གཞི་འོག་གདོན་གྱི་ཟིན་པ་ཞིག་བྱུང་། དེའི་ཚེ་ལོ་དགུ་སྒྲུབ་པ་ལ་རྩེ་གཅིག་ཏུ་བཞུགས། བསྟན་གཞི་ལས་ལེགས་པར་གྲོལ། དཔལ་གསང་བའི་བདག་པོ་དངོས་སུ་གྲུབ་ཅིང་བྱུང་། དེ་དུས་གཅེན་གནས་སྙིང་པའི་གདན་ས་མཛད་དགོས་པར་བྱུང་བ་གཟིགས་རྟོག་མ་མཛད་པར་ལོ་དགུ་སོང་ཀྱང་ཆོས་རྣམས་ཚིག་གཅིག་ཀྱང་མ་བསྙེལ་བར་གསུངས་པས་ཚོགས་པ་ཐམས་ཅད་མོས་གུས་ཆུད་ནས་ཡ་མཚན་དུ་གྱུར་ཏོ། །གཞན་ཡང་འགྲོ་བའི་དོན་མཛད་ཚུལ་མི་འདི་ནི་ལ་སྟོད་གཡས་རུའི་མི་གཅིག་པུ། །ཚད་མེད་འགྲོ་ལ་དམིགས་མེད་ཐུགས་རྗེའི་ཐུགས། །ས་གསུམ་སྙན་པའི་དྲི་ཡིས་རབ་ཁྱབ་པ། །ཕྲིན་ལས་བསམ་མི་ཁྱབ་ལ་བདག་ཅག་དང་། །ཅེས་པས་སྟོན་ཏེ། དེ་ཡང་སྣང་ཞེན་པའི་མི་སྣེ་རྣམས་ཀྱིས་མཚོ་ཆེན་པོ་བཞི་ལ་གདུག་གུའི་ཟླ་བ་དང་། དཔོའི་ཟླ་བ་

གཉིས་ལ། ཉིན་རེ་བཞིན་ཡང་། ཉ་འབུམ་ཕྲག་མང་པོའི་སྒྲུ་སྒྱོ་ཕྱུང་ནས། བུ་དང་ཆུང་མ་དང་བྲན་ཁོལ་དང་བཅས་པ་ཐམས་ཅད་ཉའི་ཤས་འཚོ་ཞིང་། སྐྱེ་པོ་སྡིག་ཅན་དེ་ཐམས་ཅད་ལྟོ་ཙམ་གྱི་ཕྱིར་དམྱལ་བར་འགྲོ་བའི་ལས་ལ་མངོན་དུ་ཕྱོགས་པར་གྱུར་ཏོ། །མཚོ་བཞི་པོ་ནི། དུ་གུལ་དང་། གཞག་འདྲ་དང་། གད་དམར་དང་། སྲི་རྩེ་དང་བཞིའོ། །ཉ་པ་རྣམས་དང་། ཉ་རྣམས་ལ། བདག་ཉིད་ཆེན་པོ་དེ། ཐུགས་རྗེའི་ཤུགས་ཀྱིས་སྐུ་ལུས་གཡོ་བ་དང་། ཞལ་ཟས་གསོལ་བ་ཐུགས་ལ་མི་དགོངས་པ་ཙམ་དུ་ཐུགས་བརྩེ་བར་གྱུར་ཏེ། དཀོན་མཆོག་དང་ཆོས་སྐྱོང་ལ་གསོལ་བ་རྩེ་གཅིག་ཏུ་བཏབ་ནས། སྐྱེ་པོ་སྡིག་སེམས་ཅན་དེ་རྣམས་དང་གཞན་ཡང་འོག་ནས་འབྱུང་བར་འགྱུར་བའི་སྐྱེ་པོ་སྡིག་པ་ཅན་རྣམས་མི་དགེ་བའི་བསམ་པ་ལོག་ནས། དགེ་བའི་ལས་ལ་སེམས་བཀོལ་རུང་དུ་མཛད་ཅིང་། ཉ་དེ་རྣམས་ལ་སྲིད་པ་མ་ཞིག་གི་བར་དུ་མི་འཇིགས་སྐྱབས་ཀྱི་སྦྱིན་པ་མཛད་ལ། སླང་ཞེན་པ་མི་ངོ་ཕྱེད་དང་ལྔ་བརྒྱ་པོ་ཐམས་ཅད་ཀྱང་ཚེ་འདིར་ཟང་ཟིང་གི་སྦྱིན་པས་ཚིམ་པར་མཛད། ཚེ་ཕྱི་མ་བདེ་འགྲོའི་ལམ་ལ་བཀོད་པས། ཆོས་ཀྱིས་རྗེས་སུ་གཟུང་〈བཟུང་〉བ་ཡིན་ནོ། །མགོན་སྐྱབས་མེད་པའི་ཉ་ཚོགས་རྣམས་ནི་འཆི་བདག་ཁ་ནས་ཐར་མཛད་ཅིང་། །སྡིག(P. 21ན)ཅན་ཕོངས་པའི་སྐྱེ་པོ་རྣམས་ཀྱང་ཆོས་དང་ཟང་ཟིང་དཔལ་གྱིས་འབྱོར། །ལོངས་སྤྱོད་ཕུལ་བའི་དད་ལྡན་ལ་ནི་ཀུན་ལ་ཕན་པའི་དཔལ་འབྱོར་བསྒྲུབས། །རྨད་དུ་བྱུང་བའི་ཕྲིན་ལས་དེས་ནི་ཐུབ་བསྟན་ཡར་ངོའི་ཟླ་བཞིན་སྤེལ། །ཞེས་རྗོགས་པར་བྱའོ། །དེ་ལ་ཉའི་སྐད་དུ་བཏང་བའི་དོན་རྣམས་ནི། ལུག་སྟོང་ཕྲག་བཞི། འབྲི་གནག་གཉིས་བརྒྱ། རྟ་བཟང་པོ་གསུམ། གཡུ་ཆེན་པོ་གཉིས། ནས་ཁལ་དྲུག་བརྒྱ། གསེར་སྲང་གསུམ། བལ་རྒྱབ་ཉིས་

སྐྱོང་། རེ་སྣམ་གྱིས་གཙོ་བྱས་པའི་རས་སྣམ་ཉིས་བརྒྱ། གོས་ཆེན་གསེར་ཚུ་མ། དར་ཡུག མེན་ཡུག འཇོལ་བེར་ལ་སོགས་པ་གོས་ཆེན་མང་པོ་རང་བཏང་ངོ་། །བསལ་ཐུལ། གཡི་ཐུལ། སྲེ་ཐུལ། རྩར་ཐུལ་ལ་སོགས་པ་གོས་ཀྱི་རིགས་མང་པོ་བཏང་ཞིང་། ཤ་མར་དང་། ཇ་ཆང་དང་། བུ་རམ་ལ་སོགས་པ་ཟས་ཚུས་〔ཚུ་〕མང་པོ་བྱིན་ནས། ཉའི་སྨྱུད་མར་བཏང་པའི་ཕྱུགས་ལུག་རྣམས་ཚེ་ཐར་ལ་འཇོག་པའི་དཔང་པོ་བཙུག་པ་ཡིན་ནོ། །དཔོན་ཆེན་ཤཱཀྱ་བཟང་པོ་ལ་ཞུས་ནས། སླང་ཞོན་པའི་མི་ངོ་ཕྱེད་དང་ལྔ་བརྒྱ་པོ་ཐམས་ཅད་རྩ་བ་ནས་ཁྲལ་མེད་དུ་བྱས་པ་ཡིན་ཅིང་། དུ་གུལ་གྱི་ཉ་པ་མཚོ་བཞི་པོ་དེ་ལ་གཞན་ཉ་བཤོར་བ་བྱུང་ན་ཡང་། སླང་ཞོན་པས་སྲུང་བར་ཁས་བླངས་ཤིང་། ཁག་ཁུར་བ་ཡིན་ནོ། །དཔོན་མགོ་རྣམས་ཀྱིས་དགེ་བསྙེན་གྱི་སྡོམ་པ་བླངས་ཤིང་། གཞན་ཕལ་པ་ཐམས་ཅད་ཀྱང་། དཀོན་མཆོག་གསུམ་ལ་སྐྱབས་སུ་འགྲོ་བ་དང་། འཕགས་པ་ཐུགས་རྗེ་ཆེན་པོའི་སྔགས་བཟླས་ལ་སོགས་པ་དགེ་བ་འབའ་ཞིག་ལ་བཀོད་དོ། །དེ་རྣམས་ཀྱི་དཔང་པོ་ལ་གསེར་ཡིག་པ་ཆེན་པོ་གཙོ་སྒོ་ལུང་པ། ཚ་ཐུབ་〔ཐུང་〕པ། ཀློག་སྐྱ་བ། དར་ར་ཁྲུང་སྟོན། འཁོན་གཙོ། སྣར་གཙོ། ཆོས་ལུང་པ། པོ་དོང་པོན་གནས་པ། ཕྱང་མཁར་བ། མོ་དབེན་པ། རྗེ་ས་གོ་གཉིས། ལྷ་སྡིངས་ཀྱི་གཅེན་པ། འགའ་རོང་པ་སྟོད་ཐམས་ཅད་ལ་དཔང་པོའི་རྟན་མང་དུ་བྱིན་ཏེ། དཔང་པོར་བཙུག་པ་ཡིན་ནོ། གཞན་ཡང་། སྡིག་པ་ངོ་རིངས་ལ་སྒྲོ་ང་བསྲུངས་ནས་དང་པོའི་〔དད་པའི་〕ཚོགས་འབུམ་ཕྲག་མང་པོའི་སྒྲུག་སྐྱབས། ཟང་ཟང་འབྲོང་གི་ཉེ་ཁ་རུ་དཔོན་སློབ་ལྔ་བརྒྱས་ཉ་རགས་རྡོ་རྗེ་བརྟན་པ་ཞེས་བྱ་བ་བརྩིགས། གཉག་གི་ཡུལ་བྱང་སྟོད་ཤེ་ཁའི་ཉེ་ཁ་རུ། དཔོན་སློབ་སུམ་བརྒྱས་ཉ་རགས་རྡོ་རྗེ་ཕྲེང་བ་ཞེས

(P. 21བ་) བྱ་བ་བརྩིགས། ལྷོ་ཕྱོགས་ཀྱི་སའི་ཆའི་ལྷ་མཚོ། སྨིན་འཚོལ་ཕོའི་རིགས་ཀྱི་དགེ་འདུན་མང་པོ་བཏང་ནས། ལས་སྣ་ཚོགས་བྱས་ཤིང་། སེམས་ཅན་ཚད་མེད་གྲངས་མེད་པའི་སྲོག་སྐྱབས་སོ། །ཡང་བྱང་ཕྱོགས་ཀྱི་རྒྱུད་ན། ལྷོའི་[ལྷོའི་] རི་དམར་སྣ་ཞེས་བྱ་བ་ན། མཚོ་འབབ་ཆུའི་རྒྱུན་དང་བཅས་པ་ཞིག་དང་། ཀུ་ལང་གསེར་ཁ་དང་ཉེ་བ་ན། གོང་ཚེ་ལུ་ཆུ་ཅན་བྱ་བར་ཡང་ཉ་མང་པོའི་སྲོག་སྐྱབས། བྱེང་[བྱེད་] ཟང་ཟང་འདམ་རབ་བྱ་བ་ཟང་ཟང་གི་གཞུང་ཆུ་ཆེན་པོ་འདམ་དང་བཅས་པ་ཞིག་ཡོད་དེ། དེ་ལ་ཟམ་པ་བཟང་པོ་བརྩུགས།

ཡང་ཤིང་མོ་གླང་གི་ལོ་ལ། རི་དྭགས་མང་པོ་ལ་མི་འཇིགས་པའི་སྐྱབས་ཀྱི་སྦྱིན་པ་མཛད་པ་ནི། ལ་སྟོད་ལྷོ་བྱང་གི་མཚམས་བར་འབྲོག་གི་རིའི་རྒྱུད་ན་གནས་པའི་སྲོག་ཆགས་རྣམས་ལ། སྐྱེ་བོ་རྔོན་པ་དག་གིས། རིའི་གཙོང་རོད་[རོང་] མིའི་རྒྱུན་ལམ་མེད་པའི་ལུང་ཕྲན་བཞི་བཅུ་ཞེ་གཉིས་ཀྱི་ནང་དུ། གང་དུ་ལྷུང་བས་འཆི་བདག་གི་ཁར་ཆུད་པ་དང་འདྲ་བའི་རླུབས་དགུ་བརྒྱ་དང་དགུ་བཅུ་རྩ་དགུ་ཕྲུས་[བྲུས་] ཏེ། དེ་རྣམས་ཀྱི་ནང་དུ་རྐྱང་དང་། ཤ་བ་དང་། རྒོ་བ་དང་། རྣ་བ་དང་། བསྣན་པ་དང་། གླ་བ་ལ་སོགས་པ་རྣམས་ལྷུང་ཞིང་སྲོག་འདོར་བྱེད་དེ། ཤིན་ཏུ་སྡུག་བསྔལ་བར་གནས་ཀྱང་། རྒྱལ་ཁྲིམས་དང་ས་འབྱམས་ཀྱིས་ཀྱང་བཏང་སྙོམས་སུ་བཞག་སྟེ། མགོན་དང་སྐྱབས་སུ་ཡང་མེད་པར་གྱུར་པ་ལ། བདག་ཉིད་ཆེན་པོ་དེས་སེམས་ཅན་དེ་རྣམས་བདེ་བར་མ་གྱུར་གྱི་བར་དུ་ཁོ་བོའི་སེམས་ལ་ཡང་བདེ་བའི་གོ་སྐབས་མེད་དོ་ཞེས་གསུང་ཞིང་། སའི་བདག་པོ་རྗེ་བོ་འཛམས་པ་དང་། རླུབས་ཀྱི་བདག་པོ་ལྷོ་ཚེའི་བདག་པོ་རྣམས་ལ། གསེར་དང་། བྱུར་རམ་དང་། གོས་དར་རྣམས་ལ་

སོགས་པ་ཡོངས་སྤྱོད་བསམ་གྱིས་མི་ཁྱབ་པའི་སྦྱིན་པ་〔 པས་ 〕ཐག་མ་ཉིད་དུ་ཚོམ་པར་མཛད་ཅིང་། རིམ་པ་བཞིན་དུ་བསྟུ་བའི་དངོས་པོ་བཞིས་བསྡུས་པ་ལས་རླུབས་ཡོད་པའི་ལུང་ཕྲན་བཞི་བཅུ་ཞེ་གཉིས་ཕུལ་བ་ནི། སྒོ་ལུང་། ཡམ་ལུང་། བུ་རམ་འགོར། ལྷུམ་ར། ཆུ་བཟངས། རྐྱང་ལུང་། ཤིང་མངས། བུ་རམ་ལུང་། སྨོན་དོད། ཚ་ལྡེ། མདོ་མ། གདོད་མ། མཁན་པ་ལུང་། ཐེན་ཕྱི་དེང་། སྲིན་མོ་ཁོག་པ། རྟིང་གཡོས། འགྲོན་བ། ཤ་ཐ་ལ་འཁྱོག འཕན་ཀླས། གོར་ཆེན། ཉུས་ཚ། འབྲི་སྒོ། ཨུ་བྲུར། གངས་ལུང་། ཀན་ནེ་བུལ་རྩེ། ན་པྲ། སྟོན་ཆུང་། ལུག་ཐུར་གོང་འོག ཐང་ (P. 22ན་) བར་ས། ཞར་སྐར་མ། གྱི་ཚང་། སྒོག་ཆེན། ཕུག་ལྷག ཐ་གོང་འོག རྩང་པ། སེང་མདའ། ལུང་རིངས། གོད་ཆུང་། རྗེ་པ་མན་ཆད་ནས། ལུང་རིངས་ཕྱོ་ལེ་གོང་ཡན་ཆད། ལུང་ཕྲན་བཞི་བཅུ་ཞེ་གཉིས་ཀྱི་ནང་ན། རླུབས་མིག་དགུ་བརྒྱ་དང་ དགུ་བཅུ་རྩ་དགུ རླུབས་གྲངས་སུ་མ་སློས་པའི་བྲག་ལས་དང་། གཡས་ཆེ་ལུང་པ་དེ་རྣམས་སྲིང་〔 སྲིད་ 〕པ་མ་ཞིག་གི་བར་དུ་ཕུལ་ཏེ། ཤིང་མོ་གླང་གི་ལོའི་དབྱར་ཟླ་ར་བའི་ཚེས་བརྒྱད་ནས་བཟུང་སྟེ། སྟོབས་དང་ལྡན་པའི་དགེ་སྦྱོང་མང་པོ་དང་། སྐྱེ་བོའི་ཚོགས་ཆེན་པོས་རླུབས་དེ་རྣམས་ཐམས་ཅད་བསྲུབས་ཤིང་། དེ་ཕྱིན་ཆད་རི་རྒྱུད་དེ་ན་གནས་པའི་རི་དྭགས་རྣམས་ལ་རླུབས་ཀྱི་གནོད་པ་དང་། གཞན་ཡང་། འཁྲུལ་འཁོར་དང་། རྙི་བཙུགས་པ་དང་། ཤིང་གི་ རྩ་འཛོལ་ལ་སོགས་པ་གང་གི་ཡང་གནོད་པ་མེད་པར། ཉམ་རངས་སུ་རྒྱུ་ཞིང་བདེ་བ་ལ་བཀོད་དོ། །

ཡང་དེ་ཉིད་ནས་རིང་པོ་མ་ལོན་པར་ཏ་སྒོའི་གངས་རི་ཆེན་པོ་དང་ཉེ་བ་ན། ཏུད་〔 ཏུང་ 〕ཟེ་ཞེས་བྱ་བའི་རི་རྒྱུད་མགོ་འཇུག་ལ་ཉི་མ་བདུན་གྱིས་ཕྱིན་

པ་ཞིག་ཡོད་དེ། རི་རྒྱུད་དེ་ལ་གནས་པའི་རི་དྭགས་རྣམས་ལ། གཉག་དང་། སྙེས་དང་། འདར་མེ་གཉག་དང་། དང་ར་བ་དང་། གླང་ཞོན་ལ་སོགས་པའི་ནང་ནས་སྡིག་ལ་ཟམ་ཞིང་། ཤ་ཁྲག་གིས་འཚོ་བ་རྣམས་ཀྱིས་རི་དྭགས་མང་པོ་སྲོག་དང་བྲལ་བར་བྱེད་ཅིང་། རི་ཤིག་མ་སོང་པ་རྣམས་ཀྱང་ཟངས་པ་དང་། སྐྲག་པས་སྤུ་རྩ་རྫུལ་གྱིས་བངས་ཤིང་རྨིག་པ་ཁྲག་གིས་གཤེར་བར་བྱེ་〈བྱེད་〉དེ། གནས་མཆོག་གངས་རིའི་ཕྲེང་བས་བསྐོར་བ་དེར། །གནས་པའི་རི་དྭགས་བྱེད་བ་ཕྲག་འགའ་ཞིག །སྡིག་ཅན་ཧ་མཆོག་ཞོན་པས་ཁྱི་ཁྲིད་ནས། །རྔོ་བའི་མཚོན་ཐོགས་དེ་དག་གསོད་པར་རྩོམ། །རྔོན་པས་བརྡས་〈བཟས་〉པའི་རི་དྭགས་མགོན་མེད་རྣམས། །ཤིན་ཏུ་སྐྲག་པའི་མིག་རྩ་རིག་རིག་པོ། །འཇིགས་པའི་དབང་གིས་གོམ་པ་རབ་ཏུ་འཕྱོར། །བཀྲེས་ཤིང་སྐོམ་པས་ཤིན་ཏུ་རིད་པའི་ལུས། །རབ་ཏུ་རྣག་དཀའི་སྡུག་བསྔལ་མྱོང་བ་རྣམས། །བྱམས་མགོན་ཐུགས་རྗེས་གཟིགས་པ་སྐལ་བ་བཟང་། །ཞེས་རིག་པར་བྱའོ། །

དེ་ལྟར་སྡུག་བསྔལ་བའི་སེམས་ཅན་དེ་རྣམས་ལ་ཡང་། གཞན་དོན་ལ་བསྙེལ་བ་མི་མངའ་བའི་ཐུགས་རྗེ་ཅན་འདིས། མི་དཔོན་རྣམས་དང་གྲོས་མཛད་ཅིང་།(P. 22བ་) དཔོན་ཆེན་ཤཱ་ཀྱ་བཟང་པོའི་གསུང་ཤོག་ཞུས་ནས་རི་རྒྱ་དམ་པོ་མཛད་དེ། དིང་〈དེང་〉སང་གི་བར་དུ་རི་དྭགས་དེ་རྣམས་ལ་གནོད་པ་དང་འཚེ་བ་མེད་ཅིང་བདེ་བར་གནས་སོ། །གཞན་ཡང་ཧོར་གསར་ལ་སོགས་པའི་སྡིག་པ་ཅན་རྣམས་སྡིག་པ་ལས་ལྡོག་པ་དང་། གཙང་ལའི་བསེད་[བསེང་]མ་འཇམ་ཞེས་བྱ་བ་དགྲ་འཇིགས་ཤིན་ཏུ་ཆེ་བ་ཅིག་ཡོད་པ་དེར། འཇིགས་པ་ལས་སྒྲོལ་འདོན་པ་བསྐོས་ནས་བཞག་པ་ལ་སོགས། ཕྲིན་ལས་བསམ་གྱིས་མི་ཁྱབ་པ་ཞིག་མཛད་གདའ་ནའང་། འདིར་ཡི་གེ་མངས་པའི་

འཇིགས་པས་མ་བྲིས་སོ། །

མདོར་ན་ཕྱུགས་ལུག་མང་པོ་འབུལ་བ་བྱུང་བ་རྣམས་གང་ཟག་རང་སྐྱ་བ་དང་། མི་ནག་ལ་མ་བྱིན་མ་བཙོངས་པར་སྡེ་དགོན་ཆོས་ལྡན་རྣམས་སུ་ཕུལ་ནས་ཞབས་ཏོག་མཛད། ཆོས་པ་སློམ་སྒྲུབ་བྱེད་པ་དང་། ཐོས་བསམ་བྱེད་པ་རྣམས་ཀྱི་བདག་རྐྱེན་མཛད་དེ། རྒྱུགས་མ་འཛོམ་པ་རྣམས་ལ་ལོ་རྒྱུགས་དང་། ཆོས་སྐྱ་རེ་བཤད་པ་ཡན་ཆད་ལ་གནང་སྦྱིན་གསེར་དུ་གནང་བའི་དམ་བཅའ་མཛད། ཉན་བཤད་མཛད་པ་རྣམས་ལ་བསྟན་པའི་ཁུར་ཡོད་དོ་གསུངས་ནས་ཚོ་གང་ཡན་ཆད་གནང་། ཕྱུག་ན་གང་ཡོད་གཞན་ལ་གནང་བས་བསོག་འཇོག་གཏན་ནས་མི་འདོད་ཅིང་། ཟས་ནོར་རྒྱ་ཆེན་པོ་རྣམས་ཀྱིས་སྡུག་ཐོངས་ལ་སོགས་པ་ཕྱུན་ཕྱར་བྱུང་པ་རྣམས་ཀྱི་བསམ་པ་ཚིམ་པར་མཛད་དོ། །

ཆོས་སྡིངས་སུ་གཙུག་ལག་ཁང་གསར་པ་བཙིགས། ཐུབ་པའི་གསེར་སྐུ་ཆེན་པོ་གཉིས་བཞེངས། ས་རྒྱན་གནམ་རྒྱན་སོགས་ཚང་བར་གསོལ་[ནས་] མཆོད་པ་རྒྱུན་མ་ཆད་པར་ཕུལ་ལོ། །རི་ཁྲོད་དུ་དགོན་པ་གཞི་གཅིག་མ་གཏོགས་པ་གང་དུ་ཡང་མི་གཤེགས་པའི་དམ་བཅའ་མཛད་ནས། དགུན་ལ་དཔྱིད་བཏགས་བསྒྲུབ་པ་ལ་བཞུགས་ཤིང་། ཚོགས་པ་རྣམས་འདག་སྦྱར་ལ་བཅུག་སྟེ་སྒྲུབ་པ་བྱེད་དུ་བཅུག་གོ །དབྱར་ལ་སྟོན་བཏགས་པ་ལ་ སྟ་གྲོའི་དུས་སུ་ལམ་འབྲས། དཔལ་ལྡན་དོ་ཧ་སྒྲུབ་ཐབས་དང་བཅས་པ། འཁྲིད་ལ་སོགས་པ་འབྲས་བུ་རྡོ་རྗེ་ཐེག་པའི་སྒོ་ནས་ཆོས་སྟོན་ཅིང་། ཕྱི་དྲོའི་དུས་སུ་ལམ་རིན་〈རིམ་〉དང་། ལམ་སྦྲོན་དང་། བདེན་གཉིས་དང་། དབུ་མ་ཆེན་པོའི་མན་ངག་དང་། ཞི་བྱེད་དང་། ལས་ཁ་ཚར་ལ་སོགས་པའི་ཟབ་པ་དང་རྒྱ་ཆེ་བའི་ཆོས་ཀྱི་སྦྱིན་པ་དྲི་མ་(P. 23ན་) མེད་པས་གདུལ་བྱ་སྣོད་དང་ལྡན་པ་རྣམས་

སྨིན་ཅིང་གྲོལ་བར་མཛད། བྱང་གཞོན་པག་ཤི་དང་། རྒྱལ་བ་མཆོག་མོ་ཆེ་བ་ལ་སོགས་པ་གྲངས་ལས་འདས་པ་ལ་བསླབ་པ་གནང་། ཟླ་བ་ཕྱེད་ཕྱེད་ན་གསོ་སྦྱོང་མ་ཆག་པར་མཛད། བསྟན་པ་ལ་བྱ་བ་རྒྱ་ཆེན་པོ་མཛད་པའི་སྐྱེས་བུ་དམ་པ་འདི་ནི། ས་མོ་སྦྲུལ་ལ་འཁྲུངས་ནས། ཆུ་མོ་བྱའི་ལོ་དགུང་ལོ་དྲུག་བཅུ་རེ་ལྔ་བཞེས་པའི་ཚེ། སྒྲོག་གི་ཟླ་བའི་ཉེར་ལྔའི་ཉི་མ་ཕྱེད་ཡོལ་ཙམ་ལ། བྱང་སྟོད་ཤི་ཁར་བདེ་བར་གཤེགས་སོ། །འདི་ཉིད་ཀྱི་རྣམ་པར་ཐར་པ་རྒྱས་པར་མི་རྒྱལ་བ་རིན་ཆེན་གངས་པ། བྱང་གཞོན་པག་ཤི། རྒྱལ་ཐང་དཔལ་རིན་ལ་སོགས་པས་མཛད་པ་རྣམས་སུ་བལྟ་བར་བྱ་འོ། །

དེའི་གདན་ས་པ་**རིན་པོ་ཆེ་གངས་པས**་མཛད་དེ། ཡབ་སྟགས་རྙིང་མ་པའི་གྲུབ་ཐོབ་ཆེན་པོ་སློབ་དཔོན་ཆོས་ཀྱི་གྲུབ་པ་ལ་སྲས་ལྔ་བྱུང་བ་ནི། སློབ་དཔོན་རིན་ཆེན་མགོན། རིན་ཆེན་གངས་པ། འཇམ་དཔལ་གསང་ལྡན། རིན་ཆེན་དཔལ། བྱམས་པ་དཔལ་རྣམས་སོ། །སྲས་གོང་མ་བཞིའི་ཡུམ། བྲག་དམར་པའི་བྱ་མོ་སྒྲུག་མོ་མེ་ཏོག་ཡིན། བྱམས་པ་དཔལ་བའི་ཡུམ་ཉེ་མཁར་བའི་སྲུམ〈སྲུ〉མོ་གཅིག་ཡིན། དེ་ལ་རིན་པོ་ཆེ་གངས་པས་ཐོག་མར་ཡོན་ཏན་ཀུན་གྱི་གཞི་ནར་[མར་]དགོངས་ཏེ། ཡབ་ཀྱིས་སློག་ཤིན་ཏུ་མཁས་ཤིང་བྱང་བ་སྒྲའི་བསྟན་བཅོས་དང་བཅས་པ་རྣམས་བསླབས། ཡི་གེ་ཡང་མཁན་པོ་གོང་མའི་དྲུང་དུ་འདྲིན་ཙམ་ཞུས་ཤིང་། ཡི་གེའི་བསྟན་བཅོས་བརྡ་དག་མན་ངག་སྒྲ་མོ་དང་བཅས་པ་མཁས་པར་མཁྱེན་ཅིང་། ཐུགས་སུ་ཆུད་པར་མཛད། སྦྱོར་དང་པོའི་འདྲི་སློག་ནས་གཟུང་〈བཟུང་〉སྟེ། ཤེས་བྱའི་གནས་མཐའ་དག་ལ་ཕྱོགས་ཙམ་དང་། བརྡ་བསྟན་པ་ཙམ་གྱིས་རྩོལ་མེད་དུ་མཁྱེན་ཏེ། སྔར་གྱི་དྲན་པ་གསོ་བ་ཙམ་ཡིན་པའི་ཕྱིར་རོ། །དང་པོར། རང་

གི་ཡབ་ལ་〈ལས་〉ཡང་དག་དང་། ཕུར་པའི་དབང་ཐོབ། གཞན་ཡང་།
སྡིགས་སྡེ་འགྱུར་དང་། ཕྱི་འགྱུར་གྱི་གདམས་བསྐོར་མཐའ་དག་དང་། མན་
ངག་ཀུང་མང་དུ་གསན་ནོ། །མཁན་པོ་རིན་པོ་ཆེ་ཟང་ཟང་པའི་དྲུང་དུ། ལམ་
རིམ། སྐྱེས་རབས། འབྲི་ཁུང་པའི་ཟབ་ཆོས་རྣམས་ལ་སོགས་པ་ཆོས་བཞན་
〈གཞན་〉མང་པོ་གསན། དེ་ནས་ཞང་སྟོད་སྐྱིགས་གནས་རྙིང་དུ་ཕྱིན།
(P. 23བ་) དགུང་ལོ་དགུ་བཞེས་པའི་ཚེ། མཁན་པོ་བྱང་ཆུབ་ཀྱི་སེམས་
བདག་གཞན་བརྗེ་བར་ནུས་པ་ཉེས་ལྟུང་གི་དྲི་མས་ཚུང་ཟད་ཀྱང་མ་གོས་པ་
གནས་བརྟན་འདུལ་བ་འཛིན་པ་ཆེན་པོ་ཆོས་ཀྱི་རིན་ཆེན་པའི་དྲུང་དུ་རབ་ཏུ་
ཕྱིན། མཚན་ཤཱཀྱ་བཤེས་གཉེན་དུ་བཏགས་སོ། །དེ་ནས་ཤཱཀྱ་བཤེས་གཉེན་
གྱིས། མཁན་པོ་རིན་པོ་ཆེ་མཁས་པ་ཆེན་པོ་བུ་སྟོན་སེང་གེ་འོད། མཁན་པོ་
རིན་པོ་ཆེ་དབང་ཕྱུག་རིན་ཆེན་གྱི་ཉེ་གནས། རྗེ་བཙུན་མ་སྒྲོལ་མ་དང་། ཡེ་
ཤེས་མགོན་པོ་ཕྱག་དྲུག་པ་ལ་གྲུབ་པ་བརྙེས་པ་སློབ་དཔོན་དམ་པ་དཀོན་གཉེར།
རིན་པོ་ཆེ་སེ་འཕྲང་པ། རིན་པོ་ཆེ་གསེར་སྡིངས་པ། ཆོས་རྗེ་ཐར་གླིང་པ་
རྣམས་ལ་〈ལས་〉སྡེ་སྣོད། རྒྱུད་སྡེ། འཁྲིད་གདམས་པ། མན་ངག་ཕྲ་མོ་
དང་བཅས་པ། བླ་མ་རྣམས་ཀྱིས་ཇི་ལྟར་གནང་བ་རྣམས་མ་ལུས་པར་གསན་
ནོ། །

དེ་ནས་དགུང་ལོ་ཉི་ཤུ་བཞེས་པ་དང་། ཚོགས་སྡེ་མའི་མཁན་པོ་མཚན་
ཉིད་དང་ལྡན་པ་ཆོས་ཀྱི་རིན་ཆེན་པ་དང་། སློབ་དཔོན་རས་ཆེན་ཆོས་ཀྱི་རྒྱལ་
མཚན་པ་གསང་སྟེ་སྟོན་པ། བྱེ་ཁུང་〈ཁུད་〉པའི་གདན་ས་པས་ལས་སློབ་
མཛད་དེ། མཚན་ཉིད་དང་ལྡན་པའི་དགེ་འདུན་གྲངས་ཚང་བའི་དབུས་སུ་
བསྙེན་པར་རྫོགས་པ་མཛད་ཅིང་། ལུང་དང་རིག་པའི་སྒོ་ནས་ཐོས་བསམ་

མཐར་ཕྱིན་པར་མཛད་དེ། སངས་རྒྱས་ཀྱི་བསྟན་པ་རིན་པོ་ཆེ་ཆེས་ཆེར་གསལ་བར་མཛད་དོ། །མང་དུ་ཐོས་པ་ནགས་ཀྱི་ནང་དག་ཏུ། །ལང་ཚོ་ཡོལ་བ་རྣམས་ཀྱི་གནས་པ་བདེ། །ཞེས་གསུངས་པ་ལྟར། བཀའ་དང་བསྟན་བཅོས་རྣམས་ཀྱི་ཚིག་དོན་ཕྱིན་ཅི་མ་ལོག་པ་ཐུགས་སུ་ཆུད་ནས། ང་〔ད་〕ནི་རྩེ་གཅིག་ཏུ་སྒྲུབ་པ་བྱ་དགོངས་ཏེ། དུས་ངན་སྙིགས་པོ་འདི་དག་སྐྱབས་དཀའ་ཞིང་། །གལ་ཏེ་ཕན་པ་བསྒྲུབས་ཀྱང་འགྲུ〈མགུ་〉དཀའ་མོད། །དེ་བས་རྩེ་གཅིག་སྒྲུབ་པ་སྙིང་པོར་ལེན། །མཚན་ལྡན་བླ་མ་གུས་བསྟེན་དཀའ་སྤྱད་བྱ། །ཞེས་གསུང་ནས། འགྲོ་བའི་མགོན་པོ་ཐར་གླིང་པའི་དྲུང་དུ། ལྡན་ཅིག་སྐྱེས་སྦྱོར་སོགས་འཁྲིད་བཀའ་མང་དུ་ཞུས་ཤིང་། སྒྲོས་བྲལ་ཆེན་པོའི་རྣལ་འབྱོར་པ་གདམས་ངག་ལ་རང་དབང་ཐོབ་པར་བཞུགས་ཀྱང་། ཆོས་རྗེ་རྐོང་ཚང་པ་དེ། དེ་དུས་ན་ཉེ་འོག་གི་རྒྱལ་ཁམས་ན་སྒྲུབ་ཚུགས་(P. 24ན་)བཟང་ཞིང་རྟོགས་པ་མཐོ་བར་གྲགས་པས། འགྲོ་བའི་མགོན་པོ་ཐར་གླིང་པའི་ཞལ་ནས། རྗེ་རྐོང་ཚང་པའི་དྲུང་དུ་གཏོད་〔གཏོང་〕བས་འགྲོ་གྲུབས་ཀྱིས་གསུང་བ་ལ། ཉིད་ཀྱི་ཐུགས་དགོངས་ལ། མཚན་ཉིད་ཀྱི་ཆོས་ནི་མང་དུ་གནས་རྙིང་དུ་ཐོབ། གདམས་ངག་རྣམས་ནི་དྲུང་དུ་ཞུ་〈ཞུས་〉། འགྲོ་རྒྱུ་མེད་དགོངས་ཀྱང་། མི་འགྲོ་ཞུ་ཡང་མ་ནུས་པར་རྐོང་ཚང་པའི་དྲུང་དུ་ཕྱིན། མཇལ་མ་ཐག་ལ་བྱིན་རླབས་ཀྱི་ཤུགས་ཀྱིས་སྣང་བ་བན་བུན་ལ་སོང་སྟེ། འཇིག་རྟེན་ཆོས་བརྒྱད་ཀྱི་རྟོག་པ་ཕྲ་རགས་ཐམས་ཅད་ནུབ་ནས། ཆོས་ཐམས་ཅད་སྒྱུ་མ་ལྟ་བུར་མངོན་སུམ་དུ་གཟིགས། དེའི་ཚེ་ཆོས་རྗེ་རྐོང་ཚང་པ་སྐུ་མཚམས་ཤིན་ཏུ་དམ་པ་ལ་བཞུགས་པས། མི་ཆེན་རྣམས་ལ་ཡང་མཇལ་ས་མེད། སུ་ལ་ཡང་མཇལ་ཁ་མེད་པའི་སྐབས་ཡིན་ཀྱང་། ཆོས་རྗེ་ཉིད་ལ་སྤྲོད་མཇལ་ཡང་ཡང་གནང་ཞིང་།

འཁྲིད་ཆེན་བརྒྱད་ལ་སོགས་པ་ཆོས་ཐམས་ཅད་རྫོགས་པར་གནང་། རྗེ་རྐོང་ཚང་པ་ལ་མོས་གུས་ཆུད། བྱིན་རླབས་ཞུགས་པ་ཙམ་གྱིས། ཆོས་རྗེ་རས་ཆེན་ཐར་པ་གླིང་པ་ཉིད་ལ་སངས་རྒྱས་དངོས་ཀྱི་འདུ་ཤེས་བྱུང་གསུང་བར་གདའ། དེའི་ཚེ་རྡོ་རྗེ་གླིང་དུ། ཆོས་ཀྱི་རྗེ་རས་ཆེན་པའི་རྣམ་ཐར་གཅིག་ཀྱང་མཛད། དེ་ནས་ཧ་སྣོའི་གངས་ལ་བྱོན། དཀའ་ཐུབ་མཛད་ཅིང་སྒྲུབ་པ་རྩེ་གཅིག་ཏུ་མཛད། བྱང་ཆུབ་ཀྱི་ཐུགས་འཁྲུངས་ནས་རྐོང་གཡག་དང་། རི་དྭགས་ཀུན་ཀྱང་འཁྲིས་ནས་རྐོང་གཡག་དང་རི་དྭགས་ཀྱི་ཁྱུ་ཆེན་པོའི་གསེབ་ཏུ་བྱོན་ནས་གཟིགས་མོ་མཛད། གནམ་དོ་ལ་ཡང་བྱོན། སྒོམ་བཟང་དུ་རི་བ་སུས་སྣད་ཀྱང་སྐྱོ་འགྲོ་བའི་སྐྱོན་པ་ཕུག་ཏུ་ཞུགས། ཏིང་ངེ་འཛིན་སྐྱེ་བའི་གནས་སུ་བྱིན་གྱིས་བརླབས། ཇོ་མོ་ནགས་རྒྱལ་ལྷ་ཆུར་བཞུགས་ནས་ཆུ་འཐུང་མཛད་པས་དབུ་སྐྲ་རྣམས་བྱི། སྒྲུབ་པ་ཕོ་ན་ལ་རྩེ་གཅིག་ཏུ་བཞུགས་པས། ཡོན་ཏན་གྱི་རྩལ་ཐམས་ཅད་རྫོགས། ཐུགས་ཤེས་ཟད་ཐལ་དུ་མངའ། ཡི་དམ་ལྷའི་ཞལ་གཟིགས། ཆོས་སྐྱོང་བཀའ་ཇི་ལྟར་བསྒོ་བ་བཞིན་ཕྲིན་ལས་སྒྲུབ། རྗེ་རྐོང་ཚང་པའི་བུ་ཆེན་རྣམས་ཀྱི་མཆོག་ཏུ་གསུངས། གནས་རི་ཁྲོད་དེ་རྣམས་སུ་བཞུགས་པའི་ཚེ། རྗེ་ཉིད་ཀྱི་ཞལ་ནས། གངས་དཀར་ཤེལ་གྱི་ཆོང་〈ཅོད་〉པན་ཅན། །མདུན་ན་གཡུ་མཚོ་གསལ་ནས་འདིར། །བདག་མཆིས་ཀྱི་རྣལ་འབྱོར་གངས་(P. 24བ་)པ་བདག །བསྐྱེད་རྫོགས་གཉིས་ཀྱི་འོད་ཟེར་འཁྲོ། །སྣང་སྲིད་ཆོས་སྐུ་ཆེན་པོའི་ངང་། །བྱར་མེད་ལྷུན་གྱིས་གྲུབ་པའི་གཟུགས། །གསང་བ་གཡོ་འབྱུལ་ཐལ་ནས་ཐལ། །ཞེས་སོགས་ཀྱི་མགུར་མ་མང་དུ་གསུངས་སོ། །

དེ་ནས་ཆོས་ཕྱིངས་སུ་བྱོན་དུས། རིན་པོ་ཆེ་སྐུ་བགྲེས། བླ་མ་འཕགས་

པ་རྒྱ་ཡུལ་ནས། ས་སྐྱར་ཕེབས་པའི་བསུ་བ་ལ་བྱོན་པར་ཞུ་ཟེར་བ་ལ་བརྟེན་ནས། འདམ་ཐུག་བསུ་བ་ལ་བྱོན། དེར་ཁ་བ་ཆེན་པོ་བབས། སྤྱི་དྲོ་གཞན་ཐམས་ཅད་ཀྱི་ཇ་ཐེར་ལ་ཁ་བ་ཆེན་པོ་ཆགས་འདུག ཆོས་རྗེ་པ་བཞུགས་པའི་ཇ་ཐེར་དང་ཐོ་ཕྱི་ལ་ཁ་བ་མ་ཆགས་པ་དང་། ཆོས་རྒྱལ་འཕགས་པ་དང་ཆོས་ཀྱི་གསུང་གླེང་མཛད་པས་ཤིན་ཏུ་མཉེས་ཏེ། གངས་པ་དེ་སྨོམ་ཆེན་པ་ཤེས་རྒྱ་དང་མེད་པ་གཅིག་ཡིན་བསམ་པ་ལ། ངེད་པས་ཀྱང་ཁོང་ཆོས་རྒྱུས་ཞིབ་པར་སྣང་གསུང་སྐད། དེའི་དུས་སུ་དབུས་གཙང་གི་དགེ་བའི་བཤེས་བསྙེན་ཐམས་ཅད་ཀྱི་ནང་ནས། ཆོས་རྗེ་རིན་པོ་ཆེ་ཉིད་དང་། དབུས་ཀྱི་འབྲོའུ་རིན་པོ་ཆེ་གཉིས་ལ་ཐུགས་མཐོང་ཆེ་ཞིང་མཉེས་པར་བྱུང་སྐད་དོ། །དེའི་ཚེ། འཇིག་རྟེན་ཆོས་བརྒྱད་ཀྱི་རྟོག་པས་བཅིངས་པ་རྣམས་ལ། ཐུགས་རྗེ་ཚད་མེད་པ་འབྲུངས་ཏེ། ཤེས་བྱའི་ནམ་མཁའ་ཡངས་པ་ལ། །སྣང་སྲིད་སྒྱུ་མའི་སྣོད་བཅུད་གསལ། །སྲིད་པ་ན་བུན་གྱི་མཐོ་དམན་ལ། །ཆོས་བརྒྱད་མི་ཆེན་གྱི་རྒྱལ་ཁ་འགྲན། །སྙན་གྲགས་འཇའ་འོད་ཀྱི་རང་བཞིན་ལ། །རང་འདོད་ཁྱི་རྐན་མཐོ་ལ་རྟོག །སྐུ་གསུམ་རོ་གཅིག་རྣལ་འབྱོར་ཀྱང་། །བསམ་བརྗོད་བྲལ་བའི་དོན་ལ་རྟོག །ཞེས་སོགས་མང་དུ་གསུངས་སོ། །དེ་ནས། འགྲོ་མགོན་རས་ཆེན་གྱི་དྲུང་དུ་བྱོན། དེ་ནས་ཡང་རྟར་〈རྟ་〉སྒོའི་གངས་ལ་བྱོན་དུས། གཞི་བདག་གཉན་སྦྱིན་རྟར་〈རྟ་〉སྒོ་ཞེས་བྱ་བ་དེས། ལྷ་རྫས་ཀྱི་རིན་པོ་ཆེའི་སྣོད་དུ་ཟས་སྣ་ཚོགས་པས་བཀང་ནས་བཟའ་བ་དྲངས་པ་སོགས་ངོ་མཚར་ཅན་མང་དུ་གདའ་སྟེ། ཡི་གེ་མངས་པའི་འཇིགས་པས་འདིར་མ་བྲིས་སོ།

དེའི་ཚེ་ཡོན་བདག་མོ་ལྷ་གྲགས་པ་ཞེས་བྱ་བས་ཆོས་ཀྱི་འཁོར་ལོ་བསྐོར་བའི་ཞུ་བ་ཡང་ཡང་ཕུལ་བས་གནང་སྟེ། ཡོན་བདག་གིས་རྟ་བལ་〔རྟ་བ་ལ་〕

ཟླ་ཁས་བླངས་ནས། ལུག་ཏུ་ཕུག་དུ་སྤྱན་དྲངས། བྱང་མི་མེད་ཀྱི་ས་ཆ་ཡིན་ཀྱང་། དགེ་འདུན་ཉིས་བརྒྱ་ལྷག་ཙམ་རེ་དང་། སྐྱེ་བོའི་ཚོགས་བསམ་གྱིས་མི་(P. 25ན་) ཁྱབ་པ་འདུས། དེ་རྣམས་ལ་ཟབ་པ་དང་རྒྱ་ཆེ་བའི་ཆོས་ཀྱི་སྦྱིན་པས་ཚིམས་པར་མཛད་ཅིང་། ཡོན་ཆེན་གྱིས། རིན་པོ་ཆེ་གསེར་གྱི་སླིགས་བམ་ཊོ་མཚར་བ་གཅིག་དང་། རྟ་བཟང་པོ་གཅིག་གིས་མགོ་བྱས་པའི་ཟང་ཟིང་གིས་སྣ་དྲངས་སྟོང་ཕྲག་གཅིག་ལྷག་པ་ཕུལ། དེ་ནས་བཟུང་སྟེ་ཡོན་བདག་དེ་ཡང་མི་ཕྱེད་པའི་དད་པ་བརྟན་པོ་ཐོབ་སྟེ། རྒྱས་འབྲིང་བསྡུས་གསུམ་གསེར་གྱིས་བྲིས། དེ་ཡང་ཆོས་རྗེ་ཉིད་ཀྱི་དྲུང་དུ་ཕུལ། གཞན་ཡང་ཟང་ཟིང་གི་འབུལ་བ་ཆེན་པོ་ལན་མང་པོའི་བར་དུ་བསམ་གྱིས་མི་ཁྱབ་པ་བྱས།

དེའི་ཚེ། ཡུལ་ལ་སྟོད་ཀྱི་ཕྱོགས་ན་མཆོག་གི་དངོས་གྲུབ་བརྙེས་པའི་སྐྱེས་བུ་ཆེན་པོ་གཅིག་བཞུགས་སོ་ཞེས་ཕྱོགས་ཐམས་ཅད་དུ་སྙན་པས་ཁྱབ་པར་གྱུར་ཅིང་། དབུས་གཙང་གི་དགེ་བའི་བཤེས་གཉེན་མཁས་བཙུན་དམ་པ་རྣམས་ཀྱིས་ཐོག་དྲངས། གདུལ་བྱའི་ཚོགས་གྲངས་ལས་འདས་པ་འདུས། དེའི་ཚེ་མགུར་མ་ཡང་འགའ་གསུངས་ཏེ། གཅིག་ཕུར་དབེན་པ་བརྟེན་པ་ཡིས། །ཀུན་གྱིས་སྐྱབས་སུ་འགྱུར་བར་གདའ། །ཅེས་པ་དང་། སྐྱེ་མེད་ནང་〔ངང་〕ལས་མ་གཡོས་ཀྱང་། །སྣང་སྲིད་དབང་དུ་སྡུད་པ་ཡིན། །ཞེས་སོགས་དང་། ཉིན་པར་མི་ཡི་ཚོགས་རྣམས་འདུ། །མཚན་མོ་མི་མ་ཡིན་རྣམས་འདུ། །ནང་ནུབ་ཟས་ནོར་སྦྱིན་བཞིན་འདུ། །ཞེས་སོགས་མང་དུ་གསུངས། དེའི་དུས་ན། སོངས་སྤྱོད་བསམ་གྱིས་མི་ཁྱབ་པ་འདི་དང་འདི་ཞེས་བརྗོ་ཡིས་མི་ལང་བ་བྱུང་ཚད་བཞེས་ནས། འགྲོ་བའི་མགོན་པོ་ཐར་གླིང་པའི་དྲུང་དུ་ཐམས་ཅད་ཕུལ་ནས། སྐྱེས་བུ་ཆེན་པོ་དེ་ནི། རྒྱལ་པོ་བྱམས་པའི་སྟོབས་སམ།

རྒྱལ་པོ་ཐམས་ཅད་སྒྲོལ་གྱི་རྣམ་པར་ཐར་པ་ལྟར། བཙོག་པ་ཐམས་ཅད་ལ་མ་ཆགས་པར་གཏོང་བའི་སེམས་དཔའ་ཆེན་པོ་ཞིག་ཡིན་པས་དཔོང་〔སྤྱང་〕དག་རྒྱ་ཆེན་པོ་མཛད་དོ། །དེ་ནས་རིང་པོ་མ་ལོན་པར། འགྲོ་བའི་མགོན་པོ་ཐར་གླིང་པ་དེ། དགོངས་པ་ཡོངས་སུ་མྱ་ངན་ལས་འདའ་བར་བཞེད་དེ། བུ་སློབ་རྣམས་ལ་ད་ང་མི་སྡོད་ཏེ། བབས〔ང་བས〕ལྷག་པའི་གངས་པ་ཡོད། ཁྱེད་ཚོ་འཚོངས་པ་ཡིན་ནོ་གསུང་། དགོངས་པ་མྱ་ངན་ལས་འདས་པའི་རྗེས་སུ། ཐར་གླིང་དུ་བྱང་ཆུབ་(P. 25བ་)ཆེན་པོའི་གསེར་འབུམ་ཆེན་པོ་གཅིག་བཞེངས། བྲག་ཆུང་དུ་མཆོད་རྟེན་ཆེན་པོ་གཅིག་བཞེངས། ཆོས་སྡིངས་སུ་གཙུག་ལག་ཁང་ཆེན་པོ་བཞེངས། གདུལ་བྱ་རྣམས་ཀྱི་དོན་རྒྱ་ཆེན་པོ་མཛད་དེ། དེ་ནས་རིང་ཞིག་ནས་ཉང་སྟོད་དུ་བྱོན། ལྷ་དོ་དང་ཕུར་སྡིངས་སུ་འགྲོ་དོན་རྒྱ་ཆེན་པོ་མཛད། ལྷ་དོར་གཟིམ་ཁང་གོང་མ་བཙིགས། ཚོགས་པ་བརྒྱད་བརྒྱ་ལྷག་ཙམ་བྱུང་། གདན་ས་ཆེན་པོ་དཔལ་སྣར་ཐང་དང་། ཁྲོ་ཕུ་དང་། ཐར་པ་རྣམས་ནས་དགེ་བའི་བཤེས་གཉེན་མཁས་བཙུན་མང་པོ་བྱོན། དེ་རྣམས་ཀྱིས་ཐོག་དྲངས། འཁྲིད་ཞུ་གསར་པ་བརྒྱ་བརྒྱད་ཙུ་ཙམ་རེ་བྱུང་། དེའི་ཚེ་རྒྱལ་བ་རྒོད་ཚང་པའི་སློབ་མ། དཔོན་སྒོམ་བྱ་བ་སྒོམ་ཆེན་པ་བཟང་པོ་གཅིག་ན་རེ། རིན་པོ་ཆེ་པ་འདི་ཕྲིན་ལས་དུས་ལ་བབ་པའི་རྟགས་གཅིག་འདུག ཡུལ་ཁྲོད་ཀྱི་འཕོང་ར། ཞིང་པའི་ལས་ཐོག རྒྱ་ལམ་གྱི་འགྲུལ་པ། བྱིས་པ་རྡོ་སྐོར་ས་ན་ཡང་། རྒྱལ་བ་རིན་ཆེན་གངས་པ་ལ་གསོལ་བ་འདེབས་སོ་ཟེར་བ་དིང་ངེ་བ་གཅིག་རྒྱུན་ཆད་མི་འདུག་ཟེར་སྐད།

ཡང་དེ་དུས་ན། རྒྱལ་པོ་ཁྲི་སྲོང་ལྡེ་བཙན་གྱི་ནང་སྐོར་བ། གཙང་རབ་གསལ་གྱི་བརྒྱུད་པ་ལ་སྟོད་བྱང་ཙུང་པ་མཁར་སྟེངས་པ་མཆོ་མོ་ཡེ་ཤེས་བྱ་བའི་

བདག་པོ། ཡབ་མཁན་པོ་དཔལ་མགོན་སྐྱོང་བ་ཞེས་བྱ་བའི་སྲས་པོ་དགུང་ལོ་བཅུ་གཉིས་པ་ལ། འགྲོ་མགོན་ཐར་གླིང་པའི་དྲུང་དུ་རབ་ཏུ་བྱུང་བ་མཛད། རྒྱལ་བ་རིན་ཆེན་གངས་པ་ཉིད་ཀྱི་དྲུང་དུ་བསྙེན་རྫོགས་མཛད་ཅིང༌། ཕྱི་ནང་གི་ཡོན་ཏན་མཐའ་དག་མངའ་བ། རྒྱལ་བ་མཆོ་མོ་ཆེ་པ་ཞེས་གྲགས་པས། དབེན་པ་ཞེས་བྱ་བའི་གཙུག་ལག་ཁང་རྟེན་མཆོད་དང་བཅས་པས་གཙོ་བྱས། གཡས་རུ་བྱང་གི་དགོན་པ་གཅིག་ལ་དགའ་བར་བྱེད་པ། ས་རི་ས་སྐོར་དང་བཅས་པ། ནང་གི་ཐབ་ཚ། གདན་ཆ་ཚུན་ཆོད་མ་ཚང་བ་མེད་པ། དགོན་པའི་མདའ་ན། བེ་ཕྲུགས་ཞེས་བྱ་བའི་ཞིང་གཞིས་བཟང་པོ། བ་སླང༌། ར་ལུག་བརྒྱ་ཕྲག་མང་པོ་རང་བཅས་པ། གཞན་ཡང་སྤུ་［སྦུ་］རུམ་ཞེས་བྱ་བའི་དགོན་པ། རྟེན་མཆོད། ཐབ་གདན། ཞིང་གཞིས་རྫུ་ཁ་རྒྱ་ཆེན་པོ་དང་བཅས་པ། མདོར་ན་ཕྱུག་ན་གང་ཡོད་ཐམས་ཅད་ཕུལ། ཆོས་འཁོར་བསྐོར་བའི་ཞུ་བ་པོ་མཛད་དེ། འདི་སྐད་ཅེས་གསོལ་ཏོ། །ཕ་རོལ་ཕྱིན་དྲུག་མཐར་ཕྱིན་བསགས་པའི་མཐུས། །བདུད་བཞི་（P. 26ན་）ལས་རྒྱལ་རྒྱལ་བའི་སྐུ་བཞི་བརྙེས། །ཆོས་ཀྱི་འཁོར་ལོས་འཁོར་བ་འཛོམས་མཛད་པའི། །ཆོས་ཟབ་ཆོས་ཀྱི་སྒོ་རྣམས་དབྱེ་བར་མཛོད། །ཅེས་གསོལ་བ་བཏབ་ནས་ཟབ་པ་དང་རྒྱ་ཆེ་བའི་ཆོས་ཀྱི་གདུལ་བྱ་རྣམས་སྨིན་གྲོལ་ལ་བཀོད་དོ། །

དེ་ནས་ལ་སྟོད་པའི་གདན་འདྲེན་རིམ་པར་བྱུང་ཞིང་ནན་ཆེས་པས། ཆོས་སྡིངས་སུ་བྱོན། དེ་ནས་ཐར་པ་གླིང་དུ་གདན་ཕེབས་པའི་ཉིན་པར་ནང་ཐམས་ཅད་འཇའ་འོད་ཀྱིས་ཁེངས་པ་བྱུང༌། འདུ་བ་རྣམ་གསུམ་རྒྱུན་མི་འཆད་པ་བྱུང་སྟེ། མཁས་བཙུན་བྱེ་ཁྲུད་པར་གྲགས་པས་གདན་དྲངས། དགོན་པ་བྱེ་ཁྲུད་ཀྱིས་ཐོག་དྲངས་བརྒྱ་འབུལ་མཛད། གཞན་ཡང་འབུལ་བ་སྟོང་ར་ཅན་

དང་། བརྒྱ་འབུལ། གསེར་གཡུ། ནས། གོ་ཁྲབ། དགོན་པ། ཞིང་གཞིས། གནག་ལུག་ལ་སོགས་བཟང་མི་ཤེས་པ་ཕྱག་ཏུ་ཕྱུང་བ་རྣམས། འདོད་ཡོན་ལ་ཞེན་པ་དང་བྲལ་བས་སོག་〈གསོག་〉འཇོག་མེ་〈མི་〉མཛད་ཅིང་། འོ་ཅག་རས་ཆེན་གྱི་བུ་བརྒྱུད་ཡིན། དེའི་རྣམ་ཐར་ལ་རྟོག་གསུང་། སྡུག་ཅིང་ཐོངས་པ་ལ་སོགས་ལ་སྙེར་བ་རྒྱུན་མི་འཆར། སྤྲོས་པའི་མཐའ་དང་བྲལ་བས། ལ་སྐབས་〔སྐང་ས་〕དང་ཆེད་གཉེར་མི་མཛད། བུ་སློབ་རྣམས་ལ་ཡང་། ངའི་ལག་ལེན་འདི་ལྟར་ལགས་པས། ཚེ་འདི་བློས་བཏང་ནས་རི་ཁྲོད་འགྲིམ་པ་དང་གཅིག སྣང་བའི་དམན་ཆ་བཟུང་ནས་ཀུན་ལ་དག་སྣང་སྦྱོང་བ་དང་གཉིས། ལས་རྒྱུ་འབྲས་ཀྱི་འདོར་ལེན་བྱེད་པ་དང་གསུམ་པོ་འདི། ངའི་རྗེས་སུ་འཇུག་པ་རྣམས་ཀྱིས་ཀྱང་ལག་ལེན་དེ་བཞིན་དུ་གྱིས་ཤིག་གསུང་ངོ་། །དེའི་ཚེ་ཆོས་རྗེའི་ཞལ་ནས། སྒོམ་པ་ཉིན་མཚན་ཁོར་ཡུག་དང་། །སྤྱོད་པ་གར་སྐྱེས་རང་གྲོལ་དང་། །ལྟ་བ་ཡོད་མེད་མཐའ་དང་བྲལ། །འབྲས་བུ་སྐུ་གསུམ་ལྷུན་གྲུབ་འདི། །གང་ས་པ་བདག་གིས་དགོངས་པ་ལགས། །ཞེས་སོགས་མགུར་འབུམ་བསམ་གྱིས་མི་ཁྱབ་པ་གཅིག་གསུངས་ཤིང་། བཀའ་བརྒྱུད་ཐམས་ཅད་ཀྱི་མན་ངག་གི་བཅུ་〈བཅུད་〉ཐམས་ཅད་ཉམས་སུ་ལོན་པས། མཐོང་ཐོས་དྲན་རེག་ཐམས་ཅད་དོན་ཡོད་པར་མཛད་པའི་འདྲེན་མཆོག་དེ་ནི། ཆུ་ཕོ་འབྲུག་ལ་སྐུ་འཁྲུངས་ནས། མེ་མོ་ཕྱེའུའི་ལོ་དགུང་ལོ་དྲུག་ཅུ་རེ་ལྔ་བཞེས་པའི་ཚེ། སྨིན་དྲུག་ཟླ་བའི་ཚེས་བཅུའི་ཉི་མ་ཕྱེད་ཡོལ་ལ། ཞབས་སྐྱིལ་ཀྲུང་ས་མཛད། ཕྱག་(P. 26བ་)མཉམ་གཞག་མཛད་ཅིང་འཁྲུལ་〈འཕྲུལ་〉འཁོར་ལེགས་པར་བཅས་ནས། ཤ་ཐོ་ལུང་སྨན་ཚུར་བདེ་བར་གཤེགས་པའི་ཚུལ་བསྟན་ནོ། །འདི་ཉིད་ཀྱིའང་རྣམ་པར་ཐར་པ་རྒྱས་པར་ནི། ཀུན་སྤངས་དཀའ་བཞི་པ་ཆེན་

པོས་མཛད་པ་ཉིད་དུ་བལྟ་བར་བྱའོ། །

བླ་མ་འཇམ་དཔལ་གསང་ལྡན་ནི། ཡབ་ལ་〈ལས་〉སྟར་ཡབ་ཀྱིས་གསན་པའི་ཆོས་ཕལ་ཆེར་གསན་ཅིང་། རྗེ་ང་འབྲིང་གི་སློབ་དཔོན་མདའ་〔མངའ་〕ཚ་ཡབ་སྲས་ལ〈ལས་〉། མདོ་སྒྱུ་འཕྲུལ། སེམས་ཕྱོགས་དབང་ལག་ལེན་དང་བཅས་པ། མ་མོ་སྲིད་པའི་རྒྱུད་ལུང་ལ་སོགས་པ་རྙིང་མའི་ཆོས་སྐོར་མང་པོ་གསན་ནོ། །རིན་པོ་ཆེ་གངས་ཆེན་པ་དང་། ཆོས་རྗེ་ཐར་གླིང་པའི་དྲུང་དུ། འཁྲིད་གདམས་ངག་ལ་སོགས་པ་དུ་མ་ཞིག་གསན་ཅིང་། ཐུགས་ཉམས་སུ་བཞེས་པའི་རྟོགས་འཆང་པ་ཆེན་པོར་བཞུགས། 〔ལྷ་སྲིན་སྡེ་བརྒྱད་བྲན་དུ་འཁོལ་ནུས་ཤིང་། གཏོར་མ་རེ་བསྔབས་པ་ཙམ་གྱིས་གདུག་པ་ཅན་གྱི་མི་ངན་པ་རྣམས་བསྒྲལ་བར་ནུས་ཀྱང་། དགྲ་ལ་སོགས་པ་འཇིགས་སྐྲག་གི་ཕྱིར་གཏོར་མ་མཐེབ་ཀྱུ་གཅིག་ཡང་མི་གཏོང་། སྟོད་ཕྱོགས་ཀྱི་རྟོགས་པ་གཅིག་ལ་རྒྱུད་བཟང་ཞིང་ཡོན་ཏན་ཆེ་བར་གྲགས།〕 དེ་ལྟ་བུའི་བླ་མ་དེ་ནི་ཆུ་ཕོ་སྤྲེའུ་ལ་སྐུ་འཁྲུངས་ནས། ལྕགས་ཕོ་སྟག་གི་ལོ་དགུང་ལོ་ལྔ་བཅུ་ང་ལྔ་པ་གདུག་གུ་ཟླ་བའི་ཚེས་བཅུ་དགུ་ལ་གནས་འོག་ཏུ་སྐུ་གཤེགས་སོ། །

མཁན་ཆེན་རིན་ཆེན་དཔལ་བ་ནི། དགུང་ལོ་དྲུག་བདུན་གྱི་དུས་ཡབ་ཀྱི་དྲུང་དུ། འདྲི་ཀློག་རྣམས་མཁས་པར་བསླབས། ཡང་དག་གི་དབང་སྒྲུབ་ཐབས་ལ་སོགས་པ་རྙིང་མའི་ཆོས་སྐོར་དུ་མ་ཞིག་གསན། དུས་འཁོར་གྱི་རྩིས་མཁས་པར་བསླབས། དགུང་ལོ་བཅུ་གཅིག་པ་ལ་བདག་གཞན་བརྗེ་བར་ནུས་པའི་སེམས་དཔའ་ཆེན་པོ་ཉེས་ལྡུང་གི་དྲི་མས་ཚུང་ཟད་ཙམ་ཡང་མ་གོས་པ་མཁན་ཆེན་ཆོས་ཀྱི་རིན་ཆེན་པ་དང་། གསེར་དང་བོང་བ་མཉམ་པ་འཛིན་ཆགས་ཀྱི་འབྲི་བ་གཏན་ནས་མི་མངའ་བའི་རབ་ཆེན་ཆོས་ཀྱི་རྒྱལ་མཚན་པ་

གཉིས་ཀྱི་བྲུང་དུ་རབ་ཏུ་ཕྱིན། ཀུན་མཁྱེན་ཟང་ཟང་པ། སློབ་དཔོན་དམ་པ་དཀོན་གཉེར། ཆག་ལོ་ཚ་བ་ཆོས་རྗེ་དཔལ། ཇོ་གདན་འུག་པ་ལུང་པ། རང་གི་ཡབ་ཆོས་ཀྱི་གྲུབ་པ། མཁན་ཆེན་པ་སྐྱུ་མཆེད། མཁས་པ་བུ་སྟོན། སློབ་དཔོན་ཉི་མ་བརྩོན་འགྲུས། སློབ་དཔོན་གྲགས་པ་རྒྱལ་མཚན། རྒྱལ་བ་རྗོད་ཚང་པ། འགྲོ་(P. 27ན་)མགོན་འཕགས་པ། སློབ་དཔོན་གཉག་སླིང་པོ་རྒྱལ་མཚན། རིན་པོ་ཆེ་གསེར་སྡིངས་པ། རིན་པོ་ཆེ་སེར་འཕྲེང་པ། གུ་རུ་ཡེ་ཤེས་ཁྱུང་〔ཁྱུང་〕གྲགས། སློབ་དཔོན་མ་ཧཱ་མ། དེ་ལྟར་ན། རིན་ཆེན་མཐའ་ཅན་ཆོས་ཀྱི་མཚན་ཅན་བཞི། འདུས་པའི་མཚན་ཅན་བཟང་པོའི་མཚན་ཅན་གཉིས། རྒྱལ་མཚན་མཐའ་ཅན་བླ་མ་རྣམ་གཉིས་དང་། གནས་ལ་མཚན་དུ་གྲགས་པའི་བླ་མ་ལྔ། མདོར་ན་བཅུ་དང་བདུན་བཅས་བླ་མ་ལ། མདོ་བསྟན་བཅོས། རྒྱུད་མན་ངག དབང་ཕྱག་བཞེས། འཁྲིད་གདམས་པ། མན་ངག་ཕྲ་མོ་དང་བཅས་པ་བསམ་གྱིས་མི་ཁྱབ་པ་གཅིག་གསན། མཁྱེན་པའི་ཡོན་ཏན་ནི། སུ་སྟོད་ཀྱི་ཕར་ཕྱིན། ཚད་མ་རྣམ་ངེས། འདུལ་བ་མདོ་རྩ། དབུ་མ་རིག་པའི་ཚོགས་དྲུག གསང་སྔགས་ཀྱི་ཕྱག་ལེན་མང་པོ་དང་བཅས་པ་མཁས་པར་མཁྱེན་ཅིང་། ཉམས་ལེན་གྱི་འཁྲིད་རྣམས་ལ་ཡང་རྒྱལ་དུ་ཐོན་པ་ཞིག་མཛད་དོ། །

མཁན་པོ་འདིའི་རིང་ལ། དཔལ་ལྡན་ས་སྐྱ་པ་ཡོན་མཆོད་ཀྱིས་ཁྲི་སྐོར་ལ་སོགས་པ་བཅས་པ་ཡིན་ཅིང་། ཁྲི་སྐོར་ཁང་གྲངས་ཚུང་ཟད་ནི། དབུས་གཙང་གཉིས་དང་མངའ་རིས་ལ། ལུས་ཀྱི་རྣམ་པར་བྱས་ནས་ཀྱང་། ཡན་ལག་ཁྲི་བསྐོར་བཅུ་གསུམ་གྱི། རྣམ་པར་དབྱེ་བ་བཤད་པར་བྱ། གཙང་གི་ཆར་གཏོགས་ཁྲི་བསྐོར་དྲུག །〔དབུས་ཀྱི་ཆ་ལ་ཁྲི་བསྐོར་དྲུག〕གཙང་མན་

དབུས་མན་ཁྲི་བསྐོར་གཅིག གཙང་གི་ཁྲི་བསྐོར་དྲུག་པོ་ནི། མངའ་རིས་བསྐོར་གསུམ་ཁྲི་བསྐོར་གཅིག ལྷོ་བྲང་གཉིས་ལ་ཁྲི་བསྐོར་རེ། ཚ་ཞལ་གཉིས་ལ་ཁྲི་བསྐོར་རེ། སྨྲ་པེར་ཁྲུང་གསུམ་ཁྲི་བསྐོར་གཅིག གཙང་གི་དྲུག་པོ་དེ་ལྟར་ཡིན། དབུས་ཀྱི་ཁྲི་བསྐོར་དྲུག་པོ་ནི། མཚལ་ཕག་གཉིས་ལ་ཁྲི་བསྐོར་རེ། རྒྱ་འབྲི་གཉིས་ལ་ཁྲི་བསྐོར་རེ། བྱ་យུལ་བ་དང་སྟག་ལུང་པ། ལྷ་ས་གསུམ་པོ་རྫོམས་པ་ལ། ཁྲི་བསྐོར་གཉིས་སུ་འདོད་པ་ཡིན། གཙང་མན་དབུས་མན་ཁྲི་བསྐོར་ནི། ཡར་འབྲོག་ཁྲི་བསྐོར་ཞེས་བྱ་ཡིན། ཁྲི་བསྐོར་བཅུ་གསུམ་དེ་ལྟར་འདོད། ཚ་ཕྱོགས་པ་དང་ཞལ་ཕྱོགས་པ། ལྷ་སྡེ་སྟོང་བསྐོར་བཞི་བཞི་ཡོད། ཚ་ཕྱོགས་སྟོང་བསྐོར་བཞི་པོ་ནི། ཁྲོ་བུ་བ་〔དུལ་〕དང་སྣར་ཐང་པ། བར་སྡིངས་པ་རྣམས་སྟོང་བསྐོར་རེ། དཔལ་སྡིངས་གྲང་ཕུ་ལུང་པ་གཉིས། གཅིག་ཏུ་རྫོམས་པས་སྟོང་བསྐོར་གཅིག ཞལ་ཕྱོགས་སྟོང་བསྐོར་གཞི་〈བཞི་〉པོ་ནི། ཐར་པ་བ་དང་གནས་རྙིང་པ། དགའ་བ་གདོང་དང་བ་ཕྲུར་བ། སྟོང་བསྐོར་རེ་རེར་འདོད་པ་ཡིན།

དེའི་ཚེ་གནས་རྙིང་ (P. 27བ་) པའི་སྟོང་འཁོར་ཡང་བཅས་ནས། གནས་རྙིང་པ་ལ་གཏོགས་པའི་ཟུར་ཚོས་པ། སྟེང་འོག་དགོན་བུ་ལ་སོགས་རགས་པ་ཙམ་གྲངས་སུ་སྨོས་པ་ནི། དགེ་བའི་གཤེས་གཉེན་ཀུན་སོགས་པ། རྒྱ་སྟོན་པ། ཟླ་བ། སྟོན་ཤག ཟླ་གྲགས་ཀྱི་དཔོན་པོ། བྱམས་པ། ཡེ་ཤེས་དཔལ། རིན་འོད། སྟོན་ནམ། ཚོས་གྲུབ། ཤེར་འབུམ་རྣམས་དང་། གཞན་ཡང་། མོན་ཏན་པ། སེར་འཕྲེང་པ། ལ་དྲུག་པ། བྱང་མོ་ཁུད་པ། དྲུག་མ་བ། ལྷ་ཁང་པ། མཁར་ར་ལུང་པ། གྲགས་བཟོངས་པ། དགེ་སྡིངས་པ། དགོན་ཁྲ། འཕང་ཐང་། ཕོར་སྡིངས། སྤྱི་བསྟུས། གསེར་སྡིངས།

དགའ་ལྡན། དབེན་ཚ། གྲུབ་ཆུང་། གཡའ་དམར་ར། རྐྱང་པོ། ཆུ་བཟང་། འབྲས་མོ། ཤེང་མགུན། ཞ་ལུང་། གྲོག་ར། རྫོག་པ། ཟེ་ཐང་། འཆད་མངས། བྱངས་མང་། བྲ་ཐང་། བྱེ་མདའ། རྩིས་གནས་རྙིང་། ཉན་ཚོ། སྣག་ལུང་། ལྷ་དོ་ལ་སོགས་པ་རྣམས་དང་། ལ་སྟོད་བྱང་ན་བྲག་ཆུང་། ཆོས་སྡིངས། ཟྭ་ལུང་། སྤྱ་དམར། རྫོང་བུ། རྒྱལ་ཐང་། བྱེ་ཁུད། ཧ་མཁར། ཛ་ཛ། འཕེང་ཆུང་། གྱུ་མོ། སླང་རི། དམིག་མངས། ཞ་རི། ཤཀ། སྤེ་ར། ཡུལ་ལུ་ཆུང་། དབེན་ས། ཐར་གླིང་པ་སྙོམ་ཏུ་ལ་སོགས་པ་རྣམས་སོ། །

མཁན་པོ་པ་ཉིད་ཀྱིས་ཀྱང་། དགུང་ལོ་ཉི་ཤུ་རྩ་གཅིག་པ་ལ་ཚོགས་སྤྱི་མའི་མཁན་པོ་ཆོས་ཀྱི་རིན་ཆེན་པས་མཁན་པོ་མཛད། སློབ་དཔོན་ཉི་མ་བརྩོན་འགྲུས་ཀྱིས་ལས་སློབ་མཛད། སློབ་དཔོན་གྲགས་པ་རྒྱལ་མཚན་གྱིས་གསང་སྟོན་མཛད་དེ། དད་པའི་དགེ་སློང་སོགས་མཁན་སློབ་གྲངས་ཚང་བའི་དབུས་སུ་བསྙེན་པར་རྫོགས་པ་མཛད་ཅིང་། སྡོམ་པ་གསུམ་དང་ལྡན་པས་གནས་རྙིང་གི་གདན་ས་ལོ་ཉི་ཤུ་ལྔག་པ་གཅིག་མཛད། གནས་རྙིང་གི་ལུགས་རི་མཚོད་རྟེན་བརྒྱ་ཕྲག་མང་པོས་བསྐོར་བའི་ལྷུགས་རི་བཞེངས། ཚོགས་པ་ཐམས་ཅད་ཐོས་བསམ་སྒོམ་གསུམ་གྱི་སྲོལ་དུ་བཙུག དུས་ངན་པའི་འཁོར་གྱི་ལོག་སྒྲུབ་ལ་སོགས་པ་རྣམས་བཅེ་བ་ཆེན་པོས་ཟེལ་གྱིས་མནན་ནས། གང་ཟག་ལེ་ལོ་ཅན་བསླབ་པ་ནི་འདོད་པ་རྣམས་བསླབ་པ་ལ་གནས་པར་བྱ་བའི་ཕྱིར། དགེ་འདུན་གྱི་ཁྲིམས་སུ་བཅའ་བ་ཆོས་དང་འཐུན་〈མཐུན་〉པའི་བཅའ་བ་དམ་པོ་མཛད། སྔན་པའི་གྲགས་པས་ས་སྟེངས་ཁྱབ། དཔོན་ཆེན་ཀུན་དགའ་བཟང་པོའི་རྩ་བའི་བླ་མ་ཡིན། སློབ་འཁོར་ཡོན་བདག་དད་པ་ཅན་རྣམས་(P. 28ན་)ཀྱིས་ཡུམ་རྒྱས་པ་ཉི་ཤུ་རྩ་དྲུག་ཙམ། ཡུམ་བར་པ་ཉི་ཤུ་ཙམ། བརྒྱད་སྟོང་པ་

དྲུག་ཅུ་ཙམ། དཀོན་མཆོག་རྩེགས་པ་ལ་སོགས་པ་ཆེ་བོད་〈པོད་〉སྟོང་ཕྲག་གཉིས་ལྷག་པ་གཅིག་བྱུང་། འགྲོ་བའི་མགོན་པོ་ཐར་གླིང་པའི་དྲུང་དུ། བུ་རམ་ལྟང་ཚེ་བརྒྱ་ཐམ་པ་ཕུལ། དེ་ལ་སོགས་པ་ཕྱག་རྫས་ཀྱི་དངོས་པོ་ཕུལ་རྒྱུ་བྱུང་བ་རྣམས་ལ་ཆགས་པ་མེད་ཅིང་། གཏོང་བ་ལ་དགེས་པའི་ཚུལ་ཅན་དུ་བཞུགས། རྣལ་ལམ་དུ་ཡེ་ཤེས་མགོན་པོའི་ཞལ་གཟིགས་ཤིང་། ཆོས་སྐྱོང་དང་སྐུ་གྲིབ་མ་ལྟར་འགྲོགས་པས། བཀའ་ཇི་ལྟར་བསྒོ་བ་བཞིན་ཕྲིན་ལས་རྣམས་བསྒྲུབས་པས། ཉང་སྟོད་ཀྱི་ཕྱོགས་སུ་སངས་རྒྱས་ཀྱི་བསྟན་པ་དར་བར་མཛད་དོ། །སྐུ་འདའ་ཀར་〈ཁར་〉། གནས་རྙིང་པ་སྙེད་པ་ཉེག་〈ཉག་〉དུས་སུང་རང་ཡོང་གསུང་། མ་འོངས་པ་མཁྱེན་པའི་བླ་མ་དེ་ནི། ལྕགས་མོ་སྦྲུལ་ལ་སྐུ་འཁྲུངས་ནས། ས་ཕོ་ཡོས་བུའི་ལོ་དགུང་ལོ་བཞི་བཅུ་ཞེ་བདུན་བཞེས་པའི་ཚེ། སྨིན་དྲུག་ཟླ་བའི་ཉི་ཤུ་བདུན་ལ་ས་སྐྱུར་སྐུ་གཤེགས་སོ། །ཕྱིར་གནས་རྙིང་ལ་གདན་དྲངས་པའི་རྗེས་ལ་དཀར་གཞའ་ནར་མར་བྱུང་ཅིང་། གདུང་ཁང་ཞལ་ཕྱེ་བའི་ཉིན་པར་ནམ་མཁའ་ཐམས་ཅད་འོད་ཁ་དོག་སྣ་ཚོགས་པས་གང་བ་དང་། ལོ་དུས་ཀྱི་དུས་མཆོད་དུས་དཀར་གཞའ་འོང་བ་སྐྱེ་བོ་ཐམས་ཅད་མཐུན་སྣང་དུ་གྲུབ་པའོ། །དུས་མཆོད་ནི་སྟོན་མཆོད་དུ་གྲགས་པ་དེ་ཡིན་ཅིང་། རྒྱས་པར་ནི་ཡེ་ཤེས་སེང་གེས་མཛད་པ་སོགས་རྣམ་ཐར་གཞན་དུ་བལྟ་བར་བྱའོ། །

བདག་ཉིད་ཆེན་པོ་བྱམས་པ་དཔལ་བ་ནི། མཁན་ཆེན་ཆོས་ཀྱི་རིན་ཆེན་པའི་དྲུང་དུ་རབ་བྱུང་མཛད། ཕར་ཕྱིན་དང་། ཚད་མ་མཁས་པར་མཁྱེན། གནས་རྙིང་དུ་ཕར་ཚད་ཀྱི་གྲྭ་ས་བཙུགས། གྲྭ་པ་དཔེ་འགྲེམས་བརྒྱ་སྐོར་རེ་འདུས། མཁས་པ། བཙུན་པ། བྱང་ཆུབ་ཀྱི་ཐུགས་འཁྱོངས་པ་ལགས

སོ། །བླ་མ་དེ་ནི་ས་ཕོ་ཁྱི་ལ་འཁྲུངས་ནས། ཤིང་ཕོ་ཁྱིའི་ལོ་དགུང་ལོ་སུམ་ཅུ་སོ་བདུན་བཞེས་པའི་ཚེ། གདུག་གུའི་ཟླ་བའི་ཉེར་ལྔ་ལ་གནས་སྙིང་དུ་ཞི་བར་གཤེགས་སོ། །

བླ་མ་འཇམ་དཔལ་གསང་ལྡན་ལ་སྲས་བདུན་བྱོན་ཏེ། ལྷ་དོ་པ་རིན་ཆེན་བཟང་པོ། རྗེ་རི་པ་ཆེན་པོ་ཡོན་ཏན་རིན་ཆེན། འདུལ་བ་འཛིན་པ་བསོད་ནམས་རིན་ཆེན། སློབ་དཔོན་རྡོ་རྗེ་དཔལ། འཇམ་དབྱངས་ཤེས་རབ་རིན་ཆེན། བྱང་སེམས་གཞོན་ནུ་རིན་ཆེན། བཀའ་བཞི (P. 28བ་) པ་རིན་ཆེན་འབྱུང་གནས་དཔལ་བཟང་པོ་རྣམས་སོ། །

མཁན་ཆེན་རིན་ཆེན་བཟང་པོ་པས། ཡབ་ཀྱི་དྲུང་དུ་ཀློག་མཁས་པར་བསླབས། ཡང་དག་དང་ཕུར་པའི་དབང་དང་། སྒྲུབ་ཐབས་ལ་སོགས་འགའ་ཞིག་གསན། རིན་པོ་ཆེ་ཐར་གླིང་པའི་དྲུང་དུ། ལམ་འབྲས་དང་། ལམ་རིམ་སོགས་གསན་ཅིང་། དགུང་ལོ་བཅུ་བཞེས་པའི་ཚེ་གནས་སྙིང་དུ་བྱོན། མཁན་པོ་རིན་ཆེན་དཔལ་བ་དང་། སློབ་དཔོན་བྱམས་པ་དཔལ་བ་གཉིས་ཀྱི་དྲུང་དུ་རབ་ཏུ་བྱུང་བ་མཛད། སློབ་དཔོན་བྱམས་པ་དཔལ་ལས་ཕར་ཕྱིན་གསན་ནས་མཁས་པར་མཁྱེན། གཞན་ཡང་བླ་མ་ལྷ་སྒང་པ། རིན་པོ་ཆེ་སེར་འཕྲེང་པ། རིན་པོ་ཆེ་གསེར་སྡིངས་པ། རྒྱལ་བ་གངས་ཆེན་པ་རྣམས་ཀྱི་དྲུང་དུ། ཕྱགས་མཚན་ཉིད། འཁྲིད་གདམས་ངག དབང་ཕྱག་བཞེས་བསམ་གྱིས་མི་ཁྱབ་པ་གཅིག་གསན་ཅིང་། ཐུགས་སུ་ཆུད་པར་མཛད་ནས། མཁན་པོ་ཆེན་པོར་མཚན་གསོལ། ལ་ཉང་གཉིས་ཀྱི་གདུལ་བྱའི་དོན་རྒྱ་ཆེན་པོ་མཛད་དོ། །སྙིགས་མའི་དུས་ཀྱི་སེམས་ཅན་གདུལ་དཀའ་ཞིང་བསམ་པ་སྣ་ཚོགས་པ་རྣམས་ལ་ཚོགས་〈ཚོགས་〉ཀྱི་འདུ་ལོང་ཆེན་པོའི་སྒོ་ནས་འགྲོ་

དོན་མཛད་ཀྱང་། སེམས་ཅན་གྱི་དོན་ཅུང་ཟད་འགྲུབ་མོད། དེ་ཤིག་གྱི་བར་ལ་དབེན་པ་ཁོན་བརྟེན་ན་འགྲོ་དོན་ཆེ་བར་དགོངས་ནས། དབུས་རི་ལྷ་དོར་ལོ་བཅུ་གཉིས་ལྷག་གཅིག་དབེན་པ་གཙོ་བོར་མཛད། ལ་སྟོད་དུ་འཕགས་པ་ཤེས་རབ་ཀྱི་ཕ་རོལ་ཏུ་ཕྱིན་པ་སྟོང་ཕྲག་བརྒྱ་པ་གསེར་ལ་བཞེངས། སྐྱེགས་གནས་རྙིང་དུ་གཙུག་ལག་ཁང་ཆེན་མོ་བཞེངས། ལྷ་དོར་སྒྲུབ་པ་སྙིང་པོར་མཛད་པའི་སྒོམ་ཆེན་པ་མང་པོ་ལ་གདམས་ངག་གི་བཅུད་ཀྱིས་ཚིམ་པར་མཛད་ནས། གྲོམ་ཆུང་། ཙ་རི། སེན་མོ་དོ། ཤ་དོ། ཙོན་པ། བཟང་ར། སྤག་རི། ཕོ་བྲང་སྡིངས། སྤྲེ་བསྡུས། གཡུལ་ལོ་སྡིངས་ལ་སོགས་པ་རྣམས་སུ། དུས་གཅིག་ལ་སྒོམ་སྒྲུབ་པ་མང་པོ་བཀྱེ་ནས། སྒྲུབ་པ་སྙིང་པོར་བྱེད་དུ་བཅུག སྐབས་གཞན་དུ་རྟར་〈རྟ་〉སྒོའི་གངས། ཏེ་〈ཏི་〉སེའི་གངས། སྡེ་ཆེན་སྡིངས། ཕྲིན་ཆུ་བར། གནམ་དེ། བྱང་ཟང་ཟང་གི་རི་ཁྲོད་ཆེ་བ་ཆུང་བ། ཉང་རོ་ཆུ་སྦུབས་ཀྱི་རི་ཁྲོད་ཆེ་ཆུང་དཔག་ཏུ་མེད་པ་རྣམས་སུ། སྒོམ་སྒྲུབ་པ་མང་པོ་བཀྱེ་ནས། འཁོར་བ་དང་ངན་སོང་ལས་ནི་ཐར་པ་བསྟན། མཐོ་རིས་དང་ཐར་པ་ལ་ནི་ཐར་པ་བཞག(P. 29ན་)པ་དང་མ་ལ་སོགས་པ་གང་གིས་ཀྱང་ཕན་མ་བརྟགས་པའི་ཕན་པ་རྒྱ་ཆེན་པོ་མཛད་ཅིང་། འགྲོ་བ་ཚད་མེད་པ་སྨིན་ཅིང་གྲོལ་བར་མཛད་དོ། །བསྡུ་བའི་དངོས་པོ་བཞིས་གདུལ་བའི་དངོས་པོ་གདུལ་བྱ་རྣམས་རྗེས་སུ་འཛིན་པར་མཛད་དེ། ཟང་ཟིང་གི་སྦྱིན་པ། དང་པོ་བློ་སྦྱོང་མཛད་པའི་ཚེ། ཟས་གོས་ཀྱིས་ཤིན་ཏུ་ཕོངས་པས་བཀྲེན་པོར་བཞུགས་པའི་ཚེ། ཚེ་ཐལ་ཙམ་གྱིས་ཀྱང་གཞན་ལ་གཏོང་བར་མཛད། རང་གཞན་གྱི་བདོག་པ་ཐམས་ཅད་ལ་མ་ཆགས་ཤིང་བདག་གིར་འཛིན་པ་མེད་མོད། གཞན་སྦྱིན་པ་ལ་དགོད་〔དགོང་〕〈འགོད་〉པའི་ཕྱིར། སྐབས་སུ་ཞལ་ཕོར་

མན་ཆད་སྒྲོང་དག་མཛད། གཙང་གི་སྡེ་དགོན་ཆེན་པོ་རྣམས་སུ། དགེ་འདུན་ལ་བསྙེན་བཀུར་རྒྱ་ཆེན་པོ་བསྒྲུབས། སོ་སོ་ལ་འབུལ་བ་བཟང་པོ་མཛད། ཁྱད་པར་དུ་གནས་རྙིང་གི་གཙུག་ལག་ཁང་དུ། དགེ་འདུན་བརྒྱ་ཕྲག་མང་པོ་ལ་གསེར་ཞོ་ཕྱེད་ཕྱེད་འགྱེ། འོག་གི་དགོན་བུ་ཆེ་བ། ཆུང་བ། དགོན་པ་བརྒྱ་སྐོར་ཅིག〈གཅིག〉གི་དགེ་འདུན་རྣམས་ལ་ཡང་བསྙེན་བཀུར་གྲལ་འགྱེད། སོ་སོ་ལ་འབུལ་བ་བཟང་པོ་བསྒྲུབས་ཤིང་། ལ་སྟོད་ཀྱི་གདན་ས་དང་། འོག་གི་དགོན་པ་ཆེ་བ། ཆུང་བ་རྣམས་སུ་བསྙེན་བཀུར་གྲལ་འགྱེད། འབུལ་བ་བཟང་པོ་དང་བཅས་པ་བསྒྲུབས། གསུང་སྙན་ཅིང་མཉེན་ལ་དད་པ〔དང་བ〕འདྲེན་པས་གཞན་གྱི་ཡོན་ཏན་འབའ་ཞིག་གསུང་། སྐྱོན་ཙུང་ཟད་ཀྱང་མི་གསུང་བས་མཚོན་པར་དགའ་བའི་གཏམ་ཚུན་ཆོད་ཀྱིས་སྐྱེ་བོ་རྣམས་ཀྱི་ཡིད་ཆོས་ལ་འདྲེན་པར་མཛད། སྐལ་བ་དམན་པ་སྡིག་པོ་ཆེ་ལ་སོགས་པ་རྣམས་ལ། ལྷག་པར་བརྩེ་བས་ཡང〔ཡལ〕བར་མི་གཏོང་ཞིང་། ཐབས་སྣ་ཚོགས་ཀྱིས་རྗེས་སུ་འཛིན་ལ། ཉིད་ཀྱི་རྣམ་པར་ཐར་པ་གཙང་ཞིང་དྲི་མ་མེད་པས། སྡེ་སྣོད་དང་། རྒྱུད་སྡེའི་དགོངས་པ། གདམས་ངག་གི་གནད་ཐམས་ཅད་ཉིད་ཀྱི་རྣམ་ཐར་གྱིས་བསྟན་ཅིང་རྟོགས་པར་མཛད་དོ། །གཞན་ཡང་སྐུ་ཚེ་འདོར་བ་ལ་ཉེ་བའི་ཚེ། ད་ནི་ལོ་བོ་ཡང་འདིར་མི་སྡོད་ཅིང་གཞན་གཅིག་ཏུ་འགྲོ་གསུང་པ་དང་། ད་ལོའི〈བོ〉ལ་ལོང་མི་བདོག་གསུང་བ་སོགས་མ་འོངས་པ་མཁྱེན་པ་དང་། དེའི་ཚེ་འཁོར་གསུམ་ཡོངས་དག་མཛད་ནས། གནས་རྙིང་དུ་དགེ་འདུན་རྣམས་ལ་བསྙེན་བཀུར་དང་། གསེར་གྱི་འགྱེད་སོ་སོ་ལ་འབུལ་བ་བཟང་པོ། ཆུ་ཞལ་གྱི་སྟོང་འཁོར་ཆེན་པོ་རྣམས་སུ་དགེ་འདུན་ལ་བསྙེན་བཀུར། མཁྱེན(P. 29བ)པོ་ཡོངས་ཀྱི་དགེ་བའི་བཤེས་གཉེན་རྣམས་ལ་གསེར་གྱི་

འབུལ་བ་ཆེན་པོ་དང་བཅས་པ། ལ་སྟོད་ཕྱོགས་སུ། ཆོས་སྡིངས་ཀྱིས་གཙོ་བྱས་པའི་དགོན་པ་རྣམས་སུ། དགེ་འདུན་རྣམས་ལ་བསྙེན་བཀུར། གྲལ་འགྱེད། སོ་སོ་ལ་འབུལ་བ་བཟང་པོ་དང་བཅས་པ་མཛད་ཅིང་། དགེ་བ་འབའ་ཞིག་མཛད་པའི་བླ་མ་དེ་ནི། ལྕགས་ཕོ་སྤྲེའུ་ལ་སྐུ་འཁྲུངས་ནས། མེ་ཕོ་རྟའི་ལོ་དགུང་ལོ་བཞི་བཅུ་ཞེ་བདུན་བཞེས་པའི་ཚེ། དབྱུག་པ་ཟླ་བའི་ཉེ་ཤུ་ལྔའི་མཚན་མོ་ཕྱེད་ཡོལ་ལ། རླང་ཕུ་པོ་བྲང་སྡིངས་ཀྱི་གཏོད་ཚང་གོང་མར་སྐུ་གཤེགས་སོ། །འདི་ཉིད་ཀྱི་ཡུམ་ནི། རྟ་ཤལ་སྟག་ལུང་བ་〈བའི་〉སྲས་མོ་འོད་ཟེར་འབུམ་ཡིན་ནོ། །དུས་མཆོད་ཀྱང་ད་ལྟ་སེར་མཆོད་དུ་གྲགས་པ་འདི་ཡིན་ནོ། །

འདི་ཉིད་ཀྱི་གདན་ས་**མཁན་ཆེན་རྩ་རི་པ་ཡོན་ཏན་རིན་ཆེན་**པས་མཛད་པ་ཡིན་ཅིང་། ཕོང་པའི་ཡབ་གོང་དུ་སྨོས་པ་བཞིན། བླ་མ་འཇམ་དཔལ་གསང་ལྡན་པ་དང་། ཡུམ་དུར་ཕོ་མ་སེར་མོ་ཀུན་དགའ་ལྡན་ཞེས་བྱ་བ་ལ་འཁྲུངས། སྐུ་ན་གཞོན་ནུ་ལ་རབ་ཏུ་བྱུང་བ་མཛད། སྔགས་མཚན་ཉིད་ཀྱི་ཡོན་ཏན་རྒྱ་ཆེར་མཁྱེན་ཅིང་། གནས་རྙིང་གིས་ཐོག་དྲངས་དགོན་པ་མ་ལག་དང་བཅས་པའི་མཁན་པོ་མཛད། གནས་ཆེན་རྩ་རི་ལ་སོགས་པར་ཐུགས་དམ་ལ་རྩེ་གཅིག་ཏུ་བཞུགས། དེ་ལྟ་བུའི་བླ་མ་དེ་ནི། ལྕགས་མོ་ལུག་གི་ལོ་ལ་སྐུ་འཁྲུངས་ནས། མེ་མོ་འབྲུག་གི་ལོ་དགུང་ལོ་བཞི་བཅུ་ཞེ་དྲུག་བཞེས་པའི་ཚེ། སྨལ་པོ་ཟླ་བའི་ཉེར་ལྔ་ལ། ཡོལ་གྱི་བྲང་ཁང་དཀར་པོར་སྐུ་གཤེགས་སོ། །དུས་མཆོད་ནི་རྩ་མཆོད་དུ་གྲགས་པ་འདི་ཡིན་ནོ། །

མཁན་ཆེན་འདུལ་བ་འཛིན་པ་པོ་བསོད་ནམས་རིན་ཆེན་པ་ནི། ཡབ་དང་ཡུམ་གཉིས་མཁན་ཆེན་རྩ་རི་པ་དང་གཅིག་ཅིང་། སྐུ་གཞོན་

ཐུ་ནས་རབ་ཏུ་བྱུང་བ་མཛད། ཕྱིར་སྡུགས་མཚན་ཉིད་ཀྱི་ཡོན་ཏན་མང་དུ་མཁྱེན། ཁྱད་པར་དུ་དམ་ཆོས་འདུལ་བ་ལ་རྒྱལ་དུ་ཐོན། དུས་རྒྱུན་དུ་ཐུགས་དམ་ངེས་པ་ཅན་ལ་བཞུགས། ལ་སྟོད་ཆོས་སྡིངས་ཀྱི་མཁན་པོ་ལོ་མང་དུ་མཛད། དེ་ལྟ་བུའི་བླ་མ་དེ་ནི་མེ་མོ་སླང་གི་ལོ་ལ་སྐུ་འཁྲུངས་ནས། ཆུ་མོ་ཕག་གི་ལོ་དགུང་ལོ་བཞི་བཅུ་ཞེ་བདུན་བཞེས་པའི་ཚེ། གདུག་གུའི་ཟླ་བའི་ཚེས་གསུམ་གྱི་མཚན་ཕྱེད་ཡོལ་ལ་སྦྱི(P. 30ན་)སེར་དུ་སྐུ་གཤེགས་སོ། །

བླ་མ་རྡོ་རྗེ་དཔལ་ལྡན་པ་ཡང་ཡབ་ཡུམ་རྗ་རི་པ་དང་གཅིག་གསང་སྔགས་རྙིང་མའི་ཆོས་སྐོར་མཐའ་དག་མཁྱེན་པ། ནུས་པ་དང་ལྡན་ཞིང་། སྒོམ་འོད་གསལ་ཁོར་ཡུག་ཏུ་ཡོད་པ་ཞིག་གདུང་འཛིན་ཏུ་བཞུགས་པའོ། །དེ་ལྟ་བུའི་བླ་མ་དེ་ནི་དགུང་ལོ་ལྔ་བཅུ་ང་གཅིག་པ། ས་ག་ཟླ་བའི་ཉི་ཤུ་བདུན་ལ་ཆོས་སྡིངས་སུ་སྐུ་གཤེགས་སོ། །

མཁན་ཆེན་གངས་པ་གཞོན་ནུ་རིན་ཆེན་པའི་ཡབ་དང་། ཡུམ་གཉིས་རྗ་རི་བ་དང་གཅིག་ཅིང་། སྐུ་གཞོན་ནུའི་དུས་ཡོན་ཏན་ཀུན་གྱི་གཞི་འདྲི་ཀློག་མཁས་པར་བསླབས། རྟའི་ལོ་དགུང་ལོ་དགུ་བཞེས་པའི་ཚེ། ཆོས་སྡིངས་གཟིམ་ཁང་དུ། མཁན་པོ་གངས་ཆེན་ཤཱཀྱ་བཤེས་གཉེན། སློབ་དཔོན་རྗ་རི་བ་ཡོན་ཏན་རིན་ཆེན། གྲིབ་ཚད་པ་དགེ་སློང་བདེ་མགོན་རྣམས་ཀྱི་སྤྱན་སྔར། རང་གི་གཙུང་པོ་ཤེས་རབ་རིན་ཆེན་པ། རྒྱལ་བ་གངས་ཆེན་གྱི་ཉེ་གནས་གྲགས་པ་སེང་གེ་དང་གསུམ་ལྷན་ཅིག་ཏུ་རབ་ཏུ་བྱུང་བ་དགེ་ཚུལ་གྱི་སྡོམ་པ་བླངས་སོ། །དེ་ནས་དགུང་ལོ་བཅུ་གཅིག་པ་ལ་གནས་རྙིང་དུ་བྱོན། སློབ་དཔོན་ཤེས་རབ་བརྩོན་འགྲུས་ཀྱི་གོ་ལ་བཞུགས། ཕར་ཕྱིན་ལེགས་པར་བསླབས། མཁས་པར་མཁྱེན། དགུང་ལོ་བཅུ་གསུམ་པ་ལ་རང་ཉིད་ཀྱི་གཙུང་

པོ། ཀུན་སྤངས་དཀའ་བཞི་འཛིན་པ་རིན་ཆེན་འབྱུང་གནས་དཔལ་བཟང་པོ་པ་དང་གཉིས་ཆེ་འདོན་ཕྱོགས་གཅིག་གནས་རྙིང་ཚོགས་ཆེན་དུ་བསྙེན་བཀུར་བཟང་པོ། འདུལ་བ་རྣམ་གཞག་དང་བཅས་པ་མཛད། དེ་ནས་འབྲུག་གི་ལོ་དགུང་ལོ་བཅུ་དགུ་བཞེས་པའི་ཚེ། སྟག་སྟོན་བྱ་བེར་བྱ་བར། རང་གི་གཙུང་པོ་འཛམ་དབྱངས་ཤེས་རབ་རིན་ཆེན་པ་དང་ལྷན་ཅིག་ཏུ། མཁན་ཆེན་དུས་གསུམ་སངས་རྒྱས་སུ་གྲགས་པ་ལྷ་དོ་པ་རིན་ཆེན་བཟང་པོ་པས་མཁན་པོ་མཛད། མཁན་ཆེན་འདུལ་བ་འཛིན་པ་བསོད་ནམས་རིན་ཆེན་པས་ལས་སློབ། སློབ་དཔོན་དཀོན་མཆོག་དར་བས་གསང་སྟེ་སྟོན་པ་མཛད་དེ། མཁན་སློབ་དང་པའི་དགེ་འདུན་སོགས་གྲངས་ཚང་བའི་དབུས་སུ། བསྙེན་པར་རྫོགས་པ་དགེ་སློང་གི་སྡོམ་པ་རྣམ་པར་དག་པ་ཐོབ་ལ་མ་ཉམས་པར་མཛད་དོ། །དེ་ནས་ལ་སྟོད་ཆོས་སྡིངས་ཀྱི་མཁན་པོ་མཛད་ཅིང་། ཕྱག་རྗེས་ཆེན་པོ་ཡང་བཞག ཏ་སྒོའི་གངས་ལ་སྒྲུབ་པ་ཡུན་རིང་དུ་མཛད། བླ་མའི་མཆོག་ཀྱུང་རྒྱལ་བ་རིན་ཆེན་གངས་པ། གྲུབ་ཆེན་ཨུ་རྒྱན་ (P. 30བ་) པ། མཁན་ཆེན་རིན་ཆེན་བཟང་པོ། རྒྱལ་བ་མཚོ་མོ་ཆེ་པ། མཁན་ཆེན་ཛ་རི་པ་ཡོན་ཏན་རིན་ཆེན། ཆོས་རྗེ་འདུལ་བ་འཛིན་པ་བསོད་ནམས་རིན་ཆེན། སློབ་དཔོན་ཤེས་རབ་བརྩོན་འགྲུས། སློབ་དཔོན་དཀོན་མཆོག་དར། མཁན་པོ་བསོད་དབང་། སློབ་དཔོན་དཀོན་མཆོག་ཚུལ་ཁྲི་ནས་〈ཁྲིམས་〉སོགས་བླ་མ་དམ་པ་དེ་རྣམས་གུས་པས་བསྟེན་ཅིང་། བླ་མ་དེ་རྣམས་ལ་སྡེ་སྣོད། རྒྱུད་སྡེ། དབང་ཕྱག་བཞེས། འཁྲིད་གདམས་པ། མན་ངག་ཕྲ་མོ་དང་བཅས་པ་དུ་མ་ཞིག་གསན་ཅིང་། བླ་མ་དེ་ནི་ཐུགས་དམ་ཡོན་གཙོ་བོར་མཛད་པ་ཞིག་གོ །དེ་ལྟ་བུའི་བླ་མ་དེ་ནི་མེ་པོ་ཁྱིའི་ལོ་ལ་སྐུ་འཁྲུངས་ནས། ལྕགས་མོ་གླང་གི་ལོ་དགུང་ལོ་བདུན་

ཙུ་དོན་དྲུག་བཞེས་པའི་ཚེ། ཁྲིམས་ཀྱི་ཟླ་བའི་ཚེས་གཅིག་ལ་ལ་སྟོད་ཆོས་སྡིངས་སུ་སྐུ་གཤེགས་སོ། །

མཁན་ཆེན་འཇམ་དབྱངས་ཤེས་རབ་རིན་ཆེན་པ་ནི། ཡུལ་དུར་སོ་མའམ་ཐྲམ་ཆེ་ལ། ལ་སྟོད་མཆོག་དཀར་མདའ། གནས་འོག་ཏུ་མེ་ཕོ་ཁྱིའི་ལོ་ལ། སྐར་མ་རྒྱལ་ལ་སྐུ་འཁྲུངས་ནས། དགུང་ལོ་བརྒྱད་པ་ལ་ཀློག་ཡིག་རྣམས་མཁས་པར་བསླབས། དགུང་ལོ་དགུ་བཞེས་པའི་ཚེ། རང་གི་གཅེན་པོ་བྱང་སེམས་གཞོན་ནུ་པ་དང་། ཉེ་གནས་གྲགས་པ་སེང་གེ་དང་གསུམ་ལྷན་ཅིག་ཏུ། མཁན་པོ་གངས་ཆེན་པ་ཀུ་བཤེས་གཉེན། སློབ་དཔོན་མཁན་པོ་ཡོན་ཏན་རིན་ཆེན། གྲིབ་ཚད་པ་དགེ་སློང་བདེ་མགོན་རྣམས་ཀྱིས་མཛད་དེ། མེ་ཕོ་རྟའི་ལོ། ཆོས་སྡིངས་གཟིམ་ཁང་དུ་རབ་ཏུ་བྱུང་བ་མཛད། དེ་ནས་གནས་སྙིང་དུ་བྱོན། སློབ་དཔོན་ཤེས་རབ་བརྩོན་འགྲུས་ཀྱི་སར་ཕར་ཕྱིན་བསླབས། སྐུ་ཚེ་སྟོད་མའི་སྐྱུངས་སྟོབས་ཀྱིས་རིང་པོ་མ་ལོན་པར་བསྟན་བཅོས་ཀྱི་ཚིག་དོན་ཐམས་ཅད་མ་ལུས་པར་ཐུགས་སུ་ཆུད་ཅིང་མཁས་པར་མཁྱེན། དགུང་ལོ་བཅུ་གཅིག་པ་ལ། རྒྱ་གར་སྐད་ནས། འགྱུར་བྱང་ཡན་ཆད་ཏེ་ཀ་གཞུང་གཉིས་ཀ་འབྲུ་གཅིག་ཀྱང་མ་ལུས་པ་ཚར་དེ་〈རེ་〉གསུངས་པས། དགེ་བའི་བཤེས་གཉེན་གྲྭ་པ་པུ་སློབ། ཡོན་བདག་ཐམས་ཅད་〖ཀྱིས་〗འདི་ནི་འཇམ་པའི་〈དཔལ་〉དབྱངས་སོ་ཞེས་སྙན་པའི་གྲགས་པས་ཁྱབ་པར་གྱུར་ཏོ། །དགུང་ལོ་བཅུ་གཉིས་པ་ལ། མཁན་ཆེན་རྩ་རི་པའི་བཀའ་ལུང་གི་ལྡེད་མ་ཐེག་པར། གནས་སྙིང་གི་གདན་ས་མཛད་དགོས་བྱུང་། དེའི་ཚེ། དབྱར་ཆོས་དགུན་ཆོས་གཉིས་ཀྱི་དུས་སུ། ཚོགས་པ་རྣམས་ལ་ཕར་ཕྱིན་ཚར་པ་(P. 31ན་) རེ་གསུངས། ཆོས་བར་དུས་ཚད་མ་རྣམ་ངེས་ལ་གཞིགས་རྟོག་མཛད་པས་སྨྲར་དུ

མཁས་པར་མཁྱེན། དེ་ནས་ཆོས་དུས་ཕར་ཚད་བསྡུས་གསུམ་མ་ཆག་པོར་〈པར་〉གསུངས་ཤིང་། གྲྭ་པ་བློ་གསལ་བ་རྣམས་ལ་གོ་ཆ་ཆེན་པོ་བགོན། བདག་གཉེར་བཟང་པོ་མཛད་ནས། མཚན་ཉིད་ཀྱི་བསྟན་པ་དར་བར་མཛད་དོ། །དགུང་ལོ་བཅུ་དགུ་པ་འབྲུག་གི་ལོ་ལ། སྟག་ཛོག་བྱ་བེར་བྱ་བར། མཁན་པོ་ལྷ་དོ་པ་རིན་ཆེན་བཟང་པོ། སློབ་དཔོན་འདུལ་བ་འཛིན་པ་བསོད་ནམས་རིན་ཆེན། གསང་སྟོན་སློབ་དཔོན་དཀོན་མཆོག་དར་ལ་སོགས་པ། དགེ་སློང་གི་དགེ་འདུན་གྲངས་ཚང་བའི་དབུས་སུ། བསྙེན་པར་རྫོགས་པ་མཛད། མཁན་པོ་རྗེས་ཉིད་ཀྱི་དྲུང་དུ། དམ་ཆོས་འདུལ་བ་ཕྲན་ཆ་ལག་དང་བཅས་པ་གསན། མདོ་རྩའི་ཚིག་དོན་མ་ལུས་པ་ཐུགས་སུ་ཆུད། མཁན་པོ་རྗེས་ཉིད་ཤིན་ཏུ་མཉེས་ཏེ་ཡོང་པའི་དོན་དུ་ཊཱི་ཀ་གཅིག་ཀྱང་མཛད་དོ། །སློབ་དཔོན་དཀོན་མཆོག་དར་ལ། མངོན་པ་གོང་འོག་གསན། ཚིག་དོན་མ་ལུས་པ་ཐུགས་སུ་ཆུད་པར་མཛད། མདོར་ན་ཕྱི་མཚན་ཉིད་ཀྱི་བཀའ་པོད་བཞི་པོ་ལ། འཆད་རྩོད་རྩོམ་གསུམ་འགྲན་པའི་ཟླ་ཐམས་ཅད་དང་བྲལ་བར་མཛད་པ་ཡིན་ཅིང་། ཁྱད་པར་ཡང་རྩོད་པ་ཤིན་ཏུ་བཟང་བ་ཡིན་ནོ། །

མཁན་ཆེན་དཀའ་བཞི་པ་ཆེན་པོ་ཞེས་མཚན་ཡོངས་སུ་གྲགས་པ་དེ་ཉིད། ཡོན་ཏན་མཐའ་དག་མཐར་མ་ཕྱིན་གྱི་བར། གདན་ས་གནས་རྙིང་གི་ཐོག་དྲངས་པའི་རང་རེའི་དགོན་པ་རྣམས་ཀྱི་བདག་གཉེར། ཆོས་སྐྱོང་བཅུའི་རིམ་པ་རྣམས་གོང་ནས་གོང་དུ་འཕེལ་ཞིང་རྒྱས་པར་མཛད་དོ། །

དེ་ནས་མཁན་ཆེན་དཀའ་བཞི་པ་ལ་གདན་ས་བསྐོས་ཏེ། རང་ཉིད་ཀྱིས་བླ་མའི་མཆོག་བསྟེན་ཚུལ་ནི། གོང་དུ་སྨོས་པའི་བླ་མ་རྣམས་དང་། གཞན་ཡང་བླ་མ་སྤྱིའུ་ཆུང་པ། བླ་མ་བསོད་ནམས་དབང་ཕྱུག བླ་མ་སྤྱི་དམར་

བ། བླ་མ་ལ་དྲུག་པ། མཁས་བཙུན་གཞོན་ནུ་གྲུབ། རྒྱལ་བ་མཆོག་མོ་ཆེ་པ་རྣམས་ཀྱི་དྲུང་དུ། ཕྱི་ནང་གི་ཆོས་བཀའ་མཐའ་དག་གསན་ཅིང་ཐུགས་ཉམས་སུ་བཞེས། དེའང་། དང་པོར་ཐོས་པ་བཙལ་བར་བྱ། །དེ་ནས་ནགས་སུ་གནས་པར་བྱ། །མཉམ་ངར་གཞག་ལ་བསྒོན་བྱ་ཞིང་། །མི་སྡུག་ལ་སོགས་བསྒོམ་པར་བྱ། །ཞེས་སོགས་ཀྱི་དོན་ཉམས་སུ་བླངས་ཏེ། དེ་ནས་དབེན་པ་པོ་ན་བརྟེན་པ་གཙོ་བོར་མཛད་ཅིང་། སེམས་དཔའ་ཆེན་པོ་མཁན་ཆེན་ཆོས་ཀྱི་རིན་ཆེན་པས་གསུང་གིས་བྱིན་ (P. 31བ་) གྱིས་བརླབས། གངས་ཆེན་རྒྱལ་པོའི་སྐུས་དར་ཞིང་རྒྱས་པར་མཛད་པའི་དགོན་པ། དཔལ་ལྡན་ལྷ་དོར་བྱོན། འདུ་འཛི་རྣམ་གཡེང་ཐམས་ཅད་སྤངས་ཏེ། ཐུགས་དམ་ཁོ་ན་ལ་རྩེ་གཅིག་ཏུ་བཞུགས་པས། སྔར་རི་ལ་བཞུགས་པའི་སྒོམ་ཆེན་པོ་མོ་ཐམས་ཅད་ཀྱང་ཐུགས་བདེ། སྒྲུབ་བརྒྱུད་ཀྱི་བསྟན་པ་རྒྱས་པར་མཛད་དོ། །དད་པ་ཅན་རྣམས་ཀྱིས་འབུལ་འདྲེན་བྱུང་བའི་རྫས་རྣམས་ཀྱང་དོན་ཅན་འབའ་ཞིག་ཏུ་བཏང་བ་ནི། བསྟན་པའི་རྒྱུན་ལ་དགོངས་ནས། པར་ཚད་ཀྱི་གཞུང་བརྒྱ་རྩ་གཅིག་བཞེངས། དེ་རྣམས་མཁན་ཆེན་དཀའ་བཞི་པའི་ཕྲིན་ལས་རྒྱས་པའི་ཕྱིར་ཕོང་པ་ལ་གནང་། གསེར་སྐུ་ཐུབ་པ་ཆེན་པོ་གཅིག་བཞེངས། འདི་ལ་ངའི་ནང་རྟེན་བྱེད། ཉེ་གནས་ཀུན་ལ་ཁྱེད་རྣམས་བྱ་དཀའ་ཆུང་དུ་སོང་བ་ཡིན་གསུང་། གཞན་ཡང་ཕྱག་ན་གང་ཡོད་ཀྱི་དངོས་པ་རྣམས་ཀྱིས། ཕྱོགས་རིགས་ནས་བྱོན་པའི་དགེ་བའི་བཤེས་གཉེན་རྣམས་ཀྱིས་ཞབས་ཏོག སྡུག་ཕོངས་ལ་གནང་སྦྱིན། གནས་སྙིང་གིས་ཐོག་དྲངས་པའི་སྡེ་དགོན་མང་པོར་བསྙེན་བཀུར་རྒྱ་ཆེན་པོ་དང་བཅས་པ་མཛད་ཅིང་། གཏོང་བ་ཁོ་ན་ལ་དགེས་པའི་ཚུལ་ཅན་དུ་བཞུགས་པའོ། །

དེ་ནས་རེ་ཤིག་ནས་གནས་ཆེན་རྣམས་སུ་ཕྱིན་པ་ནི། ཐོག་མར་ལྷ་སར་ཕྱིན། ཇོ་བོའི་དྲུང་དུ་མཆོད་པ་རྒྱ་ཆེན་པོ་ཕུལ་ཅིང་། དེ་རྗེས་ཡེར་པ། འབྲི་ཁུང་། ར་སྒྲེང་། བྲ་ཡུལ། རིན་ཆེན་སྒང་། སྟག་ལུང་། བསམ་ཡས། སྐྱིད་རོང་། མི་ལ་རྫོང་དྲུག་ལ་སོགས་པ་གཟིགས། གནས་ཆེན་རྣམས་སུ་གནས་ཀྱི་འབྲེལ་བ་བཞག དེ་རྣམས་ཀྱི་རྟེན་གསུམ་ལ་མཆོད་པ་ཕུལ། འགྲོ་དོན་ཡང་མང་དུ་མཛད། ས་སྐྱ་འདིར་ཡང་བླ་བྲང་སོ་སོ་མང་པོར་གྱེས་ནས་སེམས་ཅན་འདི་རྣམས་ལ་སྐྱིད་རང་མི་འོང་བར་གདའ་གསུང་ནས་མ་འོངས་པ་མཁྱེན་པ་དང་། ལྷ་དོ་འདིར་ཡང་སླེང་ནས་ཆོས་བཞིན་མི་བྱེད་པ་རྣམས་ཀྱིས་དཀྱུན་ལྷགས་སྐྱོབ་ལ་ཡོངས། ངེད་ཀྱི་དགེ་སྦྱོར་ལ་གནོད་པ་ལས་མི་གདའ་གསུང་། ཨ་མེ་ཡོལ་དུ་ཕྱིན། དེང་བྱ་སེང་བྱའི་གྲབས་ཤོམས་མང་པོ་འདིས། །འཆི་བདག་གད་མོ་འཚོར་ཞིང་ཁྲོལ་བའི་གཞི། །ཕྱི་མ་ངན་འགྲོར་མི་སྐྱོའི་གདེང་〈གདེང་〉མེད་པས། །ང་ནི་ཡང་དག་དོན་ལ་གནས་པར་བྱ། །ཞེས་སོགས་ཐུགས་སྐྱོ་བསྐྱངས་པའི་གསུང་མང་དུ་ཕྱིན་ཞིང་ཐུགས་དམ་ལ་རྩེ་གཅིག་ཏུ་བཞུགས་པའི་སྐྱེས་བུ་དམ་པ་དེ་ནི་(P. 32ན་) མེ་ཕོ་ཁྱི་ལ་སྐུ་འཁྲུངས་ནས། ཆུ་ཕོ་རྟའི་ལོ། དགུང་ལོ་ལྔ་བཅུ་ང་བདུན་བཞེས་པའི་ཚེ། གདུག་གུའི་ཟླ་བའི་ཚེས་བརྒྱད་ཀྱི་ཉི་ཕྱེད་ལ། ངོ་མཚར་གྱི་ལྟས་དང་བཅས་ནས་ཡོལ་རིན་ཆེན་སྒང་དུ་སྐུ་གཤེགས་སོ། །དུས་མཆོད་ཀྱང་འཛམ་དབྱངས་མཆོད་པར་གྲགས་པ་འདི་ཡིན་ནོ། །འདི་དག་གིའང་རྣམ་པར་ཐར་པ་རྒྱས་པར་ནི། རྒྱལ་སྲས་རིན་ཆེན་དབང་ཕྱུག་པ་དང་། གྲག་ཐོག་པ་གཞོན་ནུ་ཚུལ་ཁྲིམས་པས་མཛད་པ་ཉིད་དུ་བལྟ་བར་བྱའོ། །

དེའི་གདན་ས་བཀའ་བཞི་པ་ཆེན་པོ་**རིན་ཆེན་འབྱུང་གནས་**

དཔལ་བཟང་པོ་པས་མཛད་དེ། དེ་ཡང་། འགྲོ་རྣམས་དད་ཕྱིར་སྐུ་བལྟམས་གྱུར་པའི་ཚེ། །ངོ་མཚར་ལྟས་དང་ཞབས་མཐིལ་འཁོར་ལོས་བརྒྱན། །ཞབས་མཉམ་འཛོམས་གཤེགས་སངས་རྒྱས་མཚན་དཔེས་མཛེས། །ཁྱེད་སྐུ་མཐོང་བས་ཡིད་རབ་འཕྲོས་〈འཕྲོག〉ལ་བསྟོད། །ཅེས་པ་ནི། སྐྱེས་བུ་དམ་པ་འདི་ཉིད་འཁྲུངས་པའི་ཡུམ་ནི། ཡེ་ཤེས་ཀྱི་མཁའ་འགྲོ་མ་པདྨ་ཅན། ཕྱུག་མོ་སེ་ཀུན་དགའ་རྒྱན་ཞེས་བྱ་བ་ཡིན་ལ། འཁྲུངས་པའི་གནས་ནི། དཔལ་གནས་སྙིང་གི་ཉེ་འཁོར། ཆོས་གཟུ་ན་མོ་ཆེ་ཞེས་བྱ་བར། ས་ཕོ་བྱི་བའི་ལོ་ལ་སྐུ་འཁྲུངས་ཏེ། ཞབས་ཀྱི་མཐིལ་གཉིས་ལ་འཁོར་ལོའི་རི་མོ་མུ་ཁྱུད་དང་བཅས་པ་དང་། ཞབས་ཀྱི་མཐིལ་ལ་སྐྱོང་མོ་མེད་ཅིང་མཉམ〈སྙོམ〉པར་ཡོད་པ་ནི་ཀུན་གྱིས་མཐོང་བར་ཡོད་དོ། །བདག་ཉིད་ཆེན་པོ་འདི་ཉིད་ནི་སྐུ་མཛེས་ཤིང་མཚར་ལ་དཔལ་དང་ལྡན་པ། གསུང་མཉེན་ཅིང་འཇམ་ལ་ཚངས་པའི་དབྱངས་ལྟ་བུ། ཐུགས་དད་བརྩོན་ཤེས་རབ་ཕུན་སུམ་ཚོགས་ཤིང་། སྙིང་རྗེ་ཤིན་ཏུ་ཆེ་བ་ཞིག་གིས་ཅི་དང་ཅི་མཛད་པ་ཐམས་ཅད་ཆོས་ཀྱི་བྱ་བ་ཁོ་ན་མཛད་པ་ཞིག་གོ །གཞན་ཅི་མགུ་མཛད་པ་དང་། སྒྲིག་ཆགས་ཆུང་ངུ་ཚེ་ལའང་། སྙིང་རྗེ་གསུང་ཕྲུག་གི་གྲིབ་མས་ཉེ་མའི་ཚད་པ་ལས་སྐྱབས་པ་གཅིག་ཡོད་སྐད། མཉམ་མེད་ཆོས་རྗེ་རྒྱལ་བ་གངས་ཆེན་གྱིས། རོ་སྙོམས་ལ་སོགས་གདམས་པ་ཟབ་མོ་རྣམས། །ཆུང་ཡང་མི་ལྟོ་འདི་ལ་བཤད་པས་ཚོག །གསུང་ཞིང་ལུང་བསྟན་མཉེས་པར་མཛད་ལ་བསྟོད། །ཅེས་པ་ནི། ཆོས་རྗེ་རྒྱལ་བ་གངས་ཆེན་པས་ལྷ་དོར་ཟབ་པ་དང་རྒྱ་ཆེ་བའི་ཆོས་འཁོར་བསྐོར་བའི་དུས་ན། བགྲེས་པོ་རེ་ཙམ་གྱིས། སློབ་དཔོན་པ་རང་སྐུ་གཞོན་པ་དང་། འཁྲིད་མ་ཐོབ་པས་ཡུག་གཅིག་རྩེད་མོ་ལ་ཕྱིན་ཟེར་བ་ལ། ཆོས་རྗེའི་གསུང་ནས། བུ་ཆུང་འདི་ལ་ཟབ

ཆོས་ལ་སོགས་གསང་མི་འཚལ་བར་གདའོ། །སྟོད་དུ་ཆུག་མཛོད་གསུངས་ (P. 32བ་) ནས་ཤིན་ཏུ་མཉེས་ཤིང་རོ་སྙོམས་བསྒྲེ་འཕོ་ལ་སོགས་ཟབ་ཆོས་མང་པོ་གསན། དབང་སེམས་བསྐྱེད། དགེ་བསྙེན་གྱི་སྡོམ་པ་ཞུས།

དེ་ནས་དགུང་ལོ་བརྒྱད་ལོན་པའི་ཚེ། ཕ་ཇོ་ལ་སྟོད་པ་བྱ་བ་ཅན་དུ་གློག་བསླབས། ཁོང་དང་རིང་ལ་འཁྲིད་མཁས་པས་སྟུག་སྣང་ཡེ་མ་བྱུང་། གློག་སྔུར་དུ་མཁྱེན་གསུང་། དགུང་ལོ་བཅུ་པ་ལ། མཁན་ཆེན་རིན་ཆེན་བཟང་པོ་པ་དང་། སློབ་དཔོན་འདུལ་བ་འཛིན་པ་བསོད་ནམས་རིན་ཆེན་པ་གཉིས་ཀྱི་དྲུང་དུ་རབ་ཏུ་བྱུང་བ་མཛད། མཁན་ཆེན་པ་ལ་〈ལས་〉ཆོས་ཀྱང་མང་དུ་གསན། དེ་ནས་སློབ་དཔོན་ཤེས་རབ་བརྩོན་འགྲུས་ཅན་དུ་མཚན་ཉིད་ཀྱི་སློབ་གཉེར་མཛད།

དེའི་ཚེ། མཁས་པ་ཡོན་ཏན་སློབ་པའི་དུས་ན་སྟུག །ཅེས་པ་ལྟར། གསོལ་གྱིས་ཤིན་ཏུ་བཀྲེན་པ། ཞག་གཉིས་གསུམ་རེ་ཙམ་གསོལ་མི་སྦྱོང་བ། ཐེབས་〈ཐེངས་〉རེ་ཙམ་བླ་བྲང་དུ་བྱོན་པས། ཉེ་གནས་པ་ཀུན་བཟའ་བཏུང་བྱེད་པ་དང་ཐུག་ཀྱང་བླང་ཟེར་བར་ཡང་མ་ནུས། ཁོང་ཆོས་འདྲེན་པ་ཡང་མ་བྱུང་། ན་བཟའ་ཡང་བཤའ་མ་མེད་པར། ནུབ་མོ་མཁན་པོ་གཞོན་ནུ་པས། ཕྱམ་ཚེ་གཅིག་གཡར་གཏོད་〈གཏོང་〉། ཁོང་ང་ལ་བྱམས་པོ་གཅིག་ཡོད་གསུངས། སློབ་དཔོན་གྱི་དབུ་གདུང་ལ་བསྟབས་ཀྱང་། ངེད་མཁན་པོ་གཞོན་ནུ་པ་གཉིས་ལ་བརྟུངས་ཐག་རེ་བྱེད། མལ་ན་ནན་ཏན་བྱེད་ཀྱི་ཡོད་ཀྱང་སྐྱིད་མེད་པར་ཡང་བརྗེག་ཏུ་ག་ཡོད། དེར་ང་ལ་ཁ་ནས་ཤིག་སྐྱུགས། ཤིག་ནང་〈ནད་〉ཚབས་ཆེས་བཏབ། ཁ་ཞན་དབང་ཆུང་བ་གཅིག་བྱུང་བ། མཁན་པོ་རིན་པོ་ཆེ་པས་གསན་ནས་ལྷ་དོར་བྲིས་〔བོས་〕། ཤིག་སྲུང་བའི་ཐབས་མཛད་

པས། ཞིག་ང་〔ད་〕བར་རྒྱུན་ཆད། ཁྲི་བོའི་དམིགས་པ་དང་སྒྲུབ་ཐབས་ཐོག་བསླེན་པ་སྐྱེལ་དུ་བཅུག་ནས། གནས་རྙིང་དུ་ཕྱིན་པས། སློབ་དཔོན་གྱིས་ཀྱང་རྟུང་མི་ནུས། ཁོང་སྐུ་མཆེད་གཉིས་ཀྱང་ཁྱོད་ཀྱི་ལྷ་དེ་ངེད་ལའང་བླང་གསུང་ནས་རྩིས་ཆེར་སོང་། རྩི་ལམ་དུ་གནོད་པ་སྐྱེལ་བ་བྱུང་ཙ་ན། ཁོང་པ་ཉིད་ཀྱིས་ཁྲོ་བོའི་གཟི་བརྗིད་དང་རྣམ་འཕྲུལ་བསྟན་པས། གནོད་བྱེད་ཀྱི་མི་དང་མི་མ་ཡིན་པ་ལ་ཅི་བྲེ་བྲེ་འོང་། རྩི་ལམ་ཡིན་ཀྱང་རྐོད་སྲོ་བ་ག་འདྲ་ཤེས་པ་བྱུང་། མཁན་པོ་རིན་པོ་ཆེ་པ་དེ་པའི་བཀའ་དྲིན་དེ་ག་གཅིག་པོས་ཆོག་ངར་〈པར་〉ཡོད་གསུང་ངོ་། །

དགུང་ལོ་བཅུ་གཅིག་པ་ལ་ཕ་རོལ་ཏུ་ཕྱིན་པ་ཐུགས་སུ་ཆུད། མཁས་པའི་དབང་པོ་རྒྱ་སྟོན་བསོད་རིན་དང་། །ཞོང་སྟོན་ཤེར་བརྩོན་(P. 33ན་) འཇམ་དབྱངས་ཤེར་རིན་ལ། །རྣམ་ངེས་གསན་ཅིང་བཅུ་དྲུག་ལོན་ཆེ་གསུངས། །བློ་གསལ་ཚོག་〈ཚོགས་〉རྣམས་དད་པར་མཛད་ལ་བསྟོད། །ཅེས་པ་ནི། དགུང་ལོ་བཅུ་དྲུག་བཞེས་པའི་ཚེ། གཙང་དྲུག་གི་ཆོས་དུང་བུས་ནས། རྣམ་ངེས་ཀྱི་བླ་ཆོས་པ་མཛད་ཅིང་། གྲྭ་པ་རྣམ་ངེས་ཀྱི་གཞུང་ཚར་ཟིན་པ་རྣམས་ལ་ཆོས་གོས་རེ་གནང་བའི་དམ་བཅའ་མཛད། ནམ་ཟླ་དུས་བཞིར་ཕར་ཚད་སོགས་ཆོས་གསུང་བ་ལ་རྩོལ་བ་དང་། གཡེང་བ་མི་མངའ་བར་ཕྱིར་ཆོས་ལ་སོགས་མ་ཆག་པར་གསུངས་སོ། །དེ་ལྟར་ནའང་ཐུགས་སྐྱོ་ཤས་ཆེ་ཞིང་ཐུགས་དམ་ཁོན་〈ཁོ་ན་〉ལ་ཐུགས་སོང་བ་གཅིག་ཡོད་〔ཡོང་〕སྟབས་ཀྱིས། རི་དྭགས་ཚོགས་རྣམས་ཀུན་ཏུ་རྒྱུ། །བྱ་རྣམས་སྙན་པའི་སྐད་འབྱིན་ཞིང་། །ཆུ་རྒྱུན་དལ་བར་འབབ་པ་ཡི། །བདག་གཟུང་མེད་པའི་ས་ཆ་དེར། །ད་〔ང་〕ནི་ངེས་པར་སླག་རེ་རན། །རན་〔ནན་〕གྱིས་མི་མཐོ་ཨེན་ཙམ་མཆིས། །

ཞེས་སོགས་མགུར་མ་དུ་མ་ཞིག་གསུངས་ཤིང་། སྒྲུབ་པ་ཁོ་ན་གཅིག་མཛད་དགོངས་ནས། ཆོས་རྗེ་འདུལ་བ་འཛིན་པ་ལ་ཞུས་པས། དེ་འཐད་སློམ་པ་རང་གལ་ཆེ་གསུང་ཐུགས་དགེས་ནའང་། མཁན་ཆེན་འཇམ་དབྱངས་པས། སློབ་དཔོན་ཤེར་བརྩོན་འཕོད་དུ་བཏང་བྱུང་། ཆོས་རྗེས་པས་སྟོད་དུ་ཆུག་གསུང་ན་དགའ་བ་ལ་སླམ་སྟེ། རང་རེས་ནི་ཞུ་མ་ནུས་པར་གནས་སྙིང་དུ་ཕྱིན། མཁན་ཆེན་འཇམ་དབྱངས་པའི་གསུང་གིས་འཆད་ཉན་གྱིས་གསུང་། དེ་ནས་བཤད་པའི་གོ་ཆ་ཆེན་པོ་བསྣམས། དགུང་ལོ་ཉི་ཤུའི་ཐོག་ཏུ། མཁན་ཆེན་འདུལ་བ་འཛིན་པ་དང་། སློབ་དཔོན་འཕགས་པ་དོན་ཡོད་ཞགས་པ་ཆེན་པོ། གསང་སྔགས་སྟོན་པ་མཁན་ཆེན་འཇམ་དབྱངས་ཤེས་རབ་རིན་ཆེན། དད་པའི་དགེ་འདུན་མཚན་ཉིད་དང་ལྡན་པ་གྲངས་ཚང་བའི་དབུས་སུ་བསྙེན་པར་རྫོགས་པ་མཛད། དེ་ཕྱིན་ཆད་ཚུལ་ཁྲིམས་ལ་ཉེས་ལྟུང་ཤིན་ཏུ་ཕྲ་བས་ཀྱང་མ་གོས་པར་དྲན་ཤེས་བཞིན་གྱིས་ཟིན་པར་མཛད་དོ། །

དེ་ནས་བླ་མའི་མཆོག་བསྟན་ཅིང་ཆོས་ལ་སྦྱངས་པ་མཛད་ཚུལ་ནི། འཕགས་པ་དོན་ཞགས་པ་ཆེན་པོ་དང་། རྒྱལ་བ་མཚོ་མོ་ཆེ་བ་གཉིས་ལ་གསང་སྔགས་ཕྱི་ནང་གི་ཆོས་སྐོར་མཐའ་དག་གསན་ཅིང་། དེ་རྣམས་ཕལ་ཆེ་བ་མཁྱེན་པར་མཛད། མཁན་པོ་འདུལ་བ་འཛིན་པ་ལ་དབང་སེམས་བསྐྱེད། འཁྲིད་གདམས་པ་མང་དུ་ཞུས། གཉགས་གྲགས་པ་ཚུལ་ཁྲིམས་ལ (P. 33བ་) ཕར་ཕྱིན་གཟབ་བཤད་ཚར་གཅིག་གསན་ཅིང་། རྣམ་ངེས་ཀྱི་དཀའ་གནད་མང་པོའི་ཐེ་ཚོམ་ཆོད། ཕན་ཆེ་བར་བྱུང་བས་འགྲོ་རིན་ཆོག་གསུངས། མན་ངག་ཕྲན་ཡང་མང་དུ་གསན་ནོ། །

ཆུ་ཕོ་བྱི་བའི་ལོ་དགུང་ལོ་ཉི་ཤུ་རྩ་ལྔ་པའི་ཐོག ཆོ་འཕྲུལ་ཆེན་པོའི་ཟླ་བ་

ལ། གནས་རྙིང་གིས་ཐོག་དྲངས། དགོན་པ་མ་ལག་དང་བཅས་པ་རྣམས་ཀྱི་〈ཀྱིས་〉མཁན་པོ་མཛད། ཕོང་པོ་〈པ་〉ཉིད་ནི་ན་བཟའི་ཚགས་མི་བཤིག དབུ་ཛས་〈སྤུས་〉ལ་ཕབ་པའི་རྣལ་མི་མཛད། མཉམ་གཞག་འབའ་ཞིག་ལ་བཞུགས། ཅོག་པུ་འདི་ཚེམས་དང་སྐྱ་ཁམས་ལ་གཟན། རྣལ་དུམ་རེ་མཛད་ན་ཞུས་པས། ལུས་ལན་〈ལ་ན་〉ཚ་མེད། ཐོས་བསམ་སྒོམ་གསུམ་བྱེད་པའི་མི་གཉིད་ལ་རོ་ལོག་བྱེད་པ་སྙིང་མེད་པ་ཡིན་གསུང་ངོ་། །

སྙིང་རྗེ་དང་བྲལ་བསད་པའི་ཤ་དང་ནི། །བག་མེད་སྨྱོས་འགྱུར་ཆང་དང་ཆང་མའི་ཚོགས། །རིང་དུ་བསྐྲད་ཅིང་རྒྱ་ཡོངས་ཐམས་ཅད་དུ། །སྲུང་མ་བཞག་ཅིང་མི་འཇིགས་སྦྱིན་ལ་བསྐོད། །ཅེས་པ་ནི། ལུགས་རིའི་ནང་དུ། ཤའི་ཚོང་འདུས་འཚོག་པ་རྒྱུན་བཅད། ཕྱུག་མཛལ་དང་། མི་ཏོག་ལ་〈ལས་〉ཤ་ཁྱེར་ལ་མ་འོང་གསུང་བའི་སྐད་ཕྱོགས་ཕྱོགས་སུ་བཏང་། མི་ཏོག་གི་དུས་རྫོར་ནག་མི་གསོལ། ཁལ་པའི་རྟ་གཅིག་མ་གཏོགས་རྟའི་རིགས་དང་། མི་སྐྱ་རྟ་རྫི་གཅིག་མ་གཏོགས་ཕྱུག་ཕྱི་བ་མི་སྐྱའི་རིགས་མི་འཁྲིད། འཁོར་ཐམས་ཅད་དགེ་འདུན་ཚུལ་ཁྲིམས་དང་ལྡན་པ་འཁྲིད། ཕོང་པ་རང་ཡང་ཞབས་ཐང་མཛད། ཡོན་བདག་ཕོ་རུས་ཆེ་བ་འདྲས། འདི་འདྲ་མ་མཛད། ཉུང་ཡང་རྟ་ཞོན་བཅུ་ཙམ་རེ་བྱོན་ན་ཞུས་པས། རྟ་རེ་རེའི་རྒྱུ་ལའང་གོག་〈ཁག་〉པོ་འོང་གསུང་། སང་ཕོད་ནས་སྐྱུལ་གོག་རེ་དང་ཕོར་གོག་རེ་བསྟམས་ནས་འཁྱོན་པར་འདུག་ཟེར་ལོ་〈རོ་〉། མི་ཏོག་ལ་འགྲོ་བ་འདི་དད་པ་ཅན་གྱི་ཚོགས་རྫོགས་པར་བྱ་བའི་ཕྱིར་ཀྱང་ལ་འགྲོ་དགོས། བླ་བྲང་པ་ལ་ཕན་དུ་རེ་ནས་འགྲོ་བ་འདིའང་། བླ་བྲང་གོག་པོ་འདི་དགེ་འདུན་སྡེའི་སྒྲོག་རང་ཡིན། འདི་ལ་ཕན་ནའང་དོན་དེ་ལས་ཆེ་བ་མེད་གསུང་ངོ་། །

བཀྲ་ཤིས་སྡིངས། སྣང་ཟས། ལྷ་ཁྱུད། ལྕགས་གཞོང་། དཀྲུ་བཞི། ཚུ་སྐྱ། རུབ་མོ་ཚལ་བཞེངས། འོར་བ་རྣམས་སུ། ཆང་མའི་ཚོགས་(P. 34ན་) ཀྱིས་གང་། སླུ་བཞས་ལ་སོགས་པ་ཁ་ན་མ་ཐོ་བ་འབའ་ཞིག་གིས་དུས་འདའ་ཞིང་། བག་མེད་པའི་དབང་གིས། རབ་ཏུ་བྱུང་བ་རྣམས་ཀྱི་བསླབ་པ་ཉམས་པར་བྱེད། ཁྱིམ་པ་རྣམས་ཀྱི་ལོངས་སྤྱོད་ཟད་པར་བྱེད་པ། ཉོན་མོངས་པ་དུག་གསུམ་སྐྱེ་བའི་གཞི་རྩད་ནས་བཅད་པའི་ཕྱིར། བླ་མ་ཆེན་པོ་བླ་མ་བདག་ཉིད་པ། རྒྱལ་བུ་ཆོས་དཔལ། དཔོན་ཆེན། ཁྲི་དཔོན་རྣམས་ལ་བཀའ་ཤོག་དང་ཙ་ཏུ་ཞུས། ཡུལ་མི་རྣམས་ལ་ཡི་གེ་དམ་པོ་བླངས་དུས། དཔོན་ཆེན་གྱིས། འདི་ཁྲི་བསྐོར་གཅིག་ལས་ལྷག་པས་ཆང་འཚོང་འཛོག་པར་ཞུ་ཞུས་པས། ཆོས་དང་མི་མཐུན་པའི་ལོངས་སྤྱོད་ཆེ་བ་ལ་དགོས་པ་མི་བདོག་གསུང་ནས་རྒྱ་ཁོངས་སུ་ཆང་འཁྱིམ་དུ་མེད་པའི་ཁྲིམས་བཅས〈བཅད་〉གཞན་ཡང་རི་རྒྱ། ཀླུངས་རྒྱ། ལམ་རྒྱ་ལ་སོགས་སྲུང་མ་བཞག་ནས། མི་འཇིགས་པ་སྐྱབས་ཀྱི་སྦྱིན་པ་མཛད།

ཤིང་ཕོ་སྟག་གི་ལོ། ཟུལ་ཕུར་ཡོན་ཏན་འབུམ་ལ〈ལས་〉འདུལ་བ་གསན། མཁས་པར་མཁྱེན། གཞན་ཡང་ཆོས་མང་དུ་གསན། དེ་ཀའི་དབྱར་ཆོས་ནས་འདུལ་བ་གསུངས། འདུལ་བའི་གྲྭ་ས་བཙུགས། སྟག་ལོའི་རྩིས་ཚོད་ལ། ཏི་ཤྲཱི་སངས་རྒྱས་དཔལ་གྱི་ཐུགས་དགོངས་རྫོགས་ཕྱིར། ས་སྐྱར་ཆོས་འཁོར་བསགས་དུས། མཁས་པ་རྣམས་དང་ཆོས་ཀྱི་རྩོད་པ་མཛད་པས། རྩོད་པ་བཟང་ཞིང་སྤོབས་པ་མྱུར་ལ་ཧྲེས་བརྗོད་དག་པས་འགྲན་པའི་ཟླ་ཐམས་ཅད་དང་བྲལ་ཞིང་། མཁས་བཙུན་བཟང་གསུམ་གྱི་གྲགས་པས་ཁྱབ་པར་མཛད། ཡང་དེའི་དུས་ན། བླ་ཆོས་ཀྱི་དུང་བུས། མཁས་པ་དང་བཙུན་པ་དང་བཟང་

བ་ལ་སོགས་པའི་ཚོགས་〈ཚིག་〉སྟོང་ཕྲག་འདུས་པ་ལ། ཕར་ཕྱིན། འདུལ་བ། ཚད་མ་རྣམ་ངེས་རྣམས་ཉེ་མ་ལྷ་ལ་ཇོགས་པར་གསུངས་པས། ཐམས་ཅད་ཀྱིས་ སྨྲུལ་པའི་སྐུའི་མཛད་པར་ཐག་བཅད་ཅིང་། ཤིན་ཏུ་མོས་ཤིང་དད་པར་མཛད་དོ། །

ཤིང་མོ་ཡོས་ལོའི་དཔྱིད། གནས་སྙིང་དུ་སློབ་དཔོན་དར་མ་ཚུལ་ཁྲིམས་གདན་དྲངས། མངོན་པ་ཀུན་བཏུས། བཟང་རིངས་ཏེ་ཀ་གསུང་བགྲོས་དང་བཅས་པ་གསན་ཅིང་ཐུགས་སུ་ཆུད་པར་མཛད། གཞན་ཡང་བཀའ་བསྟན་བཅོས། ཆེ་འགྲེལ་སྒྲུབ་ཐབས་མན་ངག་ལ་སོགས་པ་ཚན་ཆེར་གསན། དེའི་ཚེ། ཁོང་པ་ཉིད་ཀྱིས་ཁམས་པ་གཉག་རྒྱུར་ལ་སོགས་པ་ཐག་(P. 34བ་) རིངས་ནས་མཁས་ཉན་ལ་སླགས་པའི་གྲྭ་པ་མང་པོ་ལ་ཕར་ཕྱིན་ལ་སོགས་པ་གསུངས། དེའི་དགུན་ཆོས་ནས་དཀའ་བཞི་སྲོལ་ནས་གསུངས་ཏེ། དཀའ་བཞིའི་གྲྭ་པ་〈ས་〉ཚོགས་པར་མཛད་དོ། །

དུས་རེ་ཞིག་གི་ཚེ། ས་ཕུག་གི་མི་དཔོན་པགས་ཤེ་ཀུན་དགའ་དང་། གྲྭ་པ་རྣམས་ཐུགས་མདོས་ཆེར་བྱུང་བ་ལ། ཐུགས་ཡིད་འབྱུང་སྟེ། གནས་སྙིང་དུ་མི་འཁོར་བར་གནས་ཆེན་རྣམས་ལ་འགྲོན་པའི་དགོངས་པ་མཛད་ནས། ཡར་ལམ་ས་སྐྱ་ལ་ཕྱིན། གཡའ་ལུང་དགོན་གསར་དུ་བཞུགས་པའི་ནུབ་མོ། རྣལ་ལམ་དུ་ཆོས་སྐྱོང་ཕྱིན་ནས། མི་འཁོར་བའི་བསམ་པ་མ་མཛད། མྱུར་དུ་འཁོར་རྩིས་མཛོད་གསུང་བ་དང་། བར་འབྲོག་བེ་ལུང་དུ་ཕེབས་པའི་ནུབ་མོ་ཡང་། གནས་སྙིང་དུ་ཕེབས་དགོས་པའི་〈པ་〉ཆོས་སྐྱོང་གིས་ལྟས་བྱུང་ནས། དེ་ནས་གནས་སྙིང་དུ་འཁོར་རྩིས་བྱས་གསུངས། གྲྭ་པ་རྣམས་དང་ཁང་གསར་བླ་བྲང་པ་ཁ་སྐྲས་དང་རྩོད་པ་ཆེར་བྱུང་ཡང་། བླ་མ་གྲགས་པ་རྒྱལ་མཚན་

པའང་མཁས་བཙུན་བཟང་པའི་ཡོན་ཏན་དང་ལྡན་ཞིང་། ཕོང་བ་ཉིད་ནི་དེ་བས་ཀྱང་ཕུལ་དུ་ཕྱིན་ཅིང་། བཟོད་པ་ལ་གནས་པའི་སེམས་དཔའ་ཆེན་པོར་བཞུགས་པས་ཐུགས་འགྲས་པ་མེད་པའི་སྙིངས་སུ་ཐུགས་ཡིད་གཅིག་ཏུ་འདྲེས་ཤིང་། གཅིག་གི་ཡོན་ཏན་གཅིག་གིས་རྟོགས་ནས། གཅིག་ལ་གཅིག་ཤིན་ཏུ་མཉེས་པར་མཛད། པགས་ཤི་ཀུན་དགའ་ལ་སོགས་པ་རྣམས་ཀྱང་མོས་གུས་ཚད་མེད་པ་ཆུག ཟང་ཟིང་གི་འབུལ་བ་རྒྱ་ཆེན་པོས་མཆོད། རྫ་བའི་བླ་མར་འཛིན་ཏོ། །

དེ་ནས་གནས་ཆེན་རྣམས་ལ་ཕྱིན། ལོ་རྩ་བ་བློ་གྲོས་བརྟན་པ། དཔལ་མ་སྐྱིབས་ཕུག་ན་བཞུགས་པ་ཅན་ཕྱིན་ནས། ཚད་མ་སྡེ་བདུན། བརྒྱད་སྟོང་མདོ་འགྲེལ། ཐུབ་པ་དགོངས་རྒྱན་ལ་སོགས་པ་ཆོས་བཀའ་མང་དུ་གསན། དེ་ནས་ཡང་། སྐྱིད་གྲོང་ལ་འབྱོན་པར་དགོངས་པ། མཁན་པོ་གནས་རྙིང་པ་གྲོས་〈དྲོས་〉ཟེར་བ་ལོ་ཙྪ་བས་གསན་ཅིང་། ཕོང་པ་ཡིན་པར་དགོངས་ནས་ཐབས་སྣ་ཚོགས་ཀྱིས་སྐོར་〈འགོར་〉། དེར་ཆོས་སྡིངས་པའི་འཚོལ་མཁན་ཀུན་གྱིས་རྙེད་ནས། ཆོས་སྡིངས་སུ་གདན་དྲངས། དེ་དུས་གནས་(P. 35ན་)རྙིང་པའི་གདན་འདྲེན་པ་རྣམས་ཀྱིས་ཀྱང་སླེབ་ནས། ཚོགས་སུ་མང་ཇ་བསྐོལ་ནས་ཞུ་བ་བྱས་དུས། མཁན་པོ་གང་〈གངས་〉པ་གོང་ན་བཞུགས་ཀྱང་། ད་རེས་ཀྱི་གཏམ་ལན་འདི་བདག་གིས་བགྱིད་གསུང་ནས། ཆོས་དང་བསྟུན། བག་དང་ལྡན་ན་དགེ་སློང་བཞི་སྡེ་གཅིག་ལས་མེད་ཀྱང་སངས་རྒྱས་ཀྱི་བསྟན་པ་དཀར་ཐེག་ལ་འགྲོ། དེས་གོང་མའི་གདན་ས་ཟིན་པ་ཡིན། བློ་ལས་སུ་མི་ནུང་བ་གཅིག་གིས། སངས་རྒྱས་ཀྱི་བསྟན་པ་ནག་ཕྱོལ་ཏེ་གཏོང་བ་ཡིན་གསུངས་པ་ལ་སོགས་པའི་ཞལ་ཏ་དང་། བཀའ་བསྒོ་ནན་ཆེན་

མཛད་ནས། ཉེ་གནས་འགྲེས་པ་གཉིས་བཞུགས། གཞན་ཕྱིད་རང་རྣམས་དབྱར་ཆོས་ལ་སློབ་པར་ཕྱིན་ལ་ཐམས་ཅད་ཀྱིས་དབྱར་ཆོས་ཤོད་〈བཤོད་〉། དེང་སང་སྟོན་སློབ་པར་བྱེད་པ་ཡིན་གསུང་། དེ་ནས་ཆོས་རྗེ་འདུལ་བ་འཛིན་པའི་དྲུང་དུ། འཁྲིད་གདམས་པ། མགོན་པོའི་ཆོས་སྐོར་སོགས་མན་ངག་མང་དུ་གསན། མི་ཕོ་འབྲུག་ལོའི་སྟོན། དཔལ་གནས་སྙིང་དུ་ཕེབས། གདུལ་བྱ་རྣམས་ཆོས་དང་ཟང་ཟིང་གིས་ཚིམས་པར་མཛད།

མདོར་ན་སྐྱེས་བུ་དམ་པ་འདི་ས་ནི། མཁན་པོ་ལྷ་དོ་པ་རིན་ཆེན་བཟང་པོ། འདུལ་བ་འཛིན་པ་བསོད་ནམས་རིན་ཆེན། འཇམ་དབྱངས་ཤེས་རབ་རིན་ཆེན། བྱང་སེམས་གཞོན་ནུ་རིན་ཆེན། སློབ་དཔོན་ཤེར་བརྩོན། རྒྱ་སྟོན་བསོད་རིན། རྒྱལ་བ་མཚོ་མོ་ཆེ་པ། འཕགས་པ་དོན་ཞགས་པ་ཆེན་པོ། གཉག་〈གཉགས་〉གྲགས་ཚུལ། སློབ་དཔོན་ཡོན་ཏན་འབུམ། སློབ་དཔོན་དར་མ་ཚུལ་ཁྲིམས། དཔང་ལོ་རྩ་བ་བློ་གྲོས་བརྟན་པ་འཇམ་དབྱངས་སྐྱ་བོ། མཁན་པོ་གཞོན་ནུ་བྱང་ཆུབ་རྣམས་ལ་〈ལས་〉། མདོ་བསྟན་བཅོས། རྒྱུད་སྒྲུབ་ཐབས། འཁྲིད་གདམས་པ། དབང་ཕྱག་བཞེས་སོགས་བསམ་གྱིས་མི་ཁྱབ་པ་གསན་ཅིང་། བསྟན་བཅོས་ཕྱུགས་སུ་ཆུད་ཅིང་ལེགས་པར་འཆར་ཐུབ་པ་དཀའ་ཆེན་བཞི། ཚད་མ་རྣམ་འགྲེལ། རིག་གཏེར། སྤྱོད་འཇུག རྒྱུད་གཞན་སྒྲུབ་པ། ཐུབ་པར་དགོངས་རྒྱན། མདོ་སྡེ་རྒྱན། རྒྱུད་བླ། ཆོས་དང་ཆོས་ཉིད་རྣམ་འབྱེད། དབུས་དང་མཐའ་རྣམ་འབྱེད། མངོན་པ་ཀུན་ལས་བཏུས། ཆོས་མཆོག་ཆུང་བ། བརྒྱད་སྟོང་འགྲེལ་ཆེན། འདུལ་བ་རྒྱ་ཆེ་འགྲེལ་(P. 35བ་)མདོ་སྡུད་པ་ཚིགས་སུ་བཅད་པ། དབུ་མ་རྩ་འཇུག དབུ་མ་རྒྱན། ཀུན་གྲེལ་པོ་ཏེ་ཉི་ཤུ་རྩ་གཅིག དུས་འཁོར་གྱིས་ཐོག་དྲངས། རྡོ་རྗེ་

ཐེག་པའི་རྒྱུད། སྒྲུབ་དཀྱིལ་རྣམས་བཅུ་གསུམ་ཐུགས་ལ་མངའ་ཞིང་། ཐུགས་དམ་ལ་ལྷག་པར་བརྩོན་པ་ཉིད་དོ། །

དཔལ་གནས་སྙིང་གིས་ཐོག་དྲངས། ཞང་གི་དགོན་པ་མ་ལག་དང་བཅས་པ་རྣམས་ཀྱི་བཤད་བརྒྱུད་དང་། སྒྲུབ་བརྒྱུད་ཀྱི་བསྟན་པ་རྒྱས་པར་མཛད། མཁན་པོ་ཆོས་དར། མཁན་པོ་གྲགས་རིན། སློབ་དཔོན་རལ་དཀར་ལ་སོགས་པ། དབུས་གཙང་དུ་མཁས་པའི་གྲགས་པ་ཐོབ་པའི་ཟུར་ཆོས་པ་མང་པོ་དང་། གྲྭ་པ་གློ་གཙང་དཔེ་འགྲེམས་ཀྱི་ཆོས་ཉན་ཉིས་བརྒྱ་ལྷག་རེ་བྱུང་། དབུས་གཙང་ཐམས་ཅད་དུ་མཁས་བཙུན་བཟང་གསུམ་གྱི་སྙན་〈 བསྙོད་〉པས་ཁྱབ་ཅིང་། དགེ་འདུན་སྡེའི་ཆོས་ཁྲིམས་ཀྱི་བཅའ་བ་རྣམས་ཤིན་ཏུ་དམ་པ་དང་། སྟར་གླ་བྲང་ནས་དགེ་འདུན་རྣམས་ལ་ཁྲལ་བག་རེ་ཡོད་པ་རྣམས་རྒྱུན་བཅད། ལྷག་པར་ཕྱོགས་བཅུའི་དགེ་འདུན་རྣམས་ལ་བཀུར་སྟི་དང་། ཞབས་ཏོག་ཕུན་སུམ་ཚོགས་པ་མཛད་དོ། །

དེ་ནས་འདི་སྐད་དུ། གཅིག་པུ་དོན་ཉིད་མི་སེམས་ཤིང་། །གདུལ་དཀའི་སེམས་ཉིད་མི་གདུལ་བར། །འཁོར་མང་ནང་དུ་ཆོས་འཆད་པ། །ཁེངས་གྲགས་གཡེང་བ་བདུད་ཀྱི་ལས། །ཅེས་གསུངས་ནས། སློབ་དཔོན་རིན་ཆེན་དབང་ཕྱུག་དཔལ་དགུང་ལོ་བཅུ་བཞི་བཞེས་དུས། རྒྱལ་ཚབ་དམ་པར་མངའ་གསོལ་ནས། ཕོང་པ་ཉིད་ཀོད་ཚང་དུ་བྱོན། དེའི་དུས་ན་འཕྲུལ་གྱི་ན་བཟའ་ཆོས་གོས་རྣམ་གསུམ་དང་། བེམ་པོ་གཅིག་མ་གཏོགས། གཞན་ཅི་ཡང་མ་བསྣམས་པར་ཀུན་སྤངས་ཆེན་པོ་མཛད་དོ། །བུ་ཀུན་འཁོར་ལ་ཞེན་པ་སྤངས། །སྟོབས་ཀྱི་འཁོར་ལོ་སྒྱུར་བ་འམ། །སེང་གེའི་རྒྱལ་པོ་ཇི་བཞིན་དུ། །གཅིག་པུར་གནས་པའི་རྣལ་འབྱོར་པ། །ཁམས་གསུམ་སེམས་ཅན་ཡོངས་ཀྱི་

ཛེ། །ཞེས་རྒོད་ཚང་དུ་ཐུགས་དམ་ལ་རྩེ་གཅིག་ཏུ་བཞུགས། བླ་སྤྲུལ་ཕོ་ན་བླ་བ་རྡུག་མཛད་ཅིང་། དེའི་ཚེ་རེ་འགའ་རྒྱན་གཅོད་མཛད། རེས་འགའ་རྩམ་པ་བྲེ་རེས་བླ་བ་རེ་ཙམ་ཐུབ་པ་མཛད་ཅིང་། （P. 36ན་）རྟོགས་པ་ཁྱད་པར་ཅན་འཁྲུངས། ཡི་དམ་གྱི་ལྷ་གཅིག་འགྲུབ་ན་ཐམས་ཅད་འགྲུབ་པ་དང་འདྲ་བར་འདུག་གསུང་པ་སོགས་ངོ་མཚར་ཅན་གྱི་གསུང་འགྲོས་མང་དུ་གདའ་འོ། །

སྐྱེས་བུ་དམ་པ་འདི་བསམ་སྨོམ་གསུམ་དད་པའི་གདུལ་བྱ་སེམས་ཅན་རྣམས་བྱང་ཆུབ་ཀྱི་ལམ་ལ་འགོད་པའི་ལམ་ཕོ་ན་མཛད་ཅིང་། ལས་ཀ་དང་ཐབ་ཀ་ཕྱག་རྗེས་གཙོ་བོར་མི་མཛད་མོད་ཀྱི། འོན་ཀྱང་གཙུག་ལག་ཁང་རྙིང་པ་འདི་བཏན་〈བསྟན་〉པའི་རྩ་བ་ཡིན་གསུངས་ནས་སྤྱིན་བན་〈བད་〉སོགས་པ་རྣམས་གསོས། ཡོལ་ཆེན་པོའི་སྐུ་འདྲ་དང་། ལོགས་རིས་ལ་སོགས་པ་ལེགས་པར་མཛད། སྟེ་དར་བའི་རྟེན་འབྲེལ་ལ་དགོངས་ནས། བ་གཞུག་གི་ཀ་ཊི་ཡང་མཛད་དོ། །

ཡང་གནས་ཆེན་ཁྱད་པར་ཅན་རྣམས་ལ་བྱ་བྲལ་ལྷོམ་བུ་མཛད་ནས་བྱོན་ཅིང་། ཁྱད་པར་གངས་ཏི་སེ་ལ་བྱོན་པའི་ཚེ། བླ་མ་རྫོང་ཕུ་བས། ཏི་སེ་ལ་འབྱོན་པ་ལ་མི་རྒོད་ཀྱི་འཇིགས་པ་དང་། གཅན་ཟན་གྱི་འཇིགས་པ་སོགས་ལམ་ལ་ཉེས་དམིགས་ཆེན་པོ་བདོག དེ་བས་རྒྱལ་ཐང་ལ་བཞུགས་པར་ཞུ། རྒྱན་ངན་ཐེག་པའི་ཐུགས་དམ་གྱི་གདེང་ཅེ་བདོག་ཞུས་པས། རྒྱན་ངན་ཐེག་པའི་དགེ་སྦྱོར་གྱི་གདེང་ཙམ་མེད། ད་ལྟ་རང་དུ་སྐྱེ་ཤད་〈ཤད་〉དེ་བཅད་ཀྱང་ཞེ་སྡང་སྐད་ཅིག་ཀྱང་མི་སྐྱེ། དེ་བས་ཐུབ་རང་མི་འོང་མཆི། ཕོང་ཚོལ་མ་འཚལ་གསུངས་ནས་ཏི་སེ་ལ་བྱོན། ངོ་མཚར་གྱི་གྲུབ་རྟགས་དུ་མ་ཞིག་བསྟན་

ཅིང་། བདུལ་〈གདུལ་〉བྱའི་དོན་རྒྱ་ཆེན་པོ་མཛད་དོ། །གཞན་ཡང་ཀུན་སྤྱངས་ཆེན་པོ་འདི་ལ། ཐུགས་ཤེས་ཟང་ཐལ་དུ་མདའ། ཡི་དམ་གྱི་ལྷ་མང་པོའི་ཞལ་གཟིགས། བསྐྱེད་རྫོགས་གཉིས་ལ་མངའ་བརྙེས་པ་སོགས་ཡོན་ཏན་གྱི་ཚོགས་བསམ་གྱིས་མི་ཁྱབ་པ་དང་ལྡན་པ་ཞིག་ཡིན་ཀྱང་། འདི་ནི་ཡོན་ཏན་ཐམས་ཅད་སྦེད་པ་པོ་ན་གསོ་བོར་མཛད་པ་ཞིག་གོ །འདིའི་རྣམ་པར་ཐར་པ་ནི། ས་ལ་གནས་པའི་བྱང་ཆུབ་སེམས་དཔའ་དང་ཁྱད་པར་ཅུང་ཟད་མེད་ཅེས་མཁས་པའི་དབང་པོ་གནམ་ལྷུགས་〖ཀྱིས་〗གསུང་ཟེར་རོ། །

དེ་ལྟ་བུའི་སྐྱེས་བུ་དམ་པ་འཛིན་ཆགས་ཀྱི་འབྲི་བ་གཏན་ནས་མི་མངའ་བ་དེ་ནི། ས་ཕོ་བྱི་བའི་ལོ་ལ་སྐུ་འཁྲུངས་ནས། མེ་ཕོ་བྱི་བའི་ལོ་དགུང་ལོ་བཞི་བཅུ་ཞེ་དགུ་བཞེས་པའི་ཚེ་བྱ་དགོའི་ཉི་ཤུ་ལྔའི་ཉི་མ་ཕྱེད་པ་ལ། ངོ་མཚར་བའི་ལྟས་(P. 36བ་)དཔག་ཏུ་མེད་པ་དང་བཅས་ནས། གླང་ཕུ་ཕོ་བྲང་སྡིངས་ཀྱི་སེང་གེ་རིར་ཆོས་ཀྱི་དབྱིངས་སུ་མྱ་ངན་ལས་འདས་སོ། །སྤུར་ཞུགས་ལ་ཕུལ་པའི་ཚེ། འཇའ་འོད་ལ་སོགས་པ་བསམ་གྱིས་མི་ཁྱབ་པ་དང་། གདུང་རྣམས་ལ་མོས་གུས་ཀྱི་རྟེན། ཚེ་དཔག་མེད་ཀྱི་སྐུ་དང་། རིང་བསྲེལ་དུ་མ་ཞིག་བྱོན་ནོ། །འདི་ཉིད་ཀྱི་རྣམ་པར་ཐར་པ་རྒྱས་པར་ནི། བླ་མ་ལྷ་རྗེ་བས་མཛད་པ་ཉིད་དུ་བལྟ་བར་བྱ་འོ། །དུས་མཆོད་ལ་ཇ་མཆོད་གཅིག་ཡོད་པ་དེ་ཟན་ཚུལ་ཁ་འཁོར་བའི་གསེབ་ན་ཡོད་དོ། །

མཁན་ཆེན་རིན་ཆེན་དབང་ཕྱུག་དཔལ་བཟང་པོ་པ་ནི། ཡབ་མཁན་པོ་རྩ་རི་པ་ཡོན་ཏན་རིན་ཆེན་པ་དང་། ཡུམ་ཉང་སྟོད་པ་མ་གཅིག་ཆོས་སྒྲོན་ལ། ས་ཕོ་སྤྲེའུའི་ལོ་ལ་རི་ནང་སེ་འཕྲང་དུ་སྐུ་འཁྲུངས་པ་ཡིན་ཅིང་། དགུང་ལོ་བཅུ་གཅིག་བཞེས་པའི་ཚེ། མཁན་པོ་འཇམ་དབྱངས་ཤེས་རབ་རིན་

ཆེན་པ། སློབ་དཔོན་ཀུན་སྤྱངས་དཀའ་བཞི་འཛིན་པ་ཆེན་པོ་རིན་ཆེན་འབྱུང་གནས་དཔལ་བཟང་པོ་པ། གྲིབ་ཚད་པ་བླ་མ་ལྷ་རྗེ་བ་བསོད་ནམས་དཔལ་བཟང་པོ་གཉིས་ཀྱིས་མཛད་དེ། རབ་ཏུ་བྱུང་བ་དགེ་ཚུལ་གྱི་སྡོམ་པ་རྣམ་པར་དག་པ་བླངས་སོ། །དེ་ནས་བསྟན་བཅོས་ཆེན་པོ་མངོན་པར་རྟོགས་པའི་རྒྱན་འགྲེལ་པ་འགྲེལ་བཤད་དང་བཅས་པས་ཐོག་དྲངས། སྡེ་སྣོད་རྣམས་ལ་སྦྱངས་པ་ཆེར་མཛད་ཅིང་། ལྕགས་མོ་བྱའི་ལོ། དགུང་ལོ་བཅུ་བཞིའི་ཐོག་ཏུ། ཀུན་སྤྱངས་དཀའ་བཞི་པ་ཆེན་པོའི་གདན་ས་ལྷ་ཐོག་རྩེར་ཆགས་ཕབ〈 ཕྱུགས་ཕེབས་〉། དཔལ་གནས་སྙིང་གིས་ཐོག་དྲངས། ལ་ཉང་གི་དགོན་པ་མ་ལག་དང་བཅས་པའི་མཁན་པོ་མཛད། མཁས་བཙུན་བཟང་གསུམ་དང་ལྡན་པའི་སྒོ་ནས་ལ་ཉང་གི་བསྟན་པ་རྒྱས་པར་མཛད་དེ། མེ་མོ་ཡོས་བུའི་ལོ་དགུང་ལོ་ཉི་ཤུའི་དུས་ཚོགས་སྡེ་མའི་མཁན་སློབ་དད་པའི་དགེ་འདུན་མཚན་ཉིད་དང་ལྡན་པ་གྲངས་ཚང་བའི་དབུས་སུ། བསྙེན་པར་རྫོགས་པ་དགེ་སློང་གི་སྡོམ་པ་རྣམ་པར་དག་པ་ཐོབ་ལ་མ་ཉམས་པར་མཛད་དོ། །(P. 37ན་) འདི་ནི་གསེར་དང་བོང་བར་མཉམ་པ། ཟང་ཟིང་གི་དངོས་པོ་ལ་ཆེད་གཉེར་དང་འཛིན་པ་མི་མངའ། འཇིག་རྟེན་གྱི་བྱ་བ་ལ་ཐུགས་གཏན་ནས་མི་འཇུག་པ་ཞིག་ཡིན་ཅིང་། མཁན་པོ་འདིའི་རིང་ལ་གདུལ་བྱ་བུ་སློབ་ཀྱི་མཆོག་ཀྱང་། ཚད་མ་སྨྲ་བདུན་ལ་དཔལ་ལྡན་ཆོས་ཀྱི་གྲགས་པ་ལྟ་བུ། བཅོམ་ལྡན་ཟླ་འོད། དཀའ་བཞི་པ་དཔལ་རིན། གུ་རུ་ཤེས་རབ་བྱང་ཆུབ། བཅོམ་ལྡན་ཟླ་འོད་ཀྱི་སློབ་མ་མཁས་གྲུབ་ལྷ་དབང་ལ་སོགས་པ་མཁས་པ་བརྒྱ་ཕྲག་མང་པོ་བྱོན། ཡོན་བདག་གི་མཆོག་ཀྱང་། ཁམས་པ་དགེ་འདུན་རྒྱལ་མཚན་གྱི་རྩ་བའི་བླ་མ་མཛད། ཕོང་ཤེན་ཏུ་མོས། ཏའི་བསྒྲི་ཏུ་འཕགས་པ་དཔལ་སྐྱུ་མཆེད་ཀྱི་རྩ་བའི་བླ་མ

མཛད་ཅིང་། མོས་གུས་དང་གུས་པ་ཆེན་པོ་མཛད་པའི་སྟོབས་ཀྱིས་སྐྱེས་བུ་དམ་པ་དེའི་ཐུགས་རྗེ་ཞུགས། དེ་ལ་བརྟེན་ནས་ཉང་སྟོད་ཤར་ཁ་བའི་བསྟན་པ་དར་ལ་ཡུན་རིང་བ་བྱུང་བ་ཡང་། མཁན་པོ་བྱང་ཆུབ་སེམས་དཔའ་དེའི་ཐུགས་རྗེ་ཡིན་ཞེས་ཚད་མའི་སྐྱེས་བུ་རྣམས〚ཀྱིས〛གསུང་ངོ་། །

དེ་ནས་དགུང་ལོ་སུམ་ཅུ་སོ་བརྒྱད་བཞེས་པའི་ཚེ། ཤིང་མོ་བྱའི་ལོ་ལ། གནས་སྙིང་ལྷུགས་རི་ཆེན་མོའི་འགྲམ་བཏིངས། མི་མོ་ཕག་གི་ལོ་ལ་བར་ཆད་མེད་པར་གྲུབ་པ་ཡང་། སྐྱེས་བུ་དམ་པ་འདི་ཉིད་ཀྱི་བྱིན་རླབས་དང་ཐུགས་རྗེའི་མཐུ་དཔལ་ལས་གྲུབ་ཅེས་སྐྱེ་བོ་ཀུན་འཐུན〈མཐུན〉པར་སྣང་བའི་སྒྲ་དབྱངས་སྒྲོགས་བཅུར་སྒྲོག་པའོ། །མཁན་པོ་འདི་ཉིད་ཀྱིས་གདན་སའི་ཐོག་ཏུ་ལོ་སུམ་ཅུ་སོ་གསུམ་བཞུགས་ཤིང་། དགོན་པ་མ་ལག་བུ་སློབ་ཡོན་བདག་དང་བཅས་པ་ཤིན་ཏུ་དར་ཞིང་རྒྱས་པར་མཛད། དེ་ལྟ་བུའི་བླ་མ་དེ་ནི་ཤིང་ཕོ་རྟའི་ལོ། དགུང་ལོ་བཞི་བཅུ་ཞེ་བདུན་བཞེས་པའི་ཚེ། ཁྲིམས་ཀྱི་ཟླ་བའི་ཚེས་བཅུ་དགུའི་ནྟོངས་ཕྱེད་ལ་སྨན་ཆུ་གཟིམ་ཁང་དུ་སྐུ་གཤེགས་སོ། །དེ་ཉིད་ཀྱི་ཐུགས་དགོངས་རྫོགས་ཐབས་བསྐྱེན་བཀུར་བཟང་པོ། འབུལ་བ་གྲལ་འགྱེད་དང་(P. 37བ་) བཅས་པ་དང་། ནང་རྟེན་ཚེ་དཔག་མེད་ཀྱི་གསེར་སྐུ་ཁྲི་རྒྱབ་དང་བཅས་པ། དུས་མཆོད་ཀྱི་གཞི་རྟེན་དང་བཅས་པ་རྣམས། ཉེ་གནས་ཚོགས་གེ་རིན་ཆེན་པས་མཛད་ཅིང་། བསེ་གུང་མཉམ་མེད་རིན་ཆེན་པས་ཀྱང་ནང་རྟེན་གྱི་ན་བཟའ་ཏ་རུང་བཟང་པོ་ཕུལ། སྐུ་འདྲ་བཞེངས། དེའི་དྲུང་དུ་ཞུ་མར་རྒྱུན་པའི་གཞི་རྟེན་ཁང་གསར་པོང་འོག་གི་སྔོག་ར་ས་བོན་ཁལ་ཕྱེད་དང་གསུམ་གྱི་ས་དང་། དགོན་ཚང་རགས་འོག་ནས་ས་བོན་ཁལ་གཅིག་གི་ས་བཙུགས། དུས་མཆོད་ནི་རི་སྤྱི་མཆོད་པར་གྲགས་པ་འདི་ཡིན་ནོ། །

སློབ་དཔོན་ཀུན་དགའ་རྒྱལ་མཚན་པ་ནི། ཡབ་སློབ་དཔོན་རྗེ་རྗེ་དཔལ་ལྡན་པ་དང་། ཡུམ་ཇོ་མོ་ཚུལ་ཁྲིམས་རྒྱལ་〈རྒྱན་〉ཞེས་བྱ་བ་ལ་སྐུ་འཁྲུངས་ནས། རང་གི་ཡབ་ལ་སྙིང་མའི་ཆོས་སྐོར་མང་དུ་གསན་ཅིང་མཁྱེན། གདུང་འཛིན་དུ་བཞུགས་པའོ། །དེ་ལྟ་བུའི་བླ་མ་དེ་ནི་སྟག་གི་ལོ་ལ་སྐུ་འཁྲུངས་ནས། དགུང་ལོ་ལྔ་བཅུ་བཞེས་པ། ཡོས་ལོ་གདུག་གུའི་ཚེས་བཅུའི་ཐོངས་ཕྱེད་ལ་ཁྲག་ཆུང་དུ་སྐུ་གཤེགས་སོ། །

འདི་ཉིད་ཀྱི་གཅུང་པོ་**མཁན་ཆེན་དགའ་བཞི་འཛིན་པ་རིན་ཆེན་བསམ་གཏན་དཔལ་བཟང་པོ་པ་ནི།** ཡབ་སློབ་དཔོན་ཀུན་དགའ་བ་དང་གཅིག་ཅིང་། ཡུམ་མཁར་སྟེངས་མཚོ་མོ་ཆེ་བའི་སྲས་མོ་འོད་ཟེར་སྒྲོན་ཞེས་བྱ་བ་ལ། ཆུ་ཕོ་བྱིའི་ལོ་ལ་སྐུ་འཁྲུངས། མཚན་ཡང་ཀུན་དགའ་ཤེས་རབ་ཞེས་བྱ་བར་བཏགས་སོ། །ལོ་ལྔ་བཞེས་པའི་དུས་སུ། མཁན་ཆེན་རིན་དབང་པ་ཆོས་སྡིངས་སུ་བྱོན། དེའི་ཚེ་ཕྱུགས་ཕྱི་ལ་གནས་སྙིང་དུ་ཕེབས། སློབ་དཔོན་གཞོན་ཚུལ་བས་གློག་བསླབས་པས། རིང་པོ་མ་ལོན་པར་མཁས་པར་མཁྱེན། འདི་རྒྱལ་བ་རིན་ཆེན་གངས་པའི་སྐུ་སྐྱེ་ཡིན་པའི་ཤེས་བྱེད་ཡང་མང་དུ་ཡོད་དོ། །

དགུང་ལོ་བརྒྱད་པ་ལ། མཁན་པོ་འཇམ་དབྱངས་ཤེས་རབ་རིན་ཆེན་པ་དང་། སློབ་དཔོན་ཀུན་སྤངས་དགའ་བཞི་པ་ཆེན་པོ་རིན་ཆེན་འབྱུང་གནས་དཔལ་བཟང་པོ་པ་དང་། གྲིབ་ཚད་པ་སློབ་དཔོན་ལྷ་རྗེ་བ་བསོད་ནམས་བཟང་པོ་རྣམས་ཀྱི་དྲུང་དུ་རབ་ཏུ་བྱུང་བ་མཛད། ཕར་ཕྱིན་ལ་གཟིགས་རྟོག་མཛད་ཅིང་མྱུར་དུ་མཁྱེན། དགུང་ལོ་དགུ་བཞེས་པའི་ཚེ་ཆོས་སྡིངས་སུ་བྱོན། ཐུགས་བསྐྱེད་གསུངས་པས། ནམ་མཁའ་ལ་འཇའ་འོད་ཀྱི་གུར་ཕུབ།

(P. 38ན་) བར་སྣང་ལ་མེ་ཏོག་གི་ཆར་བབས། གདུལ་བྱ་སྐྱ་སེར་ཐམས་ཅད་དང་གུས་ཆུག་ཅིང་། སེམས་དཔའ་ཆེན་པོ་ལ་སྟོད་པའི་གདུང་བརྒྱུད་ཡིན་པས་ཆོག་པར་[པད་]། ཅེས་ངོ་མཚར་དུ་གྱུར་ཏོ། །དེ་ནས་ཆོས་སྡིངས་ཀྱི་གདན་ས་མཛད།

དགུང་ལོ་དགུ་ནས་བཅོ་ལྔའི་བར། ཆོས་སྡིངས་སུ་ཕར་ཕྱིན་གྱིས་ཐོག་དྲངས། ཟབ་པ་དང་རྒྱ་ཆེ་བའི་ཆོས་མང་དུ་གསུངས། ཐོས་བསམ་སྒོམ་གསུམ་ལ་གདུལ་བྱ་རྣམས་ལེགས་པར་བཀོད། ཡོང་པ་ཉིད་སྐུ་གཞོན་ཀྱང་། སྡེ་དགོན་གྱི་བྱ་བ་གང་བྱེད་རྣམས་ཞུས་ནས་བྱེད་པ་མ་གཏོགས། ཡོག་ཆུང་དང་རང་ཐག་གཅོད་མི་ནུས་ཤིང་། སྐུ་ནོན་དང་སྐུ་ཟིལ་ཤིན་ཏུ་ཆེ། དེ་སྟོབས་ཀྱིས་ཆོས་ཁྲིམས་ཀྱི་བཅའ་བ་དམ་པོ་མཛད། གདུང་བརྒྱུད་གོང་མའི་མཛད་བསྲོལ་〈སྲོལ་〉མ་ཉམས་པའི་ཁ་ལ་ཡར་འཕེལ་དུ་མཛད་དོ། །དེ་ནས་ཡང་གནས་རྙིང་དུ་ཕྱིན། འཁན་〈མཁན་〉ཆེན་འཇམ་དབྱངས་པ། མཁན་ཆེན་གཞོན་ནུ་བ། མཁན་ཆེན་རིན་ཆེན་དབང་ཕྱུག་དཔལ། སློབ་དཔོན་གཞོན་ཚུལ་བ། སློབ་དཔོན་སངས་རྒྱས་རྒྱལ་མཚན་པ། བླ་མ་ཟུར་ཕུག་པ་དར་མ་བཟང་པོ། དཀའ་བཅུ་པ་གཞོན་ནུ་སེང་གེ་རྣམས་ལ་〈ལས་〉། ཕྱི་ནང་གི་ཆོས་མཐའ་དག་གསན་ཅིང་སྒྲོ་འདོགས་ཆོད་པར་མཛད།

དགུང་ལོ་ཉི་ཤུའི་ཐོག་ཏུ་ཚོགས་སྡེ་མའི་མཁན་པོ། འཇམ་དབྱངས་ཤེས་རབ་རིན་ཆེན་པས་མཁན་པོ་མཛད། མཁན་ཆེན་རིན་དབང་པས་ལས་སློབ། སློབ་དཔོན་སངས་རྒྱས་རྒྱལ་མཚན་པས་གསང་སྟེ་སྟོན་པ་མཛད། སློབ་དཔོན་གཞོན་ཚུལ་བས་དུས་གོ་བ་མཛད། སློབ་དཔོན་བརྩོན་འགྲུས་སེང་གེ་བས་གཙོ་མཛད། དད་པའི་དགེ་འདུན་མཚན་ཉིད་དང་ལྡན་པ་གྲངས་ཚང་བ་དང་

བཅས་པའི་དབུས་སུ་བསྐྲིན་པར་རྫོགས་པ་མཛད་དོ། །

ཕྱིའི་མཁྱེན་པའི་ཡོན་ཏན་རགས་པ་ཙམ་ནི། དཀའ་བཞི་དུས་འཁོར་དང་བཅས་པ། སྤྱོད་འཇུག མདོ་སྡེ་ལས་ཀྱི་མེ་ལོང་། ལམ་རིམ། ལམ་སྒྲོན། བདེ་དགེས་ཡོ་གསུམ་ལ་སོགས་པ་གསང་སྔགས་ཀྱི་སྒྲུབ་དཀྱིལ་མང་པོ་དང་། ལམ་འབྲས་ཀྱིས་ཐོག་དྲངས། འཁྲིད་ཆེན་མང་པོ་ཐུགས་ལ་མངའ་འོ། །ནང་གི་ཡོན་ཏན་མཉམ་པར་གཞག་པས་ན། གཞན་གྱི་སེམས་ཤེས་པ་ལ་སོགས་པའི་ཐུགས་(P. 38བ་) ཤེས་དང་། ཁྱད་པར་བར་དོ་ཐོགས་མེད་དུ་གཟིགས་པའོ། །མཛད་པའི་ཕྲིན་ལས། ལ་ཉང་གཉིས་སུ་ཆོས་ཀྱི་འཁོར་ལོ་རྒྱ་ཆེན་པོ་བསྐོར་ཅིང་། གདུལ་བའི་〈 བྱའི་〉 གཙོ་བོ་དགེ་བའི་བཤེས་གཉེན་སྡེ་སྣོད་འཛིན་པ་རྣམས་དང་། མི་ནག་གི་གཙོ་བོ་ལ་སྟོད་དུ་དཔོན་ཆེན་ནམ་མཁའ་བརྟན་པས་ཐོག་དྲངས་པ་རྣམས་དང་། ཉང་སྟོད་དུ་ཏའི་བསྲི་ཏུ་འཕགས་པ་དཔལ་གྱིས་ཐོག་དྲངས་པ་རྣམས་ལ་ཟབ་པ་དང་རྒྱ་ཆེ་བའི་ཆོས་ཀྱིས་ཚིམ་པར་མཛད་དོ། །

གཞན་ཡང་། སྐྱ་ཁ་བཞིའི་འགྲོ་བ་རྣམས་ཀྱི་དོན་རྒྱ་ཆེན་པོ་མཛད་ཅིང་། ཁྱད་པར་འབྲུག་པ་མང་པོ་བརྫུམས〈 བསྡུམས་〉། ཁོང་རྣམས་ཀྱིས་ཀྱང་དགོན་པ་མང་པོ་ཕུལ། ཟང་ཟིང་གི་དངོས་པོ་བསམ་གྱིས་མི་ཁྱབ་པའང་ཕུལ་ཅིང་། དེ་ཐམས་ཅད་དོན་ཅན་འབའ་ཞིག་མཛད་དེ། གནས་སྙིང་དུ་བསྟན་འགྱུར་བཞེངས། ཆོས་སྡིངས་སུ་གཙུག་ལག་ཁང་གསར་དུ་བཞེངས། རྟེན་གྱི་གཙོ་བོ་ཚེ་དཔག་མེད་ཀྱི་གསེར་སྐུ་ཁྲི་རྒྱབ་དང་བཅས་པ་བཞེངས་ཤིང་། ལོགས་རིས་དང་། རྙིང་པ་རྣམས་ཀྱི་ཞིག་གསོས་དང་མཆོད་པའི་བཀོད་པ་ལ་སོགས་པ་ལེགས་པར་མཛད་དོ། །

དུས་འཁྲུག་དབང་གིས་དཔལ་ལྡན་གནས་རྙིང་དུ། །བསྟན་པ་ཉམས་སྨད་ཡིད་འབྱུང་གྱུར་པའི་ཚེ། །སྐྱེས་མཆོག་ཉིད་ཕྱིན་བསྟན་པའི་གསལ་བྱེད་མཛད། །འགྲོ་བའི་སྐྱབས་མགོན་ཁྱེད་ལ་གསོལ་བ་འདེབས། །ཅེས་པ་ནི། ལྷུང་ར་ལ་དབུས་པའི་ཁྲི་སྐོར་དྲུག་གིས་དམག་དྲངས། ཡོན་མཆོད་གཅིག་ཡིན་ཟེར་བའི་སོགས་ཕོག ཁོང་མས་བཅས་པའི་ཆོས་ཁྲིམས་རྣམས་ཉམས། དགེ་འདུན་ཆོས་ལྡན་རྣམས་ཡིད་འབྱུང་བའི་དུས། ཁོང་པ་ཉིད་ཕྱུགས་པ་བ་〈ཕེབས་〉། ཞལ་ཏ་བཀའ་བསྒོ་ནན་ཆེན་པོ་གནང་། ལས་རྒྱུ་འབྲས་ཀྱི་ཆོས་མང་དུ་གསུངས་ཤིང་། ཆོས་ཁྲིམས་རྣམས་སྔར་བསྐྱིལ་〈སྐྱིལ་〉བཞིན་དུ་རྒྱག་པ་དང་། ཐོས་བསམ་སྒོམ་གསུམ་གྱིས་བསྟན་པ་རྒྱས་པར་མཛད་དོ། །གཞན་ཡང་སྐྱེས་བུ་དམ་པ་འདིའི། ཉིན་ཞག་ཕྱུགས་གཅིག་གི་ཆོས་སྤྱོད་ཀྱི་རིམ་པ། མི་ལྟེ་འཁྱོག་གསུམ་འཁྲིད་གསུམ་གྱིས་ཚར་བ་ཙམ་རེ་གྲུབ་ཅིང་། ཐུགས་དམ་ལ་ཤིན་ཏུ་བརྩོན་པར་བཞུགས་པའོ། །མཁན་པོ་འདི་ནི་ཆུ་ཕོ་བྱི་ལ་སྐུ་འཁྲུངས་ནས། ལྕགས་མོ་ཕག་གི་ལོ། དགུང་ལོ་ལྔ་(P. 39ན་) བཅུ་བཞེས་པའི་ཚེ། སྨལ་པོ་ཟླ་བའི་ཉི་ཤུ་གསུམ་ལ་ཟང་ཟང་ལྷུ་སྣར་བདེ་བར་གཤེགས་ཤིང་། དེའི་ཚེ་འོད་ཀྱི་གོང་བུ་རིལ་བ་ཙམ་གཅིག་ནུབ་ཕྱོགས་ལ་སོང་བ། སྐུ་འཁོར་གྱིས་མཐོང་ཟེར་རོ། །འདི་ཉིད་ཀྱི་རྣམ་པར་ཐར་པ་རྒྱས་པར་ནི། རྟོགས་ལྡན་གྲུབ་པ་དཔལ་མགོན་པས་མཛད་པ་ཉིད་དུ་བལྟ་བར་བྱའོ། །དུས་མཆོད་ཀྱང་རིན་བསམ་མཆོད་པར་གྲགས་པ་འདི་ཡིན་ནོ། །

སློབ་དཔོན་ཀུན་དགའ་རྒྱལ་མཚན་པ་ལ། ཁྲུས་མཁན་ཆེན་རིན་ཆེན་བློ་གྲོས་དཔལ་བཟང་པོ། སློབ་དཔོན་དཔལ་འཛིན། སློབ་དཔོན་ཆོས་གྲགས་པ་དང་གསུམ་བྱོན། སློབ་དཔོན་དཔལ་འཛིན་དགུང་ལོ་ཉི་ཤུ་རྩ་གཉིས་པ་ལ་ཆོས་

སྙིངས་སུ་སྐུ་གཤེགས། སློབ་དཔོན་ཆོས་གྲགས་ཀྱང་སྐུ་གཞོན་ནུ་ལ་གྲོངས་ཤིང་། (འདིར་ཡི་འབྲུ་ཉི་ཤུ་རྩ་གྲངས་ཞིག་སུབ་འདུག——ཞིག་པ་པོས།) ལ་ཉང་གཉིས་ཀྱི་འདྲེན་མཆོག་**མཁན་ཆེན་རིན་ཆེན་བློ་གྲོས་**དཔལ་བཟང་པོ་པ་ནི། ཆུ་མོ་བྱའི་ལོ་ལ། ཡུམ་ཡེ་ཤེས་ཀྱི་མཁའ་འགྲོའི་མཚན་རྟགས་དང་ལྡན་པ། མ་གཅིག་ཀུན་དགའ་དཔྱིངས་ཞེས་བྱ་བ་ལ། ལ་སྟོད་ཆོས་སྡིངས་སུ་སྐུ་འཁྲུངས་པ་ཡིན་ཅིང་། འདི་ཉིད་ནི་སྐུ་སྐྱེ་བརྒྱུད་མར་ཆོས་བྱེད་ཀྱི་གང་ཟག་དམ་པར་འཁྲུངས་ཤིང་། འཁྲུང་པར་འགྱུར་བ་ཡིན་ཏེ། དེའི་རྒྱུ་མཚན་ཡང་། གངས་ཆེན་བཤེས་གཉེན་〖ཞལ་སྔའི་〗ལུང་བསྟན་དང་། །རྒྱལ་སྲས་དར་མ་བཟང་པོའི་བཞེད་པ་དང་། །མཐར་ཐུག་ཀུན་མཁྱེན་ཆེན་པོའི་དགོངས་པ་གསུམ། །གཅིག་ཏུ་འཐུན་〈མཐུན་〉པ་རིན་ཆེན་བློ་གྲོས་ཡིན། །ཞེས་པས་སྟོན་ཏེ། དེ་ཡང་རྒྱལ་སྲས་རིན་ཆེན་བློ་གྲོས་ནི། རྗོང་ཕུ་བའི་བླ་མ་རྟོགས་ལྡན་རི་པའི་སྐུའི་སྐྱེ་བ་ཡིན། ཁོང་པ་ལ་ཐིག་ལེའི་གགས་བྱུང་དུས། གངས་ཆེན་ཤཱ་ཀྱ་བཤེས་གཉེན་གྱི་ཞལ་སྔ་ནས། ཁྱེད་སྐྱེ་བ་ཕྱི་མ་ལ་ངའི་བརྒྱུད་པ་འདིར་སྐྱེ་བར་འདུག དེ་དུས་མི་ཚངས་སྤྱོད་མི་ཐུབ། དེའི་སྔ་ལྟས་ཡིན་གསུང་། རི་པ་གྲོངས་ནས་ཞག་བདུན་གྱི་བར། བྲག་གི་རས་ཆེན་སྐུ་འབུམ་ལ་འོད་ཟེར་མ་ཚམ་གཅིག་འདུག་པ་ཀུན་གྱིས་མཐོང་། མ་གཅིག་ཀུན་དགའ་དཔྱིངས་ན་རེ་〈རེས་〉། འདང་བླ་མ་རི་པ་ངའི་མངའ་དུ་བྱུང་པ་རྨི་〈རྨིས་〉ཟེར། སློབ་དཔོན་ཀུན་དགའི་གསུང་ནས། ཁོང་སློམ་ཆེན་པ་བགྲེས་པོ་ཅིག་ཁྱོད་ཀྱི་མངའ་དུ་ག (P. 39བ་) ལོས་ཡོང་གསུང་། དེ་དུས་ཡུམ་གྱི་མངལ་དུ་ཞུགས་པ་ཡིན་ཅིང་། བླ་མ་དང་མ་བཟང་པོ་ཡང་། ངའི་སྐྱེ་བ་གཅིག་ལ་བླ་མ་གཉིས་མཛད་པ་ཡིན་གསུང་ནས་མོས་གུས་ཤིན་ཏུ་ཆེའོ། །རི་པ་གྲོངས་དུས་ཀུན་མཁྱེན་ལྷ་སྲུང་པས།

གཟིམ་ཁང་སྔོ་མར། ཧེ་བཛྲ་གྱི་དཀྱིལ་འཁོར་ཞལ་ཕྱེ་ནས་ཞག་གསུམ་སོང་བ་དང་། ཁོང་པ་སྐུ་སྐྱེ་བ་སྔ་མ་ལ་ཡང་དགེ་བའི་བཤེས་གཉེན་གཅིག་ཏུ་སྐུ་སྐྱེ་བ་བཞེས་འདུག སྤྱན་རས་གཟིགས་དངོས་སུ་འདུག་ཅེང་། ཁར་སང་ནས་ཀྱི་རྗེར་བྱུས་ནའང་། དེ་རིང་ནས་སྤྱན་རས་གཟིགས་ཀྱི་དཀྱིལ་འཁོར་ཡང་ཞལ་འབྱེད། ད་དུང་ཡང་དགེ་བའི་བཤེས་གཉེན་འགྲོ་དོན་ཅན་གཅིག་ཏུ་སྐུ་སྐྱེ་བ་བཞེས་པར་འདུག་གོ་ཨ་གསུངས་པ་དང་འཐུན་〈མཐུན་〉པར། མཁན་ཆེན་རིན་ཆེན་བློ་གྲོས་དཔལ་བཟང་པོར་སྐུ་འཁྲུངས་ནས། དགུང་ལོ་བཅུ་བཞེས་པའི་ཚེ། མཁན་ཆེན་རིན་ཆེན་དབང་ཕྱུག་པའི་དྲུང་དུ་རབ་ཏུ་བྱུང་བ་མཛད། ཕར་ཕྱིན་དང་འདུལ་བ་གཉིས་ལ་གཟིགས་རྟོག་མཐར་ཕྱིན་པར་མཛད་ནས། དགུང་ལོ་ཉི་ཤུ་རྩ་གསུམ་པ། ཤེང་མོ་ལུག་གི་ལོ་ལ་གནས་རྙིང་གཟིམ་ཁང་ལྷོ་ཐོག་རྩེར་ཕྱུགས་ཕབ་〈ཕེབ་〉། དཔལ་གནས་རྙིང་གིས་ཐོག་དྲངས། དགོན་པ་མ་ལག་དང་བཅས་པའི་མཁན་པོ་མཛད། གདན་ས་ཐོག་ཏུ་ལོ་བཅོ་བརྒྱད་བཞུགས། དེའི་བར། གཞི་བྱེས་ཀྱི་སློབ་དཔོན་དགེ་བའི་བཤེས་གཉེན་བརྒྱ་ཕྲག་མང་པོ་བར། གྲོང་ཁྱེར་སྐྱེ་བོའི་ཚོགས་དུ་མ་ཞིག་ལ། ཆོས་འཁོར་རྒྱ་ཆེན་པོ་རིམ་པ་མང་དུ་བསྐོར། ཁྱད་པར་དུ། ཁང་གསར་གུ་ཤྲི་དང་། ཏའི་བསྒྱི་ཏུ་འཕགས་པ་དཔལ་སྐུ་མཆེད་ལ་སོགས། ལ་ཉང་གི་མི་ཆེན་མང་པོའི་བླ་མ་མཛད། ཆོས་སྡེ་ཆེན་པོ་མ་ལག་དང་བཅས་པ་དར་ཞིང་རྒྱས་པར་མཛད་དོ། །

(P. 40ན་) དེ་ལྟ་བུའི་བླ་མ་དེ་ནི། ཆུ་ཕོ་བྱིའི་ལོ་ལ་སྐུ་འཁྲུངས་ནས། ཆུ་མོ་གླང་གི་ལོ། དགུང་ལོ་བཞི་བཅུ་ཞེ་གཅིག་བཞེས་པའི་ཚེ། ས་ག་ཟླ་བའི་ཚེས་བཅུའི་ཐོ་རངས། གནས་རྙིང་གཟིམ་ཁང་དུ་བདེ་བར་གཤེགས་སོ། །དེའི་ཚེ་འཇའ་དང་འོད་དང་། སྒྲ་ལ་སོགས་པ་བསམ་གྱིས་མི་ཁྱབ་པའི་ལྟས་ངོ་མཚར་

ཅན་བྱུང་ཅིང་། གདུལ་བྱ་ལས་དག་པ་འགའ་རེས། མཁན་པོ་རིན་པོ་ཆེ་དེ་ཉིད། ཐུགས་རྗེ་ཆེན་པོ་ཞལ་བཅུ་གཅིག་པའི་རྣམ་པར་མཐོང་ཟེར་རོ། །དེ་ཉིད་ཀྱི་གཟིགས་རྗོངས་དང་། ནང་རྟེན་གསེར་སྐུ་ཁྲི་རྒྱབ་དང་བཅས་པ། སྟོང་དཔོན་རྒྱལ་མཚན་བཟང་པོ་པས་མཛད། དུས་མཆོད་ནི་སེ་གྲོང་མཆོད་པར་གྲགས་པ་དེ་ཡིན་ནོ། །

སྭསྟི། རབ་འབྱམ་ཕྱོགས་བཅུའི་ཞིང་གི་རྒྱལ་རྣམས་ཀྱི། །བརྒྱ〈བརྒྱད་〉ཁྲི་བཞི་སྟོང་ཆོས་ཀྱི་སྒོ་མང་འཛིན། །དཔལ་ལྡན་གནས་རྙིང་གདུང་བརྒྱུད་ངོ་མཚར་ནི། །མཐའ་ཡས་འགྲོ་བ་གསུམ་དུ་རྒྱལ་གྱུར་ཅིག །དེ་ཡི་རྣམ་ཐར་རིན་ཆེན་གཏེར་གྱི་མཛོད། །བསི་གུང་མཉམ་མེད་རིན་ཆེན་གྱིས་ཕྱེབས་འདི། །རབ་འབྱམས་ཞིང་གི་ཕྱོགས་རྣམས་ཁྱབ་པའི་ཕྱིར། གྲངས་མེད་སྤྲེལ་བའི་བཞིར་〈གཞིར་〉གྱུར་པར་ཉིད་དུ། །བདེ་ལེགས་ག་པ་དཔོན་པོ་ནམ་〔ནན་〕མཁའ་ཡིས། །སྐྱ་མའི་ནོར་ལ་སྙིང་པོ་ལེན་པའི་ཕྱིར། །ལྷག་བསམ་དག་པས་ཆུ་མོ་བྱ་ལོ་བསྐྲུབས། །དགེ་བ་འདི་ཡི་འཇམ་དཔལ་གསང་བ་དང་། སེམས་དཔའ་ཆེན་པོ་ལ་སྟོད་དཀོན་མཆོག་མཁར། །གདུང་བརྒྱུད་རིམ་པར་ཕྱིན་དང་འཕྱིན་འགྱུར་དང་། །ཆོས་ཀྱི་འབྲེལ་བ་ཡོད་པའི་བླ་མ་རྣམས། །དགོངས་པ་རྫོགས་ཤིང་ད་ལྟ་བཞུགས་པ་ཀུན། །སྐུ་ཚེ་བརྟན་ཅིང་ཕྲིན་ལས་རྒྱས་གྱུར་ཅིག །(P. 40བ་)

ཨོཾ་སྭ་སྟི། མཚན་དཔེ་རིན་ཆེན་རྒྱན་གྱིས་རབ་མཛེས་ཤིང་། །ཆོས་ཀྱི་རྒྱལ་མཚན་སྟན་པའི་བ་དན་ཅན། །བསླབ་གསུམ་དཔལ་ལ་འགྲོ་ཀུན་འགོད་མཛད་པའི། །ཡོན་ཏན་བཟང་པོ་མངའ་ལ་ཕྱག་འཚལ་ལོ། །ཅེས་བསྟོད་ཚིག་སྔོན་དུ་བཏང་ནས་མཁན་ཆེན་རིན་ཆེན་བློ་གྲོས་པའི་གདན་ས། དོན་གྱི་སྐད་

དུ་མཚན་ནས་སྨོས་ཏེ། **མཁན་པོ་འཇམ་དབྱངས་རིན་ཆེན་རྒྱལ་མཚན**་ཞེས་ཡོངས་སུ་གྲགས་པ་དེ་ཉིད་ཀྱིས་མཛད་པ་ཡིན་ལ། དེའི་རྣམ་པར་ཐར་པ་མདོར་སྡུས་ཙམ་ཞིག་བརྗོད་པ་ནི། དང་པོར་རང་རེའི་གདུང་བརྒྱུད་འདིའི་ཐོག་མར་སྐུ་སྐྱེ་བ་བཞེས་པ་ནི། མཁན་ཆེན་རིན་ཆེན་དཔལ་བཟང་པོ་ཞེས་པ་ཕྱི་ནང་གི་ཡོན་ཏན་མཐའ་དག་ལ་མཁས་པ། བྱང་ཆུབ་ཀྱི་སེམས་འཛོངས་པ་དེ་ཉིད་དུ་སྐུ་སྐྱེ་བ་བཞེས། དེ་རྗེས་རྣམ་མཁྱེན་རིན་ཆེན་འབྱུང་གནས་དཔལ་བྱ་བར་སྐུའི་སྐྱེ་བ་བཞེས། དེ་ནས་འཇམ་པའི་དབྱངས་རིན་ཆེན་རྒྱལ་མཚན་དཔལ་བཟང་པོ་འདི་ཉིད་དུ་སྐུ་སྐྱེ་བ་བཞེས་པ་ཡིན་ནོ། །དེ་ཡང་མཁན་ཆེན་རིན་ཆེན་དཔལ་བཟང་པོ་དེ་ཉིད་སྐུ་མྱ་ངན་ལས་འདས་པར། གནས་སྙིང་པ་རྐེད་པ་ནམ་ཉེག་〈ཉག་〉དུས་ངས་སླེབ་ཡོང་གསུང་ངོ་། །དེ་བར་གྱི་སྐུ་སྐྱེ་བཟངས་གླིང་དུ་འཁྲུངས། རིགས་〈རིག་〉པའི་གནས་ལྔ་ལ་མཁས་པའི་པཎྜི་ཏར་གྱུར་ནས་རྩོལ་ངན་ཚར་གཅོད་པ་དང་། གདུལ་བྱ་རྗེས་སུ་འཛིན་པར་གྱུར་ཏོ། །དེ་ལྟར་རྗེ་རིན་པོ་ཆེ་འདི་ཉིད་ཀྱི་ཕྱིའི་ཡབ་རྒྱལ་སྲས་རིན་ཆེན་བློ་གྲོས་པ་ཡིན་པ་ལྟར་ལ། གསང་བའི་ཡབ། རྣམ་མཁྱེན་དཀའ་བཞི་པ་རིན་ཆེན་བསམ་གཏན་དཔལ་བཟང་པོ་ཡིན་ཏེ། དེས་བར་སྲིད་གཟིགས་པའམ། བྱང་ཆུབ་སེམས་དཔའ་གཞན་དོན་དུ་སྲིད་པ་ཚོལ་བ་གཟིགས་ཤིང་། སྤྱར་ཀྱང་རང་རིགས་སུ་བྱོན་ནས་གདུལ་བྱ་སྨིན་གྲོལ་ལ་བཀོད་པའི་བདག་ཉིད་ཡིན་པར་དགོངས་ནས། གསོལ་བྱ་བ་ཆོས་འཕགས་ལ། རིགས་དང་། དུས་དང་སྐལ་ལྡན་གཅིག་དགོས་པས། རིགས་ལྡན་གཅིག་ཁྱེད་ཤོག་གསུངས་པས། ཡུལ་བྱ་བཤོག་པ་མ་གཅིག་ལེགས་འབུམ་ཁྱེད་བྱུང་བ་ལ། རེ་ཤིག་བསྟན་པའི་འབུལ་ཚོག་མཛད་ཅིང་། གསང་སྔགས་(P. 41ན་) ནང་གི་རིགས་ཀུན་པའི་

ཚ་ག་མཛད་དེ། འདི་ལ་རང་གཞན་གྱི་བསྟན་པ་འཛིན་པའི་སྐྱེས་བུ་ཁྱད་པར་ཅན་ཞིག་བཅའ་བར་འགྱུར་རོ། །ཞེས་གསུངས། དེ་ནས་ཞག་བདུན་ལ་ས་བཟང་པཎ་ཆེན་གྱི་དྲུང་དུ་ཕེབས་པར་མཛད་ནས། བཤགས་བསྐྱམས་སྔོན་དུ་འགྲོ་བའི་སྔོ་ནས། ཕྱིར་བཅོས་ལེགས་པར་མཛད་དེ། བསླབ་པ་དང་བྲལ་བ་ཞག་བདུན་ལས་བྱུས་པ་མེད་གསུངས། འཇིག་རྟེན་པ་མ་དད་པ་སྤྱང་བའི་ཕྱིར། རེ་ཤིག་རྒྱལ་སྲས་རིན་སློ་བའི་ཡིན་ནོ་ཞེས་བརྗོད་དེ་གསང་བར་བསྐྱམས་སོ། །དེའི་མ་གཅིག་གི་གསུང་ནས། གཞན་དག་མང་ལ་གྱིས་ནོན་ཚོ་སྡུག་བསྔལ་ཟེར་ནའང་། བདག་ནི་ལུས་སེམས་ཤིན་ཏུ་བདེ། རྨི་ལམ་དང་། ལྟས་ངོ་མཚར་ཅན་དུ་མ་བྱུང་ཟེར་ཞིང་། ཤིང་ཕོ་འབྲུག་གི་ལོ། ཐ་སྐར་ཟླ་བའི་ཡར་ངོའི་ཚེས་བརྒྱད་ལ་ངོ་མཚར་བའི་ལྟས་དཔག་ཏུ་མེད་པ་དང་བཅས་ནས། གཙུང་མཆོག་དཀར་གནས་འོག་བྱུང་གི་ཕུག་པར་འཁྲུངས།

ཟླ་བ་གསུམ་བཞེས་པར། རྣམ་མཁྱེན་རིན་ཆེན་བསམ་གཏན་པས། མཚན་ཆོས་སྐྱིད་རྒྱལ་མཚན་བྱ་བར་བཏགས། དུས་དེར་ཡུམ་སྲས་གཉིས་འཚོ་བས་འོ་རྒྱལ་ཏེ། ཡུམ་གྱིས་ཡུར་མ་ལ་འཚོལ་དུ་ཕྱིན་པ་ན། བྱ་རོག་གཉིས་ཀྱིས་རེ་མོས་བྱས་བྱ་ར་བྱེད་ཅིང་། བུ་ཆུང་མི་ཉན་པ་ན། ཡུམ་གྱི་ཐད་སོར་བྱ་རོག་གིས་འབྲལ་སྐད་ཙུང་ཞིག་འདོན། དེར་ཡུམ་གྱིས་མགྱོགས་པར་ཕྱིན་པས་སྐྱུར་པོ་ཕོར་ཞིང་ཟན་ཕྱེད་ཚར། ཕྱེད་གསོལ་གྱིན་ཕྱིན་སྐད། དེ་དུས་དགེ་འདུན་སྐང་པའི་ཚོགས་པ་བྱུང་དུ་ཕྱིན། མཁན་པོ་དགྲ་བཅོམ་པ་ཡོན་ཏན་རྒྱལ་མཚན་གྱི་ཞལ་ནས། བུ་ཆུང་འདི་སྤྲུལ་པའི་སྐུ་འགྲོ་དོན་ལ་བསམས་བཞིན་སྐྱེ་བ་བཞེས་པ་ཞིག་ཡིན་པར་འདུག རིང་པོ་མི་ཐོགས་པར། སྐྱེ་དགུ་རྣམས་ཀྱི་མཆོད་པའི་གནས་སུ་འགྱུར་བས་ཞབས་ཏོག་ཐོ་བར་བྱ་འཚལ་གསུང་ནས་མར་

ལམ་བསྟེབས་ནས་བྱོན།

དགུང་ལོ་གསུམ་པ་ལ་རྟ་ཤལ་བྲག་དཀར་དུ་འབྲི་ཀློག་སློབ་པའི་ཚུལ་བསྟན་པས། སྔོན་གྱི་བག་ཆགས་སད་ཅིང་རིང་པོ་མ་ལོན་པར་མཁྱེན་པས། འགའ་ཞིག་གིས་ཡི་གེ་འདི་པ་གང་ལགས་ཞུས་པ་ན། འདི་(P. 41བ་) ནི་ལཱུ། འདི་ཕ་རུ་ན་ཞེས་སོ་གསུང་། དཔལ་གནས་སྙིང་གི་གཙུག་ལག་ཁང་ཆེན་མོ་རྒྱ་མཐོང་དང་ཀ་ལོགས་ལ། ཕྱག་རིས་ཀྱི་ཡིག་ཚང་བཞག་པའི་མཇུག་གི་བསྔོ་བ་ན། ཡིག་རིགས་བཅོ་བརྒྱད་གཟུགས་སུ་བཀོད་པ་ཡི། །དགེ་བ་གང་དེ་འཛིན་བཅས་རྣམས་ལ་བྱིན། །ཞེས་གསལ་བར་གསུངས། དགུང་ལོ་བརྒྱད་པ་བཞེས་པ་ན། རྣམ་མཁྱེན་དཀའ་བཞི་པ་ལས། བཀའ་བསྡམས་〈གདམས་〉ལམ་རིམ། ཆོས་སྤྱོད་ཐར་རྒྱན་སོགས་མང་བར་གསན། མཁན་ཆེན་རིན་ཆེན་བློ་གྲོས་པ་ལ〈ལས་〉། རྟ་མགྲིན་ཡང་གསང་གསན།

དགུང་ལོ་བཅུ་གསུམ་〔བཞེས་〕པ་ན། དགའ་བ་གདོང་དུ་རབ་བྱུང་ལ་འབྱོན་པར་ཆས་པ་ན། དཔལ་ལྡན་བླ་མ་དམ་པ་བསོད་ནམས་རྒྱལ་མཚན་པའི་གསུང་ནས། དེ་རིང་སྐྱེས་བུ་དམ་པ་ཞིག་འབྱོན་པར་འདུག མདངས་སྐྱི་ལམ་དུ། འཕགས་པ་དོན་ཡོད་ཞགས་པ་བཀའ་བསྒྲུངས་ཀྱིས་བསྐོར་བ་ཞིག་སྐྱིས་གསུངས། དེར་རྗེས། རྗེ་འདི་ཉིད་ཕེབས། ས་སྐྱ་པ་ཆོས་ཀྱི་རྗེ་དཔལ་ལྡན་བླ་མ་དམ་པ་བསོད་ནམས་རྒྱལ་མཚན་པས་མཁན་པོ་མཛད། བྲག་ཕྲོག་པ་གཞོན་ནུ་ཚུལ་ཁྲིམས་པས་ལས་སློབ་མཛད། རྗོ་རྗེ་འཛིན་པ་བསོད་ནམས་དཔལ་བས་གྲིབ་ཚད་པ། སློབ་དཔོན་ཀུན་འབྱུང་པས་དུས་གོ་བ་མཛད་དེ། མདོར་ན་གནས་སྙིང་རང་ནས་བྱོན་པ་སོགས་གཞི་བྱེས་ཀྱི་དགེ་འདུན་སྟོང་ཕྲག་མང་པོའི་དབུས་སུ་རབ་ཏུ་བྱུང་ཞིང་། མཚན་ཡང་རིན་ཆེན་རྒྱལ་མཚན་དཔལ་

བཟང་པོར་མངའ་གསོལ་ཏོ། །

དེ་ནས་ཆུ་མོ་གླང་ལོའི་དངོས་གྲུབ་ལེན་པའི་དུས་ཐ་སྐར་ཟླ་བའི་ཚེས་བཅུ་བཞི་ལ་དཔལ་གནས་སྙིང་དུ། སྦྱིན་བདག་ཧའི་〈ཏའི་〉བསྒོ་ཏུ་འཕགས་པ་རིན་ཆེན་པས་མཛད། ཡོན་མཆོད་ཞལ་ཀྲུས་ནས། རྗེ་རིན་པོ་ཆེ་འདི་ཉིད། བཞུགས་ཁྲི་ཆེན་མོའི་ཐོག་ཏུ་གདན་དྲངས། བྱང་ཆུབ་ཀྱི་མཆོག་ཏུ་ཐུགས་བསྐྱེད་པ་ཞུས། དཔལ་གནས་སྙིང་གིས་ཐོག་དྲངས་དགོན་སྡེ་མ་ལག་དང་བཅས་པའི་མཁན་པོ་ཁམས་གསུམ་ཆོས་ཀྱི་རྒྱལ་པོར་མངའ་གསོལ་བའི་ཚེ། སྐྱེས་བུ་དམ་པ་ལྟ་བས་ཚོག་མི་ཤེས་པ་མཚན་དང་དཔེ་བྱད་ལྡན་པ། གསུང་ཚངས་དབྱངས་གསུང་གཅིག་གིས་དོན་དུ་མ་སྟོན་ནུས་པ། ཐུགས་ཤེས་བྱ་ཐམས་ཅད་དུས་གཅིག་ལ་མཁྱེན་པ་(P. 42ན་)སྟེ། དཔེས་ཀུན་དུ་མེད་པ་རྒྱལ་བ་ལྟ་བུར་གྱུར་ཏོ། །དེ་ནས་རྣམ་མཁྱེན་དགའ་བཞི་པ། རྒྱལ་སྲས་རིན་ཆེན་བློ་གྲོས། དཔལ་ལྡན་བླ་མ་དམ་པ་བསོད་ནམས་རྒྱལ་མཚན། བླ་མ་ཤེས་རབ་བྱང་ཆུབ། མཁས་གྲུབ་ལྷ་དབང་རྡོ་རྗེ་རིན་ཆེན་པ། རིན་པོ་ཆེ་བསོད་ནམས་ལྷུན་གྲུབ་པ། བྲག་ཐོག་པ་གཞོན་ནུ་ཚུལ་ཁྲིམས་པ། གཉལ་པ་བདེ་ལེགས་པ། ལྷ་དོ་པ་བདེ་ལེགས་པ། རིན་པོ་ཆེ་ཨཱནྡ་བ། རིན་པོ་ཆེ་ཆོས་གྲགས་པ། པཎ་ཆེན་ཤཱ་རི་པུ་ཏྲ། ཆོས་རྗེ་ཀུན་བཀྲས་པ་སོགས་བླ་མ་བཅུ་ཕྲག་ཅིག〈གཅིག་〉དང་གསུམ་གྱི་ཚོགས་ལ་〈ལས་〉། བོད་ཡུལ་འདིར་འགྱུར་ཚོད་དང་གྲགས་ཚོད་ཀྱི་སྡེ་སྣོད། རྒྱུད་སྡེ། མདོ་བསྟན་བཅོས། དབང་ཕྱག་བཞེས། ཁྲིད་གདམས་པ། མན་ངག་ཕྲ་མོ་དང་བཅས་པ་མ་ལུས་པ་གསན་ཅིང་། དཀའ་སྤྱད་ཆེར་མཛད། འདི་ལ་འདི་གསན་གསལ་བར་གསན་ཡིག་ཆོས་ཀྱི་རྒྱ་མཚོར་གསལ་ལོ། །

དགུང་ལོ་ཉི་ཤུར་ཕེབས་པ་ན། མདོ་རྩར། སྤྱི་མ་བསྙེན་པར་མ་རྫོགས་པར་ཕྱི་མ་མི་བྱའོ། །ཞེས་པ་ལྟར། རིམ་གྱིས་བསྟན་པ་ལ་འཇུག་པའི་ཕྱིར། གུ་རུ་ཤེས་རབ་བྱང་ཆུབ་པས་མཁན་པོ་མཛད། མཁས་གྲུབ་ལྷ་དབང་པས་ལས་སློབ་མཛད། རོང་པ་བསོད་ནམས་ལྷུན་གྲུབ་པ་གསང་སྟོན་མཛད། རྟོགས་ལྡན་གྲུབ་པ་དཔལ་མགོན་པས་དུས་གོ་བ་མཛད། ཆོས་རྗེ་བ་རི་བ། ཆོས་རྗེ་ཆོས་རྒྱལ་བ་སོགས་དགེ་སློང་རྣམ་དག་ཉི་ཤུ་རྩ་ལྔའི་དབུས་སུ་ཆུ་ཕོ་ཁྱིའི་ལོ་དབྱུག་པ་ཟླ་བའི་ཡར་ངོའི་ཆོས་བཞིའི་སྤྱི་དྲོའི་ཆ། གྲིབ་ཚོད་སྐྱེས་བུ་གཅིག་དང་རྐང་པ་གསུམ་གྱིས་དུས། སྨན་ཆུ་གཟིམ་ཁང་དུ་བསྙེན་པར་རྫོགས་པ་མཛད་དོ། །དེ་ཡང་ལྷ་དོ་པ་ཆོས་རྗེ་བདེ་ལེགས་པའི་རྣལ་ལམ་དུ། དང་པོ། ཉི་མ་ལྔ་དུས་གཅིག་ལ་ཤར་བ་ལ་འདེས་〈དེད་〉ཤིང་། འདི་རིན་ཆེན་རྒྱལ་མཚན་གྱི་ཉི་མ་ཡིན་པས་འདེས་〈དེད་〉ཤིག་ཟེར་བ་གསལ་པོར་རྨིས། ཞེས་གསུང་ངོ་། །རྗེ་རིན་པོ་ཆེ་འདི་ཉིད་དགུང་ལོ་བཅུ་བཞེས་པའི་ཚེ། བཅུ་གཅིག་ཞལ་གྱི་སྒྲུང་གནས་མཛད་པ་འགུག་པའི་ནུབ། འོད་གསལ་གྱི་ངང་ནས་རི་བོ་གྲུ་འཛིན་དུ་ཕྱིན་ནས་ཆོས་ཀྱི་དགའ་སྟོན་ལ་རོལ་བར་མཛད་པ་དང་། བྲག་ཐོག་གི་རྩེ་ནས་དབུས་རིའི་རྩེ་ལ་ཐུགས་རྗེ་ཆེན་པོ་གཙོ་འཁོར་གསུམ་པ། རྒྱན་ཆ་ལུགས་སོགས་གསལ་བར་(P. 42བ་) གཟིགས་པ་དང་། གུ་རུ་ཤེས་རབ་བྱང་ཆུབ་པས་སྦྱིན་སྲེག་མཛད་པའི་མེ་ཐབ་ཏུ་མི་གཡོ་བ་གཟིགས་པ་དང་། རྗེ་རང་གི་མེ་ཐབ་དུའང་མི་གཡོ་བ་གཟིགས་པ་དང་། རིན་པོ་ཆེ་བསོད་ནམས་ལྷུན་གྲུབ་པ་དང་། རིན་པོ་ཆེ་ཨཱཙྱ་བ་ལ་བྱ་སྤྱོད་རྣལ་འབྱོར་བླ་མེད་སོགས་ཀྱི་དབང་ཞུས་〈ཞུ་〉དུས། རང་དང་བླ་མའི་ཕུང་ཁམས་སྐྱེ་མཆེད་སངས་རྒྱས་རིགས་ལྔར་གཟིགས་པ་དང་། ཡི་དམ་གྱི་ལྷ་གཞན་ཡང་དུ་མ་གཟིགས་ཀྱང་།

བྱུང་རྒྱལ་དུ་མི་གསུང་པ་ནི་གསང་སྔགས་སྤྱང་པའི་ཕྱིར་རོ། །

དགུང་ལོ་ཉེ་ཤུ་རྩ་གཉིས་བཞེས་པའི་དུས་སྐབས་ཀི་ལོ་ལ། ཤར་ཁ་བ་སྐུ་མཆེད་སྟེ་གསར་ལངས། མདའ་རྗོ་ལ་མ་འཛོམས་པར་བར་བཞུགས་མཛད་ཀྱང་གསན་དགོངས་མ་བྱུང་ཞིང་ཕྱོགས་འཛིན་མཐོང་ལུགས་རྩམ་〈ཙམ་〉ཡང་བྱུང་བས། ཐུགས་ཚུང་སྙིད་ལུག་པས། གནས་དབེན་པ་ཕོ་ན་ལ་བསྙེན། ཆོས་ལྷད་མེད་རྩེ་གཅིག་ཏུ་སྒྲུབ་དགོངས་ཀུན་སྤྱངས་མཛད་དེ་ཕྱིན་པས། གནས་རྙིང་པ་རྣམས་ཀྱིས་བཙལ་བ་ན། གསོལ་བྱ་བས་རྙེད་ནས་རྗེ་ཉིད་ཀྱིས་མི་སྣང་པ་མཛད་པས། རེ་ཤིག་མ་རྙེད་པ། ད་ལྷ་རང་འདི་ན་ཡོད་པ་ལ་ཞེས། ཉེ་གནས་ལ་གསུན་པ་ཐུགས་ཀྱིས་མ་བཟོད་པས། སྤྲུལ་སྐུར་ལུས་ཀྱི་བཀོད་པ་བཤིག་ཏེ། ང་ནི་འདི་ན་ཡོད་གསུང་ཕྱིན་ནས། དགོན་པ་བ་རྣམས་ཀྱང་དགའ་བདེས་ཁྱབ་པར་མཛད་ཅིང་། དེ་ནས་ཡང་ཆབ་སྲིད་ཀྱི་བདག་པོ་ལ་སླར་ཡང་སྐྱན་བསྐུལ་བཏབ་ཏེ། ཐུགས་ཐབ་པའི་བཀའ་སློབ་ལེགས་ཕྲེབས་ཆེ་བ་མཛད། ཟིངས་རྐྱེན་འཐབ་རྩོད་སྡིག་ལས་སྤྱོང་པའི་ཞལ་ཏ་ཞི་ངེས་ཀྱིས་གནང་། སྤྱི་མཆོད་ཀུན་གྱིས་བསྐུར་བའི་གནས་སུ་བཞུགས། ཆོས་ཁྲིམས་ཀྱི་སྡོམས་ཞག་ལ་སོགས་པ་ལེགས་པར་མཛད། ཐོས་བསམ་སྒོམ་གསུམ་གྱི་བསྟན་པ་དར་བར་མཛད་དོ། །

གཞན་ཡང་གནས་རྙིང་པའི་དགེ་བཤེས་གུ་ཤྲཱི་བློ་གྲོས་བཟང་པོ་ཞེས་པ་འཇིག་ཆེན་བྱམས་པ་དཔལ་བ་ལ་ཆོས་ཞུ་རུ་ཕྱིན་དུས། བཤེས་གཉེན་བློ་བཟང་པས། འཇིག་ཆེན་པ་ལ། གནས་རྙིང་མཁན་པོ་རིན་ཆེན་རྒྱལ་མཚན་པ་འདི་གང་ཟག་བཟང་ངན་ཇི་(P. 43ན་)འདྲ་ལགས་ཞུས་པས། གནས་རྙིང་ཕྱོགས་སུ་ཐལ་མོ་སྦྱར་ནས། འདི་ཐུགས་རྗེ་ཆེན་པོ་རྒྱལ་བ་རྒྱ་མཚོ་དངོས་ཡིན།

ལྷ་དེ་དབང་གི་ལྷ་ཡིན། གནས་རྙིང་པ་ཆོས་དང་ཟང་ཟིང་དཔལ་འཁོར་ཆེ་བ་དེའི་སྟོབས་ཀྱིས་ཡིན་ཤིང་། མཚན་རྟགས་ངོ་མཚར་ཆེ་བ་འགའ་འབྱུང་གསུངས། སྡེ་བྲག་གྲུབ་ཆེན་ནམ་མཁའ་རྒྱལ་མཚན་ལ། དཔོན་དཔོན་པོ་བཞི་འཕེལ་བྱ་བས། གནས་རྙིང་མཁན་ཆེན་རིན་ཆེན་རྒྱལ་མཚན་པ་འདི་ཉམས་རྟོགས་ཇི་ཙམ་མདའ་བ་ཅིག་ལགས་སམ། གནས་རྙིང་འདི་རྒྱུན་བརྟན་མི་བརྟན་ཇི་ལྟར་མཆི་ཞེས་སོགས་མང་དུ་ཞུས་པས། འདི་སྤྱན་རས་གཟིགས་དངོས་ཡིན། སྐྱབས་སུ་མཆི་ཞེས་ཐལ་མོ་སྦྱོར་བར་མཛད། མ་འོངས་པ་ན་ཉང་སྟོད་ལུང་པ་ལ་གང་སྟོངས་ཆེར་འབྱུང་ནའང་། གནས་རྙིང་པ་འདི་སོ་ན་གནས་གསུང་ངོ་། །

ཡང་སྔར་ཐང་དུ་རྩེ་ཐང་ཆོས་རྗེ་བ་དང་འཇལ་འཕྲད་ལ་ཕྱིན་དུས། སྔར་ཐང་མཁན་ཆེན་པའི་གཟིམ་གཡོག་པ་དང་། ཆོས་གཉེར་སོགས་མཛད་པའི་སྤྱན་མངའ་〈སྤྱ་〉བས། ཆོས་འབྲེལ་ཅིག་ཐུགས་རྗེས་འཛིན་པ་ཞུ་ཞུས་པས། ས་སྐྱ་པ་ནས་བརྒྱུད་པའི་སྣང་བ་མཐའ་ཡས་ཀྱི་ཉལ་སྒོམ་ཞེས་པའི་སྒོམ་སླུ་ལ་དོན་ཆེ་བ་ཅིག་གནང་། གཞི་བྱེས་ཀྱི་དགེ་བཤེས་མང་པོས་ཀྱང་ཞུས། སྔར་ཐང་སྤྱན་མངའ་〈སྤྱ་〉བའི་གསུང་ནས། རྗེ་གནས་རྙིང་པ་དེ་སྤྲུལ་པའི་གང་ཟག་ཁྱད་པར་ཅན་ཡིན་ངེས་སུ་འདུག ངེད་ཆོས་འབྲེལ་ཞུ་བའི་ཐོ་རངས་དེ། ངེད་དགེ་སྦྱོར་ལ་བསྡད་པའི་ཚེ། ཉམས་སྣང་ལ་ཁང་བུ་དེའི་དཀར་ཁྱུང་ན་ཚུར་འོད་དམར་སེར་སྣུམ་ལ་འཚེར་བ་ཅིག་ཤར་བྱུང་བ། ཉི་མ་ཤར་བ་ཡིན་ནམ་སྙམ་མགོ་བཏེག་ཏེ་བལྟས་པས་འོད་དེའི་སྒྲོང་ན། རྒྱལ་བ་འོད་དཔག་ཏུ་མེད་པ་པདྨ་ར་གའི་ལྷུན་པོ་ཐུན་ཚམས་〈མཚམས་〉ཉི་འོད་ཀྱིས་གསལ་བར་བྱས་པ་ལྟ་བུ་མཚན་དཔེས་སྤྲས་པ། འཇིག་རྟེན་ཀུན་གྱི་མིག་གི་བུང་བ་སྟུང་

བར་བྱེད་པ་ཞིག་མཐོང་བས། ལུས་སེམས་བདེ་བས་རྒྱས་པར་གྱུར་ཏོ། །ཞེས་དང་། ཡང་ཡོས་ཀྱི་ལོ་ལ་དབུས་གཙང་གི་ས་ཆར། ས་གཡོས་ཆེན་པོ་བྱུང་ནས་ཁང་པ་ཞིག་པ། ཡུལ་སྡེ་སའི་སེར་ཀར་ཆུད་ནས་བརླག་པ་སོགས་སྡུག་བསྔལ་གྱིས་ཉམས་ཐག་པའི་ཚེ། རྗེ་འདི་ཉིད་ཀྱིས་ཡར་འབྲོག་དང་། དབུས་ཀྱི་ས་ཆའི་ཁང་པར་ཞག་བཞུགས་(P. 43བ་) མཛད་པ་རྣམས་ལ་ས་གཡོས་ཀྱི་ཉེན་མ་བྱུང་ཞིང་། ཁྱད་པར་གཙང་ཕྱོགས། ཡང་དགོས་ཉང་སྟོད་ལ་ས་གཡོས་ཆུང་བ་ནི། རྗེ་རིན་པོ་ཆེ་གཙྙ་པའི་ཞལ་ནས། ད་ལྟ་ངེད་པས་ལྷག་པའི་གནས་སྙིང་མཁན་ཆེན་སྤྱན་རས་གཟིགས་དངོས་དེ་བཞུགས་པའི་ཐུགས་རྗེ་ཡིན་གསུང་བསྔགས་པ་ཆེར་མཛད་དོ། །

ཡང་རྗེ་ཉིད་ཀྱིས། ལྷ་སར་ཇོ་བོ་རིན་པོ་ཆེ་ལ་མཇལ་དུ་ཕྱིན་དུས། ཇོ་བོའི་ཐུགས་ཁ་ནས་སྤྱན་རས་གཟིགས་ཁར་ས་པྲ་ཊི་སྐར་མདའ་འཕངས་པ་ལྟར་ཕྱིན་ནས། རྗེ་ཉིད་ཀྱི་ཐུགས་ཁར་ཐིམ་པ་དཀོན་གཉེར་སྟོན་གྲགས་པས་གསལ་པོར་མཐོང་ཞིང་གྲགས་པས། མཁན་ཆེན་གནས་སྙིང་པ་དེ་སྤྱན་རས་གཟིགས་ཀྱི་སྤྲུལ་པ་ཡིན་པར་འདུག་པ་བདེན་ངེས་ཡིན་〖གསུང་〗སྐད། དེ་ཡང་རྗེ་ཉིད་ལ་སྟོད་ཀྱི་གདན་ས་གོང་མར་ཕྱིན་པའི་ཞོར་ལ། ཟུར་གྱི་ཇོ་བོ་མཇལ་དུ་ཕྱིན་པས། བར་སྣང་ལ་འཇའ་སྣ་ལྔ་པ་འོད་དང་འོད་ཟེར་དཔག་ཏུ་མེད་པ་འཕྲོ་བ་ཅིག་ཇོ་བོའི་ཐུགས་ཁ་དང་རྗེ་ཉིད་ཀྱི་ཐུགས་ཁ་ན་འབྲེལ་འདུག་པ། གདུལ་བྱ་ལས་དག་པ་རྣམས་ཀྱིས་མཐོང་སྐད། ཆོས་སྡིངས་སུ་ཕེབས་ནས། འདུལ་བྱུང་གི་ཇོ་འཚོར་དུས་ཟིངས་བར་རྐྱེན་རྒྱུན་རིངས་བས་ཨ་པོ་དགེ་བསྙེན་བྱ་བའི་དམག་དཔོན། ཨ་པོ་དགེ་བསྙེན་བྱ་བ་གཅིག་བསད་པའི་བར་སྲིད་གཟིགས་ནས་དེ་འདས་ཡོད་པར་འདུག་གསུང་། ཐུགས་དམ་ལ་འདོགས་པའི་ཆོ་ག

མཛད་དེ། རྟེང་དུ་དུས་ཚེ་〈ཚེས་〉བསྐྲིགས་པས་འགྲིག་ནས་ཐམས་ཅད་མོས་པ་ཚུགས་པར་གྱུར་ཏོ། །ཐ་སྙད་ཀྱི་ཆོས་རྣམས་རྐུན་པ་དང་འདྲ་བར་དགོངས་ནས། སྐབས་འགའ་ཞིག་ཏུ་གསང་གཅོད་འབའ་ཞིག་ལ་གཤེགས་ཤིང་། རིམ་གཉིས་ཀྱི་རྣལ་འབྱོར་ལ་དུས་རྟག་ཏུ་བརྩོན་པར་མཛད་པས། ཡི་དམ་ལྷ་དཔག་ཏུ་མེད་པའི་ཞལ་གཟིགས་ཤིང་། ཐུགས་ཤེས་ཐོགས་མེད་དུ་མངའ་བ་ཉིད་དོ། །ཞར་བྱུང་གི་ཡོན་ཏན་ཡང་། གཞལ་ཡས་ཁང་གི་བྲིས་ཐིག སློས་བླངས་ཀྱི་གཞལ་ཡས་ཁང་གི་བཀོད་པ་རྒྱུན་བཀོད། བདེ་བར་གཤེགས་པའི་སྐུ་གཟུགས་ཀྱི་ཆག་〈ཕྱག་〉ཚད། མཆོད་རྟེན་བརྒྱད་ལ་སོགས་པའི་ཐིག་ཚད་ལ་སོགས་ཀྱི་བཤད་པ་དང་། ཕྱག་ལེན་འཐུན་〈མཐུན་〉པར་མཛད་པ་ལ་མཁས་པ། གོང་དུ་སྨོས་པ་བཞིན་ཡིག་རིགས་བཅོ་བརྒྱད། ལག་རྩིས། བྱེད་རྩིས། སྐྲའི་ས་རིས་ལ་སོགས་པ་རྩིས་ཀྱི་རིགས་རྣམས་དང་། གསོ་(P. 44ན་) དཔྱད་ཀྱིའང་རིགས་ཕལ་ཆེར་ཐུགས་ལ་མངའ་ཞིང་། སྨན་གྱི་སྦྱིན་པ་རྒྱ་ཆེར་མཛད་པས་ནད་པ་ནད་ལས་གྲོལ་བ་ཡང་ཧ་སྐྱེད་དོ། །

འགྲོ་བའི་དོན་ཡང་། དཔལ་ལྡན་གནས་རྙིང་གིས་ཐོག་དྲངས། གདན་ས་གོང་འོག་དགོན་མ་ལག་ཆབ་སྲིད་དང་བཅས་པའི་མཁན་པོ་མཛད། ཤར་ཁ་པའི་ཞལ་ངོ་རྟའི་〈ཏའི་〉བསྙེ་ཏུ་འཕགས་པ་རིན་ཆེན། ནང་ཆེན་ཀུན་དགའ་འཕགས་ཡབ་སྲས་རྟའི་〈ཏའི་〉བསྙེ་ཏུ་བསོད་ནམས་དཔལ་ཡབ་སྲས་སོགས་ཞལ་ངོ་བཅོ་ལྔ་ཙམ་དང་། ཡ་འབྲོག་པ་ཉིན་དུ་ལྷུན་གྲུབ་རྒྱལ་མཚན་སོགས་དང་། ཐར་པ་མཁན་ཆེན་པ་དང་། ཞལ་ལུ་མཁན་ཆེན་པ་དང་། གཞན་ཡང་གྲྭ་བུ་སློབ་མང་པོའི་ཚོགས་དཔོན་མཁན་ཆེན་གཡག་པ་སངས་རྒྱས་དཔལ། རྗེ་བཙུན་རེད་མདའ་པ། ཤར་ཙོང་ཁ་བ། ཆོས་རྗེ་གཞོན་ནུ་རྒྱལ་མཆོག་པ།

རྒྱལ་བ་བསོད་སེང་པ། སློ་རྒྱམ་པ། བྱམས་ཆོས་པ། མཁས་བཙུན་ཡོན་ཏན་གྲགས། ལ་སྟོན། ཀོང་སྟོན། དྭགས་རོང་དཀའ་བཅུ་པ་ལ་སོགས་པ་དང་། གངས་ཆེན་ཀུན་དགའ་དཔལ། མཁས་གྲུབ་དགེ་ལེགས་དཔལ། ཆོས་〈ཚོགས་〉སྡེ་བཞིའི་མཁན་པོ་བཞི་སོགས། སྡེའི་ཆོས་དཔོན་ཆེན་པོ་རྣམས་ཀྱིས་ཆོས་ཀྱི་འབྲེལ་བ་ཞུས་ཤིང་། གཞན་ཡང་རང་གི་བཀའ་འབངས་སུ་གྱུར་པའི་དཀའ་བཅུ་དང་། དཀའ་བཞི་དང་། སུམ་སྦྲེལ་དང་། ཉིས་སྦྲེལ། པོད་ཀྲུང་གི་དགེ་བཤེས་སྟོང་ཕྲག་ལྔ་ཙམ་གནང་ལ། སྡེ་དཔོན་སྟོབས་པོ་ཆེའི་བུ་སློབ་ཡོན་བདག་ཀྱང་། ལ་སྟོད་བྱང་པའི་བདག་པོ་འཇམ་དབྱངས་ཆེན་པོ་དང་། བདག་པོ་ཆོས་རྒྱལ་ཆེན་པོ་དཀོན་མཆོག་ལེགས་པའི་རྒྱལ་མཚན་དཔལ་བཟང་པོས་བདེ་མཆོག་དྲིལ་བུ་པའི་དབང་གསན་ཅིང་མཆོག་ཏུ་མོས་པར་མཛད་དེ་བླ་མ་ལྷ་ཁང་གི་སྐུ་ལྡེར་རྣམས་ཀྱི་གསེབ་ན་སྐུ་འདྲ་བཞེངས་ནས་བཞུགས་སོ། །

ཡང་སྐབས་ཅིག་ན་རིགས་རྟུས་ཆོ་འབྲང་ཏུ་མའི་དཔལ་གྱིས་མངོན་པར་མཐོ་བ་རྩེ་ཐང་གདན་ས་བ་དྲུང་བྱང་ཆུབ་རྡོ་རྗེ་པ་ལ་གསང་སྔགས་རྡོ་རྗེ་ཐེག་པའི་ཟབ་ཆོས་མང་ཏུ་གནང་ཞིང་། དཔོན་སློབ་ཤིན་ཏུ་ཐུགས་སྣང་འདྲེ་བར་བྱུང་། དགུན་ཅིག་ཨ་མེས་ཡོལ་ཏུ་ཁྲིད་སྐྱོང་བ་ཤིན་ཏུ་མང་བ་ལ་ཁྲིད་ཆེན་བརྒྱད་ལ་སོགས་པ་གནང་ཞིང་ངོ་སྤྲོད་ཀྱི་སྐབས་སུ་རང་རང་གི་རྟོག་པ་རྣམས་མ་སྒྲིབས་པར་སལ་ལེ་གཟིགས་པ་ལ། ལ་ལ་ཞིག་ལ་(P. 44བ་) གསལ་པོར་གསུངས་པས་མངོན་པར་ཤེས་པ་ཐོགས་མེད་ཏུ་མངའ་བར་ངེས་ཤེས་སྐྱེས་པ་མང་དུ་བྱུང་ཞིང་། དེ་དུས་གཞུང་ཆོས་ཀྱང་མང་དུ་གསུངས་པས་ཐམས་ཅད་ཡིད་ཆོམ་པར་གྱུར་ཏོ། །གཞན་ཡང་བྱ་བ་ངན་པ་དག་ཕྱིར་བཟློག་ཅིང་ཕྱིས་

བག་དང་ལྡན་པ་ཉིད་དུ་ལེགས་པར་བཀོད་པ། དགའ་པོ་སོར་ཕྲེང་མཐོང་ལྡན་བདེ་བྱེད་བཞིན། ཞེས་པ་ལྟར་〈ལྟར་〉རོ། །

ཡང་སྐབས་ཅིག་ན་པཎྜི་ཏ་སྨྲྀ་ཏི་དང་། ལོ་ཆེན་རིན་ཆེན་བཟང་པོ་ཡན་མན་གྱིས་བསྒྱུར་〈བསྒྱུར་〉པ་ལ་སྔགས་རྙིང་མ་དང་། གསར་མའི་རྒྱུད་དང་། རྒྱུད་སྡེ་བཞིའི་པོ་ཏི་གང་ན་དཀོན་ཞིང་གཅེས་པ་མང་པོ་དང་། ཐེག་པ་ཆེ་འབྲིང་ཆུང་གསུམ་ཀུན་གསལ་བར་བྱེད་པ་རྒྱ་གར་རྒྱ་ནག་གི་བསྟན་བཅོས་ཚད་ལྡན། ཞ་ལུ། ཆོས་ལུང་། བསམ་ཡས། ལ་སྟོད་བྱང་སོགས་སྟོད་སྨད་ཀུན་ནས་བསགས་ཤིང་བཞེངས་ཏེ། ན་བཟའ། སྐུ་རགས། རྒྱན་བཟང་པོ་དང་བཅས་ཤིང་། རྐང་རྫས་ཀྱི་རྟེན། གཉེར་རྒྱུགས་དང་བཅས་ཏེ། ཟུར་སྒོ་ལྷ་ཁང་དུ་བཞུགས་པ་མཛད་དོ། །གཞན་ཡང་རྒྱ་ཕུབ་སུམ་ཚོགས་པ། རྒྱ་ཧོར་གྱི་གཟནས་〈གནས་ནས་〉བྱུང་བའི་གོས་རིན་པོ་ཆེ། གསེར་མ། ལུ་ཏང་ལ་སོགས་པ། སྟོན་པ་རིན་པོ་ཆེའི་སྐུ་མདངས། བཟི་འོད། རྒྱན་དང་ན་བཟར་འོས་པ་བཀྲ་ཤིས་པའི་དགེ་མཚན་དང་ལྡན་པ་དག ཐག་ཉེ་རིང་ཀུན་ནས་ཕྱོགས་ཀྱི་རྫོལ་བ་དྲག་པོས་བསགས་ཏེ། དད་གུས་ཀྱིས་འབུལ་བ་དང་། རིན་ལ་མི་གཟིགས་པར་དཔའ་བོའི་ཚོགས་〔ཚོག〕ཞེས་པ་ཉོས་ནས། མ་ཐེབ་དཔོན་དཔལ་འབྱོར་རིན་ཆེན་དང་། དཔོན་བཀྲ་ཤིས་མགོན་ལ་སོགས་པ་བྲིས་གྲས་ལ་མཁས་པ་དུ་མ་ཞིག་བསགས་ནས། གསོ་སྦྱོང་བླངས་ཤིང་ལག་ཆ་བྱིན་རླབས། དྲི་བཟང་གི་བར་གཟུངས་གསོ་སྦྱོང་གི་མདོ་སོགས་དང་ལྡན་པ། སྟོན་པ་རིན་པོ་ཆེ་དང་། འཕགས་པའི་གནས་བརྟན་བཅུ་དྲུག་སོགས་ལ། གོས་ཡུག་བརྒྱ་ཕྲག་གཅིག་དང་ཟུང་གཉིས། དར་ཆེན་ཡུག་བཅུ་ཕྲག་དྲུག གན་ཆུང་བཞི་ཚན་གཉིས། བེར་ཐུག་〔ཐུལ་〕ཏ་ཧུན་གཉིས། གསང་ལམ་གཅིག

ཐོན་ཏེ་ཡུག་གཉིས། གོས་ཁ་དང་། དར་ཁ་བཀྲང་གིས་མི་ལང་བ་ན་བཟའི་རྒྱན་སྣ་ཏིག་དཔག་ཏུ་མེད་པ་དང་བཅས་ནས། བཟོའི་ཆག་ཚད། ལྷའི་གྲལ་དགོད། ཁ་རྟོག〈མདོག〉གི་སྒྲེལ། གྲས་ཚེམས་ཀྱི་ཞལ་བཀོད། རྗེ་རང་ཉིད་ཀྱིས་ཇི་ལྟར་མཛད་པ་ལྟར་བྲིས་བཟོ་བ་ལག་ལེན་པ་རྣམས་ཀྱིས་ཞབས་ཏོག་བགྱིས་ཏེ། གོས་སྐུ་ཆེན་མོ་འགྲོ་བ་ཡོངས་ཀྱིས་མཐོང་ཐོས་དྲན་རེག་གི་མིག་ལྟོས་དགེ་བའི་ལམ་པོ་ཆེའི་བསྲོལ〈སྲོལ〉སྟོད་ཅིང་། ཐུགས་རྗེ་ཡངས་པས་བསྟན་པའི་ཤིང་རྟ་ཆེན་པོ་མཛད་ནས་ཁམས(P. 45ན)གསུམ་ཆོས་ཀྱི་རྒྱལ་པོ་ཆེན་པོར་མངའ་གསོལ་ལོ། །

ཡང་རྗེ་འདི་ཉིད་ཀྱི་རང་དགར་གྱི་སྐབས་པ་རྒྱ་ནག་རྒྱལ་པོའི་སྐབས་དུ་གྲགས་པ་ལ་རྟེན་ནས་ཆེན་པོ་དངོས་གྲུབ་རིན་ཆེན་པས། རྒྱ་ནག་ཆོས་ཀྱི་རྒྱལ་པོའི་བཀའ་དང་དུ་བླངས་ནས་རྒྱ་ནག་ཅོང་རྡོར་ཕྱིན་སྐེ། གནས་རྙིང་མཁན་པོ་བརྒྱུད་པར་བཅས་པ་ལ། ས་ཆེན་དབང་བསྒྱུར་ཤེལ་གྱི་དམ་ཁ། འཇའ་ས་མངའ་རིས་ཀྱི་གནང་སྦྱིན་དང་། ལག་རྟགས་དང་། གོས་ཕྱི་ནང་དང་བཅས་པ་གནང་བ་བླངས་ནས་ཕྱུལ་ཏེ། རྗེ་ཉིད་ཀྱི་ཕྲིན་ལས་ཀྱི་མཐུ་དཔལ་ལོ། །དེ་ནས་རྗེ་ཉིད་ཀྱི་རྒྱལ་ཚབ་ཏུ། མཁན་པོ་རིན་ཆེན་གྲུབ་ཉིད་བསྐོས་བཞག་མཛད་དོ། །དེ་ནས་རིང་པོ་མ་ལོན་པར། སྟོན་ཐུབ་པའི་དབང་པོས་གདུལ་བྱ་འོས་གྱུར་སྨིན་པར་མ་མཛད་བར་དུ་བདུད་ཀྱིས་མྱ་ངན་ལས་འདས〈འདའ〉བར་བསོལ་བ་བཏབ་ཀྱང་མ་གནང་། འོས་གྱུར་རྣམས་སྨིན་པར་མཛད་དེ་དམིགས་གསལ་གསུམ་རྫོགས་ནས། སེམས་དང་ཡོ་བྱད་སོགས་ནས་ཚེ་ལ་དབང་བའི་བར་དབང་བཅུ་ཐོབ་ཀྱང་། གདུལ་བྱའི་བརྟག་འཛིན་བཟླག〈ཟློག〉པའི་ཕྱིར། དགུང་ལོ་བརྒྱ་པ་ཡིན་ཡང་བརྒྱད་ཅུ་པ་ལ་རྩ་མཆོག་ཏུ་མྱ་ངན་ལས

འདའ་བའི་ཚུལ་བསྟན་པ་ལྟར། རྗེ་ཉིད་ཀྱང་རིང་དུ་མི་བཞུགས་པའི་གསུང་སྒྲོ་ཕྱི་འགར་གསུངས་ཀྱང་གདུལ་བྱ་རྣམས་མ་རིག་པས་སྒྲིབས་པས། ངེས་ཤེས་མ་སྐྱེས་ཤིང་ཕྱིས་འགྱོད་ཅིང་སྡོང་〈མཐོང་〉བར་གྱུར་ཀྱང་ཐབས་མ་རྙེད། དེར་རྗེ་ཉིད། གདུལ་བྱ་རྣམས་ཀྱི་རྟག་འཛིན་སྤང་བའི་ཕྱིར། ཟླ་བུར་དུ་སྟོང་བའི་ཚུལ་དྲག་པོ་ཅིག་བསྟུན་〈བསྟན་〉ནས། ཏུ་〈ཆུ་〉ཕོ་སྟག་གི་ལོ་དགུང་ལོ་ལྔ་བཅུ་ང་དགུ་བཞེས་པ། ཧོར་ཟླ་དྲུག་པའི་ཚེས་བཅུའི་ཐོ་རངས་གཟུགས་སྐུ་དབྱིངས་སུ་བསྡུས། དབྱིངས་དང་ཐུགས་ཡེ་ཤེས་དབྱེར་མི་ཕྱེད་འོད་གསལ་མ་བུ་འདྲེས་པ་རྫོ་རྗེའི་ཐུགས་དང་ལྡན་པར་གྱུར་ཏོ། །དེ་ནས་བཟུང་སྟེ་ཐུགས་དམ་གསོལ་འདེབས་ཀྱི་བར་ལ། རྗེ་དེ་ཉིད་རང་གི་སྐུའི་གསལ་སྣང་སྟོན་པ་དང་། འཛའ་འོད་དང་། མེ་ཏོག་གི་ཆར། རོལ་མོའི་སྒྲ་ལ་སོགས་པ་ངོ་མཚར་བའི་ལྟས་དགེས་མཚན་ཅན་དཔག་ཏུ་མེད་པ་བྱུང་ཞིང་གདུལ་བྱ་ལས་མ་དག་པ་འགའ་ཞིག་གིས་ཀྱང་མཐོང་བར་གྱུར་ཏོ། །དེ་རྗེས། རྗེ་ཉིད་ཀྱི་ནང་རྟེན་སྐྱབས་དུས་དང་། གྲུབ་རྗེས་རབ་གནས་མངའ་གསོལ་གྱི་ཚེ་ཡང་། རྟེན་བཀྲ་ཤིས་འོད་འབར་ལ་རྗེ་ཉིད་དངོས་སུ་ཐིམ་པའི་གསལ་སྣང་ཀུན་གྱིས་མཐོང་བ་བྱུང་ཞིང་། དེ་ཕྱིན། ལོ་དུས་ཀྱི་མཆོད་པ་ཡང་དཀར་ཕྱུབས་དུས་མཆོད་ཆེན་མོར་གྲགས་པ། ངའི་བར་དུ་མ་ཆག་པར་ཡོད་པ་འདི་ལགས་སོ། །

མདོར་ན། རྗེ་ཁམས་གསུམ་(P. 45བ་) གྱི་མངའ་བདག་དེ་ཉིད་ཀྱི་རྣམ་པར་ཐར་པ་ངོ་མཚར་རྒྱ་མཚོ་ཆེན་པོ་ནི་བསམ་གྱིས་མི་ཁྱབ་པས་བདག་ལྟ་བུས་བརྗོད་པར་ག་ལ་ནུས། དེ་ཡང་། རྣམ་ཐར་རྒྱས་པར་མཁས་པའི་དབང་པོ་གངས་བཟང་ཀུན་དགའ་དཔལ་བ་དང་། གསོལ་བྱ་བ་བརྩོན་འགྲུས་པ་དང་། དགེ་བའི་བཤེས་གཉེན་རྒྱལ་མཚན་ལྷུན་པོ་བས་མཛད་པ་དང་། ཆེན་

པོ་དངོས་གྲུབ་ཤྲཱི་གྲུང་པས་མཛད་པ་རྣམས་སུ་ཅི་ནས་ཀྱང་གཟིགས་པར་ཞུ། རྣམ་ཐར་རྒྱ་མཚོ་ཆེ་ནས་སྒྲ་རྩེའི་ཆུ་ཐིགས་རྩམ་〈 ཙམ་〉འདི་ཀྱེན་ཐོ་ཆེན་མོའི་ཁ་སྐོང་ལ་དམིགས་ནས། བླ་མ་བདེ་ལེགས་པས་བསྐུལ་བ་བཞིན། བདག་གྲགས་པ་རྒྱལ་མཚན་གྱིས་དབང་ཕྱུག་ཅེས་པ་མེ་མོ་གླང་གི་ལོ་ཧོར་ཟླ་བཅུ་པའི་ཆོས་གསུམ་ལ་བགྱིས་པ་ལ་ནོངས་པའི་ཚོགས་མཁས་མང་རྣམས་ལ་བཟོད་པར་གསོལ། རྣམ་དག་དབང་གི་ཆུ་བོ་བཞི་ཡི་དབུས། །སྐུ་ལྷ་ལྷུན་གྲུབ་རིན་ཆེན་དབང་གི་རྒྱལ། །མཆོག་གཉིས་དཔལ་འབྱོར་འདོད་དགུའི་དངོས་གྲུབ་གཏེར། །རྒྱལ་བ་རྒྱ་མཚོ་བླ་མའི་བཀྲ་ཤིས་ཤོག །ཤུབྷམ་སྟུ་སརྦ་ཛག་ཏཾ། །

དེའི་གསུང་**རིན་པོ་ཆེ་སངས་རྒྱས་རིན་ཆེན་རྒྱལ་མཚན་དཔལ་བཟང་པོ་པ་ནི།** ཡབ་རྒྱལ་སྲས་རིན་ཆེན་བློ་གྲོས་པ་ཡིན་ལ། ཡུམ་ཉི་གཉག〈 གཉགས་〉མོ་ཀུན་དགའ་འདྲེན་བྱ་བ་ལ། མེ་ཕོ་རྟའི་ལོ་ཆོས་སྡིངས་སུ་འཁྲུངས་ཤིང་། སྐུ་གཞོན་ནུ་ནས་འདྲི་ཀློག་ལ་སོགས་པ་ཉེ་གནས་ལྷ་སྟོན་ལས་བསླབས་ཤིང་སྦྱངས་པ་མཛད། དགུང་ལོ་བཅུ་གཉིས་པ་ལ་ས་བཟང་པཎ་ཆེན་གྱི་དྲུང་དུ་རབ་ཏུ་བྱུང་བ་མཛད། ཕར་ཚད་ཀྱི་གཞུང་ཁྲིད་རྣམས་བམ་འཛིན་མཛད་ནས། ཆོས་སྡིངས་སུ་དབྱར་དགུན་གྱི་ཆོས་འཆད་མཛད། ཡབ་ལ〈 ལས་〉སྔགས་གསར་རྙིང་གི་འཁྲིད་དང་ཆོས་བཀའ་སོགས་ཐུམ་པ་གང་བྱོའི་ཚུལ་དུ་གསན། གནས་རྙིང་དུ་ཡང་ཕྱོགས་ཀྱི་གྲྭ་བསྐོར་བ་རྣམས་ལ་ལན་འདེབས་མཛད། ལྷ་སར་བྱོན་པས། འཇའ་འོད་ཀྱིས་བར་སྣང་གང་བ་དང་། མེ་ཏོག་གི་ཆར་འབབ〈 བབས་〉པ་སོགས་ངོ་མཚར་བའི་ལྟས་དཔག་ཏུ་མེད་པ་བྱུང་ཞིང་། ལ་སྟོད་དང་གནས་རྙིང་གི་བར་ལན་འགའ་ཕེབས། ཕེབས་རེས་གཅིག་ལ་འཇམ་དབྱངས་རིན་རྒྱལ་གྱི་ཐུགས་དམ་རྟ་མགྲིན་ཡང་གསང་གི་ཁྲིས་

སྐུ་ལ་རབ་གནས་མཛད་ཅོ། ཏ་སྐད་སྟོན་པར་གྲགས་པའི་བྱིན་རླབས་ཅན་དེ་ཉིད་དང་། སྟོན་པ་སྨན་པའི་རྒྱལ་པོའི་བྲིས་སྐུ་བྱིན་རླབས་ཅན་དང་། ཀུན་ར་འབྲུམས་སྟོད་ཤར་ནུབ་འགྲོ་བའི་ན་བཟུས་ཀྱི་བླ་བྲེ་ཆེན་མོ་དང་། བླ་བྲེ་རྡོ་རྗེ་གསང་ལམ་མ་དང་། སྨན་བླའི་རྟག་ཁྲི་ཆེན་མོ་རྣམས་བསྒྲམས་(P. 46ན་)
(གཤམ་གྱི་གུག་རྟགས་ནང་དེ་རྣམས་གནས་སྐྱིང་གི་མ་དཔེར་འཁོད་མི་འདུག——སྒྲིག་པ་པོས་)
(ཕྱོན་ཞིང་། རྣམ་མཁྱེན་དཀའ་བཞི་པ་རིན་ཆེན་བསམ་གཏན་དཔལ་བཟང་པོའི་སྐུ་རྗེས་དང་། ཀུན་ར་གོང་འོག་གི་མཁར་ལས་སོགས་བྲིས་དང་བཅས་པ་མཐར་ཕྱིན་དང་། དཀར་ཆག་ཀྱང་གྲུབ་པ་མཛད་ཅིང་། ཆོས་སྡིངས་གླིང་གི་གུང་དུ་གཟིམ་ཁང་ཆེན་མོ་ཞེས་བྱ་བའི། གཟིམ་ཁང་ཁྱད་པར་ཅན་བཞེངས། བླ་བྲང་དུ་གཡབས་ཆེན་ཕྱུག་རྗེས་སུ་མཛད། གཞན་ཡང་དགོན་པ། ཆོས་རྗེ་འདི་ཉིད་ཀྱི་སྐུ་ངོའང་〈 ངོ་རང་〉ལ་དར་བས། ཆོས་དང་ཟང་ཟིང་གི་ལོངས་སྤྱོད་ཤིན་ཏུ་ཆེ་བ་དང་། བཤད་ཉན་སྒོམ་སྒྲུབ་ཀྱང་ཤིན་ཏུ་ནས་དར་བར་མཛད་ཅིང་། གཡས་རུ་བྱང་གི་དགོན་པ་ཅིག་ལ་བཟང་པར་གྲགས་པ་བྱུང་། གདུལ་བྱའི་ཚོགས་དཔག་ཏུ་མེད་པའི་དོན་མཛད་དེ། མི་མོ་ཕག་གི་ཏ་པས་ཉ་བའི་ཚེ་འཕྲུལ་ཆེན་པོར་གྲགས་པའི་ཚེ་〈 ཚེས་〉བཅུ་ལ་གདུལ་བྱ་གཞན་དུ་རྒྱ་ཆེ་བ་ལ་དགོངས་ནས། ཆོས་སྡིངས་སུ་མྱ་ངན་ལས་འདའ་བའི་ཚུལ་བསྟན་ཏོ། །
དེའི་དགོངས་རྫོགས་སོགས་མཛད་པའི་མཇུག་རྣམས་སྐྱོང་བ་ལ། རྗེ་འཇམ་པའི་དབྱངས་རིན་ཆེན་རྒྱལ་མཚན་ཉིད་ཀྱིས་ནས། དགོན་པ་ཆོས་སྡིངས་པ་རྣམས་ཀྱིས་དབུགས་བྱུང་〈 དབྱུང་〉བར་མཛད་དོ། །

དེའི་གཅུང་པོ་**ཐུགས་འཆང་དཔལ་འབྱོར་རིན་ཆེན་རྒྱལ་མཚན་དཔལ་བཟང་པོ་**པ་ནི། ཡབ་རྒྱལ་སྲས་རིན་ཆེན་བློ་གསར་པ་ཡིན་

ལ། ཡུམ་ཉང་སྟོད་ཆུ་སྲུ་མ་རིན་ཆེན་འབུམ་བྱ་བ་ལ། ཞི་བ་ཞེས་བྱ་བ་ས་མོ་བྱའི་ལོ་སྨད་ཁ་རུ་འཁྲུངས། ཡབ་ལས་གསང་སྔགས་ཀྱི་ཆོས་མང་དུ་གསན། འབྲི་ཀློག་དང་། དཀར་རྩིས། ནག་རྩིས་རྣམས་ཕུལ་དུ་བྱུང་བ་མཁྱེན་ཅིང་། བྱང་ཆུབ་སེམས་དཔའ་ཆེན་པོར་བཞུགས་པས། ངམ་ངམ་ཤུགས་ཀྱིས་འདུལ་བ་བྱེད་པ་སྟོབས་ཆེ་བ་ཡོད་ཅིང་། ཁྱད་པར་སྨན་ཚེ་མདོ་པ་ཡིན་པའི་ཁམ་པ་ཅིག་〈གཅིག་〉འཆི་བ་ལ་ཐག་གཅོད་པ་ལ། ཧ་མཁྲིན་ཡང་གསན་〈གསང་〉གྱི་བྱིན་རླབས་མཛད་པས། ཕོན་བ་དྲག་སྐྱེ་ཤིན་ཏུ་མོས་པར་བྱུང་། དུས་དེར་ཕོས་ཇ་སིགས་བཟང་བ་གསུམ་དང་། གོས་ཡུག་ཅིག་〈གཅིག་〉དང་ཧ་ཅིག་〈གཅིག་〉ཕུལ། དེ་ནས་དྲུང་ཉིད་ལྷ་སར་ཐེབས་དུས་ཕོས་ཇ་སིགས་ལྷ་དང་གོས་ཡུག་ལྷ་ཕུལ། དྲེའུ་གཉིས་དང་ཧ་མདོ་ཁམས་སྐྱེ་ན་བཟང་ཟེར་བ་ཅིག་〈གཅིག་〉རྣམས་ཕུལ། དེར་རྗེའི་དྲུང་གི་ཇོ་བོ་ལ་འཇལ་དུ་ཕྱིན་པས། ནམ་མཁའ་འཇའ་འོད་ཀྱིས་ཁྱབ་ཅིང་། ཇོ་བོ་ཉིད་ཀྱང་གཟི་འོད་ཕྲོམ་ཕྲོམ་འདུག་པས། གནས་སྙིང་པའི་གདུང་བརྒྱུད་འདི་གཙོ་ཡིན་པ་རང་གིས་ཆོག་པ་ཞིག་འདུག་ཟེར་སྐད། དེ་ནས་ཟང་ཟིང་གི་ནོར་ལ་སྙིང་པོ་བླང་དགོས་པར་དགོངས་ནས་(P. 46བ་) འབག་སྒྲི་གཞིས་དང་། ལུང་མོ་ཁང་གསར་སོགས་འཇལ་ནས། དགེ་འདུན་གྱི་བཤོས་ཚུལ་གྱི་གཞི་རྟེན་ལ་སྦྱིན་ནས་བཤོས་ཚུལ་བཅུ་གཅིག་དེང་སང་བར་མ་ཆག་པར་ཡོད་པ་འདི་མཆོད་པའི་དེབ་གཏེར་ན་གསལ་བ་དེ་ཡིན། ལ་སྟོད་དུ་ཐེབས་གདུང་འཛིན་ལ་དགོངས། དཔལ་འབྱོར་གནས་པའི་བུ་སྲིང་མ་དཔོན་མོ་བྱ་བཟང་བྱ་བ་བཞེས་ཏེ་སྲས་མ་འཁྲུངས། དགེ་བཙན་〈བཙུན་〉མ་མ་ཅིག་〈གཅིག་〉ཐར་པ་ལེགས་ལ། གདུང་བརྒྱུད་སངས་རྒྱས་སྐྱ་མཆེད་འཁྲུངས། དེ་པ་སྐྱ་མཆེད་ནི་སྐྱ་གཞོན་ནུ་ལ་མྱུ་ངན་ལས་

འདས་ཏེ། ཆུང་ཤོས་ཆོས་སྦྱིངས་སློ་མར་གྲོངས་དུས། ཡུམ་ཐར་པ་ལེགས་ལ་འདི་ཨ་མའི་ནང་རྟེན་འཆི་རྟེན་གྱིས་གསུང་། སྐུ་སྐྱེགས་ལ་གསེར་ཞོ་གསུམ་ཙུ་སོ་བརྒྱུད་ཡོད་པ་གནང་སྐད། མདོར་ན་ཡབ་སྲས་རྣམས་ལ་ལོངས་སྤྱོད་ཟད་པ་མེད་ཏེ། གདུང་རྟེན་འབུལ་བ་བྱུང་བ་ལ་དགོས་པ་ཨ་ཆད། སྐུ་བསྐུ་བ་ལ་ཡང་། ཇོ་བོའི་ཐུགས་དམ་ལྷུགས་སྒྲིག་མཚལ་ཞབས་ཚན་གྲ་འགྲིག་ཉིས་བརྒྱ་ཙམ་ཕྱག་ཏུ་བྱུང་། དེ་ལྟ་བུའི་བླ་མ་དེ་ནི། ཀུན་འཛིན་ཞེས་པ་ས་ཕོ་བྱི་བའི་ལོ། སྨིན་དྲུག་གི་ཉ་བའི་ཚེས་བཅོ་བརྒྱད་ལ། སྐར་ཁ་གཟིམ་ཁང་དུ་སྐུ་གཤེགས་སོ། །དུས་མཆོད་ལ་ཡང་མཆོད་པའི་གསེབ་ན་ཟན་ཚུལ་ཅིག་ཡོད་པ་དེབ་གཏེར་བལྟས་པས་ཤེས་སོ། །ཤུ་བྷཾ།

དེ་ཡང་། **མཁན་ཆེན་འཇམ་དབྱངས་རིན་ཆེན་གྲུབ་པའི་**རྣམ་པར་ཐར་པ་མདོར་བསྡུས་ཙམ་ནི། འཕགས་པ་འཇིག་རྟེན་དབང་ཕྱུག་དགེ་སྦྱོང་གི་ཆ་བྱད་དུ་སྤྲུལ་པ། མཁན་ཆེན་རིན་ཆེན་རྒྱལ་མཚན་དཔལ་བཟང་པོ་ལ་སྤྱན་རས་གཟིགས་ཀྱི་གདུང་དྲི་མ་མེད་པ་འདི་ཆད་ན། ལ་ཉང་གི་གདུལ་བྱ་རྣམས་རེ་ལྟོས་〈འདོད་〉དང་འབྲལ་བར་འདུག་པས། གདུང་གི་བརྒྱུད་སྤེལ་བའི་ཞུ་བ། བདག་པོ་ནང་ཆེན་ཀུན་དགའ་འཕགས་ལས་ཞུས་ཞིང་ཁྱད་པར་རྗེ་རང་ཉིད་ཀྱི་ཟབ་ལམ་འཁྲིད་བཀའ་རྣམས་ཀྱི་འབྱུང་ཁུངས་དམ་པ། ལྷ་དོ་བ་ཆོས་རྗེ་བདེ་ལེགས་རིན་ཆེན་པས་ནན་གྱིས་གསོལ་བ་བཏབ་ཅིང་ཞུ་ཕུལ་བའི་ངོར། མཁན་པོ་ཟེའུ་པག་ཤིའི་དཔོན་བརྒྱུད་ཀྱི་སྲས་མོ་དཔོན་མོ་སྲས་སྐྱིད་ཞེས་པ་ལ། སྲས་པོ་སྐུ་མཆེད་གཉིས་བྱུང་བའི་གཅེན་པོ་ཆུ་མོ་ལུག་ལོ་པ། གཅུང་པོ་ཤིང་མོ་བྱ་ལོ་པའོ། །དེ་ཡང་མ་དག་ལྷན་དབང་བརྟུལ་རྣམས་ཀྱིས་ནང་དོན་ཀློང་དུ་འགྲོ་བའི་རྒྱུ། མཁན་པོ་བུད་མེད་དང་འགྲོགས་པ་བསླབ་པ་

དང་བྲལ་བ་ཞེས་སྐུར་བ་འདེབས་ཤིང་ལས་ངན་སོག〈གསོག〉པ་རྣམས་ནི། རང་གི་ཐར་པའི་སྲོག་རྩ་གཅོད་པར་ཟད་ཀྱིས། མཁན་པོ་རིན་པོ་ཆེ་ཉིད་ལ་མི་ཉེས་པའི་སྐྱོན་རང་བཞིན་པས་མ་གོས་པ་ཡིན་ཤིང་)(P. 47ན་)དེའི་རྒྱུ་མཚན་ཡང་དཔེ་ཅི་དང་མཚུངས་ན། སྔོན་གྱི་དུས་ན། ཨུ་རྒྱན་གྱི་རྒྱལ་པོ་ཨིནྡྲ་བོ་དྷི་ལ། བཙུན་མོ་ལྔ་བཅུ་རྩ་གཅིག་ཡོད་པ་ད〈དེ〉རྣམས་ཚོགས་སོག〈གསོག〉པར་བྱ་བའི་ཆེད་དུ། ཆུ་བོ་ཆེན་པོ་གཅིག་གི་ཕ་རོལ་གྱི་འགྲམ་དུ། སློབ་དཔོན་ཆེན་པོ་ལ་བ་པ་ཡབ་ཡུམ་གྱི་སྦྱིལ་པོ་བྱས་ཏེ། སྤྲའི་བྱེ་ཐང་ལ་བཙུན་མོ་རྣམས་རེ་མོས་ཀྱིས་ནང་རེ་བཞིན་འཚོ་བ་སྐྱེལ་དུ་བཅུག་པ་ལས། དུས་ལན་གཅིག་བཙུན་མོ་ཆུང་ཤོས་ལ་རེ་མོས་བབ་པའི་ཚེ། རྒྱལ་པོས་བསྒོ〈བགོ〉བ་བརྗེད་ནས། ནམ་ཕྱེད་ལ་ཐུགས་དྲན། དེར་གྲུབ་ཐོབ་ཀྱི་མཆོ་བ་ནམ་རེ་ཆག་ན། མུ་གེ་ལོ་བཅུ་གསུམ་འོང་བས། བཙུན་མོ་ལ་བསྒོས〈བགོས〉ཏེ་སྐྱེལ་དུ་བཏང་བའི་ཚེ། བཙུན་མོ་ན་རེས། ད་ནམ་སྲོས་པས་ཤ་དང་། འབྲས་ཆན་དང་། ཆང་གི་རྫིའུ་ཁྱེར་ནས་ཚུལ་ཇི་ལྟར་བྱས་ནས་འགྲོ་ཞུས་པས། རྒྱལ་པོ་ན་རེ། རྒྱལ་པོ་ཨིནྡྲ་བོ་དྷིས་མི་ཚངས་སྤྱོད་སྤྱངས་པའི་དགེ་བས། ཆུ་བོ་གྱེན་ལ་བཟློག་པར་གྱུར་ཅིག་ཅེས་ཆུ་ཁར་སླེབ་པ་དང་གྱེས་ལ་སོང་། དེས་ཆུ་འཆད་ཀྱིས་ཟེར་རོ། །དེར་བཙུན་མོའི་བསམ་པ་ལ། བདག་རང་གིས་སྣ་དྲངས་པའི་བཙུན་མོ་ལྔ་བཅུ་རྩ་གཅིག་ཡོད་པ་ལ། མི་ཚངས་སྤྱོད་སྤྱངས་པའི་དགེ་བ་གར་འོང་། ང་ལ་ཆད་པ་གཅོད་པ་ཡིན་ཏེ་འོང་། གྲོས་པའི་ཐབས་ནི་མེད་སྙམ་དུ་ཡིན་ཕྱིན་ནས། ཆུ་ཁར་སླེབ་པ་དང་། རྒྱལ་བདེན་ཡང་སྲིད་སྙམ་ནས། དེ་སྤང〈སྐད〉བྱས་པས། ཆུ་བོ་གྱེན་ལ་ལོག་ཏེ་ཐང་དུ་སོང་ནས་ཐར་རོ། །སླེབ་ནས་སློབ་དཔོན་ལ་འཚོ་བ་གྲངས〈དྲངས〉ནས། བདག་ཆུ་ལ་ཇི་ལྟར་

བྱས་ནས་འགྲོ་ཞུས་པས། སློབ་དཔོན་ལ་བ་པས་ཕྱི་དྲོའི་ཁ་ཟས་སྤྱངས་བའི་དགེ་བས། ཆུ་བོ་གྱེན་ལ་ལོག་ཅིག་གྱིས་ལ་སོང་གསུང་། དེར་བཙུན་མོའི་བསམ་པ་ལ་ཕྱི་དྲོའི་ཁ་ཟས་ཏ་ད་ལྟ་རང་གསོལ་བ་འདི་ཡིན་ཏེ། གྲུབ་ཐོབ་ཡིན་པས་བདེན་པའང་སྲིད་སྙམ་ནས། ཆུ་ཁར་སླེབ་པ་དང་དེ་སྐད་བྱས་པས། ཆུ་བོ་གྱེན་ལ་སོང་སྟེ་རྒྱུན་ཆད་ནས་ཐར་ནས། ངོ་མཚར་སྐྱེས་ཤིང་ཁྱིམ་དུ་སླེབ་པ་དང་། རྒྱལ་པོ་ལ་ཞུས་པས། རྒྱལ་པོའི་ཞལ་ནས་ངས་ཀྱང་ཐ་མལ་པའི་ཆགས་པ་སྤྱོད་པ་མ་ཡིན། སློབ་དཔོན་ལ་བ་པས་ཀྱང་། ཐ་མལ་གྱི་ཁ་ཟས་གསོལ་བ་མ་ཡིན་གསུང་བ་དང་། གཞན་ཡང་སློབ་དཔོན་རྡོ་རྗེ་དྲིལ་བུ་པ་ལ། ཚུང་མ་དང་། བུ་དང་། བུ་མོ་བྱུང་བ་ལ། གྲོང་ཁྱེར་ཀ་ནའི་སྡིག་སྤྱོད་རྒྱལ་པོ་འཁོར་བཅས་ཀྱིས་ཁྲེལ་བཟས་པས། སློབ་དཔོན་གྱིས། ཇི་ལྟར་མེ་ཏོག་པདྨ་ནི། །འདམ་གྱི་ཉེས་པས་མི་གོས་ལྟར། །ཐབས་མཆོག་ལྡན་པའི་རྣལ་འབྱོར་ལ། །འདོད་པའི་ཉེས་པས་མ་གོས་པས། །སྡིག་ཅན་ཁྱོད་ཀྱིས་ག་ལ་ཤེས། །གསུངས་ནས། བུ་དང་བུ་མོ་དང་ཚུང་མ་གསུམ་ནམ་མཁའ་ལ་འཕངས་ཏེ། བུ་(P. 47བ་) རྡོ་རྗེར་གྱུར། ཕྱག་གཡས་སུ་བསྣམས། བུ་མོ་དྲིལ་བུར་གྱུར་ཕྱག་གཡོན་དུ་བསྣམས། ཚུང་མ་རྡོ་རྗེ་རྣལ་འབྱོར་མར་གྱུར། སློབ་དཔོན་རང་ཧེ་རུ་ཀར་གྱུར་ནས་སྟེང་གི་བར་སྣང་ལ་བཞུགས་སོ། །ཞེས་པ་ལྟར། སྤྲུལ་པས་འགྲོ་དོན་མཛད་པའི་སེམས་དཔའ་ཆེན་པོ་དེ་ཡང་། དཔེ་དེ་རྣམས་དང་འཚུངས་〈མཚུངས་〉པས་ལོག་ལྟ་དང་བཀུར་འདེབས་བྱར་མི་རུང་བའོ། །

དེ་ལྟར་དེའི་སྲས་གཅེན་པོ་རིན་ཆེན་གྲུབ་པ་ནི། དགུང་ལོ་བདུན་ལ་རང་གི་གཙུང་རྒྱལ་མཚན་རིན་ཆེན་པ་དང་དུས་མཉམ་དུ་ཀློག་ཡིག་མཐར་ཕྱིན་པར་མཁྱེན་པ། ཆེན་པོ་བསམ་གཏན་བཟང་པས་〈པོས་〉བསླབས། དེ་ནས་

དགུང་ལོ་བཅུ་གཉིས་བཞེས་པའི་ཚེ། རང་གི་གཙུག་དང་ལྷན་ཅིག་ཏུ་སྤྲུལ་པའི་སྐུ་འཇམ་དབྱངས་རིན་ཆེན་རྒྱལ་མཚན་དཔལ་བཟང་པོས་མཁན་པོ་མཛད། ལུང་རིགས་ཀྱི་〈རིག་གི་〉མངའ་བདག་ཆེན་པོ་བསམ་གཏན་བཟང་པོས་ལས་སློབ་མཛད། མཚན་སྒྲོག་པའི་མཁན་པོ་དགྲ་བཅོམ་པ་དཔལ་ལྡན་སེང་གེ་བས་གྲིབ་ཚད་པ་མཛད་དེ། དགེ་ཚུལ་གྱི་སྡོམ་པ་བཞེས། དེ་རྗེས་ཆེན་པོ་བསམ་གཏན་བཟང་པོས་སློབ་དཔོན་མཛད་དེ། ཕར་ཕྱིན་བུ་〈བྱ་〉ཊི་ཀ་དང་སྒྲེལ་བ་〈འགྲེལ་པ་〉། རྣམ་འགྲེལ་དང་། སྤྱོད་འཇུག་རྣམས་ལ་ཐུགས་སྦྱོང་མཛད། དགུང་ལོ་ཉི་ཤུ་བཞེས་པ་དང་། ཆུ་ཕོ་སྟག་གི་ལོ་ས་ག་ཟླ་བའི་ཚེས་བཅོ་ལྔའི་ཉི་མའི་དུས་ཕྱི་དྲོ། གྲིབ་ཚོད་སྐྱེས་བུ་གཅིག་དང་རྐང་པ་གཅིག་གི་དུས། ཐག་ཐོག་གཟིམ་ཁང་དུ། མཁན་པོ་གྲུབ་པ་ཐོབ་པའི་རྣལ་འབྱོར་པ་གངས་བཟང་ཆོས་རྗེ་ཀུན་དགའ་དཔལ་པས་མཛད། ཕྱི་ནང་གི་ཆོས་ལ་རབ་འབྱམ་〈འབྱམས་〉ཀྱི་སྣང་བ་རྒྱས་ཤིང་རྡོ་རྗེ་འཆང་དང་ངོ་བོ་མི་གཉིས་པར་གྱུར་པ། བླ་ཆེན་དོན་གྲུབ་རིན་ཆེན་པས་ལས་སློབ་མཛད། བདེ་བར་གཤེགས་པའི་གསུང་རབ་ཕལ་མོ་ཆེ་ལ་མཁས་པར་གྲགས་ཤིང་། མཁས་པ་དོན་དང་འཐུན་〈མཐུན་〉པ་སླིགས་དུས་ཀྱི་རྒྱལ་བ་གཉིས་པ་རྒྱལ་ཚབ་དར་མ་རིན་ཆེན་པས་གསང་སྟོན་མཛད། ཡོན་ཏན་རྒྱ་མཚོ་ལྟ་བུའི་ཕ་རོལ་ཏུ་སོན་པ་དཀའ་བཅུ་པ་བྱང་ཆུབ་རྒྱལ་མཚན་པས་དུས་གོ་བ་མཛད། སློབ་དཔོན་དཀོན་མཆོག་རིན་ཆེན་པས་ཐོག་མ་མཛད་པའི་དད་པའི་དགེ་འདུན་ཉི་ཤུའི་དབུས་སུ་སངས་རྒྱས་ཀྱི་བསྟན་པ་ལ་ཞུགས་ལ་ཡོངས་སུ་རྫོགས་པ་དགེ་སློང་གི་སྡོམ་པ་རྣམ་པར་དག་པ་ཐོབ་པར་མཛད་དོ། །དེ་ནས་རང་གི་ཡབ་འཇམ་པའི་〈དཔལ་〉དབྱངས་རིན་ཆེན་རྒྱལ་མཚན་ལས་རས་ཆུང་སྣན་བརྒྱུད་ཆ་ལག་དང་བཅས་པ་ཚད་མ་

གསན། ཚེ་དཔག་མེད་གྲུབ་རྒྱལ་མ་ཆེ་ཆུང་གི་རིམས་རྣམས་དང་། ཁ་ཆེ་པཎ་ཆེན་གྱི་བདེ་མཆོག་དཀར་པོ་སོགས་ཚེ་སྒྲུབ་ཀྱི་རིགས་མང་(P. 48ན་) དག་དང་། སྨན་པའི་རྒྱལ་པོ། བཅུ་གཅིག་ཞལ། དོན་ཞགས། དྲི་མེད་སོགས་སྨྱུང་གནས་རྣམས་དང་། རྒྱུན་གཙོད་རིགས་འགའ་དང་བཅས་པའི་ཆོས་བཀའ་མང་དུ་གསན་ཅིང་། དེར་〔རྗེས་ཆོས་རྗེ་ཆོས་གྲགས་པ།〕ཆོས་རྗེ་དོན་རིན་པ། གངས་བཟང་ཆོས་རྗེ་ཀུན་དགའ་དཔལ་བ་རྣམས་ལ། དབང་ལུང་། ཆོས་བཀའ་མང་བར་གསན། མདོ་རྒྱུད་ཀྱི་ལུང་མང་པོ་ཆགས་〔ཆབས་〕ཚང་བར་ཆོས་རྗེ་རིན་ཆེན་མཆོག་གྲུབ་པ་ལ་〈ལས་〉ཞུས། གཞན་ཡང་རྒྱལ་ཚབ་རྗེ། མཁས་གྲུབ་རྗེ། འདུལ་འཛིན་གྲགས་རྒྱལ་རྣམས་ལ་〈ལས་〉། དགེ་ལྡན་པ་ཕྱོགས་ཀྱི་ཆོས་མང་པོ་གསན། གསན་པ་རྣམས་ལ་ཐུགས་དམ་གནད་དུ་སྒྲིལ་ནས་ལྷ་དོ། ཕུར་སྤིངས། སྨན་ཆུ། ཐག་ཐོག གུར་ཞོག་རྩེ། གནས་སྙིང་གཟིམ་ཁང་ལྷ་ཐོག་རྩེ་རྣམས་སུ་མཛད། ལན་ཅིག་སྔོ་ལུང་མོ་རུ་སྤྱིན་སྲེག་འབུམ་གཏེར་མཛད་དུས་མེ་ལྷ་ལ། མི་དར་ལ་དར། གོས་ཆེན་རྣམས་ཁ་རེ། རྟེན་ཁེབས་སོགས་ཕུལ་བས། སྔོ་པ་རྣམས་ན་རེ། ཆོས་རྗེས་གོས་དར་མང་པོ་མེ་ལ་བསྲེགས་སོང་ཟེར་སྐད། ལྷ་སར་ཐུགས་དམ་རྒྱུན་གཙོད་ཞག་བདུན་སྒྲིལ་མཛད་པས། ཕྱག་ཕྱི་བ་རྣམས་སྐུ་གཤེགས་པར་འདུག་སྙམ་པའི་དངངས་སྐྲག་བྱུང་སྐད། སྤྱན་རས་གཟིགས་ཀྱི་གསེར་སྐུ་དཔོན་སློབ་ཆུང་པས་བཞེངས་པ་ཤིན་ཏུ་མཚར་བ་གཡུའི་འཕྲ་བཟང་མང་ཅན་དང་། རྗེ་འཇམ་དབྱངས་ཆེན་པོའི་ནང་རྟེན་དཀར་ཕུབས་ཀྱི་ལྷ་ཆེན་དང་། དཀར་ཕུབས་དང་བཅས་པ། བདེ་མཆོག་བསྟན་མ་བཅུ་གཉིས་ཀྱིས་བསྐོར་བ། རྗེ་རང་གིས་ཞལ་གཟིགས་པའི་བྲིས་སྐུ་དང་། མགོན་པོའི་འཕུར་ཐང་ཞལ་བཞུས་

སོགས་བྲིས་སྐུ་འགའ་བཞེངས། སྣམ་པོའི་〔སྤྱས་པའི་〕ཕྱུགས་དམ་ནི་བསམ་གྱིས་མི་ཁྱབ་པ་མངའ་བའི་བདག་ཉིད་དོ། །

གནས་སྙིང་གི་གདན་ས་དགུང་ལོ་ཉེ་ཤུ་པ་ནས་ལྔ་བཅུ་བཞེས་པའི་བར་ཏེ་ལོ་སུམ་ཅུ་སོ་གཅིག་མཛད་ན་ཡང་། ཕྱུགས་ཚུང་བ་ལ་རྟེན་སྐུ་ཤེད་ཆུང་བའི་ངང་ལ་སོང་སྟེ། སྐུའི་སྐྱེ་བ་སྔ་མ་ལ། རྒྱ་གར་དུ་པཎྜི་ཏ་གཅིག་དང་རྟོད་པ་མཛད་པས། རྗེ་འདི་ཉིད་རྒྱལ་བས། པཎྜི་ཏ་དེ་ལ་ངན་སྨྲས་ཀྱིས་དམའ་ཕབ་པའི་རྟེན་འབྲེལ་གྱིས། སྐུ་ཚེ་འདིར་སྐུ་གཟུགས་ཆུང་བ་དང་། འཁོར་འབངས་ཞལ་ལ་མི་ཉན་པ་བྱུང་བ་དེ་ཡིན་པར་འདུག་གསུང་། རྗེ་འདི་ཉིད་ཀྱི་རྣམ་ཐར་གངས་བཟང་ཀུན་དགའ་དཔལ་བ་ལ་མཁའ་འགྲོས་ལུང་བསྟན་ནས་མཛད་པ་ཡིན་ཟེར་བ་ན་གསར་〈གསལ་〉བར་ཡོད་དོ། །སྟོ་ཁ་བཞིའི་དགོན་པ་མཚར་ཁང་། ས་དམར་རྫིང་ཁ། དགོན་གསར་ཁ། ར་མ་ནང་རྫོང་བྲག་སོགས་རང་རེའི་དགོན་མ་ལག་རྣམས་ཀྱི་གཟིགས་རྟོག ཡོན་བདག་མཐའ་རྒྱས་དང་བཅས་པའི་དོན་ལ་ལན་གཉིས་ཕེབས། ཟབ་པ་དང་རྒྱས་(P. 48བ་)པའི་ཆོས་ཀྱི་འཁོར་ལོ་དཔག་ཏུ་མེད་པ་བསྐོར། དེ་དུས་ཀྱི་ཕྱུང་〔སྲུང་〕སྣ་བའི་བཞུགས་ཁྲི་དེ་ལ་བྱིན་རླབས་ཆགས་པར་ལགས་ཏེ། ཐེང་གཞུང་དུ་ཆར་ཆེས་པ་ན་བཞུགས་ཁྲི་དེ་ལ་མར་མེ་ཕུལ་བས་ཆར་ཆུང་དུ་འགྲོ་བ་དང་། ཆར་དཀོན་པའི་ཚེ་བཞུགས་ཁྲི་དེ་ལ་ཁྲུས་གསོལ་བས་ཆར་མོད་〈མོས་〉ལ་གང་འདོད་ཕེབས་པས། ཁོ་ལ་དབྱར་མི་རྣམས་ཀྱིས་ཀྱང་ཆེས་ཆེར་བསྟོད་པར་བྱེད་ན། གཞན་གྱིས་ལྟ་ཅི་སྨོས། མདོར་ན། རྗེ་འདི་ཉིད་ཀྱི་རྣམ་ཐར་གསན་ཡིག་ལས་རྒྱས་པར་ཤེས་པར་བྱའོ། །འདི་ནི་མདོར་བསྡུས་ཙམ་མོ། །

དེ་ལྟར་རྗེ་འདི་ཉིད་ཆུ་མོ་ལུག་ལོ་འཁྲུངས་ནས། ཆུ་ཕོ་སྤྲེའུའི་ཏོར་ལྷ

བཅུ་པའི་ཉེར་ལྔ་ལ་གནས་རྙིང་གཟིམ་ཁང་ལྔ་ཐོག་རྩེར། སྣང་བའི་རྐྱེན་གློ་བུར་བ་ཅིག་བྱུང་ནས་དགོངས་པ་མྱ་ངན་ལས་འདའ་བའི་ཚུལ་བསྟན་ཏོ། །ནང་རྟེན་ནི། སྤྲུལ་སྐུ་རྒྱལ་མཚན་རིན་ཆེན་གྱིས་ལ་སྟོད་ཆོས་སྡིངས་ནས་གསེར་ཟངས་བསྣམས། ལ་སྟོད་ནས་དཔོན་མོ་ཆེ་བཀྲ་ཤིས་རིན་ཆེན་བྱ་བ་ཡང་ཁྲིད་བྱོན་ནས། ཐུབ་པའི་གསེར་སྐུ་རྒྱབ་མཐོ་བཅོ་བརྒྱད་ཡོད་པ་ཅིག་བཞེངས་ནས། དཀར་ཕིབས་གཙང་ཁང་ཤར་ན་བཞུགས་པ་འདི་ཡིན་ལ། དུས་མཆོད་ཀྱི་ཞིང་གཙུག་ལྷ་〈ལག་〉ཁང་ན་ཤྲཱ་ཀྱ་མ་ཟེར་བ་འདི་ཡིན་ཞིང་། འཇམ་དབྱངས་ཆེན་པོའི་དུས་མཆོད་དུས་ཐུབས་པ་བྱེད་ཀྱིན་འདུག་གོ །རྣམ་ཐར་མདོར་བསྡུས་འདི་ནི་ལྷ་དགོན་གསར་ཁའི་བླ་མ་བདེ་ལེགས་པས། གྱིས་〈གྱིན་〉ཐོ་ཆེན་མོའི་ཁ་སྐོང་ལ་དགོས་པར་འདུག་ཅེས་ནན་ཆེར་བསྐུལ་བ་ལ་བརྟེན་ནས། གྲགས་པ་རྒྱལ་མཚན་གྱིས་དབང་ཕྱུག་ཅེས་པ་མེ་མོ་སྣང་གི་ཐ་སྐར་ཅན་གྱི་ཟླ་བའི་དཀར་ཕྱོགས་ཀྱི་མལ་〔མ་ལ་〕བཀོད་པ་ལགས། འགལ་འཁྲུལ་ནོར་པ་མཆིས་ན་མཁས་མཆོག་རྣམས་ཀྱིས་བཟོད་པའི་ཆབ་ཀྱིས་བསྐྱུ་བར་མཛད་དུ་གསོལ། །

སྭསྟི། གང་ལ་བརྟེན་ན་སྲིད་པའི་སྡུག་བསྔལ་ཆུ་བོ་ཆེ་ལས་ངེས་པར་སྒྲོལ་བའི་གྲུ་བོ་ཆེ། །གང་གིའི་མཛད་པ་ཐབས་མཁས་དེད་དཔོན་མཆོག་དེས་རྣམ་གྲོལ་ཐར་པའི་གླིང་དུ་སྐྱེལ་ལ་མཁས། །གང་གི་དྲིན་གྱིས་རྣམ་མཁྱེན་ནོར་བུའི་དཔལ་འབྱོར་ཆེ་ལ་དགའ་བདེར་ལོངས་སྤྱོད་གཏེར་བ་པོ། །གང་དེས་དབང་གི་ཆུ་བོས་རྒྱུད་སྨྱུངས་ཡེ་ཤེས་དངོས་གྲུབ་གཏེར་བ་མཉམ་མེད་དེ་ལ་འདུད། །དེ་ལ་**རྗེ་རྒྱལ་མཚན་རིན་ཆེན**་འདི་ཉིད་ནི། སྐུ་སྐྱེ་བ་སྔ་མ་རྒྱལ་བ་ཡང་དགོན་པ། དེའི་སྐུ་སྐྱེ་སྟག་སྟོན་བསམ་གཏན་འོད་ཟེར། དེའི་སྐུ་སྐྱེ་གཏིང་མ་རྗེ་འདི་ཉིད་ཡིན་ལ། འདིའི་ཡབ་འཇམ་པའི་〈དཔལ་〉དབྱངས་

རིན་ཆེན་རྒྱལ་མཚན་ཡིན་ལ། ཡུམ་ནི་ཁྲོ་ཧ་བྲེས་ཟེའུ་པག་ཤིའི་བུ (P. 49ན་) སྲིང་མ་དཔོན་མོ་སྲས་སྐྱིད་ཞེས་བྱ་བ་ལ་སྲས་སྐུ་མཆེད་གཉིས་འཁྲུངས་པའི་གཅེན་པོ་རྗེ་རིན་ཆེན་གྲུབ་དང་། གཅུང་རྗེ་འདི་ཉིད་དོ། །རྗེ་ཉིད་ནི་ཆུ་མོ་བྱའི་ལོ་ལ་སྐུ་འཁྲུངས་ཤིང་ཆེར་གྱུར་པ་ན། འགྲོ་སློང་〈སློང་〉 དང་། དཀྱིལ་འཁོར་འདྲི་བ་དང་། ཆོས་འཆད་པ་དང་བཅས་པའི་རྣམ་འགྱུར་འབའ་ཞིག་མཛད་ཅིང་། རྗེ་བཙུན་དོན་རིན་པ་ལ་ཀློག་དང་ཡི་གེའི་རིགས་ལཱུ་སོགས་མང་དག་དང་། བྱེད་རྩིས་དང་སྨྲ་ལ་སོགས་པ་མང་པོ་ལ་བསླབ་སྦྱངས་མཛད། དགུང་ལོ་བཅོ་ལྔ་པ་ལ་ཡབ་ལ་དགེ་བསྙེན་གྱི་སྡོམ་པ་བཞེས་མཚན་ཡང་རྒྱལ་མཚན་རིན་ཆེན་དུ་བཏགས། ཕར་ཕྱིན། རྣམ་ངེས། སྤྱོད་འཇུག་རྣམས་ལ་གསན་སྦྱངས་མཛད། གནས་རྙིང་གི་ཚོགས་སུ་ཕྱོགས་ནས་གྲྭ་བསྐོར་ལ་[བ་] མཁས་པ་རྣམས་ལ་ལན་འདེབས་མཛད།

དགུང་ལོ་བཅོ་བརྒྱད་པ་ལ་རྒྱལ་ཚབ་དར་མ་རིན་ཆེན། འདུལ་བ་པ་གྲགས་པ་རྒྱལ་མཚན། མཁས་གྲུབ་དགེ་ལེགས་དཔལ། སྣར་ཐང་མཁན་པོ་གྲགས་པ་བསོད་ནམས་སོགས་ལས་རབ་ཏུ་བྱུང་། རྒྱལ་ཚབ་རྗེ་ལ〈ལས་〉། ཕར་ཕྱིན། འདུལ་བ། མངོན་པ། སྤྱོད་འཇུག དབུ་མ། གསང་འདུས་ཀྱི་རྒྱུད། སྒྲོན་གསལ་སོགས་གསན། ཡབ་ལ〈ལས་〉ནི་གུའི་ཆོས་སྐོར། ན་རོའི་ཆོས་དྲུག གཏོད་ཚང་པའི་ཁྲིད་ཆེན་བརྒྱད། ལོ་ནག་དྲིལ་གསུམ། ཀྱཻ་རྡོ་རྗེའི་རིགས་ཐམས་ཅད། ཧ་མགྲིན། རྡོ་རྗེ་ཕྲེང་བ། ཀྲི་ཡ་སམུ་ཙྪ། རས་ཆུང་སྙན་བརྒྱུད་སོགས་ཤིན་ཏུ་མང་བ་གསན། སྨན་ཆུ་གཟིམ་ཁང་དུ་ཚེ་དཔག་མེད་འབར་ར་བ་ནས་བརྒྱུད་པའི་ཚེ་སྒྲུབ་ཟླ་བ་གཅིག་མཛད་པས་དུས་མ་ཡིན་པའི་འཆི་བའི་ལྟས་བཟློགས་ནས་ལོ་བཅུ་གཉིས་སྐུ་ཚེ་བསྲིངས་པ་ཡིན་ནོ། །དེའི་

ལྷག་མ་ཐུས་པ། རྗེ་བཙུན་དོན་རིན་པ་ལ་〈ལས་〉གསན། ཕྱུག་ལེན་མང་པོ་མཁས་པ་གཞོན་སློབ་ལ་〈ལས་〉གསན། གངས་ཆེན་ཀུན་དགའ་དཔལ་བ་ལ་〈ལས་〉ཁྲིད་ཆེན་བརྒྱད། རས་ཆུང་སྙན་བརྒྱུད། ཕག་མོ་གཞུང་དྲུག བསེ་འཕྲོ་[བསྲེ་འཕོ་] སྐོར་གསུམ་སོགས་ཤིན་ཏུ་མང་བ་གསན། དམ་པ་ཆོས་གྲགས་པ་ལ་〈ལས་〉གསང་འདུས་སྤྱན་རས་གཟིགས་སོགས་གསན། དགུང་ལོ་ཉི་ཤུ་རྩ་གཅིག་ལ་ལ་སྟོད་ཆོས་སྡིངས་ཀྱི་གདན་ས་ལ་བྱོན། ཡར་ལམ་ས་སྐྱར་ཕེབས། ཐེག་ཆེན་ཆོས་ཀྱི་རྒྱལ་པོ་ལ་〈ལས་〉། གུར་མགོན་སོགས་བཀའ་འགའ་གསན། ཆོས་སྡིངས་གདན་སར་བསྐོས་པའི་ཉིན་ཐུགས་བསྐྱེད་གསུང་བའི་བར་ལ་མེ་ཏོག་གི་ཆར་ལག་པས་ཟིན་པ་བབས། མཁན་པོ་རིན་ཆེན་གྲུབ་ལ་〈ལས་〉ཡང་རས་ཆུང་སྙན་བརྒྱུད་ཀྱི་ལྷག་རྣམས་དང་བཅས་པའི་བཀའ་དང་ཁྲིད། མདོ་མངས་ཀྱི་ལུང་། རྒྱུད་འབུམ་གྱི་ལུང་དང་བཅས་མང་དུ་གསན། ཆོས་རྗེ་ཡོན་འབྱུང་བ་ལ་〈ལས་〉དུས་འཁོར། དོན་ཞགས་སོགས་གསན། དེ་ལྟར་གསན་པ་རྒྱ་ཆེ་བས་གསན་པ་(P. 49བ་) ཙམ་ལ་མ་བཞག ཐུགས་དམ་གྱི་རིམ་པ་མང་དུ་ཡོད་ཀྱང་གཙོ་བོ་རས་ཆུང་སྙན་རྒྱུད་ལ་མཛད་པས་བྲིན་དང་། ལ་ཕྱི་ལ་ཐུགས་དམ་རྩེ་གཅིག་ལ་བཞུགས་པས། བྲིན་དུ་དྲི་མེད་མཆོད་རྟེན་འཛམ་བུ་ཆུ་བོའི་གསེར་ལས་གྲུབ་པ་རྒྱ་སྤུངས་མཐོ་ལ་ཆེ་བའི་སེང་ཁྲིའི་སྟེང་ན། དབུས་ན་བདག་ཅག་གི་སྟོན་པ་ཐུབ་པ་རིན་པོ་ཆེ་ལ་བསྐལ་བཟང་གི་སངས་རྒྱས་སྟོང་དང་བྱང་ཆུབ་སེམས་དཔའ་དང་བཅས་པས་བསྐོར་བ་དང་། བུམ་པའི་ནང་ན་འཁོར་ལོ་བདེ་མཆོག་གི་ལྷ་ཚོགས་ཁྲོམ་ཚོགས་སུ་བཞུགས་པའི་སྟེང་ན། རྡོ་རྗེ་འཆང་ནས་མི་ལའི་བར་བརྒྱུད་པའི་བླ་མ་རྣམས་ཞལ་འཛུམ་པའི་མདངས་ལྡན་དུ་བཞུགས་འདུག་པའི་ཞལ་གཟིགས་ཤིང་། རྗེ་

མི་ལས་སྨན་བརྒྱུད་ཀྱི་དཀའ་གནས་〈 གནད་ 〉འགའ་ཞིག་ཚིག་ཏུ་དཀྲོལ་ནས་གནང་ཞིང་། སྨན་བརྒྱུད་འདི་ནུབ་འགྲོ་བར་འདུག་པས་འགྲོ་དོན་ཆེ་ཆེར་སྤེལ། རྡོ་རྗེའི་ཚིག་རྐང་དང་། ལུས་མེད་གཉིས་ལ་འགྲེལ་པ་རེ་གྱིས་གསུང་ལུང་བསྟན་ཐོབ་པ་དང་། རིགས་ལྔའི་ཕྱག་མཚན་གྱི་རྣམ་པའི་གསེར་གྱི་ཆར་བབས་པ་ཕྱག་འོག་ཏུ་ཆུག་པ་རྣམས་ཕྱག་ཏུ་བསྣམས་རྒྱུ་བྱུང་ཞིང་། དུས་དེར་ཏིང་ངེ་འཛིན་ལ་ཞག་ལྔ་དྲུག་འཁྱམས་པ་བྱུང་བ་དང་། ལ་ཕྱིར་རྡོ་ལ་ཕྱག་ཞབས་ཀྱི་རྗེས་འཛོགས་པ་གནང་བ་དང་། ལྷ་སར་ཇོ་བོ་ལ་མཇལ་དུས། དྲིན་ཏུ་རིགས་ལྔའི་ཕྱག་མཚན་གྱི་གསེར་རྣམས་བཏུལ་ནས་ཚོ་འཕྲུལ་གྱི་དུས་ཆེན་བར་ལ་གསེར་ཞོ་ལྔ་ལྔའི་གསེར་ཆབ་གསོལ་བ་དང་། མར་ཁལ་བརྒྱད་བརྒྱའི་དཀར་མེ་ཕུལ་བ་དང་། དེ་དུས་རྗེ་ཉིད་དང་ཇོ་ཞལ་རྣམ་གཉིས་ཆོས་ཀྱི་བགྲོ་བ་མཛད་ཅེས་གླེང་། བསམ་ཡས་འཆིམས་ཕུར་ཕག་མོའི་དབང་མཛད་པས་ཏ་མ་རུའི་སྒྲ་གྲག་པ་དང་། སྔོ་ཁ་བཞིའི་དགོན་པ་མཚར་ཁང་ནས་ཞེ་མ་སྲུས་མོ་དང་། བླ་མ་དཔལ་མཆོག་པས་གདན་འདྲེན་བྱུང་བ་ལ་རྟེན་ཕག་རི་ནས་སྤ་གྲོ་ལ་ཕྱིན། སྐྱེར་〈 སྐྱིད་ 〉ཆུའི་ཇོ་བོ་དང་མཇལ་བ་ལ་ཕྱིན་པས་ནམ་མཁའ་ལ་འཇའི་གུར་ཕུབ། ལྷ་ཁང་དུ་ཕེབས་པས། དཔོན་གཉེར་ན་རེས། ཇོ་བོ་ཞལ་འཛུམ་འཛུམ་མཛད་ནས་དྲུང་ནས་དང་གསུང་གླེང་མཛད་ཀྱིན་གདའ་བ། ཇོ་བོ་དྲུང་པ་ལ་ཅི་གསུང་གི་གདའ་ཞུ་ཡི་འདུག ཕྱག་ཕྱིར་ཡོད་པ་རྣམས་དེ་སྐད་ཞུ་བ་ལ་ཡོངས་ཡོད་པ་ལ་བར་སྣང་དེར་རྟིང་ཤག་གི་སྒྲ་འདྲ་བ་རྟིང་སྒྲལ་ཟེར་བ་བྱུང་། དྲུང་དུ་ཞུས་པས་ང་ལ་ལྷ་སའི་ཇོ་བོ་རིན་པོ་ཆེ་ཡིན་སྙམ་པའི་དད་པ་ལྷད་པ་〔 ལྷང་བ་ 〕ཅིག་ལས་གཞན་མ་བྱུང་གསུངས་ནས་གཞན་གསུང་དུ་མ་འདོད། དེར་རང་རེའི་དགོན་གསར་ཁར་ཕེབས། གད་པ་སྟེངས་གྲོང་གསུམ་

གྱི་མི་མངས་ལ་བྱིན་རླབས་ཚད་མེད་པ་གནང་། ནང་ཁན་བསྒྲིགས་སྐྱུར་མ་མཛད། དམ་ལ་བཞག

དེ་ནས(P. 50ན) རང་རེའི་དགོན་པ་རྫོང་བྲག་བྱ་བ། སྟོན་སློབ་དཔོན་ཆེན་པོ་པདྨ་འབྱུང་གནས་ཀྱིས་བྱིན་གྱིས་བརླབས། བདེ་བར་གཤེགས་པའི་འཕེལ་གདུང་། སྔོ་སྔོན་གྱི་ལྷ་སྲིན་གདུག་པ་ཅན་འདུལ་ཞིང་ལྡང་མི་ནུས་པར་བྱ་བའི་ཕྱིར། བྲག་དཀྱིལ་དུ་གཏེར་དུ་སྦས་བཞག་པ་ཅིག་ཡོད་པ་དེ། རྣམ་མཁྱེན་རིན་ཆེན་བསམ་གཏན་དེ་ཉིད་ལ་མཁའ་འགྲོས་ལུང་བསྟན་རྣལ་ལམ་དུ་གསལ་བར་བྱུང་བ། ལ་སྟོད་བྱང་སྟག་རྩེའི་དགོན་རྙིང་དྲིགས་པ་ཅན་མུ་སྲིད་བྱ་བ་ན། ཀུན་མཁྱེན་མུ་སྲིད་པ་དཔལ་ལྡན་སེང་གེ་བྱ་བའི་དཔོན་པོ་མགོན་པོ་རྡོ་རྗེ་ཟེར་བ་གནས་རྙིང་དུ་ཕྱུག་ཕྱི་མཆོད་གཡོག་དཔོན་ལ་ཁྲིད་སྦྱིན་པ་ཅིག་ཡོད་པ་ལ་ལུང་བསྟན་མཛད་དེ། སྤྱ་གྲོ་ལུང་པའི་དཀྱིལ། བྲག་སེང་གེ་ཁ་གནམ་མ་གདངས་པ་འདྲ་བ། གཡས་ན་སེང་གེ་སྦར་བ་སྡེངས་པ་འདྲ་བའི་གཡས་གཡོན་ན་ཆུ་འབབ་པ། ལུང་པའི་ཁ་ཤར་ལ་གཏད་པ་ཡར་མར་ཕར་ཚུར་གནས་ཀྱང་མི་ཐར་བ་འདྲ་བའི་བྲས་གི་ཡ་སྐྱིབས་ཆུ་དང་བྲག་འཕྲད་པའི་མཚམས་ན། དྲག་སྔོ་འདྲ་བ་ཅིག་ཡོད། དེ་རྡོ་རྗེ་འདེས་ཤིག〈གཤོག〉ལ། དེ་ན་སོལ་ཕུང་〈ཁུང་〉ཆེན་པོ་ཅིག་གི་སྟེང་ན་སྦྲུལ་པ་ཆེན་པོ་ཅིག་ཡོད། དེ་དབུགས་དེང་དེང་འདུག་ན་དེ་ལ་མ་འཇིགས་པར་ཤེལ་གྲི་འདེས་དེའི་ལྷགས་པ་ཤོགས〈གཤོགས〉ལ། དེའི་ནང་ན་བསེའི་སྒྲོམ་ཆེན་པོ་ཅིག་ཡོད། དེའི་ནང་ན་ཤེལ་གྱི་མཆོད་རྟེན་ཤིན་ཏུ་མཚར་བ་མདའ་གང་པ་ལྟ་བས་ཆོག་མི་ཤེས་པ་ཅིག་ཡོད། དེའི་ནང་ན་བདེ་བར་གཤེགས་པའི་རིང་བསྲེལ་ཕུག་རོན་གྱི་སྒོ་ང་ཙམ་ལ་རིང་བསྲེལ་གཅིག་དུ་མ་ཉིད་འགྱུར། དུ་མ་གཅིག་ཏུ་འགྱུར་ཞིང་རེ་

འགའ་མི་སྟོན་〈མངོན་〉པ་ཅིག་ཡོད། དེ་ཐོན་ལ། རི་སེང་གེའི་སྤྲར་［སྤར་］བ་སྟེངས་པ་འདྲ་བ་དེའི་ཁར་སོ་ཕག་གི་མཆོད་རྟེན་ཅིག་བཞེངས་ལ། དེའི་ནང་དུ་བཞུགས་སུ་ཆུག རྫོ་རྗེ་དཀར་པོ་ཡང་དེ་དང་ཐག་མི་རིང་བ་ན་ཡོད་པས་དཀར་པོར་ཐོང་གསུང་། མོན་སྤྲ་གྲོ་བ་རྣམས་ཀྱི་བདེ་སྐྱིད་དེ་ལས་འབྱུང་བ་ཡིན་གསུང་། ན་བཟའ་བེར་བྱ་མ་［ཕྱམ་］གཅིག་དང་། ཐུབ་པ་རིན་པོ་ཆེའི་གསེར་སྐུ་ཁྲི་རྒྱབ་ཡོལ་ཅན་བྱིན་རླབས་ཅན་གཅིག་དང་། རྒྱ་རྫོ་སྲུས་ཀྱི་རྡོ་རྗེ་དྲིལ་བུ་དང་། མཁའ་སྤྱོད་ཀྱི་རལ་གྲི་དང་། དུང་དཀར་གཅིག་དང་ལྷ་གནང་ནས། དཔོན་པོ་མགོན་པོ་རྡོ་རྗེ་བས། སྤྲ་གྲོ་ཕྱོགས་ལ་བྱོན། བླ་མས་ལུང་བསྟན་པའི་གནས་དེ་གང་ན་ཡོད་དམ་སྙམ། སྤྲ་གྲོའི་ལུང་པ་ཐམས་ཅད་ནར་རྒྱལ་བས། པར་［ཕར་］ཅད་［ཅང་］དུ་ཡོན་བདག་ཕྱུག་པོ་གཅིག་〈གཅིག་〉གིས་ནང་དུ་གདན་དྲངས། བསྙེན་བཀུར་བཟང་པོ་བྱས། གནས་དེ་ནས་ལུང་པའི་སྟུ་ལ་གཟིགས་པས། ལུང་པ་རང་ཉམས་དགའ་དགོངས། དེར་དེ་ནུབ་གཟིམས་པས་རྨལ་ལམ་དུ། ལུང་པ་དགའ་བ་བྲག་ལ་གཏད། །ཡང་རྫོར་［རྫོང་］དབེན་པའི་བྲག་སྟེངས་ན། །ཟེར་བུད་མེད་བག་ཆགས་པ་གཅིག་ནུབ་ཀྱི་བྲག་གསེབ་དེ་རུ་སོང་། དེར་བླ་མ་དཔོན་གྱི་རྨལ་སད་(P. 50བ་)པ་ན། ལུང་པའི་སྟུ་འོད་ཀྱིས་ཁྱབ་པའི་ནང་ན་འོད་ཤིན་ཏུ་གསལ་བ་ཅིག་རིམ་གསུམ་དུ་འགྲོ། རིམ་གཉིས་སུ་འགྲོ། རིམ་ལྷར་འགྲོ་བ་ཅིག་འདུག་པ་དེ། བྲག་ཆེན་པོ་དེའི་དཀྱིལ་དུ་ཐིམ་སོང་། ཡང་རྨལ་རི་པ་གཅིག་བྱུང་བས། མི་ནག་པོ་རལ་པ་བཅིངས་པ་མདའ་གཞུ་ཁུར་བ་ར་ལ་ཞོན་པ་གཅིག་བྱུང་ནས། བླ་མ་གནས་ཡ་གི་ཏུ་ཤེལ་གྱི་མཆོད་རྟེན་གཟིགས་སུ་བྱོན་པ་ཡིན་ནམ་ཟེར། ཡིན་བྱས་པས་འཛུམ་བྱས་སོང་། དེར་བླ་མས་ལུང་བསྟན་

པའི་གནས་དེ་འདི་ཡིན་པ་འདྲ་དགོངས་ནས། ནམ་ལངས་པ་དང་ལུང་པའི་ཕུ་ན་ཡར་ཕྱིན། ལུང་པ་ལ་ཅི་ཟེར་གསུངས་པས། དགའ་བྲག་ཟེར་ཟེར་སྐད། མོ་ཕྲོམ་[ཁྲོམ་]འཛོམ་ཐང་མ་སྤྲལ་ས་ཅིག་ཏུ་བཞུགས་པས། བུད་མེད་རྣམས་ཇོང་ཆར་ཕྱུང་ཐང་མ་བག་འཁྱིགས་བསྐུས་ཟེར། དེར་བླ་མས་ལུང་བསྟན་པའི་གནས་དེ་འདི་ཡིན་པར་འདུག མདང་གི་རྨི་ལམ་ན་ལུང་པ་དགའ་བ་བྲག་ལ་གཏད། དགའ་བྲག་ཟེར་བར་འདུག ཡང་ཇོང་དབེན་པའི་བྲག་སྟེངས་ན་ཟེར་〈ཐེར་〉བྲག་ཇོང་འདྲ་བས་ཇོང་བྲག་ཟེར་བ་ཡིན་པར་འདུག མི་ར་ཞོན་དེའི་ཟེར་ལུགས་དེས་མཚོད་རྟེན་འདི་ན་བཞུགས་ཐག་ཆོད་འདུག་དགོངས་ཡར་ཕྱིན་པས། བྲག་གསེབ་ན་ར་ཅིག་སླད་སླད་ཟེར། ད་མདང་གི་ར་ཞོན་དེ་འདི་ན་ཡོད་ཐག་ཆོད་དགོངས་བྲག་ལ་འཛེགས་པས། བྲག་དང་ཚེར་མ་ལ་མ་ཐར། ན་བཟའ་སྟེང་མ་རྣམས་བཞག་རྡོ་རྗེ་དང་གྲི་བསྣམས་ནས་ཕྱིན་པས། ར་དཀར་མོ་གཅིག་བྲག་དེ་ལ་འཛེགས་སོང་དེའི་རྗེས་ལ་ཕྱིན་པས། ཆུ་བྲག་རུང་ཟད་འཐབ་སའི་བྲག་སྒོ་འདྲ་བ་དེ་ལ། ར་མ་དེས་འོ་མ་མཐོར་〈འཐོར་〉གྱིན་འདུག དེར་བླ་མས་ལུང་བསྟན་པ་དེ་འདི་ཡིན་པར་འདུག་དགོངས། བྲག་སྒོ་འདྲ་བ་དེ་ལ་རྡོ་རྗེ་དེ་བརྡེག་དགོས་དགོངས་ཛམ་བྱས་པ་ཙམ་ལ་བྲག་ལ་སེར་ཁ་གས། གཅིག་རྒྱབ་པས་བྲག་སྒོ་ཞིག་སྟེ། ཕྱར་ཧི་ལྷར་གསུང་པ་ལྟར་འདུག སྤྲུལ་པ་མིག་ཧྲིག་ཧྲིག་ལག་པ་དེང་དེང་འདུག་པས་རུང་ཟད་ཞེད་པ་སྐམ་བྱེད། གན་བླ་མའི་ཞལ་ཏ་ཡིན་དགོངས་གྱི་དེ་ཛམ་པ་ཙམ་ལ་ཆུ་དར་གྱི་སྤྲུལ་པ་ཞགས་〈གཤགས་〉། ནང་གི་བསེའི་སྒྲོམ་དུ་〈བུ་〉ཐོན་པའི་ནང་ནས་ཤེལ་གྱི་མཆོད་རྟེན་ཕྱིན། ལུང་པ་ཐམས་ཅད་འཇའ་དང་འོད་ཀྱིས་གང་། མཆོད་རྟེན་རང་གི་ན་བཟས་གྲིལ་ནས་བཞག གྲོགས་གཡོག་ཆུང་ཅིག་ཡོད་པ་

པོས། གཉིས་པོས་བྲག་ཁ་དེར་དགོན་པ་བརྩིགས། ལུང་པའི་མི་རྣམས་ལ་ངེད་འདིར་བསྐོར་བ་བྱེད་པའི་མཆོད་རྟེན་ཅིག་བཞེང་། སོ་ཕག་འདེབས་བྱས་སོ་ཕག་བཏབ་མཆོད་རྟེན་བརྩིགས་ཤིང་། མཆོད་རྟེན་འཕྲུལ་〔འགྲུལ་〕བས། འདིའི་ནང་ན་མི་ཡོད་པ་ཡིན་ནམ་ཟེར། དེར་མཆོད་རྟེན་འདི་ཚུང་བས་མིས་ནང་གི་མཆོད་རྟེན་འཁྱེར་བ་སྲིད་ཟེར་ད་ལྟའི་མཆོད་རྟེན་རྫོ་ལ་བརྩིགས་པ་འདི་བཞེངས་པ་ཡིན་ནོ། །མི་(P. 51ན་) ནག་ར་ཞོན་དེ་ནི་མཆོད་རྟེན་དེ་ནི་〈ཡི་〉 གཏེར་བསྲུངས་དམ་ཅན་མགར་བ་ནག་པོ་ཡིན་པས་འདི་ལ་གསོལ་མཆོད་དུས་བཟང་གསུམ་དང་ཚེས་བཅུ་གཉིས་ལ་རྟག་པར་མ་བྱས་ན། དགོན་པ་བརླག་པའི་རྐྱེན་དུ་འགྱུར་བས་འདི་ལ་གསོལ་མཆོད་ལ་བརྩོན་དགོས། བསྟན་བསྲུངས་མཆེ་〔མ་ཆེ་〕བ་ནི་བླ་བ་རེ་ལ་རེ་རེ་གསོལ་མཆོད་བྱ་དགོས་སོ་གསུང་དཔོན་པོ་བླ་མ་མགོན་པོ་རྗེ་བ་〈པས་〉 གསུང་སྐྱེ། མདོར་ན་རྫོང་བྲག་ཏུ་ཕེབས། དེར་མི་རྣམས་ན་རེ་〈རེས་〉། རྫོང་བྲག་གི་མཆོད་རྟེན་འགྲུལ་མི་འགྲུལ་ལྟ་འོ་ཟེར་བ་ལ། རླུང་གིས་མཆོད་རྟེན་འདི་ཉིད་སློབ་དཔོན་ཆེན་པོ་པདྨ་འབྱུང་གནས་ཀྱིས་སྔོ་མོན་གྱི་ལྷ་སྲིན་གདུག་པ་ཅན་རྣམས་ལྷང་མི་ནུས་པར་བྱ་བའི་ཕྱིར་བཞག་པ་ཡིན་གསུང་། མཆོད་པ་རྒྱས་པར་བཤམས། ཕྱག་ཕྱིར་ཡོད་པ་རྣམས་ལ་ཁྱེད་རང་རྣམས་འདི་འདྲ་བའི་རྟེན་དང་མཇལ་བ་ཡང་བསོད་ནམས་བསགས་པ་ཡིན་གསུང་། ཕྱག་ཚོལ་བའི་རམ་བུ་ཐེག་གསུང་ཕྱག་མཆོད་ཡན་ལག་བདུན་པ་རྒྱས་པ་ཅིག་ཕུལ་བས། མཆོད་རྟེན་གྲུལ་གྲུལ་ཡོམ་ཡོམ་འདུག་པས། སྨམ་དཀར་སློབ་དཔོན་ན་རེ་〈རེས་〉། ག་ན་ག་ན་འགྲུལ་བ་ག་ཡིན་ནམ། ངས་འཇུ་ཡིས་ཟེར་ཁོང་གིས་འཇུས་པས། ཁོང་འདྲེད་〈དྲེད་〉ནས་འགྱེལ་ལ་ཁད་ཅིག་བྱུང་བས། ང་སྟབས་〈ཐབས་〉པ་ཡིན་ན་〈ནམ་〉

ཁྱོད་ཀྱིས་འཇུས་དང་ཟེར། ལྷུང་གི་ཕ་ཇོ་སེང་གེ་དཀར་མོ་བྱ་བ་ལ་བྱས་པས། ཕ་ཇོ་སེང་གེ་ན་རེ་〈 རེས་〉། ངས་བཟུང་མི་དགོས་འདི་འགྱུལ་བ་ངེས་ཅན་དུ་འདུག འདི་པའི་གདུང་བརྒྱུད་གཞན་དང་མི་འདྲ་བ་ཅིག་ཡིན་པར་འདུག ན་ཞིང་དང་པོ་སྤྲ་མོའི་དུས། མཁན་ཆེན་དཀའ་བཞི་པ་རིན་ཆེན་བསམ་གཏན་དཔལ་འབྱོར་པའི་རེས་〈 དུས་〉ལའང་འགྱུལ་བ་ང་དྲན་ཙམ་འདུག གཞན་དུས་བཟང་དང་། གང་ཟག་བཟང་པོ་བྱུང་ན་འགྱུལ་ཟེར་བ་ལས། འགྱུལ་བ་རང་ཉིད་རེས་ལས་མ་མཐོང་ཟེར།

དེར་དགའ་བྲག ཅེའུ། ཞུ་ཆུ་པ་དང་། དོར་པོ་སྐན་པ། རང་འཐག་སྐྱང་པ་མ་འཆམ་པས། སྤྱ་གྲོ་བཤགས་པ་ཚོ་བརྒྱད། ངོར་〈 དོར་〉པོ་བྲག་བརྒྱད་དམག་བསགས་ནས་མི་དང་དུད་འགྲོ་དཔག་མེད་འཆི་བར་བརྩམས་འདུག་པ་ལ། ཕྱོགས་ཕྱོགས་སུ་ཆོས་ཀྱི་འབྲེལ་པ་དང་། རྟ་དང་གོས་དང་〔 དར་ 〕། འབྲུ་དང་བ་གླང་ལ་སོགས་མང་པོ་གནང་། འདི་འདྲ་བའི་སྡིག་གཡོས་མ་བྱེད། ངན་སོང་ན་སྡུག་བསྔལ་འདི་འདྲ་ཡོད་གསུངས་པས〔 ལས་ 〕རྒྱུ་འབྲས་ཀྱི་ཆོས་གསུངས་པས། གཉིས་ཀས་ལོ་བཅུ་གཉིས་ཀྱི་བར་ལ་འཐབ་མོ་མི་བྱེད་པའི་དམ་ཆ་〈 བཅའ་〉ཕུལ། རང་རང་གིས་དགེ་བསྙེན་དང་། བསྙེན་གནས་ཡན་ལག་བརྒྱད་པ་སོགས་ཆོས་ཀྱི་འབྲེལ་བ་ཞུས་ཏེ། མདོར་ན་ས་ཕྱོགས་དེར་སྡིག་ཅན་རྣམས་དཀར་པོ་དགེ་བའི་ལམ་ལ་བཀོད་དོ། །

དེ་ནས་ཐིམ་ཕུ་ལ་ཕེབས། སྔོན་རྣམ་མཁྱེན་ (P. 51བ་) རིན་ཆེན་བསམ་གཏན་དཔལ་དེ་ཉིད་དགེ་སློངས་བླ་མ་བསོད་ནམས་བཟང་པོ་བྱ་བར་སྐུ་སྐྱེ་བ་བཞེས་པའི་དུས་བཏབ་པའི་དགོན་པར་ཨ་དཔོན་རྒྱལ་མོ་དཔལ་བྱ་བས། ཉེ་གནས་བྱེད་བཞིན་པ་ལ་སྐུ་གཤེགས་པ་ལ་ཉེ་དུས། དགེ་སློངས་བླ་མའི་

གསུང་ནས། ང་སྐྱེ་བ་ཕྱི་མ་གནས་རྙིང་པའི་གདུང་བརྒྱུད་གཅིག་ཏུ་ཚེ་རབས་སྔ་མའི་སྨོན་ལམ་གྱི་འབྲེལ་པས་སྐྱེ་བ་འདྲ་བས། གལ་ཏེ་ང་སྐྱེས་འདུག་ཟེར་ན་ཨ་དཔོན་གྱིས་ངའི་དགོན་པ་ང་རང་ལ་འགྲོད་པ་དགོས་སོ་གསུང་། སྐུ་ཁྲིམ་རྗེས་ལོ་སོང་བ་ན་དྲི་རྫོག་བྱས་པས། གནས་རྙིང་པའི་དགོན་པ་ལ་སྡོད་དུ་གདུང་བརྒྱུད་གཅིག་འཁྲུངས་འདུག་ཟེར་ལོ་ལྔ་སོང་བ་དང་། ཨ་དཔོན་གྱིས་སྲུང་རྫས་བཏབ་སྟེ་ལྟར་འོངས་པ་ན། གནས་འོག་ན་བུ་ཛྱེ་མ་གཅིག་གི་འཁྲིས་ན་བུ་ཆུང་བཞུགས་འདུག་པ་ལས། བུ་ཆུང་གིས་གཟིགས་མ་ཁད་ཨ་དཔོན་རྒྱལ་མོ་དཔལ་བྱུང་གསུང་། ཨ་དཔོན་ཨ་དཔོན་གསུངས་བྱུང་བས། ཨ་དཔོན་གྱིས་འཇུས་ཏེ་ངའི་བླ་མ་བྱས་དུས་པ་ན། བུ་ཛྱེ་མས་བུ་ཆུང་ཁྱེར་ནས་སྲུང་པོ་ཁྱོད་ཀྱིས་ངེད་ཀྱི་གདུང་བརྒྱུད་ལ་འཇུ་བ་ཟེར། དེར་བུ་ཆུང་གི་གསུང་ནས་ད་ལོ་བཞི་ནས་གནས་རྙིང་དུ་ཤོག་གསུང་། ལོ་བཞི་ནས་གནས་རྙིང་དུ་ལ་སྡོད་ནས་གདུང་བརྒྱུད་ཆུང་ཆུང་ཕེབས་ཟེར། དེ་ནས་ཨ་དཔོན་གྱིས་འོངས་ཏེ། རྒྱའི་རལ་གྲི་མང་པོ་སྣལ་ནས་བཟོས་པའི་ལྕགས་སྒྲིད་གཅིག་ཡོད་པ་ཁྱེར་ཡོངས་ཉས་ངོ་མཁྱེན་ནམ་མི་མཁྱེན་ནམ་སྙམ་ཕུལ་བས་འདི་ང་རང་གིས་རྒྱ་རལ་ལ་གཟོས་〈བཟོས་〉པ་ཡིན་གསུངས་བྱུང་བས། བླ་མ་ཞི་བར་གཤེགས་ཁར་ཞལ་ཆེམས་གསུངས་པ་དང་འཐུན་〈མཐུན་〉པར་འདུག་སྙམ།

དགུང་ལོ་བཅོ་ལྔ་བཞེས་པ་དང་སྟོར་གདན་དྲངས་ནས། དགོན་པ་མཚར་ཁང་གི་མགོ་བྱས། ཡང་དབེན། ཟེ་ལུང་ཁ། བཙུན་མ་སྣང་། མ་ཛོ་ཛོག་ཁ། དགེ་སྟེངས། འཁྲུངས་ཡུལ་ནས། བ་ལི་〔པི་ལ་〕སྣང་། ཕག་ཡོལ་ཁ། ཕུ་ནག་གི་གཏོང་ཡར་ཚད་ཀྱི་ས་ཚ། ས་ཞིང་། དགོན་མ་ལག ནང་ཆས་ཀྱི་གཏོད། ཕྱག་དཔེ་ལྷ་རྟེན། མདོར་ན་ཡོན་བདག་མཐའ་རྒྱས་དང་བཅས་པ་

དགེ་སྡིངས་བླ་མ་རང་བཞུགས་པའི་དུས་ལྷར་ཚང་མ་ནོར་འཁྲུལ་མེད་པར་ཕྱག་ཏུ་ཕུལ་བའི་〈 བར་ 〉དགོན་པ་མཆར་ཁང་དུ་ཕེབས། དེ་ནས་བདེ་ཆེན་ཕུག་ཏུ་དྲུང་རྒྱལ་མཛོད་ཀྱིས་གདན་དྲངས། བདེ་མཆོག་ཁྲིལ་བུ་པའི་དབང་བསྐུར་མཛད། དེ་ནས་དཀར་སྒྲིལ་ལ་བྱོན་ནས་དཀར་སྒེ་བླ་མ་བརྒྱུད་པ་རྣམས་ཀྱིས་ཁྲིམ་དབང་ཞུས། དེ་ནས་འབྲུངས་ཡུལ་དུ་གདན་དྲངས། ཁྲིམ་དབང་ཞུས། དེ་ནས་ལྷུང་ཡུལ་རབ་ཁར་ཡོན་བདག་ལྷུང་རྣམས་ཀྱིས་གདན་དྲངས། ཕུག་ནག་ཉེན་〔 ཉེག་ 〕པོ་ཡང་ཟེར། ཕྱུ་སྣ་ཁ་ཡང་ཟེར་བར་ཆོས་གཞི་བཏིངས། ཡ་གི་དགོན་སྡོད་ནས། ཧུལ་སྡོད་སྨད་ནགས་གཉིས་ཡན། ཤར་ཕོ་ཐང་ཚུན་གྱི་མི་ཚོགས། སེམས་བསྐྱེད་ཞུ（P. 52ན་）བ། ཚེ་དབང་། བཀའ་བསྡུགས་〈 གདམས་ 〉ལམ་རིམ། སྤྱོད་འཇུག བསྙེན་གནས་ལ་སོགས་པའི་ཆོས་ཀྱི་འཁོར་ལོ་རྒྱ་ཆེར་བསྐོར་བས། ཉིན་མོ་མིའི་ཚོགས་འདུ་ཞིང་། མཚན་མོ་མོན་བུམ་ཐང་སློབ་དཔོན་པདྨའི་བཞུགས་གནས་ཚུན་གྱི་མི་མ་ཡིན་རྣམས་འདུས་པ་བྱུང་ལ། དེ་ནས་ཡང་རྣམ་མཁྱེན་རིན་བསམ་པས་བཏབ་པའི་དགོན་པ་གནས་རྙིང་ཐླ་བ་རེ་ལ་འཁོར་བས་ཐླ་འཁོར་བསམ་གཏན་གླིང་དུ་ཕེབས། ཆོས་སྐྱོང་ལ་བཀའ་བསྒོ་མཛད་པས། བར་སྣང་ལ་དུང་གི་སྒྲ་བྱུང་བ་དང་། ཡང་ཐེམ་པོའི་དགོན་པ་དགོན་གླིང་གསུམ་དུ་བྱས་པ་འདི། རྗེ་འཇམ་པའི་〈 དཔལ་ 〉དབྱངས་རིན་ཆེན་རྒྱལ་མཚན་དེ་ཉིད་ཀྱིས་མ་འོངས་པ་ན། བོད་དུ་ཧོར་དམག་ལྷུག་ནས་བོད་ཡུལ་བཏོན་པ་ན། མོན་ཡུལ་དུ་བོད་རྣམས་འབྲོས་པར། སློབ་དཔོན་པདྨས་ལུང་བསྟན་པ་ལ་དགོངས་ནས། ལྷ་དོ་པའི་སྒྲུབ་ཆེན་རིན་ཆེན་དར་པོ་ལ། སྟོན་པ་སངས་རྒྱས་ཀྱི་གསེར་སྐུ་ཁྲི་རྒྱབ་ཡོལ་དང་བཅས་པ་ཁྱིན་རླབས་ཆེ་ལ་མཚར་ཞིང་སྐུ་ཚད་ཆེ་བ་དང་། ན་བཟའ་གསོལ་བེར་

གསེར་མདོག་ཅན་གཅིག་དང་། རྒྱའི་རྡོ་རྗེ་དྲིལ་བུ་གཅིག དུང་དཀར་གཅིག གསོལ་དཀར་གཅིག་དང་། རྟེན་འབྲེལ་ཡོང་གསུང་གཡག་ཤིང་གཟེར་ཝུ་ཅན་བཅུ་གསུམ་རྣམས་གནང་ནས། ཐེད་〔ཐེང་〕ཐེམ་པོ། སྤྲ་གྲོ་རྣམས་སུ་རང་རེའི་དགོན་པ་ཅི་ཐེབས་རྒྱབ་གསུངས་བཞངས་ནས་ཕེབས་ཏེ། བཏབ་པའི་དགོན་པ་ཧ་ར་ཁ། ས་དམར་རྫིང་ཁ། ན་ཞིང་ར་མ། ཕུ་གདུགས། སྐུ་ཁྲ་སོགས་དང་། ཁྲི་འབུམ་ཁ། དགའ་བཅུ་པ་དོན་བགྲུབ་པས་བཏབ་པ་ལགས། ཕྱིས་གནས་བརྟེན་བརྟན་པ་བས་བར་ཅང་རྗེས་ས་དམར་རྫིང་ཁའི་དགོན་ལག་ལ་ཟུར་གོང་ཕུལ་ནས་འཕེལ་བ་ལགས། ཐེད་ཀྱི་ཤར་ཁང་དགོན་པ་ཡང་གནས་བརྟེན་བརྟན་པ་བའི་སྐུ་ངོ་ལ་བཏབ་པ་ལགས། དགོན་པ་མ་ལག་དང་བཅས་པ་རྣམས་སུ་ཕེབས། ཆོས་འཁོར་རྒྱ་ཆེར་བསྐོར།

དེ་ནས་ཡང་སྤྲ་གྲོ་ལ་ཕེབས། བླ་མ་རྟོགས་ལྡན་ཉི་ཟླ་བྱ་བས། ར་མ་ནང་བྱ་བའི་དགོན་གཞིས་ས་ཚིགས་ལ་ཁེལ་བ་ཅིག་ཡོད་པ་དེ་ཕུལ། ཡང་སྐྱེར་ཆུར་རྗེ་བོ་ལ་མཇལ། དཀར་མེ་མོན་ཧ་ལས་པ་ཕུལ། ཕག་རི་རིན་ཆེན་སྒང་〈སྒང་〉གི་གསང་འདུས་འཇམ་པའི་〈དཔལ་〉རྡོ་རྗེའི་གསེར་སྐུ་ལ་དཀར་མེ་སྟོབས་ཅན་འབུལ་བ་མཛད། སྐྱུང་པོ་ལྷ་ཁང་དུ་ཡང་དཀར་མེ་སྟོབས་ཅན་ཕུལ།

དེ་ནས་ཆོས་སྡིངས་སུ། ཐུགས་དམ་ཐུབ་ཆེན་སྐུ་ལ་གཙོ་ལ་བཞེངས་དུས། གངས་ཏེ་སེའི་རྩེ་ནས་མགོན་པོ་ཞལ་བཞི་པ་ཛཻ་ཀིའི་ཆ་ལུགས་སུ་བསྟན་ནས། གཙོ་རའི་སྦྲ་ལས་མ་འོངས་པའི་ལུང་བསྟན་མང་དུ་མཛད་ཅིང་བཞད་པ་དང་། སྐྱེས་ཆེན་ཁྱོད་ཀྱི་སྐུ་ཚེ་བསྲིངས་པ་ཡིན་གསུང་པ་དང་། བསམ་ཡས་སུ་ཕེབས་དུས། ཕག་མོ་ལྟེ་བའི་དུར་ཁྲོད་དུ་དམར་ཆུང་མའི་དབང་མཛད་དུས།

བར་སྣང་ལ་ཏ་མ་ཏུའི་སྒྲ་གྲག་པ་དང་། བྱུང་(P. 52བ་) ཧ་སྒྲོ་ཏུ་རྡོ་རྗེ་ཕུར་པའི་བསྙེན་པ་མཛད་དུས། ཕྲ་རངས་ཅིག་སློབ་དཔོན་པདྨ་དངོས་སུ་བྱོན་ནས་ཀཱི་ལ་ཡ་ཀཱི་ལ་ཡ་གསུང་ཞིང་ཡེ་ཤེས་ཀྱི་སྣང་བ་ལས་གྲུབ་པའི་ཕུར་པའི་དཀྱིལ་འཁོར་ཆེན་པོ་གཅིག་བསྟན་པ་ལ་ཆེད་དུ་བསྟོད་ནས་གཟིགས་དགོངས་པ་ལ། ཡེ་ཤེས་འདི་ནི་ཆེས་ཕྲ་ཞིང་། རྡོ་རྗེ་ནམ་མཁའི་དཀྱིལ་ལྷ་བུ། ཅེས་གསུངས། བུ་སྲིད་ཀྱི་ཚོའི་བར་ཆད་བསལ་〈 སེལ་〉 ཡོང་གསུང་ནས་དཔའ་བྲོ་〈 བོ་〉 མཁའ་འགྲོ་ནམ་མཁའ་གང་བ་དང་བཅས་པ་དང་། ཀྱཻ་རྡོ་རྗེ་རྡོག་ལུགས་ཀྱི་ཐུགས་དམ་མཛད་དུས། ལྷ་མོ་ཀུ་རུ་ཀུ་ལླེ་དངོས་སུ་བྱོན་ནས། ཚེ་དཔག་མེད་ཀྱིས་ཚོའི་བུམ་པ་འདི་སྐྱེལ་དུ་བཏང་བ་ཡིན་གསུང་། བུམ་པ་ཕྱི་ལྟས་ནང་གསལ་ནང་ལྟས་ཕྱི་གསལ་བ་གཅིག་ནས་བདུད་རྩི་དམར་པོ་ཅིག་བཞེས་པའི་སྣང་བ་བྱུང་བས་ཞག་འགའ་གསོལ་བཞེས་མ་དགོས་པ་དང་། བདེ་མཆོག་ལུ་ཡི་པའི་ཐུགས་དམ་མཛད་དུས། སྣལ་ལམ་དུ་རྗེ་བཙུན་མི་ལས་རིམ་ལྔའི་དམར་ཁྲིད་གསུངས་པ་གསན་པས། སྙན་བརྒྱུད་ཀྱི་དོན་ལ། ད་ན་རོ་མི་ཧྲི་བྱོན་ཀྱང་འདི་ལས་འཚུག་རྒྱུ་མེད་དགོངས་པ་ཤར། རྗེ་རིན་ཆེན་གྲུབ་པའི་ནང་ཧེན་དུ་དཀར་ཕྱུབས་ཀྱི་ཧེན་ཤར་མ་བཞེངས་པའི་ཐུགས་སྟོབས་ཅན་མཛད། གྲས་དང་དཔོན་པོའི་ཆེད་བུ་ཆོས་རྗེ་ཨཱནནྡ་པ་ལ་〈 ལས་〉 འཇིགས་བྱེད་ཀྱི་སྐོར་མང་པོ་དང་། ས་ཕུར་སོགས་མང་དུ་གསན། བླ་མ་སངས་རིན་པ་ལ་〈 ལས་〉། མི་ཏྲ་བརྒྱ་རྩ། སྒྲུབ་ཐབས་རྒྱ་མཚོ། བརྒྱ་རྩ། རྒྱུད་ཐོད་གདན་གསུམ་གྱི་སྐོར་མ་ཚང་བ་མེད་པ་ཆ་ལག་དང་བཅས་པ། འཇིགས་བྱེད་ཀྱི་སྐོར་ཤིན་ཏུ་མང་བ། ཕྱག་རྡོར་སྐོར་ཀྱང་རྣམ་གྲངས་མང་བ་དང་། ཚེ་དཔག་མེད་སྐོར་ཀྱང་ཤིན་ཏུ་མང་པ། མདོར་ན་རྗེ་འདི་ཉིད་ཀྱིས་བཀའ་དང་ལུང་རྒྱུ་ཚད་ལས་འདས་པ་

ཅིག་གསན། གསན་པ་ཙམ་ལ་མ་བཞག་ཐུགས་དམ་ལ་རྩེ་གཅིག་ཏུ་འཁྲིལ་ཅིང་། ཆོས་རྗེ་ཀུན་དགའ་རྒྱལ་མཚན་པ་ལ་〈ལས་〉ས་སྐྱ་བ་ནས་བརྒྱུད་པའི་ཀྱཻ་རྡོ་རྗེ་ལམ་འབྲས། ས་སྐྱ་བཀའ་འབུམ་སོགས་མང་དུ་གསན། གམ་རིང་བླ་སྟེང་ས་ཀྱི་བླ་མ་ཐུགས་རྗེ་བ་ལ་〈ལས་〉དམར་པོ་སྐོར་གསུམ་སོགས་གསན།

ཡང་ཆོས་སྡིངས་སུ་རྡོར་དབྱིངས་དང་། གཤེད་དམར་སོགས་རྣལ་འབྱོར་གྱི་དཀྱིལ་འཁོར་ཆེན་པོ་བཅུ་གཅིག་ཙམ་རེ་བཞེངས་ནས་སྒྲུབ་མཆོད་ཉི་མ་བདུན་ཙམ་རེ་མཛད་པ་ལ་ལོ་སུམ་ཅུ་ཙམ་སོང་བའི་རྗེས་མ་ཅིག་གི་དུས། རྗེ་ཉིད་ཀྱིས་གཅིག་པུར་རྡོར་དབྱིངས་ཀྱི་དཀྱིལ་འཁོར་འདུ་ཁང་གི་ཀ་ཁོངས་དབུས་མ་ཁྲིག་ཁེངས་པ་ཕྱག་བྲིས་མཛད་པ་དུས་མཉན་〈མཉམ་〉དུ། གཤེད་〔གཤེན་〕དམར་གྱི་དཀྱིལ་འཁོར་དེ་ལས་བུན་འགྲོས་ཙམ་གྱིས་ཆུང་བ་མི་བདུན་གྱིས་བྲིས་པ་ལས། རྗེ་ཉིད་གཅིག་པུས་མགྱོགས་ལེགས་སུ་སྔོན་ལ་བྲིས་གྲུབ་པ་ནི་སྤྲུལ་པའི་མཛད་པའོ། །ཁྲི་ལོ་སྔོན་སྨྲ་འོད་དང་བཅས་པའི་མཁའ་འགྲོའི་གདན་འདྲེན་བྱུང་བ་ལ། ངེད་(P. 53ན་) གནས་རྙིང་མཁན་པོ་དང་ལན་གཅིག་འཕྲད་དགོས་པས། དེ་བར་སྡོད་དགོས་པ་ཡོད་གསུང་། མཁའ་འགྲོ་དང་ཚིག་རྗེས་མཛད་པ་སྟེ། དེ་ལྟ་བུའི་བླ་མ་འགྲོ་བའི་མགོན་པོ་དེ་ཉིད། ཆུ་མོ་བྱའི་ལོ་འཁྲུངས་ནས་ལྕགས་ཕོ་བྱི་བའི་ལོ་དགུང་ལོ་དྲུག་ཅུ་རེ་བཞི་བཞེས་པའི། ཚོ་འཕྲུལ་ཆེན་པོ་བསྟན་པའི་ཆོས་བརྒྱུད་ཀྱི་སྲིད་ཐུན་དང་པོ་ལ། ང་མི་ལ་རས་པའི་བུ་བརྒྱུད་འདི་ལྟར་བྱེད་པ་ཡིན་གསུང་། རླུང་ཐུན་ཅིག་བཟུང་ནས། ཧི་ཀྐཱ། ཞེས་གསུང་བ་ཙམ་ལ་དེ་མ་ཁད་དབུའི་གཙུག་ནས་ཐོབ་ཟེར་བའི་སྒྲ་ཆེར་བྱུང་འཕྲུལ་ལ་གཟིམ་ཁང་འོད་ཀྱིས་བཀང་སྟེ་མྱ་ངན་ལས་འདའ་བའི་ཚུལ་བསྟན་ཏོ། །དགོངས་པ་རྫོགས་ཐབས་སུ། ཆོས་སྡིངས་སུ་སྐུའང་

མཐོང་བ་དོན་ལྡན་དང་། གནས་སྙིང་དུ་ཡོལ་ལྷན་སྐྱེས་ཀུན་གསལ་གཙང་ཁང་ནི། ཐུབ་པའི་གསེར་སྐུ་མི་ཚད། རྒྱབ་ཡོལ་གཙྫེ་ལ། བྲག་རི་བཀའ་བརྒྱུད་དང་བཅས་པ། བྱམས་པ་མགོན་པོའི་གོས་སྐུ། གོས་ཡུག་བདུན་ཅུ་དོན་གསུམ་དང་། དར་ཡུག་བཅུ་གཉིས་ཏེ་ཀུན་གྲིལ་བརྒྱད་ཅུ་གྱ་ལྔ་ལ་བསྒྲུབས་པ་རྣམས་ཡིན་ལ། རྣམ་ཐར་བསྡུས་པ་འདི་ཡང་། བདག་གྲགས་པ་རྒྱལ་མཚན་གྱིས། རྗེ་དགོན་གསར་པའི་བླ་མ་བདེ་ལེགས་ག་པས་བརྩོན་པ་དྲག་པོས་བསྐུལ་ནས་བཀོད་པ་ཡིན་ལ། རྒྱུས་པ་ཡང་བདག་གིས་བྱས་པ་ཅིག་ཡོད་པས་ཅིས་ཀྱང་གཟིགས་པར་ཞུ། དཔག་ཡས་དགེ་ཚོགས་སྤྲིན་གྱི་ཕུང་པོ་ལྟར། །རབ་གང་བླ་མའི་བྱིན་རླབས་ཆར་རྒྱུན་གྱིས། །སྐྱེ་དགུའི་དགེ་ཚོགས་ལོ་ཏོག་འཕེལ་རྒྱས་ཏེ། །བླ་མེད་བླ་མའི་བཀྲ་ཤིས་རྒྱ་མཚོ་སྩོལ། །

༧༢། །ན་མོ་གུ་རུ་ཧྲི། གང་དེ་སངས་རྒྱས་ཀུན་གྱི་སྐུ་དང་ལྡན། །ཁྱོད་གསུང་རྣམ་དག་སྒྲ་དེ་དགའ་བའི་དཔལ། །བདེ་ཆེན་ལེགས་པའི་ལམ་སྟོན་བརྩེ་ལྡན་ཐུགས། །རིན་ཆེན་ནོར་བུ་རྒྱལ་མཚན་རྩེར་མཆོད་ནས། །དཔལ་ལྡན་བླ་མ་བཟང་པོའི་ཞབས་ལ་འདུད། །དེ་ལ་འདིར་**འཇམ་པའི་〈དཔལ་〉ཀུན་དགའ་བདེ་ལེགས་རིན་ཆེན་རྒྱལ་མཚན་དཔལ་བཟང་པོ་**ཞེས་མཚན་ཡོངས་སུ་གྲགས་པ་དེ་ཉིད་ནི། ཡབ་ནི་སྤྲུལ་པའི་སྐུ་རྡོ་རྗེ་འཆང་རྒྱལ་མཚན་རིན་ཆེན་དེ་ཉིད་ཡིན་ལ། ཡུམ་ངམ་རིངས་མ་དོན་གྲུབ་བཟང་མོ་བྱ་བ་ལ། མེ་ཕོ་སྟག་གི་ལོ་ཧོར་ཟླ་དྲུག་པའི་ཚེས་བརྒྱད་ཀྱི་ཉི་མ་དྲོས་པ་ལ་ཆོས་སྡིངས་སྐྱིད་འཕྲེང་དུ་འཁྲུངས་ཏེ། ནམ་མཁའ་ལ་འཇའི་གུར་དང་། མེ་ཏོག་གི་ཆར། སྤོས་དྲི་ཞིམ་པས་གང་བ། མི་རྣམས་ཀྱི་རང་བཞིན་གྱི་བདེ་བས་ཁྱབ་པར་གྱུར་ཏོ། །སྐུ་བུ་ཆུང་གི་དུས་ནས་ཀྱང་སྙིང་རྗེ་དཔག་ཏུ་མེད་པ་

མངའ་སྟེ། གྲོག་སྦུར་སོགས་ཉེ་མས་གདུང་བ་ན་ཕྱུག་གིས་གྲིབ་མ་དང་ན་བཟའ་འདེབས། སྦྲང་པོ་སོགས་གཟིགས་པ་ན་ཡང་། རང་གསོལ་འཕྲོ་གཟིགས་མ་ཁད་གནང་བ་སོགས་སྙིང་བརྩེ་བ་ལ་བྱམས་པ་དང་ལྡན། དགུང་ལོ་ལྔ་བཞེས་པ་ན་དགེ (P. 53བ་) འདུན་གྱི་གྲལ་འཆར་བ་དང་། བགྲོ་གླེང་དང་། ཆོས་འཆད་པ། རྒྱལ་ཆེན་གྱི་དཀྱིལ་འཁོར་བཞེངས་པ། བསླབ་པ་དང་ཚུགས་ཀྱི་རྣམ་འགྱུར། ཆོས་སྤྱོད〔སྤྱོད〕་དང་། ཕྱག་སྒྲོག་པ་སོགས་བྱེད་པ་འདུག་ན། དེ་རྣམས་ཀྱི་གྲལ〔ཕྲལ〕དུ་ཁྲིན་རྣམ་འགྱུར་ཇི་ལྟ་བུ་མཛད་པ་ནི་སྐྱ་ཆེ་སྤྱ་མའི་བག་ཆགས་སོ། །

དགུང་ལོ་བརྒྱད་བཞེས་པ་ན་སློབ་དཔོན་མགོན་རིན་པ་ལ་ཕྱག་ཡིག་མཐར་ཕྱིན་པར་མཛད། ཚེ་དཔག་མེད་ཀྱི་བསྙེན་པ་དང་། གཤེད་དམར་ལ་ཐུགས་དམ། ཕར་ཕྱིན་གཞུང་ལ་དམ་འཛིན་མཛད། དེའི་ལོ་ཐ་སྐར་གྱི་ཆོས་བཅུ་ལ། ཆོས་རྗེ་ཨརྣ་པའི་དྲུང་དུ་བར་མ་རབ་བྱུང་མཛད་པའི། སློབ་དཔོན་གངས་ཆེན་བདེ་ལེགས་དཔལ་བ། གྲིབ་ཆོད་པ་དྲུང་མགོན་རིན་པས་མཛད་ཅིང་། མཚན་ཡང་ཀུན་དགའ་བདེ་ལེགས་རིན་ཆེན་རྒྱལ་མཚན་དཔལ་བཟང་པོ་ཞེས་པར་གསོལ། དེ་ནས་བཟུང་སྟེ་བསླབ་པ་ལ་གཅེས་པར་མཛད་པ་ནི་སྐྱ་སྐྱེ་སྔ་མའི་བག་ཆགས་སོ། །ཟླ་བ་དེའི་ཆོས་བཅོ་ལྔའི་ཉིན་ཆོས་སྡིངས་སུ་ཆེ་འདོན་མཛད། མི་ཐམས་ཅད་དགའ་བ་དེས་ཁྱབ། དེ་ནས་སློབ་དཔོན་མགོན་རིན་པ་ལ〈ལས་〉། ཕར་ཕྱིན་དང་། སྤྱོད་འཇུག་ལ་གསན་སྦྱོང་མཛད། ཀ་རི་ཀ་དང་། གཞན་བསླབ་བྱ་ཕྲན་མང་དུ་གསན། དགུང་ལོ་བཅུ་གཅིག་པ་ལ་ཆོས་སྡིངས་སུ་དབྱར་ཆོས་ལ་ཕར་ཕྱིན་གསུངས། བཅུ་གཉིས་པ་ལ་སྤྱོད་འཇུག ལོ་སྔ་ཕྱི་གཉིས་ཀར་གྱི་བར་ལ། སྐྱབས་འགྲོ་སེམས་བསྐྱེད་སོགས་

སྐུ་གཞོན་ནུ་ཉིད་ནས་ཆོས་འཁོར་རྒྱ་ཆེན་བསྐོར། བཅུ་གསུམ་བཞེས་པ་ལ། ཆོས་སྡིངས་ནས། སྟེ་ཆེན་དཔལ་ལྡན་གནས་རྙིང་གི་མཁན་པོར་གདན་འདྲེན་ཞུས། ཆོས་སྡིངས་དང་གནས་རྙིང་གི་བར་ལ་འབྱུང་བ་གཡོ་བ་སོགས་དང་། ནོར་རྒྱས་ཀྱི་དངུལ་གདུང་གནས་རྙིང་དུ་མ་ཕེབས་བར་ལ་འགྲོག་པ་དང་། དྲི་ཞིམ་པོས་ཁྱབ་ཅིང་། ཕེབས་རྗེས། རྒྱལ་མཁར་རྩེ་ནས་བདག་པོ་ཆེན་པོ་བཀྲ་ཤིས་རབ་བརྟན་དཔལ་བཟང་པོ་དཔོན་སློབ་འཁོར་བཅས་དང་། རྩེ་ནུབ་ནས་དྲུང་ཆེན་ལྷ་བས་〈པས་〉གཙོས་པ་རྣམས་ཕེབས། གཞན་ཡང་ཕྱོགས་ནས་ཀྱི་མི་སེར་མང་པོ་ཐུགས་བསྐྱེད་ཉན་པ་དང་ལྷ་〔ལྟད་〕མོ་ལ་འདུས་ཤིང་། ས་པོ་སྟག་ལོ་ཧོར་ཟླ་དང་པོའི་ཆོས་བཅུ་གསུམ་གྱི་རྒྱལ་ཕུར་འཛོམས་པའི་སྔ་དྲོའི་ཆ་ལ་བཞུགས་ཁྲིའི་སྟེངས་སུ་གདན་འདྲེན་ཞུས། བྱང་ཆུབ་མཆོག་ཏུ་ཐུགས་བསྐྱེད་ཚུལ་གནང་། ནམ་མཁའ་འཇའ་འོད་ཀྱིས་ཁྱབ་པ་དང་། ནོར་རྒྱས་ཀྱི་དངུལ་གདུང་ལས་འོད་དཀར་པོ་ཅིག་བྱུང་ནས། ཆོས་ཁྲི་ལ་ཟུག་པ་ཀུན་གྱིས་མཐོང་ཅིང་། དེ་ནས་བཟུང་སྟེ་ལོ་སུམ་ཅུ་རྩ་གཅིག་གི་བར་དུ། ཕར་ཚད། འདུལ་བ། སྤྱོད་འཇུག དབུ་མ། མངོན་པ་སོགས་དཔྱར་དགུན་འཆད་ཅིང་(P. 54ན་) མཁན་ཐོག་ཏུ་བཞུགས།

དང་པོ་འདིར་དགེ་འདུན་གྱི་བཤད་གྲྭ་ཤིན་ཏུ་ཚུགས་པ་ཡོད་ནའང་། བར་སྐབས་སུ་སྡེའི་སྐུ་ཆགས་ལ་བརྟེན་པའི་གཡེང་བས་དེ་རྣམས་ཆག་པ་ལ། སློབ་དཔོན་རྣམས་དང་། ཆོས་ཁྲིམས་ལས་འཛིན་སོ་སོ་ལ་བཤད་ཉན་དགོས་ཚུལ་གྱི་བཀའ་ལུང་གནང་སྦྱིན་སོགས་མཛད་ནས། ད་དགོས། བཤད་གྲྭ་དང་། ཁྱད་པར་རིགས་〈རིག་〉ལུང་འདི་ཚུགས་པ་ཅིག་མ་བྱུང་ན་མི་བཏུབ་པས། ཁྱེད་རྣམ་པས་ཆེད་དུ་གཉེར་བ་བྱེད་དགོས་ཤིང་། གང་སྤྱིའི་ལྟ་རྟོག་མ་ཆེ་བ་

དགོས་པ་ངེད་རང་གིས་བྱེད་པས་འབུངས་གསུང་བ་བཞིན་བསྟན་པ་རྨང་ནས་བླངས་བ་ལྟར། དེ་ནས་ད་ལྟའི་བར་ལ་གཞི་གསུམ་གྱི་ཕྱག་ལེན་དང་བཅས། གང་དང་སྤྱི་ཡར་འཕེལ་དུ་བཞུགས་པ་འདི་ཡིན་ཞིང་། དེ་ནས་དགུང་ལོ་བཅུ་བདུན་བཞེས་པ་ན་རང་གི་ཡབ། རྡོ་རྗེ་འཆང་རྒྱལ་མཚན་རིན་ཆེན་ལ་〈ལས་〉ཕྱི་ཕ་རོལ་དུ་ཕྱིན་པའི་གསུང་ཆོས། ཕར་ཚད། སྤྱོད་འཇུག་སོགས་དང་། ནང་བློ་སྦྱོང་། དམར་ཁྲིད། ཕྱག་ཆེན་སོགས་ཁྲིད་ཆེན་བརྒྱད། ཚེ་ཁྲིད་རིགས་འགའ། གཅོད་སྐོར། གཏེར་མའི་རིགས། དཀའ་ཐུབ་ཀྱི་རིགས། མདོ་ཕྲན་མང་བ་དུས་འཁོར་རྭ་འབྲོ་རྔོང་གསུམ། གསང་འདུས་མར་ལུགས་བཀའ་བབས་བཞི་ལ། མཁས་པ་པཎྜི་ཏ། གྲུབ་ཐོབ་ཉམས། ཕྱག་ཆེན་བརྡ། མཁའ་འགྲོ་བྱིན་རླབས་ཀྱི་བརྒྱུད་པ་རྣམས་ལ་〈ལས་〉ལུགས་རགས་པ་བཅོ་ལྔ་སོགས་དང་། བདེ་མཆོག་གི་རིགས། ཀྱེ་རྡོར་གྱི་རིགས་སོགས་མདོར་ན་དཀྱིལ་འཁོར་གྲངས་མ་སྟོང་ཕྲག་ཙམ་དང་བཅས་པ་གསན། གནས་སྙིང་པ་རང་ལ་〈གི་〉མགོན་པོའི་བཀའ་བབས་པའི་ཆོས་སྐོར་བརྒྱུད་པ་མ་ཆད་པ་ཡོངས་སུ་རྫོགས་པར་གསན། ཆོས་རྗེ་ཨཱ་ནནྡ་པ་དང་། ཆོས་རྗེ་ཀུན་དགའ་རྒྱལ་མཚན་པ་ནས་བརྒྱུད་པའི་མགོན་པོ་གུར་ཞལ། ས་སྐྱ་བཀའ་འབུམ་རྣམས་ཚང་མ་དང་། མདོ་ཕྲན་མང་པོ་ཞིག་གསན། རྒྱུད་འབུམ་གི་ལུང་ཡང་ཕལ་ཆེ་བ་གསན་ཞིང་། བྱའི་ལོ་དགུང་ལོ་ཉེ་ཤུ་བཞེས་པ་ན། ཚེ་འཕྲུལ་ཆེན་པོའི་ཆོས་བརྒྱུད་ལ། མཁན་པོ་པཎ་ཆེན་དགེ་འདུན་གྲུབ། ལས་སློབ་འདུལ་འཛིན་གྲགས་པ་དཔལ་ལྡན། གསང་སྟོན་མངའ་རིས་པ་དཔལ་ལྡན་ཆོས་སྐྱོང་པ། དུས་གོ་བ་དང་བརྩོན་གསང་ཚུལ་བ་དང་དགེ་བ་བཤེས་བསྙེན་ཤེར་བཟང་པ་སོགས་སྡོམ་བརྩོན་སྡེ་སྣོད་འཛིན་པ་ཆེན་པོ་བཅུ་གསུམ་གྱི་དབུས་སུ། བཀྲ་ཤིས་

ལྷུན་པོ་དཔལ་གྱི་སྡེ་ཆེན་དུ་བསྙེན་པར་རྫོགས་པ་དགེ་སློང་གི་སྡོམ་པ་བཞེས་སོ། །དེ་ཕྱིན་ཆད་སྟར་བས་ཀྱང་བསླབ་པ་ལ་གཅེས་སྤྲས་སུ་མཛད་པས། དབུས་གཙང་གི་སྡེ་དཔོན་གྱི་ཆོས་དཔོན་གཅིག་ལ་བསླབ་ཚུགས་བཟང་(P. 54བ་) པར་ཐག་ཆོད་པས་འགྲན་པའི་ཟླ་ཐམས་ཅད་དང་བྲལ་བ་དེ་ཡིན།

དགུང་ལོ་ཉེ་ཤུ་རྩ་གསུམ་བཞེས་པ་ན། ཡབ་སྟོང་བ་གསན་ནས་ལ་སྟོད་ལ་ཐེབས། བྱང་ངམ་རིངས་སྐུ་འབུམ་རྣམ་རྒྱལ་དུ་གཟིམས་པའི་ཉུབ་སྣལ་〈མནལ་〉ལམ་དུ། རྗེ་བཙུན་ས་ཆེན་གྱིས་བཏང་བ་ཡིན་ཟེར་བའི་སྟགས་པ་ཤམ་ཐབས་སྐུ་འཇོལ་ལེ་བ་གཅིག་ན་རེ་〈རེས་〉། དབྱང་མཁན་ཆེན་པ་ད་རེས་བྱོན་པ་ཅིས་ཀྱང་ལེགས། རིན་པོ་ཆེ་རྒྱལ་མཚན་པ་སྐུ་ཁམས་སྙེལ་ཡུན་རིང་པོ་སོང་། ད་ལན་མཇལ་ཙམ་ཡོང་བར་བདོག རས་ཆུང་སྙན་བརྒྱུད་ཀྱི་དཀའ་གནས་དེ་པ་ད་ལན་ཅིས་ཀྱང་ཆོད་པ་མཛོད་ལ་བྱོན་ཞུ་ཡིན་གདའ་འོ་ཟེར། དེར་སྣལ་〈མནལ་〉སད་པ་ན། རྗེ་ས་ཆེན་གྱི་ཐུགས་རྗེ་ཡིན་ངེས། སྙན་བརྒྱུད་ལ་དགོས་པ་ཅིས་ཀྱང་ཡོད་དགོངས་སོ། ད་དེ་ནས་ཆོས་སྡིངས་སུ་ཐེབས། ཡབ་སྲས་མཇལ་ཐུགས་དགེས་དགེས་མཛད་གསོལ་དང་། གསོལ་ཇའི་བར་ལ་ཡང་གསུང་ཆོས་འབའ་ཞིག་གི་སྒྲོ་འདོགས་བཅད། དེ་ནས་ཚེ་འཕྲུལ་གྱི་ཆོས་བརྒྱུད་ཀྱི་སྲོད་ཐུན་དང་པོ་ལ་ཡབ་རྗེ་དམ་པ་རྒྱལ་མཚན་རིན་ཆེན་སྐུ་མྱ་ངན་ལས་འདས། ཆོས་སྡིངས་སུ་དགོངས་པ་ཡོངས་སུ་རྫོགས་པ་བསྒྲུབས། དེ་རྗེས་གནས་སྙིང་དུ་ཐེབས་དགེ་འདུན་འདུས་པ་རྒྱ་མཚོ་ལྟ་བུ་ལ་འབུལ་བ་བསྙེན་ཅིང་བཀུར་བ། སྐྱེ་བོའི་ཚོགས་ལའང་སྦྱིན་གཏོང་དཔག་ཏུ་མེད་པ་མཛད། ནང་རྟེན་ལྷན་སྐྱེས་ཀུན་གསལ་གྱི་གཙང་ཁང་གི་གསེར་སྐུ་གཙོ་

ལའི་དབུས་ན་བཞུགས་པ་འདི་བཞེངས། རབ་གནས་བཀྲ་ཤིས་མངའ་གསོལ། བཟོ་བོ་ལ་དགའ་སྟོན་སོགས་མཐའ་རྒྱས་གྲུབ་རྗེས། བཀྲ་ཤིས་ལྷུན་པོར་པཎ་ཆེན་ཐམས་ཅད་མཁྱེན་པ་དགེ་འདུན་གྲུབ་ཀྱི་ཞབས་དྲུང་དུ་ཕར་ཚད། དབུ་མ། འདུལ་བ། སྔན་ངག་མེ་ལོང་། གཞན་ཡང་དབང་ལུང་མན་ངག་སོགས་ཀྱི་གསན་སྦྱངས་ལོ་གསུམ་མཛད། དེའི་བར་ལ་རྗེ་འདུལ་དཀར་བ་ལའང་〈ལས་ཀྱང་〉འདུལ་བ་ལ་སོགས་གསུང་ཆོས་ཚན་ཆེ་བ་གསན།

དེ་ནས་དགུང་ལོ་ཉེ་ཤུ་རྩ་དྲུག་པ་ལ་རི་བོ་དགེ་ལྡན་དུ་ཕེབས། རྗེ་ཆོས་རྒྱལ་བ་ལ་〈ལས་〉དུས་འཁོར། ཀྱི་རྡོར། བདེ་མཆོག་ལོ་ནག་དྲིལ་གསུམ་སོགས་གསུང་ཆོས་སྟོབས་ཆེ་བ་གསན། ཁྱད་པར་མགོན་པོ་ཕྱག་དྲུག་པ་དགེ་ལྡན་ལུགས་རྣམས། མཁས་གྲུབ་རྗེའི་ཡིག་ཆ་གཞིར་བཞག་དང་། ས་སྐྱ་ནས་བརྒྱུད་པའི་མགོན་པོ་གུར། ཞལ་བཞི་པའི་ལས་ཚོགས་ཆ་ལག་དང་བཅས་པ་གསན། དེ་ནས་ལྷ་སར་ཇོ་བོ་ལ་མཇལ་བ་ལ་ཐེབས། གསེར་སྲང་སྟོད་ཀྱི་གསེར་ཆབ་དང་། གསེར་སྲང་གང་གི་དཀར་མེ་ཕུལ། བསམ་གྲུབ་གླིང་དུ་གཟིམས་པས། ཇོ་བོའི་ཐུགས་ཁ་ནས་འོད་ཟེར་དཀར་པོ་འཐོན་〈ཐོན་〉ནས་བསམ་གྲུབ་གླིང་ལ་ཟུག་འདུག་པ་དགོན་གཉེར་དང་། འཕགས་སྐྱེ་བའི་སྐྱུང་ཡནས་པས་(P. 55ན་)མཐོང་། སྟེལ་པས་གདན་འདྲེན་ཞུས། གྲུབ་རྒྱལ་མ་དང་། བདེ་མཆོག་དཀར་པོ། སྒྲོལ་དཀར་རྣམས་ཀྱི་ཚེ་དབང་གནང་། དེ་ནས་ཉང་སྟོད་ལ་ཕེབས།

དགུང་ལོ་སུམ་ཅུ་རྩ་གསུམ་གྱི་བར་ལ་དཔལ་གནས་སྙིང་དུ་གཞི་གསུམ་གྱི་ཆོ་ག་བརྩུགས་〈བཙུགས་〉། གཡར་〈དབྱར་〉ཞལ་བཞེས། དུས་བཟང་གཉིས་ལ་གསོ་སྦྱོང་མ་ཆག་པ། དབྱར་དགུན་གྱི་སྤྱི་ཆོས། དགོས་ཆོས་ཀྱི་ཆོས་

འཆད་མ་ཆག རིགས་སྨྲ་དར། རྒྱ་གོད་འགའ་ཚོས་ལ་ཚུད་པ་ཡང་བྱུང་། དེ་ནས་ཕྱིའི་ལོ་ལ་རྒྱ་གོད་འགས་དགེ་འདུན་གྱི་ཐུགས་སྐྱུང་བས་རྐྱེན་བྱས། སྡེ་ཕོག་པོ་འཛིན་པའི་བྱ་བ་ལ་སྙིང་པོ་གང་ཡང་མི་འདུག་དགོངས། བྱང་རྟ་སྒོ། གངས་ཏི་སེ། ལ་ཕྱི་དང་དྲིན་སོགས་དབེན་གནས་རྣམས་སུ་ཐུགས་དམ་རྩེ་གཅིག་ལ་ཐུགས་རྩེ་གཏད། ཡུམ་སྒྲིས་〈བགྲེས་〉མོ་གཅིག་ཡོད་པ་བྱུང་ལ་བཟྲངས། ངེད་ཀྱང་སྐྱིབ་པ་ཡོང་གསུང་བ་ལྟར་སྟོད་ཕྱོགས་ལ་ཐེགས་དགོངས་ལ། གནས་སྙིང་གི་བླ་མ། སློབ་དཔོན། གྲྭ་པ་འགྲེས་〈བགྲེས་〉པ། བྲང་དཔོན་རྣམས་དང་། ཁྱད་པར་རྒྱལ་རྩེ་དང་། རྩེ་ནུབ་ནས་བཞུགས་པའི་ཞུ་བ་ནན་ཆེས་པ་ལ་རྟེན། སྨན་ཆུར་སྐྱ་འཚམ་པར་གནང་རྗེས། ཡུམ་ཆོས་སྡིངས་སུ་གཤེགས་པའི་སྐད་ཆ་བྱུང་འཕྲལ་ཐུགས་དམ་ལ་འདོགས་པ་དང་། གནས་སྙིང་དུ་དགོངས་རྫོགས་ཤིན་ཏུ་བཟང་བ་མཛད། དེར་རྗེས། རྟེན་གསུམ་འདི་རྣམས་བཞུགས་པའི་གཙུག་ལག་ཁང་ཅིག་བཞེང་དགོངས་ཡོད་པ་ལ། སྔགས་འཆང་གྲུབ་པ་བརྙེས་པའི་རྡོ་རྗེ་འཆང་མཐུ་ཆེན་གྲགས་པ་རྒྱལ་མཚན་གྱིས་ཐོག་མ་མཛད། གྲྭ་ཚང་སོ་སོའི་སློབ་དཔོན། ལས་འཛིན། དགེ་འདུན་རྣམས་ཀྱིས་དེ་བཞིན་གྱི་དགོངས་པ་ཡོད་ཕྱིན། ངེད་རྣམས་ཀྱིས་སྐྱབས་པས་འདིར་བཞུགས་པའང་གནང་དགོས་ཟེར། ཆུ་ཕོ་འབྲུག་ལོ་ཧོར་ཟླ་ལྔ་པའི་གཟའ་སྐར་བཟང་བ་ལ་གཟིམ་ཁང་གི་འགྲམ་བཏིངས། དགེ་འདུན་དང་འདུས་རྣམས་དང་། འཕྲལ་གྱི་ཞེར་འཕོ་དགོས་པ་མོ་དབེན་རྣམས་ཀྱིས་བྱས། ཟླ་བ་བཞིའི་ནང་དུ་ཕྱི་སྐྱུ་དང་། ཞལ་བ་དགོས་པ་རྣམས་གྲུབ། ལྷན་སྐྱེས་བདེ་ཆེན་ཆོས་ཀྱི་ཕོ་བྲང་དུ་མཚན་གསོལ། འདིའི་གཙང་གི་ལྟེ་བར། དར་འདག་དང་། སྨན་སྣ་ཚོགས་ལ་〈ལས་〉གྲུབ་པའི་གཞུ་ལ་ལ་གྲང་གསེར་དང་གསེར་ཤོག་ཞུས་པའི་

དབུས་སུ། རྗེ་རྒྱལ་མཚན་རིན་ཆེན་གྱི་ཐུགས་དམ་ནང་རྟེན་དང་། བུམ་ནང་ལྷའི་ནང་ན་རིགས་ལྔ། མཐའི་བྲག་རི་ལ་མཁན་པོ་བོ་དྷི་ས་ཏྭ། སློབ་དཔོན་པདྨ། ཆོས་རྒྱལ་ཁྲི་སྲོང་། ཁྲི་རལ། གནས་རྙིང་པ་རང་གི་མཁན་བརྒྱུད་རིམ་པར་བྱོན་པ་རྣམས་དང་། ཇོ་བོ་ཡབ་སྲས་སོགས་སྐྱེས་ཆེན་དམ་པ་འགའ་ཡར་དང་། མགོན་པོ་ཕྱག་དྲུག་པའི་ (P. 55བ་) སྐུ་རྣམས་སྨན་སྐུར་ལྷ་གཟོ་བ་རིན་བསམ་གྱིས་བགྱིས་ཤིང་། ཕྱིའི་སྒོ་གདོང་གཡས་ལ། སྟོན་པ་སངས་རྒྱས་ལ་འཕགས་པའི་གནས་བརྟན་བཅུ་དྲུག་གིས་བསྐོར་བའི་ཞིང་ཁམས་དང་། དེའི་གཡས་ན་རྗེ་ཙོང་ཁ་པ་ཆེན་པོ་ལ་ལམ་རིམ་བརྒྱུད་པས་བསྐོར་བ། དེའི་གཡས་ན་རྒྱལ་བ་སེང་གེའི་ང་རོ་ལ་གྲུབ་ཆེན་བརྒྱད་ཀྱིས་བསྐོར་བ་དང་། ཡར་ཁྲུ་ལ་སྟག་ཞོན་གཙོ་འཁོར་རྣམས་ཀྱི་རི་མོ་ནི་མ་ཐེ་བ་དཔོན་དཔལ་འབྱོར་ཡིན་ཅིང་། སྒོ་གདོང་གཡོན་ལ་མངོན་པར་དགའ་བའི་ཞིང་བཀོད་དང་། སྒྲོལ་མའི་ཞིང་བཀོད། ལས་སྒྲིབ་མའི་ལུགས་བཞིན་བཀོད་པའི་རི་མོ་ནི་ལེགས་པ་བྱང་ཆུབ་ཀྱིས་བགྱིས་ཤིང་། མགོན་ཁང་ན། སྨན་སྐུ་ལ་བཞེངས་པའི་རྡོ་རྗེ་འཇིགས་བྱེད་སྐུ་ཚད་ཆེ་བ་དང་། དེ་མཚུངས་མགོན་པོ་ཕྱག་དྲུག་པ་ལྷམ་དྲལ་འཁོར་ཚོགས་ཚང་ཅིང་། རི་མོ་ལ་སྱུན་གཟིགས་ཚད་མ། འདིའི་མདོ་ན། མདོ་རྒྱུད་ཀྱི་གསུང་རབ་གསར་དུ་བཞེངས་པ་སོགས་ཟབ་ཅིང་རྒྱ་ཆེ་བ་མང་པོ་དང་། ལི་མ་ཁྱད་པར་ཅན། གསེར་སྐུ། སྨན་སྐུ། རི་མོ་ལའང་འཁོར་ལོ་བདེ་མཆོག་སོགས་ཐུགས་སྐུ་འགའ་ཞིག་དང་། སྙིང་གི་ཐིག་ཁང་ན། དབུས་ལ་རྟེན་མ་ཕེབས་དུས་སྐྱེའུ་ཆུང་པ་ལ་ཞལ་བཀོད་མཛད་བཞེངས་པའི། རྗེའི་སྐུ་གསེར་ཟངས་ལ་〈ལས་〉གྲུབ་པ། རྟེན་བཞུགས་ལ་བྱིན་རླབས་ཅན་མང་པོ་བཞུགས་ཤིང་། རབ་གནས་དུས་དང་། བཞེངས་པའི་ཚོ་ངོ་མཚར་བའི་ལྟས་

འགའ་ཡར་བྱུང་གསུང་བའི་སྐུ་འདྲ་མཐོང་གྲོལ་ཆེན་མོ་འདི་གཙོ་བོར་བཞུགས་པའི། གཡས་གཡོན་ལ་རྒྱལ་ཚབ་རྗེ་དང་། མཁས་གྲུབ་རྗེའི་སྐུ་འདྲ་སོགས་བླ་མའི་སྐུ་འདྲ་ཐོགས་ཅིག་དང་། རི་མོ་ལའང་ཐུབ་དྲུག་པ་དང་། དམ་ཅན་ཆོས་རྒྱལ་གྱི་སྐུ་རྣམས་བཞུགས་ཤིང་། རྟེན་གསུམ་འདི་རྣམས་ཀྱི་སྤྱན་སྔར་ས་རྒྱན་གནམ་རྒྱན་སོགས་ཀུན་བཟང་མཆོད་པའི་སྤྲིན་སྤུངས་བསམ་གྱིས་མི་ཁྱབ་པ་འབུལ་བ་མཛད། ཤིང་རྩི་རྣམས་ཀྱང་གྲུབ་རྗེས། སྐུ་འཚམས་ཅུང་ཞིག་དམ་དུ་གནང་།

དེའི་དབྱར་ཕྱོགས་ནས་ཀྱི་གོས་དར་གྱི་འབུལ་བ་བྱུང་བ་རྣམས་ལ། གོས་སྐུ་མཐོང་བ་དོན་ལྡན་གོས་ཡུག་བདུན་བཅུ་དོན་གསུམ་དང་། དར་ཡུག་བཅུ་གཉིས་ཏེ་གྲིལ་བས་བརྒྱད་ཅུ་ག་ལྔ་ལ་〈ལས་〉གྲུབ་པའི། རྗེ་བཙུན་བྱམས་པ་སྤྲུལ་པའི་ཚ་ལུགས་ཅན་རྒྱན་དྲུག་གི་དབུས་ན་བཞུགས་པ་ལ། ལྷ་གྲངས་བཅོ་ལྔ་དང་། ལྷེམས་གཡས་ལ། དཔལ་ལྡན་ཨ་ཏི་ཤ། སྤྱན་རས་གཟིགས། ཕྱག་རྡོར། སྒྲོལ་མ། སྟག་ཞོན། གཡོན་ལ་རྗེ་ཙོང་ཁ་པ། འཇམ་དབྱངས། མི་གཡོ་བ། (P. 64ན་) སྒྲོལ་དཀར། འདོད་ཁམས་དབང་ཕྱུག་ཏེ་གྲིལ་བས་གཙོ་འཁོར་ཉེར་ལྔ་བཞུགས་པ་ལ། རྒྱབ་གཟུངས་རྣམས་ཀྱང་དྲི་བཟང་གིས། རྗེ་རང་ཉིད་ཀྱིས་མཛད་ཅིང་། མཛོད་བུ་ལ་སངས་རྒྱས་ཀྱི་འཕེལ་གདུང་སོགས་བྱིན་རླབས་ཅན་མང་པོ་བཞུགས་ཤིང་། གཟའ་སྐར་བཟང་བ་ལ་རབ་ཏུ་གནས་པའང་ཤིན་ཏུ་རྒྱས་པ་མཛད། རབ་སྟོན་གནས་སྙིང་ཚོགས་ཀྱི་གུང་ཚོགས། རྗེ་རང་ཉིད་ལ་གསོལ་ཞིབ་གི་འབུལ་བ་བྱུང་བས་སོང་ལ། མང་ཇ་ཀྱང་སྐམ་འབུལ་བྱུང་བ་བསགས་པས་སོང་བ་ལགས། འདིའི་རི་མོ། མ་ཐེ་བ་དཔོན་དཔལ་འབྱོར་དང་། གོས་གཟོ་བ་གཙོ་བོ་ལ། འབྲོང་རྩེའི་དཔོན་མོ་

ཚེ་དང་། ལྷེམས་གཡས་གཡོན་གྱི་གཟི་བོ། རྒྱལ་མཁར་རྩེ་ནས་དཔོན་དཀོན་མཆོག་འཕེལ་རྣམས་ཀྱིས་བགྱིས་པ་ལ། རང་རང་གི་བློ་དང་སྦྱར་བའི་རིན་པོ་ཚེའི་རིགས་དང་། གོས་དར། སྣམ་ཕྲུག ཁྲི་ཟངས། ཧ་ཁྲབ། ལྟང་རྩེ་སོགས་ཀྱིས་འདོད་ཡོན་གྱིས་ཚིམ་པར་མཛད་ནས། རེ་ཞིག་གི་བར་ལ་སྐུ་མཚམས་ངེས་པ་ཅན་ལ་བཞུགས།

དེ་ནས་དབུས་ལ་ཕེབས། ལྷ་ས། ཡེར་པ། རྭ་སྒྲེང་། དགེ་ལྡན་རྣམས་སུ་ཕེབས། ཞལ་གསེར། སྣན་དར། དཀར་མེ་སྟོབས་ཆེན་ཕུལ། སྣེའུ་ནང་སོ་དང་། གྲྭ་དཀར་ནང་སོ། གཞན་ཡང་དཔོན་སྐྱ་མང་པོ་ལ་ཆོས་བཀའ་སྟོབས་ཆེན་དང་། དགེ་བའི་བཤེས་གཉེན་བཀའ་བཅུ་རབ་འབྱམ〈འབྱམས་〉སྡེ་སྣོད་འཛིན་པ་མང་པོའི་ཁྲིད་དཀའ་སོགས་ཀྱིས་སྨིན་པར་མཛད། རེ་ཞིག་བཞུགས་དགོས་པའི་གསོལ་བ་འདེབས་པ་མང་པོ་འདུག་པ་ལ་ཧེན། མ་ཕེབས་དོགས། བདག་གིས་རང་གིས་ཕྱིན་གདན་འདྲེན་ཞུས་ནས་ཕེབས། ཕྱར་གྱི་སྨན་ཆུའི་གཟིམ་ཁང་རྙིང་ནས་གོག་འདུག་པ། བཀོད་པ་འདི་ལྟར་གྱིས་གསུང་བའི་ཤོག་ཕྲ་གནང་བ་བཞིན། སྐུ་མཚམས་མཛད་པའི་གཟིམ་ཁང་ལ་རྩ་བ་ནས་བཞེངས་ཤིང་མགོན་ཁང་ཆེན་མོའི་འཆམ་སྐུ་རྣམས་ལ་ན་བཟའ་དང་། ཞིག་གསོས་ཕུལ། ཡངས་པ་ཅན་དུ་འཚམས་པ་ཙམ་ལ། དེའི་མོད་ལ། གདུག་པ་ཅན་སྐད་ཅིག་ལ་བསྒྲལ། དེ་ནས་ཡབ་ཀྱི་ལུང་བསྟན་ཡོད་པ་དང་། སྤྱིར་ཡང་མ་ཉང་མོས་རྟེན་འབྲེལ་བསྒྲིགས་པ་ཡིན་གསུང་། ཧ་སྟོའི་གངས་ལ་འབྱོན་པར་ཆས་ནས་ཕེབས་པས་ལ་སྟོད་བྱང་འགྲུར་པས་གདན་འདྲེན་ཞུས། རྒྱལ་ཐང་ལ་གཟིགས་མོ་ལ་ཕེབས་པས། སེ་རོ་ཟམ་ཁ་ནས་སྐྱུལ་དཀར་སྟེ་གཉིས་ཕྱིབས〈ཆིབས་〉ཀྱི་གདོང་ལ་རྗེ་རྒྱུད་གང་ཙམ་གྱི་བར་ལ་སོང་

བ་དང་། རྗེའི་ཞལ་ནས། རང་རེ་མི་ལས་ལྷ་འདྲེ་དམ་ཚིག་ལ་གནས་པར་འདུག སྲུལ་དེ་གཉིས་ལ་གནོད་པ་མ་བྱེད་རང་རེ་ལ་གཞི་བདག་གིས་བསྲུ་(P. 56བ་) བ་བྱེད་པ་ཡིན་པར་འདུག་གསུང་། ཕྱུག་ཕྱི་བ་རྣམས་ཀྱིས་སྲུལ་ལ་མར་བཀུས་པས་གར་སོང་ཆ་མ་བྱུང་སྐད། ཕྱུག་ཕྱི་བ་རྣམས་ལ་ལམ་རྒྱུས་མེད་ཅིང་འགྲོ་ཡང་མི་འདོད་པ་དང་། འཇིགས་ཉེན་ཆེ་བའི་ལོ་རྒྱུས་ཞུ་མི་མངས་པས། ནེ་རིངས་ནས་ལོག་ཕྱིན། ཐར་གླིང་དུ་རས་ཆེན་ལ་གསོལ་བ་འདེབས་ཀྱིན་བཞུགས།

དེ་ནས་བཀྲ་ཤིས་ལྷུན་པོར་ཕེབས། པཎ་ཆེན་ཐམས་ཅད་མཁྱེན་པ་དགེ་འདུན་གྲུབ་ཀྱི་སྐུ་སྐྱེ་རབ་བྱུང་མཛད་པའི་མཁན་པོ་མཛད་ཅིང་། དེ་ནས་མན་ལུང་ས་སུ་གདན་འདྲེན་ཞུས། ཟླ་གཅིག་གི་བར་དུ་གསུང་ཆོས་མང་པོ་གནང་། དེར་རྗེས་གནས་སྙིང་དུ་ཕེབས། ལྷན་སྐྱེས་བདེ་ཆེན་དུ་ལོ་གཉིས་ལྷག་ཙམ་གྱི་བར་དུ་ཐུགས་དམ་བུག་སྒོ་ལ། དཔོན་སློབ་གཉིས་རང་མཛད་ནས་བཞུགས། དེ་ནས་སྐུ་འཚམས་ཅུང་ཞིག་གསེངས་ནས། གསེར་སྐུ་བ་ཀུན་བཀྲས་སྐུ་མདུན་དུ་ཕོས། སྤྲ་སོར་ངེད་ཀྱིས་སྟོད་ཕྱོགས་ལ་ཕྱིན་དུས། སྦྱིན་བདག་དད་པ་ཅན་རྣམས་ཀྱིས་གསེར་ཟངས་སྟོབས་ཆེ་རབ་ཅིག་གཏེར་མི་བྱུང་བ་འདི་རྣམས་ལ། མར་གྱུར་སེམས་ཅན་ཐམས་ཅད་དང་། སོས་〈སྒོས་〉སུའང་སྦྱིན་བདག་དམིགས་ཡུལ་འདི་རྣམས་ཚོགས་རྫོགས་ཤིང་། སྤེ་འདི་ལའང་ཕན་པའི་ཕྱིར། སྟོན་པ་ཐུབ་པའི་དབང་པོའི་སྐུ། ལུགས་མ་ཆེ་ལམ་པ་གཅིག་བཞེང་འདོད་ཡིན་པ། ཁྱེད་ཀྱིས་སྐུ་ཚད་ཆེ་ཆུང་གང་ཙམ་ཅིག་ལུགས་ལ་ཐོན་གསུང་། བཀའ་གནང་བས། རྒྱབ་མཐོ་བཅུ་གཉིས་ཙམ་ཐོན་ཅིང་། དེ་བས་ཆེ་བ་མི་ཐོན་ཞུས་པས། དེ་བས་ཆེ་བ་མི་ཐོན་ཕྱིན། སྐྱིགས་ཀྱི་གནས་གསོ་ན། ལ་སྟོད་པ་ཆེན་

པོའི་གདུང་རིལ་པོར་བཞུགས་པ། དངོས་པོ་འདི་རྣམས་ལ་གསེར་འབུམ་གཅིག་བཞེངས་ནས་དེར་བཞུགས་པ་བྱས། འཇམ་དབྱངས་རིན་ཆེན་རྒྱལ་མཚན་གྱི་དངུལ་གདུང་དང་གཞི་འཐུན་〈 མཐུན་ 〉པར་བཞུགས་ན་སྐམ་ཡིན་ནའང་། སྔ་རབས་ནས། ད་བར་ལ་ལོ་བསྐོར་ཀྱང་མང་པོ་སོང་འདུག་པས། སྐུ་གདུང་བཞུགས་མི་བཞུགས་དང་། གདན་འདྲེན་ཞུས་ན་བཏུབ་མི་བཏུབ་ཀྱང་། སྐུ་གདུང་བཞུགས་པའི་མཆོད་རྟེན་གྱི་དྲུང་དུ་གསོལ་བ་བཏབ་ན་ལེགས་པར་དགོངས་ནས། གནས་བརྟན་མཚན་པ་དཔོན་སློབ་གསུམ་ལ་མཆོད་ཆས་ཚང་མ་བསྐུར་ནས་ཉིན་ཞག་གཅིག་གསོལ་བ་འདེབས་པ་ལ་བཏང་། དེ་འཚུངས་〈 མཚུངས་ 〉 ཀྱི། གཟིམ་དཔོན་ཚོགས་རྒྱལ་ལ་མཆོད་པ་རྒྱུན་པའི་སྙིངས་སུ་གསར་པ་གཅིག་ཀྱང་ཤོམས་གསུང་པའི་ཐོ་རངས་ཀྱི་ཆ་སྨྲ་བ་ལ། རྗེ་རང་ཉིད་ཀྱི་སྐུ་མདུན་དུ། ལ་སྟོད་ཆེན་པོ་ཕེབས་ནས། ངེད་ཡོད་མེད་ཀྱི་རྟོགས་པ་བྱེད་དགོས་པ་མེད། (P. 57ན་) ངེད་འདིར་ཀ་སངས་རྒྱས་ཀྱི་བསྟན་པ་དང་། སེམས་ཅན་གྱི་བདེ་སྐྱིད་ཀྱི་ཆེད་ལ་བསམས་ནས། རྒྱལ་བ་བྱམས་པའི་བསྟན་པ་མ་ཤར་གྱི་བར་དུ། འདིར་ཀ་〈 ཀར་ 〉སྡོད་པ་ཡོད་པས་དེ་ལུགས་ཀྱིས་གསུང་བ་ཕེབས་པས། དགོངས་པ་ལ་དངོས་པོ་འདི་རྣམས་ཚུད་ཐོས་ལ་སོང་ན་དད་ཛས་ཡིན་པས་མི་བཏུབ་ཅེང་། ཀུན་མཁྱེན་ཆོས་སྐུ་འོད་ཟེར་གྱི་རྣམ་ཐར་ནའང་། འདུས་སྐུ་ཆེན་མོའི་བཞུགས་ཁྲི་ལ་བཅོས་ཅིག་གྲུབ་ན་གདུང་བརྒྱུད་སྡེ་དང་བཅས་པ་ལ། དགའ་བ་ཡོང་གསུང་བ་འདུག་པ་དང་། རང་ཉིད་ཀྱིས་བསམས་དུས་ཀྱང་། བཞུགས་ཁྲི་དང་། འདིའི་གཞི་འདི་ལའང་ཞིག་གསོས་ཅིག་མི་བྱེད་ཀ་མེད་དུ་འདུག་དགོངས་ནས། རྐོངས་ཛའི་ཕྱོག་ཏུ་སློབ་དཔོན་ལས་འཛིན་རྣམས་ལ་ཛ་བུར་གནང་། བསམ་པ་འདི་བཞིན་ཡིན་

པ། ཁྱེད་རྣམས་ཀྱི་གང་སྤྱིའི་ལས་དཀའ་དགེ་འདུན་རྣམས་དང་། མོ་དཔེན་གྱིས་བྱེད་དགོས་ཤིང་། ངེད་རང་ཇི་ལྟར་ཟེར་བ་བཞིན་དུ་བསྒྲུབས་ན། བར་ཆད་སོགས་མེད་པར་གྲུབ་པ་ཅིག་ཡོང་བར་འདུག འདོད་པ་སོ་སོར་བྱས་ན་ནི་ཅིར་འགྱུར་མི་ཤེས་གསུང་། དེ་ཀ་བཞིན་དུ་ཐམས་ཅད་ཀྱིས་བཀའ་ལས་མ་གཡོས་པར་བསྒྲུབས། དེ་འཐུན་〈མཐུན་〉དུ། ཀ་བ་ལ་སྦྱར་རྒྱུའི་བཀའ་ཤོག་ཀྱང་གནང་། དེའི་སྡོམས་ནི་འདི་ལྟར། རྩ་བརྒྱུད་ཀྱི་དཔལ་ལྡན་བླ་མ་རྣམས་དང་། སངས་རྒྱས་དང་བྱང་ཆུབ་སེམས་དཔའ། བསྟན་པ་བསྲུང་བར་ཞལ་གྱིས་བཞེས་པའི་ཆོས་སྐྱོང་སྲུང་མའི་ཚོགས་རྣམས་དང་། གཞན་ཡང་དཀར་ཕྱོགས་ལ་མངོན་པར་དགའ་བའི་ལྷ་ཀླུ་འབྱུང་པོའི་ཚོགས་མ་ལུས་པ་རྣམས་ཀྱིས། ངེད་གཙུག་ལག་ཁང་འདི་ལ་ཞིག་གསོས་འབུལ་བ་ཡིན་པས། བར་ཆད་མེད་པ་དང་། འདིའི་གྲོགས་དམ་པ་མཛད་དུ་གསོལ། ནག་པོའི་ཕྱོགས་ལ་དགའ་བ་རྣམས་ཀྱིས་ཀྱང་། ཏུ་ང་ཐྲ་དོག་མི་བྱེད་པར། གྲོགས་བྱེད་པ་མ་རྟོགས་〈གཏོགས་〉། གནོད་པའི་མཚན་མ་སྐད་ཅིག་ཀྱང་མེད་པ་དགོས་གསུང་བའི་བཀའ་ཤོག་ཕྱག་དམ་འབྱར་བ་གནང་། བཞུགས་ཁྲི་སྨས་ཤིང་ལྷ་ཁང་ཀྱང་མུན་པ་ནག་པ་ཅིག་སྣང་ཡོད་པའི་ཐོག་སོ་གཅིག་སྤར་ནས། གཙྙ་ལ་བརྒྱབ་ཡོལ་ཤིན་ཏུ་ལེགས་པ། གསེར་སོགས་ཚོན་སྣ་ཚོགས་ཀྱིས་སྤྲས་པའི་དབུས་སུ་འདུས་སྐུ་ཆེན་མོ་བླ་བྲང་ཕྱོགས་ལ་གཟིགས་པའི་ཚུལ་དུ་བཞུགས་སུ་གསོལ། གཞན་ཐུགས་དམ་ནང་རྟེན་བཞུགས་པ་རྣམས་ལའང་སྐུ་ཁྲུས་དང་། ཞལ་གསེར་གསོལ་བ། སྤྱན་(P. 57བ་)འབྱེད་དང་། གཙང་ཁང་གི་སྒོ་གདོང་གཡས་ལ་སྤྱན་རས་གཟིགས་བཅུ་གཅིག་ཞལ་གཙོ་འཁོར། གཡོན་ལ་རྗེ་རིན་པོ་ཆེ་ལ་ལམ་རིམ་བརྒྱུད་པས་བསྐོར་བའི་ཞིང་ཁམས། འཇམ་པའི་〈དཔལ་〉

དབྱངས་རིན་ཆེན་རྒྱལ་མཚན་གྱི་དགོངས་པ་ཡིན་གསུང་། གན་ཇི་རའི་སྤྲོག་ཤིང་གི་རྩེ་ན། ཀུན་མཁྱེན་ཆོས་སྐུ་འོད་ཟེར་གྱི་རྣམ་སྤྲུར་དང་། ཕྱག་རིས་ཀྱི་གསེར་གཟུངས་ཀྱང་སྟོབས་ཆེ་བར་བཞུགས་པ་རྣམས་ལ་ཆུའི་སྐྱོན་མི་འོང་བར་མཛད། རབ་ཏུ་གནས་པའི་སྒྲུབ་མཆོད་ཀྱང་། རྗེ་རང་ཉིད་དབུ་རྩེར་ཕེབས་ནས་སྒྲུབ་པ་ཞག་སྤྲེལ་དུ་གནང་། མེ་ཏོག་མཐོར་〈ཐོར་〉བའི་ཉིན་ཚོགས་པ་བྱིངས་ཡའང་གསོལ་ཇ་གྲུང་ཚོགས། གཟོ་〈བཟོ་〉རིགས་པའི་ཚོགས་རྣམས་ཀྱང་དགའ་སྟོན་གྱིས་ཡིད་ལེགས་པར་ཚིམ་པར་མཛད་ནས། སྨན་ཆུར་སྐུ་མཚམས་ངེས་པ་ཅན་ལ་རེ་ཞིག་གི་བར་ལ་བཞུགས།

དེའི་སྟོན་གཞུག་ཙམ་ལ་སྣེལ་པས་ཐེངས་གཉིས་གསུམ་བར་དུ་གདན་འདྲེན་བྱུང་ནས་དབུས་ལ་ཕེབས། སྣེའུ། བྲག་དཀར། འོལ་ཁ་རྣམས་སུ་གང་ལ་གང་དགོས་ཀྱི་ཆོས་ཀྱིས་ཚིམ་པར་མཛད་ནས། དེ་ནས་དགེ་ལྡན་དང་། ར་སྒྲེང་ལ་ཕེབས་ཞིག་གསོས་པ་ལ། ཛ་སིགས་གཅིག་དང་། གསེར་སྲང་གསུམ་གྱི་གནང་སྦྱིན་དང་། གཉིས་ཀར་དུ་བསྔན་པ་དར་ཞིང་རྒྱས་པའི་སྨོན་ལམ་མཛད། དེ་ནས་ལྷ་སར་ཕེབས་ཞལ་གསེར། སྨན་དར་སོགས་ཕུལ། དེ་རྗེས་སེར་ར་ཆོས་སྡེར་སྐུ་འཚམ་〈མཚམས་〉པ་གནང་། སྣེལ་པ་ནང་སོ་སྐུ་མཆེད་ལ་དབང་ལུང་མང་པོ་དང་། གཞན་འདོད་ཆོས་གནང་དགོས་པའི་བླ་མ་སློབ་དཔོན་གལ་ཆེ་བའི་ཚན་དང་། སྣང་ཆེ་དགའ་ལྡན་པ་གཉིས་ཀྱིས་གཙོས་པའི་དཔོན་རྣམ་པ་མང་པོ་ཡའང་ཆོས་བཀའ་ཚན་ཆེ་བ་གནང་། དེ་འཕྲོས་ནས། རྒྱལ་མཁར་རྩེ་ནས་གཙང་ལ་ཕེབས་དགོས་པའི་ཞུ་ཡིག་ནན་ཆེན་དང་། གདན་འདྲེན་ལ་ལུང་དམར་བ་ནང་པ་ལྷ་མོ་སྐྱབས་པ་ཧང་བརྩུགས་སུ་གནང་བྱུང་བས། ཉང་སྟོད་ལ་ཕེབས་པ་ཤར་སྣེལ་པ་དཔོན་སློན་རྣམས་ཡའང་། སྐུ་རིམ་ལ་

འབད་པ་དང་ཐམས་ཅད་ཀྱིས་སྤང་བླང་མ་འཛོལ་བ་ཅིག་དགོས་པར་འདུག་གོ་གསུང་བ་ཙམ་གནང་ནས། ཁ་རོ་ཕྱོགས་བརྒྱུད་ནས་གནས་སྙིང་དུ་ཕེབས། ཞག་འགའ་སྐུ་བརྙེལ་གསོ་བ་ཙམ་མཛད་ནས། རྒྱལ་རྩེར། སྡེ་པ་ཡབ་སྲས་དང་མཇལ་བ་ལ་ཕེབས།

དེ་རྗེས་སྨན་ཚུང་ལོ་ལྔ་ཙམ་གྱི་བར་འདུག་ཆར་རང་ལ་སྐུ་མཚམས་ངེས་པ་ཅན་ལ་བཞུགས། དེ་གྲོལ་ནས། དགུན་ལྷན་སྐྱེས་སུ་ཕེབས། སྐུ་བཙུན་མང་པོ་ལ་ཞལ་དཀར་ནང་ནས། བློ་སྦྱོང་། སྙིང་པོ་དོན་གསུམ། དབུ་མ་ལྟ་ཁྲིད། དུས་(P. 58ན་)བཟང་གསུམ་ལ་གཉེན་གནས་ཀྱི་སྡོམ་པ་འབོགས་པ། མདོ་སྡེ་ལས་ཀྱི་མེ་ལོང་སྐྱེས་རབས་སོགས་ཀྱིས་ཁ་བཀང་ནས་ཆོས་ཀྱི་འཁོར་ལོ་རྒྱ་ཆེར་བསྐོར་བ་མཛད། མཇལ་ཕྱུལ་བའི་ནས་སྟོབས་ཆེན་བྱུང་བ་གཞན་གྱིས་ལོངས་སྤྱོད་མི་འོང་། རྩམ་པ་ཆོས་ལས་ངན་ལོང་རྣམས་ལ་སྦྱིན་གསུང་། རྗེ་ཉིད་ལ་གསོལ་ཇ་ཞུ་མི་བྱུང་བ་ན་ཡང་། ཇ་འདི་པ་ཐག་རིངས་ལ་དུད་འགྲོའི་རྒྱབ་བཀལ། མིས་ཁང་ལག་ཟད་ཟད་འགྲུལ་དང་ཁལ་འགེལ་འབོགས་བྱས། རིན་ཆེན་པོ་ཐུད་ནས་ཉོས་པ་འདི་ཚུང་གསན་〈ཚུད་གསོན་〉ན་རང་ལ་དགོར་དུ་ལྡེ་ཞིང་སྦྱིན་བདག་གི་ལ་ཡོགས་ཡོང་གསུང་། ཇ་ཞིམ་མི་ཞིམ་ཅི་འདྲ་ནའང་། ཐུན་ལྔ་ལྔ་གཏོང་དགོས་གསུང་།

དེ་ནས་འབྲུག་ལོ་ལྷན་སྐྱེས་བྱམས་ཁང་གི་གཞི་བཏིངས། རུང་རྗེ་བྱིན་རླབས་དང་ས་ཆོག་མཛད། ཕྱི་སྐུ་གྲུབ་རྗེས། ཤིང་བཟོའི་སྐབས་ཀྱི་སྤུ་དྲི་ཅིག་དཔོན་ཆོས་བཀྲས་གཅིག་པོར་བཟོ་བྱེད་ཀྱིན་〚ཡོད་〛པ་ལ། གདུང་གཅིག་ལ་ཐིག་རྩིག་དགོས་བྱུང་བ། ཟླ་གྲོགས་མེད་པས་གང་འཐད་སྐམ་ཡོད་པ། འཁྲམས་ཀྱི་སྒོ་ཕྱི་ནས་མི་ནག་པོ་སྤྱང་གི་མགོ་ཅན་གཅིག་བྱུང་ནས། རྩིག

གྲོགས་ངས་བྱ་ཡིས་ཟེར་ཅིང་། ཐེག་གྲུབ་མ་ཐག་གར་སོང་མ་ཆུང་། དེ་ནི་དམ་ཅན་ཆོས་རྒྱལ་ཡིན་པར་འདུག ཐོག་འབེབས་སོགས་གྲུབ་ནས། སྨན་ཆུར་སྐུ་མཚམས་གནང་།

འབྲུག་ལོ་ཧོར་ཟླ་དྲུག་པའི་སྟོད་ལ། ཤངས་ཕྱོགས་ཀྱི་དཔོན་སྐུ་ སྣར་གསུང་ཆོས་ཀྱི་འབྲེལ་བ་ཡོད་པ་རྣམས་ཀྱིས། ཚེབས་དྲེ་〈དྲེལ་〉མང་པོ་དང་བསྒྲུགས་ནས། དེང་〈དེང་〉སང་ཧ་སྒོ་ལ་ཕེབས་པའི་སྐབས་སེང་རང་ཅིག་འདུག་པ། ངེད་རྣམས་ཀྱིས་གང་དང་སྤྱིའི་ཕྱག་ཕྱི་བྱེད་པས། ད་ལན་གཅིས〈ཅིས་〉ཀྱང་ཕེབས་དགོས་ཞུ་བའི་གདན་འདྲེན་བྱུང་བས། ཕེབས་དགོས་པའི། བླ་མ་གོང་མ་རྣམས་ཀྱི་ལུང་བསྟན་ཀྱང་ཡོད་པས་དེ་འཕྲལ་དུ་ཕེབས། ཤངས་སུ་དཔོན་སྐུ་རྣམས་དང་། དགེ་འདུན་མང་པོས་གསུང་ཆོས་ཚན་ཆེན་གྱི་གསོལ་བ་བཏབ། ཧ་སྒོ་ལ་ཕེབས་ལམ་གྱི་ལ་རྣམས་ཁ་བས་ཆོད་ནས་ཕེབས་མི་ཐུབ་པ་འདུག་ཟེར། ཁོང་རྣམས་ཀྱི་འདོད་པ་མ་རྫོགས་པར་ལ་བཞུགས་དགོས་བྱུང་ཅིང་། དེ་ནས་ཞིང་ཁམས་གཞན་གྱི་གདུལ་བྱའི་དོན་དུ་ཕེབས་དགོས་པའི་མཚན་མ་ཙུང་ཟད་བྱུང་ནས་ཕྱིར་ཕེབས། མན་ལུངས་སུ་གདན་འདྲེན་ཞུས། རབ་ཏུ་ཟླ་ཅིག་〈གཅིག་〉། དེ་མིན་ཟླ་ཕྱེད་བཞུགས་དགོས་པའི་གསོལ་བ་ནན་གྱིས་བཏབ་པ་ནའང་། དེ་ཀ་ཙམ་དུ་བསྡད་ལོང་མེད། གང་ནང་དཔོན་སློབ་ཉེ་གྲགས་པས་ཞག་ལྔ་ (P. 58བ་) སྡོད་པ་བྱེད། རྗེང་ནས་མཇལ་བའང་དཀའ་གསུང་ཞག་པོ་ལྔའི་བར་ལ་བཞུགས།

འབྲུག་ལོ་ཧོར་ཟླ་དང་པོའི་ནང་དུ་གནས་རྙིང་དུ་ཕེབས། དེ་འཕྲལ་དུ་རྟེན་བཞེངས་ཀྱི་གཟྭ་〈བཟོ་〉བཙུགས། རྗེ་བཙུན་བྱམས་པའི་སྐུ་ཚད་འདི་ཙམ་བྱེད་དང་། སྟོན་པ་ཐུབ་དབང་། སངས་རྒྱས་མར་མེ་མཛད། རྗེ་རིན་པོ་

ཚེའི་སྐུ། བྱང་སེམས་ཉེ་བའི་སྲས་བརྒྱད། བྲག་རིའི་རྩེ་ལ་གནས་བརྟན་བཅུ་དྲུག ཧྭ་ཤང་། ཧྭ་ཤང་རྒྱལ་ཆེན་རྣམས་བཞུགས་པའི་ས་ཡུལ་ལ་ཞལ་བཀོད་རྒྱས་པར་མཛད། སྐུ་གསུང་ཐུགས་རྟེན་གང་བཞེངས་ཀྱི། གཟོ་〈བཟོ་〉རིགས་པ་སུ་ཡིན་དེ་ལ། ངེད་བྱ་བྲལ་བ་ཡིན་པས་ཁྱེད་རྣམས་ལ་ཞབས་ཏོག་དང་། གཏེར་སྦྱིན་ཆེན་པོ་བྱེད་རྒྱུ་མེད་པས་ཐུགས་མ་དག་པ་མེད་པ་དགོས། ཡིན་ནའང་། ངེད་རང་གི་བསམ་སྦྱོར་ལ། ཁྱེད་རང་རྣམ་པའི་ཐོབ་ཐང་གང་ཡིན་གི་སྟེངས་སུ། པར་ཙམ་རེ་བྱེད་པའི་ལུགས་ཡིན། དེ་མིན་རྟེན་གསུམ་བཞེངས་པ་ལ་རྒྱུ་སོང་མེད་པའི་བསོད་ནམས་ཀྱང་མི་ཐོབ་ཅིང་། ཁྱེད་རྣམ་པ་ཡང་དེ་དུས་དེ་〔དེས་〕ཚོག་འདུག ད་ལན་ཀྱང་འདིས་ཚོག་ཟེར། དཔེ་བསྒྲིལ་〈སྒྲིལ་〉ལ་གཏོང་པ་དང་། མི་སྒྲིད་སྐྱུར་ནས་སྟེར་མཁན་ནི་མི་ཡོང་ཟེར་མི་སློབ། དེས་རྐྱེན་བྱས་ནས་ཤེས་པ་ཉུང་དུ་སོང་། ཐུགས་སུ་བསྟན་པ་ལ་ཡང་གཏོང་གསུང་། ཕྱག་ན་ཡོད་པའི་རིན་པོ་ཆེས་ཐོག་དྲངས་ན་བཟའི་རིགས་དང་། དངོས་པོ་གང་ཡིན། མི་དེའི་བློའི་འདོད་དང་། གང་ལ་གང་འཚོའི་འདོད་ཚུལ་དང་སྦྱར་ནས་གནང་བར་མཛད། སྤྱིར་ཡང་བསྒྱུ་བ་བཞིའི་སྒོ་ནས་འགྲོ་བ་རྣམས་སྨིན་གྲོལ་ལ་མང་པོ་ཅིག་བཀོད་ཅིང་། དེ་ནས་རྗེ་འཇམ་དཔལ་སྙིང་པོ་ལ། ད་གནས་སྙིང་པའི་གདུང་བརྒྱུད་ཡིན་པ་རང་ལ་ཞེན་པ་མེད་ཏེ། ན་ནིང་ནས་མི་ཚེ་རང་། ངེད་འཇམ་དབྱངས་རིན་ཆེན་རྒྱལ་མཚན་གྱི་སྐྱེ་བ་ཡིན་ཞེས་གླེང་གིན་འདུག་པ་བཞིན། དེ་ག་ཡིན་ཚོད་དུའང་འདུག ངེད་འགྲུལ་ནམ་བྱེད་དུས་དཀྱུལ་གདུང་འཁྲུག་དུ་ཡོང་གི་ཡོང་བར་འདུག གཞན་ངེད་ལ་འཕྲིན་ལས་འདི་མན་པ་ཅིག་ཡོང་རྒྱུ་ཡིན་པ། གདུང་རིལ་པོར་བཞུགས་པ་འདིས་འཕྲིན་ལས་ལ་ཤིན་ཏུ་གནོད་པ་ཅིག་ཀྱང་བྱུང་བས།

ད་ལན་མི་མཆོད་མ་བྱས་ན་མི་འོང་ཅིང་། གྲག་ཞན་མང་པོས་གནས་རྙིང་པ་ལ་སྐུ་གདུང་རིལ་པོ་མང་པོ་སྤར་ནས་བཞུགས་པས་ཀྱང་ཁྱིན་ལྷབས་བྱུང་། ད་ལན་ཀྱང་བཞུགས་སུ་བཙུག་པ་གྲག་ཟེར་གླེང་དུ་འོང་བ་སྲིད་དུས། འཇམ་དཔལ་སྙིང་པོས་ཁོང་རྣམས་ཟེར་བ་བཞིན་བྱས་ན་མི་བཏུབ་པས། སློབ་དཔོན་གྲགས་རྒྱལ་བ་འདི་དམ་ཚིག་གཙང་ལ་(P. 59ན་) མོས་པ་ཅིག་ཡོད་པས། ཁོང་ལྷ་དོ་ནས་གདན་གྲོངས་〈 དྲོངས་ 〉ལ་ཆོལ་ཅིང་། ཟེར་བ་བཞིན་མ་བྱས་ན། ཚོགས་རྒྱལ་ཁྱོད་རང་ཡང་ད་ལྟ་ཡོད་པ་འདི་ཡིན་པས། འཇམ་དཔལ་སྙིང་པོས་ད་[ང་] མ་བསམས་པ་ཡིན་ནོ་གསུངས་ནས་དམ་ཚིག་ལ་བསྐུར། དེ་དག་གི་སྐབས་སུ་གསོལ་སྨན་དང་། བླ་བྲང་པ་དང་། གཞན་སོ་སོ་ནས་སྐུ་རིམ་མཐའ་ཡས་པ་བསྒྲུབས། གསོལ་བ་རྩེ་གཅིག་ཏུ་བཏབ་ནའང་། སྐུ་ཤེད་ཀྱང་ཇེ་ཆུང་དུ་སོང་། རིམ་གྲོ་འདི་མ་བྱེད་གསུང་བ་དང་། ཁར་སིང་ཤངས་ཕྱོགས་ན་ཡོད་དུས། རྨི་ལམ་གྱི་ལྟས་ལ། བར་སྣང་ལ་བསྡད་ནས་མི་མང་པོ་ལ་ཆོས་འཆད་པ་དང་། རེས་འགའ་ཡི་གེ་མང་པོ་དཔོན་གྱི་འདུག་པ་རྨིས་ཤིང་། ད་བསྡད་ཡོང་མེད་པས་བྱམས་པའི་སྐུ་མདུན་དུ་སྐྱོལ་གསུང་། བྱམས་པ་ལ་རབ་གནས་རྒྱས་པར་མཛད། ཚེས་བཅོ་བརྒྱད་ཀྱི་ཉིན་སྟོན་པའི་སྐུ་དང་། རྟེན་འགའ་ཡར་གྱི་སྲོག་ཤིང་གི་གཟུངས་དཀྲི་བའི་ཞལ་བཀོད། རྗེ་འཇམ་དཔལ་སྙིང་པོ་ལ་མཛད། ད་ལན་འདི་ཙམ་ཞིག་ངེད་རང་ཡོང་[ཡོད་] ཐོག་འདི་ལ་གྲུབ་པ་བྱེད། མ་འོངས་པའི་དུས་གཟུངས་བཞུགས་བྱེད་ཀྱང་ལག་ལེན་མ་འཛོལ་བའི་འདི་བཞིན་དགོས་སོ་གསུང་བ་དང་། ངའི་བྱ་བའི་མཇུག་དེ་ཙམ་མ་[ལ་] བྱེས་〈 གྱིས་ 〉། འདིའི་རྗེས་རྣམས་འཇམ་དཔལ་སྙིང་པོས་བྱེད་དགོས་གསུང་བའི་ཞལ་ཏ་དེ་ཙམ་ཞིག་མཛད་ནས། གཟིམ་མལ་དུ་ཐེབས།

དེར་རྗེ་འཇམ་དཔལ་བ་ལ། སྐུ་འཛིན་པ་ལ་འདི་འདྲ་དགོས་ཤིང་། འདི་བཞིན་གྱིས་སོགས་དང་། ཁྱད་པར་དབྱར་གནས་གཞི་གསུམ། དུས་བཟང་གཉིས་པོའི་གསོ་སྦྱོང་། རིགས་གྲྭ་རྣམས་མ་ཆག་པ། རང་བསླབ་པ་དང་ཚུགས་ཤིན་ཏུ་དམ་པའི་ངོས་ནས། གཞན་བསླབ་པ་དང་ཚུགས་ལ་ཅི་གནས་དང་ཅི་ཆུག་གྱིས། སྐུ་འདི་གྲྭ་པ་རང་གིས་འཛིན་པ་ཡིན་པས། ཆོས་བྱེད་ཅི་འཕེལ་དང་ཅི་དར་གྱི་ཁ་འཛིན་གྱིས། ཕྱོགས་ཕྱོགས་ལ་གྲྭ་ཆེན་རྫོང་བ་འདི་ཡང་། སྐུ་འདིའི་ཆེ་བ་དང་འཛིན་ལུགས་ལ་མེད་ཀ་མེད་ཅིག་ཡིན་པས། དགེ་འདུན་གྱི་སྐུ་མཐོང་བ་ཙམ་གྱིས་གཞན་དང་བ་འདྲེན་པ་ཅིག་འཚོས་ཅི་ཐུབ་མཛོད། དབྱར་ཆོས་འདི་འཛུགས་པ་ལ་ངེད་ཀྱིས་དཀའ་ལས་ཆེན་པོ་བྱས་པ་ཡིན་པས་མ་ཆག་པ་གནད་ཤིན་ཏུ་ཆེ་ཅིང་། ཆོས་འཆད་རྒྱུགས་ཀྱི་གཞི་རྟེན་འདི་ལའང་རྩིས་ཞག་ལེགས་པོ་ཅིག་དང་། ཟན་ཚུལ་འདི་ལ་ཡང་ (P. 59 བ་) དེ་འཚུངས་〈 མཚུངས་ 〉ཀྱི་རྩི་〈 རྩིས་ 〉ཞག་ཅིག་བྱུང་ན་རང་གཞན་ཐམས་ཅད་དགོར་ལ་མི་སྦྱོར་ཞིང་གང་ས་ནས་ཁྱད་ཆེ་བར་འདུག་གསུང་། ངའི་རྗེས་ན་ཡོད་པའི་རྫས་འདི་པ། དད་རྫས་ཤས་ཆེ་བས་རྟེན་གསུམ་འདྲ་བཞེངས་ཅི་ཐུབ་གྱིས། སྐུ་ངན་མ་བྱེད་གསུང་། ད་ཚོགས་རྒྱལ་གྱིས་གཏོར་ཁ་རྣམས་བསོས། དཀོན་མཆོག་ལ་མཆོད་པ་རྒྱས་པ་རང་ཅིག་ཤོམས། གཏོར་མ་བརྒྱ་རྩ་དེ་ཡང་མགྱོགས་པར་ཤོམས་ལ། སྟེང་དུ་རྒྱུག་ལ་ཕྱོགས་གཏོར་ཅིག་ཀྱང་ཐོང་གསུང་། དེ་རྣམས་གྲུབ་ཟིན་པ་དང་། ཐུང་པོ་ལ་ཆགས་ནས་བསྟོད་པ་ལ་དགོས་པ་མེད་པས། དྲི་བཟངས་〈 བསངས་ 〉སོགས་ཀྱི་གྲབས་ཡུལ་བྱེད་དགོས་སོ་གསུང་བ་དང་། ང་ལ་རྗེ་རིན་པོ་ཆེ་རྡོ་རྗེ་འཆང་རྒྱལ་མཚན་རིན་ཆེན་དེ་ཉིད་ཀྱིས་དབང་དང་གདམས་ངག་ཁྲིད་སྐབས་དེ་ཙམ་གཅིག་གནང་བ་ཆུད་

མི་སྨོན་ཅིང་། འདི་ལྟར་བྱེད་གསུང་། སྐུ་ལུས་དྲུག་ཆེངས་ཀྱི་འབྲུལ་〈འཕྲུལ་〉འཁོར་བཅས་ནས། ནཱ་རོའི་ཆོས་དྲུག མར་པ། མི་ལ། རས་ཆུང་པ་ནས་བརྒྱུད་པའི་སྙན་བརྒྱུད་ཡིད་བཞིན་གྱི་ནོར་བུ། དཔལ་གསང་བ་འདུས་པའི་གདམས་ངག་གི་གནད་བསྡུ་འཕོ། ཁྱད་པར་ཡེ་ཤེས་ཀྱི་མཁའ་འགྲོ་ནི་གུ་མའི་གདམས་ངག་གི་གནད་ཟབ་ཀུན་དང་ཐུན་མོང་མ་ཡིན་པ། མཁའ་སྤྱོད་སུམ་སྐྱུགས་ཀྱི་གནད་ཟབ་མོའི་ཟབ་མོ་ཉིད་ཀྱི་ཐུགས་དམ་གྱི་འཕོ་དམིགས་མཛད་ནས། ཧེཝྫྲ་ཞེས་པ་ཙམ་ལ་གཟིམ་ཁང་ཐག་སྒྲ་དང་འོད་ཀྱིས་གང་ཞིང་། བསིལ་བ་དང་དངས་པའི་སྣང་བ་དཔག་ཏུ་མེད་པ་ཤར་བས་སྐུ་འཁོར་ན་ཡོད་པའི་རྗེ་འཛམ་དཔལ་པ་དང་། དགེ་བཤེས་བློ་གྲོས་པ་དང་། ཚོགས་རྒྱལ་གསུམ་ཀྱང་རིག་པ་གཏན་ལ་འབེབས་མི་ཐུབ་པ་ཙམ་ཡུན་རིང་དུ་བྱུང་སྟེ། དམར་སེར་ཅན་ཞེས་པ་མེ་མོ་སྦྲུལ་གྱི་ཧོར་ཟླ་བཞི་པའི་ཚེས་བཅོ་བརྒྱད་ཀྱི་ཐོ་རངས་དཀར་བའི་ཆ་ཡོངས་སུ་རྫོགས་པ་ལ། ཆོས་ཀྱི་དབྱིངས་རྣམ་པར་དག་པ་ཉིད་དུ་དགོངས་པ་ཡོངས་སུ་མྱ་ངན་ལས་འདའ་བའི་ཚུལ་བསྟན་ནས། བདག་ཅག་ལས་ངན་ཅན་རྣམས་མ་རིག་མུན་པའི་གླིང་ཆེན་པོར་ཡལ་བར་བོར་ཏེ། མགོན་སྐྱབས་དམ་པ་དང་བྲལ་ནས་དམུས་ལོང་འཐོམས་པར་གྱུར་ཏོ། །

དེར་སྐུ་ཚོགས་དང་པོ་ལ་དགོངས་རྫོགས་རྣམས་རྒྱ་ཆེ་བར་བསྒྲུབས། དེའི་དབུར་ལྷ་〈ལྷན་〉སྐྱེས་བྱམས་ཁང་གི་བྱམས་པའི་སྐུ་ལ་གསེར་ཞོ་བཞི་བཅུ་ཞེ་བརྒྱད་དང་། གཞན་རྣམས་ལ་གསེར་ཞོ་བཅུ་གསུམ་གྱི་གསེར་ཆབ་གསོལ་ཅིང་། མདོར་ན་ལྷ་ཁང་(P. 60ན་)རབ་གནས་ཀྱང་དབུར་གནས་དགག་དབྱེའི་སྟོན་མོའི་སྐབས་སུ་གྲུབ་པར་བགྱིས་སོ། །དེ་ནས་ལོ་རྗེས་མ། ཧ་ལོའི་ཧོར་ཟླ་བཞི་པ་ལ་བཟོ་བཙུགས་ནས། ཧོར་ཟླ་བཅུ་པའི་ཉེར་ལྔ་ལ་གྲུབ་པར་

བགྱིས་པའི་རྒྱུ་ཆ། དངུལ་གནས་སྙིང་སྲུང་གི་ཁལ་ལྔ་དང་སྲུང་བཞི། གསེར་ཞོ་དགུ་བཅུ། ཟངས་ཁལ་ཉི་ཤུ་རྩ་ལྔ་རྣམས་ལ། ནང་རྟེན་ཁམས་གསུམ་ཟིལ་གནོན་སྐུ་ཚབ་ཏུ་དངུལ་ལས་གྲུབ་པར་བགྱིས་ཤིང་། ཏོར་ཟླ་བརྒྱད་པའི་ཉེར་ལྔ་ལ་སྐུ་གདུང་ལ་མེ་མཆོད་ཕུལ་བས། དབུ་ཐོད་ལ་སྟོན་པ་སངས་རྒྱས་དང་། འཁོར་ལོ་བདེ་མཆོག་དང་། སྐུའི་སོག་མགོ་ལ་གུར་མགོན། ལྗིང་སྣ་ལ་བྱམས་མགོན་རྣམས་གསལ་པོར་ཐོན་ཞིང་། ཁྲ་〔ཁླ་〕མགོ་གཡས་ཀྱི་ཚོགས་ལ་འོད་ཟེར་ཁ་དོག་སྣ་ཚོགས་ཀྱི་དྲ་བས་གོང་བུར་འཁྲིལ་བ་དང་། རིང་བསྲེལ་ནི་བགྲང་བ་ལས་འདས་པ་ཐོན་ཏེ། གྲིངས་པོ་ནི་དངུལ་གདུང་གི་གཟུངས་བཞུགས་ལ་བཞུགས་སུ་གསོལ་ལོ། །དེ་ཕྱིན་ཀྱང་ལོ་དུས་ཀྱི་མཆོད་པ་གཞི་རྟེན་རྣམས་ཀྱི་སྙིངས་ནས་མ་ཆག་པར་སྒྲུབ་པ་འདི་ཡིན་ནོ། །རྣམ་ཐར་བསྡུས་ཏེ་མགྱོགས་པར་བྲིས་པ་འདི། །བདེ་ལེགས་ག་པས་གུས་པས་བསྐུལ་ཕྱིར་དུ། །གྲགས་པ་རྒྱལ་མཚན་བདག་གིས་དད་པས་བཀོད། །བཀྲ་ཤིས་དཔལ་འབར་འཛམ་གླིང་རྒྱན་དུ་གྱུར། །

རྗེ་བཙུན་རྡོ་རྗེ་འཆང་གྲགས་པ་རྒྱལ་མཚན་གྱིས་མཛད་པའི་རྣམ་ཐར་འདི་ཉིད་དུ། ཟུང་〔ཟུར་〕འཇུག་མི་སློབས་ནའང་། དམ་པ་དེ་ཉིད་རང་གི་གསུང་ལས་ཐོས་པའི་གལ་ཆེ་བ་རང་འགའ་ཟུང་། རྗེ་དེ་ལ་མི་ཕྱེད་པའི་དད་པ་ཐོབ་པ་ཚུ་སྨེ་བ་ཀུན་དགའ་བཀྲ་ཤིས་ཀྱིས་གསུང་བཀྲོས་མ་ཉམས་པར་བཙུག་པ་ཡིན་ཅིང་། གཞན་བླ་མ་བསྟེན་ཚུལ་དང་། མདོ་སྔགས་ཀྱི་གསན་སྦྱོང་མཛད་པ། རྩོམ་པ། ཡི་དམ་ལྷའི་ཞལ་གཟིགས་པ། སློབ་མའི་རིམ་པ་ཐོན་པ་སོགས་རྒྱས་པར་གཟིགས་སྦྲོ་བ་རྣམས། ཁོ་བོས་བསྒྲིགས་པའི་རྣམ་ཐར་དངོས་གྲུབ་ཀྱི་འབྱུང་གནས་སུ་གཟིགས་པར་ཞུ། །

༄༅། །ན་མོ་གུ་རུ། **མཐུ་ཆེན་གྲགས་པ་རྒྱལ་མཚན་ནི།** ཡབ་རྗེ་རིན་ཆེན་གྲུབ་པ་ཉིད་ཡིན་ལ། ཨ་མ་ནི་ཐེད་ཐེམ་པུ་པའི་ཙང་ཡུལ་རབ་ཁ་དང་། ཟམ་གདོང་མ་དཔོན་མོ་སེང་གེ་བྱ་བའི་བུ་མོ་དཔོན་མོ་བློ་གྲོས་ལེགས་བྱ་བ་ལ། ཆུ་ཕོ་སྤྲེའུའི་ལོ་ཧོར་ཟླ་བཞི་པའི་ (P. 60བ་) ཉེར་ལྔ་ལ་སྐྱེས་ཤིང་། དེ་ཡང་མའི་མངལ་ནས་ཟླ་བ་གསུམ་སོང་བའི་ཚེ་ཧ་ཕུར་ཚེ་བདག་གི་སྲུང་བ་དང་བཅས་པའི་ཕྱི་འཁྲིལ་གྱི་དར་ལ་མིང་ལ། མཐུ་ཆེན་རྡོ་རྗེ་ཞེས་བཏགས་པ་དང་བཅས་པ། སེར་འཕྲེང་པ་གཟིམ་དཔོན་དཔལ་ལྡན་ལ་གནང་ནས་ཨ་མ་ལ་སྐྱེལ་དུ་བཏང་། ཕོང་གི་གཟུགས་གཞི་དེ་ལ་ཁྱིའུ་གཅིག་འབྱུང་བས་ཅེས〈གཅེས་〉པར་སྐྱོངས། མིང་ཀྱང་དེ་བཞིན་དུ་ཐོགས་ཤིག་གསུང་། དེར་ཨ་མ་པས་རོང་གཡག་པོའི་རྡོའི་སྤྲེའུར་སྐྱེ་ས་མཛད་ཟླ་ངོ་གསུམ་ནས་སེར་འཕྲེང་དུ་ཕྱིན་ཟླ་བ་ངོ་བདུན་ལོན་པ་ལ་ཡབ་རྗེ་རིན་གྲུབ་པ་སྐུ་གཤེགས། ཨ་མ་ཅི་བྱ་རྟོལ་མེད་དུ་སོང་། ད་སྟོ་ལ་ལོག་འགྲོ་དགོངས་ནས། བུ་ཆུང་ཁྱེར་ན་གོ་ལག་སོགས་མ་ཐེག གོ་ལག་སོགས་ཁྱེར་ན་བུ་ཆུང་མ་ཐེག་པར་ཡོད་པ་ལ། ལ་སྟོད་ནས་རྗེ་རྒྱལ་མཚན་རིན་ཆེན་པ་ཕེབས། དགུན་ཁྱིད་རང་མ་བུ་ལྷ་དོ་རུ་རྒྱུག་གསུང་ལྷ་དོར་ཟླ་བ་གསུམ་བསྡད། དེར་ཚས་སྐྱེལ་བ་ཐག་རིང་པར་འདུག་པས་སྨན་ཆུར་སྡོད་གསུང་སྨན་ཚུ་གཟིམ་ཁང་དུ་ལོ་དྲུག་ལོན་ལོན་བསྡད།

དེ་ནས་ལ་སྟོད་ལ་འགྲོ་དགོས་གསུང་ཨ་མས་སྟོ་ལ་པ་ཏན་པོ་ལ་འཕྲད་པ་ལ་ཕྱིན་ཤུལ་བདག་ལ་སྟོད་ཁྲིད་ཕྱིན། དེར་རྗེས་ཨ་མས་ཀྱང་ཕེབས། ལོ་བརྒྱད་འགྲོ་བའི་སྟོན་རབ་བྱུང་རྗེ་རྒྱལ་མཚན་རིན་ཆེན་གྱིས་གནང་། མིང་གྲགས་པ་རྒྱལ་མཚན་དུ་བཏགས། སྟོན་དེ་མགར་ལུང་པས་ཡོན་བདག་བྱས་ཆོས་སྡིངས་སུ་ཆེ་འདོན་མཛད། ལོ་བཅུ་གཅིག་པར་སློག་ཡིག་དྲུང་དཔོན་

བཀྲས་རིན་པས་〈པོས་〉བསླབས། དེ་བར་མ་བུ་གཉིས་འཚོ་ཆས་ཤིན་ཏུ་དཀོན་པས་[པ་ནས་]། ཀྱི་རོང་མ་དང་དཀར་ཡུ་བྲ་བའི་མོ་རེང་མོ་གཉིས་ལ་སླང་〈སློང་〉དགོས་པ་བྱུང་། ཁོང་གཉིས་ཟས་དང་ཆས་དེ་ཤིན་ཏུ་ཞིམ་ཅིང་། ལོ་བཅུ་གཅིག་གི་སྟོན་རྗེ་རྒྱལ་མཚན་རིན་ཆེན་གྱིས། ལ་སྟོད་པ་རང་གི་སློས་ཆོས་མགོན་པོའི་བཀའ་ལུང་རྣམས་རྫོགས་པར་གནང་། དེའི་དགུན་མཇུག་རྗེ། ཡུམ་དོན་བཟང་པས་〈པོས་〉གནས་སྙིང་ལ་གདན་དྲངས་ནས་གཤེགས་པའི་སྤ་དྲོ། བླ་བྲང་ཏུ་ངེད་དྲུང་བཀྲས་རིན་པ་དང་དཔོན་སློབ་ལ་ཚ་བ་ཟ་རྒྱུ་ཡང་མེད་པར་སྐྱུར། ལོ་བཅུ་གཉིས་ལོན་དུས་དཔོན་བཙུན་ཀུན་དགའ་དཔལ་འབྱོར་གྱིས་གསེར་གྱི་གླེགས་བམ་གྱི་རབ་གནས་ལ་པོས། གསེར་ཞོ་གང་། ལུག་བརྒྱ། རྟ་གཅིག་རྣམས་ཕུལ། སྤྲེལ་ལོ་སྟོན་ནས་ཟླ་བ་བཞི་ངོ་ཤེ་ངོ་ཚད་བྱུང་(P. 61ན་) བ་ལ་ཨ་ཆེ་དྲུང་འཛོམས་པས། ཆོས་རྗེ་གྲགས་མཆོག་པ་གདན་དྲངས། ཚེ་དབང་གྲུབ་རྒྱལ་མ་ཚང་[ཚར་]གསུམ་དང་། ཨུ་ཙ་ཏྲ་སུམ་བརྒྱ། གཟུངས་དྲ་〈གྲྭ་〉ལྔ་དང་ཚེ་དཔག་མེད་འཇོ་ཏ་རི་ལྔ་དགུ་གཉིས་ཚར་བཅུ་གསུམ་རེ། ཀུ་རུ་དྲག་པོ་སོགས་གནང་བས་མ་ཤི་ཙམ་བྱུང་། ཨ་མ་ལ་ནི་བླ་མ་ལ་གསོལ་འདེབས་འདྲ་མཛད་པ་མ་གཏོགས་ཐབས་མ་བྱུང་། བླ་མ་དེ་ཉིད་ཤིན་ཏུ་ནས་སྐུ་དྲིན་ཆེ།

ལོ་བཅུ་བཞི་ལོན་དུས། རྗེ་རྒྱལ་མཚན་རིན་ཆེན་པ་གནས་སྙིང་ནས་ཕེབས། མཁན་ཆེན་ཀུན་དགའ་བདེ་ལེགས་པ་ལ་དབང་ལུང་རྣམས་ཐོག་ཚར། ད་བུ་འདི་ལ་དབང་ལུང་རྣམས་འཐོགས་གསུང་། རས་ཆུང་སྙན་བརྒྱུད་ཆ་ཚང་ཞིང་ཚང་བ། རྡོ་རྗེ་ཕྲེང་བ། ཀྲི་ཡ་ས་མུཙྪ། མི་ཏྲ་བརྒྱ་རྩ། སྒྲུབ་ཐབས་རྒྱ་མཚོ། སྒྲུབ་ཐབས་བརྒྱ་རྩ། དུས་འཁོར་རྣ་འགྲོ་ཤོང་གསུམ། གསང་བ་འདུས་

པ་འཕགས་སྐོར་ལུགས་བཅོ་ལྔ། ཡེ་ཤེས་ཞབས་ལུགས་གཉིས། བདེ་མཆོག་ལྔུ་ཡི་ལུགས་བཅོ་བརྒྱད། ནག་པོ་པ་དང་དྲིལ་བུ་པ་ལུགས་བདུན་ཙམ། ཕག་མོ་རིགས་མང་བ། ཀྱེ་རྡོར་ས་ལུགས་རྫོག་ལུགས་སོགས་རིགས་མི་འདྲ་བ་ལྔ་ཙམ་ལ། ཀྱེ་རྡོར་བཞི་བཅུ་ཙམ། བདག་མེད་མའང་དེ་དང་རིགས་མཚུངས། འཇིགས་བྱེད་གཤེད་དམར་ནག་གདོང་དྲུག་སོགས་ཀྱང་རིགས་མི་གཅིག་པ་ཤིན་ཏུ་མང་བ། བདེ་མཆོག་མཁའ་འགྲོ་རྒྱ་མཚོ། རྡོ་རྗེ་མཁའ་འགྲོ། རྒྱུ་ཐོད་གདན་གསུམ་སོགས་དང་། བཅུ་གཅིག་ཞལ། དོན་ཡོད་ཞགས་པ། སྨན་བླ་རྣམས་ཀྱི་སྒྲུང་གནས་ཕྱི་འཁྲིལ་སོགས། ཕྱག་ན་རྡོ་རྗེ་རིགས་ཤིན་ཏུ་མང་བ་ཕྱག་རྡོར་མི་རྡོར་ན་ཕར་ཞོག མི་འཁྲུགས་པ་དང་། ཚེ་དཔག་མེད་ཀྱང་རིགས་མི་གཅིག་པ་དུ་མ་དང་། མདོར་ན་རྗེ་རང་ཉིད་ལ་དབང་ཇི་སྙེར་མངའ་བ་རྣམས་ལོ་གསུམ་གྱི་བར་ལ་དལ་མེད་དུ་གནང་པས་སྐུ་དྲིན་ཤིན་ཏུ་ཆེ། ལོ་བཅུ་བཞི་ལོན་དུས། བར་[ཕར་]མ་རབ་བྱུང་རྗེ་འདུལ་དཀར་བ་ལ་ཞུས། ཕྱལ་ཡང་རྗེ་རང་ལ་ཕུལ།

ལོ་བཅུ་བདུན་ལོན་ཚེ་རྟེན་འབྲེལ་ཆེན་པོ་ཡོད་པས་ཏ་མགྲིན་སྒྲུབ་མཆོད་ཚུགས་གསུང་། རྗེ་གྲགས་མཆོག་པའི་ལུང་བསྟན་ལྟར་བཙུགས། དེའི་སྟོན་དགུན། རྗེ་རིན་པོ་ཆེ་རྒྱལ་མཚན་རིན་ཆེན་སྐུ་མལ། གཤེགས་རྫོངས་ལ། སྐྱི་ཕུག ཁ་རག ནང་འགྲམ་འདུད་རྩེ། ནང་འགྲམ་གྲུ་བཞི། (P. 61བ་) མཆོག་མངའ་ནས་ཆུང་ཞིང་རྣམས་བཅོངས་ནས་གསེར་བྱུང་བ་རྣམས་ནང་རྟེན་ལ་དམིགས། གཞན་རྣམས་བཏང་། དེའི་སྟོན་ཨ་ཆེ་པས་བདག་མ་བུ་ལ་བླ་བྲང་སྐྱུར། ཕྱག་རྫས་རྣམས་གྲིལ་ནས་གཤེགས། དེ་རྗེས་ཨ་ཆེ་པ་དང་། ཡུམ་དོན་བཟང་པ་གཉིས་ཀྱིས། ཆོས་སྡེངས་བླ་བྲང་གི་གཞིས་རྣམས་ལ། ངམ་

རིངས་སྟེ་པའི་ཁྲལ་འབབ་ལོ་གསུམ་ཕྱིས་མེད་བྱས་མ་བཅལ་བར་བཞག ཕོང་གསོ་གནས་སྙིང་ལ་བཏེག ངམ་རིངས་པའི་ཁྲལ་བསྐྱལ་བའི་ཧོར་འདྲ〈དགྲ་〉སྟོབས་ཆེ་བ་བྱུང་། ལོ་བཅོ་བརྒྱད་པ་ལ་ངམ་རིངས་སྟེ་པ་ལ་འཛལ་བ་ལ་ཕྱིན། གཡུ་གསེར་ཞོ་བཞི་ཟླ་བ་གཅིག་དང་། བེར་ཐུལ་གཅིག རྒྱ〈རྒྱན་〉འབྲུམ་རྡོས་གཅིག་རྣམས་ཕུལ། ཟླ་བ་གསུམ་སྐུ་མདུན་དུ་བསྡད་པས། ཁྲལ་སྡར་ལུས། རྩམ་ནས། ཟྲོང་། གསེར་སོགས་ཁལ་ཕྱེད་དང་ཉིས་སྟོང་ཙམ་ལུས་པ་གནང་སྦྱིན་མཛད། སྡར་གྱི་ཁུངས་ཅན་ཡིན་འོ་རྒྱལ་དུ་ཕངས་གསུངས། ཙྪ་ཧོ་ཕྱུག་བཏགས་གང་དགོས་གནང་།

དེར་རྗེས་ལོ་ཉི་ཤུ་ལོན་དུས་རང་རེའི་ལྷ་ཕྱོགས་ཀྱི་དགོན་པ་རྣམས་སུ་ཕྱིན། སླེབ་པ་ཙམ་ནས་འཁྲུགས་ལོང་རྣམས་ལྷུམས〈སྡུམ་〉། པུ་སྣ་ཁར་བསྡད། དེའི་ཐོག་དེར་མ་ཧེ་དུང་འགྱུར་བཞི་འཛུགས་མི་བྱུང་། ལོ་ཕྱེད་དང་གཉིས་བསྡད། ཕོ་ཆེན་གསུམ། གཡུ་བཅུ་བཞི། རྟ་བ་སླང་། འབྲས་ཁྲེམ། སྐྱ་རགས། ལྕགས་ངོ་ཆེ་ཆུང་། སླང་〈སླ〉ང་། རས་ཆ་སོགས་སྟོབས་ཆེ་བ་བྱུང་། དེ་ནས་གནས་སྙིང་ནས་འབོད་མཁན་བྱུང་ནས་ཡོངས། ཟླ་བ་ལྔ་བསྡད། དེ་ནས་ལ་སྟོད་ལ་ཡོངས། སྟེ་པ་དང་མཇལ། འབུལ་བ་ཡང་སྣམ་ཕྲུག་ལྕགས་སོགས་སྟོབས་ཆེན་ཕུལ། དེ་ནས་དགོན་པ་ཆོས་སྡིངས་ཀྱི་འཛིན་བཀྲས་བྱས། ཆོས་སྡིངས་མགོན་ཁང་དུ་ཟླ་གཅིག་འཚམས་བྱས། དེ་སྐབས་ཅིག་ལ་ཕ་འོད་དཀར་ལེབ་དུ་ངག་བཅད་འབའ་ཞིག་ཟླ་བ་གཉིས་བྱས། དེར་རྗེས་ཆོས་སྡིངས་དུར་ཁྲོད་དུ་ཞག་བཅུ་གཅིག་བསྡད། གནས་ཤེལ་ཕུ་ངོ་མཚར་ཆེ། ལོ་ཉེར་ལྔ་ལོན་ཚེ་ཧ་སྒོ་གངས་ལ་ཕྱིན། ཟླ་བ་ཕྱེད་དང་གསུམ་དག〈ངག་〉བཅད་འབའ་ཞིག་བྱས། དེ་ནས་བྱང་ཕྱོགས་བྲ་བེ་ཚང་ཁ་ཚུན་ལ་

ཕྱིན། ཧ་ལུག་གསེར་གཡག་འགའ་བྱུང་། བྱའི་ལོ་ཆོས་རྗེ་འཇམ་དཔལ་བ་འབྱུངས། ཕག་ཕྱི་〈ཕྱི་〉གཉིས་གནས་རྙིང་གི་ཚོགས་གོང་འོག་གི་བསྡོ་བ་(P. 62ན་) གསུང་བ་ལ་ཧོག་གསུང་ཕྱིན། གླང་ལོ་ཆོས་རྗེ་རིན་ཆེན་རྡོ་རྗེ་བ་འབྱུངས། གླང་ལོའི་མཇུག་ལ་ཡང་གནས་རྙིང་དུ་ཧོག་གསུང་ཕྱིན། མདོར་ན་ཕག་ཕྱི་གླང་སྟག་བཞི། གཟིམ་ཁང་ནོར་རྒྱས་དང་བྲག་རྟག་ཏུ་ཁ་ཕྲོན་〈འདོན་〉འབབ་ཞིག་བྱས་པས། རྫོར་འཕྲེང་སོགས་ཀྱི་སླེན་པ་རྣམས་སོང་།

སྟག་ལོའི་མཇུག་ལ། གནས་རྙིང་གི་ཆོས་ཁྲིམས་འདི་ལ་བཅོས་ཅིག་བྱས་ན་ཁྱབ་བམ། ཆོས་རྗེ་ཀུན་དགའ་བདེ་ལེགས་ལ་ཞུས་པས་ཅིས་ཀྱང་འཐད། སློབ་དཔོན་བགྲེས་གཞོན་སྡེ་པ་དང་བཅས་པ་རྣམས་གྲོས་གྱིས་གསུང་། སྡེ་པ་རྣམས་ལ་བྲིས་〈དྲིས་〉པས་སློབ་དཔོན་རྣམས་མི་མཛད་དམ་མཛད་ན་ངེད་སྡེ་པས་གྲོགས་འགྱུར་གྱི་ཞབས་ཏོག་ལོས་བྱེད་གསུང་། སློབ་དཔོན་རྣམས་ལ་བཀའ་བགྲོས་པས་སྡེ་པ་རྣམ་པས་ཞབས་ཏོག་མཛད་ན། ངེད་སློབ་དཔོན་རྣམས་འདི་འདྲ་ཅིག་མཛད་མཁན་མ་བྱུང་བར་ལས་པ་ཡིན། ཆོས་ཁྲིམས་སྐྱར་སྡེམས་ཅིག་བྱུང་ན་གནས་རྙིང་འདི་ཆོས་སྡེ་རང་དུ་འགྲོ་བ་ཡོད། ད་ལྟ་འཆད་〈ཚང་〉འཚོང་པ་བལ་ལས་ཐགས་བྱེད་པ་འདུག དེར་ཆོས་ཁྲིམས་རྣམས་བསྡམས། དེ་རིང་གྲྭ་དུང་ནས་ཚ་བ་ཚན་གྱི་བུད་མེད་གནས་ནང་དུ་ཞག་དུ་བསྡད་ས་མེད་པ་དང་། ཁྲིམ་དུ་འཚང་〈ཆང་〉འཚོང་ས་མེད་པ། ཆད་〈འཚོང་〉ཀྱང་རྣམ་རྒྱལ་དང་། དབུས་ལུང་མ་གཏོགས་འཚོང་ས་མེད་པ་རྣམས་ཀྱི་བཅའ་བ་བྱས། དེ་ལ་བརྟེན་ནས་འབྲུག་ལོང་བྱུང་བ་སོགས་ཡའང་ཁྲིམས་ཁ་བཅས་ཏེ། སྡེའི་ཞབས་ཏོག་ཏུ་གང་འགྱུར་བྱེད་པའི་འཁྲོ་〈འགྲོ་〉ལ། རྗེ་རིན་པོ་ཆེ་ཀུན་དགའ་བདེ་ལེགས་པའི་དྲུང་དབུས་ལ་ཕྱིན། དེའི་འགྲོ་ལ་བླ

བྲང་འཛིན་འཕྲོ་ལ་གསོལ་ཇ་བ་བྱམས་པ་བདེ་ལེགས་ཀུང་ཕྲོས། རང་རེ་ཅི་བྱེད་གཟིགས་ནའང་། ཚོས་སྡེ་རང་གི་སྐུའི་བསོད་ནམས་ཀྱིས་བྱ་བ་ལ་ཁ་རལ་མེད་ཙམ་བྱུང་།

དེར་རྗེས་ཡོས་ལོའི་འཇུག་ལ། དབུས་ལ་རྗེ་གདན་འདྲེན་པ་ལ་བདག་རང་གིས་ཕྱིན། འཇམ་དཔལ་སྙིང་པོ་ལ་སྐྱོད་ནས་འབོད་པ་ལ་བཏང་། རྗེ་ཉིད་ཀྱིས་འབྲུག་ལོ་ཧོར་ཟླ་བཞི་པ་ལ་ཕེབས་པར་ཞལ་གྱིས་བཞེས་པ་ལྟར་ཕེབས། ཕེབས་པ་དང་ཡོལ་དུ་གཟིམ་ཁང་ཅིག་ཕྱུག་དཔེ་དང་རྟེན་གསུམ་འབུལ་མཁན་བྱུང་བ་རྣམས་དང་། རྗེ་རྒྱལ་མཚན་རིན་ཆེན་པའི་ནང་རྟེན་འདི་ལ་བཞུགས་ས་ཅིག་དགོས་པ་འདུག་གསུང་བ་བཞིན། དབུས་ནས་ཆགས〈ཕྱུགས〉ཕེབས་འཕྲལ་ལྟན་སྐྱེས་གཟིམ་ཁང་གི་མཁར་ལས་བཙུགས། རྗེའི་གསུང་ནས་ངེད་རང་བྱ་བྲལ་བ་སེར་མོ་བ་རྣམས་ཀྱིས་ལས་དཀའ་བྱེད་པ་ཡིན་གསུང་ནང་〈ནས〉། བདག་གིས་གནས་སྙིང་གནས་ནང་ནས་དགེ་འདུན་པ་འགའ་ཞིག་གིས་ལས་དཀའ་བྱེད་པའི་བཀའ་བསྐོས་ཞུས་པ་བཞིན་བྱས་པས། ཁྱབ་པ་དགོས་ཞུས་པ་བཞིན་གྱིས་གསུང་། དེ་ལྟར་གནས་ནང་གི་དགེ་འདུན་པ་སོགས་དང་འདུས་རྣམས་ཀྱིས་ལས་དཀའ་བྱས་པས། ཟླ་བ་བཞིའི་ནང་དུ་ཕྱིའི་སྐྱུ་ནང་གི་བྲག་རི་དང་བཅས་པ། སོགས་བྲིས་རྣམས་ལྷེར་བཟོ་བ་གོང་ན་མེད་པ་ཞང་དཔོན་གཉིས། རི་མོ་བ་དཔོན་མོ་ཆེམ་ཐེ་བ་ཞང་དཔོན་གཉིས། ལྷ་རིས་པ་ལེགས་པ་རྣམས་ཀྱིས་ལེགས་པར་བསྒྲུབས། ཤིང་བཟོ་ནི་བཀྲས་སྡིངས་པ་དཔོན་དར་དཔོན་བཀྲས། དབུས་ལུང་ཁང་གསར་པ། བཀྲིས་མཁན་དཔོན་བཟང་། བུ་ཕྲུགས་རྗེ་དང་བཅས་པ་རྣམས་ཀྱིས་བགྱིས་ནས་ལེགས་མགོགས་མཚར་སྟུག་དུ་གྲུབ་པ་ནི། རྗེ་རང་ཉིད་ཡང་ཕྲུགས་རྗེ་ཆེའོ། །

དེ་རྗེས་རྗེ་འཇམ་དཔལ་ཆེ་འདོན་གྱི་ཕྱག་ཕྱི་ལག་འདོན་དགོས་པ་རྣམས་བསྒྲུབས། ལྷ་དོ་ལ་ལན་བཞི་ཕྱིན། མཚམས་ངག་བཅད་འབའ་ཞིག་གི་ཟླ་བ་གཉིས་གཉིས་ཙམ་རེ་བྱས། ངོ་ཆེན་རྩེ་ལ་ཡང་ཕྱིན། དེ་རྗེས་དབུ་རྩེ་གསར་པའི་བཅོས་ཁའི་ཕྱག་ཕྱི་རྣམས་བསྒྲུབས། ཕོ་བྲང་སྡིངས་ལ་འགྲོ་བསམ་ནའང་། ཐོན་པ་ཙམ་ཡི་མ་བྱུང་། ཐོན་ན་རྐོད་ཚང་བར་མ་ལ་བཅོས་བྱས་སྡོད་བསམ་པ་བྱུང་། ཆོས་སྐྱོང་གི་སྐྲུབ་གནས་ཡིན་པར་འདུག་སྙམ། རྗེ་ཉིད་བྱང་ཏ་སྒོ་ལ་ཕེབས་གསུང་བའི་ཕྱག་ཕྱི་རྣམས་བསྒྲུབས། ཡང་དབུས་ལ་ལན་གཉིས་ཕེབས་པའི་ཕྱག་ཕྱི་རྣམས་བསྒྲུབས། གཞན་དོན་ལ་གཟིགས་རྗེས་དངུལ་གདུང་གི་ཡང་ཕྱག་ཕྱི་གང་བཙོགས་〈སྩོགས་〉བསྒྲུབས། དེ་རྗེས་ལྷ་ཁ་བཞིའི་དགོན་པ་རྣམས་ལ་བལྟ་བ་དང་། ཡོན་བདག་རྣམས་ལ་འཕྲད་པ་ལ་ལན་གསུམ་ཕྱིན་པའི་དུས་ཅིག ཅང་སྐད་མཁར་བླ་མ་དཔལ་འབྱོར་གྱིས་བོར་ཕྲོགས་བྱས་མ་འཆམ་འདུག་པ་ལ། གཡོན་དང་འཚམས་〈མཚམས་〉འདོན་ལ་ཕྱིན་པས་བླ་མ་སྐད་མཁར་བསམ་ཉན་མཚམས་སུ་སྐད་མཁར་ལྷ་ཁང་མེ་ལ་ཤོར། དེ་རྗེས་སྐད་མཁར་བ་དང་། ངོར་[དོར་]པོ་ཕྲག་བརྒྱད་ཀྱི་ཁག་བླ་མ་དགོས་དགོས་ཀྱིས་ཁུར། ཅང་དང་བཞགས་པ་ཚོ་བརྒྱད་ཀྱི་ཁག་བླ་མ་རྒྱལ་དབང་གིས་ཁུར་ནས་ལོ་ལྔའི་འཆམས་པ་བྱས། སྐྱ་ཁྲ་བསམ་གྲུབ་སྐད་དུ་ཕྱིན་ལྷ་ཁང་ལ་རབ་གནས་བྱས། ཤང་སྐད་གི་དགོན་པ་ལྷུན་གྲུབ་བཀྲས་(P. 63ན་)སྡིངས་ཀྱི་རབ་གནས་ལ་ཕྱིན། སྤྱི་དཔོན་བརྒྱ་བྱིན་གྱིས་རང་རེའི་འབྲུངས་ཡུལ་གྱི་དགོན་པར་གདན་དྲངས། རབ་གནས་བྱས། ཚ་གླིང་ཟ་གདོང་གི་དགོན་པར་དགེ་བཤེས་གྲགས་པ་བསམ་གྲུབ་ཀྱིས་བོས། དགོན་པ་འདི་གནས་རྙིང་པ་རང་གི་ཡིན་པས་རབ་གནས་བྱེད་དགོས་ཟེར་བྱས། ལན་གཅིག་གླིང་བཞི་ལ་ཡོངས་

པས། གནས་རྙིང་ཆོས་རྗེས་རྟ་དང་ཁྲུར་ལ་ཆག་འགྲོ་བ་ཙམ་སྟོན་ནས་སོང་ཟེར་རྩེ་གདོང་གི་མི་ངན་འགས་དགུག་ཏུ་ཡོངས་པ། རང་རེ་རྣམས་ཕམ་ཡག་ལ་ལ་སོང་དུས་ཆར་ཤིན་ཏུ་ཆེ་བ་བབས་པ་ལས། མི་གཞན་ཁྲིད་པ་སོགས་མེད་ནའང་། ཕོང་མི་ངན་རྣམས་ཀྱིས་ལ་ལ་དམག་ཁྲབ་ཅན་ངོས་མན་གོན་པ་སྟོང་ཙམ་གྱིས་གང་བར་མཐོང་ནས་དོན་མ་ནུས། དེར་ལ་བབས་ཚར་བའི་སྒྲམ་སྟོད་དུ་མ་སླེབ་ཙམ་དེར་གོ་ལག་ཉི་མ་ལ་བརླམས་པས། ཕོང་ཧག་པ་རྣམས་ན་རེ་བཙུན་པ་བཅུ་ཙམ་ལས་མི་འདུག་པ་ལ། ང་ཅག་རང་མིག་འཁྲུལ་ཨ་ཙ་མ་ཨ་ཙ་མ་ཟེར་སྐད།

ཡང་དགོན་པ་ཆོས་སྡིངས་ཀྱི་གཞིས་གསུམ་སྡེ་པ་རང་ལ་ཕྱུལ་ནས་ཁྲལ་འཆག་ཞུས་པས། བླ་བྲང་པ་རང་ལ་ཁྲལ་འཆག་ཆེན་པོ་གནང་། གཞན་ཡང་དགོན་པ་གོང་འོག་གཉིས་སུ་ཕྱག་ཕྱི་ཐེམས་གང་ཆེ་བྱུས་ནའང་། རང་ལ་འགྱོད་པ་མེད།

དེ་ནར་〔ནས་〕རང་གཞན་ཀུན་གྱི་རེ་བསྐོས་རྗེ་འཇམ་དཔལ་བ་དེ་ཉིད། ཁྲི་བོ་ཞེས་པ་ཤིང་མོ་གླང་གི་ལོ་ལ་སྐུ་གཤེགས། དེའི་གཤེགས་རྫོགས་རྣམས་བསྒྲུབས། དེར་རྗེས་རྩེ་གོང་འོག་གཉིས། གནས་རྙིང་པ་རྣམས་ཞལ་འཐུན་〈མཐུན་〉དུ། ཆོས་རྗེ་རིན་པོ་ཆེ་རྡོ་རྗེ་བ་དགེ་སློང་མཛད་དགོས་ཟེར་ནན་ཆེས་པ་ལ་བརྟེན་ཁྱི་〈ཀྱིས་〉ཉན་ནས་གནས་རྙིང་གདན་སར་བསྐོང་〈བསྐོས་〉དགོས་པ་བྱུང་། དུས་ཡ་རི་མ་ལོག་མ་རི་ལོག རྐང་〔རྐད་〕པོ་འོན་པོ་གཅིག་ལ་ལ་སྟོད་ཀྱི་དགོན་པའི་ཁ་ཕྱིས་ལ་ཡོང་དགོས་པ་ཤར། དེ་ལྟ་ནའང་རྡོ་རྗེ་དཔལ་ལྡན་འཁྲུངས། བླ་བྲང་ལ་མཁར་ལས་ཀྱང་སྤྲ་རྟེང་དུ་འགའ་རེ་བྱུས། སྡེ་བདག་རིན་པོ་ཆེར་ཕེབས་དུས། བདག་ཆེན་ཏའི་བསྲི་ཏུ་ནམ་

མཁའ་ལེགས་པ་ཡབ་སྲས་དགོན་པ་ཆོས་སྡིངས་སུ་གདན་འདྲེན་ཞུས། དགོན་པའི་གནས་ཚུལ་གཟིགས་ཕེབས། སྐྱོད་〔སྐྱོང་〕ཙམ་བྱུང་། རིན་ཆེན་རྡོ་རྗེ་བ་དང་། རྡོ་རྗེ་དཔལ་ལྡན་གཉིས་ལ་རྡོ་རྗེ་ཕྲེང་བ། ཀྲི་ཡ་ས་མུཙྪ་(P. 63བ་) མི་ཏྲ་བརྒྱ་རྩ། སྒྲུབ་ཐབས་རྒྱ་མཚོ། སྒྲུབ་ཐབས་བརྒྱ་རྩ་སོགས་དབང་ལུང་ཀྱང་དགོས་པ་གལ་ཆེ་བ་རྣམས་བྱས་སོ། །བླ་མ་འདི་ནི་རྗེ་རིན་པོ་ཆེ་ཙོང་ཁ་པའི་དངོས་སློབ་སེམས་དཔའ་ཆེན་པོ་མཆོག་གྲུབ་པའི་སྐུ་སྐྱེ་ཡིན་པ་ཐམས་ཅད་ལ་གྲགས་ཤིང་། ཁྱད་པར་མན་ལུངས་རིན་པོ་ཆེ་རྗེ་བཙུན་ཆོས་ཀྱི་རྒྱལ་མཚན་དཔལ་བཟང་པོ་〈པོས་〉། སེམས་དཔའ་ཆེན་པོ་མཆོག་གྲུབ་པའི་སྐུ་སྐྱེ་ཡིན་པ་ལ་ཐེ་ཚོམ་མེད་གསུང་། ཐུགས་ཤིན་ཏུ་གྲུས་ཡང་ཡང་གདན་འདྲེན་ཞུས་གསང་སྔགས་ཀྱི་བཀའ་མང་པོ་དང་། ཁྱད་པར་མི་ཏྲ་བརྒྱ་རྩ་སོགས་བཀའ་ལུང་མང་པོ་གསན། བླ་མའི་མཆོག་ཏུ་མཛད་དོ། །

སྐུ་སྐྱེ་སྔ་མ་སེམས་དཔའ་ཆེན་པོ་མཆོག་གྲུབ་པ་ནི་ཐུགས་བྱང་ཆུབ་ཀྱི་སེམས་འབྱོངས་ཤིང་དབུ་ལ་གཙུག་ཏོར་ཡོད་པས་དབུ་ཞྭ་གཉིས་གསོལ་ནས་ནང་མ་ཡེ་མི་འབུད། བླ་མ་འདིས་ལན་གཅིག་ལྷོ་ཕྱོགས་ལ་མཁན་ཆེན་ཀུན་དགའ་བདེ་ལེགས་ཀྱི་དཔྱལ་གདུང་གི་འབུལ་སྣོད་ལ་ཕེབས། པུ་སྣ་ཁ་བུ་བར་བཞུགས་པས། ལན་གཅིག་གཟིམ་གཡོག་པའི་རྟ་རྐུན་མས་ཁྱེར་བ་རྟའི་རྗོག་མ་དང་རྒྱབ་ལ་མེ་འབར། མིའི་སྐད་སྒྲས་པས། རྐུན་མ་ཤིན་ཏུ་བྲེད་ཏེ། ཁྱེད་རང་གནས་རྙིང་པའི་རྟ་ཡོད་དོ་ཟེར། མཚན་མོ་རྟ་བཀྱལ་〈བསྐྱལ་〉། ཐམས་ཅད་ཡ་མཚན་ཅིང་གནས་རྙིང་པའི་ཆོས་སྐྱོང་གི་གྲགས་པ་ཐོན། ཕྱིས་རྗེས་གཉེར་བླ་མའི་བཀའ་དྲིན་བཞག དེར་རྗེས་ཕག་ལོ་ཡང་ལྷོ་ཕྱོགས་ལ་དགོན་པ་ཡུལ་ལ་ཕེབས་ལམ་མཛད་པའི་ཕ་སྐྱེས་ལ་རྟེར། གཞི་བདག་ཕམ་ཡག་གིས་བསུ

བའི་རྣམ་པས་སྤྱོས་སྣ་ཚོགས་ཀྱི་དྲིས་སླུ་འཁོར་རྣམས་དང་། ཚུ་མཚམས་པའི་མི་གཉིས་རྣམས་ཀྱིས་མངོན་སུམ་དུ་ངེས་པས་ཡ་མཚན་པའི་གནས་སུ་གྱུར། །ཡང་དགོན་གསར་པའི་དཀའ་བཞི་པ་གྲགས་མགོན་ལ་བཀའ་ཤོག་གནང་དུས། ཁོས་ང་ལ་གནས་རྙིང་མཁན་པོའི་ཡི་གེ་མི་དགོས་བྱས་སྐྱུར་བས་ཞག་བདུན་ནས་ཁོང་ཁུ་མཚན་རིག་པ་རྟེས་མ་ཟིན། སྨྲན་ལྟོག་རྒྱབ་ནས་འདས། སྤ་གྲོ་དགོན་གསར་ཁར་ཕྱིབས་〈ཆིབས་〉པ་མི་ངན་གྱིས་རྐུས་པས་མི་དམར་པོ་གཉིས་ནགས་གསེབ་ནས་བྱུང་བ་མཐོང་ནས་ཧ་སྐྱུར་ནས་བྲོས། མི་དམར་པོ་མཐོང་བ་དེ་གཉིས་གནོད་སྦྱིན་ལྷམ་སྲིང་ཡིན་པར་ངེས་སོ། །དབང་བཞིའི་ཆུ་བོ་བཞི་དབུས་(P. 64ན་) ལྷུན་པོ་ནི། །ལས་བཞིའི་ཕྲིན་ལས་བཞི་ཡི་བམ་རིམ་བརྟན། །མི་ཤིགས་མཐུ་ཆེན་སྟོབས་ཀྱི་རྡོ་རྗེ་འཛིན། །ཕྱོགས་ལས་རྣམ་པར་རྒྱལ་བའི་རྒྱལ་མཚན་སྒྲེང་། །རྒྱལ་སྲས་དཔའ་བོ་རྣམས་ཀྱིས་བདག་སྐྱོངས་ཤིག །

སོ་དྲུག་ཙུ་རེ་བདུན་ལོན་པ་འབྲུ་མང་པོ་ཞེས་པ་ས་ཕོ་སྟག་གི་ལོ་ཧོར་ཟླ་དང་པོའི་དཀར་པོའི་ཚ་རྣམ་པར་འཕེལ་བའི་ཚེས་བཅུ་བཞི་རྒྱལ་དང་ཕུར་པའི་འགྲུབ་སྦྱོར་འཛོམས་པ། བྱེད་པ་[བ་] ཧེ་ཧེའི་ལམ་ལ་ཡོད་[ཡོང་] ཚེ་བདག་གྲགས་པ་རྒྱལ་མཚན་རང་ལ། དྭང་རབ་འབྱམ་〈འབྱམས་〉པ་བློ་རིན་པ་དང་། གཞན་ཡང་འགའ་ཟང་[དང་]། ཁྱད་པར་ལྟོའི་དགོན་སར་〈གསར་〉ཁ་དང་རྫོང་བྲག་གི་བླ་མ་བདེ་ལེགས་པས་ཁྱོད་རང་གི་ཚེ་སྟོད་ལ་ཇི་ལྟར་བྱས་ཚུལ་ཡི་གེར་བཀོད་པ་དགོས་ཞེས་ནན་ཆེས་པ་ལ་རྟེན་ནས་མུན་ཅོར་དུ་བྲིས་པ་ལགས། གཞན་སྔོན་བློ་ཅན་མང་པོ་ཞིག་ཡོད་པ་རྣམས་སྨྲས་ནས་བྲིས་མི་གནང་ལགས། །ཧ་ཧ་དགེ་བར་གྱུར་ཅིག །

༄༅། །ན་མོ་གུ་རུ་བྷྱ། ཙ་རི་ལ་སོགས་དབེན་པའི་གནས་མཆོག་ཏུ། །རྩེ་གཅིག་སྙིང་པོའི་སྒྲུབ་པ་ལྷུར་བླངས་ནས། །བཀའ་བརྒྱུད་བསྟན་པ་ཕྱོགས་བཅུར་རྒྱས་མཛད་པའི། །དཔལ་ལྡན་བླ་མའི་ཞབས་ལ་ཕྱག་འཚལ་ལོ། །ལུང་རྟོགས་ཆོས་རྣམས་ཀུན་ལ་མཁྱེན་པ་རྒྱས། །བསྟན་པའི་རྒྱལ་མཚན་སྙན་པའི་བ་དན་འཕྱུར། །འགྲོ་ལ་འདོད་དགུའི་དཔལ་འབྱོར་སྩོལ་མཛད་པའི། །བཟང་པོའི་ཕྲིན་ལས་ཕྱོགས་བཅུར་མཛད་ལ་འདུད། །དེ་ལ་འདིར་**ཆོས་ཀྱི་རྒྱལ་མཚན་དཔལ་བཟང་པོའི་**རྣམ་པར་ཐར་པ་རྒྱ་མཚོ་ཙམ་ལས། ཆུ་ཐིགས་ཙམ་ལེགས་པར་བླངས་ནས་འདིར་བརྗོད་པར་བྱས་ཏེ། དེའི་ཡབ་ནི། དུས་གསུམ་སངས་རྒྱས་ཐམས་ཅད་ཀྱི་ཐུགས་ཀྱི་སྤྲུལ་པ། མཐུ་ཆེན་རྡོ་རྗེ་གྲགས་པ་རྒྱལ་མཚན་དཔལ་བཟང་པོ་དེ་ཉིད་ཡིན་ལ། ཡུམ་ནི་རིགས་རུས་ཕུན་སུམ་ཚོགས་ཤིང་མཁའ་འགྲོའི་མཚན་དང་ལྡན་པ་མགོན་མོ་སྐྱིད་བདེ་ཞེས་བྱ་བ་གཉིས་ཀྱི་སྲས་སུ་མེ་ཕོ་སྤྲེའུའི་ལོ་ལ། བཀྲ་ཤིས་ཤིང་ཕུན་སུམ་ཚོགས་པའི་གནས་ལ་སྟོད་ཀྱི་དགེ་ལྡན་〔ལྷན་〕ཞེས་བྱ་བ་དེར་འཁྲུངས་སོ། །དེའི་ཆུང་ངུའི་མཚན། ཡབ་ཀྱིས་ཆོས་སྐྱོང་དཔལ་བཟང་ཞེས་བཏགས་ནས། ཡུམ་ལ་མ་རྒྱུགས་བུ་རྒྱུགས་གནང་ནས་(P. 64བ་) དགུང་ལོ་དྲུག་ནམ་བཞེས་བར་ལ་བསྐྱངས་ལ། དེ་ནས་བདུན་བཞེས་པའི་ཚེ། ཆོས་སྡིངས་གཟིམ་ཁང་དུ་བཞེས་ནས། ཆོས་སྡིངས་པའི་བུམ་འཛིན་དྲུང་ཡོན་ཏན་མཆོག་པའི་དྲུང་དུ། ཀློག་ཡིག་རྣམས་ལེགས་པར་བསླབས་པས་བཛྲ་བསྟན་པ་ཙམ་གྱིས་མཁྱེན་ནོ། །

དེ་ནས་དགུང་ལོ་དགུ་བཞེས་པའི་ཚེ། པཎ་ཆེན་དགེ་འདུན་གྲུབ་པ་དང་། ཐམས་ཅད་མཁྱེན་པ་བཟང་པོ་བཀྲ་ཤིས་གཉིས་ཀྱི་སྲས་ཀྱི་ཐུ་བོར་གྱུར་པ། མདོ་སྔགས་རབ་འབྱམ་〈འབྱམས་〉པ་བློ་གྲོས་རིན་ཆེན་པ་ལ་〈ལས་〉།

ཕར་ཕྱིན། དབུ་མ་རྩ་ཤེ། འབྱེད་རྣམ་གཉིས་ལ་ཐུགས་སྦྱོང་མཛད་ནས། བཅུ་གཉིས་པ་ལ་དཔལ་ལྡན་ས་སྐྱའི་དབྱར་ཆོས་ཚུགས་དུས། རྗེ་བཙུན་འཇམ་དབྱངས་ཀྱི་གདུང་བརྒྱུད་བདག་ཆེན་གསོད་ནམས་རྒྱལ་མཚན་པས་གཙོ་མཛད་པའི། འཕགས་པའི་དགེ་འདུན་རྒྱ་མཚོ་ཙམ་གྱི་དབུས་སུ། དཀའ་བཞིའི་གྲྭ་བསྐོར་ལེགས་པར་མཛད་ཅིང་། དགུང་ལོ་བཅོ་ལྔ་པ་ལ། རྗེ་འཇམ་དབྱངས་ཀུན་དགའ་བདེ་ལེགས། བྱང་རྟ་སྒོ་ལ་ཕེབས་དུས། དགེ་བསྙེན་གྱི་སྡོམ་པ་གནང་། མཚན་ཆོས་ཀྱི་རྒྱལ་མཚན་ཞེས་བྱ་བར་བཏགས། རྗེ་དེ་ཉིད་ཀྱིས་སྔགས་ཀྱི་དབང་ལུང་གསན་པ་ལ། གོང་དུ་བཤད་པའི་ཆོས་རྗེ་བུམ་འཛིན་པའི་དྲུང་དུ། གཤེད་དམར་ལྷ་བཅུ་གསུམ། རྟ་མགྲིན་ཡང་གསང་ཁྲོས་པ་ལྷ་དགུ། ཕྱག་ན་རྡོ་རྗེ་གཏུམ་པོ། རྡོར་དབྱིངས་ཆོས་རྗེ་བུས་མཛད་པ། ཚེ་དཔག་མེད་གྲུབ་རྒྱལ་མ་རས་ཆུང་ལུགས་དབང་ཚེ་ཁྲིད། དགེ་ལྡན་ལུགས་ཀྱི་གསང་འདུས་སོགས་ཀྱི་དབང་ལུང་དང་བཅས་པ་གསན་ལ། ཡང་མདོ་སྔགས་རབ་འབྱམ〈འབྱམས་〉པ་བློ་གྲོས་རིན་ཆེན་པའི་དྲུང་དུ། ཀུན་རིག་རིན་ཆེན་ཕྲེང་མཛེས། མགོན་པོའི་བཀའ་ཆེན་བརྒྱད། ཇོ་བོ་རྗེའི་ལུགས་ཀྱི་མི་འཁྲུགས་པ། རྣམ་རྒྱལ་དང་རྣམ་འཇོམས་ས་སྐྱ་པའི་ལུགས། མ་གཅིག་རྒྱལ་ཐང་པའི་ལུགས། རྟ་མགྲིན་སྐྱེར་སྒང་ལུགས། ཐུགས་རྗེ་ཆེན་པོ་འགྲོ་འདུལ་གྱི་དབང་། མ་ཎིའི་བཀའ་འབུམ། བཀའ་གདམས་གླེགས་བམ། ཆོས་ཀྱི་རྒྱལ་པོ་ཙོང་ཁ་པའི་ཕྱི་ནང་གསུམ་གྱི་རྣམ་མཛད། སྨན་བླའི་རྗེས་གནང་། འཇམ་དཔལ་ནག་པོ། གྲྭ་མི་སྨན་གྱི་ཚེ་སྒྲུབ། བདེ་མཆོག་དཀར་པོའི་ཚེ་སྒྲུབ་ལ་སོགས་པ་དེ་རྣམས་ཀྱི་དབང་ལུང་རྗེས་གནང་དང་བཅས་པ་རྫོགས་པར་ཞུས། ཡང་མཁས་པའི་དབང་པོ་ཡར་འདྲེན་བཀྲ་ཤིས་དཔལ་བཟང་པ་(P. 65ན་)ལས། རྟ་མགྲིན་

ཡང་གསང་ཁྲོས་པའི་དབང་། ཀྱིང་ལྷ་གཟའ་གདོང་གི་རྗེས་གནང་། ཕྱག་ན་རྡོ་རྗེ་ཨུ་ཙཎྜའི་དབང་དང་བཅས་པ་ཞུས། དེ་ནས། དེ་རྣམས་ལ་ཐུགས་སྐྱོང་དགུང་ལོ་བཅོ་བརྒྱད་བཞེས་ཀྱི་བར་ལ་མཛད་ནས། ཐུགས་སུ་ཆུད་པར་མཛད་དོ། །

དེ་ནས་དགུང་ལོ་བཅུ་དགུ་པ་ལ་ཆོས་སྡིངས་ཀྱི་གཙུག་ལག་ཁང་དུ། ཀུན་རིག ཚེ་དཔག་མེད། མགོན་པོ་སོགས་ཀྱི་བསྙེན་པ་བྱས་པའི་ཚེ་སྡིག་སྒྲིབ་དག་པ་སོགས་ཀྱི་རྟགས་བྱུང་ཅིང་བསྙེན་སྒྲུབ་མཐར་ཕྱིན་པ་མཛད་དོ། །དེ་རྣམས་ལ་སྦྱངས་པ་མཛད་པའི་ཚེ། ན་བཟའ་དང་སྐུ་ཆས་སོགས་ཕུལ་དུ་ཕྱིན་པ་སྐྱོང་མཁན། རྗེ་རིན་པོ་ཆེ་འཇམ་དཔལ་སྙིང་པོ་བ་དང་། མཁན་ཆེན་རིན་ཆེན་རྡོ་རྗེ་བ་འཁྲུངས་པའི་ཡུམ་ཡེ་ཤེས་ཀྱི་མཁའ་འགྲོའི་མཚན་དང་ལྡན་པ་བྱུང་སེམས་ཐུགས་རྗེ་རྒྱལ་མོས་མཛད་པ་ལ་རྟེན་ནས། རྗེ་ཉིད་ཀྱི་ཞལ་ནས། མ་ཡར་མ་གཅིག་ལ་འདི་ལས་སྐུ་དྲིན་ཆེ་བ་མེད་གསུང་བ་ཡང་ཡང་དུ་གསུང་ཞིང་། ཐུགས་ལ་བཏགས་པར་མཛད་དོ། །

དེ་ནས་ཉེ་ཤུ་རྩ་གཅིག་〈གཅིག་〉བཞེས་པའི་ཚེ། སྤྲུལ་ལོ་ཡབ་ཀྱིས་བཀའ་གནང་ཆེར་མཛད་པ་ལ་རྟེན་ནས། རྫོང་བུ་བསམ་གཏན་གླིང་གི་གདན་ས་ལོ་བཞི་མཛད་ཅིང་། གསོན་གཤིན་རྣམས་ཀྱི་འགྲོ་དོན་མཛད་པའི་ཚེ། ཐོག་མར་རང་ཉིད་ཀྱིས་བཙན་ས་མ་ཟིན་པར། གཞན་གྱི་ཡར་འདྲེན་བྱེད་པ་འདི། རང་ཆུ་ནང་དུ་གནས་ནས། གཞན་སྐམ་སར་འདོན་པ་དང་འདྲ་བར་འདུག ང་ཚེ་འདིའི་ཕུན་ཚོགས་ཀུན་རྒྱབ་ཏུ་སྐྱུར་ནས། རང་སེམས་ལ་གདེང་ཐོབ་པའི་བཀའ་བརྒྱུད་ཀྱི་ཁྲིད་ཟབ་མོ་འདྲ་ཞུ་དགོས་པར་འདུག་བསམ་པ་ཐུགས་ལ་དགོངས་པའི་ཚེ། རྗེ་བཙུན་མི་ལ་མཉལ་ལམ་དུ་སྤྱི་གཙུག་ཏུ་བྱོན

ནས་བྱིན་རླབས་མཛད་པས། སྐུ་ལུས་ཐམས་ཅད་དགའ་བདེས་ཁྱབ་པ་དང་། གསུང་མི་ཤེས་པའི་ཉམས་ཁྲིད་པར་ཅན་སྐྱེས་པ་ལ་སོགས་པ་བྱུང་གསུང་ངོ་། །

དེ་ནས་དགུང་ལོ་ཉི་ཤུ་རྩ་དྲུག་པ། བྱ་ལོ་ལ་གཡས་རུ་བྱང་གི་ལྷོ་ཕྱོགས། ཏ་ཟུར་རྫོང་གི་ཕུ། མཉམ་མེད་རྗེ་བཙུན་རེ་མདའ་བ་དང་། སེམས་དཔའ་ཆེན་པོ་གཞོན་ནུ་རྒྱལ་མཆོག་པའི་སྒྲུབ་གནས། གངས་བུ་ལེ་གཡུ་ལུང་དགའ་ལྡན་ཞེས་བྱ་བ་དེར། གྲོགས་མེད་གཅིག་པུར་ཕྱུགས་ཕེབས་ཏེ། ཆོས་རྗེ་བྱམས་པ་གསེར་(P. 65བ་) མཆོག་པའི་བུ་ཆེན་ཡར་འདྲེན་ཀུན་དགའ་བློ་གྲོས་ཞེས་མཚན་ཉི་ཟླ་ལྟར་གྲགས་པ། རང་ཤོང་མདོ་མ་[མདོམ་]〈འདོམ་〉གང་གྲུ་བཞི་ལ་ཉི་ཟླ་སྐར་གསུམ་སྤྱན་གྱིས་མ་གཟིགས་ནས་ལོ་ལྔ་བཅུ་སྒྲུབ་པ་མཛད་པ་དེའི་དྲུང་དུ་གསེར་ཞོ་དོ་ཕུལ་ནས། བདག་ལ་བཀའ་བརྒྱུད་ཀྱི་འཁྲིད་འདྲ་ཞུ། སྒྲུབ་པ་ཤ་སྟག་ཅིག་བྱེད་ཞུས་པས། བཀའ་བརྒྱུད་ཀྱི་འཁྲིད་རྣམས་ལྷོ་ཕྱོགས་སུ་དར། འདིར་མི་འོང་ནའང་ཞག་འགའ་འདིར་བཞུགས་པར་ཞུ་གསུང་ནས། རྗེ་དེ་ཉིད་ཀྱིས་ས་ག་ཟླ་བའི་ཚེས་ཅིག〈གཅིག〉ནས་བཅོ་ལྔའི་བར་སྨྱུང་གནས་བྱས།

དེ་ནས་རང་ཤོང་ལ་ཟླ་བ་ལྔ་སྒྲུབ་པ་མཛད་དུས། སྟོན་འགྲོའི་ཆོས་རྣམས་ཐུགས་ལ་འཁྲུངས་ནས་མགུར་དུ་གསུངས་པ་ནི། རྗེ་དུས་གསུམ་གྱི་སངས་རྒྱས་འགྲོ་བའི་མགོན། །སྐུ་མཐོང་བ་ཙམ་གྱིས་སྣང་བ་འགྱུར། །གསུང་ཐོས་པ་ཙམ་གྱིས་བ་སྤུ་གཡོས། །ཐུགས་གཡོས་པ་ཙམ་གྱིས་དད་པ་སྐྱེས། །པ་ཀུན་དགའ་བློ་གྲོས་ཞབས་ལ་འདུད། །གནས་བྱིན་རླབས་ཅན་གྱི་བུ་ལེ་ན། །ཕོ་ཆོས་མེད་ཆོས་ཀྱི་རྒྱལ་མཚན་ང་། །དལ་འབྱོར་གྱི་མི་ལུས་རིན་ཆེན་འདི། །དུས་ད་རེས་རྙེད་པ་མ་གཏོགས་པ། །ཕྱིས་ཡང་ཡང་རྙེད་པར་མི་འདུག་

པས། །རྙེད་ཚེ་ལེ་ལོ་མ་བྱེད་པར། །དལ་འབྱོར་དོན་ཡོད་ཅིག་བྱ་རེ་རན། །རང་གཞན་གྱིས་དང་མི་འདོ་མཆིས་མཆིས་ཅམ་〔ཅམ〕། །རིགས་འགྲོ། དེ་འཛིག་པའི་མི་རྟག་འཆི་བ་འདི། །དཔེ་ཉི་མ་རྒོངས་ཁའི་གྲིབ་སོ་བཞིན། །རང་ཕར་གྲོས་ཀྱང་ཚུར་ཚུར་འོང་། །ང་〔ད་〕གཞན་དུ་འགྲོ་ས་མི་འདུག་པས། །སྙིང་ནས་ལྷ་ཆོས་ཅིག་བྱ་རེ་རན། །རང་གཞན་ × × དཀར་ནག་ལས་ཀྱི་རྣམ་སྨིན་འདི། །དཔེ་རང་གི་ལུས་ཀྱི་གྲིབ་མ་འདྲ། །རང་གང་སྐྱེས་ཀྱི་རྗེས་སུ་འབྲང་བར་རྟོགས། །ང་〔ད་〕དགེ་བ་ཤོན་བྱ་རེ་རན། །རང་གཞན་ × × འཁོར་བའི་ཉེས་དམིགས་འདི་ཉིད་ནི། །དཔེ་བཙོན་དོང་དུ་བཅུག་པའི་ཤ་བཙོན་འདྲ། །ཉིན་སྐྱིད་མེད་སྐྱེ་འཆིའི་སྡུག་བསྔལ་མྱོང་། །མཚན་སྐྱིད་མེད་ཚ་གྲང་སྡུག་བསྔལ་མྱོང་། །དེ་སྙིང་ནས་བཟོད་པར་མི་འདུག་པས། །འཁོར་བ་ལ་ཕྱི་ཕྱག་འཚལ་རེ་རན། །རང་གཞན་ × × ཅེས་གསུངས་སོ། །

ཡང་ཅི་སྣང་ཅི་ཤར་ཐམས་ཅད་བདེ་བར་སོང་ཅིང་། ཐུགས་དམ་གྱི་ངང་ལ་རང་རྔོ་(P. 66ན་)དུ་ཐལ་ཐོལ་དུ་མགུར་འདི་གསུངས་སོ། །ཆོས་སྐུ་སྐྱེ་མེད་ནམ་མཁའ་ལ། །ལོངས་སྐུ་འགག་མེད་སྤྲིན་དཔུང་འཁྲིགས། །སྤྲུལ་སྐུ་བདུད་རྩིའི་ཆར་བབས་ནས། །སྐུ་བཞིའི་ལོ་ཐོག་སྨིན་པ་དེ། །དྲན་མཆོག་གཙང་པ་མ་ལགས་སམ། །དེ་ཡི་ཞགས་〔ཞབས་〕པད་གུས་བསྟན་པའི། །བྲར་མེད་བྱ་བཏང་ཆོས་རྒྱལ་ང་། །རྟོལ་སྐྱེས་ཤེས་པ་སོ་མ་ལ། །བལྟས་པས་གང་དུའང་མ་གྲུབ་སྟེ། །གཞིའི་〈གཞི་ཡི་〉ཕྱག་རྒྱ་ཆེན་པོ་ཡིན། །དེ་ག་ཅིར་ཡང་སྣང་བ་དེ། །རང་རང་ངོ་བོས་སྟོང་གིན་འདུག །ལམ་དེ་ཕྱག་རྒྱ་ཆེན་པོ་ཡིན། །བསམ་ཡུལ་བློ་ལས་འདས་པ་དེ། །འབྲས་བུ་ཕྱག་རྒྱ་ཆེན་པོ་ཡིན། །

རྩོལ་ཧེ་སྐྱེས་པའི་ཤེས་པ་དེའི། །གདོད་ནས་རང་སྟོང་བྱས་པ་དེ། །ཆོས་ཀྱི་དབྱིངས་ཀྱི་ཡེ་ཤེས་ཡིན། །དེ་ཀ་འགག་མེད་འཆར་བ་དེ། །མེ་ལོང་ལྟ་བུའི་× × དེ་གཉིས་ཐ་དད་མེད་པ་དང་། །མཉམ་པ་ཉིད་ཀྱི་× × དེ་མ་འདྲེས་སོ་སོར་སྣང་བ་དེ། །སོ་སོར་རྟོག་པའི་× × ཐམས་ཅད་ཡོངས་སུ་རྫོགས་པ་དེ། །བྱ་བ་གྲུབ་པའི་× × ཐ་མལ་གྱི་ཤེས་པ་སོ་མ་ལ། །བལྟས་པས་ཅིར་ཡང་གྲུབ་པ་མེད། །ཕྱོགས་རིགས་མེད་པ་དེ་〈པའི་〉ལྟ་བ་ཡིན། །ཡེངས་རྒྱུ་སྐད་ཅིག་མེད་པ་ལ། །སྒོམ་རྒྱུ་རྡུལ་ཙམ་མེད་པ་དེ། །བྱིང་རྒོད་བྲལ་བའི་སྒོམ་པ་ཡིན། །ཚོགས་དྲུག་སྤྱོད་པ་ཅི་བྱས་ཀྱང་། །བྱེད་མཁན་བྱར་མེད་ངང་དུ་ཞི། །ཆགས་སྡང་མེད་པ་སྤྱོད་པ་ཡིན། །རེ་དོགས་སྤང་བླང་བྲལ་བ་འདི། །འབྲས་བུའི་མཐར་ཐུག་ཡིན་པ་འདྲ། །མདོར་ན་སྣང་སྲིད་ཆོས་རྣམས་ཀུན། །སེམས་ལས་ལོག་གྱུར་ཕྱི་རོལ་མེད། །ཐམས་ཅད་སེམས་ཀྱི་ཆོ་འཕྲུལ་ཡིན། །ཐག་རང་ལ་ཆོད་ཅིག་རྣལ་འབྱོར་པ། །ཞེས་གསུངས།

དེ་ནས་ལ་སྟོད་ལྷོ་ཕྱོགས་ལ་ཕྱག་ཕེབས་ནས། རྗེ་རི་ཁྲོད་དབང་ཕྱུག་ལ་ཕྱག་རྒྱ་ཆེན་པོ་ལྷ་ལྷན་ཆོས་དྲུག་སྲས་མཁར་མ་ལ་ཉམས་ཁྲིད་མཛད་དུས། འཁོར་བའི་ཆོས་ལ་སྙིང་པོ་མི་འདུག་པའི་རྒྱུ་མཚན་འདི་བཞིན་དུ་འདུག་གསུངས་ནས་གླུ་འདི་བླངས་སོ། །ཕ་རླུང་སེམས་གཉིས་ལ་རང་དབང་ཐོབ། །དོན་ཕྱག་ཆེན་གནས་ལུགས་མངོན་དུ་གྱུར། །རྗེ་སངས་རྒྱས་སྤྲུལ་པ་མི་གཟུགས་ཅན། །རྣལ་འབྱོར་གྱི་དབང་ཕྱུག་དེ་ལ་འདུད། །ང་སྔན་སའི་རི་ཁྲོད་འགྲིམ་འགྲིམ་ནས། །ཕ་ཡུལ་གྱི་ཞེན་པ་ཆོད་ནས་ཐལ། །ཟས་དཀའ་ཐུབ་ཀྱི་སྡུག་ཁུར་བྱེད་བྱེད་ནས། །ཟན་ཤ་ཆང་གི་འཁྲི་བ་(P. 66བ་) ཆོད་དེ་ཐལ། །ལུས་ལ་རྩུབ་པོའི་གོ་ལག་གྱོན་གྱོན་ནས། །དབུས་ཕྲུག་འཇམ་ལེགས་ཀྱི་

གོས་དེ་བརྗེད་ནས་ཐལ། །མཚན་ལྡན་གྱི་བླ་མ་བསྟེན་བསྟེན་ནས། དུས་ངན་གྱི་དཔོན་པོ་བརྗེད་དེ་ཐལ། །རང་སེམས་འདི་བལ་ལྟར་གཡེང་གཡེང་ནས། །འཁོར་གཡོག་གི་ངོས་འཛིན་གཏོར་ཏེ་ཐལ། །ཅེས་སོ། །

དེ་ནས་ཆུ་བར་གྱི་འོམ་ཆུང་དུ། ཆོས་རྗེ་གཙང་པ་ལ་〈ལས〉ཕྱག་རྒྱ་ཆེན་པོ་ཡི་གེ་བཞི་པ། རས་ཆུང་སྙན་བརྒྱུད་ཀྱི་འཁྲིད་རྣམས་ཚང་མར་ཞུས་ནས་ཡོད་པའི་ཚེ། ཉུབ་གཅིག་གི་རྨི་ལམ་དུ་ལ་སྟོད་ཀྱི་ཤྲཱི་ཧཱུྃ་ཕྱོགས་ཀྱི་ཆ་དགོན་པ་རྒྱ་ལུང་གི་འཆགས་〈ཆགས〉ལུགས་རྣམས་ཇི་ལྟ་བ་བཞིན་བྱུང་ནས། དེར་ཕེབས། ཆོས་རྗེ་གྲགས་ཆོས་པ་ལ་〈ལས〉། རི་ཆོས་སྐོར་གསུམ། ནེ་གུ་ཆོས་དྲུག་ཆ་ལག་དང་བཅས་པ་རྫོགས་པར་ཞུས། མོན་བུམ་ཐང་དུ་ཕེབས་ཏེ། གཏེར་སྟོན་པདྨ་གླིང་པ་ལ་〈ལས〉རྫོགས་ཆེན་ཀློང་གསལ་ཐེག་པ་རིམ་དགུའི་དབང་། དྲག་དམར་གྱི་དབང་རྣམས་ཟླ་བ་གསུམ་གྱི་བར་དུ་ཞུས་ནས། རྩེ་དབུས་ཀྱི་ཐང་གི་དུར་ཁྲོད་དུ་བསྒོམས་པའི་ཚེ་མགུར་འདི་གསུངས་པ། །སེམས་སྐྱེ་མེད་རང་བཞིན་གྱི་སྟོང་པ་དེ། །གདངས་མ་འགགས་ཚོགས་དྲུག་སྣང་ལུགས་ཀྱང་། །དེ་སྣང་དུས་ཙམ་ན་སྟོང་གི་གདའ། །སྟོང་དུས་ཙམ་ན་སྣང་གི་གདའ། །སྣང་སྟོང་དབྱེར་མེད་ལྷུན་གྲུབ་འདི། །སེམས་ཀྱི་གཞི་རྩ་ཆོད་པ་འདྲ། །ཞེས་གསུངས་སོ། །

དེ་ནས་ཡར། ཨུ་རྒྱན་པདྨའི་སྒྲུབ་གནས་ཁྱུམ་བུ་གངས་ཀྱི་ར་བར་བྱོན་ནས་ལོ་བཅུ་བཞིའི་བར་ལ་སྒྲུབ་པ་ཤ་སྟག་མཛད་དོ། །རྗེ་དེ་ཉིད་ཀྱིས་གནས་ཆེན་རྣམས་བསྐོར་བ་ལ་བྱོན་པ་ནི། བལ་ཡུལ་འཕགས་པ་ཤིང་ཀུན། ཆོས་འཁོར་ལྷ་ས། གུང་ཐང་། ཡེར་པ། ལ་ཕྱི། ཆུ་བར། རྒྱལ་གྱི་ཤྲཱི། ཟམ་བུ་ལུང་རྣམས་བསྐོར་བར་མཛད་དོ། །དེ་ནས་སླང་འཁོར་རྫ་རིའི་དུར་ཁྲོད་དུ་ཟླ་

བ་གཅིག་བསྒོམས་པའི་ཚེ། ཕྱོགས་རྣམས་ནས་མི་རོ་མང་པོ་དུར་ཁྲོད་དེར་བྱལ་〔བྱ་ལ་〕འཕྲོར་བ་ལ་མགུར་འདི་གསུངས་སོ། །ཕ་བཀའ་བརྒྱུད་བླ་མའི་ཞབས་ལ་འདུད། །གཞིན་རྒས་པའི་ལུས་ལ་བལྟ་བལྟ་ནས། །རང་ཉིད་རྒས་པ་མ་ཆོར་བར། །རྒས་ཁར་ཆོས་མེད་བྱེད་པ་འདི། །རང་གིས་རང་ཉིད་བསླུས་པ་འདྲ། །གཞན་ན་བའི་རིམ་གྲོ་བྱེད་བྱེད་ནས། །རང་ཉིད་ན་བ་(P. 67ན་) མ་ཆོར་བར། །ན་བས་སྡུད་དུས་ལྟ་〔སྡུང་〈གདུང་〉དུས་ལྷ་〕ཆོས་དྲན། །དེ་འཆེས་〈ཕྱིས་〉ནས་འདུག་གོ་བསམ་མནོ་ཐོང་། །སོང་རྩིས་མེད་པར་མི་ཚེ་ཟད། །ཡོད་སྙམ་མེད་པར་འཆི་བས་སླེབ། །གསོ་ཐབས་མེད་པའི་ནད་ཀྱིས་གཏབ། །འཆི་སྙམ་མེད་པའི་ངང་ལ་ཤི། །གཅེས་པར་བསྐྱངས་པའི་སྒྱུ་ལུས་འདི། །རོ་བས་མནོལ་རྗེག་བྱར་བྱེར་〈བྱ་ཕྱིར་〉བཏང་། །སྐྲ་སོགས་སྨུམ་ཤད་བྱས་པ་ཡང་། །ལྷག་པས་ཟིང་ཟིང་ཕྱོགས་བཅུར་འཕྱེར། །ཤ་ཁྲག་རུས་གསུམ་བྱ་རྣམས་ཀྱིས། །ཧབ་ཐོབ་བྱེད་པ་མཐོང་རྩ་ན། །ལུས་སྲོག་ཆོས་ཕྱིར་གཏོང་རེ་རན། །ཡང་ན་འབུ་ཡི་ཁ་ཟས་བྱེད། །ཡང་ན་མེ་ལ་བསྲེགས་ནས་ནི། །རུས་པ་སྣར་གང་ཙམ་ལས་མེད། །དེ་ན་ལུས་ཀྱི་གཅེས་ཐྲུས་ལ། །ཞེན་པ་རྣམས་ནི་སྙིང་རེ་རྗེ། །ཞེས་གསུངས་སོ། །

དེ་ནས་ཡང་། ཁྱིམ་བུ་ཕྱོགས་ལ་བྱོན་ནས་བཞུགས་པའི་ཚེས་〈ཚེ་〉ཡབ་ཀྱིས་བཀའ་ཤོག་འབོད་མི་དང་བཅས་པ་གནང་བྱུང་བ་ལ། མི་འགྲོ་བའི་རྒྱུ་མཚན་དུ་མ་བཀོད་ཀྱང་མ་ཉན་པར་ཡོང་དགོས་པ་བྱུང་ནས། ཆོས་སྡིངས་སུ་ཕེབས། ཡབ་རྗེའི་བཀའ་ལུང་ལ། དགོན་པའི་ཞལ་བདག་བྱེད་དགོས་གསུངས་བཀའ་ལུང་ནན་ཆེས་པ་ལ་རྟེན་ནས་བྱེད་དགོས་ཤར། བྱུང་པའི་སྐེ་པ་ཏ་བསྟི་ནམ་མཁའ་ལེགས་པ་ཡབ་སྲས་ལ་མཇལ་འཕྲད་སོགས་ལེགས་པར་

མཛད་ནས། དགེ་ལྡན་དུ་ཕེབས་པའི་ཚེ། ཡབ་ཀྱིས་རས་ཆུང་སྙན་བརྒྱུད་དབང་ལུང་དང་བཅས་པ་ཚང་མ་དང་། རྗེ་བདེ་གཤེགས་ཆེན་མོས་མཛད་པའི་ཚེ་ཁྲིད་དབང་དང་བཅས་པ། ཆོས་སྤྱོད་ཐར་རྒྱུན་སོགས་གནང་། དེ་ནས་གནས་རྙིང་པས། རྗེ་ཡབ་སྲས་རྣམས་གདན་འདྲེན་ལ་ཕྱུང་བ། ཡབ་ཀྱི་ཞལ་ནས་ཁྱེད་རང་ཡང་གནས་རྙིང་ལ་བལྟ་བ་ལ་འདེང་གསུང་པ་ལ་རྟེན་ནས། རྗེ་དེ་ཉིད་ཀྱིས་གནས་རྙིང་དུ་ཕྱིན་དུས། མཁན་པོ་རིན་པོ་ཆེ་རིན་ཆེན་རྡོ་རྗེ་བས་ཞལ་བཀོད་མཛད་གྲྭ་པ་ཆོས་སྐྱོང་ལྷུམ་དྲལ། གཡག་སེང་། སྐྱེ་བོ་མི་དམངས་དང་བཅས་པས་རར་[དར་]གདུགས། རོལ་མོ་སྣ་ཚོགས་དང་བཅས་པའི་བསུ་བ་བྱས། ཆོས་སྐྱོང་ལ་གཏང་རག་རྒྱས་པ་སོགས་མཛད་པ་བསམ་གྱིས་མི་ཁྱབ་པ་བྱུང་ངོ་། །དེ་ལྟ་བུའི་རྣམ་ཐར་བསམ་གྱིས་མི་ཁྱབ་པ་ཅིག་གི་ནང་ནས་མདོར་བསྡུས་ཙམ་ཞིག་ཡི་གེར་དཀོད་〈 བཀོད་ 〉པའོ། །རྗེ་རང་ཉིད་ཀྱི་གསོལ་ཇ་བ་ལྷོ་དགོན་གསར་ཁའི་〈 བའི་ 〉བླ་མ་བདེ་ལེགས་ག་པས་བསྐྱལ་བའོ། །
རྣམ་མཁྱེན་རྫོགས་པའི་སངས་རྒྱས་ཀྱི། །གོ་འཕང་ཐོབ་པའི་རྒྱུར་གྱུར་ཅིག །

(P. 67བ་)

༄༅། །ན་མོ་མཉྫུ་ཤྲཱིག་ཛྙཱཛྙ་ཤྲཱི་ཛྙཱ་ནཱ་ཡ་[ལ་]། **མཁན་པོ་རིན་པོ་ཆེ་པཎ་ཆེན་འཇམ་དཔལ་སྙིང་པོ་**བ་དེ་ཉིད་ནི་བསྐལ་བ་དཔག་ཏུ་མེད་པའི་སྔོན་རོལ་དུ་ཚོགས་གཉིས་ཀྱི་སྤྱོད་པ་རླབས་པོ་ཆེ་གོམས་པ་མཐར་ཕྱིན་པས། རང་དོན་དུ་ཆོས་སྐུ་བརྙེས་ཏེ། དེ་བཞིན་ཉིད་ལ་གཡོ་བ་མེད་ཀྱང་སྔོན་གྱི་སྨོན་ལམ་དང་སྙིང་རྗེའི་དབང་གིས་གཟུགས་སྐུ་གཅིག་གྱིས་གདུལ་བྱ་དག་མ་དག་སྣ་ཚོགས་པའི་དོན་འཁོར་བ་མ་སྟོངས་ཀྱི་བར་དུ་མཛད་པ་ལས། ཞིང་འདིར་སོ་སོའི་སྐྱེ་བོའི་ཚུལ་བཟུང་ནས་བསྟན་པ་དང་འགྲོ་བའི་དོན་མཛད་པའི་ཚུལ་ནི།

དོན་ཚན་བདུན་གྱི་སྒོ་ནས་ཤེས་པར་བྱ་བ་ལས།

ཐོག་མར་གྲུབ་པའི་རིགས་སུ་སྐུ་འཁྲུངས་པའི་ཚུལ་ནི། ཡབ་རྗེ་བཙུན་པད་དཀར་ཅན་མཐུ་ཆེན་རྡོ་རྗེ་དང་། ཡུམ་ལ་སྟོད་པར་ཕྱུག་མཐོང་སྒྲོན་པ། བྱང་སེམས་ཐུགས་རྗེ་རྒྱལ་མོ་བ་ཡིན་ཅིང་། སྤྲེལ་ལོ་རྒྱལ་ཟླའི་ཉེར་ལྔའི་ཐོ་རངས། སྐར་མ་སྨིན་ལ་ཡོད་དུས་ཟླ་བའི་འོད་དང་བསྟུན་ནས། སྒྲ་དང་། འོད་དཀར་དམར་སྔོ་གསུམ་དང་། ས་གཡོ་བ་ལ་སོགས་པའི་ལྟས་ངོ་མཚར་བ་དང་བཅས་ཡུམ་གྱི་ལྷུམས་སུ་ཞུགས་པ་ལས། ཡུམ་ལ་བདེ་གསལ་མི་རྟོག་པའི་ཉམས་དང་ལྡན་ཞིང་། མངལ་ན་གནས་པའི་བར་ལ་ཡང་། ཡུམ་ལ་ལུས་མི་བདེ་བ་མེད་ཅིང་། ནད་མེད་པ་དང་། ཉམས་བདེ་བ་ལ་སོགས་པ་དང་ལྡན་ཞིང་། མངའ་རིས་ཀྱི་བླ་མ་མང་པོས་དབང་རབ་གནས་སོགས་མཛད་པའི་རྨི་ལམ་དང་། དུང་དཀར་སྒྲ་ཆེ་ལ་གསལ་བ་ལན་འགའ་ཐོས་པའི་རྨི་ལམ་སོགས་མཚན་མ་བཟང་པོ་དུ་མ་བྱུང་ངོ་། །དེ་ནས་གསེར་འཕྱང་ཞེས་པ་མེ་མོ་བྱ་ལོའི་ཁྲུམས་ཟླའི་ཉེར་ལྔ། གཟའ་ཟླ་བ་དང་། སྐར་མ་རྒྱལ་ལ་བབ་པའི་ཚེ། ཡུམ་ལ་གནོད་པ་མེད་ཅིང་བདེ་བར་འཁྲུངས། གཞོན་ནུ་ཧྲཱི་རྡོ་བའི་ཚོ་ག་ཡང་མཛད་ཅིང་། མཚན་ཆོས་སྐྱོང་བསམ་གྲུབ་ཅེས་བཏགས། མགོན་པོའི་གཏོར་དབང་བར་ཆད་ཀུན་སེལ་དང་ཚེ་དབང་ཚར་མང་དག་མཛད་དེ། འཁྲུངས་པའི་ཚེ་ནམ་མཁའ་ལ་གཟའ་སྐར་གྱི་འོད་འཕྲོ་ཞིང་། བདུད་རྩིའི་ཆར་ཟིམ་བུ་འབབ 〈བབས〉པས་ཡུལ་གྱི་འབྲུ་བཅུད་དང་། ལོ་ཕྱུགས་རྣམས་འཕེལ་རྒྱས་སུ་གྱུར་པས་སྐྱེ་འགྲོ་རྣམས་ཚིམ་པར་གྱུར་ཏོ། །དགུང་ལོ་ལྔ་བཞེས་པ་ན། བྱིས་པའི་རྩེད་གྲོགས་རྣམས་ལ་ཆོས་འཆད་པ། དབང་བསྐུར་བ། དགེ་འདུན་གྱི་གྲལ་འཆའ་བའི་ཚུལ་དང་། མང་ཇ་སྐོལ་ནས་འདྲེན་པའི་ཚུལ། དཀར་རྐང་

〈སྒོང་〉གྲལ་བསྒྲིགས་ནས་གཏོར་སྐྱོང་བྱེད་པ་ཡིན་ཞེས་པ་ལ་སོགས་པ། བྱིས་པའི་སྤྱོད་ཚུལ་ལས་རིང་དུ་འདས་པའི་བྱ་བ་འབའ་ཞིག་གིས་དུས་འདའ་བར་མཛད་དོ། །དགུང་ལོ་བདུན་པ་ལ། ཡོན་ཏན་ཀུན་གྱི་གཞི་འབྲི་(P. 68ན་) ཀློག་གཉིས། ཆོས་སྡིངས་པའི་བུམ་འཛིན་མཁས་བཙུན་ཡོན་ཏན་མཆོག་བྱ་བས་ཕུལ་བས། བཛ་བསྟན་པ་ཙམ་གྱིས་མཁྱེན། ཡོན་བཙུན་ཀུན་དགའ་དཔལ་འབྱོར་གྱིས་གསེར་གྱི་གླེགས་བམ་བཞེངས་ཏེ། རབ་གནས་ལ་གདན་འདྲེན་ཞུས། རབ་གནས་མངའ་གསོལ་མཛད་པས། རབ་གནས་ཀྱི་མེ་ཏོག་བར་སྣང་ལ་འཆགས་〈ཆགས་〉པ་ལ་སོགས་ངོ་མཚར་བའི་ལྟས་དང་། ཡོན་བཤད་བསྔོ་བ་སོགས་མཛད་པས་མཁས་པ་རྣམས་གུས་པ་བསྐྱེད་པས། ཐུགས་རབ་དང་སྤྲོབས་པ་ཆེ་བའི་ཐོག་ཚོད། དེ་ན་གནས་པ་རྣམས་མི་ཕྱེད་པའི་དད་པ་དང་ལྡན་པར་གྱུར་ཏོ། །དགུང་ལོ་བརྒྱད་པ་ལ། གདན་ས་གོང་ཆོས་སྡིངས་སུ་ཆེ་འདོན་མཛད་རྒྱུ་ཡིན་ནའང་། རྗེ་ཀུན་དགའ་བདེ་ལེགས་རིན་ཆེན་རྒྱལ་མཚན་དཔལ་བཟང་པོ་ཀུན་སྤངས་མཛད་ནས་དབུས་ཕྱོགས་ལ་ཕྱུགས་ཕེབས། ཡབ་ལ་གནས་རྙིང་སྡེའི་མཛད་པ་ཕྲ་རགས་ལ་བཞུགས་དགོས་བྱུང་བས་འགྱུངས། གདན་ས་གོང་གི་ཁྲི་ཐོག་ཏུ་ཕེབས་ན་རྟེན་འབྲེལ་དགའ་ཙམ་ཡིན་པ་འདྲ་ནའང་། རྗེ་ཀུན་དགའ་བདེ་ལེགས་ཀྱི་དགོངས་པ་ལ། དབུ་སྐྲ་མ་བཅད་པར་ཞབས་དྲུང་དུ་ཕེབས་ན་དགོངས་པར་བདེ་ཞིང་། བསླབ་སྡོམ་རྣམ་དག་སྐྱེ་བའི་རྟེན་འབྲེལ་ལ་དགོངས་པར་འདུག་པས། རྗེ་ཀུན་དགའ་བདེ་ལེགས་དབུས་ནས་གདན་འདྲེན་ཞུས། རྗེ་འདི་ཉིད་ལ་སྟོད་ནས་གདན་འདྲེན་ཞུས། མར་ལམ་བཀྲ་ཤིས་ལྷུན་པོར་ཕེབས་པས། པཎ་ཆེན་ལུང་རིག་རྒྱ་མཚོས་བླ་བྲང་དུ་སྤྱན་དྲངས། ཕྱག་ཕུལ་བསྙེན་བཀུར་སོགས་ཡང་དག་མཛད། དེ་ནས་

གདན་ས་ཆེན་པོ་གནས་སྙིང་དུ་ཕེབས། གདན་ས་པས་ཀྱང་བསུ་བ་སེར་ཕྲེང་སོགས་རྒྱ་ཆེ་བ་བྱེད་རྗེས་ལ། སྤྱི་འགྲོ་བས་གོ་མ་ཚོད། བསུ་བ་མ་ཉམས་པས་རྟེན་འབྲེལ་འཆུགས་〈འཆུག〉པར་སླེང་། ཟླ་བ་དེའི་གནམ་གང་གི་ཉིན། རྗེ་ཀུན་དགའ་བདེ་ལེགས་དང་སྨན་ཆུ་གཟིམ་ཁང་དུ་མཇལ། ཐུགས་ཤིན་ཏུ་དགེས་པར་གྱུར་ཏོ། །

གཉིས་པ། བསྟན་པ་ལ་རབ་ཏུ་བྱུང་ཚུལ་ནི། དེ་རྗེས་ས་ག་ཟླ་བའི་ཚེས་བརྒྱད། གཟའ་པ་བ་སངས་དང་། སྐར་མ་ཐ་སྐར་ལ་བབས་པའི་སྤྱི་དྲོའི་ཆ་ལ། རྗེ་ཀུན་དགའ་བདེ་ལེགས་རང་ཉིད་ཀྱིས་མཁན་པོ། ཆོས་རྗེ་བྱང་ཆུབ་ཡོན་ཏན་པས་སློབ་དཔོན། རབ་འབྱམ་〈འབྱམས〉པ་རྒྱལ་མཚན་སྐྱབས་པ་དང་། འདུལ་འཛིན་བློ་གྲོས་རྒྱ་མཚོ། ངག་དབང་པ་ལ་སོགས་པ་བཅུ་ཕྲག་གཅིག་གི་དབུས་སུ། ཚོགས་སྤྱི་མ་དགེ་ཚུལ་གྱི་སྡོམ་པ་རྣམ་པར་དག་པ་བཞེས། མཚན་རིན་ཆེན་འཇམ་དཔལ་སྙིང་པོ་དཔལ་བཟང་པོ་ཞེས་པར་གསོལ། བསླབ་བྱ་ཕྲ་རགས་ཐམས་ཅད་རྗེ་ཆེན་པོས་ཞལ་སློབ་གནང་ངོ་། །

གསུམ་པ། མང་དུ་ཐོས་པ་(P. 68བ་)འཚོལ་བའི་ཚུལ་ནི། རྗེ་ཀུན་དགའ་བདེ་ལེགས་ཀྱིས་བཀའ་བསྒོ་བ་མཛད་དེ། ཆོས་རྗེ་བྱང་ཆུབ་ཡོན་ཏན་པ་ལ་〈ལས་〉། དགེ་ལུགས་ཀྱི་དཔལ་རྡོ་རྗེ་འཇིགས་བྱེད་བཅུ་གསུམ་མའི་དབང་བཞི་རྫོགས་〚པར་〛གསན། རབ་འབྱམ་〈འབྱམས་〉པ་རྒྱལ་མཚན་སྐྱབས་ལ་〈ལས་〉སློབ་དཔོན་གྲགས་ལྡན་ཞུས། བསྟན་བཅོས་མངོན་རྟོགས་རྒྱན་འགྲེལ་བཤད་དང་བཅས་པ་ལ་གསན་སྦྱོང་མཛད། དགུང་ལོ་བཅུ་གཅིག་བཞེས་པ། མེ་མོ་ལུག་ལོ། གཟའ་སྐར་དུས་ཚེས་བཟང་པོ་ལ། རྗེ་ཀུན་དགའ་བདེ་ལེགས་ལྷ་ཐོག་རྩེར་ཕེབས། གསེར་སྐུ་ཐུབ་པ་དམར་པོས་ཐོག་དྲངས་

འབྲིའི་ཁྲིད་ནོར་བཅུ་གསུམ་ཕྲུག་གཏོར་〔གཏོད་〕མཛད། གདན་སར་བསྐོས། ཆོས་ཀྱི་རྒྱལ་སྲིད་དུ་དབང་བསྐུར། རབ་གནས་བཀྲ་ཤིས་མངའ་གསོལ་མཛད། དེ་ནས་ཟླ་བའི་དེའི་ཚེས་ལྔ་གཟའ་ཕུར་བུ། སྐར་མ་ས་ག་ལ་བབས་པ་དུས་ཚེས་བཟང་པོའི་ཉིན། སྟེ་བདག་རྫེ་ཡན་ཕྱིན་ནས་སྐུ་ངོ་ཕེབས་པའི་ཕྲུགས་〈ཕྲུག་〉ཕྱིར། དཔོན་ཆེན་སོ་སོ་ནས་མང་རགས་ཞལ་འཛོམས། ཚོགས་པ་རྒྱ་མཚོ་ལྟ་བུ་ལ། ཚ་བ་གྲུང་ཚོགས། མང་ཇ། རྫེ་ཉིད་ཀྱི་དྲུང་དུ འབུལ་བ་བརྒྱ་ཕྲག་མཐའ་རྒྱོངས་དང་བཅས། བྱང་ཆུབ་ཀྱི་མཆོག་ཏུ་ཐུགས་བསྐྱེད་པ་གསན། སྐབས་དེར། བླ་མ་བསམ་གཏན་སྣང་པས། དགེ་འདུན་ཚོགས་པ་ལ་ཁྲོ་བར་བཟང་བྱས། འབུལ་པ་མཐའ་རྒྱོངས་དང་བཅས་པ་བསྔུབས་ཏེ། གདན་ས་ཆེན་པོའི་ཁྲི་ཐོག་ཏུ་ཕེབས་པའི་ཚེ། ནམ་མཁའ་ལ་མཛའ་སྤྲིན་གྱི་གུར་དང་། མེ་ཏོག་གི་ཆར་འབབ་〈བབས་〉པ་ལ་སོགས་པ་ངོ་མཚར་བའི་ལྟས་དཔག་ཏུ་མེད་པ་བྱུང་ཞིང་། སྐུ་མཚན་དཔེའི་དཔལ་དང་ལྡན་པ་ལྟ་བས་ཚོག་མི་ཤེས་ཤིང་། གསུང་ཚངས་པའི་དབྱངས་ཀྱིས་ལེགས་བཤད་གསར་པའི་སྨན་མཆོག་སྩལ་བས། མཁས་པ་ཐམས་ཅད་འགུ་〈མགུ་〉བ་བསྐྱེད་ཅིང་། རྣ་བའི་དགའ་སྟོན་འགྱེད་པ། ཐུགས་ཟབ་ཡངས་མི་འཇིགས་པའི་སྤོབས་པ་དང་ལྡན་པས། དེར་ཚོགས་པའི་སྐྱེ་འགྲོ་ཐམས་ཅད་ཀྱི་རྒྱུད་ལ་ཐར་པའི་ས་བོན་ཁྲིད་པར་ཅན་ཀུན་〈སྐུན་〉པར་མཛད་པ་ཡིན་ནོ། །དེ་ནས་དགུང་ལོ་བཅུ་བཞི་བཞེས་པའི་བར་གནས་སྙིང་དུ་ཐུགས་སྦྱོང་མཛད། བཅོ་ལྔ་བཞེས་པའི་ཚེ། ཆོས་གྲྭ་ཆེན་པོ་བཀྲ་ཤིས་ལྷུན་པོར་ཕེབས། རྗེ་པཎ་ཆེན་གྱིས་གཙོ་མཛད་པའི་དགེ་འདུན་ཚོགས་པས་ཕྲུག་དང་བསུ་བ་བྱས། རང་རེས་ཀྱང་དགེ་འདུན་ཚོགས་པ་ཚབ་〔ཚ་བ་〕། མང་འཐྲས། མང་ཇ། པཎ་ཆེན་ཡེ་

ཤེས་རྩེ་མོའི་དྲུང་དུ་འབུལ་བ་རྣམ་བཞག་མཐའ་ཁྱབ་དང་བཅས་པ་ཕུལ། མོ་དྲུག་གི་བར་དུ་ཕར་ཚད་འདུལ་མཛོད་སོགས་ལ་གསན་སྦྱོང་མཛད་ཅིང་། རིགས་ལམ་ནས་དྲངས། ལེགས་པར་ཐུགས་སུ་ཆུད་པར་མཛད།(P. 69ན་) དགུང་ལོ་བཅོ་ལྔ་བཞེས་པའི་ཚེ། གནས་སྙིང་དུ་ཕྱོགས་ནས་གྲྭ་སྐོར་ལ་ཕྱིན་པའི་དཀའ་བཅུ་རབ་འབྱམ་〈འབྱམས་〉རྣམས་ལ་ཕར་ཕྱིན་གྱི་ལན་འདེབས་གནང་བས་ཐུགས་རབ་ཕུལ་དུ་ཕྱིན་པའི་གྲགས་ཐོན། སློབ་པོ་རྣམས་ཀྱི་གཙུག་གི་ནོར་བུ་ལྟ་བུར་གྱུར་ཏོ། །དེ་ནས། འཇམ་དབྱངས་ཀུན་དགའ་བདེ་ལེགས་ཀྱི་དྲུང་དུ་ཚེ་དབང་གྲུབ་རྒྱལ་མ་བརྒྱ་ཚར། ཐེག་ཆེན་སེམས་བསྐྱེད། ཨུ་ཙའི་རྗེས་གནང་། མགོན་པོ་ཕྱག་དྲུག་པའི་ཐུན་མོང་མ་ཡིན་པའི་མན་ངག་སྙིང་ཞུགས། རྗེས་གནང་ཛོགས་པ། ཡིད་བཞིན་ནོར་བུ། ལྟ་བཞི་བྲིལ་[གྲིལ་]སྒྲུབ་རྣམས་ཀྱི་རྗེས་གནང་། རྗེ་རང་གིས་མཛད་པའི་ཚེ་དབང་ཚེ་ཁྲིད་དང་བཅས་པའི་ལུང་། རྗེ་ཙོང་ཁ་པའི་གསན་པའི་རྣམ་ཐར་བློ་སྦྱོང་། ཆོས་སྦྱོང་ཐར་རྒྱུན། དོན་ཞགས་དང་བཅུ་གཅིག་ཞལ་གྱི་སྨྱུང་གནས་ཀྱི་ཆོ་ག གཟུངས་སྒྲུབ། དོན་ཞགས་ཀྱི་སྦྱིན་སྲེག གསང་འདུས་རབ་གནས། མགོན་པོ་སྔོན་འབྱུང་གི་བསྟོད་པ། སྟག་ཞོན་གྱི་གཏོར་ཆོག བཀའ་ཉན་བཞིའི་མངོན་རྟོགས། བསྟོད་པ་སོགས་དང་བྲུར་འདེབས། སྒྲོལ་དཀར་རྗེས་གནང་། ཐུགས་རྗེ་ཆེན་པོའི་དམར་ཁྲིད། དབུ་མ་ལྟ་ཁྲིད། བདེ་བ་ཅན་གྱི་འཕོ་དམིགས། སྤྱན་རས་གཟིགས་ཀྱི་སྒོམ་བཟླས་འཕོ་དམིགས་དང་བཅས་པ། སོ་ཐར་བསླེན་ཛོགས་བརྒྱུད་པའི་གསོལ་འདེབས། བྱ་བཏང་རྗེའི་གསོལ་འདེབས། ལས་ཆོག ལམ་རིམ་ཆུང་བ། བསྡུ་བའི་རིམ་པ་སོགས་རྗེ་རང་ཉིད་ཀྱི་ཡིག་ཆའི་སྟེང་ནས་གསན། གཞན་ཡང་། འཇམ་དཔལ་ནག་པོ། མཁའ་འགྲོ་མ་སེང་གེ་གདོང་

ཅན། སྒྲ་མི་སྙན་པའི་ཚེ་སྒྲུབ་ལ་སོགས་པ་མན་ངག་ཕྲན་མང་པོ་ཡང་གསན་ནོ། །ཡབ་ཀྱི་དྲུང་དུ་མགོན་པོ་ཕྱག་དྲུག་པའི་བཀའ་ཆེན་བཅུ་གཉིས། རྡོ་རྗེ་ཕྲེང་བ་མི་ཏྲ་བརྒྱ་རྩ། སྒྲུབ་ཐབས་རྒྱ་མཚོ། བརྒྱ་རྩ། ཀྲི་ཡ་ས་མུཙྪ་ལ་སོགས་པའི་དབང་ལུང་རྣམས་ཚང་ལ་རྫོགས་པ་གསན། གཞན་ཡང་རྡོ་རྗེ་དབྱིངས། འཆི་བདག་འཇོམས་པ། ཀུན་རིག་ལ་སོགས་པའི་དབང་ལུང་མང་པོ་དང་། གཤེད་དམར་བཅུ་གསུམ་མའི་དབང་འཇམ་དབྱངས་ཆེན་པོའི་ཡིག་ཆའི་སྟེངས་ནས་གསན་ཅིང་། རྟ་མགྲིན་ཡང་གསང་། ཚེ་རྟ་སྦྲགས་མ་བཀའ་འཁོར་དང་བཅས་པ། ཕྱག་རྡོར་གཏུམ་པོ་བཅུ་གསུམ་མ། ཁྱུང་ཞེར་ལྷ་མ། ཕྱི་སྒྲུབ། ཚོགས་གཞུང་སོགས་ཀྱི་དབང་ལུང་རྣམས། རྣམ་མཁྱེན་རིན་བསམ་པའི་ཡིག་ཆའི་སྟེང་ནས་གསན། རས་ཆུང་སྙན་བརྒྱུད་ཀྱི་བཀའ་ལུང་ཡོངས་རྫོགས། ཚེ་དཔག་མེད་ཕྱི་སྒྲུབ་བསྐལ་བཟང་སྟོད། ནང་སྒྲུབ། གསང་སྒྲུབ། ཉམས་ལེན་རྒྱུན་ཁྱེར་རྣམས་ཀྱི་དབང་། རྫོ་ཏྲ་རིའི་འཆི་སླུ་དང་བཅས་པ། གཟུངས་གྲྭ་ལྔ། ཨུ་(P. 69བ་) ཙའི་རྗེས་གནང་། སྟག་ཞོན་དང་བལ་མོའི་རྗེས་སྣང་སོགས་དབང་ལུང་མང་པོ་གསན་ནོ། །དགུང་ལོ་བཅུ་བདུན་བཞེས་པ་ཆུ་མོ་གླང་ལ། རྗེ་པཎ་ཆེན་ཡེ་ཤེས་རྩེ་མོས་གཙོ་མཛད་པའི་བཀྲ་ཤིས་ལྷུན་པོའི་ཚོགས་པ་རྒྱ་མཚོ་ལྟ་བུ་ཆོས་པར་ལ་སྤྱན་དྲངས། ཡོལ་དུ་བཞུགས་གནས་མཛད། དགུན་ཆོས་དང་པོ་ལ་ཚོགས་ཁལ་གསུམ་མ་དང་། གཉིས་པ་ལ་ཚོགས་ཁལ་ཕྱེད་དང་གཉིས་མ་ཕུལ། མང་ཇ་མང་འགྲེམས། བླ་མ་སློབ་དཔོན། སྤྱི་ཆོས། ཆོས་མཛད་སོགས་ལ་སྟོན་སུ་གསོལ་ཇ། གསོལ་བ། ཟུར་འབུལ་ལ་སོགས་པའི་ཟང་ཟིང་གི་བསྙེན་བཀུར་ཕུན་སུམ་ཚོགས་པ་མཛད་ཅིང་། གཞི་བྱེས་ཀྱི་དགེ་འདུན་ཐམས་ཅད་ལ། པཎ་ཆེན་ཀུན་དགའ་བདེ་ལེགས་དང་། རྗེ་བཀྲ་ཤིས་ལྷུན་པོ་

བ་དང་། དཔོན་སློབ་གཉིས་ཀྱིས་སྔེ་སྣོད་སོ་སོའི་ཟབ་པ་དང་རྒྱ་ཆེ་བའི་ཆོས་ཀྱི་འཁོར་ལོ་འདུལ་〈གདུལ་〉བྱ་རང་རང་གི་བློ་དང་འཚམ་པ་བསྐོར་བས། བསྟན་པ་དང་སེམས་ཅན་གྱི་དོན་རྒྱ་ཆེན་པོ་མཛད་པ་ཡིན་ནོ། །དེ་ནས་བསྟན་པ་ཐམས་ཅད་ཀྱི་རྩ་བ་སོ་སོར་ཐར་པའི་ཁྲིམས་ཁོ་ན་ལ་རག་ལས་ཤིང་། བསྟན་པ་ལ་ལུང་རྟོགས་གཉིས་ལས། རྟོགས་པའི་བསྟན་པ་ཡང་ལུང་གི་བསྟན་པ་སྔོན་དུ་འགྲོ་བ་ཅན་ཡིན་པའི་ཕྱིར། ལུང་གི་བསྟན་པ་ལ་རག་ལས་པར་གཟིགས་ནས། སོ་སོར་ཐར་པའི་ཁྲིམས་ཀྱིས་གཞི་བཟུང་། ལུང་དང་རིག་པའི་ཡོན་ཏན་དུ་མས་རྒྱུད་ཡོངས་སུ་བརྟས་མས་པ། མང་དུ་ཐོས་པ་འཛིན་པའི་དགེ་འདུན་གྱི་གྲྭ་འཛུགས་པར་བཞེད་ནས། ཀུན་དགའ་ཞེས་བྱ་བའི་སྟག་ལོ་ལ། ཕྱོགས་ཀྱི་གྲྭ་ས་ན་ཡོད་པའི་གནས་རྙིང་པ་རང་གི་ལུང་རིགས་འཛིན་པ་རྣམས་བསྡུས། གནས་རྙིང་དུ་དབྱར་ཆོས་བཙུགས། དཔོན་པོ་རྒྱལ་པོས་ཆོས་ཁྲིམས་པ་མཛད། ཡོལ་གྱི་ལྷ་ཁང་དུ་ཐུག་ཚུལ་བཏད། མཆོད་ཁང་ཤར་པས་ཕོགས་ཁལ་གཉིས་མ་ཕུལ། མང་ཇ་ལ་སོགས་པའི་བསྙེན་བཀུར་ཕུན་སུམ་ཚོགས་པ་མཛད་དོ། །

བཞི་པ། བསྙེན་པར་རྫོགས་ནས་བསྟན་པའི་བདག་པོར་གྱུར་པའི་ཚུལ་ནི། ཤིང་མོ་ཡོས་ཀྱི་ལོ་མཆོད་ཆེན་མོ་ཐོན་ཁྲལ་ལ། བྱ་བཏང་སེམས་དཔའ་ཆེན་པོ་བཀྲ་ཤིས་ལྷུན་པོ་ནས་སྤྱན་དྲངས་ཟླ་བ་བཅུ་གཅིག་པའི་ཉེར་གཅིག་ལ་སྨན་ཚུ་གཟིམ་ཁང་དུ། འཇམ་དབྱངས་ཀུན་དགའ་བདེ་ལེགས་ཀྱིས་མཁན་པོ། བྱ་བཏང་སེམས་དཔའ་ཆེན་པོས་ལས་སློབ། པཎ་ཆེན་ཡེ་ཤེས་རྩེ་མོས་གསང་སྟོན་མཛད་དེ། གནས་བརྟན་སངས་རྒྱས་དཔལ་བཟང་བ་ལ་སོགས་པ་ཕུན་སུམ་ཚོགས་པའི་དགེ་འདུན་གྱི་དབུས་སུ་བསྙེན་པར་རྫོགས་པར་མཛད་དེ། བསྙེན་པར་རྫོགས་ནས་ལོ་བརྒྱ་ལོན་པ་ལྟ་བུ། ཤིན་ཏུ་ཞི་ཞིང་དུལ་

(P. 70ན་) བའི་ཕ་རོལ་ཏུ་སོན་པས། འཕགས་པ་དགེས་པའི་ཚངས་པར་སྤྱོད་པ་མཆོག་དང་ལྡན་པར་གྱུར་ཏོ། །

ལྔ་པ། བསྟན་པ་ལ་བྱ་བ་མཛད་པའི་ཚུལ་ནི། དང་པོར་ཆོས་འཆད་དང་། གྲྭ་ཆེན་ལ་སོགས་པ་ཐམས་ཅད་ཀྱང་མཚན་ཉིད་པའི་གཞི་རྟེན་ཁོ་ན་ཡིན་པ་ལ་བར་སྐབས་ཤིག་ཏུ་གྲྭ་ཚང་སོ་སོས་རྒྱབ་མཛད་པའི། གྲྭ་པ་རེ་རེའི་དགོས་རྫས་སུ་སོང་། དགོན་སྙིང་གི་བྱ་བར་སོང་བས། ཤིན་ཏུ་མཛད་དཀའ་བར་ཡོད་ཀྱང་། རྗེ་ཉིད་སྨོན་ལམ་སྟོབས་པོ་ཆེ་གྲུབ་པའི་མཐུའི་བྱིན་གྱིས། སོ་སོ་ལ་ཞལ་ཏ་གནང་། ལེགས་པར་བཅོས་མཛད་དེ། མཚན་ཉིད་པ་ཁོ་ནའི་འཐུན་〈མཐུན་〉རྐྱེན་དུ་སྒྱུར་བར་མཛད་པ་འདི་ཡིན་ནོ། །གཞན་ཡང་ཕྱོགས་ནས་ཕྱིན་པའི་གྲྭ་བསྐོར་བ་རྣམས་བསྐྱེན་བཀུར་དང་། གནང་སྦྱིན་ནོམ་པ་ཡང་མཛད་དོ། །མི་ཕོ་འབྲུག་ལ། རྗེ་ཆེན་མོས་ཞལ་ཏ་གནང་། ཆོས་ལྡན་པས་ཡོལ་གྱི་འདུ་ཁང་བཞེངས། གཙང་ཁང་དུ་བྱམས་པའི་ཐུགས་ཁར། བྱ་བཏང་རྗེའི་སྐུ་གདུང་བཞུགས། རྗེ་བཙུན་བྱམས་པའི་སྐུ་གྲུབ་ཙམ། མི་མོ་སྦྲུལ་ལོའི་ཟླ་བ་བཞི་པའི་ཆོས་བཅོ་བརྒྱད་ལ། རྗེ་ཆེན་མོ་ཆོས་དབྱིངས་སུ་ཞི་བར་གཤེགས་པའི་ཚུལ་བསྟན། དེ་ནས་སྟོན་པ་ཐུབ་པའི་དབང་པོ། མར་མེ་མཛད། ཉེ་བའི་སྲས་བརྒྱད། གནས་བརྟན། རྒྱལ་ཆེན་བཞི། ཁྲམས། སྒོ་ཁང་། རྟ་ཁང་ལ་སོགས་པ་ཐམས་ཅད་རྗེ་འདིས་མཐར་ཕྱིན་པར་མཛད། ས་ཕོ་རྟ་ལོ་ལ། འཇམ་དབྱངས་ཀུན་དགའ་བདེ་ལེགས་ཀྱི་སྐུ་གདུང་རིན་པོ་ཆེའི་ཟ་མ་ཏོག〈ཏོག་〉། སྐུ་ཚེ་བྱིན་གྱིས་བརླབས་པའི་མཆོད་རྟེན། རྒྱ་རིན་པོ་ཆེ་དངུལ་ལས་གྲུབ་པ། བཟོ་ཁྱད་ཕུལ་དུ་བྱུང་ཞིང་། རིན་པོ་ཆེ་སྤྲ་དང་འཕྲུལ་དུ་མས་སྤྲས་པ། སྐྱེ་འགྲོ་ཐམས་ཅད་ཀྱི་མིག་གི་བདུད་རྩིར་གྱུར་པ་བཞེངས་ཏེ། རྒྱུད་

སྟེ་དང་འཐུན་〈མཐུན་〉པའི་གཟུངས་བཞུགས་དང་། རབ་གནས་དང་དགའ་སྟོན་ཕུན་སུམ་ཚོགས་པ་མཛད། ལོ་དུས་ཀྱི་མཆོད་པ་ཆེན་མོ་ལ། ལྷན་སྐྱེས་གཙུག་ལག་ཁང་དུ། དཔལ་གསང་བ་འདུས་པ་དང་། དུས་ཀྱི་འཁོར་ལོས་གཙོ་བྱས་པའི། ཕྱི་ནང་གི་དཀྱིལ་འཁོར་ལྔ་ཞལ་ཕྱེ་སྟེ། བླ་ཕྱེད་ཙམ་གྱི་བར་དུ་མཆོད་པ་དང་བསྙེན་བཀུར་ཕུལ་དུ་བྱུང་བ་ཕྱག་ལེན་ལྟར་ནས་མཛད་པ་ལ་སོགས་པའི་སྒོ་ནས། བསྟན་པའི་བདག་རྐྱེན་ཡང་དག་པ་མཛད་པ་ཡིན་ནོ། །ས་མོ་ལུག་ལོའི་མཇུག་ལ་མཁྱེན་རབ་ཀྱི་དབང་ཕྱུག་སློབ་དཔོན་རིན་ཆེན་སྒྲུབ་པའི་སེང་གེ་གནས་སྙིང་དུ་སྤྱན་དྲངས། མདོ་སྔགས་ཀྱི་ཆོས་འཁོར་རྒྱ་ཆེན་པོ་བསྐོར། ཁྱད་པར་དུ་རྗེ་འདི་ཉིད་ལ། ཐོག་མར་རྗེ་རིན་པོ་ཆེས་མཛད་པའི་བླ་མ་ལྔ་བཅུ་པའི་ཊཱི་ཀ། ཙ་ལྟུང་རྣམ་བཤད། སྔོན་གསལ་མཆན་(P. 70བ་)མ། འདུས་པའི་སྒྲུབ་དཀྱིལ། རིམ་ལྔ་གསལ་སྒྲོན། གདན་རྫོགས། རྣམ་གཞག་ཡིན་པའི་ཊཱི་ཀ། ཡེ་ཤེས་རྡོ་རྗེ་ཀུན་ལས་བཏུས། ལྷ་མོ་བཞིས་ཞུས། སྒྲོད་བསྡུས་སྒྲོན་མེ། རྒྱུད་ཕྱི་མ་རྣམས་ཀྱི་ཊཱི་ཀ། སྔགས་ལམ་རིམ་ཆེན་མོ། བཤད་རྒྱུད་རྡོ་རྗེ་ཕྲེང་བ། དགོངས་པ་ལུང་སྟོན། རིམ་ལྔ། མདོར་བྱས། མདོ་བསྲེ། བདག་བྱིན་རླབས་བྱང་ཆུབ་སེམས་འགྲེལ། རྡོ་རྗེ་སེམས་དཔའི་སྒྲུབ་ཐབས་ལ་སོགས་པ་གཞུང་ཕྲན་མང་པོ་དང་། འདུས་པའི་བསྐྱེད་རིམ་རྣམ་བཤད་ཆེན་མོ། རྗེ་སློབ་དཔོན་པ་རང་གིས་མཛད་པའི་བསྐྱེད་རྫོགས། བདེ་མཆོག་རྩ་རྒྱུད། རྗེས་མཛད་པའི་འགྲེལ་ཆེན། འདོད་འཇོ། ལཱུ་ཡི་པའི་རྫོགས་རིམ་ཆེ་ཆུང་། ལོ་དྲིལ་གཉིས་ཀྱི་སྒྲུབ་དཀྱིལ། དྲིལ་བུ་རིམ་ལྔའི་ཊཱི་ཀ། རིམ་ལྔའི་ཁྲིད། ནཱ་རོ་ཆོས་དྲུག་གི་ཁྲིད་ལ་སོགས་པ་བདེ་མཆོག་གི་ཆོས་བསྐོར་མང་པོ་དང་། རྗེས་མཛད་པའི་འཇིགས་བྱེད་བཅུ་གསུམ་མའི་སྒྲུབ་

དཀྱིལ། དགྲ་ནག་དང་། གཤེད་དམར་གྱི་མངོན་དཀྱིལ། སྦྱིན་སྲེག་དངོས་གྲུབ་རྒྱ་མཚོ་ལ་སོགས་པ་གཤིན་རྗེའི་བསྐོར་མང་པོ་དང་། རྗེའི་བཀའ་འབུམ་ཆེན་མོ། མཚན་ཉིད་ལམ་རིམ། རྣམ་ཐར་ཆེ་ཆུང་། མཁས་གྲུབ་རྗེའི་བཀའ་འབུམ། ཚུལ་ཁྲིམས་ལེའུའི་རྣམ་བཤད། འདུལ་འཛིན་གྲགས་རྒྱལ་བའི་བསླབ་བྱ་ཆེ་ཆུང་། འདུལ་བའི་གླེགས་འབུམ་ཆེན་མོ་དང་། འདུལ་ཊཱི་ཀ་ཆེན་མོ། སྒྲ་མདོ་ཀ་ལཱ་པ། ལྷ་བསྟུས། གཟའ་འཛིན། གཟའ་ལྷ་ལ་སོགས་པ་གསུང་རབ་མང་པོ་ལ་གསན་སྦྱོང་མཛད་དོ། །བྱ་བཏང་སེམས་དཔའ་ཆེན་པོའི་དྲུང་དུ། བསླབ་བྱ། ལས་ཆོག མདོ་སྡེ་འཛངས་〈མཛངས་〉བླུན། མདོ་སྡེ་ལས་བརྒྱ། དཔེ་ཆོས་རིན་དཔུངས་〈སྤུངས་〉ལ་སོགས་པ་མང་དག་གསན་ནོ། །འདིར་ཡི་གེ་མངས་པའི་དོགས་པས་མ་བྲིས་ལ། ཞིབ་པར་གཞན་དུ་ཤེས་པར་བྱའོ། །

དྲུག་པ། སྒྲུབ་པ་ཉམས་སུ་ལེན་པའི་ཚུལ་ནི། སྔར་གསན་པའི་དོན་རྣམས་དོན་ཡོད་མཛད་པར་དགོངས་ནས། ཁྲི་ལོའི་དགུན་གཞུག་ལ། ལ་སྟོད་བྱང་ལ་ཐེགས། རང་རེའི་དགོན་པ་ཆོས་སྡིངས་སུ་ཕེབས། དགོན་པ་བ་དང་། སྐྱུ་ཉེ་སོགས་ཀྱིས་གཞི་ལེན་དང་། བསྙེན་བཀུར་ཕུན་སུམ་ཚོགས་པ་བསྒྲུབས། ཡོང་རྣམས་ཀྱིས། ད་ལྟ་བྱང་ཁམས་འདི་ཤིན་ཏུ་གྲང་ཞིང་སྒྲིད་དཀའ་བས། རི་ཞིག་འགྲོན་པ་མི་ལེགས་ཞུས་ཀྱང་མ་གསན། ཞག་བཅུ་བསྐོར་ཙམ་ཆོས་སྡིངས་སུ་བཞུགས། དེ་ནས་དཔོན་སློབ་ཉུང་ཤས་ཙམ་དང་། ཏ་ཛེ་བའི་འབྲོག་པ་འགའ་ཞིག་གིས་ལམ་སྣ་དང་ཕྱུག་ཕྱི་བྱས། ལྟར་〈ཏ་〉སྒོའི་གངས་ལ་གཤེགས་སོ། །དེ་དུས་ཀླུང་ཆེ། ང་ར་ར་〈ངར་དེ་〉གྲང་བས་འོ་རྒྱལ་ཆེན་པོ་〈པོ་〉བྱུང་ཀྱང་། ཐུགས་བདེ་སྐྱང་(P. 71ན་)དང་། ཞལ་གྱི་དཀྱིལ་འཁོར་ཤིན་ཏུ་མདངས་གསལ་བ་མཛད་ཀྱིན་གདའ། ཡང་〈ཟང་〉ཟང་ཏ་

ཐོག་ཏུ་ཁ་བས་ནོན་ཀྱང་〔ཁྱད་〕། དཔོན་སློབ་བཞུགས་སའི་སྐོར་དུ་ཁ་བ་ཡི་མ་བབས་པས་བྱིན་རླབས་ཤིན་ཏུ་ཆེ་བ་བྱུང་། དེ་ནས་ཞག་འགའ་ཕྱིན་པ་ན། ཏེ་ཚ་སྨུབས་ཟེར་བའི་གཞུང་ཆེན་པོ་ཞིག་ཏུ་ཕེབས། དེར་ཕྱིབས་པ་རྣམས་སྟོར〈ཐོར་〉། ཕྱུག་ཕྱི་བ་རྣམས་ཀྱིས་ཕྱོགས་ཐམས་ཅད་〖དུ་〗བཙལ་ཀྱང་མ་རྙེད། སངས་སྤྲ་དྲོ་དགེ་རྒན་གྱི་འགབ་ནས་རྟ་རྣམས་རང་རེ་བཞུགས་ས་ལ་ཁ་གཏད་ནས་བྱུང་འདུག་པས། གཞི་བདག་གིས་གཉེར་བྱས་པར་གྲགས། དེ་ནས་སྟ་〈རྟ་〉སྐོར་ཕེབས། གཞི་བདག་ལ་གཏོར་མ་གནང་བས། སྤར་གྱི་སྒྲུབ་ཚུ་ཡོད་ས་ནས་ཚུ་འཐོན་〈ཐོན〉། དེ་རྗེས་ནས་དཔོན་སློབ་ཚོའི་གསོལ་ཚུ་ལྷང་བ་བྱུང་། གཟིམ་ཕུག་ཏུ་སྤྱན་མའི་བཞུགས་གདན་མཛད། གུང་ཚོགས་ཐོག་ཏུ་གསུང་རེ་རེ་ཙམ་འགྱོན། གཞན་ཉིན་མཚན་ཁོར་ཡུག་ཏུ་སྤྲོས་མེད་ཀྱི་ཐུགས་དམ་འབབ་ཞིག་ལ་བཞུགས། གནས་ཆེན་གྱི་སྣོང་ས་ཚད་ཀྱི་རྣམས་པས། སྐུ་ལ་ཤིག་ནད་ཀྱི་རྣམ་པ་བྱུང་། འཚོ་ཆས་ཀྱང་དཀོན་པས་འཕྲལ་འོ་རྒྱལ་ཡང་། སྔོན་གྱི་གངས་ཆེན་རས་པ་ལ་སོགས་པ་རྣམས་གནས་འདིར་གྲུབ་པ་བརྙེས་པར་འདུག རང་རེའང་གནས་འདི་འདྲར་ཐུགས་དམ་བྱེད་པ་བསྐལ་པ་རེ་བཟང་ཞེས་གསུང་ཞིང་། ཐུགས་དམ་ལ་སྤྲོ་ཞུགས་ཆེན་པོ་མཛད་པས། རྟོགས་པ་མངོན་དུ་གྱུར་ཅིང་། ཏིང་ངེ་འཛིན་དུ་མ་ལ་མངའ་བརྙེས་པ་འདྲའོ། །དེ་ནས་ཨ་མདོ་བ་དང་། ཉ་པ་སོགས་ཀྱི་དགྲ་ཉེན་ལ་རྟེན་ནས་ཚུར་ཕེབས་གྲབས་མཛད། སྒྲུབ་གཏོར་བསྐྱངས། གཞི་བདག་ལ་གཏང་རག་གི་གཏོར་མ་ཕུལ་བས། ཟེར་མོའི་མངའ་ནས། རྐོད་འབྲི་གཅིག་གི་ཤ་བྱེད་〈ཕྱེད་〉ལྷག་ཙམ་དང་། ཀོ་བ་ཚང་མ་རྙེད་པས་ཕྱུག་ཕྱི་བ་རྣམས་ལ་ཤིན་ཏུ་ཕན་པ་ཅིག་བྱུང་། འདི་གཞི་བདག་གིས་ཕུལ་བ་ཡིན་ཞེས་ཟེར་རོ། །དེ་ནས་སྒུར་སྟབས་སུ་ཚོས་

སྤོང་ས་སུ་ཕེབས་པས། དེར་གནས་རྙིང་གི་གདན་འདྲེན་པ་དང་དུས་མཉམ་དུ་བྱུང་། ཚོས་སྤོང་ས་སུ་ཟླ་ཕྱེད་ཙམ་བཞུགས། དེའི་རིང་ལ་མགོན་ཁང་ལ་ཞིག་གསོས་མཛད། མགྱུར་དུ་གདན་འདྲེན་ཞུས། མགྱུར་པས་བསྙེན་བཀུར་ཡང་དག་པ་མཛད། མར་ལམ་ཁྲིའུ་མཁར་ལ་བྱོས། རོང་ཕྱོགས་ལ་ཕེབས། སྐུ་ཉེ་ཐམས་ཅད་ཀྱིས་བསྙེན་བཀུར་ཕུན་སུམ་ཚོགས་པ་བྱས། དེ་ནས། སྣར་ཐང་མཇལ་བ་ལ་བྱོན། སྣར་ཐང་མཁན་ཆེན་པ་དང་མཇལ། མདོ་སྔེ་ལ་སོགས་པའི་གསུང་བགྲོས་སྐར་〈མང་〉པོ་བྱུང་། གསོལ་ཇ་ཞུ་རེས་ཀྱང་མཛད། ཧེན་མཇལ་ཤིན་ཏུ་ཞིབ་པར་མཛད་དེ། རྗེ་བཙུན་བྱམས་པའི་དྲུང་དུ (P. 71བ་) བཟང་སྤྱོད་ལ་སོགས་པའི་སྨོན་ལམ་མང་པོ་མཛད་ཅིང་། བསྔགས་པ་ཆེན་པོ་ཡང་མཛད་དོ། །དེ་ནས་དཔྱར་ཆོས་གོང་དུ་གནས་རྙིང་དུ་ཕེབས། བསུ་བ་སེར་ཕྲེང་ཤིན་ཏུ་གཟབ་པ་མཛད། སྤྱི་ཆོས་དང་། བྲད〔བྲང་〕དཔོན་གྲག་པ་སོགས་ཀྱིས་ཞབས་ཏོག་ཀྱང་ཕུན་སུམ་ཚོགས་པ་བསྒྲུབས་སོ། །

བདུན་པ། བསྟན་པ་ལ་བྱ་བ་མཛད་པའི་ཚུལ་ནི། ཐོག་མར་ལྷང་ཁུ་ལུང་དུ་གྲགས་པའི་རྟག་གི་གཞིས་འདི་དབྱར་གནས་པའི་ཞིབ་ཐལ་ལ་སྦྱོར་བ་མཛད། དེ་རྗེས་ཆོས་འཆད་ཀྱི་ཞིང་རྣམས་གྲྭ་ཚང་སོ་སོ་དང་། ངན་དབང་ཅན་རྣམས་ཀྱིས་བདག་ཏུ་བཟུང་། ཐོག་མི་སྤྲོད་ཅིང་། གང་བྱུང་བ་ཀྱང་ཁྲིམས་འཆལ་གྱིས་ཟ་བའི་སྡིག་རྒྱུན་འབབ་ཞིག་ཏུ་སོང་པ་ཅིག་ཡོད་པ། སྤྱི་སྒོས་ལ་ཐུགས་བརྩེ་བའི་སྒོ་ནས། ཞིང་སྒོས་བདག་ཏུ་བཟུང་པ་རྣམས་བཞིས། ཐོག་འཁྲུམས་པ་རྣམས་སོར་བཅུག དེབ་གཏེར་གསར་བཅོས་མཛད། དབྱར་ཆོས་རིགས་ཆེན་ལུང་ཆེན་གྱི་སྒྲིགས་བྱས་པ་རྣམས་ལ། ཕོགས་ནས་ཁལ་ཕྱེད

དང་གཉིས་མ་དང་། འབྲིང་པོ་རྣམས་ལ་ཁལ་རེ་དོང་རེ་མ། དེ་འོག་གཞོན་པ་རྣམས་ལ་ཁལ་རེ་མ། གནས་ཀྱི་གཞི་གྲྭ་ཁྲིམས་ལྡན་རྣམས་ལ་བྲེ་བཅོ་ལྔ་མའི་ཕོགས། ཚོགས་ཆེན་དུ་ཆོས་འཆད་སྨན་བླ་སོགས་སྒྲུབ་པའི་བསྒྲོལ་<སྒྲོལ་>བཟང་པོ་གཙུགས། ཟན་ཚུལ་ཆེན་མོ་ལ་ཡང་དེབ་གསར་བཅོས་མཛད། ཞིང་དང་ཕོག་འཁྱེམས་པ་རྣམས་བཀུག བཞེས་སྒང་བདུན་མ་ལས་མི་ཆུང་བའི་བཀའ་བཀོད་མཛད། ལྕགས་ཕོ་སྤྲེའུའི་ལོ། སྤུ་གོང་གྲྭ་ཆེན་ལ་སེར་ཁྲིམ་པ་སོགས་ཕྱིན། སྐྱེ་བོ་རྣམས་མ་དད་ཅིང་། ཕྱིའི་རྗེས་སློས་བདག་ཏུ་འཛིན་པ་སོགས་བསྟན་པ་ཕྱི་སློས་ཀྱི་མིག་རྐྱེན་ལ་གནོད་པ་ཅིག་ཡོད་པ། ཅེར་<ཕྱིར་>བསྟན་པ་དང་། སློས་ཆོས་གྲྭ་གནས་རྙིང་གི་བཤད་གྲྭ་སློབ་གཉེར་བའི་བདག་རྐྱེན་ལ་དགོངས། སྤར་གྱི་ཁྲིམས་འཚལ་རྣམས་སྟོན། དབྱར་ཆོས་རིགས་ལུང་གི་བསྒྲིགས་སྟེངས་དང་། གཞི་གྲྭ་ཁྲིམས་ལྡན་སྤྱུར་ར་འཕོད་ངེས་རྣམས་གྲྭ་ལ་བཙུག རབ་ཏུ་བྱུང་བ་རྣམ་དག་མ་གཏོགས། ཐེ་ཚོམ་གྱི་དྲི་མ་ཅན་རྣམས་ཕྱིར་བསྐྲད། གྲྭ་སོ་སོ་ལ་ཕེབས་པ་རྣམས་སྟེང་བ་ལྷུང་བཟེད་བསིལ་བྱེད་སོགས་རབ་ཏུ་བྱུང་བའི་རྟགས་མཐའ་དག་དང་ལྡན་ཅིང་། ཉེ་བ་འཁོར་ལྔ་བུའི་སྤྱོད་ལམ་ལ་བཀོད། བཟོར་<གཟུར་>གནས་དང་ལྡན་རྣམས་ཡིད་ཆེས་ཤིང་མོས་པ་བསྐྱེད་ཅིང་། ཕྲག་དོག་འགྲན་སེམས་ཅན་རྣམས་ཟིལ་གྱིས་ནོན། ཕྱོགས་མཐའ་དག་གི་མེ་ཏོག་བསོད་སྙོམས་འབུལ་དགོས་ཐམས་(P. 72ན་)ཅད། མཁན་པོ་གོང་མ་རྣམས་ཀྱི་སྐུ་ཕོག་ལྷར་དེབ་གཏེར་སོར་ཆུག གཞིའི་མོ་དབེན་ནས་ཀྱང་སྤར་འཁྱེམས་པ་སོར་བཙུག བ་ཁྲལ་སོགས་ལས་འཛིན་རང་རང་གིས་ཟ་བ་རྣམས། དགེ་འདུན་སྤྱི་སར་ཕབ་པ་སོགས་འདོར་<མདོར་>ན་གནད་ཆེ་ཆུང་གང་གི་ཐད་དུའང་། ཞབས་ཆུག་ཆུག་གིས་དགེ་འདུན་གྱི་སྤྱིའི་

ཐེམས་སུ་གང་ཆེ་ཆེའི་ཁྲུར་བཞེས། འཕྲུལ་གྱི་ཉེར་ལེན་གསོལ་བྱ་བ་ཀུན་དགའ་དཔལ་འབྱོར་གྱིས་ལོ་གསུམ་གྱི་ཡིག་མཁན་དང་བཅས་མཐིལ་ལེན་ཕྱག་ཕྱི་བྱས། དབུ་མཛད་ཆེན་མོ། ཡིག་མཁན། དཀོན་གཉེར། ཐབ་དཔོན། རྒྱ་ཁྲལ་བ་སོགས་ལས་འཛིན་ཐམས་ཅད་དགོངས་ལྡན་ལ་བཀོད་པ་མ་གཏོགས། རང་གང་དྲན་བདག་བཟུང་བྱེད་རྒྱུ་མེད་པའི་བསྒྲིགས་གཙུར་གནང་སྟེ། གྲྭ་པ་རེས་ནས་ཁལ་ཉི་ཤུ་རྩ་བསྒྲངས་རེ་དང་། མར། བལ་སོགས་རྙེད་པ་ཡང་དག་པ་བྱུང་པ་ཡང་ཆོས་གྲྭ་འདིའི་དོན་གཉེར་བ་རྣམས་ཀྱི་བདག་རྐྱེན་ལོ་ནར་སོང་བས། སྡེ་འདིའི་བསྟན་པ་ལ་ལྷག་པར་བཀའ་དྲིན་ཆེ་བ་ཡིན་ནོ། །ཤིང་ཕོ་བྱི་ལོ་བླ་བྲང་སངས་རྒྱས་རྒྱལ་མཚན་གྲོག་〈གྲོགས〉མཆེད་ལས་ཐོག་ཏུ་སླེབ་འཕྲུལ། འདི་ཕྱིའི་རྟེན་འབྲེལ་ལ་དགོངས། རྒྱ་པེར་གྱི་རུ་ཕྱུངས་པས་ཐོག་དྲངས། གོས་ཡག་དང་གོས་རྩེམ་མ་སོགས་ཁ་བསམ་ལ། རྒྱལ་བ་འོད་དཔག་མེད་གཙོ་འཁོར་བདུན་གྱི་གོས་སྐུ། དཔོན་མོ་ཆེ་མ་ཐེ་བ་ལེགས་པ་བྱུང་ཆུབ་པས་སྐུ་རིས་དང་བཀོད་པ་བྱས། དགེ་བཤེས་ཀུན་དགའ་བ། མན་ལུངས་རྣམ་རྒྱལ་བ་སོགས་ཀྱིས་འཚེམ་པོ་བགྱིས། དཔོན་པོ་མངའ་རིས་པ་རིན་ཆེན་དཔལ་བཟང་བས། རྟེན་འདམ་དྲི་བཟང་སོགས་ཀྱིས་རྒྱབ་རས་པ་མདོ་རྒྱུད་ཀྱི། བླ་མ་བརྒྱུད་པའི་མཚན། གཟུངས་ཆེན་སྡེ་བཞི། རྒྱུད་སྡེ་བཞིའི་ལྷ་སོ་སོའི་སྙིང་པོ། ཡང་སྙིང་རྩ་སྔགས། ཕྲེང་སྔགས་སོགས་དང་། གཞན་ཡང་གཟུངས་སྔགས་ཁྱད་པར་ཅན་ཚན་ཆེ་བ། ལཉྫ་དང་ཝརྟུ་ལའི་ཡི་གེར་བྲིས་ནས་བཞུགས་ཤིང་། སྐུ་མཚར་སྟུག་ཏུ་སྒྲོན་པ་ལ། རྒྱུད་སྡེ་དང་འཐུན་〈མཐུན〉པར་རབ་ཏུ་གནས་པའི་ཆོ་ག་མཛད་པའི་ཚེ། ཡུལ་ཕྱོགས་སུ་ཆར་བབས། གཞན་ཡང་ངོ་མཚར་བའི་ལྟས་དུ་མ་བྱུང་བས་གདུལ་བྱ་རྣམས་ཀྱི་ཡིད་ཆེས་པར་མཛད་དོ། །ས་མོ་

ཡོས་ཀྱི་ལོ་ལ་རྣམ་རྒྱལ་ལྷ་ཁང་ལ་ཞིག་གསོས། རྣམ་རྒྱལ་གྱི་སྐུ་དང༌། མཆོད་རྟེན་གྱི་བཅོས། མཆོན་རྩེ། རབ་གནས་སོགས་མཛད། ཐུབ་ཁང་མཐོང་བ་རྣམས་བསྟུས། མཆོད་པའི་ཆས། དཀོན་གཉེར་སོགས་བསྐོས། ཕྱི་སྐོས (P. 72བ་) ཀྱི་བསོད་ནམས་སོག་〈གསོག་〉པའི་ཞིང་དམ་པར་བདག་རྐྱེན་མཛད་དོ། །མདོར་བསྡུ་ན་བླ་མ་འདི་ཉིད་སྐུ་སྐྱེ་དཔག་ཏུ་མེད་པ་ནས་ཚོགས་གཉིས་ཀྱི་སྦྱོད་པ་རླབས་པོ་ཆེ་སྤྱད་ཅིང༌། བྱང་ཆུབ་ཀྱི་སེམས་གཉིས་ལེགས་པར་འབྱོངས་པས་བྱང་ཆུབ་སེམས་དཔའི་རིགས་ཀྱི་རྟགས་དང༌། སྙིང་སྟོབས་དང༌། སྨྲོ་བ་དང༌། བརྟུན་པ་དང༌། བསླབ་པའི་གནས་ནམ་དུ་ཡང་མི་གཏོང་པ་དང༌། དམ་བཅས་པ་〈བཅའ་བ་〉མིང་འདྲལ་བ་དང༌། དམན་པ་དང་མ་རུངས་པ་ལ་ལྷག་པར་བརྩེ་བ་དང༌། རྒྱུ་མེད་པར་མཉེས་བཤེན་པ་དང༌། བྱས་པ་དྲིན་དུ་གཟོ་བ་དང༌། སྐུ་སྲོག་ལ་སྟོ་བ་ལ་ཡང་ཕན་འདོགས་པར་མཛད་པ་དང༌། མང་དུ་ཐོས་པ་ལ་སོགས་པ་དགེ་བའི་བཤེས་གཉེན་གྱི་ཚོས་མ་ཚང་བ་མེད་པ་དང་ལྡན་པ་ཡིན་ནོ། །གཞན་ཡང་སྐོག་ཏུ་མི་འཐང་〔འཐད་〕པའི་མི་ཞིག་ཀྱང༌། སྐུ་མདུན་དུ་ཕྱིན་ན་དད་པ་ལྷག་པར་སྐྱེ་བ་དང༌། དེ་བཞིན་དུ་ཞེ་སྡང་དྲག་པོ་སྐྱེས་པའི་མི་ཡང་ཞེ་སྡང་ཞི་ཞིང༌། སྡུག་བསྔལ་གྱིས་ནོན་པ་ཡང་སྡུག་བསྔལ་ཞི་ཞིང་སེམས་པ་བདེ་བས་ཁྱབ་པ་དང༌། སྐུ་མཐོང་བ་ཙམ་གྱིས་དད་པ་འདྲེན་པར་མཛད་དོ། །གཞན་ཡང་རྗེ་འདི་ཉིད་ལ། མི་འདིས་ལོག་སྒྲུབ་བྱས་ཟེར་བའམ། འདིས་བཀའ་ལ་མ་ཉན་ཟེར་བ་ལྟ་བུ་ནི་གཅིག་ཀྱང་མེད་ལ། གནས་ཕྱི་ནང་ཐམས་ཅད་ཀྱིས་དད་ཅིང་གུས་པའི་སྒོ་ནས་བཀའ་ཚད་མར་འཛིན་ཅིང་དང་དུ་ལེན་པ་འབའ་ཞིག་ཡིན་ནོ། །བཀའ་སྩལ་པ་ན་ཡང་ཚོས་དང་འཐུན་〈མཐུན་〉ཞིང་འཇམ་པ། བཞློས་སྐྱོན་མེད་ཅིང་མང་ཉུང

རན་པ། གདུལ་བྱའི་ཐེ་ཚོམ་སེལ་བ། ཡིད་ལ་འབབ་〈 བབས་〉པའོ། །སྡོམ་པ་གསུམ་གྱིས་བསྡམས་པས་སྐུ་བརྩུན་པ། ངུར་སྨྲིག་གི་རྒྱལ་མཚན་འཆང་པ་རྣམས་ཀྱི་ཏོག་ལྟ་བུ་སྟེ། གཟིམ་ཁང་དང་། ན་བཟའ་དང་། སྐུའི་མཐའ་སྐོར་ཐམས་ཅད་དུ་ཚུལ་ཁྲིམས་ཀྱི་དྲི་ངད་ཀྱིས་ཁྱབ་པས་ཀུན་གྱི་ཡིད་དང་བར་མཛད་ཅིང་། མཁས་པ་ལ་དགོས་པའི་ཡོན་ཏན་གྱི་ཁྱད་པར་ཡང་མ་ཚང་བ་མེད་པར་མངའ་སྟེ། བཟོ་རིགས་ལ་སོགས་པ་རིགས་〈 རིག་〉གནས་ཆེ་བ་ཕལ་ཆེ་བ་དང་། ལཉྫ། ཝརྟུལ་ལ་སོགས་པའི་ཡིག་རིགས་རྣམས་དང་། དཀྱིལ་འཁོར་གྱི་བྲིས་ཐིག གར་དབྱངས་ལ་སོགས་པ་རྣམས་བསླབ་སྦྱངས་ལ་སོགས་པའི་འབད་རྩོལ་མེད་པར་ཐུགས་ལ་མངའ་ཞིང་ཁྱད་པར་དུ་བཟོ་རིགས་ཀྱི་ཆག་ཚད་ནི། མཁར་འགྲོ་མ་སེང་གདོང་། ཡེ་ཤེས་མགོན་པོ། འཇིགས་བྱེད་བཅུ་གསུམ་མའི་དཀྱིལ་ཐང་ཕྱག་མཚན་མ། བྱ་བཏང་རྗེའི་སྐུ་ལ་སོགས་པའི་བྲིས་སྐུ་དང་། སྤྱན་རས་གཟིགས་ཀྱི་རྡོ་སྐུ། ཟེའུ་ལྷ་ཁང་། རྣམ་པར་རྒྱལ་མའི་ཞིག་གསོས། བྱ་བཏང་རྗེའི་སྐུ་ལ་སོགས་པ་སྨན་སྐུ་སོགས་ཏེ་(P. 73ན་) ཕལ་ཆེ་བ་ད་ལྟ་མཆོད་ཁང་ག་གཉིས་མ་ན་བཞུགས་ཤིང་། ཀུན་གྱི་མིག་ལམ་དུ་གྱུར་པ་ཡིན་ནོ། །གཙོ་བོར་རྗེ་ཉིད་དབུར་ཆོས་ཀྱི་རིགས་ལུང་གི་གཙོ་བོ་ལ་ཐེབས་ཤིང་། གྲྭ་ཆེན་དང་ཆོས་འཆད་ཀྱི་བཅོས་དང་། སྟག་ལོ་ནས་བཟུང་སྟེ་ད་ལྟའི་བར་དུ་ཆོས་སྡེ་འདིའི་གཞི་གསུམ་གྱི་ཕྱག་ལེན་དང་། དབུར་ཆོས་རིགས་ལུང་དང་བཅས་པ་འདི་ནི། རྗེ་འདི་ཉིད་ཀྱི་རྣམ་དཀར་གྱི་མཛད་པ་ཁོ་ན་ཡིན་ཅིང་། ས་གང་དུ་བཞུགས་ནའང་། མང་དུ་ཐོས་པ་ཚོལ་བས་མི་ངོམས་པ་དང་། དགེ་འདུན་ལ་མང་སྐོལ་དང་། སྒོང་དག་〔 ངག་〕མཛད་པ་སོགས་འདུས་བྱས་ཀྱི་དགེ་རྩ་མང་པོ་མཛད་པ་དང་། ཉི་མ་རེ་རེ་ཞིང་སྤྲོས་མེད་ཀྱི་ཐུགས་དམ་གཙོ་

ཕོར་མཛད་ཅིང་། རྒྱུད་ཀྱི་རྒྱལ་པོ་མཚན་ཡང་དག་པར་བརྗོད་པ་སཾ་སྐྲི་ཏའི་སྐད་དུ་ཞལ་འདོན་མཛད་པ་དང་། གདུལ་བྱ་ལ་ཆོས་འབྲེལ་གནང་བ། སྨོམ་པ་སྦྱིན་པ། རབ་བྱུང་བསྙེན་རྫོགས་སྒྲུབ་པ། རྟེན་གསར་པ་བཞེངས་ཤིང་། རྙིང་པ་གསོ་བ་ལ་སོགས་པའི་བསྟན་པ་དང་སེམས་ཅན་ལ་སྨན་པའི་མཛད་པ་འབའ་ཞིག་གིས་དུས་འདའ་བར་མཛད་པའི་སྒོ་ནས་ལྷ་དང་བཅས་པའི་འཇིག་རྟེན་ཐམས་ཅད་ཀྱི་སྐྱབས་གཅིག་པུ་པར་གྱུར་པ་ཡིན་ནོ། །

བརྒྱད་པ། མྱ་ངན་ལས་འདའ་ཚུལ་བསྟན་པའི་མཛད་〖པ་〗བསྟན་པ་ནི། ལྷགས་སྤྲིའི་མཇུག་ལ་ཆབ་སེར་གྱི་རྣམ་པའི་སྙེལ་གཞི་ཆེན་པོ་ཞིག་བྱུང་། དེ་ལ་ཡུན་པོར་སྐུ་རིམ་དང་སྨན་དཔྱད་སོགས་ཞུལ་བས་སྐུ་ཁམས་གདངས་ཤིང་བྱི་ལ་ སྤར་གྱི་སྙིང་རོ་དེ་ལངས་སྙེལ་པོ་རང་བྱུང་བ་ལ། སྐུ་རིམ་སོགས་སྟོབས་ཆེན་བསྒྲུབས་པས་སྐུ་ཁམས་གདངས་ཀྱང་། སྤར་བཞིན་སྐུ་སོར་མ་ཆུད་པ་ཅིག་བྱུང་། སྤྲང་ལོའི་དབྱར། གཡབས་ཆེན་ལ་བཅོས་མཛད། ཞལ་བ་ནས་ཤིང་རྟའི་བར་རྫོགས་པར་གྲུབ། སྟོན་གཞུག་ལ་དཔོན་སློབ་ཤུང་བསྡུས་ཅིག་དབུས་ཕྱོགས་ལ་ཐེགས་〈ཐེགས་〉པར་བརྩམས་པ་ལ། ཡབ་ཀྱིས་གཙོ་མཛད་པའི་སྤྱི་ཆོས་རྣམས་ཀྱི་ཕེབས་པ་མི་ལེགས་པའི་ཞལ་ཏ་ཞུས་པས། ཇོ་བོ་རིན་པོ་ཆེ་དང་མཇལ་བ་ལ་རྒྱ་དཀར་ནག་སོགས་ནས་སྲིག་ལ་མ་ལྟོས་པར་བསྐོར་བ་ལ་ཡོང་གི་འདུག རང་རེ་ཐག་ཉེ་ས་འདིར་བསྡད་པ་ཡིན། ངས་ཀྱང་ལོ་བཅུ་ཙམ་ལོན་པ་ནས་ད་ལྟའི་བར་དགོན་གོག་འདིའི་འགན་ཁུར་བ་ཡིན། ང་ནི་ཚོང་ནད་དམ་པོ་ཅིག་གིས་ཟིན་འདུག་པས། ཡུན་རིང་མི་སྡོད། ད་རེས་ང་མི་གཏོང་ན་ཁྱེད་རྣམ་པས་ཐུགས་ཚ་པོར་ཡིན་གསུང་མ་གསན་པར། དབུས་ཕྱོགས་ལ་ཕེབས། ཇོ་ཤཀ་རྣམས་གཉིས་ལ་གསེར་ཆབ་ཞུས། མཆོད་པ་བཟང་

པོ་ཕྲུལ། བསྔོ་བ་སྨོན་ལམ་མཛད།(P. 73བ་) དགེ་ལྡན་དུ་ཕེབས། དངུལ་
གདུང་རིན་པོ་ཆེ་དང་འཇལ། མཆོད་པ་དང་སྨོན་ལམ་ཡང་དག་པ་མཛད།
འགྲོན་ལན་དུ། ཐག་དཀར་བས་གདན་འདྲེན་ཞུས། བསྙེན་བཀུར་ཕུན་སུམ་
ཚོགས་པ་བྱས། གསུང་ཆོས་ཞུས། ནང་སོ་སྣེལ་པས་ཀྱང་བསྙེན་བཀུར་ཡང་
དག་མཛད། དབུས་ཕྱོགས་སུའང་ཆོས་མཛད་འགའ་དང་སྐྱེ་བོའི་ཚོགས་མང་
པོ་ལ་གསུང་ཆོས་ཀྱི་འབྲེལ་པ་གནང་ངོ་། །དེ་ནས་ཅུང་ཟད་བསྙེལ་བཞིན་པའི་
ངང་ནས། ཡར་མགྱོགས་མྱུར་དུ་ཕེབས། གནས་སྙིང་དུ་ཕེབས་འཕྲལ་ལ་སྐུ་
འཚམས་གནང་། སྐུ་རིམ་སོགས་ཀྱང་བསྒྲུབས། བསྟུན་གཞི་དྲག་པོ་རང་མེད་
པའི་ངང་ནས། དོན་ལ་སྟར་བཞིན་སྐྱེ་འཆི་མི་མངའ་ཡང་། གདུལ་བྱ་རྟག་
འཛིན་ཅན་རྣམས་ཀྱི་རྟག་འཛིན་ལྡོག་པ་དང་། སྐུ་དངོས་ཀྱི་གདུལ་བྱ་འདུལ་
ཟིན་ཅིང་། ཞིང་གཞན་དུ་འགྲོ་དོན་ཆེ་བ་ལ་དགོངས་ནས། ཉི་ཤུ་རྩ་དགུར་
ཕེབས་པ་ཤིང་མོ་གླང་ལོའི་ཧོར་ཟླ་བཅུའི་ཉེར་ལྔའི་སྤྱ་དྲོ། གཟུགས་སྐུ་ཆོས་
དབྱིངས་སུ་ཐིམ་པའི་ཚུལ་བསྟན་ཏོ། །དེ་ནས་རྗེ་མཐུ་ཆེན་གྱིས་ཞལ་བཀོད་
གནང་། ལྷ་ཁྲང་ནང་སོ་སྐུ་མཆེད་པས་ཕྱག་ལེན་ལ་བཏབ་ནས། རང་རེའི་
དགོན་མ་ལག་དང་བཅས་པ་ལ་ཐུགས་དགོངས་རྫོགས་ཐབས་རྒྱས་པར་
བསྒྲུབས་པ་ཡིན། སྐུ་ཐིམ་པ་ནས་བཟུང་སྟེ། ཐུགས་དགོངས་རྫོགས་ཐབས་མ་
གྲོལ་གྱི་བར་དུ། ནམ་མཁའ་གཡའ་དག་པ་ལ་གདུགས་འཛམ་ཞིང་། མེ་ཏོག་
གི་ཆར་དང་། དྲི་བཟང་གི་ངད་ལྡང་བ་ལ་སོགས་པའི་ལྟས་ཁྱད་པར་ཅན་
རྣམས་དང་། རྗེས་ནས་སྐུ་གདུང་སྦྱངས་པས་ངོ་མཚར་བའི་ལྟས་མང་པོས་ཁྱབ་
ཅིང་། ཤེལ་ལྟར་དངས་པའི་སྐུ་གདུང་དང་། རིང་བསྲེལ་ཁ་དོག་སྣ་ལྔ་པ།
ཚེམས་ལ་དུང་གཡས་སུ་འཁྱིལ་བ་གདུལ་བྱ་རྣམས་ཀྱི་དད་པའི་རྟེན་དུ་བྱོན་པ།

གཟིམ་ཁང་ལྷ་ཐོག་རྩེ་ན་བཞུགས་ཤིང་། ད་ལྟ་ཐམས་ཅད་ཀྱིས་མངོན་དུ་གྱུར་པ་འདི་ཡིན་ནོ། །འཇམ་དབྱངས་བླ་མའི་མཁྱེན་པ་རྒྱ་འཚོ་ལས། །དད་པའི་སྙིམ་པས་ཆ་ཙམ་བླངས་པ་འདི། །བདེ་ལེགས་ལྷག་བསམ་དག་པས་རབ་བསྐུལ་ནས། །དགེ་སློང་རིན་ཆེན་རྡོ་རྗེ་འཛིན་པས་སྦྱར། །འདི་ལ་ཉེས་པའི་ཚང་ཚོང་ཇི་སྙེད་པ། །མཁྱེན་ལྡན་བཟོད་པའི་མེ་ཡིས་ཀུན་བསྲེགས་ནས། །རབ་བཀར་དགེ་བ་ཆ་ཙམ་ཐོབ་པ་དེས། །རྐང་གཉིས་དབང་པོ་ཉིད་དུ་བདག་གྱུར་ཅིག །ཤུ་བྷམ་སྟུ་ས་ར་ཛག་ཏཾ། །བཀྲ་ཤིས་ཤོག །

ཨོཾ་སྭ་སྟི། **བདག་ཅག་གི་འདྲེན་པ་དམ་པ་མཚུངས་མེད་རིན་ཆེན་རྡོ་རྗེ་**ཞེས་མཚན་ཡོངས་སུ་གྲགས་པ་འདི་ཉིད་ (P. 74ན་) དོན་དམ་པའི་གཤིས་ལ་སྐུ་གསུམ་གྱི་ངོ་བོར་བཞུགས་ནས། ཐུན་མོང་མ་ཡིན་པའི་གདུལ་བྱ་རྣམས་ཀྱི་དོན་མཛད་ཅིང་། ཐུན་མོང་པའི་གདུལ་བྱ་འགའི་སྣང་ངོར། བསྟན་པ་དང་སེམས་ཅན་གྱི་དོན་མཛད་པའི་ཚུལ་ནི། དོན་མཚན་〈ཚན་〉དྲུག་གི་སྒོ་ནས་ཤེས་པར་བྱ་བ་ལས།

ཐོག་མར་རིགས་མཆོག་ཏུ་སྐྱེ་བ་བཞེས་པའི་ཚུལ་ནི། ཏུ་བཞི་པ་ལ་གཡས་རུ་བྱང་གི་སའི་ཆ། ཁྱད་པར་ཅུང་མཆོག་དཀར་གྱི་ཤུ། གྲུབ་པའི་གནས་མཆོག་དགོན་པ་ཆོས་སྡིངས་སུ། མཁྱེན་བརྩེའི་མངའ་བདག་ཡབ་མཐུ་ཆེན་གྲགས་པ་རྒྱལ་མཚན་དང་། ཡེ་ཤེས་མཁའ་འགྲོའི་མཚན་དང་ལྡན་པ། ཡུམ་བྱང་སེམས་ཐུགས་རྗེ་རྒྱལ་མོ་གཉིས་ཀྱི་སྲས་སུ། འཕར་བ་ཞེས་བྱ་བ་ལྕགས་མོ་གླང་གི་ལོ་དབྱུག་པ་ཟླ་བའི་ཉེར་གསུམ་ལ། གཟའ་མིག་དམར། སྐར་མ་རྒྱལ། སྦྱོར་བ་བསྒྲུབ་པ་ཞེས་པའི་སྦྱོར་བྱེད་བཟང་པོ་ལ། ཡུམ་ལ་གནོད་པ་མེད་ཅིང་། ངོ་མཚར་བའི་ལྟས་དུ་མ་དང་བཅས་ཏེ་བལྟམས་སོ། །

བལྟམས་པའི་ཚེ་ན། ཡབ་ཀྱིས་མཚན་ཆོས་སྐྱོང་རྡོ་རྗེ་ཞེས་གསོལ། ཞག་འདུན་〈བདུན་〉གྱི་བར་དུ་གྲུབ་རྒྱལ་མའི་ཚེ་དབང་དང་། གཏོར་དབང་བར་ཆད་ཀུན་སེལ་ཚར་མང་དག་མཛད་དོ། །དེ་ནས་བཀུར་སྟིའི་ཁྱད་པར་དུ་མས་བསྐྱེད་བསྲིངས་ཏེ། མཚོ་ནང་གི་པདྨ་བཞིན་དུ་ཀུན་གྱི་ཡིད་འཕྲོག་པའི་གནས་སུ་གྱུར་ཏོ། །དགུང་ལོ་བཞི་བཞེས་པ་ལ་ཡུམ་དང་བཅས་ཏེ། གདན་ས་ཆེན་པོ་གནས་རྙིང་དུ་ཕྱུགས་ཕེབས། གདན་ས་པས་ཀྱང་བསུ་བ་སར་〈སེར་〉ཕྲེང་ལ་སོགས་པའི་བཀུར་སྟི་ཕུན་སུམ་ཚོགས་པ་བྱས། དགུང་ལོ་ལྔ་བཞེས་པ་ལ་ལ་སྟོད་ལ་བྱོན། བདུན་པ་ལ་ཡང་གནས་རྙིང་དུ་ཕེབས། དུས་དེ་དག་ཏུ། སྟོན་ཅིང་ཆུབ་སེམས་དཔའི་སྤྱོད་པ་རླབས་པོ་ཆེ་གོམས་པའི་སྟོབས་ཀྱིས་དམན་པ་ལ་ལྷག་པར་བརྩེ་བ་བསམ་གཏན་གྱི་འདུག་སྟངས་ཀྱིས་བཞུགས་པ། བྱིས་པའི་རྩེད་གྲོགས་རྣམས་ལ་ཆོས་སྟོན་ཅིང་། བསྔོ་བ་ཡོན་བཤད་མཛད་པ་ཡིན་ཞེས་བྱ་བ་ལ་སོགས་པ་བྱིས་པའི་སྤྱོད་ཚུལ་ལས་རིང་དུ་འདས་པ་ཞིག་གོ །དགུང་ལོ་བདུན་པ་མེ་མོ་ལུག་ལོ་ལ། གཟིམ་ཁང་ལྷུན་སྐྱིས་བདེ་ཆེན་དུ། འཇམ་དབྱངས་ཀུན་དགའ་བདེ་ལེགས་ཀྱི་དྲུང་དུ། དགེ་བསྙེན་གྱི་སྡོམ་པ་ནོད། མཚན་རིན་ཆེན་རྡོ་རྗེ་ཞེས་བྱ་བར་བཏགས། འདི་པཎྜི་ཏ་ཙུ་འདུག་ཅེས་ཡང་ཡང་གསུང་ཞིང་ཐུགས་དགེས་པ་ཆེན་པོས་རྗེས་སུ་བཟུང་བར་མཛད་དོ། །དགུང་ལོ་བཅུ་པ་ལ་ཕྱུག་པོ་དཀར་ལུང་པས་ཡོན་བདག་བྱས། ནང་སོ་རྡོ་རྗེ་བཟང་པོ་བས་ཀྱང་〈ཕྱུག་〉ཕེབས་བསྙེན་བཀུར་མཛད་དེ། གདན་ས་ཆོས་སྡིངས་སུ་ཆེ་འདོན་མཛད་(P. 74བ་)དུས། བཤད་གསར་མཛད་པས་མཁས་པ་རྣམས་དགའ་བ་བསྐྱེད་ཅིང་ཀུན་གྱི་ཡིད་འཕྲོག་པས། ཡོན་མཆོད་ཐམས་ཅད་མི་བྱེད་〈ཕྱེད་〉པའི་དད་པ་དང་ལྡན་པར་གྱུར་ཏོ། །དགུང་ལོ་

བརྒྱུད་པ་ལ། བླ་མ་ཡོན་ཏན་མཆོག་པ་དང་། རབ་འབྱམ་〈འབྱམས་〉པ་སྤྲུལ་རིན་པ་གཉིས་ཀྱིས་ཆབ་བློག་ཕུལ། བླ་མ་ཤེ་ཤ་བས་ཕྱག་རིས་ཕུལ་བས་རིང་པོར་མ་ཐོགས་པར་སློབ་དཔོན་རང་ལས་མཁས་པ་མཁྱེན་ནོ། །དེ་ནས་རང་གཞན་གྱི་སྒྲིབ་པ་སྦྱོང་བའི་ཐབས་ལ་དགོངས་ནས། འབྲུག་མོའི་ས་ག་ཟླ་བའི་ཚེས་བརྒྱད་ལ། དོན་ཞགས་ཀྱི་སྒྲུང་གནས་དབུ་བརྩུགས། ཚེས་བཅོ་ལྔ་ལ་བཅུ་གཅིག་ཞལ་དཔལ་མོ་ལུགས་ཀྱི་སྨྱུང་གནས་ཀྱི་དབུ་བརྩུགས་ནས་དཀར་ཕྱོགས་ཚང་མ་མཛད་ཅིང་། རིགས་གཏད་ལུང་དང་བཅས་པ་ཡང་རྫོགས་པར་གསན་ནོ། །འདི་ཉིད་ཀྱིས་བླ་མེད་ཀྱི་དཀྱིལ་འཁོར་དུ་དབང་ཞུས་པའི་ཐོག་མ་ནི། རང་གི་ཡབ་མཐུ་ཆེན་གྱི་དྲུང་དུ། གཤེད་དམར་ལྷ་བཅུ་གསུམ་མའི་དབང་བཞི་ཡོངས་སུ་རྫོགས་པ་ཞུས། གསང་མཚན་མི་བསྐྱོད་རྡོ་རྗེ་ཞེས་བཏགས། གཞན་ཡང་ཕྱག་རྫོར་གཏུམ་ཆེན་ཕྱི་ནང་གསང་གསུམ། ཨུཪྻ། ཏ་མགྲིན། ཆོས་སྐྱོང་བ་རང་ལ་གང་ཡོད་ཀྱི་མགོན་པོའི་དབང་བཀའ་རྗེས་གནང་། དེ་དག་གི་མན་ངག་ལུང་དང་བཅས་པ་ཐམས་ཅད་དང་། གཞན་ཡང་གཟུངས་གྲྭ་ལྔ། གདུགས་དཀར་གྱི་རྗེས་གནང་ལ་སོགས་པ་དང་། དབང་ལུང་ཕྲན་མང་དག་ཀྱང་གསན་ནོ། །མི་མོ་སྦྲུལ་མོའི་དབྱར་གཞུག་གནས་སྙིང་དུ་ཕེབས། མཚན་ཉིད་ཀྱི་ཐུགས་སྦྱོད་〔སྦྱོང་〕མཛད་བཞིན་པས། མངོན་རྟོགས་རྒྱན་རྩ་འགྲེལ་ལ་སོགས་པའི་གཞུང་འགའ་ཡར་ལ་བམ་འཛིན་མཛད་པས། ཚེགས་མེད་པར་ཐུགས་སུ་ཆུད་པར་མཛད་དོ། །

གཉིས་པ། བསྟན་པ་ལ་རབ་ཏུ་བྱུང་བའི་མཛད་པ་ནི། དེ་ནས་འཁོར་བའི་སྡུག་བསྔལ་མཐའ་དག་ལ་མི་འོབས་ལྟ་བུར་གཟིགས་པས་ཐུགས་ངེས་པར་འབྱུང་ཞིང་། ཐར་པ་དང་གཏན་ལས་འདས་པ་བདེ་ཚལ་ལྟ་བུས་ཐུགས་ཕྲོགས་

ཏེ། ས་ཕོ་རྟའི་སྟོན། པཎ་ཆེན་ཡེ་ཤེས་རྩེ་མོས་མཁན་པོ། རྗེ་བཙུན་འཇམ་དཔལ་སྙིང་པོས་སློབ་དཔོན། རབ་འབྱམ་〈འབྱམས་〉པ་ཆོས་ལྡན་པས་དུས་སྣ་བ་མཛད་དེ། ཕུན་སུམ་ཚོགས་པའི་དགེ་འདུན་གྱི་དབུས་སུ་རབ་ཏུ་བྱུང་ནས། རང་གི་གཙེན་པོ་རྗེ་འཇམ་དཔལ་བ་ལ་〈ལས་〉། མདོ་དྲུག་པ་གཉེར་གཞག མདོ་སྡེ་འཛངས་〈མཛངས་〉བླུན། ལས་བརྒྱ། འཇམ་དབྱངས་ཀུན་དགའ་བདེ་ལེགས་ཀྱི་གསུང་འབུམ་ཕོར་བུ་བ་ལ་སོགས་པའི་ལུང་མང་དག་གསན་ཅིང་། ཁྱད་པར་དུ་བསྟུས་པ་ཐུན་མོང་བ་ནས་བཟུང་སྟེ་རིག་པའི་གསང་དུ་མ་དང་། ཤེར་ཕྱིན་གྱི་འགྲེལ་བཤད་རྣམ་བཤད་སྙིང་པོའི་རྒྱན་ཚང་ལ་ཡོངས་སུ་རྫོགས་པ་གསན་ཅིང་། གནས་(P. 75ན་)རྙིང་གི་དབྱར་ཆོས་ལ་སོ་དུ་མའི་བར་དུ་ལུང་གྲྭ་མཛད་པས། རིང་པོར་མ་ལོན་པར་སློབ་པོ་རྣམས་ཀྱི་གཙུག་གི་ནོར་བུ་ལྟ་བུར་གྱུར་ཏོ། །

གསུམ་པ་ནི། དམ་པ་མང་པོ་བསྟེན་ནས་དབང་གདམས་པ་ལ་སོགས་ཐོས་པས་རྒྱུད་ཕྱུག་པར་མཛད་པའི་ཚུལ་ནི། ཡང་རྗེ་མཐུ་ཆེན་གྱི་དྲུང་དུ། རས་ཆུང་སྙན་རྒྱུད། རྟ་མགྲིན་ཡང་གསང་གི་བཀའ་ལུང་ཡོངས་རྫོགས། བཀའ་འཁོར་སོ་སོའི་རྗེས་གནང་ལུང་དང་བཅས་པ་ཐམས་ཅད་གསན་ནོ། ། ས་མོ་ལུག་ལོའི་སྟོན། སློབ་དཔོན་རིན་པོ་ཆེ་སྨྲ་བའི་སེང་གེའི་དྲུང་དུ། འཇིགས་བྱེད་བཅུ་གསུམ་པའི་དབང་བཞི་ཡོངས་སུ་རྫོགས་པ། རྗེ་རིན་པོ་ཆེའི་ཡིག་ཆའི་སྟེང་ནས་གསན། འདུས་པ་འཕགས་ལུགས་ཀྱི་དབང་བཞི་ཡོངས་རྫོགས། འདུས་པའི་རྩ་རྒྱུད་ལེའུ་བཅུ་གཉིས་པ། རྒྱུད་ཕྱི་མ་དང་བཅས་པ། འགྲེལ་པ་སྒྲོན་གསལ། རྗེ་རིན་པོ་ཆེས་མཛད་པའི་འགྲེལ་པའི་མཆན་བུ། བསྡུས་དོན། མཐའ་དཔྱོད། རིམ་ལྔ་གསལ་སྒྲོན། གདན་རྫོགས། རྣམ་གཞག

རིམ་པའི་ཊཱི་ཀཱ། ཡེ་ཤེས་རྡོ་རྗེ་ཀུན་ལས་བཏུས། ལྷ་མོ་བཞིས་ཞུས། ཡེ་ཤེས་རྡོ་རྗེ་ཀུན་ལས་བཏུས་རྣམས་ཀྱི་ཊཱི་ཀཱ། འདུས་པའི་མངོན་རྟོགས། དཀྱིལ་ཆོག་ཤེས་བརྗོད་སྒྲོན་ལམ། རྗེ་སློབ་དཔོན་པ་རང་གིས་མཛད་པའི་འདུས་པའི་བསྐྱེད་རྫོགས། སྒྲུབ་ཐབས་ཀྱི་ཆིངས། དཀྱིལ་འཁོར་གྱི་བཤད་པ། གཞལ་ཡས་ཁང་གི་རྣམ་བཤད་དང་། འདུས་པའི་བསྐྱེད་རིམས་རྣམ་བཤད་ཆེན་མོ། རྫོར་དྲིལ་རྣམ་བཤད། རིམས་ལྔ། མདོར་བྱུས། མདོ་བསྲེ། བདག་བྱིན་རླབས། བྱང་ཆུབ་སེམས་འགྲེལ་ལ་སོགས་པ་འདུས་པའི་གཞུང་ཕྲན་རྣམས་དང་བཅས་པའི་ཆ་ལག་ཡོངས་སུ་རྫོགས་ཤིང་མ་ཚང་བ་མེད་པར་གསན། དཔལ་འཁོར་ལོ་བདེ་མཆོག་གི་རྩ་རྒྱུད་ལེའུ་ང་ཅིག་〈གཅིག་〉པ། དེའི་འགྲེལ་པ་རྗེ་རིན་པོ་ཆེས་མཛད་པ། དྲིལ་བུ་རིམ་ལྔའི་ཊཱི་ཀཱ། འདོད་ཛོ་〈འཇོ་〉། ལྔུ་ཡི་པའི་རྫོགས་རིམས་ཆེ་ཆུང་། ལུ་དྲིལ་གྱི་སྒྲུབ་དཀྱིལ་ལ་སོགས་བདེ་མཆོག་གི་ཡིག་ཆ་ཆ་ལག་ཚང་མ་ཐམས་ཅད་དང་། ནཱ་རོ་ཆོས་དྲུག ནི་གུ་ཆོས་དྲུག་ལ་སོགས་པ་ཁྲིད་ཆས་〈ཆོས་〉འགའ་ཡང་ཡང་གསན་ཞིང་ཐུགས་ཉམས་སུ་བསྟར་པར་མཛད་དོ། །རྗེ་རིན་པོ་ཆེས་མཛད་པའི་འཇིགས་བྱེད་བཅུ་གསུམ་མའི་སྒྲུབ་དཀྱིལ། སྦྱིན་སྲེག་དངོས་གྲུབ་རྒྱ་མཚོ། འཁྲུལ་འཁོར་ཆེན་མོ། མཁས་གྲུབ་རྗེས་མཛད་པའི་འཇིགས་བྱེད་ཀྱི་བསྐྱེད་རིམས་རྣམ་བཤད་དང་། དེའི་རྫོགས་རིམས་བློ་གྲོས་ཆོས་སྐྱོང་བས་མཛད་པ། དེའི་བསྐྱེད་རྫོགས་འབྲིང་རྩེ་ཆོས་རྗེས་མཛད་པ། ཡིག་ཆུང་སོགས་དང་། དགྲ་ནག གཤེད་དམར་ལ་སོགས་པ་གཤིན་རྗེའི་སྐོར་ཐམས་ཅད་(P. 75བ་)དང་། དཔལ་ལྡན་ས་སྐྱ་པའི་བཀའ་བབས་དྲུག་དང་བཅས་པའི་དབང་གི་ཆུ་བོ་བཞི་འདུས། ཀྱཻ་རྡོ་རྗེའི་དབང་བཞི་རྫོགས། མན་སྔ་སོགས་དང་། མཁས་གྲུབ་རྗེས་མཛད་པའི་ཀྱཻ་རྡོ་

རྗེའི་སྒྲུབ་དཀྱིལ་སོགས་ཀྱི་རྡོ་རྗེའི་སྐོར་ཕལ་ཆེ་བ་དང་། ཕྱོ་བྲག་ཕྱུག་རྡོར་བས་མཛད་པའི་གསང་བ་བསམ་གྱིས་མི་ཁྱབ་པའི་ཁྲིད་མཚན་བུ་དང་བཅས་པ། འཇམ་དཔལ་རྩ་རྒྱུད། དཔའ་བོ་གཅིག་གྲུབ། དམ་ཚིག་གསུམ་བཀོད། འཇམ་དཔལ་ཞལ་ལུང་། གྲུབ་རྒྱལ་མའི་ཚེ་དབང་ལུགས་འགའ་ཡར། ཆེད་དུ་བརྗོད་པའི་ཚོམས། བྱང་ས། སྤྱོད་བསྡུས། སྤྱོད་འཇུག་སོགས་སྤྱོད་ཕྱོགས་འགའ་རེ་དང་། ལྷ་མོ་དམག་ཟོར་གྱི་རྗེས་གནང་ལ་སོགས་པ་རྗེས་གནང་མང་པོ་དང་། དབུ་མ་རྩ་ཤེས་འཇུག ལྷ་ཁྲིད། གཅོད་ཡུལ་སོགས་དང་། རྗེ་རིན་པོ་ཆེའི་བཀའ་འབུམ་ཆེན་མོ། རྣམ་ཐར། མཚན་ཉིད་ལམ་རིམ། མཁས་གྲུབ་རྗེའི་བཀའ་འབུམ། ཚུལ་ཁྲིམས་ལེའུའི་རྣམ་བཤད། འདུལ་འཛིན་གྲགས་རྒྱལ་གྱི་བསླབ་བྱ་ཆེ་ཆུང་། བཀའ་གདམས་གླེགས་བམ་ཡོངས་རྫོགས། དཔེ་ཆོས་རིན་སྤུངས། ཐམས་ཅད་མཁྱེན་པ་དགེ་འདུན་གྲུབ་ཀྱི་བཀའ་འབུམ་ཡོངས་རྫོགས། བ་རི་བརྒྱ་རྩ་སོགས་དང་། ལྷ་བསྡུས། གཟའ་འཛིན། གཟའ་ལྷ། དུས་སྦྱོར་སོགས་ཀྱི་ས་རིས་དང་། ས་རྩ་བ་སཾ་སྦྷ་ཊིའི་ སྔགས་ཀྱི་ཀློག་ཐབས། ཀ་ལཱ་པའི་ཨུ་ཊ། ཀ་ལཱ་པའི་འཚམས་སྦྱོར་ལྷ་པ། མིང་ལེ་དང་བཅས་པའི་ས་རིས་ཀྱང་གསན་ཅིང་། དཔྱིས་ཕྱིན་པ་ཐུགས་སུ་ཆུད་པར་མཛད་པས། རྗེ་སློབ་དཔོན་པའི་ཞལ་ནས། ཁོང་པ་པཎྜི་ཏའི་བག་ཆགས་ལེགས་པར་སད་འདུག་གོ་ཞེས་ཡང་ཡང་ཆེ་བརྗོད་མཛད་དོ། །པཎ་ཆེན་ཡེ་ཤེས་རྩེ་མོའི་དྲུང་དུ། གསང་འདུས་མི་བསྐྱོད་པའི་རྟུལ་ཚོན་གྱི་དཀྱིལ་འཁོར་དུ་དབང་བཞི་རྫོགས། མཁས་གྲུབ་རྗེ་ནས་བརྒྱུད་པ། རྗེ་ཤེས་རབ་སེང་གེ་ནས་བརྒྱུད་པ་སོགས་དང་། བདེ་མཆོག་ལཱུ་ཡི་པའི་དབང་བཞི་རྫོགས། ལུགས་འགའ་ཡར་དང་བཅས་པ། རྡོ་རྗེ་འཇིགས་བྱེད་ཀྱི་མན་ངག་ཞི་ཁྲོ་སྔགས་སྒྲུབ་ལ་སོགས་འཇིགས་བྱེད་ཀྱི་སྐོར་མང་

པོ་དང་། ཕྱག་ན་རྡོ་རྗེ་དྲག་པོ་གསུམ་འདུལ་གྱི་རྒྱུད། མཁས་གྲུབ་རྗེའི་བཀའ་འབུམ་ལ་སོགས་ཏེ་བཀའ་ལུང་མང་པོ་གསན་ནོ། །ལྕགས་སྤྲེའི་དཔྱིད་ཡབ་མཐུ་ཆེན་གྱི་དྲུང་དུ། དཔལ་རྡོ་རྗེ་དབྱིངས་དང་། འཆི་བདག་འཇོམས་པ་སོགས་རྫུལ་ཚོན་གྱི་དཀྱིལ་འཁོར་དུ། བུ་སྟོན་རིན་པོ་ཆེའི་ཡིག་ཆའི་སྟེང་ནས་དབང་ལུང་ཡོངས་སུ་རྫོགས་པ་དང་། ཕྱག་ན་རྡོ་རྗེ་རས་ཆུང་ལུགས་ཀྱི་དབང་ལུང་ཡོངས་སུ་རྫོགས་པ་ཐམས་ཅད་གསན། བྱ་ལོའི་སྟོན། མི་ཏྲ་བརྒྱ་རྩའི་དབང་ལུང་ཡོངས་སུ་(P. 76ན་) རྫོགས་པ་ཐམས་ཅད་ཞུས། བྲག་རྟོག་ཚོམས་ཆེན་དུ་ཐམས་ཅད་ལ་རྫུལ་ཚོན་གྱི་དཀྱིལ་འཁོར་བཞེངས། ཡབ་ཀྱིས་ཞལ་བཀོད་གནང་། རྗེ་སྐུ་མཆེད་གཉིས་ཀྱིས་བྲིས་ཐིག་ཐམས་ཅད་མཛད། ཁྱད་པར་དབང་གྲོལ་མཚམས་སུ། རྗེ་ཉིད་ཀྱིས་གསོལ་ཅིག་གི་སྟེང་དུ་ཛམྦྷ་ལ་དང་། རྣལ་འབྱོར་མའི་དཀྱིལ་འཁོར་ཅིག་རྣམས་〈 བརྣམས་ 〉། གན་དཀར་ཆུང་དུ་རེས་ཁེབས་ཙམ་གྱི་ཕྱག་རིས་མཛད་པ་ནི། མ་འོངས་པའི་རྡོ་རྗེ་སློབ་དཔོན་རྣམས་ལ་དཀྱིལ་འཁོར་འབྲི་བའི་ལས་ལ་མཁས་ཞེས་གསུང་བའི། རྡོ་རྗེ་སློབ་དཔོན་གྱི་ཕྱག་ལེན་མི་ཉམས་པ་འདི་ལྟ་བུ་གྱིས་ཤིག་ཅེས་འདོམས་པ་ལ་དགོངས་ལ། དེ་ལྟ་བུའི་ལེགས་ཉེས་ནི། ཇི་ཙམ་སྦྱངས་ཀྱང་རྫུལ་ཚོན་ལ་ལྟ་ཞོག ཆུ་ཚོན་ལ་ཡང་ཤེས་པར་དཀའ་བས་ཐ་མལ་པའི་སྤྱོད་ཡུལ་ལས་འདས་པ་ཡིན་ནོ། །སྐབས་འདི་རྣམས་སུའང་དབང་དང་གདམས་ངག་ཐོབ་ཙམ་མ་ཡིན་གྱིས། རང་རང་གི་རྒྱུད་སྡེ་ལས་ཇི་ལྟར་བཤད་པ་བཞིན་དུ། མཆོད་པ་དང་། ཚོགས་དང་། བསྙེན་བཀུར་ཕུན་སུམ་ཚོགས་པས་རྡོ་རྗེའི་སློབ་དཔོན་མཉེས་པར་མཛད་པ་ཤ་རྟག་〈 སྟག་ 〉མཛད་པ་ཡིན་ནོ། །

བཞི་པ། སྒྲུབ་པ་ཉམས་སུ་ལེན་པའི་ཚུལ་ནི། ཆུ་ཕོ་ཁྱི་ལོའི་དགུན་

མཇུག རང་རེའི་དགོན་པ་ཆོས་སྡིངས་སུ་ཕེབས། ཞག་འགའ་དགོན་པར་བཞུགས། བྱང་ཁམས་འདི་ཤིན་ཏུ་གྲང་བ་དང་དགྲ་ཉེན་ཤིན་ཏུ་ཆེ་བར་འདུག་ཀྱང་། དཔེན་པའི་ཡོན་ཏན་གྱི་ཐུགས་ཕྲོགས་ཏེ་ཐེ་ཚོམ་མེད་པར་སྟར་〈ཏ་〉སྟོའི་གངས་ལ་གཤེགས། དེར་ཡང་གསང་བ་ཆོས་ཕུག་ཏུ་སྤྱན་མའི་གཟིམ་མལ་བཅས། གུང་ཚོགས་ཀྱི་དུས་གསོལ་གཟིམ་གཉིས་ལ་གསུང་རེ་ཙམ་འཁྱོན། གཞན་ཐུགས་དམ་འབའ་ཞིག་ལ་རྩེ་གཅིག་ཏུ་བཞུགས། གངས་རས་ལ་སོགས་པའི་བྱིན་རླབས་ཞུགས་ཤིང་རྟོགས་པ་ཁྱད་པར་ཅན་འཁྲུངས། གཞི་བདག་ཆེན་པོས་བསྙེན་བཀུར་དང་ཞབས་ཏོག་བྱས། དེ་ནས་སླར་ཡང་ཆོས་སྡིངས་སུ་ཕེབས་སོ། །ཆུ་མོ་ཕག་ལ། དགོན་པ་དང་། དཀོན་མཆོག་གི་དཀར་མེ་ཉམས་པ་ཐུགས་ཀྱིས་མ་བཟོད་པ་ལ་རྟེན་ནས། ཛ་བུར་གོས་དར་ལ་སོགས་པའི་སྤྱད་དངོས་འགའ་བསྣམས་ནས། དཔོན་སློབ་ཉི་ཤུ་ཙམ་གྱིས་བྱང་འབྲོག་ལ་ཕེབས། སྟོན་མོ་ཤོད་ལ་སོགས་པའི་ཡུལ་ཕྱོགས་རྣམས་སུ། ཆོས་ཀྱི་སྦྱིན་པས་འགྲོ་བའི་དོན་དཔག་ཏུ་མེད་པ་མཛད། ད་རོག་ཏུ་ཆིབས་པ་གསུམ་རྟ་རྐུན་གྱིས་ཁྱེར་བས། ཆིབས་པ་ངོས་〈སྟོན་〉མ་དེའི་ཟེར་བ་ལ་མི་འབར། མི་རྟ་གཉིས་པོ་ཐྲག་ཚོངས་〈རོངས་〉ལ་ལྷུང་ནས་ཤི། གཞན་མི་གཉིས་པོས་འགྲོ་ས་གཞན་མ་(P. 76བ་) སྙེད་〈རྙེད་〉པར་ཤུལ་ལ་ལོག་འོངས་ནས། རྗེའི་དྲུང་དུ། རྟ་གསུམ་〈གཉིས་〉དང་བཅས་བཤགས་པ་ཕུལ་བས། ཆོས་སྐྱོང་བཀའ་གཉན་ཅིང་མཐུ་ཆེ་བའི་གྲགས་པ་ཆེན་པོ་བྱུང་ངོ་། །ཁྱད་པར་བཟང་ར་གཞུ་གོང་དུ། ཇོ་ལ་པའི་སྐར་སྡེ་ཚོགས་པ། མི་དཔོན་ན་དགུ་པས་གཙོས་པའི་རྒན་པ་ཕོགས་ཅིག་ལ། ཛ་བུར་དང་། གང་འོས་ཀྱི་གནང་སྦྱིན་གནང་། དགེ་བསྐུལ་མཛད་པས་དཀོན་མཆོག་གི་དཀར་མེ་ལ་ཚེར་མོ་ལྔ་བརྒྱ་ཕུལ། གཞན་ཡང་རྟ་གཡག་

ལ་སོགས་པའི་ཟང་ཟིང་གི་འབུལ་བ་དཔག་མེད་ཕུལ་སྐུ་སེར་ཐམས་ཅད་ཀྱིས། བླ་མ་འདི་ཉིད་ལ་སངས་རྒྱས་དངོས་ཀྱི་འདུ་ཤེས་སྐྱེས། རང་གི་ལུས་ཀྱང་འབུལ་ནུས་པ་ཙམ་བྱུང་ན། ཟང་ཟིང་གི་དངོས་པོ་ཇི་ལྟ་ཅི་སྨོས། འདི་དག་གི་སྐབས་སུ་གདུལ་བྱ་རང་རང་གི་བློ་དང་འཚམ་པའི་དབང་བཀའ། རྗེས་གནང་། སྐྱབས་འགྲོ་སེམས་བསྐྱེད། བསྙེན་གནས། ལ་ལ་བསླབ་པའི་གཞི་འགའ་འཛིན་པ་ལ་སོགས་པའི་སྒོ་ནས་གནས་སྐབས་དང་མཐར་ཐུག་གི་བདེ་འབྲས་ཕུན་སུམ་ཚོགས་པ་ལ་བཀོད་ཅིང་། ཁྱད་པར་ནད་གདོན་དྲག་པོས་གཟིར་བ་རྣམས་ལ་བྱིན་རླབས་དང་། ཞལ་ཆབ་དང་། ཕྱག་མདུད་གནང་བ་ཙམ་གྱིས་སྐད་ཅིག་དེ་ཉིད་ལ་ནད་གདོན་ལས་གྲོལ་བ་ལ་སོགས་པ་ཐུགས་རྗེ་བྱིན་རླབས་བསམ་གྱིས་མི་ཁྱབ་པའི་སྒོ་ནས་འགྲོ་བ་མཐའ་ཡས་པའི་དོན་མཛད་པ་ཡིན་ནོ། །དེ་ནས་སྐུ་ནོམ་ཆེན་པོ་དང་བཅས་ཏེ། དཔོན་སློབ་ཆོས་སྡིངས་སུ་ཐེབས་པས། དགོན་པ་འདི་ལ་ཤི་བ་སོན་པ་ལྟ་བུའི་ཞབས་ཏོག་ཆེན་པོ་མཛད་པ་ཡིན་ནོ། །ཕག་ཕྱི་གཉིས་ལ་ཆོས་སྡིངས་སུ་བཞུགས། ཡབ་ཀྱི་དྲུང་དུ་སྒྲུབ་ཐབས་རྒྱ་འཚོ་〈མཚོ་〉། བརྒྱ་རྩ། རྡོ་རྗེ་ཕྲེང་བ་ལ་སོགས་པའི་དབང་ལུང་མང་པོ་གསན། སླང་ལོ་ལ། ཡབ་ཡུམ་གཉིས་ཀྱིས་གདུང་སྤེལ་མཛད་དགོས་གསུང་བའི་ཞལ་ཏ་ནན་ཆེར་གནང་བ་དང་། དགོན་པ་བས་ཀྱང་དེ་ལྟར་མཛད་དགོས་པའི་ཞུ་ནན་ཆེ་བ་ལ་རྟེན། གཙོ་བོར་ཡབ་ཀྱི་བཀའ་མ་ཚོགས་〈གཅིག་〉པ་དང་། སེམས་ཅན་མགུ་བྱ་མ་གཏོགས་པ། །རྒྱལ་བ་མཉེས་པའི་ཐབས་གཞན་མེད། །ཞེས་གསུང་བ་ལྟར་ཡོང་རྣམས་ཀྱི་བློ་སྣ་འཁྲིད་པའི་ཕྱིར་དུ། ནེའུ་རིངས་ནས་སེམས་མ་དྲུང་མཆོག་ང་〈དེ་〉ཁབ་དུ་〈ཏུ་〉བཞེས། ཟླ་བ་འགའ་ཞིག་ལོན་ཀྱང་འཛིག་རྟེན་གྱི་ཁ་ན་མ་ཐོ་བས་ཙུང་ཟད་ཀྱང་མ་གོས་

པའི་ཚུལ་ནི། འདམ་ལས་སྐྱེས་པའི་པདྨ་ལྟ་བུ་འོ། །ལོ་དེའི་ཟླ་བ་བཅུ་པའི་ཉེར་ལྔ་ལ། རྗེ་འཇམ་དཔལ་བ་དེ་ཉིད་གཟུགས་སྐུ་ཆོས་དབྱིངས་སུ (P. 77ན་) སྡུད་པའི་ཚུལ་བསྟན། དེ་ལ་རྟེན་ནས། གནས་རྙིང་པས་ཡར་གདན་འདྲེན་པ་བཏང་བས། ལོ་དེའི་མཇུག་ལ་གནས་རྙིང་དུ་ཕེབས། ཡུམ་གྱིས་གཙོ་མཛད་མྱ་ངན་གྱིས་ནོན་པ་རྣམས་ཀྱི་དབུགས་དབྱུང་། རྗེ་འཇམ་དཔལ་བའི་ཐུགས་བཞེད་ཀྱི་གཙོ་བོ། སྡེ་འདིའི་གཞི་གསུམ་གྱི་ཕྱག་ལེན། དབྱར་ཆོས་དང་བཅས་པ་རྣམས་ཉམས་ཆག་མེད་པ་འཛད་〈མཛད་〉ཅིང་། བཞུགས་ཁྲི་སྟོན་པོར། སྤྱི་ཆོས་མདོ་སྡེ་ལ་སོགས་པ་གསུངས་པས་ཐམས་ཅད་ལ་སྤྲོ་དགའ་དབྱར་སྐྱེས་ཀྱི་ཆུ་བོ་བཞིན་དུ་གྱུར་ཏོ། །

ལྔ་པ། བསྙེན་པར་རྫོགས་པའི་ཚུལ་ནི། མེ་ཕོ་སྟག་ལོའི་ཟླ་བ་དགུ་པ་ལ། པཎ་ཆེན་ཡེ་ཤེས་རྩེ་མོས་མཁན་པོ། སློབ་དཔོན་སྨྲ་བའི་སེང་གེས་སློབ་དཔོན། མན་ལུང་བ་རྗེ་བཙུན་ཆོས་ཀྱི་རྒྱལ་མཚན་གྱིས་གསང་སྟོན་མཛད་དེ། དགེ་འདུན་གྲངས་ཚང་གི་དབུས་སུ། དགེ་བསྙེན་ཉིད་དང་། དགེ་ཚུལ་ཉིད་དང་ཞེས་གསུངས་པ་ལྟར། བསྟན་པ་ལ་རིམས་ཀྱིས་ཞུགས་པ་ཡོངས་སུ་རྫོགས་པ་དགེ་སློང་གི་དངོས་བརྙེས་ཏེ། འཕགས་པ་དགེས་པའི་ཚབས་〈ཚངས་〉པར་སྤྱོད་པ་མཆོག་དང་ལྡན་པར་གྱུར་ཏོ། །མེ་མོ་ཡོས་ལོའི་དཔྱིད་གཟིམ་ཁང་ལྷ་ཐོག་རྩེར་ཆོས་ཀྱི་རྒྱལ་སྲིད་དུ་དབང་བསྐུར། མཐའ་རྟེན་དུ་ཐུབ་པ་དམར་པོས་ཐོག་དྲངས་འབྲེའི་ཁྲིད་ནོར་བཅུ་གསུམ་ཕྱག་ཕྲིད་མཛད་ནས། རབ་གནས་བཀྲ་ཤིས་མངའ་གསོལ་མཛད་དོ། །དེ་ནས་རྒྱལ་རྩེ་ནས་སྡེ་བདག་ཆེན་པོ་འཕགས་པ་རབ་བརྟན་པའི་དྲུང་དང་། ལྷུང་ར་མང་སོ་བ་ལ་སོགས་པའི་དཔོན་ཆེན་འགའ་དང་། ལས་འཛིན་ཕྱག་ཕྱི་དྲུང་འཁོར་བཟའ་རགས་བརྒྱ་

ལྷག་ཅམ་དང་། རྗེ་ཆེན་ནས་དཔོན་ཚབ་ཏུ་རྟེང་ཁེབས་ནང་སོ། སློན་ཆེན་ཆེས་སྤྱི་དམར་བ་སོགས་དང་བཅས་པའི་ལས་ཚན་འཛིན་པ་ཕྱུག་ཕྱིག་བ་མང་རགས་དང་བཅས་པ་ཕེབས། རྗེ་ཉིད་གུས་པའི་ཚུལ་གྱིས་བསྟེན། གནས་རྙིང་ཚོགས་ཆེན་ལ་བསྙེན་བཀུར་ཕུན་སུམ་ཚོགས་པ་མཛད་པས། ཆེ་འདོན་གྱི་སྒོ་ནས་དགོངས་པ་རྫོགས་པར་བསྒྲུབས། སྡེ་བདག་ཕྱོགས་གཉིས་ཀྱིས་གཙོ་མཛད་པའི་སྐྱ་སེར་ཐམས་ཅད་ལ་ཡང་། གསུང་ཚངས་པའི་དབྱངས་ཀྱིས་ཐེག་པ་ཆེན་པོའི་སེམས་བསྐྱེད་པ་སྩལ་བས། ཡོན་མཆོད་རྟེན་འབྲེལ་འགྲིག ལོ་དུ་མའི་བར་དུ་རྗེ་ཤར་ནུབ་ཐུགས་འཐུན་〈མཐུན་〉ཞིང་ཡུལ་ལྗོངས་ཐམས་ཅད་བཀྲ་ཤིས་པ་དང་། ཕས་ཀྱི་རྒོལ་བས་མི་ཐེ་བ་ལ་སོགས་པ་འཕྲལ་དང་ཡུན་གྱི་ཕན་ཚོགས་རྒྱ་མཚོ་ལྟ་བུས་འཁོར་བར་གྱུར་པ་ཡིན་ནོ། །ས་མོ་སྦྲུལ་ལོ། རྗེ་འཇམ་དཔལ་སྙིང་པོའི་གདུང་ཁང་དངུལ་གདུང་བཞེངས་པའི་རྩོམ་པ་མཛད། རྒྱུ་(P. 77བ་)རྐྱེན་རྣམས་གཟིམ་བྱུང་〈ཆུང་〉ནས་གནང་། ཟླ་ཐེབས་འབུལ་བའང་འགའ་ཞིག་བྱུང་། དཔོན་མོ་ཆེ་ལྷ་མོ་སྐྱབས་དཔོན་སློབ་བཞིས། ཟླ་བ་བཞི་པ་ལ་གཟོ་〈བཟོ་〉བཙུགས་ཏེ། སྐུ་ཚེ་བྱིན་གྱིས་བརླབ་པའི་མཆོད་རྟེན་རྒྱུ་ཕུན་སུམ་ཚོགས་པ་དཔངས་སུ་རྒྱ་མཐོ་བཅུ་དྲུག་ཡོད་པ། རིན་པོ་ཆེའི་འཕྲ་ཕུང་དུ་མས་སྤྲས་ཤིང་བཟོ་ཁྱད་ཕུལ་དུ་བྱུང་བས་མཛེས་པ། མཁས་པ་ནས་བྱིས་པའི་བར་གྱི་སྐྱེ་དགུའི་མིག་གི་བདུད་རྩི་ལྟ་བུར་གྱུར་པ། ཧོར་ཟླ་བརྒྱད་པའི་མཇུག་ལ་རྫོགས་པར་གྲུབ། ཡབ་སྲས་གཉིས་ཀྱིས་རྒྱུད་སྡེ་དང་འཐུན་〈མཐུན་〉པའི་རབ་ཏུ་གནས་པ་མཛད། རབ་སྟོན་ལ་ཁྲིན་ཁམ་〈ཁ་མ་〉། ཚོགས་ཆེན་མང་ཇ་དང་བཅས་པའི་བསྙེན་བཀུར་བསྒྲུབས། དཔོན་མོ་ཆེ་བ་སོགས་ཀུན་ཡོན་རྫོངས་དང་སྟོན་མོ་སོགས་ཏེ། མདོར་ན་ཐམས་ཅད་

དགའ་སྟོན་གྱིས་མཉེས་པར་མཛད་པ་ཡིན་ནོ། །མེ་ཕོ་བྱི་ལོའི་ཧོར་ཟླ་བཞི་པ་ལ། སྐུ་སྐྱེ་རིན་པོ་ཆེ་ཐམས་ཅད་མཁྱེན་པ་དགེ་འདུན་རྒྱ་མཚོ་བ། འཇམ་དབྱངས་ཀུན་དགའ་བདེ་ལེགས་ཀྱི་དབུལ་གདུང་དང་མཇལ་བ་ལ་གནས་སྙིང་དུ་ཕེབས། གནས་སྙིང་པས་བསུ་བ་སེར་ཕྲེང་ལ་སོགས་པའི་བཀུར་སྟི་ཕུན་སུམ་ཚོགས་པ་མཛད། གཟིམ་ཁང་ལྷ་ཐོག་རྩེར་དཔོན་སློབ་ཕྱོགས་འཐུན་〈མཐུན་〉དུ་བཞུགས། ཟླ་བྲང་ནས་གཞི་ལེན་ཡང་དག་པ་མཛད། རྗེ་ཐམས་ཅད་མཁྱེན་པས་ཚོགས་སུ་མང་ཇ། རྗེ་འདི་ཉིད་ཀྱི་དྲུང་དུ་སྐུ་གསུང་ཐུགས་ཀྱི་རྟེན་དང་། གཞན་ཟང་ཟིང་གི་འབུལ་བ་མང་པོ་ཕུལ། གསུང་ཆོས་ཕར་ཞུ་ཚུར་ཞུས་མཛད་པས། ལེགས་པར་བཤད་པའི་སྐྱེས་ཀྱི་ཐུགས་ཚིམ། གཉིས་ཕྱོགས་སུའང་དགྱེས་དང་མོས་གུས་ཀྱི་རྟེན་ཆུད། ཁྱད་པར་གཟུངས་སྒྲུབ་ཀྱི་གནམ་གང་གི་ཉི་མ་སྔ་ཕྱེད་ལ་བཞུགས་ཁྲི་སྟོན་པོར། རྗེ་ཐམས་ཅད་མཁྱེན་པས་གཙོ་མཛད་པའི། ཆོས་སྡེ་གོང་འོག་གི་དགེ་འདུན་སྟོང་ཕྲག་མང་པོ་དང་། སྐྱེ་བོ་མི་ནག་པའི་ཚོགས་བགྲང་བ་ལས་འདས་པ་རྣམས་ལ། གསུང་ཚངས་པའི་དབྱངས་ཀྱིས་ཐེག་པ་ཆེན་པོའི་སེམས་བསྐྱེད་པ་སྩལ་བས། གསུང་ཆོས་མགོ་བཙམས་པ་ནས་བཟུང་སྟེ་མ་གྲོལ་གྱི་བར། བཞུགས་ཁྲིའི་ཐད་ཀྱི་ནམ་མཁའི་མཐོང་ས་ཐད་དུ། ཆོན་སྣ་ལྔས་རྣམ་པར་བཀྲ་བའི་འཇའ་ཚོན་གྱི་གུར་དབྱིབས། ཐ་དད་པ་མང་པོས་ཁེབས་ཤིང་། མེ་ཏོག་གི་ཆར་བབས་པས་ཐམས་ཅད་ལ་དད་གུས་ལྷག་པར་ཆེས་ཆེར་རྒྱས་པས་མིག་ནས་མཆི་མ་འཁྲུག ངོ་མཚར་བའི་གཏམ་〚མང་〛པོ་སྨྲ་ཞིང་། རྗེ་ཉིད་ལ་སངས་རྒྱས་དངོས་ཀྱི་འདུ་ཤེས་སྐྱེས་པས། དེར་ཚོགས་པ་ཐམས་ཅད་ཀྱི་(P. 78ན་)རྒྱུད་ལ་ཐར་པ་དང་ཐམས་ཅད་མཁྱེན་པའི་ས་བོན་ཁྱད་པར་ཅན་སྨིན་པར་མཛད་པའི་སྒོ་ནས། སྐད་ཅིག

དེ་ཉིད་ལ་འགྲོ་བ་མཐའ་ཡས་པའི་དོན་མཛད་པ་ཡིན་ནོ། །ལྷས་ཁྱད་པར་ཅན་དེ་ལྟ་བུའང་། ཇོ་ཉིད་སེམས་བསྐྱེད་རྣམ་པ་གཉིས་ལ་ཐུགས་དམ་གཙོ་བོར་མཛད་པའི་རྟེན་འབྲེལ་གྱིས། བརྡའི་སྒོ་ནས་ཟབ་མོའི་དེ་ཁོ་ན་ཉིད་སྟོན་པའི་མཛད་པ་རྨད་དུ་བྱུང་བ་ཡིན་པར་གོར་མ་ཆག་གོ །ཡང་ཁྱི་བ་ལོ་ཧོར་ཟླ་གསུམ་པའི་ཚེས་ལྔ་ནས་བཟུང་། ཆུ་སྟོན་ཟམ་ཆེན་རྩ་བ་ནས་འཚོས་དགོས་པ་བྱུང་འཚམས། ཇོ་རིན་པོ་ཆེ་ཆུ་སྟོན་ཟམ་ཆེན་དུ་ཕྱག་ཕེབས། ཕྱག་ཕྱི་ལ་སློབ་དཔོན་རྣམ་པ། སྤྱི་ཆོས་ཁྲིམས། ལྷ་བྲང་ནང་སོ་སངས་རྒྱས་རྒྱལ་མཚན་པ་གྲགས་མཆེད། མོ་དབེན་གྱི་བརྒྱ་དཔོན་རྣམས་དང་། གཞན་ཡང་བཀའ་བགྲོས་ལ་དབང་བའི་རིགས་རྣམས་ཀྱིས་ཕྱག་ཕྱིར་འབྲེངས་ནས་བཀའ་བགྲོས་ཞུས་པས། ཇོའི་ཞལ་ནས། ཟམ་པ་འདི་ཤིན་ཏུ་བརྟན་པ་རྒྱུན་རིང་པོའི་བར་དུ་འཚོས་མི་དགོས་པ། སྐྱེ་འགྲོ་མང་པོ་ལ་ཕན་པ་ཅིག་བྱ་དགོས་པས། དེ་ལ་ཐ་དད་ནས་དགེ་བ་རྒྱུན་གྱི་ཁུར་བཟང་པོ་ཅིག་སྐྱ་བརྩུན་ཐམས་ཅད་ཀྱིས་སྣམས་〈སྙོམས་〉དགོས་གསུངས་པས། ཐམས་ཅད་ཀྱིས་མགྲིན་གཅིག་ཏུ་བཀའ་གང་གནང་ལ་མངོན་པར་བསྟོད་ཞེས་དམ་ཆ་སྒྲོག་ལ་སྨོས་པ་ལྟ་བུ་ཕུལ་བས། ཡང་ཇོའི་ཞལ་ནས། དེ་ལྟ་བུའི་སེམས་བསྐྱེད་ཡོད་ན། དགོན་པ་འདིའི་བཀའ་སྲུང་ཆེན་པོ་དང་མ་དང་མཁའ་འགྲོའི་ཚོགས་ཀྱིས་ཕྲིན་ལས་ཚུལ་བཞིན་དུ་སྒྲུབ་ངེས་སོ་གསུང་དབུགས་དབྱུང་གཟེངས་བསྟོད་པས། བདེན་ཚིག་འགྲུབ་པའི་སྟོབས་ཀྱིས་ཉིན་རེ་ལ་མིག་འཁྲུལ〈འཕྲུལ〉ལྟ་བུའི་རྗེས་ཆེ་ལ། སྲུས་དག་པ་ཀུན་གྱི་སྣའི་བརྗོད་ཡུལ་ལས་འདས་པ། དེ་རྒྱུན་རིང་པོའི་བར་མ་ཡིན་པར་གྲུབ་ཅིང་། དེའི་བར་ལ་ཇོ་རང་ཉིད་རེ་བཞིན་ཕེབས། ལྷ་བྲང་ནས་ཐབ་ཆེན་བཏེག དགེ་འདུན་ཚོགས་པ་རྣམས་ཀྱིས་གཙོ་བོར་ཐུགས་འགན་བཞེས་ཤིང་། མོ་དབེན་

རྣམས་ཀྱིས་ཀྱང་འུ་ལག་འབུད་ས་〔འབུངས་〕པའི་ཐད་དུ། གླ་བྲང་ནས། ཚོགས་པའི་འགན་བཞེས་རྣམས་ལ་མང་ཇ་གདན་བཞེས། དམངས་ལ་གྲོ་ཚང་སོགས་གང་ལ་གང་དགོས་ཀྱི་ཟང་ཟིང་གི་དངོས་པོ་ཆུ་ལ་སྦྱོད་པ་ལྟར་བྱིན་པས་ཐམས་ཅད་ཐུགས་དགའ་དགུ་〈མགུ་〉ཡི་རངས་〈རང་〉པ་ཆེར་སྐྱེས་པ་འདི་མཛད་པའི་མཆོག་གྲངས་ལས་འདས་པ་རྣམས་ཀྱི་ནང་ནས་གཅིག་གོ །དེའི་ཧོར་ཟླ་ལྔ་པ་ལ། དཀར་ཕྱོགས་ཆེན་མོ་ལ་ཞིག་གསོས་ཀྱི་གྲབས་གནང་བས། མི་དམངས་རྣམས་དེ་མ་ཐག་(P. 78བ་) བཤིག་རལ་བྱས་ན་ཆོས་སྐྱོང་དང་འཐུག་〈ཐུག་〉ཅེས་ཞུས་པས། ཆོས་སྐྱོང་གི་ཁག་ང་རང་གིས་འཁུར་གྱིས་གསུང་ནས། རྩ་བ་ནས་སྒྱིལ་བཤིག་བྱས། ལས་མི་རྣམས་ལ་གླ་བྲང་ནས་མང་ཇ་ཚ་གྲོ་ལ་སོགས་པའི་འཐུན་〈མཐུན་〉རྐྱེན་བསྒྲུབས། མཁར་ལས་བཙུགས་པས་ཧོར་ཟླ་དྲུག་པའི་མཇུག་ལ། ཕོག་སོ་གཉིས། ཇ་ཁང་། ཐུང་ཁང་། གཞན་ཁང་པ་བཞི་ཙམ་ལ་སོགས་པ་ཐམས་ཅད་རྫོགས་པར་གྲུབ། ཞལ་བཞེས་མཐར་ཕྱིན་པ་ནི། གྲུབ་པའི་ས་ལ་གནས་པའི་རྟགས་ཁྱད་པར་ཅན་ཡིན་པར་གདོན་མི་ཟའོ། །

དྲུག་པ། བསྟུ་དངོས་གཞིའི་སྒོ་ནས་འགྲོ་དོན་མཐའ་ཡས་པ་མཛད་པའི་ཚུལ་ནི། ལོ་འདི་ལ་སྣེ་གདོང་པ་དང་གཞིས་ཁ་རིན་དཔུངས་〈སྤུངས་〉པ་དཔོན་གཡོག་ནང་ཟིང་ས། སྣེ་གདོང་པ་དབུས་ཕྱོགས་ཐམས་ཅད་དང་། རྒྱལ་རྩེ། སྤྲ་རྣམས་〈སྣམ་〉པ་རྣམས་སྲིད་ཅིག་〈གཅིག་〉 གཞི་སེང་། ལ་སྟོད་ལྷོ་བྱང་རྣམས་སྲིད་ཅིག་〈གཅིག་〉བྱས། འབྲི་ཁུང་ཡན། ཀློ་པོ་མན་གྱི་དབུས་གཙང་ཐམས་ཅད་མ་བདེ་བཅུ་གསུམ་ལ་བཀོད་པའི་དུས་ཟིང་ས་ཆེན་པོ་ལངས་འཚམས་〈མཚམས་〉། ཧོར་ཟླ་བདུན་པའི་མགོ་ལ། རྒྱལ་རྩེ་ནས་དཔུང་ཆེན་

བཏེག མཁར་དགའ་ནས་བཅམས་ནས། འདོལ་བྱུང་དང་། ནོར་བུ་ཁྱུང་རྩེའི་བར་(འདིར་ཡིག་འབྲུ་ལྔ་དྲུག་ཞིག་གྲིས་སྲུབ་རྒྱབ་འདུག——གྲིག་པ་པོས།) རྣམས་ཚགས་འཛུག་བྱས་རྗེས། ལྡང་རར་དཔུང་ཆེན་མགོ་རྐང་སྒྲིལ། (འདིར་ཡང་ཡིག་འབྲུ་ལྔ་དྲུག་ཞིག་གྲིས་སྲུབ་རྒྱབ་འདུག——གྲིག་པ་པོས།) ཁང་གཡུལ་ལ་ཤིང་བཤུ་མེ་བཏེག་སྟོབས་ཆེན་བྱས་དུས། རྗེ་ཉིད་ཀྱིས་གཡོན་ཕྱིངས་〈ཆིངས་〉གང་ཐོན་ཅིག་གི་ཞུས་གནད་〈གནང་〉ཕུལ་བ། ངེད་རང་འོང་གསུང་བའི་བསྐོར་ཡང་ཡང་ཡང་གནང་ཀྱང་། རྗེ་ཤར་ནས་དགོངས་པ་མ་ཁྲོལ་བས་མཛད་སྟབས་མ་བྱུང་། དེ་ནས་རྗེ་ཆེན་དུའང་ཉང་ཤབ་ཀྱི་དཔུང་ཆེན་འགྲིག ཕྱོགས་གཉིས་པོའི་དཔུང་ཆེན་ལག་ཐུག་སྲིད། མི་བསད་སྟོབས་ཆེན་བྱུང་བས། (འདིར་ཡི་གེ་དགུ་བཅུ་ཞིག་གྲིས་སྲུབ་རྒྱབ་འདུག——གྲིག་པ་པོས།) འདི་ཕྱི་གཉིས་སུ་སྡུག་བསྔལ་དྲག་པོས་མནར་བའི་སེམས་ཅན་རྣམས་ལ། བཟོད་པའི་ཐུགས་བརྩེ་བ་ཆེན་པོས། ཟང་ཟིང་གི་དངོས་པོ་དཔག་མེད་བསྣམས། བླ་བྲང་ནང་སོ་དང་། སྤྱི་ཆོས་སོགས་ཀྱིས་ཕྱག་ཕྱི་དང་བཅས་པའི་དཔོན་སློབ་རྣམས་ཕེབས། རྗེ་ཤར་ནུབ་གཉིས་སུ་གསེར་དངུལ། རྟ་ཁྲབ། སྟག་གཟིག་ལ་སོགས་པའི་འབུལ་བ་སྟོབས་ཆེན་བསྣམས་ནས། ཕྱག་ཕྱིར་བླ་བྲང་ནང་སོ་སངས་རྒྱས་རྒྱལ་མཚན་པ་དང་། སྤྱི་ཆོས་འགའ་ཡར་དང་བཅས། དཔོན་སློབ་རྣམས་ཕེབས་པས། རྗེ་ཚོན་རྫོང་མདུན་དུ་སྐྱ་སེར་འགའ་ཡར་(P. 79ན་) གྱིས་ཕྱོགས་འཕུལ་བྱས་ཁ་ནས་ངན་སྨྲས་དང་རྡོ་ཆར་སོགས་སྣ་ཚོགས་བྱུང་ནའང་། རྗེ་བཙུན་འདི་ཉིད་ནི་ཞལ་རས་ཀྱི་དཀྱིལ་འཁོར་སྔར་བས་ཀྱང་འཛུམ་པ་ལྷག་པར་དགེས་པ་ལྟ་བུའི་ཐུགས་དང་ལྡན་ཅིང་། སྐུ་འཁོར་རྣམས་ལ་འདི་འང་བྱུང་དུས་ཀ་བཟོད་པ་སྒོམ་དགོས་པ་ཡིན་མོད། གཉེན་པོས་མ་ཐུབ་ན། ཆོས་ཀྱི་དགོས་པ་སྟོན་〔སྟོར་〕

〈སྟོང་〉། ཆོས་པ་དང་འཇིག་རྟེན་པའི་ཤན་འབྱེད་འདི་ན་ཡོད་པ་ཡིན་གསུང་། ཞི་སྟང་ལྷ་བུའི་སྡིག་པ་མེད། །བཟོད་པ་དམ་པའི་དཀའ་ཐུབ་མེད། །དེས་ན་བཟོད་ལ་ནན་ཏན་བྱ། །སྣ་ཚོགས་ཐབས་ཀྱིས་བསྒོམ་པར་བྱ། །ཞེས་པ་ལྟར་ཡིན་པས་ཐམས་ཅད་སེམས་སྐྱོང་［སྐྱོད་］〈སྐྱོད་〉། ཚིག་པ་ཟབ་རྒྱུ་མེད་གསུངས་པས། དེ་འཕྲལ་དུ་ཐམས་ཅད་ཀྱི་སེམས་འཁྲུགས་པ་བདེ་མལ་གྱིས་སོང་སྟེ། དེ་ནས་ཕྱོགས་གཉིས་ཀར་དུ་གསོལ་ཇ་དང་། གནང་སྦྱིན་རྣམས་སྩལ། བརྟན་ཕྱིངས་〈ཚིངས་〉ཀྱི་ཞལ་ཏ་གནང་བས། དེ་ནི་གཉིས་ཀར་གྱི་ཐུགས་བཞེད་ལ་མེད་པས་གསན་དགོངས་ཡེ་མ་བྱུང་། གཡོན་ཞག་དུས་མའི་ཞལ་ཏ་གནང་པས། རྗེ་ཆེན་ནས་ད་རེས་ངེད་ལ་གཡོན་གྱི་དགོས་པ་མེད་ཀྱང་། རྗེ་རིན་པོ་ཆེའི་སྐུ་ངོ་ལ། གཡོན་ཞག་བཅུ་སྐོར་ཅིག་མཛད་པ་ཞུ་ཞེས་ཐུལ་བས། དེ་བར་ལ་དཔུང་རྣམས་སོ་སོར་གྱིས། ཞག་ཤས་བདེ་འཛམ་དུ་གནས་པས་མི་སྐྱེ་རྣམས་ཀྱང་། རྗེ་འདི་ཉིད་ཀྱི་ཐུགས་རྗེ་དང་བྱིན་རླབས་ཡིན། འདི་པ་ཕེབས་པ་ཉིད་ནས་འཐབ་རྩོད་ཞི་ཞིང་། ཕྱིངས་〈ཚིངས་〉རང་བྱུས་སུ་བྱུང་ཞེས་བསྟོད་བཀུར་བསྔགས་གསུམ་བྱེད་ཅིང་གྲུས་པར་གྱུར་ཏོ། །ཡང་སླང་སོ་ཏོར་ཟླ་ལྔ་པ་ལ། གཞི་སེང་གི་དཔུང་ཉང་སྟོད་དུ་ལྷགས་ཤིང་བཤུ་དང་མི་བརྡེག་སོགས་བྱས། ཉེས་མེད་ཀྱི་སེམས་ཅན་མང་པོ་སྡུག་བསྔལ་གྱིས་མནར་བ་ལ་བརྩེ་བས་གཟིགས་ནས། ཕྱིངས་〈ཚིངས་〉ལ་དཔོན་སློབ་ཐོགས་ཅིག་གིས་གཉིས་ཐད་དུ་གསེར་དངུལ། ཧ་ཁྲབ་སོགས་ཚན་ཆེ་བ་བསྣམས་ནས་ཕེབས། དེ་མཇུངས། ཞ་ལུ། ར་ལུང་སོགས་སྤྱི་མཆོད་〈ཆོས་〉རྣམས་ལའང་ཕེབས་དགོས་པའི་གསུང་ཤོག་གནང་། དེ་འཕྲལ་དཔོན་སློབ་ཀྱིས་སྔར་ཐོག་ཏུ་ཕེབས་གསོལ་ཇ་འབུལ་བསྟོད་ཁ་བསྒྲངས་པའི་སྤྱོད་དངོས་གནང་། ཡོན་མཆོད་

གསུང་གླེང་དང་མཇལ་ཕྲད་ཞིབ་པར་མཛད། ཞ་ལུ་དང་ར་ལུང་སགས་
〈སོགས་〉ཀྱི་ཕྱིངས་〈ཚིངས་〉པ་རྣམས་ལ་ཡང་ཇ་ཞལ་དང་གཞི་ལེན་གཟབ་
མ་མཛད། ཐམས་ཅད་དགོངས་རྩེ་གཅིག་ཏུ་གཏད་པའི་བཀའ་འགྲོས་མཛད་
དེ། བརྟན་ཕྱིངས་〈ཚིངས་〉ཀྱི་ཞལ་ཏ་གནང་ཡང་(P. 79བ་) གཞི་སེང་
གཉིས་ཀྱིས་གསན་དགོངས་མ་བྱུང་། དེ་སྐབས་སུ། འཚོང་〈འཕྱོངས་〉ཀྱིས་
ནས་གཙོ་མཛད་པའི་སྡེ་གདོང་པའི་དཔུང་སྟོབས་ཆེ་བ་ཞིག་རྩེ་སྨན་དུ་སླེབ།
གཞི་སེང་གི་དཔུང་རྣམས་ཕྱིར་བྲེས། དེ་ནས་བཟུང་སྟེ་ཉང་སྟོད་དུ་འཁྲུག་ལོང་
ཙུང་ཚུང་བར་བྱུང་བ་ཡང་། རྗེ་འདི་ཉིད་ཀྱི་ཐུགས་རྗེ་དང་བྱིན་ལས་ཕན་ཡིན་
ནོ། །ས་ཕོ་སྟག་གི་ལོ་ཧོར་ཟླ་དྲུག་པའི་ཚེས་བརྒྱད་ཀྱི་ཉིན། ཕག་རི་རིན་ཆེན་
སྒང་ནས། ལྷ་པ་ནང་སོ་ངག་དབང་དཔལ་འབྱོར་པ་དཔོན་སློབ་རྣམས་ལ།
རྗེ་རིན་པོ་ཆེས་གཟིམ་ཁང་ལྷ་ཐོག་རྩེར་དབང་དང་རབ་གནས་སོགས་གསུང་
ཆོས་ཀྱི་འབྲེལ་པ་གནང་བ་འདི། སྐྱེ་འགྲོ་མང་པོའི་རེ་བ་ཡང་ཡང་དུ་སྐོང་བར་
མཛད་པས། ནང་པའི་ཞལ་ནས། རྗེ་འདི་ཉིད་སྤྲུལ་པའི་གང་ཟག་ཡིས་ཀྱང་
ཡིན་ཏེ། འདི་ལྟ་བུའི་མཛད་པ་གདུལ་བྱ་རྣམས་ཀྱི་དཔལ་དུ་འདུག་པས་ང་
ཤིན་ཏུ་དད་པ་སྐྱེས་པ་ཡིན། ང་〔ད་〕ཕྱིར་གསུང་ཆོས་མང་པོ་གནང་དགོས་
ཤིང་། ལྷག་པར་བྱང་ཆུབ་སྒྲུབ་པ་ལ་སྙིགས་མའི་དུས་འདིར་ཚེ་རིང་དགོས་
པར་འདུག་པ་ལ། ཚེའི་དབང་བསྐུར་ཟབ་མོ་ཅིག་གནང་དགོས་ཞུས་པས། མ་
གཅིག་གྲུབ་རྒྱལ་མ་ལུགས་ཀྱི་ཚེ་དབང་བརྒྱ་རྩ་ཁ་སྐོང་དང་བཅས་པ་གནང་
ཅིང་། གཞན་ཡང་། རྟ་མགྲིན་པདྨ་དབང་ཆེན་གྱི་གཏོར་དབང་རྗེས་གནང་།
ལས་གཤིན་གྱི་རྗེས་གནང་། དབྱངས་ཅན། འཇམ་དཀར་སོགས་ཀྱི་ལུང་དང་།
གཞན་ཡང་གསུང་ཆོས་ཀྱི་འབྲེལ་པ་མང་པོ་གནང་བས། ཐུགས་ལ་དགའ་བདེ་

དཔག་མེད་སྐྱེས་ཤིང་། ཁྱད་པར་ཕེབས་དུས་སྐུ་ཁམས་ཅུང་ཟད་ཟི་ཙམ་འདུག་པ་དེ། དབང་བཀའ་རྣམས་ཚུགས་ནས་ཞག་རེ་ལ་ཡར་སོ་བྱུང་བས་བྱིན་རླབས་ལ་མཆོག་ཏུ་ཐུགས་ངེས་སྐྱེས་པས། གཏང་རག་འབུལ་བ་ལ་ཡང་། ཕྱག་གསེར། རྟེན་གཤགས་འཇོའ་ལེན་རྒྱ་ར། རྟེན་ཁེབས། སྣང་ཆེན་གྱི་མཆེ་བ་ཟུང་གཅིག གཞན་ཡང་ཁྱད་རས་ལ་སོགས་པ་དང་། ཆིབས་པ་བཟང་པོ་གཅིག་རྣམས་ཕུལ། ཡང་དེའི་དབྱར་མཇུག་ལ་སྨིན་དྲུག་ཁྱུང་རྩེ་བ་ནང་སོ་སླུ་དབང་པ་དཔོན་གཡོག་རྣམས། སྐུ་མདུན་དུ་མཇལ་དུ་ཕེབས་ནས་ཚེ་དབང་གྲུབ་རྒྱལ་ལུགས་དང་། ཡེ་ཤེས་མགོན་པོའི་རྗེས་གནང་། ལས་གཤིན་གྱི་རྗེས་གནང་། ཐུགས་རྗེ་ཆེན་པོའི་རིགས་གཏད། པདྨ་དབང་ཆེན་གྱི་གཏོར་དབང་སོགས་བཀའ་ལུང་མང་པོ་རྣམས་སྔ་ཕྱིར་གནང་བས་ཐུགས་ཡིད་གཅིག (P. 80ན་) ཏུ་འདྲེས་པ་ལྟ་བུ་བྱུང་བ་འོ། །ཡང་སྟོ་སྟེ་ཁྲི་ཟམ་གསར་ནས་རྗེ་བདག་ཉིད་ཆེན་པོའི་སྐུ་དྲུང་དུ། དཔོན་པོ་ཉེ་མས་དགོན་པ་སྟོང་སྡུག་ནང་ཟེར་བའི་ས་གདན་དབང་རིགས་དང་བཅས་པ་ཕུལ། ཡང་སྟོ་ཞག་ཤུལ་དགོན་པ་ས་ཆ་དབང་རིགས་དང་བཅས་པ། དྲུང་དགྲ་བཅོམ་པ་དཔོན་སློབ་རྣམས་ཀྱིས་ཕུལ། ཡང་སྟོ་ཁོ་ཐོག་དགོན་པ། ས་དམར་སྒང་། ཕྲང་སླིང་སྒང་རྣམས། མཐུ་ཆེན་གྲགས་པ་རྒྱལ་མཚན་ཡབ་སྲས་ཕྱོར་ཕེབས་དུས། བླ་མ་དགེ་བསྙེན་དང་། བླ་མ་བྱམས་པ་གཉིས་ཀྱིས་དགོན་པ་མ་ལག་ས་ཆ་དབང་རིགས་དང་བཅས་པ་གཙང་མར་ཕུལ། ཡང་སྟོ་སེར་ལྷུན་དགོན་པ། དབུ་མ་དགོན་པ། ཤིང་སྟོན་དགོན་མ་བུ་ས་གདན་དབང་རིགས་དང་བཅས་པ། དཔོན་པོ་ཐོས་རྒྱམ་པས་ཕུལ། དགོན་པ་གསར་འབུལ་འདི་རྣམས་ཀྱི་དེབ་གཏེར་ཤིན་ཏུ་གསལ་བ་མཛད་ནས། རྗེ་དཀའ་བཞིའི་དྲུང་གིས་མཁན་ཆེན་འདི་ཉིད་ཀྱི་སྐུ

བྲུང་དུ་ཐུལ་བ་རྣམས་ད་ལྟའི་བར་དུ་གཟིམ་ཁང་རྩེར་བཞུགས། ས་ཐོ་སྟག་ལོ། འཚོང་〈འཕྱོངས་〉རྒྱས་པས་གཙོ་མཛད་པའི་དབུས་པའི་དཔུང་བགྲང་བ་ལས་འདས་པ་ཞིག་ཉང་སྟོད་དུ་སླེབ། གཞུང་འཁྲིམས་བྱས་སྨིན་དྲུག་ཁྱུང་རྩེར་སྐར་ཆེན་བཏབ། ཡང་རྗེ་ཉིད་ཀྱིས་ཐུགས་ཀྱིས་མ་བཟོད་པར་དཔོན་སློབ་རྣམས་ཀྱིས་ཟང་ཟིང་གི་སྦྱུད་དངོས་སྟོབས་ཆེ་བསྐྱམས་ཏེ། སྨིན་དྲུག་ཁྱུང་རྩེར་དབུས་པའི་སྐར་ཐོག་ཏུ་ཕེབས། འཚོང་〈འཕྱོངས་〉རྒྱས་སྡེ་པ་ཡབ་སྲས་དང་། བྱ་བ་ཁྲི་དཔོན། ཡར་སྟོད་སྡེ་པ། ཆོས་པ་ནང་སོ་སོགས་སྡེ་དཔོན་རྣམས་དང་། རུ་དཔོན་གྲག་པ་སྣ་〈སྣེ་〉མོར་མངགས་པ་སོགས་དབུས་པ་དཔོན་གཡོག་རྣམས་དང་། སྲ་རྣམ་〈སྣམ་〉ནང་སོ་རྒྱལ་དབང་དཔོན་གཡོག་རྣམས་ལ་གསོལ་ཇ་ཞུས། གསེར་དངུལ། གོས་དར། ཁྲབ་རྨོག སྟག་གཟིག རས་སྣམ། ལྟང་རྩེ་ལ་སོགས་པའི་ཇ་ཞལ་གནང་། ཐམས་ཅད་ཟང་ཟིང་གི་སྦྱིན་པས་ཚིམ་པར་མཛད་དེ། ཡོན་མཆོད་ཐུགས་སྦྲོ་བའི་གསུང་གླེང་མཛད་པས། གཞི་བྱེས་ཐམས་ཅད་ཐུགས་དགེས་པའི་རང་བཞིན་དུ་གྱུར་ཏོ། །དེ་ནས་ཞ་ལུར་ཕེབས། མཁན་ཆེན་པོ་རྡོ་བ་ལ་སོགས་པའི་ཕྱིངས་〈ཚིངས་〉པ་རྣམས་ལའང་། རང་རེས་ཇ་བུར་ཇ་ཞལ་སོགས་ཀྱི་བསྙེན་བཀུར་མཛད། ཐམས་ཅད་བཀའ་བཀྲོས་རྩེ་བསྟུན་པའི་ཡར་མར་གཉིས་སུ་ན་མའི་འཕེན་སྐོར་གནང་བས་ཐམས་ཅད་ཀྱིས་ཐུགས་དང་〈དངས་〉བསྒྲིངས་ཏེ། ཐབས་མཁས་པ་དུ་མའི་སྒོ་ནས་དཔུང་ཆེན་ལག་མ་ཐུག་པར་མཛད་དེ། མི་འཇིགས་པ་སྐབས་ཀྱི་སྦྱིན་པས་སེམས་ཅན་མཐའ་(P. 80བ་)ཡས་པའི་དོན་མཛད་པ་ཡིན་ནོ། །དེ་ནས་རིང་པོར་མ་ལོན་པར། གོང་མ་ཆེན་མོ་དང་རྒྱལ་རྩེ་བ་གཉིས་དང་། གཞི་སེང་གཉིས་ལོ་གསུམ་གྱི་ཕྱིངས་〈ཚིངས་〉མཛད། ཕྱིངས་〈ཚིངས་〉པ་སྐྱུ་

དཔང་དུ་བཞག་ནས་དབུ་སྙན་འདམ་〈མནའི་དམ་〉གཞག་ཐམས་ཅད་ཀྱང་རྫོགས་པར་གྲུབ། དབུས་གཙང་གི་དཔུང་ཐམས་ཅད་སོ་སོར་གྱེས། སེམས་ཅན་མཐའ་ཡས་པ་བདེ་བ་ལ་བཀོད་པ་ནི། སྨོན་ལམ་བརྣབས་པོ་ཆེ་གྲུབ་ཅིང་། གྲུབ་པ་མཆོག་གི་ས་ལ་བཞུགས་པའི་མཛད་ཕྲིན་〈འཕྲིན་〉ཕོ་ན་ཡིན་ནོ། །ཕྱུག་པོ་ཁང་གསར་བ་ནང་སོ་ཚེ་དབང་རྣམ་རྒྱལ་བས་ཚེ་དཔག་མེད་གྲུབ་རྒྱལ་མའི་དབང་ཞུས། ཚོང་འདུས་ཁྲི་དཔོན་པས་དམ་ཅན་ཆོས་ཀྱི་རྒྱལ་པོའི་རྗེས་གནང་ཞུས། གནས་པ་ནང་སོ་ལ་ཡེ་ཤེས་མགོན་པོ་བར་ཆད་ཀུན་སེལ་གྱི་རྗེས་གནང་རྒྱས་པ་གནང་། དེ་ནས་སེང་གེ་རྩེ་ནས་སྡེ་བདག་ཆེན་པོ་སྤྱན་མ་རབ་བརྟན་པས། ད་ལན་ཅིས་ཀྱང་མཇལ་བ་ཅིག་དགོས་གསུང་ཞལ་ཏ་ནན་ཆེར་ཕེབས་པ་ལ་རྟེན་ནས། སེང་གེ་རྩེར་ཕེབས། དཔོན་སློབ་ཐམས་ཅད་ཀྱིས་བསུ་བ་སོགས་བསྙེན་བཀུར་ཕུན་སུམ་ཚོགས་པ་མཛད། རང་རེས་ཀྱང་གསོལ་ཇ་ཞུས་གནང་སྦྱིན་བཟང་པོ་མཛད། ཡོན་མཆོད་ཐུགས་སྨྲེ་བའི་གསུང་གླེང་དང་། ཆོས་དང་འཐུན་〈མཐུན་〉པའི་འབྲེལ་གཏམ་སྣ་ཚོགས་པའང་མཛད་པས་ཐུགས་ཤིན་ཏུ་དགེས། སྡེ་པ་ནས་ཀྱང་། རྟེན་གསེར་དངུལ། གོས་དར། ཚིབས་པ་ལ་སོགས་པའི་འབུལ་བ་བསམ་གྱིས་མི་ཁྱབ་པ་ཕུལ། དཔོན་སློབ་ཐམས་ཅད་ཤིན་ཏུ་དད་པར་གྱུར་ཏོ། །མདོར་ན་ཕྱིངས་〈ཆིངས་〉ལ་འབྱོན་བཞུད་ཀྱི་སྐབས་རྣམས་སུ། མཁས་བཙུན་དགེ་བའི་བཤེས་བསྙེན་གྱི་ཚོགས་ལ་རང་རང་གི་འདོད་ཆོས་ཀྱི་ལུང་དང་། རབ་བྱུང་བསྙེན་རྫོགས་སྒྲུབ་པ་སོགས་དང་། འབྲོང་རྩེ་སྡེ་པ་ཁྲི་ནམ་མཁའ་རྒྱལ་མཚན་པ་དང་། ཚོང་འདུས་ཁྲི་དཔོན་སོགས་སྟོད་ལྷུན་གྱི་སྡེ་དཔོན་འགའ་ཡར་ལ་དབང་བཀའ་རྗེས་གནང་། རྟེན་གསུམ་སོགས་ཀྱི་རབ་གནས། ནད་གདོན་དྲག་པོས་གཟིར་བ་རྣམས་ལ་

ལྷོགས་སྡུགས་དང་བྱིན་རླབས། གཞན་སྐྱེ་བོའི་ཚོགས་ལ་རང་རང་གི་བློ་དང་འཚམ་པའི་སྐྱབས་འགྲོ་སེམས་བསྐྱེད། བསླེན་གནས། ལ་ལ་བསླབ་པའི་གཞི་འགག་འཛིན་པ་ལ་བཀོད་པ་སོགས་སྨིན་པ་རྣམ་པ་བཞིའི་སྒོ་ནས། མཁས་པ་ནས་བྱིས་པའི་བར་གྱི་འགྲོ་བ་མཐའ་ཡས་པ་སླེན་གྲོལ་གྱི་ལམ་ལ་བཀོད་པས་འཕྲེལ་ མཛད་ དོན་ དང་ ལྡན་ པར་ མཛད་ པ་ ཡིན་ནོ། །འདིར་ ཡི་ གེ་(P. 81ན་)མངས་པར་དོགས་པས་མ་བྲིས་ཀྱིས་ཞིབ་པར་བཞན་〈གཞན་〉དུ་བལྟ་བར་བྱའོ། །

མདོར་བསྡུ་ན། བསྙེན་པར་རྫོགས་པ་ནས་བཟུང་སྟེ། སོ་སོར་ཐར་པའི་བསླབ་པས་གཞི་བཟུང་བཅས་རང་གི་དེ་〈དྲི་〉མ་ཕྲ་མོ་ཙམ་གྱིས་ཀྱང་དབེན་ཞིང་། བསླབ་པ་རིན་པོ་ཆེ་རྣམ་པ་གསུམ་དང་། བྱང་ཆུབ་ཀྱི་སེམས་རིན་པོ་ཆེ་རྣམ་པ་གཉིས་ལ་ཐུགས་དམ་གཙོ་བོར་མཛད། ཁྱད་པར་གནས་སྙིང་གི་དབྱར་ཆོས། གཞི་གསུམ་གྱི་ཕྱག་ལེན་དང་བཅས་ལ་མི་ཉམས་ཤིང་གོང་འཕེལ་དུ་མཛད་པ་དང་། ལོ་རེ་བཞིན་དུ་མང་ཇ་ལྟ་ཙམ་རེ་འཆག་མེད་དང་། སྐབས་སུ་ཚ་བ་ཁྲིན་ཁ་མ་དང་། མང་ཇ་འགྱེད་བཅས་གནང་བ་དང་། སྐུ་གསུང་ཐུགས་ཀྱི་རྟེན་གསར་བཞེངས་དང་། རྙིང་པ་གསོ་བ། ན་བཟའ། གསེར་ཆབ། མཆོད་པ་ཁོར་ཡུག་དང་། བླ་མ་གོང་མ་རྣམས་ཀྱི་ཚུལ་དུས་མཆོད། སྨན་སྦྱིན་མཛད་པ། རབ་བྱུང་བསྙེན་རྫོགས་སྒྲུབ་པ་སོགས་འདུས་བྱས་ཀྱི་དགེ་བ་མང་པོ་ཞིག་ཕྱག་ལེན་ལ་བསྟར་ནས་མཛད་པ་ཡིན་ནོ། །དེ་དག་གི་སྐབས་རྣམས་སུ་ཡང་ལོ་རེ་བཞིན་དུ་སྨན་ལུང་〔ཆུ་〕གཟིམ་ཁང་དུ་ཟླ་བ་གཉིས་གཉིས་སྐུ་འཚམས་ངེས་པ་ཅན་མཛད་ཅིང་། གཞན་ཡང་གཟིམ་ཁང་གང་འོས་སུ་ཟླ་རེ། ཟླ་གཉིས། ཐ་ན་ཞག་བཅུ་ཙམ་རེ་སོགས་སྐུ་འཚམས་དམ་

པོ་གནང་། སྒྲིས་མེད་ཀྱི་ཐུགས་དམ་འབའ་ཞིག་ལ་བཞུགས་པ་ཡིན་ནོ། །དེ་དག་ནི་ཆ་ཙམ་སྨོས་ཀྱི་ཡང་དག་པར་ན། བྱང་ཆུབ་སེམས་དཔའི་རིགས་ཀྱི་རྟགས་དང་སྙིང་སྟོབས་ལ་སོགས་པ་དང་། བསླབ་པའི་གནས་ནམ་དུ་ཡང་མི་གཏོང་བ་དང་། དམ་བཅས་པ་མི་འབྲལ་བ་དང་། དམན་པ་དང་མ་རུངས་པ་ལ་ལྷག་པར་བརྩེ་བ་དང་། རྒྱུ་མེད་པར་མཉེས་བཞིན་པ་དང་། བྱས་པ་དྲིན་དུ་གཟོ་〈གསོལ་〉བ་དང་། སྐུ་སྲོག་ལ་སྐྱོ་བ་ལ་ཡང་ཕན་འདོགས་པར་མཛད་པ་ལ་སོགས་པ་ཐེག་པ་ཆེན་པོ་དགེ་བའི་བཤེས་གཉེན་གྱི་ཆོས་མ་ཚང་བ་མེད་པ་དང་ལྡན་ཞིང་། ཁྱད་པར་དུ་རྡོ་རྗེ་ཐེག་པས་ལྷག་པར་རྒྱུད་རབ་ཏུ་སྨིན་པ། རྒྱུད་སྡེ་ནས་གསུངས་པའི། རྡོ་རྗེ་སློབ་དཔོན་གྱི་མཚན་ཉིད་མ་ཚང་བ་མེད་པ་དང་ལྡན་པས། ལྷ་དང་བཅས་པའི་འཇིག་རྟེན་མཐའ་དག་གི་སྐྱབས་གཅིག་པུར་གྱུར་པ་འདི་ཉིད་དོ། །

ཡང་སྨྲས་པ། ཤིན་ཏུ་སྙིགས་མའི་དུས་ཀྱི་སེམས་ཅན་རྣམས། །དག་〈ངག་〉ལ་རབ་རྙས་དད་སོགས་དགེ་བས་དབེན། །ལོག་ལྟས་རྒྱུད་དཀྲུགས་ལོག་སྒྲུབ་མཚོན་ཆ་རྣོ། །ཚུལ་འདི་དགོངས་ནས་མྱ་ངན་འདའ་ཚུལ་བསྟན། །(P. 81བ་) ཞེས་པ་མེ་པོ་བྱི་ལོ་ལ་དབུས་གཙང་གི་ཕྱོགས་སུ་ཟིང་ཆེན་པོ་ལངས། དེ་ལ་རྟེན་ནས་དབུས་གཙང་གི་མི་རྣམས་ཕྱིའི་ཆ་ལུགས་དང་ནང་གི་བྱེད་སྤྱོད་ཐམས་ཅད་འགྱུར། དགོས་ཆོས་བྱེད་པར་སློན་པ་རྣམས་སྡིག་པའི་ཡོ་ལང་བྱེད་ཅིང་། དགེ་བ་ལ་འདུན་པ་ཤིན་ཏུ་ཆུང་བ། གུ་རུ་རིན་པོ་ཆེའི་ལུང་བསྟན་གྱི་སྙིགས་མའི་མཚན་ཉིད་ཚང་བར་དགོངས་ཤིང་། ཁྱད་པར་ལྕགས་པོ་སྟག་ལོའི་དབྱར་ཆོས་ལ། ཚགས་སྔོའི་འགྲོས་ཀྱིས་གནད་ཡེ་མེད་པའི་བྱ་བ་ཕྲན་ཚེགས་ཅིག་ལ། གྲྭ་ཚང་གཅིག་ཙམ་མ་གཏོགས་སྡེ་འདིའི་གྲྭ་ཚང་ཐམས་ཅད

འཕྲུགས། ཀོ་ཀོན་མཆོན་ཐོགས། ཁང་པ་ལ་མེ་བརྗེག་ཤིང་བཤུ་ལ་སོགས་པའི་བྱེད་སྤྱོང་ངན་པ་ལག་ལེན་ལ་བཏང་བས། རྗེ་ཉིད་ཀྱིས་གྲྭ་ཚང་སོ་སོའི་སློབ་དཔོན་དང་། སྤྱི་ཆོས་སོགས་ལ་གསོལ་ཇ་གནང་། འོ་སྐོལ་ཙོ་〈ཚོ་〉སྤྱིར་ཆོས་མཛད་ཡིན་པ་དང་། དགོས་དབྱར་ཞལ་བཞེས་མཛད་པའི་མཁས་བཙུན་ཤ་སྟག་ལགས་པས། བསྟན་པ་སྤྱི་དགོས་ལ་དགོངས་ནས། བྱ་བ་འདི་ལྟ་བུ་མཛད་པ་ལ། སྟུད་སོ་ཡོད་པ་ཅིག་མཛད་དགོས་ཞེས་ཞལ་ཏ་གནང་ཀྱང་། བཀའ་འཚམས་མཆོད་རྟེན་མས་སྦོམ་གྱི་རྣམ་པ་མཛད། གྲྭ་པས་གསན་དགོངས་མ་བྱུང་། དེ་ནས་རྗེ་ཉིད་ཀྱིས་སྤྱར་སྟེ་འདིའི་ཆེད་དུ་ང་རང་གིས་སྐྱིད་སྡུག་གང་ཡང་སྤྱོང་ཅིང་། སྡིག་སྡུག་གང་ཡང་བསགས་པ་ཡིན་ཏེ། ཁོང་རྣམས་ལ་ངེས་〈དེས་〉ཚོག་ན་ང་ལ་ཡང་ངེས་〈དེས་〉ཚོག་གི་གསུང་ཐམས་ཅད་ཐུགས་ཀྱིས་ལེངས་ཏེ་བཏང་། ཐུགས་དམ་སོགས་ལའང་གཡེལ་པོ་རང་མཛད་པས། དེ་དུས་ཐུགས་ཚ་བའི་མི་འགགས། ཅིར་ཡང་ནང་〈ནད་〉མཆོན་མུ་གེའི་སྐལ་པ་དར། དུས་ཤིན་ཏུ་སྙིགས་པ་དང་། ཁྱད་པར་ད་ལོ་རང་རེ་སྐུ་ཆགས་ཤིན་ཏུ་ཆེ་བའི་རྣམ་པ་གདའ་བས། ཞུགས་དམ་སྐུ་རིམ་སོགས་མཛད་དགོས་ཞེས་གསོལ་བ་བཏབ་ཀྱང་། ང་ལ་རི་〈རེ་〉ཤིག་སྟེ་འདིའི་བྱ་བ་བྱེད་ལོང་མི་འདུག་ཞེས་གསུང་ཞིང་། ས་སྤོད་སྨད་ཀྱི་མེ་ཏོག་དང་། ལྷ་མཆོད་ཆེན་མོའི་དུས་མཆོད་དང་། ཏོར་ཟླ་བཅུ་གཉིས་པའི་དུས་མཆོད་ཆེན་མོར་གྲགས་པ་གཟབ་མ་མཛད་ཅིང་། ཟླ་བ་དང་པོའི་ཚེས་བཅུ་གཉིས་ལ་སྟུང་བའི་ཚུལ་བསྟན། བཅུ་བཞི་ནས་བཟུང་སྟེ་ཟླ་བྲང་པས་དགེ་འདུན་བརྒྱ་ཕྲག་གཅིག་ཙམ་དང་། བཀའ་འགྱུར་གསུང་སྒྲོག་པའི་སྐུ་རིམ་བཙུགས། དེ་དག་ལ་གསོལ་ཇ་ལ་སོགས་པའི་ཞབས་ཏོག་བཟང་པོ་བསྒྲུབས། སྨན་པ་མཁས་པས་སྨན་དཔྱད་

ཐུལ། དགེ་འདུན་ལ་མང་ཇ་གུང་ཚོགས། (P. 82ན་) ཆོས་སྐྱོང་ལ་གཏོར་སྒྲུབ། ཉི་ཤུ་རྩ་རེའི་སྨོན་གསོལ་དང་། རྣམ་རྒྱལ་སྟོང་མཆོད། གཞན་ཡང་མདོས་ཚོག་ལ་སོགས་པའི་སྐུ་རིམ་ཕྲན་ཡང་མང་པོ་བསྒྲུབས་ཀྱང་། དོན་གྱི་གནས་ཚུལ་ལ་བླ་མ་ཆོས་ཀྱི་སྐུ་ལ་འདས་གྲོངས་མི་མངའ་ཡང་། སྣང་ཚུལ་ལ་གདུལ་བྱ་སྐལ་ལྡན་རྣམས་སྨིན་གྲོལ་ལ་བཀོད་རིན་ (ཟིན་) ཅིང་། ཞིང་འདིའི་མཛད་པ་ཕལ་ཆེར་རྫོགས་པ་དང་། ཞིང་གཞན་དུ་གདུལ་བྱ་རྒྱ་ཆེ་བ་ལ་དགོངས་ནས། ནག་རྩིས་པའི་ལུགས་མོ་སྤྲུལ་གྱི་ལོ་ཧོར་ཟླ་དང་པོའི་ཚེས་ཉི་ཤུའི་ཐོ་རངས་ཕྱོགས་ལ། སྙུང་ཟུག་མེད་ཅིང་སྐུ་སྐྱིད་ཡོད་པ་དང་བཅས་པའི་ངང་ནས། ཛ་མཚར་བའི་ལྟས་དུ་མ་དང་བཅས་ཏེ་གཟུགས་སྐུ་ཆོས་དབྱིངས་སུ་ཐིམ་པའི་ཚུལ་བསྟན་ཏོ། །དེ་ནས་ཐུགས་དམ་དང་པོ་ལ་བླ་བྲང་པ་རང་གི་དགོས་ཀྱི། དགེ་འདུན་ཚོགས་པ་ལ་གུང་ཚོགས་དང་མང་ཇ་ཤིན་ཏུ་བཟང་བ། དགེ་བདུན་རེའི་ཕྱག་ཏུ་ནས་ཁལ་རེའི་འགྱེད། གཞན་ཡང་གང་འོས་ཀྱི་འབུལ་བ་མཐའ་རྒྱས་དང་བཅས་པ་བསྒྲུབས་སོ། །སྐུ་ཚོགས་གཉིས་པའི་སྟེང་སུ་དགེ་འདུན་ཚོགས་པ་ལ་ཚ་བཞེས་མང་ཇ། གཟིམ་སྤྱུང་ (ཆུང་) ནས་ཁྲིན་ཁ་མ་ལ་ནས་དོང་རེ་མ་དང་ཚ་བཞེས། དགེ་འདུན་ལ་གུང་ཚོགས། མང་ཇ། ཕྱུད་དངོས་སྟེང་ནས་དགེ་འདུན་ལ་ཁལ་འགྱེད། གཞན་ཡང་གང་འོས་ཀྱི་འབུལ་བ་མཐའ་རྒྱས་དང་གཅས་པ་བསྒྲུབས་སོ། །དེ་ནས་བཟུང་སྐྲེ་ཞག་མང་པོའི་བར་དུ་གྲྭ་ཚང་སོ་སོས་མང་ཇ་རེ་རེ་དང་། གང་འོས་ཀྱི་འབུལ་བ། མཆོད་པ་ཕྲན་སུམ་ཚོགས་པ་ཕུལ་ནས་གསོལ་བ་བཏབ་པ་ཡིན་ནོ། །ཆ་ཙམ་ཞིག་ཡི་གེར་བཀོད་པའི་ངལ་བས་ཅི་ཞིག་བྱ། གཞི་དད་པའི་ཞིང་ས་གཤིན་པ། ཕྱོགས་ལྷུང་གི་མུན་པས་མ་སྒྲིབས་ཤིང་། བློ་གྲོས་ཀྱི་མིག་མ་ཉམས་པ་རྣམས་ཀྱིས་

མཛད་ཕྲིན་རྒྱ་འཚོ་〈མཚོ་〉ལྷ་བུ་ལ་ངོམས་པ་མེད་པར་ལྷ་ཞིང་། མི་ཕྱེད་པའི་དད་པ་ཆེ་ཐང་དུ་བསྐྱེད་དེ། གུས་པས་ཕྱག་བྱ་བ་དང་། མཆོད་ཅིང་བསྙེན་བཀུར་བར་རིགས་པ་ཉིད་ཡིན་ནོ། །བླ་མའི་རྣམ་ཐར་རྒྱ་མཚོ་ལྷ་བུ་ལ། །ཆ་ཙམ་བླངས་པའི་རབ་དཀར་དགེ་བ་དེས། །མར་གྱུར་འགྲོ་བ་ཐེག་མཆོག་བཤེས་གཉེན་གྱིས། །རྗེས་སུ་བཟུང་ནས་དེ་མཉེས་བྱེད་པར་ཤོག །བླ་མའི་རྣམ་པར་ཐར་པ་བསམ་འཕེལ་ཡིད་བཞིན་གྱི་ནོར་བུ་ཞེས་བྱ་བ་འདི་བླ་མ་བདེ་ལེགས་ག་པ་བས་བསྐུལ་བའི་ངོར། མངའ་རིས་པ་དཔོན་པོ་རིན་ཆེན་རྒྱལ་མཚན་གྱིས་(P. 82བ་)ཆུ་ཕོ་འབྲུག་གི་ལོ་ཧོར་ཟླ་བརྒྱད་པའི་དཀར་ཕྱོགས་ཡར་ངོ་ལ་གྲུབ་པར་འགྲིས་པའོ། །མངྒ་ལཾ་བྷ་བནྟུ། །

༄༅། །ཨོཾ་བདེ་ལེགས་སུ་གྱུར་ཅིག །དེ་ལ་འགྲོ་བའི་མགོན་པོ་**ཆོས་ཀྱི་རྗེ་ཪྗེ་རྗེ་རིན་ཆེན་**པ་འདི་ཉིད་ཀྱི་སྐུ་འཁྲུངས་པའི་རྣམ་པར་ཐར་པ་མདོ་ཙམ་ཞིག་བརྗོད་ན། སྤྲུལ་པའི་སྐུ་འདི་ཉིད་ཀྱི་ཡབ་ནི། ཆོས་ཀྱི་རྗེ་གྲགས་པ་རྒྱལ་མཚན་ཡིན་ལ། ཡུམ་ནི། ནེ་[ནེ་]རིངས་པ་སྲས་བདེ་ལེགས་རྒྱལ་མཚན་གྱི་དཔོན་མོ་རབ་བཟང་བྱ་བ་ལ་རབ་བྱུང་ཞེས་པ་མེ་མོ་ཡོས་ཀྱི་ལོ་ཐ་སྐར་ཟླ་བ་འཛམ་བུ་གླིང་པ་རྣམས་དངོས་གྲུབ་ནང་དུ་སྡུད་པའི་དུས། ལྷ་ལས་བབས་པའི་དུས་ཆེན་གྱི་ཆོས་བདུན་གྱི་བཟའ་ཟླ་བ་སྐར་མ་ཆུ་སྟོད་སྦྱོར་བ་ལས་བཟང་འབྲུལ་གི་ཉི་མ་ནམ་གྱི་ཆ་སྟོད་ལ་ཡུམ་གྱི་སྐུ་གཡས་ཀྱི་ཕྱོགས་སུ་ཉི་མའི་མདངས་ལ་ཉ་ཕྱིས་གྱི་ངོས་ཤར་བ་འདྲ་བའི་འོད་ཟེར་རྣམ་པ་ལྔ་འཕྲོ་བ་ཟན་ཁམ་གཅིག་ཟ་བའི་ཡུན་ཙམ་བྱུང་བའི་འཕྲོས་ལ་ཡུམ་གྱི་སྐུ་ལ་ཆགས་ཤིང་། ཡུམ་གྱི་སྐུ་ལ་གནས་པའི་བར་ལའང་ཡུམ་ལ་བདེ་གསལ་མི་རྟོག་པའི་ཏིང་ངེ་འཛིན་འཆར་བ་དང་། ངང་རྒྱུད་འཇམ་པ་དང་། ལུས་མི་བདེ་བ་སྤངས་པ་ལ་སོགས་པའི་ཡོན་

ཏན་དུ་མ་དང་ལྡན་པ་བྱུང་ཞིང་། དེར་ཟླ་བ་ཚང་ཞིང་འཁྲུངས་རན་པ་ན། རྣམ་བྱུང་ཞེས་པ་ས་ཕོ་འབྲུག་གི་ཧོར་ཟླ་བཞི་པའི་ཚེས་གསུམ་སྐར་མ་རྒྱལ་སྨད། གཟའ་པ་བ་སངས། སྦྱོར་འགྲུབ་པ། འབྲུག་གི་ཉི་མ་ལ་འབྲུག་གི་དུས་ཡུམ་ལ་གནོད་པ་མེད་པར་འཁྲུངས་ཤིང་། དུས་དེར་ཡབ་ཀྱིས་མགོན་པོ་ཕྱག་དྲུག་པའི་བར་ཆད་ཀུན་སེལ་གྱི་གཏོར་དབང་དང་། ཚེ་དཔག་མེད་ཀྱི་དབང་དང་། གཞོན་ནུ་སློ་རྙེ་བའི་ཚོ་ག་ལ་སོགས་པ་མཛད་ཅིང་མཚན་ཀྱང་རྡོ་རྗེ་དཔལ་ལྡན་ཞེས་བཏགས། དེ་ནས་ཡུམ་གྱིས་བསྐྱེད་སྲིང་བར་མཛད་པའི་ངང་ནས་ཟླ་བ་དྲུག་བཞེས་པ་ན། རྗེ་འཇམ་དཔལ་སྙིང་པོ་བའི་གསོལ་བྱ་བ་ཆོས་འཕེལ་བྱ་བས། གནས་སྙིང་ནས་གསོལ་ཇ་འབུལ་དུ་ཡོངས་པ་ན། ངོ་མཁྱེན་ནས་བཞད་པས། སྐུ་ཆོས་སྔ་མའི་གསོལ་བྱ་བ་ཡིན་པར་མཁྱེན་ནས། རྗེ་དེ་ཉིད་ཀྱི་སྐུའི་སྐྱེལ་བ་ཡིན་པར་མངོན་ཞིང་། ཐེ་ཚོམ་ཀྱང་མེད་པ་འདྲ་ཞིང་། སྨྲ་མཁྱེན་པ་ཙམ་ན་ཡུམ་ལ། ལྷན་སྐྱེས་ན་ངའི་དྲིལ་བུ་དང་། ཐང་སྐུ་ཡོད་གསུང་བ་དང་། དགུང་ལོ་བདུན་བཞེས་ནས་གནས་སྙིང་དུ་ཕེབས་དུས། གཅེན་མཁན་ཆེན་རིན་ཆེན་རྡོ་རྗེ་བས་བསུ་བ་སེར་སྦྲེང་། དར་བདུགས〈གདུགས〉རྒྱལ་མཚན་བ་དན། ཆོས་སྐྱོང་འཁྲུམ་སྐུ་བཞི། པ་ཡག་སེང་སོགས་(P. 83ན་)མདོར་ན་ཤིན་ཏུ་རྒྱས་པ་མཛད། ཡ་གི་ལྷན་སྐྱེས་ཡིན་གསུང་། ལྷན་སྐྱེས་སུ་ཕེབས་རྩ་ན་འདི་གཟིམ་བྱུང་〈ཆུང་〉ཡིན། འདིའི་ནང་ན་མགོན་ཁང་ཡོད། ནང་དུ་ཕེབས་པ་དང་། འོ་འདི་མགོན་ཁང་གི་སྒོ་ཡིན་གསུང་ཞིང་ཐུགས་དགེས་པའི་གསུང་བགྲོས་དང་། དེ་དུས་གནས་སྙིང་ནང་དུ་ཟང་ཟིང་མང་བར་བྱུང་བ་ལ་ཡང་ཕེབས་པ་ཙམ་ཉིད་ནས་ནང་མི་ཐུགས་མི་མཐུན་པ་རྣམས་ཉེ་བར་ཞི་ཞིང་འགྲིག་པས་གདུང་བརྒྱུད་འདི་ཉིད་ཀྱི་ཐུགས་རྗེ་ཡིན་ཞེས་ཐུན་མོང་མ་ཡིན་པར་

གླིང་བ་ལ་སོགས་པ་བྱུང་བས་སྐུའི་སྐྱེ་བ་ཡིན་པར་ངེས་པ། དགུང་ལོ་བརྒྱད་པ་ལ་གདན་ས་གོང་ཆོས་སྡིངས་སུ། འགུར་ནང་སོ་དང་། འགར་ལུང་པ་ཕྱུག་པོ་ཐུགས་རྗེ་དཔལ་འབྱོར་གཉིས་ཀྱིས་ཡོན་བདག་བྱས་ཆེ་སར་སྟོན་པའི་དུས། མེ་ཏོག་གི་ཆར་བབ། རླུང་སྤྲུ་འགྱུལ་བ་ཙམ་ཡང་མེད་པས། གདུང་བརྒྱུད་འདི་ཉིད་འབྱུང་བ་ཟྲེལ་གྱིས་གནོན་ནུས་པའི་སྐྱེས་བུ་དམ་པ་རང་ཅིག་འདུག་ཅེས་ཁ་འཐུན་〈 མཐུན་ 〉པར་བྱུང་། སྒྲོལ་དཀར་གྱི་བསྟོད་པ་དང་། ས་གསུམ་མ་ལ་སོགས་པ་གསུང་བསྒྲགས་པ་ཙམ་གྱིས་མཁྱེན་པས་སྐྱེ་བ་སྔ་མའི་བག་ཆགས་སད་པར་ངེས་སོ། །

དེ་རྗེས་ཡང་དགུང་ལོ་བཅུ་གཉིས་བཞེས་པ་ལ་གནས་སྙིང་དུ་ཕེབས། བསུ་བ་སྤུན་〈 སྤུ་ 〉མ་ལས་ཀྱང་གཟབ་པར་མཛད་ཅིང་། ཤིན་ཏུ་དགེས་པའི་བགྲོ་བ་ལ་སོགས་པ་མཛད། མགོན་པོ་ལ་ཕྱུགས་ཕེབས་པའི་བསྟ་〈 གཏང་ 〉རག་གི་གསོལ་མཆོད་རྒྱས་པར་མཛད་པའི་སྐབས་ན་འོ་ཅག་གི་མགོན་པོ་འདི་རང་གཟི་བརྗིད་རང་ཆེ་གཟི་བརྗིད་རང་ཆེ་གསུང་། མགོན་པོས་སྐུའི་སྣང་བར་བསྟན་པར་སྣང་ན་ཡང་། ཇི་འདྲ་ཞིག་གདའ་ཞུས་དུས་དེ་འདྲ་ཞིག་ག་འདུག་གསུང་བ་མ་གཏོགས་གསུང་མ་ཉན། དེ་ནས་རིང་པོ་མ་ལོན་པས། སྨྲས་ལྡན་ཞེས་པ་ས་མོ་ཡོས་ཀྱི་ལོ་ཧོར་ཟླ་བཞི་པའི་ཚེས་གསུམ། གཟའ་ཉི་མ་དང་། སྐར་མ་མགོ སྦྱོར་ཆེན་ལས་བཟང་ལ་བབ་པའི་བྱེད་པ་བཀྲ་ཤིས་ལ་ཡོད་པའི་དུས། མཁན་པོ་རང་གི་གཅེན་མཁན་པོ་རིན་ཆེན་རྡོ་རྗེ་རྒྱལ་མཚན་དཔལ་བཟང་པོས་མཛད། ལས་ཀྱི་སློབ་དཔོན་ཆོས་རྗེ་གསེར་སྡིངས་པས་འཛད་〈 མཛད་ 〉ཅིང་། གཞན་ཡང་དགེ་སློང་དགེ་འདུན་གྲངས་ཚང་གི་དབུས་སུ་རབ་ཏུ་བྱུང་བ་བསྒྲུབས། རབ་སྟོན་ཀྱང་བླ་བྲང་སངས་རྒྱས་རྒྱལ་

མཚན་པ་གྲོགས་མཆེད་ཀྱིས། གནས་རྙིང་ཚོགས་པ་ལ་མར་སྲང་བཙོས་དང་བཅས་ཤིང་། ཁྲིན་ཁམ་མར་〈ལར་〉གྲོལ་སྲད་〔སྲང་〕ནས་ཀྱི་རྒྱབ་བཅས་བཏང་ཞིང་། མཁན་སློབ་(P. 83བ་)རྣམས་ལ་འབུལ་བ་ལ་སོགས་པ་རྒྱ་ཤིན་ཏུ་ཆེ་བ་བསྐྲུབས་སོ། །དགེ་འདུན་ཚོགས་པ་ལ་དངུལ། གོས་དར། དཀར་ཡོལ། ཟངས། མཆོད་ཆ། ན་བཟའ་སོགས་འགྱེད་རྒྱབ་དང་བཅས་པ་རྒྱས་པར་མཛད་དོ། །ཤུ་ཧྲམ་སྟུ་ས་ཏཛ་ཀ་ཧྃ། །ཨཾ་ག་ལཾ་ཧྲ་ཀྵ་ཧྲ། །

སྲེ་ཆེན་བླ་མ་སྟོང་དཔོན་གྱི་གདུང་རབས་ན་རིམ་སོགས།

དེ་ལྟར་དཔལ་ཡས་གདུལ་བྱའི་བསོད་ནམས་ལས། །ལེགས་གྲུབ་སྲེ་ཆེན་ཆུ་གཏེར་ཆེ་དབུས་སུ། །གདེངས་ཅན་སྤྱན་རས་གཟིགས་དབང་ཕྱུགས་རྗེ་ཡིས། །རབ་བསྐྱེད་གདུང་རབས་དྲི་མེད་རིན་ཆེན་ཕྲེང་། །སྒོ་གསུམ་གུས་པའི་ཡིད་ཀྱིས་རབ་མཆོད་པའི། །སྲེ་ཆེན་པོ་དཔོན་བུ་ཡི་བླ་མ་དང་། །ཞབས་འབྲིང་སྟོང་དཔོན་ན་རིམས་དེ་ཡས་གཞན། །སྟོབས་ལྡན་སྐྱེས་བུ་ལྷག་བསམ་རྣམ་དག་པས། །གདུང་བརྒྱུད་སྲེ་བཅས་གུས་པས་མཆོད་གྱུར་ཅིང་། །ཆོས་དང་ཟང་ཟིང་ཕྱུག་རྗེས་མཛད་ཚུལ་དང་། །ཀྱིན་ཚུལ་རྣམས་ཀྱང་མདོར་བསྡུས་བརྗོད་པ་ནི། །གཟིམ་ཁང་བྱང་མའི་ཆེན་པོའི་ཐོག་མ། བུ་སྟོན་སེང་གེ་འོད་(ས་སྐྱའི་བརྒྱ་ཚོ་〈མཚོའི་〉མཁན་པོ་ཡིན།) དེ་ནས་རྒྱ་སྟོན་བསོད་རིན་(བདེ་བ་ཅན་གྱི་གདན་ས་མཛད།) ཆེན་པོ་འཇམ། (བཞེངས་སྐུ་བཞི་པ།) ཆེན་པོ་རིན་ཆན〈ཆེན་〉གྲུབ། (ཉིང་རོད་ཤོད་ཁྱུར་བ།) ཆེན་པོ་གྲགས་ཤེ། (གངས་པ་བ།) ཆེན་པོ་ཨུཏྤ། (བཞེངས་པ།) ཆེན་པོ་དཀོན་མཆོག་འབྱུང་གནས། ཆེན་པོ་འཇམ་སེང་། (ལ་སྟོད་པ།) ཆེན་པོ་བདེ་བཟང་དབང་ཕྱུག (ཉིང་རོ་སྟོང་ཐང་པ།) ཆེན་པོ་དཔལ་

སྤྲིན་རྒྱལ་མཚན། (ལྷུང་གྲོང་པ།) ཆེན་ པོ་ དཔལ་ ལྡན་ བཟང་ པོ། (བཞེངས་པ།) ཆེན་པོ་རིན་ཆེན་རྣམ་རྒྱལ། (སླང་པ་བ།) ཆེན་པོ་རིན་ཆེན་བདེ་ལེགས། (རོང་པ།) ཆེན་པོ་བཀྲ་ཤིས་རྒྱལ་མཚན། (ཉིང་རོ་དཔེ་སྟོན་པ།) ཆེན་པོ་བསམ་གཏན་འོད་ རྣམས་སོ། །(སྟ་ནམ་འབྲོག་པ།) བྱང་མ་བའི་ཆེན་ཚང་ལས་གྱེས་པ་ནི། ཆེན་པོ་ རབ་ལྡན་རིན་ཆེན། (སྣོད་ཁུར་བ།) ཆེན་པོ་ལེགས་མཆོག(བཞེངས་སྣ་བཞི་པ།) ཆེན་ པོ་རིན་ཆེན་ཤེས་རབ། (སྐྱིགས་གནས་སོག) ཆེན་པོ་རྒྱལ་མཚན་དཔལ། ཆེན་པོ་ རིན་མཆོག་(དབུ་གཉིས་པ) རྣམས་སོ། །

དགའ་བཞི་པའི་ཆེན་པོའི་ཐོག་མ་ནི། མཁན་པོ་གྲགས་པ་རིན་ཆེན། གམ་རོ་བྲག་སམ་པ། དེ་ནས་ཆེན་པོ་ཤེས་རབ་རྒྱལ་མཚན། བསེ་ཁྲུད་མཉམ་ མེད་རིན་ཆེན། (གམ་རོ་སླང་ལུང་པ།) ཆེན་པོ་རིན་ཆེན་རྒྱལ་མཚན། (གམ་རོ་བྲག་ (P. 84ན་) སྲམ་པ།) ཆེན་པོ་བྱམས་ལེགས་དཔལ། (གམ་རོ་བྱེ་སྐྱུ་བ།) ཆེན་པོ་རིན་ ཆེན་ཆོས་རྒྱལ། (གམ་རོ་བྲག་སྲམ་པ།) ཆེན་པོ་ཀུན་དགའ་དཔལ་(གངས་པ།) ཆེན་ པོ་བསམ་གཏན་བཟང་རྣམས་སོ། །གམ་འདའ་ཀུ་ལ་སྟག་ཀྱང་〔 ཀྱུད་ 〕པ། ། དགའ་བཞིའི་ཆེན་ཚད་ལས་གྱེས་པ་ནི། ཆེན་པོ་དབུ་མ་རིན་ཆེན། ཆེན་པོ་ རིན་མཆོག་ཐེང་པོའོ། །ཆེན་པོ་བདེ་རྒྱས་རིན་ཆེན་ནི། (རྒྱང་རོ་བ།) ཆེན་ཁོངས་ གཉིས་གང་ལ་ཡང་མ་ཐེ་བའི་ཆེན་པོ་ཡིན་ནོ། །

དགོན་བུའི་བླ་མ་བྱོན་ཚུལ་ནི། དཔལ་ལྡན་ལྷ་དོ་དགོན་པ་ནི་མཁན་ ཆེན་ཆོས་རིན་པས་གསུང་གིས་བྱིན་གྱིས་བརླབས། རྒྱལ་བ་གངས་ཆེན་པའི་ སྐུས་དར་ཞིང་རྒྱས་པར་མཛད། མཁན་ཆེན་རིན་ཆེན་བཟང་པོ་བས་ལེགས་ པར་ཕབ་ནས་བཞུགས། མཁན་ཆེན་འདུལ་བ་འཛིན་པ་བསོད་ནམས་རིན་ ཆེན་པ་དང་། འཇམ་དབྱངས་ཤེས་རབ་རིན་ཆེན། རྒྱལ་སྲས་རིན་ཆེན་དབང་

ཕྱུག་པ། དགའ་བཞི་འཛིན་པ་རིན་ཆེན་བསམ་གཏན་དཔལ་བཟང་པོ། འཇམ་དབྱངས་རིན་ཆེན་རྒྱལ་མཚན་དཔལ་བཟང་པོ་རྣམས་ཀྱིས་ཀུང་རྒྱུན་རིང་དུ་བཞུགས་ཤིང་། གདུང་བརྒྱུད་མ་ཡིན་པའི་བླ་མ་ཟུར་པ་ནི། རྒྱ་སྟོན་མགོན་ཤེ། རྟོགས་ལྡན་རྒྱ་མཚོ། རྟོགས་ལྡན་ཕུལ་ཕྱིན་རིན་ཆེན། ཆོས་རྗེ་བདེ་ལེགས་རིན་ཆེན། རྟོགས་ལྡན་བཀྲ་ཤིས་རིན་ཆེན། བླ་མ་རིན་ཆེན་དཔལ། གངས་པ་བླ་མ་རིན་ཆེན་དོན་གྲུབ། ཁང་གསར་བ། བླ་མ་དཀོན་མཆོག་རིན་ཆེན།（སྐྱ་ལུང་པ།） བླ་མ་དཔལ་གཟུངས་（འཁོན་འཕྲང་བ།）རྣམས་སོ། །

དཔེན་གནས་ཕོ་བྲང་སྟེངས་ནི། མཁན་ཆེན་ཆོས་རིན་པས་བཏབ་ནས། ཡོང་པས་རྒྱུན་རིང་དུ་བཞུགས། དེ་རྗེས་གདུང་བརྒྱུད་ན་རིམས་མང་པོས་བཞུགས་ཤིང་། ཀུན་སྤངས་དགའ་བཞི་འཛིན་པ་ཆེན་པོ་རིན་ཆེན་འབྱུང་གནས་དཔལ་བཟང་པོས་སྐྱབ་པ་ལ་རྩེ་གཅིག་ཏུ་བཞུགས། ཡོང་པ་སྐྱུ་ག་ཤེགས་རྗེས། ཡོང་པའི་ཉེ་གནས་བླ་མ་ལྷ་རྗེ་བ་བསོད་ནམས་བཟང་པོས་བླ་མ་མཛད་ཅིང་། དེ་ནས་བླ་མ་འབྱུང་གནས། བླ་མ་འདུན་པ་བ། བླ་མ་བཀྲས་རིན། བླ་མ་བཟོད་བདེ། བླ་མ་སྟོབས་འཛིན་བཟང་པོ།（ལྷ་ཁུད་གྲོང་ལ་བ།） བླ་མ་ཤེས་རབ་དཔལ། བླ་མ་ཀུན་དགའ་ཤེས་རབ། བླ་མ་འཇམ་དཔལ་རིན་ཆེན། གམ་རོ་བྲེ་སྐྱ་བ། བླ་མ་རིན་ཆེན་ཤེས་རབ། ག་རིངས་པ། བླ་མ་ཤཱཀྱ་དོན་གྲུབ་རྣམས་སོ། །

སྨེ་ཆེན་རྒྱ་མཚོ་ལྷ་བུའི་ཉེ་གནས་ཆེན་པོ་སྟོང་（P. 84བ་）དཔོན་ན་རིམས་བྱོན་ཚུལ་ནི། སྟོང་དཔོན་ཕྱུག་ཞང་། གནས་གསར་བ། སྟོང་དཔོན་ཆོས་སེང་།（གཙུག་པ།） སྟོང་དཔོན་སྨོན་རིན།（ཞག་རྗེ་བ།） སྟོང་དཔོན་རིན་སེང་།（གཙུག་མེན་ཙ་གྲོང་།） སྟོང་དཔོན་རིན་ཚུལ།（སེར་འཕྲེང་བ།） སྟོང་དཔོན་

གྲགས་རིན།（ཆུ་སྲུ་བ།） སློང་དཔོན་མཆོག་གི་རིན་ཆེན།（གཙང་པོ་ནང་ལུམ་པ་བ།） སློང་དཔོན་སེང་གེ་དཔལ།（གཙུག་སློག་ར་བ།） སློང་དཔོན་དཔལ་ལྡན་ཚུལ་ཁྲིམས།（གཙང་པོ་ནང་ལུམ་པ་བ།） སློང་དཔོན་རྒྱལ་མཚན་བཟང་པོ།（སེར་འཕྲེང་པ།） སློང་དཔོན་ལེགས་མཆོག（བཞེངས་སྣ་བཞི་པ།） སློང་དཔོན་འབྱུང་གནས་དཔལ།（གནས་གོག་པ།） སློང་དཔོན་རིན་ཆེན་དཔལ་ལོ།（འབྲུམ་པ།） སློང་དཔོན་ཀུན་དགའ་དཔལ།（གངས་པ།） སློང་དཔོན་རྒྱལ་མཚན་གྲུབ།（ཞ་ལུ་གསེར་ཕྱིངས་པ།） སློང་དཔོན་བཀྲ་ཤིས་རྒྱལ་མཚན།（དཔེ་སྟོན་པ།） སློང་དཔོན་འཇོན་འགྲུས་རྒྱལ་མཚན་（ཐོང་ལྷུགས་པ་ཡིན།）རྣམས་སོ། །

གོང་དུ་མཚན་སྨོས་པའི་སྐྱེས་ཆེན་དམ་པ་རྣམས་དང་། གཞན་ཡང་། སྐྱེས་བུ་དམ་པ་ཁྱད་པར་ཅན་རྣམས་ཀྱིས། སྐྱེགས་གནས་སྙིང་ཆོས་དང་ཟང་ཟིང་གི་སྒོ་ནས་ཞབས་ཏོག་བསྒྲུབས་ཚུལ་དང་། ཕྱག་རྗེས་བཞག་ཚུལ་ཟུར་མ་ཙམ་ནི། བུ་སྟོན་སེང་གེ་འོད་ཀྱིས། རྒྱལ་བ་རིན་ཆེན་གངས་པ་དང་། མཁན་ཆེན་རིན་ཆེན་དཔལ་བས་ཐོག་མ་མཛད་པའི་དཔལ་གནས་སྙིང་གི་གདུལ་བྱ་མཁས་ཧླུན་དུ་མ་ཞིག་ལ་ཆོས་ཀྱི་འཁོར་ལོ་རྒྱ་ཆེན་པོ་བསྐོར། བཤད་སྒྲུབ་ཀྱི་བསྟན་པ་རྒྱས་པར་མཛད་དོ། །མཁས་པའི་དབང་པོ་རྒྱ་སྟོན་བསོད་རིན་པས་ཀྱང་། ཀུན་སྤྱངས་དཀའ་བཞི་འཛིན་པ་ཆེན་པོ་རིན་ཆེན་འབྱུང་གནས་དཔལ་བཟང་པོས་ཐོག་མ་མཛད་པའི། སྡེ་སྣོད་འཛིན་པ་བརྒྱ་ཕྲག་ལ། ལུང་རིགས་ཀྱི་ཆོས་བཀའ་མཐའ་དག་གིས་གདུལ་བྱའི་རྒྱུད་ལ་ཡོན་ཏན་ཡར་འཕེལ་གྱི་སྒོ་ནས་བསྟན་པ་རྒྱས་པར་མཛད་ཅིང་། ཆེན་པོ་རིན་ཆེན་གྲུབ་ཀྱིས། ཆོས་སྐྱོང་ལྷམ་དྲལ་གྱི་སྐུ་བཞེངས། ཞལ་གཟིགས། ཡོལ་གཙུག་ལག་ཁང་སྙིང་མའི་འབྲུམས་བཞེངས། ཡོལ་པའི་སྤྱི་ཞིང་རྣམས་བཙུགས། ཆེན་པོ་ཨཱ་ཙས། ཀླ་

སའི་ཕོ་བྲང་དམར་པོའི་རིའི་འདེབས་ལ། མཁན་ཆེན་རིན་ཆེན་དབང་ཕྱུག་དཔལ་བཟང་པོའི་ཕྱི་རྟེན། འབུམ་པ་བཀྲ་ཤིས་སྒོ་མངས་བཞེངས། དུས་མཆོད་གཞི་རྟེན་སྤྱི་གསུམ་གོང་མའི་གཞིས་(P. 85ན་) ཞིང་མཚོ་ཁ་ཆེན་མོས་ཕོག་དྲངས་རྣམས་བཙུགས། ཡེར་པ་ལ་ཞིག་གསོས་མཛད། ལྷ་སར། ཨཱ་རྱ་ལྷ་ཁང་ཞེས་པའི་གཙུག་ལག་ཁང་ཆེན་པོ་བཞེངས། རྟེན་གྱི་གཙོ་བོ་བཅུ་གཅིག་ཞལ་གྱི་སྐུ་ལི་མ་ཆེན་པོ་སྟོད་ལུང་ནས་སྤྱན་དྲངས། སྐར་མེ་འཇུ་བའི་སྟོད་ཁྲི་ཆེན་མོ་ཆུ་ཟོམ་སུམ་ཅུ་སོ་ལྔ་ཤོང་བ་བཙུགས། ཆེན་པོ་ལེགས་མཆོག་གིས་ཡོལ་དུ་ཚོགས་དུང་། གཉྫི་དང་བཅས་པ་ཕུལ། །

ཡང་དགའ་བཞི་བའི་ཆེན་ཚང་ནས། མཁན་པོ་གྲགས་པ་རིན་ཆེན་པས། སྟོང་དཔེར་ན། ལམ་འགྲུལ་བ་རྣམས་ལ། སྒོ་རེ་སྟུད་པའི་སྲོལ་ཁ་དང་། ཁྲལ་རིགས་ཆེན་པོ་ཡོད་པ་ས་སྐྱུར་ཞུ་ཕུལ་ཞིང་། ཞལ་ཏ་གནང་ནས་དཔེ་སྲོལ་ངན་པ་བསྐྱུབས། བསྒྱི་གྲུང་མཉམ་མེད་རིན་ཆེན་པས། སྤྱིར་ཤར་ཁ་[པ་] སྡེ་སྲིད་ཀྱི་ཞབས་ཏོག་ལ་དམིགས་ནས། ཏའི་བསྒྱི་ཏུ་འཕགས་པ་དཔལ་བ་ལ་དཔོན་ཆེན་གྱི་ལས་ཁ་བླངས། འདམ་དུ་ཕེབས་དུས། བསྒྱི་ཏུ་བ་གྲོངས་ཟེར་བའི་གཏམ་ངན་ཐོར་ཞིང་འཇའ་ས་ཁམ་བསོད་ཟེར་བྱུང་གི་རྫོགས་སྲས་བྱོན།

དཔོན་འཕགས་པ་རིན་ཆེན་པ་ལ་བསྒྱི་ཏུའི་ལས་ཁ་བླངས། དཔོན་པོ་ཀུན་དགའ་འཕགས་པ་ལ་ནང་ཆེན་གྱི་ལས་ཁ་བླངས། ཁྱད་པར་དཔལ་ལྡན་གནས་རྙིང་དུ་གཙུག་ལག་ཁང་ཆེན་མོའི་གསུང་རབ་ཐམས་ཅད་འབྲུགས་པ་བསངས། མ་ཚང་བ་གསབས། སྟོང་ཐུར་དང་། སྟོང་དར་ལ་སོགས་པ་ཞབས་ཏོག་ལེགས་པར་བསྒྲུབས། བསྟན་འགྱུར་པོ་ཏིའི་སྦྱིན་བདག་མཛད། གནས་རྙིང་མཁན་པོ་བརྒྱུད་པ་དང་བཅས་པ་ལ་ཤེལ་དཀར་པོའི་ཐུ་ཤྲུ། འཇའ་

ས་དང་བཅས་པ་བླངས། དགེ་འདུན་རྣམས་ལ་ཆུ་འདྲེན་གྱི་རྒྱུགས་སྣར་ཐང་ན་ཇི་ལྟར་ཡོད་པ་བཞིན་གྱི་ས་གདན་དབང་དུ་ཆུག་གསུང་བའི་འཇའ་ས་བླངས་ནས། བཤར་ཚོ་བཞི་བཅད། གྲྭ་ཆེན་མོའི་བསོད་སྙོམས་གམ་རྒྱང་ཉིད་［ཉིང་］གསུམ། ལུང་ནག སྙེ་གཙང་། བཙང་གནམས་རི་ནུབ་སོགས་ལ་ནས་སྟུད་རྒྱུ་ཡོང་བ〈ཡོད་པ་〉། བསྲི་ཏུ་འཕགས་པ་རིན་ཆེན་པ་ལ་ཞུས། བྲུང་རིན་དབང་པའི་སྐུ་འདྲའི་བྲུང་དུ། ཞུན་མར་རྒྱུན་པའི་གཞི་རྟེན་བཙུགས། གཞན་ཡང་ཁོང་པ་རང་གི་སློབ་མ། མཁན་པོ་དགའ་བ་སྡོང་［སྟོང་］པ། བྲག་སྲམ་པ་ཆེན་པོ་རིན་ཆེན་རྒྱལ་མཚན་གཉིས་ལ། བ་སོའི་ངམ［དམ་］〈ཐམ་〉ཁ་དམར་པོ་དང་སྟོང་དཔོན་རིམ་པར་སྣ་ཁེབས་འགེགས་རྒྱུ་བླངས། （P. 85བ་） སྐུ་གཤེགས་རྗེས་དུས་མཆོད་ལ། ཡོ་པ་ཊ་ཛའི་གཞི་རྟེན། བཀྲ་བཞི་གྲོང་སྨད་ཀྱི་གཞིས་བཙུགས། ཁང་གསར་གོང་གི་སྒོག་རའི་མོ་དབེན་སྡོད［སྡོད་］གྲོང་གང་ཡོད། ཁོང་པའི་ཐུགས་དགོངས་རྫོགས་ཐབས་ལ་དམིགས་ནས། མཁན་ཆེན་རྒྱལ་མཚན་དཔལ་བཟང་པོའི་དུས་མཆོད་ཟླ་བ་དྲུག་པའི་ནང་དུ་སྒྲུབ་མཆོད་རྒྱ་ཆེན་སྒྲུབ་པའི་གཞི་རྟེན་ལ་བཙུགས། སྒོག་ར་བ་རྣམས་ཀྱིས་ཀྱང་སྒྲུབ་མཆོད་པ་རྣམས་ལ་བསྙེན་བཀུར་དགུ་སྒོག་ར་སྐོར་ཇི་སྲིད་མ་སྟོངས་ཀྱི་བར་འཆག་མེད་དུ་སྒྲུབ་པའི་བཅུག་ཡིག་གཟིམ་ཁང་དུ་ཕུལ། །

སྟོང་དཔོན་ཕྱུག་ཞང་གིས། གནས་རྙིང་དུ་མཁན་པོའི་གཟིམ་ཁང་བརྩིགས། དགེ་འདུན་གྱི་གསོལ་ཚུའི་ཁྲིན་པ་དང་། ཆུ་ནུབ་ཀྱི་མ་ཡུར་ཆེན་མོ་སྟོན། མཁན་ཆེན་རིན་ཆེན་དཔལ་བའི་ནང་རྟེན་དུ། ཐུབ་པའི་གསེར་སྐུ་ཁྲི་རྒྱབ་འཕྲུལ་མ་དང་བཅས་པ་དང་། ཕྱི་རྟེན། སྐུ་འབུམ་བྱང་མ་བཞེངས། །

སྟོང་དཔོན་རིན་ཚུལ་གྱིས། དབུ་མའི་ཕྱི་བསྐོར་གྱི་ལྷུགས་རི་རྒྱ་ཆེན། མཆོད་རྟེན་བརྒྱ་ཕྲག་མང་པོ་བཞེངས། ཆུ་སྟོན་ལ་ཟམ་པ་བཟང་པོ་བཙུགས།

སྟོང་དཔོན་མཆོག་གི་རིན་ཆེན་གྱིས། སྤྱིར། དཔོན་ཆེན་རྒྱལ་བ་བཟང་པོའི་ཐུགས་ཟིན་ནས། ཤར་ཁའི་སྡེ་སྲིད་རྒྱ་ཞོ་ལྷར་ཆགས་པ་དང་། ཤར་ཁ་པ་དར་ཞིང་རྒྱས་པར་བྱས། དགོས་〈སྒོས〉། གནས་རྙིང་གི་ལྷུགས་རི་ལྷུགས་ཀྱི་སྒྲིམ་བུ་འདྲ་བ་བཏད་〈བཏབ〉། སྨན་ཆུ་གཟིམ་ཁང་། བྲག་ཐོག་གཟིམ་ཁང་། མཁན་ཆེན་རིན་དབང་པའི་ནང་རྟེན། ཚེ་དཔག་མེད་ཀྱི་གསེར་སྐུ་ཁྲི་རྒྱབ་དང་བཅས་པ་སོགས་བཞེངས། ཕྱག་རྗེས་ཆེར་མཛད།

ཁོང་གི་དཔོན་པོ་སྟོང་དཔོན་དཔལ་ཚུལ་གྱིས། གཙུག་ལག་ཁང་རྙིང་པར་སྟོན་པའི་ལི་སྐུ་ཆེན་མོ་བཞེངས། རྣམ་རྒྱལ་གྱི་ལྷ་ཁང་རྣམ་པར་རྒྱལ་མའི་སྐུ་དང་བཅས་པ་བཞེངས། ཟ་འོ་ཆེ་གསུམ་དང་། འཕྱར་དར་ལ་སོགས་པ་མང་དུ་བཟོས། འོབས། ལྷུགས་ཆུང་། སྒོ་སྲི་ལ་སོགས་པ་བྱས། རྫིང་དུ་ཆུ་སླེབ་དུས་ཀྱིས་སྒོ་སྲིའི་སྨན་བླ་བཙུགས། །

སྟོང་དཔོན་རྒྱལ་མཚན་བཟང་པོས། བསྟན་པ་སྤེལ་ཕྱིར་གཞུང་སྐྱུར་ཆེན་མོ་དང་། བསྟན་པ་སྤྱིའི་སྐུ་རིམ་སྐྱབ་མཆོད་ཆེན་མོ་བཙུགས། དགེ་འདུན་གྱི་འདུ་ཁང་ཀ་བ་སྐྱེར་འཛུགས་བརྒྱད་བཅུ་གྱ་གཉིས་ཡོད་པ། ཇ་ཁང་། གཡོ་ཁང་དང་བཅས་པ་བཞེངས། འབུམ་བརྒྱ་ཚར་བཙུགས། ཕྱོགས་མཐའ་དག་ནས་བྱོན་པའི་མཚན་ཉིད་པ་རྣམས་ཀྱི་(P. 86ན་) བདག་རྐྱེན་བཟང་པོ་མཛད། སྟོང་དཔོན་ལོ་ཉི་ཤུ་རྩ་དགུ་བཟུང་།

སྟོང་དཔོན་ལེགས་མཆོག་གིས་རྩེའི་མཁར་ལན་〈ལས〉རྣམས་མཛད་དོ། །

སྟོང་དཔོན་འབྱུང་གནས་དཔལ་གྱིས། གཟིམ་ཁང་གི་སྣེའུ་བད་བྱས། གཙུག་ལག་ཁང་ཆེན་མོའི་སྣེའུ་བད་སྤྱིས། །

སྟོང་དཔོན་ཀུན་དགའ་དཔལ་གྱིས། བླ་དྲང་བྱང་འགྲམ་ནས་བསྒྲངས། བླ་བྲང་གི་སྟེང་འོག་རྣམས་བཅོས། གཟིམ་ཁང་ལ་སྐྱིད་སྒོ་བརྟན། སྐུ་འགྲེམས་པའི་མཐིལ་སྤྱི་ཆེན་མ་སྦྱངས།

སྟོང་དཔོན་རྒྱལ་མཚན་གྲུབ་ཀྱིས། མཁན་ཆེན་རིན་ཆེན་རྒྱལ་མཚན་དཔལ་བཟང་པོའི་ནང་རྟེན། ཐུབ་པའི་གསེར་སྐུ་བཀྲ་ཤིས་འོད་འབར་རྒྱབ་མཐོ་བཅོ་བརྒྱད་ཡོད་པ། རང་བྱོན་ལྷ་བུ། ནང་རྫོངས་བྱིན་རླབས་དང་ངོ་མཚར་ཆེ་བ་དུ་མ་བཞུགས་པ། གཙྪོ་ལའི་སླེ་མའི་སྦུབས་ན་བཞུགས་པ། བཞུགས་སའི་ཕོ་བྲང་། གཙུག་ལག་ཁང་ཕྱི་ནང་གི་ལོགས་བྲིས་དང་བཅས་པ་ལེགས་པར་བཞེངས་ཤིང་། དཀར་ཕྱིགས་ཆེན་མོའི་བཅོས་ཁ་ལོགས་བྲིས་དང་བཅས་པ། བླ་བྲང་སྟེང་། དཀར་ཕྱིགས་སྟེང་། གཙུག་ལག་ཁང་གི་སྟེང་རྣམས་སུ་གཟིམ་ཁང་། འཁྱུད་གཡབས་དང་བཅས་པ་སོགས་མཁར་ལས་ཀྱི་བཀོད་པ་ཕུན་སུམ་ཚོགས་པ་མཛད། དགེ་འདུན་ཟན་ཁང་དང་། ཚོད་ཟངས་ཆེན་མོའི་བཞམ་སྤྱིས། །

སྟོང་དཔོན་བཀྲ་ཤིས་རྒྱལ་མཚན་གྱིས། ལྕགས་རི་ཆེན་མོ་བྱང་འཁྱིལ་བ་འགྲམ་ནས་བསྒྲངས།

སྟོང་དཔོན་བརྩོན་འགྲུས་རྒྱལ་མཚན་གྱིས་ལ་སྟོད་ཆོས་སྡིངས་སུ་ཕྱག་རྗེས་ཆེར་མཛད།

གཞན་ཡང་གང་ཟག་དམ་པས་ཆོས་དང་ཟང་ཟིང་གིས་སྡེ་ཆེན་པད་མོའི་ཚལ་རབ་རྒྱས་པར་མཛད་པ་ནི། ཆེན་པོ་དངོས་གྲུབ་རྒྱལ་མཚན་གྱིས། གདུང་

བརྒྱུད་སྡེ་དང་བཅས་པའི་དྲུང་དུ། ཟང་ཟིང་བརྒྱ་འབུལ་ཡན་དགུ་མཛད། དགེ་འདུན་སྤྱིའི་ཚུལ་ལ། ལུག་མོའི་གཞིས་ཆུ་སྐོར་གཉིས་དང་བཅས་པ་བསྩུགས། དཀར་ཕྱོགས་བཀྲ་ཤིས་མཐོང་སྨོན་བཞེངས། གཙུག་ལག་ཁང་ཆེན་མོ་བཞེངས་པའི་གཞི་རྟེན་གསེར་ཞོ་བརྒྱ་ཐམས་པ་དང་། གཡུ་བཟང་པོ་གཅིག་ཕུལ། གཙུག་ལག་ཁང་ལྷོ་ངོས་ཀྱི་ལོགས་བྲིས་སྟོང་སྐུ་རྣམས་དང་། སྟེང་གི་ཐིག་ཁང་རྣམས་མཛད། མཁན་པོ་རིན་ཆེན་དཔལ་བའི་དུས་མཆོད་གཞི་རྟེན་ལ་གསེར་ཞོ་བརྒྱ་ཐམས་པ་བསྩུགས། ལྷ་རྡོ་དགོན་པར་དགེ་རྒྱུན་ལ་གསེར་ཞོ་བརྒྱ་དང་དགུ་བཅུ་ཕུལ། འགྲོན་〈མགྲོན〉ཁང་དང་ཆུ་འདྲེན་ཁང་པ་བརྩིགས། སྤྱི་ལ་ཇོད་(P. 86བ་)ཚང་། སྣང་ཚགས། རང་ཐག་རྣམས་བསྩུགས ཞུ་མར་གཞི་རྟེན། ནས་ཁལ་ཉིས་བརྒྱ་དང་། ཁ་ཚང་བཟང་པོ་ཕུལ། གཞན་ཡང་། སྐུ་འབུམ་བྱང་མའི་ལྷུགས་ཐག ཨ་ཡུར་ཆེན་མོའི་དྲིའུ་དཀར་ནག་གི་ཇོ་ལ་སོགས་པ་ཕྱག་རྗེས་ཆེར་མཛད་དོ། །

སྟོང་དཔོན་སངས་རྒྱས་རྒྱལ་མཚན་པ། དབུ་ལུང་པ་དང་། སྟོང་དཔོན་ཆོས་སྐྱོང་བཤེས་གཉེན་པ་(བྱང་ཁུར་བ།)གཉིས་ཀྱིས་ཕྱག་རྗེས་བཞག་ཚུལ་རྣམས་ཕྱོགས་གཅིག་ཏུ་བྱས་ན་འཇུག་བདེ་བར་འདུག་པས། དེ་ཡང་། མཁན་ཆེན་རིན་ཆེན་འཇམ་དཔལ་སྙིང་པོའི་དྲུང་གིས། བཀའ་ཞལ་གནང་བའི་ལུགས་བཞིན། ཤིང་ཕོ་བྱི་བ་ལོ་ལ། བླ་བྲང་ཆེན་མོར་ཕྱག་ཕེབས་ནས་དེའི་དབྱར་མཁན་ཆེན་དེ་ཉིད་ཀྱིས་རྒྱལ་བ་འོད་དཔག་མེད་ཀྱི་གོས་སྐུ་བཞེངས་པའི་སྐབས་སུ། གོས་སྐུའི་ཞབས་ཏོག་དང་རབ་སྟོན་སོགས་རྒྱུ་ཞང་ཆེ་བར་བསྒྲུབས། ཤིང་མོ་གླང་ལོའི་དབྱར། མཁན་ཆེན་དེ་ཉིད་ཀྱི་དགོངས་པ་བཞིན་གཟིམ་ཁང་ལྷོ་ཐོག་རྩེ་ལ་ཞིག་གསོས་མཛད། གཡབས་ཆེན་ཀ་བ་བཅུ་གཉིས་ཀྱི་ས་དང་།

མཆོད་ཁང་ཀ་གཉིས་མའི་རྣམ་ཐར་སྣ་གསུམ། ཡོགས་མཐིལ་གྱི་ཞལ་བ། ཤིང་སྟེ། ཡོགས་རིས་དང་བཅས་པ་ལེགས་པར་བསྒྲུབས། ལོ་དེའི་ཧོར་ཟླ་བཅུ་པའི་ཉེར་ལྔའི་ཉིན། མཁན་ཆེན་དེ་ཉིད་ཀྱི་གཟུགས་སྐུ། གདུལ་བྱ་གཞན་དུ་རྒྱ་ཆེ་བ་ལ་དགོངས་ནས་ཆོས་ཀྱི་དབྱིངས་སུ་ཐིམ། དེ་ཐད་དུའང་། དགོངས་རྫོགས་རྒྱ་ཆེ་བ་བསྒྲུབས་ཤིང་། ཁྱད་པར་དེང་སང་གི་བར་དུའང་ལྷ་མཆོད་ཆེན་མོའི་སྐབས་སུ། རྒྱུད་སྡེ་ནས་གསུངས་པའི་དཀྱིལ་འཁོར་བཅོམ་ལྡན་འདས་གསང་བདེ་འཇིགས་གསུམ་དང་། དུས་ཀྱི་འཁོར་ལོ། ཀུན་རིག་སོགས་ཀྱི་དཀྱིལ་འཁོར་ཞལ་ཕྱེ་སྟེ། ཞག་གྲངས་མང་པོའི་བར་དུ་བསྙེན་བཀུར་བཟང་པོ་དང་། ཆུ་ཤར་ནུབ་ནས་ས་བོན་ཁལ་དྲུག་ཙམ་གྱི་གཞི་རྟེན་འཛུགས་པ་ལ་སོགས་པའི་ཞབས་ཏོག་ལེགས་པར་བསྒྲུབས། མེ་ཕོ་སྟག་གི་ལོ་མཁན་ཆེན་རིན་ཆེན་རྡོ་རྗེ་རྒྱལ་མཚན་དཔལ་བཟང་པོའི་དྲུང་། ལ་སྟོད་ཆོས་སྡིངས་ནས་འདིར་གདན་དྲངས། མེ་མོ་ཡོས་ལོའི་དགུན་སྟོད། མཁན་སློབ་དགེ་འདུན་གྲངས་ཚང་གི་དབུས་སུ། མཁན་ཆེན་དེ་ཉིད་ཀྱིས་བསྙེན་པར་རྫོགས་པ་གནང་བའི་ཞབས་ཏོག་བསྒྲུབས་ཤིང་། དེ་རྗེས་ལ། མཁན་ཆེན་དེ་ཉིད་ཀྱི་ཆེ་འདོན་ལ། རྩེ་ཤར་ནུབ་ཀྱི་སྡེ་པ་དཔོན་བློན་མང་རགས་གདན་དྲངས། ཞབས་ཏོག་རྒྱ་ཞེང་ཆེ་བར་བསྒྲུབས།(P. 87ན་) ས་མོ་སྦྲུལ་ལོའི་དབྱར། མཁན་ཆེན་འཇམ་དཔལ་སྙིང་པོའི་སྐུ་གདུང་བཞུགས་པའི་དངུལ་གདུང་གི་ཞབས་ཏོག རབ་སྟོན་སོགས་ལེགས་པར་བསྒྲུབས། ཤིང་ཕོ་ཁྱི་ལོ། མཁན་ཆེན་དེ་ཉིད་ཀྱི་ཞལ་བཀོད་བཞིན་གཟུངས་སྒྲུབ་ཆེན་མོའི་སྒྲིགས་གསར་མཛད། ཤིང་མོ་ཕག་ལོའི་དབྱར་ཆུ་ཆེས་པས། ཆུ་སྟོན་ཟམ་པ་འཇིག་པ་ལ་ཐུག མེ་ཕོ་བྱི་བ་ལོ། ཆུ་སྟོན་ཟམ་ཆེན་རྩ་བ་ནས་འགྲམ་བརྟིངས་འཚོས་པ་གནང་བའི་ཐད་དུ། སྐུ་བཙུན་ལས་བྱེད་

རྣམས་ལ། ཐབ་འཛིན་བཟང་པོའི་སྒོ་ནས། ཟམ་ཆེན་ཞབས་སུ་ཆུག་ཆུག་གི་ཕྲུག་ཕྲུ་དང་། དེའི་དབྱར་དཀར་ཕེབས་སྐོའི་སྐྱའི་འགྲམ་རྩ་བ་ནས་བླངས། རྡུང་ཁང་ཀ་བ་བཅུའི་ས་ལ་སོགས་པའི་ཞབས་ཏོག་རྒྱ་ཆེ་བར་བསྒྲུབས་ཤིང་། དེའི་སྟོན་རྩེ་ཤར་ནུབ་གཉིས་སུ། མཁན་ཆེན་དེ་ཉིད་ཀྱིས་ཕྱིངས་〈ཆིངས་〉ལུགས་གནང་བ་ལ་ཕྱོན། ཐ་དད་ཀྱི་སྤུང་〈དཔུང་〉ཆེན་གྲིས་པ་སོགས་ངོ་མཚར་བ་བྱུང་། མེ་མོ་གླང་གི་ལོ་ཡང་། མཁན་ཆེན་དེ་ཉིད་ཀྱིས་ཕྱིངས་〈ཆིངས་〉ལུགས་གནང་བའི་ཕྲུག་ཕྲུ་ལ་གསེར། དངུལ། གོས་དར། ཧ་ཁྲབ། སྣམ་ཕྲུག སྟག་གཟིག་སོགས་ཐ་དད་དུ་འབུལ་ཆས་སྟོང་ལྷག་པ་བསྣམས་ནས་ཞབས་ཏོག་བསྒྲུབས། ས་ཕོ་སྟག་ལོ་ལའང་། དམག་ཟིངས་རྒྱ་ཞང་ཆེས་པས། མཁན་ཆེན་དེ་ཉིད་ཀྱི་ཕྲུག་ཕྲུ་ལ་ཕྱིངས་〈ཆིངས་〉ལུགས་ཕེབས་དུས། གོང་གི་དངོས་སྤྱད་ལས་མི་ཞན་པ་བསྣམས་ནས་ཞབས་ཏོག་བསྒྲུབས་པས། ལོ་དེ་ནས་ལོ་འགའི་བར་དབུས་གཙང་ཕྱིངས་〈ཆིངས་〉ཆེན་ལ་གནས་པ་བྱུང་། ས་མོ་ཡོས་ལོའི་དགུན། མཁན་ཆེན་དེ་ཉིད་ཀྱི་དྲུང་དུ། གདུང་བརྒྱུད་རིན་པོ་ཆེ་རྗེ་རྗེ་རིན་ཆེན་པ་རབ་ཏུ་བྱུང་བ་མཛད་པའི་རབ་སྟོན་ལ། དགེ་འདུན་ཚོགས་སུ་མང་ཇ། ཚོགས་ཆེན་དང་འགྱེད་ཆེན་ཕྱི་འགྱེད་དང་བཅས་པ་བསྒྲུབས། དེའི་དབྱར་དགེ་འདུན་ཚོགས་སུ་ཇ་ཐུམ་བཅུ་ཚར་གཅིག རྗེ་དེ་ཉིད་སྐུ་ཚེའི་རྒྱལ་མཚན་བརྟན་ཕྱིར་བསྒྲུབས་ཤིང་། དེ་ནས་སློང་དཔོན་སངས་རྒྱས་རྒྱལ་མཚན་པ་གནམ་དུ་གཤེགས། དེ་ཐད་དུའང་། སློང་དཔོན་ཆོས་སྐྱོང་བཤེས་གཉེན་པས་དགོངས་རྫོགས་ལ། དགེ་འདུན་ཚོགས་པ་ལ་ཁལ་འགྱེད་སོགས་རྒྱ་ཆེ་བ་བསྒྲུབས་ཤིང་། རྗེ་དེ་ཉིད་ཀྱི་དྲུང་དུ་གསེར་དངུལ་གོས་དར། སྐུ་བེར་གཉིས། སྐུ་ཕྲུར་གཅིག་རྣམས་ཀྱིས་ཕྱག་དྲངས་ན་བཟའི་རིགས་གྲངས་མང་བའི་འབུལ་

བ་དང་། གསོལ་དཀར་ལ་གན་དཀར་ཆ་གསུམ། གཞན་གན་དཀར་དང་འབྲས་ཤེལ་འདྲེས་པའི་ཞལ་དཀར་ཉན་པ་བཞི་དང་། ཇ་སིགས་ལ་སོགས་པའི་བརྒྱ་(P. 87བ་) འབུལ་ལྷུ་ཙམ། ཟུང་ལྷུ་ལྷག་ཙམ་ཕུལ། ཁྱད་པར་ནང་རྟེན་ལ་དཀར་ཕྱིགས་ཀྱི་གདོང་ཆེན་ཤར་མའི་མཛད་པ་བཅུ་གཉིས་ཀྱི་ལོགས་རིས་བཞེངས། དེར་རྗེས་དཀར་ཕྱིགས་གཡབས་ཆེན་དུ། མཁན་ཆེན་དེ་ཉིད་གཙོ་བོར་བཞུགས་ཤིང་། ཡབ་སྲས་ཞལ་ངོ་ཐམས་ཅད་ཞལ་རྒྱས་པའི་དབུས་སུ། སྟོང་དཔོན་ཆོས་སྐྱོང་བཤེས་གཉེན་པ་བླ་བྲང་ཆེན་མོར་བསྐོས་བཞག་མཛད། ལོ་དེ་ཀའི་དབྱར་དཀར་ཕྱིགས་འཚོམས་ཆེན་གྱི་མཐིལ་ཞལ་ལོགས་ཞལ། གཟིམ་བྱུང་〈ཆུང་〉། གཡབས་ཆེན། རྒྱལ་ཆེན་འགག་ཡན་གྱི་ལོགས་མཐིལ་གྱི་ཞལ་བ་དང་། རྗེ་བཙུན་ཙོང་ཁ་པ་ཆེན་པོའི་སྐུ་འདྲ། རྒྱལ་ཆེན་སྡེ་བཞི། གཞི་བདག་གི་སྐུ་སོགས་ཀྱི་ལོགས་བྲིས་དང་སྒོ་ཕྱི་ནང་གི་ཤིང་རྩི་དར་ཤམ་རྐྱེད་རིས་རྣམས་ལེགས་པར་བསྒྲུབས། ལྕགས་ཕོ་འབྲུག་ལོའི་དབྱར། བླ་བྲང་མའི་ཐབ་ཚས་སྟོབས་ཆེ་བ་བཤམས། ཁྱད་པར་དགེ་འདུན་ཚོགས་སུ་ཟངས་རྒྱན་བཅུ་གཉིས་ཀྱི་ཞབས་ཏོག་འགན་བཞེས་སྒྲུབ་པ་གནང་། ལྕགས་མོ་སྦྲུལ་ལོའི་དགུན་སྨད། མཁན་ཆེན་དེ་ཉིད་ཞིང་ཁམས་གཞན་དུ་གདུལ་བྱ་རྒྱ་ཆེ་བ་ལ་དགོངས་ནས་གཞན་དོན་ལ་གཤེགས་པའི་ཚུལ་བསྟན། དེ་སྐབས་སུའང་། ཕྱི་གོང་ཀྱང་སྐུ་རིམ་ལ་ཚོགས་ཆེན་དང་གསོལ་ཇ་སོགས་སྟོབས་ཆེ་བ་བསྒྲུབས་ཤིང་། དགོངས་པ་རྫོགས་ཐབས་ལ། ཚོགས་ཆེན་ལ་ནས་ཁལ་འགྱེད་དང་། མའི་སྟེངས་ནས་ཀྱང་དངོས་སྤྱད་ཀྱི་འགྱེད་ཆེན། གནས་ཕྱིའི་ཐང་འགྱེད་སོགས་ཞལ་ངོ་ཅིག་ལ་གཤེགས་རྫོངས་བཟང་བར་ཐག་ཆོད་པར་བསྒྲུབས། ལོ་དེའི་དཔྱིད་ཀ་ཡང་ཆུ་སྟོན་ཟམ་ཆེན་གྱི་སྲིན་པོ་ཙུབ་མའི་འགྲམ་རྩ་བ་ནས་

བཏིངས། ནུབ་ཀྱི་རགས་ཆེན་འཚོས་པའི་ལས་མི་སྐྱ་བཙུན་དུ་ཡང་ལ་ཞབས་ཏོག་ཟབ་འཛིན་སྤུར་ལས་མི་ཞན་པ་མཛད། དེའི་དབྱར། དགར་ཕྱིགས་གཡབས་ཆེན་ལ་སེང་གཡབས་ཀ་ཆེན་བཞི་ཡོད་པ། ཤིང་བཤག(P. 88ན་)དང་བཅས་པ། མཁན་ཆེན་དེ་ཉིད་ཀྱི་དགོངས་པ་ཡོངས་སུ་རྫོགས་པར་བསྒྲུབས་ཤིང་། ད་སྒྲུབ་པར་འགྱུར་བ་རྣམས་རིམ་པ་ལྟར་འགོད་པར་བྱེད་དོ། །དགེ་ལེགས་འཕེལ་ཞིང་རྟག་ཏུ་བཀྲ་ཤིས་ཤིང་། སྐུ་ཚེའི་རྒྱལ་མཚན་བརྟན་པའི་བཀྲ་ཤིས་ཤོག །

༄༅། །སྭ་སྟི། རབ་འབྱམ〈འབྱམས་〉ཕྱོགས་བཅུའི་ཞིང་གི་རྒྱལ་སྲས་ཀྱི། །བརྒྱ〈བརྒྱད་〉ཁྲི་བཞི་སྟོང་ཆོས་ཀྱི་སྒོ་མངའ་བའི། །དཔལ་ལྡན་གནས་སྙིང་གདུང་བརྒྱུད་རིམ་བྱོན་རྣམས། །མཐའ་ཡས་འགྲོ་བ་གསུམ་དུ་རྒྱལ་གྱུར་ཅིག །དེ་ཡི་རྣམ་ཐར་དམ་ཆོས་གཏེར་གྱི་མཛོད། །བསྭི་གྲུང་མཉམ་མེད་རིན་ཆེན་གྱིས་སྤེབས་འདི། །རབ་འབྱམ་ཞིང་གི་ཕྱོགས་རྣམས་ཀུན་ཁྱབ་ཕྱིར། །གྲངས་མེད་སྤེལ་བའི་བཞིར་གྱུར་པར་ཉིད་དུ། །བླ་མ་བདེ་ལེགས་འཛམ་དཔལ་རྒྱ་མཚོ་དང་། །དཔོན་པོ་ནམ་མཁའ་བཟང་དང་བཅས་པ་ཡིས། །སྒྱུ་མའི་ནོར་ལ་སྙིང་པོ་ལེན་པའི་ཕྱིར། །ལྷག་བསམ་དག་པས་ཆུ་པོ་རྟའི་ཡོར་བསྒྲུབས། །དགེ་བ་འདི་ཡིས་འཛམ་དཔལ་གསང་བ་དང་། །སེམས་དཔའ་ཆེན་པོ་མཁན་ཆེན་ལ་སྟོད་པ། །གདུང་བརྒྱུད་རིམ་པར་བྱོན་དང་འཁྱོན་གྱུར་དང་། །ཆོས་ཀྱི་འབྲེལ་པ་ཡོད་པའི་བླ་མ་རྣམས། །དགོངས་པ་རྫོགས་ཤིང་ད་ལྟ་ཞལ་བཞུགས་ཀུན། །སྐུ་ཚེ་བརྟན་ཞིང་ཕྲིན་ལས་རྒྱས་པ་དང་། །ཚེ་ལས་འདས་པ་ཨ་མི་ལྷ་སྦྱིན་དང་། །ཕྱུག་འཚོལ་སྐྱབས་དང་ཨ་མ་དགེ་མ་རི་ནང་ཆུ་མིག་མ། །ཨ་ཞང་ཤེས་རབ་དཔལ་དང་། །ལྷ་མོ་སྐྱིད་དང་

ཛོར་བུ་དཔལ་འབྱོར་དང་། །སྲས་དཀར་རྣམས་ཀྱི་ཐོགས་མེད་ནས་བསགས་པའི། །སྡིག་སྒྲིབ་མ་ལུས་བྱང་ཞིང་དག་གྱུར་ནས། །རྒྱལ་བའི་གོ་འཕང་མྱུར་དུ་ཐོབ་པར་ཤོག །ཞུ་དག་པར་ཡིག་དགོས་པ་ཚུ་སྤེ་བ། །ཤཱ་ཀྱཱའི་ཧྲི་ཀླུ་ཀུན་དགའ་བགྲ་ཤིས་ཡིན། །པར་ལ་མཁས་པ་ཟླ་བ་རྒྱལ་མཚན་གྱིས། །སངས་རྒྱས་བསྟན་པ་ཕྱོགས་བཅུར་རྒྱས་པ་དང་། །མར་གྱུར་འགྲོ་བས་སངས་རྒྱས་མྱུར་ཐོབ་ཤོག །གཞན་ཡང་འདི་ཡི་ཕྱོགས་སུ་ཕན་རྟགས་རྣམས། །སྐྱེ་བ་ཀུན་ཏུ་ཡོངས་འཛིན་དམ་པ་ཡིས། །རྗེས་སུ་བཟུང་ནས་རྡོ་རྗེ་འཛིན་པ་ཡི། །གོ་འཕང་མཆོག་དེ་ཐོབ་པའི་རྒྱུར་གྱུར་ཅིག །འདིའི་འཕྲོས་ལ་རྗེ་གངས་ཆེན་ཀུན་དགའ་དཔལ་བ་དང་། རྒྱལ་ཚབ་རྗེའི་རྣམ་ཐར་བཞུགས། །

(P88. བ་)

༄༅། །བཀའ་བབས་གསུམ་གྱི་སྒོ་ནས་ལ་ཉང་གི་མཁན་རབས་ལ་བསྟགས་པ་དང་བའི་རྒྱབས་ཕྲེང་བཞུགས་སོ། །

༄༅། །ན་མོ་གུ་རུ། དཔལ་ལྡན་རྩ་བའི་བླ་མ་རིན་པོ་ཆེ། །བདག་གི་སྙིང་ཀར་པདྨོའི་སྟེང་བཞུགས་ལ། །བཀའ་དྲིན་ཆེན་པོའི་སྒོ་ནས་རྗེས་བཟུང་སྟེ། །སྐུ་གསུང་ཐུགས་ཀྱི་དངོས་གྲུབ་སྩལ་དུ་གསོལ། །འདྲེན་པ་མཉམ་མེད་སྟོན་པ་བཅོམ་ལྡན་འདས། །ཛྙོ་ཛྙི་སདྨ་བསྟན་འཛིན་ཀུན་གྱི་གཙོ། །དངོས་གྲུབ་མཆོག་བརྙེས་པདྨ་འབྱུང་གནས་ཞབས། །གསོལ་བ་འདེབས་སོ་བྱིན་གྱིས་བརླབ་ཏུ་གསོལ། །ཆོས་ཀྱི་རྒྱལ་པོ་ཁྲི་སྲོང་ལྡེའུ་བཙན་རྗེ། །འཇམ་དཔལ་གསང་ལྡན་བོད་ཁམས་ཀུན་གྱི་མགོན། །ཐུ་རབས་བསྟན་པའི་བདག་པོ་ཁྲུ་དཔོན་བདུན། །གསོལ་བ་ × × ཀུན་མཁྱེན་གཉིས་པ་དཔལ་ལྡན་ཨ་ཏི་ཤ། །མཐོང་ལམ་བརྙེས་པ་ཡོལ་སྟོན་ཆོས་དབང་དང་། །བྱང་སེམས་མངའ་འགྱུར་དྲང་སྲོང་ཐོག་འབེབས་ཞབས། །གསོལ་བ་ × × བསྟན་པའི་སྒྲོལ་མེ་འབྲི་ཆེན་ཤེས་རབ་འབར། །གསུང་རབ་རྒྱ་མཚོའི་བཀའ་བབས་ས་གསུམ་བརྙེས། །ལ་སྟོད་ཡུལ་འཁྲུངས་རྗེ་བཙུན་དཀོན་མཆོག་མཁར། གསོལ་བ་ × × མཁྱེན་བརྩེའི་གཏེར་ཆེན་རྗེ་བཙུན་སྤྱན་རས་གཟིགས། དེ་ཡི་ལུང་བསྟན་རྒྱལ་བ་གྲུབ་པ་དང་། །རྒྱལ་མཚན་བཀྲ་ཤིས་ལ་སོགས་རིག་འཛིན་ཚོགས། །གསོལ་བ་ × × འཇམ་དཔལ་སྤྱན་རས་གཟིགས་དབང་ཕྱག་རྡོར་གྱི། སྤྲུལ་

པ་རིན་ཆེན་རྣམ་གསུམ་ཞང་ཁྲིམ་སོགས། །དངོས་གྲུབ་ཐོབ་པ་བླ་མའི་ཚོགས་རྣམས་ལ། གསོལ་བ་× × མཁན་པོ་དཀོན་མཆོག་མཁར་གྱིས་རྗེས་བཟུང་བའི། །ལུང་རྟོགས་མཁྱེན་པ་དཀོན་མཆོག་སེང་གེ་དང་། །ཀུན་མཁྱེན་དབང་ཕྱུག་རིན་ཆེན་ཆོས་ཀྱི་གཏེར། །གསོལ་བ་× × དཀོན་མཆོག་རིན་ཆེན་བསླབ་གསུམ་རྒྱ་མཚོའི་དཔལ། །ས་བརྒྱད་ནོན་པ་པདྨ་རིན་ཆེན་དང་། །བཤད་སྒྲུབ་ཆོས་ཀྱི་རིན་ཆེན་མཆོག་བརྙེས་པ། །གསོལ་བ་× × བདུད་བཅོམ་ཆོས་ཀྱི་རྒྱལ་མཚན་དེ་ཉིད་གཟིགས། །ཤ་ཀྱའི་སྲས་མཆོག་འགྲོ་བའི་བཤེས་གཉེན་མགོན། །ཆོས་རྣམས་མ་ལུས་གཟིགས་པའི་རིན་ཆེན་དཔལ། །གསོལ་བ་× × དུས་གསུམ་སངས་རྒྱས་རིན་ཆེན་བཟང་པོ་དང་། །མཁས་མཆོག་འདུལ་འཛིན་བསོད་ནམས་རིན་ཆེན་དང་། །ཤེས་རབ་རིན་ཆེན་སྨྲ་བ་འགྲན་ཟླ་མེད། །གསོལ་བ་× × རྣམ་མཁྱེན་རིན་ཆེན་འབྱུང་གནས་དཔལ་བཟང་པོ། །ཡོན་ཏན་རིན་ཆེན་མཁྱེན་བརྩེའི་དཔལ་མངའ་བ། །མང་ཐོས་གཞོན་ནུ་རིན་ཆེན་ཆོས་ཀྱི་མཛོད། །གསོལ་བ་× × སྒྲ་སྙན་སྨྲ་མཁས་རིན་ཆེན་དབང་ཕྱུག་པ། །བསྟན་པའི་ལུས་རྫོགས་རིན་ཆེན་བསམ་གཏན་དཔལ། །རྒྱལ་བའི་སྲས་པོ་རིན་ཆེན་བློ་གྲོས་ཞབས། །གསོལ་བ་× × སེམས་པ་ཆེན་པོ་རིན་ཆེན་རྒྱལ་མཚན་དཔལ། །ཡི་དམ་ཞལ་གཟིགས་སངས་རྒྱས་རིན་ཆེན་དང་། །གངས་ཅན་བསྟན་པའི་སྲོག་ཤིང་རིན་ཆེན་གྲུབ། གསོལ་བ་× × དུས་གསུམ་རྒྱལ་བ་ཀུན་གྱི་སྐུ་གཅིག་པུ། །བདེ་ཆེན་གར་གྱིས་རོལ་པའི་ཧེ་རུ་ཀའི། །གོ་འཕང་མཆོག་བརྙེས་རྒྱལ་མཚན་རིན་ཆེན་ཞབས། །སྤྲུལ་སྐུ་རྡོ་རྗེ་འཆང་ལ་གསོལ་བ་འདེབས། །ཚད་མེད་བཞི་ལྡན་ཀུན་ལ་དགའ་བདེ་རྒྱས། །ལེགས་བཤད་རིན་ཆེན་བསྟན་པའི་རྒྱལ་མཚན་རྩེར། །

མཁས་པའི་དཔལ་གྱུར་འཇམ་གླིང་རྒྱན་གཅིག་པུ། །རྒྱལ་སྲས་བཟང་པོའི་ཞབས་ལ་གསོལ་བ་འདེབས། །མཁྱེན་བརྩེའི་གཏེར་ཆེན་རྗེ་བཙུན་ཆོས་ཀྱི་རྗེ། །གྲུབ་པའི་དབང་ཕྱུག་མཐུ་ཆེན་གསང་བའི་བདག །གྲགས་པའི་གཏེར་ཆེན་བསྟན་པའི་རྒྱལ་མཚན་འཛིན། །དཔལ་ལྡན་བླ་མའི་ཞབས་ལ་ × × གསུང་རབ་རིན་ཆེན་འཇམ་མཉེན་གསུང་གིས་འདོམས། །དཔལ་ལྡན་རིམ་གཉིས་ལམ་གྱི་སླིང་པོའི་མཛོད། །དཔལ་འཁོར་འཕྲིན་ལས་བཟང་པོ་རབ་རྒྱས་པའི། །སྐྱེ་རྒྱུའི་གཙུག་རྒྱན་མཆོག་ལ་ × × ཚོགས་གཉིས་རིན་ཆེན་ཡོངས་སུ་རྫོགས་གྱུར་ཅིང་། །སྟོང་ཉིད་སླིང་རྗེ་དབྱེར་མེད་རྡོ་རྗེའི་ཐུགས། །དཔལ་ལྡན་འཕྲིན་ལས་བཟང་པོའི་བ་དན་ཅན། །དཔལ་ལྡན་བླ་མའི་ཞབས་ལ་ × × རྟོགས་པས་བདག་རྒྱུད་གྲོལ་བའི་མཁྱེན་པ་རྒྱས། །ཐུགས་རྗེས་གཞན་རྒྱུད་སྨིན་པའི་མཐུ་སྟོབས་ཀྱིས། །རྟེན་འབྲེལ་ཐབས་ལ་མཁས་པའི་འཕྲིན་ལས་ཅན། དཀའ་བཞི་ཆེན་པོའི་ཞབས་ལ་ × × མཚན་དཔེའི་དཔལ་འབར་མཁན་ཆེན་རྡོ་རྗེའི་སྐུ། །ཚངས་པའི་དབྱངས་ལྡན་ཆོས་ཀུན་འདོམས་པའི་གསུང་། །རིན་ཆེན་བྱང་ཆུབ་མཆོག་གི་ཐུགས་མངའ་བ། །དཔལ་ལྡན་བླ་མའི་ཞབས་ × × ཐུབ་བསྟན་རིན་ཆེན་རྒྱལ་མཚན་འཛིན་པའི་དཔལ། །ཀུན་ལ་དགའ་བདེ་ལེགས་པའི་མཆོག་སྩོལ་རྗེ། །སླར་ཡང་རྒྱལ་སྲས་གཞོན་ནུའི་མཛད་པ་ཅན། །དཔལ་ལྡན་ × × རྒྱལ་སྲས་རབ་མཛེས་རང་བཞིན་པད་དཀར་ཅན། །རྒྱ་ཆེན་ཆོས་ཀྱི་སྤྱན་ལྡན་འཛམ་པའི་དབྱངས། །རྒྱལ་བའི་སྐུ་དངོས་མཚན་ལྡན་བླ་མ་ལ། །གསོལ་བ་འདེབས་སོ་བྱིན་གྱིས་བརླབ་ཏུ་གསོལ། །མཁྱེན་རབ་ཕུལ་ཕྱིན་ཀུན་མཁྱེན་འཇམ་པའི་དབྱངས། །མཐུ་ཆེན་གྲུབ་པའི་དབང་ཕྱུག་གསང་བའི་བདག །རྒྱལ་བ་རྒྱལ་མཚན་དཔལ་བཟང་པད་དཀར་

རྗེ། །རྣམ་གྲོལ་སྐྱབས་མགོན་ཞབས་ལ་ × × ཆོས་ཀྱི་རྒྱལ་པོའི་ལུང་རྟོགས་
ཁང་བཟང་རྩེར། །བསླབ་གསུམ་བསྟན་པའི་རྒྱལ་མཚན་འཛིན་པའི་
དཔལ། །དཔལ་ལྡན་འཕྲིན་ལས་བཟང་པོའི་དཔལ་མངའ་བ། །གངས་ཅན་
མགོན་པོ་རྒྱལ་བའི་སྲས་ལ་འདུད། །དབྱངས་ཅན་བཞད་པའི་ངག་གི་དཔལ་
མངའ་ཞིང་། །ལུང་རྟོགས་ཆོས་ཀྱི་དབང་ཕྱུག་བསྟན་པའི་གཉེན། །འགྲོ་
རྣམས་ཀུན་དགའི་ལམ་ལ་འགོད་མཛད་པའི། །ལྷུན་གྲུབ་འཕྲིན་ལས་མངའ་ལ་
× × ངག་གི་དབང་ཕྱུག་སྨྲ་བའི་ཟླ་བ་གང་། །བློ་བཟང་བསྟན་པའི་ཀུན་
ད་དགའ་བའི་མཆོག །ལྷུན་གྲུབ་འཕྲིན་ལས་བཟང་པོའི་འོད་དཀར་ཅན། །
དཔལ་ལྡན་བླ་མའི་ × × བློ་བཟང་ཟླ་བའི་མཁྱེན་བརྩེའི་བསིལ་ཟེར་
གྱིས། །ཀུན་དགའ་བློ་ཡི་ཀུ་མུད་ཁ་ཕྱེ་ནས། །དགེ་ལེགས་ལེགས་བཤད་སྦྲང་
རྩི་འཛིན་པའི་དཔལ། །ཕན་བདེའི་ཟེལ་མངར་སྩོལ་ལ་ × × བློ་གྲོས་
བཟང་པོའི་དཀྱིལ་འཁོར་ཡོངས་རྫོགས་ཤིང་། །ངག་གི་དབང་ཕྱུག་སྨྲ་བའི་ཟླ་
བ་མཆོག །བཤད་སྒྲུབ་ཀུན་དའི་དགའ་ཚལ་རྒྱས་མཛད་པའི། །ཕྱོགས་ལས་
རྣམ་རྒྱལ་ཞབས་ལ་ × × རྒྱལ་བའི་རྣམ་འཕྲུལ་གནས་བརྟན་ཡན་ལག་
འབྱུང་། །བཀའ་གདམས་བསྟན་པ་གསལ་མཛད་པོ་ཏོ་བ། །བློ་བཟང་བསྟན་
ལ་ཀུན་དགའ་བདེ་ལེགས་དཔལ། །མཚུངས་མེད་སྤྲུལ་པའི་སྐུ་ལ་ × ×
འཇམ་མགོན་ལྷ་ཡིས་རྗེས་བཟུང་ངག་གི་དབང་། །ཕྱག་ན་པད་འཛིན་ཀུན་
དགའི་ཞིང་མཆོག་ཏུ། །གཞོན་ནུ་སྨྲ་མཁས་བདེ་ལེགས་སྩོལ་མཛད་པའི། །
ཡོངས་དག་བཤེས་གཉེན་མགོན་ལ་ × × འགྲོ་ཀུན་དགའ་བའི་བདེ་ལེགས་
མངོན་མཐོའི་དཔལ། །བསྟན་འཛིན་རིན་ཆེན་འཕྲེང་བར་རབ་བསྔགས་
པ། །དཔལ་ལྡན་མཁན་བརྒྱུད་རིམ་པར་བྱོན་རྣམས་ལ། །གསོལ་བ་འདེབས་

སོ་བྱིན་གྱིས་རླབས་ཏུ་གསོལ། །སུམ་རྩེན་ཡུལ་གྲུ་མྱང་སྟོད་གནས་རྙིང་དུ། །
ཆོས་སྲིད་བཤད་སྒྲུབ་བསྟན་པ་རབ་འཕེལ་ཞིང་། །འཇིག་རྟེན་དབང་ཕྱུག་དྲི་
མ་མེད་པའི་གདུང་། །གཏྲའི་རྒྱུན་ལྷར་ཆད་པ་མེད་པར་མཛོད། །དཔལ་ལྡན་
བླ་མའི་རྣམ་པར་ཐར་བ་ལ་ × × བསྟན་པ་རིན་ཆེན་མཆོག་གིས་མ་ཁྱབ་
པའམ་ × × ཡང་སྐློས་དབང་ཆེན་གཏོར་མས་ལེགས་སྒྲུབ་པའི། །དམ་ཚིག་
གཅིག་པའི་རྡོ་རྗེ་སྤུན་གྲོགས་རྣམས། །བར་ཆད་ཀུན་ཞི་མཐུན་རྐྱེན་མ་ལུས་
ཚང་། །བསམ་པ་ལྷུན་གྱི་འགྲུབ་པར་བྱིན་གྱིས་རློབས། །

༄༅། །མྱང་སྟོད་དཔལ་གནས་རྙིང་དགོན་གྱི་

ལོ་རྒྱུས་བཞུགས་སོ། །

༄༅། །སྤྱང་སྟོད་རིག་པའི་འབྱུང་གནས་སྟོད་ཀྱི་ཆར། །
ཁྲི་སྲོང་མཆོད་གནས་འཇམ་དཔལ་གསང་བ་མཆོག །
སློན་མགོས་སྲུན་དྲངས་ཐུགས་སྐྱིད་ལས་གྲུབ་པའི། །
སྐྱེགས་ཀྱི་གནས་སྙིང་གདན་རབས་མདོ་ཙམ་བརྗོད། །

ཞེས་ཚིགས་སུ་བཅད་པའི་བསྟོད་པས་བརྟན་བསུས་ཏེ་སྔོན་བྱུང་བ་འདས་པའི་དུས་ན། འདས་ལོག་སྐད་ས་འོད་འབུམ་ལ་རི་ནང་དཔོན་པོ་སྒྲ་ཆེན་གྱིས་མི་འདོད་བཙན་པོའི་མདའ་དར་བསྙུགས་པའི་ཡུལ་དངོས། ཤིང་འབྲུག་དབྱིན་ཇི་བཙན་རྒྱལ་རིང་ལུགས་པས་བོད་ལ་དྲག་པོའི་བཙན་འཛུལ་སྐབས་བོད་ཀྱི་ལྷ་སྡེ་མི་སྡེའི་དམག་དཔུང་གིས་དཔའ་ངར་ཞུམ་མེད་བཙན་རྒོལ་རྒྱལ་གཅེས་རིང་ལུགས་ཀྱི་དམག་འཐབ་ནང་གཡས་རམ་གཡོན་འདེགས་བགྱིས་པའི་རྒྱལ་གཅེས་རིང་ལུགས་ཀྱི་དགོན་སྡེ། བོད་ཀྱི་ཪྩ་ལོག་ཟིང་འཁྲུག་སྐབས་རྒྱལ་གཅེས་ཁྲིམས་སྲུང་གི་དགོན་སྡེ་བཅས་ཡིན་པའི་སྤྱང་སྟོད་དཔལ་གནས་སྙིང་ཞེས་སྣན་པའི་སྒྲ་དབྱངས་ཕྱོགས་བཞིར་གཡོ་བའི་ཆོས་སྡེ་ཆེན་པོ་དེ་ཉིད་ཀྱི་སྔོན་བྱུང་ལོ་རྒྱུས་མདོར་བསྡུས་དཔྱད་གཞིར་ཕྱོགས་བསྒྲིགས་བྱས་པ་འདི་ལྟར།

དེ་ཡང་། ང་ཚོས་འཚོལ་བསྡུ་བགྱིས་པའི་《ནམ་ཐར་རིན་ཆེན་གཏེར་མཛོད》ཅེས་བྱ་བའི་འགོ་བརྗོད་དུ་དོན་རྣམ་པ་ལྔར་འཆད་ཞེས་གསོལ་བའི་རྣམ་གྲངས་ལྔ་ནི། དང་པོ། བཀའ་དྲིན་ཅན་བདག་ཅག་གི་སྟོན་པའི་ཐོན་ཚུལ། གཉིས་པ། ཁ་བ་ཅན་རྒྱལ་པོའི་གདུང་རབས། གསུམ་པ། ཞིང་མཆོག་གནས་སྙིང་གི་ཆགས་ཚུལ། བཞི་པ། དེ་དག་ཏུ་བླ་མའི་ཐོན་རིམ། ལྔ་པ། ཐུགས་རྗེ་ཅན་དབྱིལ་ཀྱི་གདུང་རབས་ཞེས་དང་། བཀའ་དྲིན་ཅན་སྟོན་པའི་ཐོན་ཚུལ་དང་། ཁ་བ་ཅན་རྒྱལ་པོའི་གདུང་རབས་གྱིན་ཐོ་ཆེན་མོར་བལྟ

བར་བྱ་ཞེས་གསལ་ཡང་། 《གླེན་ཐོ་ཆེན་མོ་》ཞེས་པ་ནི་དེ་སྔོན་ནས་གཏོར་བརླག་ཏུ་སོང་སྟེ་བལྟ་ཡུལ་མེད་ལས། དེ་མིན་རྩ་འཛིན་ཡིག་རིགས་ཅི་ཡང་རྙེད་སོན་མ་མཆིས། 《རྣམ་ཐར་རིན་ཆེན་བང་མཛོད་》ཅེས་པ་འདི་ལ་ཞིང་མཆོག་གནས་རྙིང་གི་ལོ་རྒྱུས་ཆེ་བ་བཅུའི་སྒོ་ནས་བརྗོད་པའི་དོན་གྱི་རྣམ་གྲངས་བཅུ་པོ་གང་ཞེས་ན།

དང་པོ། ས་བདག་ཆོས་སྐྱོང་བའི་རྒྱལ་པོའི་འཇའ་སའི་ཆེ་བ་ནི་ཆོས་རྒྱལ་མེས་དབོན་རྣམ་གསུམ་གྱི་ནང་མཚན་མངའ་བདག་ཁྲི་རལ་པ་ཅན་གྱི་ཁོང་གི་རྩ་བའི་བླ་མ་གནས་རྙིང་ཕྱག་འདེབས་པ་པོ་སྔགས་འཆང་ཆེན་པོ་རྒྱ་འཇམ་དཔལ་གསང་བ་ཉིད་ལ་སྐྱེགས་ས་ཟས་མོའི་སྣང་། སྟོད་ན་ཏུ་ལག་ཁང་〈ཁག་〉གསུམ། སྨད་ན་ཤེའུ་ལུང་གསུམ། བར་ན་སྐྱེགས་ཏུ་གསུམ། འབྲི་ཁྲུང་རྗེ་འབངས་དང་བཅས་པ་རྒྱ་འཇམ་དཔལ་གསང་བ་བླ་མ་རྒྱུད་པ་རྗེས་འཛིན་དང་བཅས་ལ་ཕུལ་བ་ན། རྒྱལ་པོའི་འཇའ་སས་ཚོད་པའི་གཏན་ཁྲ་ཁྱད་པར་ཅན་གཞན་ལས་དཀོན་པའི་ཆེ་བའོ། །

གཉིས་པ། འཇམ་དཔལ་གསང་བ་ཉིད་སྐུ་འདའ་ཁར་སྲས་དང་བུ་སློབ་ཡོན་བདག་རྣམས་ཀྱིས་མ་འོངས་པ་ན་གནས་རྙིང་འདིར་ཇི་ལྟ་བུ་མཆིས་ཞུས་པས། ཁྱེད་རྣམས་ཡིད་ཆེས་པར་བྱ་བའི་ཕྱིར་ངས་ཀྱིས་བསྟན་པར་བྱའོ། །ཁྱེད་རང་རྣམས་གོས་ཆེན་གཙང་མ་ཁ་གང་འཕྱིར་ཤོག་གསུངས་ཏེ། གོས་ཁ་གང་ཕུལ་བ་ལ་ཁོང་པའི་ཞབས་གཉིས་ཀྱི་རྗེས་བཞག ཞབས་ཀྱི་མཐའ་ལ་ཁོང་གི་དགུང་གྲངས་དང་མཉམ་པའི་བླ་མའི་སྐུ་འདྲ་གྱ་བརྒྱད་བྱོན། དེའང་གདུགས་ཡོད་པ་སོ་གཉིས་དང་། པད་མ་ཡོད་པ་རྩ་བརྒྱད། གདུགས་དང་པད་མ་མེད་པ་རྩ་བརྒྱད་བཅས་བརྒྱད་ཅུ་གྱ་བརྒྱད་གསལ་བར་བྱོན་པ་འདི་ཅིའི་

ལྟས་ལགས་ཞུས་པས། མ་འོངས་གནས་སྐབས་འདིར་སྤྲུལ་རས་གཟིགས་ཀྱི་སྤྲུལ་པ་གྲུ་བརྒྱད་བར་མ་ཆད་པར་བྱོན་ཏེ་དེ་རྣམས་ཀྱིས་དགོན་པ་དེ་འཛིན་ཅིང་། སངས་རྒྱས་ཀྱི་བསྟན་པ་ལ་ཕན་པ་འབྱུང་ཞེས་དང་། 《སྦྱང་ཆོས་འབྱུང་》(བོད་ལྗོངས་མི་དམངས་དཔེ་སྐྲུན་ཁང་ P. 27) ལས། ས་བྱང་ཕྱོགས་བོད་ཀྱི་ཞིང་ཁམས་སུ། །ང་ཐུགས་རྗེ་ཆེན་པོའི་རྒྱུད་པ་ལ། །ཁྱད་པར་ལྷ་ཡི་རྣམ་སྤྲུལ་ནི། །བཅུ་ཕྲག་བརྒྱད་ཀྱི་བར་དུ་འབྱུང་། །ཞེས་རྒྱ་འཇམ་དཔལ་གསང་བས་ལུང་སྟན་གསལ་བར་མཛད་དོ། །སྔགས་འཆང་གྲུབ་ཐོབ་ཆེན་པོའི་ལུང་བསྟན་གྱི་ཆེ་བའོ། །

གསུམ་པ། བོད་ཆོས་རྒྱལ་གྱི་གདུང་རབས་དྲི་མ་མེད་པ་ལྷ་བླ་མ་ཡེ་ཤེས་འོད་ཀྱི་བཀའ་ལུང་ལྟར། ཁོང་གི་དཔོན་པོ་ལྷ་བཙུན་བྱང་ཆུབ་འོད་ཀྱི་ནག་ཚོ་ལོ་ཙ་བ་ཚུལ་ཁྲིམས་རྒྱལ་བ་ལ་གསེར་མང་པོ་བསྐུར་ནས་རྒྱ་གར་རྒྱལ་པོ་དགེ་བ་དཔལ་གྱི་སྲས་ཇོ་བོ་ཆེན་པོ་ཨ་ཏི་ཤ་མངའ་རིས་སྟོད་དུ་སྤྱན་དྲངས། དེ་ནས་འབྲོམ་སྟོན་པ་རྒྱལ་བའི་འབྱུང་གནས་ཀྱིས་དབུས་གཙང་ལ་གདན་དྲངས་པའི་སྐབས་ཉན་ཆོར་(རྒྱལ་རྩེ་མཁར་ཁའི་མདོར་སྟག་རྩེ་ཞེས་པར་) ཆོས་ཀྱི་འཁོར་ལོ་རྒྱ་ཆེན་པོ་བསྐོར་བའི་དུས་འཁྲུངས་ཡུལ་སྟག་རྩེ་ཡོལ་ལྟབ།(རྒྱལ་རྩེ་ཁྲུལ་མཁར་ཁའི་ཕུ་ན་རོ་) ནས་ཡིན་པའི་ཡོལ་སྟོན་སྐུ་མཆེད་གསུམ་པོ་ཇོ་བོའི་སྤྱན་སྔར་ཆོས་གསན་པ་ལ་བྱོན་ཏེ་མི་ཕྱེད་པའི་དད་པ་ཐོབ་ནས་ཆོས་ཉན་གཞན་གྱིས་པའི་རྗེས་ལའང་ཇོ་བོ་ལ་ཕྱི་མིག་གཟིགས་ཀྱིན་བཞུགས་པས་ཇོ་བོས་ང་ལ་དད་དམ་གསུངས། དད་ལགས་ཞུས་པས་འོ་ན་ཆོས་བགྱིས་གསུངས། ཆོས་རྒྱུགས་མེད་ལགས་ཞུས་པས། ངས་སྦྱིན་གསུངས། ཇོ་བོས་ཆོས་རྒྱུགས་གནང་ནས་ཡོལ་སྐུ་མཆེད་གསུམ་པོ་སྤྱ་བཙུན་བསོད་ནམས་དབང་ཕྱུག་གི་དྲུང་ནས་བསྙེན་པ་ལེན་དུ་བཅུག་ཏེ་ཇོ་བོ་

ཇེས་ཀྱང་ཆོས་དང་གདམས་ངག་ཇོགས་པར་གནང་བའི་ནང་མཚན་〈ཚན་〉ཏྲ་མཁྲིན་ཤོ་ན་མའི་ཆོས་བསྐོས་〈བསྐོར་〉མ་ལུས་པ་རྒྱ་གར་ནས་གདན་འདྲེན་གྱི་སྤྱིན་བདག་ལྷ་〚བླ་〛མ་བྱང་ཆུབ་འོད་དང་། གདན་འདྲེན་པའི་ཕོ་ཉའི་གཙོ་བོ་སྐད་གཉིས་སྨྲ་བ་ནག་ཚོ་ལོ་ཙ་བ་ཚུལ་ཁྲིམས་རྒྱལ་བ་ཇེ་བཙུན་མ་ཨཱཙྪ་ཏ་རས་ལུང་བསྟན་པའི་སློབ་མའི་མཐུ་བོ་འབྲོམ་སྟོན་པ་བཅས་ཀྱིས་ཞུས་ཀྱང་ཕོང་རྣམས་སུ་ཡའང་མ་གནང་བ་དེ་དགེ་བཤེས་ཡོལ་འདི་སླེང་ཇེ་གསུངས་ནས་གནང་སྟེ་སྨྱུང་ཆུའི་རྒྱུད་ལ་ཞུགས་ཏེ་ཡར་རྒྱུགས། ས་པད་མ་འདབས་བརྒྱད་དང་། གནམ་འཁོར་ལོ་རྩིབ་བརྒྱད། ལོགས་བཀྲ་ཤིས་རྟགས་བརྒྱད་ཚང་བའི་རྒྱབ་རི་སྣང་བོ་ཆེ་ཉལ་བ་འདྲ་བ་ཡོད་པ་དེར་གནས་ཐོབ། ཕྱིས་བསྟན་པའི་རྒྱུན་ལ་ཕན། སྨྱུང་སྟོད་འདིར་སོ་སོར་སོང་བསྟན་པ་དར་བ་བགྱིས་〈གྱིས་〉གསུང་བ་ལྟར་ཡོལ་མཆེད་གསུམ་ཡང་ཇོ་བོས་གནང་བའི་ཆོས་བསྐོར་རྣམས་ལ་རྩལ་དུ་ཐོན། རིགས་གསུམ་མགོན་པོས་ཞལ་གཟིགས་སྐྱེགས་ཀྱི་ཐང་ཁར་ཕྱིབས་〈ཕེབས་〉དུས་ཡོལ་ཆེན་པོའི་དགོངས་པར་ཇོ་བོའི་ལུང་བསྟན་དང་མཐུན་པའི་ས་ཆ་དེ་འདི་ཡིན་པར་འདུག་སྙམ་དུ་དགོངས་ནས་གནས་རྙིང་དུ་ཕྱིན་ཏེ་ཇོ་སྲས་ཕུར་པ་འཕེལ་ལ་སོགས་པའི་གནས་རྙིང་པ་རྣམས་ལ་ཇོ་བོའི་ལོ་རྒྱུས་ཞིབ་ཏུ་གསུངས་པས་གནས་རྙིང་པ་རྣམས་ཀྱང་དད་ནས་ཇོ་བོ་འདིར་གདན་འདྲེན་གྱིས་དགོན་པ་འདིར་རབ་གནས་ཀྱང་ཞུ་ཞུས་པས། ཡོལ་ཆེན་པོས་ཀྱང་གདན་འདྲེན་དུ་ཕྱིན་པས་ཇོ་བོས་ང་འོང་མི་དགོས་འདི་རྣམས་ཁྱེར་བ་དབུ་མ་ལྷ་ཐུག་〈ལྟག་ཐུག་〉རྣམས་སུ་ཆུག་ཤོག་གསུངས་ཏེ་ཐུགས་དམ་ཚ་ཚ་རབ་གནས་ཅན་མང་དུ་བསྐུར། དུས་ཚོད་བསྒྲིགས་ནས་ངས་འདི་ནས་མེ་ཏོག་གཏོར་གྱིས་ཁྱོད་རང་རྣམས་མཆོད་པ་གསོམས་གསུངས་པ་ལྟར། ཇོ་བོའི་

བཀའ་བཞིན་བསྒྲུབ་པའི་དུས་སུ་ཇོ་བོས་ཉན་ཚོ་ནས་མེ་ཏོག་གཏོར་གནང་མཛད་པ་གནས་སྙིང་གཙུག་ལག་ཁང་གི་མཆོད་གཏིང་ནང་དུ་ཐྲལ་ཐྲལ་ཟེར་ཕྱིན་ལྷབས་དངོས་སུ་ཕེབས་པ་གནས་སྙིང་རྣམས་ཀྱི་མཐུན་སྣང་དུ་བསྒྲུབ་པ་བྱུང་བ་བཅས་པན་ཆེན་དྷི་པམ་ཀ་རའི་ལུང་བསྟན་དང་། རབ་གནས་ཀྱི་ཆེ་བའོ། །

བཞི་པ། ཡོལ་སྟོན་སྐུ་མཆེད་གསུམ་གྱི་གྲུབ་རྟགས་དང་། ཕྱག་བཞེས་ཀྱི་ཆེ་བ་ནི་རྒྱ་འཇམ་དཔལ་གསང་བའི་སྲས་བདུད་འཇོམས་〈འཇོམས་〉ཀྱི་སྲས་པོ་གཞོན་པ་ཕུར་པ་འཕེལ་གདུང་རྒྱུད་མ་བྱུང་སྐབས་ང་རང་ན་སོ་ཐད། བུ་ལ་སོགས་རྒྱུད་འཛིན་གྲུལ་ཐུབ་ཡང་མེད་པས་རྒྱའི་ལས་ཐབས་འདི་རྣམས་མཐར་ཕྱིན་པའི་ཐབས་ཤིག་ཇི་ལྟར་དྲག་དགོངས་པའི་དུས་ཙ་ན། གོང་དུ་སྨོས་པའི་ཇོ་བོའི་ལུང་བསྟན་ལྟར་ཡོལ་སྟོན་སྐུ་མཆེད་གསུམ་པོ་གནས་སྙིང་དུ་ཕེབས་ཏེ་ཡོལ་ཆོས་ཀྱི་དབང་ཕྱུག་གིས་ཇོ་སྲས་ཕུར་པ་འཕེལ་ལ་(འདི་ཡན་འཇམ་དཔལ་གསང་བ་ནས་གདུང་རྒྱུད་ཕུར་པ་འཕེལ་ཡན་གནས་སྙིང་ཆོས་ལུགས་སྙིང་མ་) ཕྱིད་ཀྱི་དགོན་པ་འདིར་ངེས་ཀྱི་དགེ་འདུན་གྱི་སྡེ་གཅིག་བཙུགས་ན་ཕྱིད་ལ་མི་མཉེས་པ་ཡོད་དམ་མེད་ཞུས་པས་ཇོ་སྲས་ཤིན་ཏུ་དད་ནས་ངའི་བསམ་པའི་དོན་གྲུབ། ཕ་རྒད་ཁར་བུ་སླེབས་ལེགས་སོ་གསུངས་ནས་སྐྱོགས་ཀྱི་ས་ཆམ་ལག་དང་བཅས་པ་འདི་རྣམས་དང་པོ་ཆོས་རྒྱལ་ཁྲི་སྲོང་ལྡེའུ་བཙན་གྱིས་སྲས་ཁྲི་ལྡེ་སྲོང་བཙན་ལ་ཕོག དེས་མངའ་བདག་ཁྲི་རལ་པ་ཅན་ལ་ཕོག དེས་རྒྱ་འཇམ་དཔལ་གསང་བ་ཉིད་ལ་ཕོག ཁོང་གིས་སྲས་ཡང་དག་སྐྱབས་ལ་སོགས་པ་རྣམས་ལ་ཕོག ཇོ་སྲས་ཡང་དག་སྐྱབས་ཀྱིས་བདུད་འཇོམས་〈འཇོམས་〉ལ་ཕོག ཁོང་གིས་བདག་ལ་ཕོག་པས་སྐྱོགས་ཀྱི་ས་ཆ་ཕུ་མདའ། རྒྱའི་ནང་རྟེན་སྤྱན་རས་གཟིགས་ལི་〈ལི་〉

མ་དང་། ཁྲི་རྗེ་བཀྲ་ཤིས་སློ་མང་གིས་ཐོག་དྲངས། དགོན་ལྷ་ཁང་རྗེན་གསུམ་མ་ལག་དང་། ཡོན་བདག་ལ་ཕུ་རུ་ལ་ཁ་〈ལག་ཁག་〉གསུམ། མདའ་ཤིའུ་ལུང་གསུམ། བར་སྐྱེགས་རུ་གསུམ་ས་ཆ་དང་བཅས་པ་ཁྱེད་ལ་གཏད་དོ། །རྒྱའི་ཕྱག་སྲོལ་གསུམ་ནི། ཡུལ་གྱི་སེར་བའི་གནོད་པ་སྲུང་བ་དང་། ལྷ་འདྲེ་དྲག་པོ་ལ་གཉེར་བཙོལ་ནས་ཉ་དང་། རི་དྭགས། བྱེས་མི་རྣམས་ལ་གནོད་མི་བྱེད་ཅིང་ཕན་པ་སྒྲུབ་པ། བཙན་པོས་བཞེངས་པའི་ལྷ་ཁང་ལ་ཞིག་གསོས་བྱེད་ཅིང་མཆོད་པ་འབུལ་བ་དང་གསུམ་ལ་སོགས་རྒྱའི་ཕྱག་སྲོལ་རྣམས་མི་ནུབ་པ་དང་། གནས་འདི་ལ་འགྲིམས་པའི་མགྲོན་པོ་རྣམས་ལ་ཆུ་ཤིང་སྟེར་བ་ལ་སོགས་པའི་རྗེན་གསུམ་འོ་མི་རྒྱལ་བའི་ཞབས་ཏོག་བྱེད་པ་ཐམས་ཅད་ཁྱེད་〈ཁྱེད་〉ཤེས་སོ། །ཁྱེད་ཤེས་སོ་གསུངས་ཏེ་སྐྱེགས་ས་ཆ་མ་ལག་ཡོན་བདག་དང་བཅས་པ་རྒྱ་ཇོ་སྲས་ཕུར་པ་འཕེལ་གྱིས་མཁན་པོ་ཡོལ་ཆེན་པོའི་ཕྱག་ཏུ་ཕུལ་རྗེས་ཡོལ་ཆོས་དབང་གིས་གནས་རྙིང་དང་། ཡོལ་གཉིས་སུ་བཀའ་གདམས་ཀྱི་གྲྭ་ས་བཟང་པོ་བཙུགས། ཇོ་སྲས་ཀྱི་དགོངས་པ་བཞིན་གྱི་སྲོལ་རྣམས་མ་ཉམས་པ་དང་། གནས་རྙིང་གིས་གཙོས་འབའ་〈ཐ་〉ཚོ་ཉི་ཤུ་རྩ་བཞིའི་དགོན་བདག་མཁན་པོ་མཛད་ཅིང་། བརྒྱུད་སྟོང་འགྲེལ་ཆེན་ལ་འཆད་ཉན་ཡང་དག་པ་མཛད་ནས་བསྟན་པ་རྒྱས་པར་མཛད་དོ། (ཡོལ་ཆོས་དབང་ནི་གནས་རྙིང་མཁན་བརྒྱུད་ཞེ་བཞིའི་ཐོག་མ་དེ་ཡིན་པ་དང་། དེ་ནས་བཟུང་གནས་རྙིང་ཆོས་སྡེ་བཀའ་གདམས་སོ།) གཞན་ཡང་ཡོལ་དྲང་སོང་གིས་ལྷེ་སྤྱི་ལྷ་ཁང་བརྩིགས། ལྷང་རར་དགེ་འདུན་གྱི་སྡེ་བཙུགས། བྱེ་མདའ་ལ་སོགས་པ་བཏབ། ཡོལ་ཐོག་འབེབས་ཀྱིས་ཁུ་ལེ་ཙ་བ་རི་ལ་སྒོམ་པ་བཏབ་ཏེ་རི་གླུང་གི་རྒྱུ་དང་པོ་བཙུགས་པས། ཁུ་ལེའི་འབྲོག་པ་ཆགས།

སྟར་གྱི་ཡུལ་སྙིང་གསོས་ནས་ཁྲུ་ལེའི་ཁྱིམ་པ་ཚགས། བོད་འབྲོག་དེ་རྣམས་དང་ཡོན་མཆོད་མཛད། ཕ་ཞུང་ལ་སོགས་པ་མང་དུ་བཏབ་བོ། །གྲུབ་རྟགས་ནི་ཡོལ་ཆོས་དབང་གིས་ཆོས་གོས་ཉི་ཟེར་ལ་བཀལ་བ་དང་། ཤམ་བུའི་རྩ་བརྒྱད་འགྲོལ་ལམ་དུ་འཁྲིད་ (མྱང་ཆོས་འབྱུང་ལས་རྗེ་ཆེན་གྱི་ཁྲི་བརྒྱབ་ན་མཆོད་རྟེན་ཡོད་པ་ཡོལ་དབང་གིས་གྲུབ་རྟགས་བཏན་〈བསྟན་〉ནས་ཆོས་རྟེན་རྟ་ཚགས་ཙམ་གྱིས་སར་འཁྲིད་པས་དེང་སང་རྩ་བརྒྱད་ཆོས་རྟེན་ལྷུང་རའི་འོག་འཁྲིས་ན་ཞིག་ཅེས་གསལ།) ཡོལ་དྲུང་སོང་གིས་སྔོན་དམར་གྱིས་རྡོ་རྗེ་བཅུས་པས་ཁྲག་བྱུང་། ཡོལ་ཐོག་འབེབས་ཀྱིས་བྲག་དཀར་གྱི་རི་སེང་གེ་ཁ་གདངས་པ་འདྲ་བ་ལ་ཐོག་འབེབས་ཀྱིས་དེའི་དཀྱིལ་ནས་ཤེལ་གྱི་ཆོས་རྟེན་མི་གང་པ་གཅིག་དང་ཁྲུ་གང་པ་གཅིག་བྱུང་བའི་མི་གང་པ་དེ་ཏོར་གྱིས་འཁྱེར་ནས་པོ་བྲང་གན་ཇི་ར་ལ་ཡོད་ཟེར་བ་ལ་སོགས་སྐུ་མཆེད་གསུམ་ཀས་གྲུབ་རྟགས་དུ་མ་ཞིག་བསྟན་ཅིང་མཁྱེན་པ་དང་ནུས་པའི་སྒོ་ནས་སངས་རྒྱས་ཀྱི་བསྟན་པ་རྒྱས་པར་མཛད་ཅིང་སྐུ་གཤེགས་དུས་རིང་བསྲེལ་གྱི་སྙིང་པོ་ཅན་དུ་གྱུར་ཏེ་ཡོལ་ཆོས་ཀྱི་དབང་ཕྱུག་ནི་བརྒྱད་སྟོང་འགྲེལ་ཆེན་གསུང་འགྲོ་ལ་དེ་ཉིན་གྱི་ཆོས་མཐུན་〈ཐུན་〉རྫོགས་པ་དང་ཆོས་ཁྲིའི་ཐོག་དེ་གར་སྐུ་གཤེགས་ཏེ་སྐུ་གདུང་རིལ་བུ་གཅིག་ཏུ་བཞུགས་པར་རིང་བསྲེལ་བར་མ་ཆད་དུ་ཕེབས། སྐུ་མཆེད་གསུམ་ཀའི་ནང་རྟེན་གནས་སྙིང་གི་གཙུག་ལག་ཁང་སྙིང་པ་དང་། ལྷུང་ར་གཉིས་ན་བཞུགས་ལུགས་བཅས་ཡོལ་སྟོན་སྐུ་མཆེད་གསུམ་གྱི་གྲུབ་རྟགས་དང་མཛད་འཕྲིན་གྱི་ཆེ་བའོ། །

ལྔ་པ། རྗེ་བཙུན་སྤྱན་རས་གཟིགས་ཀྱིས་ལུང་བསྟན་པའི་ཐུགས་རྗེ་ཆེན་པོའི་རྣམ་སྤྲུལ་དཔྱིལ་གྱི་གདུང་རབས་ཀྱི་དང་པོའི་བརྒྱུད་པ་ལ་སྟོད་བྱང་གི་ཐབ་མདའི་རི་ཁྲོད་དུ་ཐུགས་འཆང་དཔྱིལ་རྒྱལ་བ་གྲུབ་པ་ཞེས་སྤྲུལ་པའི་སྐུ་གཅིག

ཐུགས་རྗེ་ཆེན་པོའི་སྒོམ་བཟླས་མཛད་ཅིང་ཏིང་ངེ་འཛིན་ལ་རྩེ་གཅིག་མཉམ་པར་ཞུགས་དུས་ཉིན་གཅིག་བུ་མོ་ཡང་དག་སྒྲོལ་ཞེས་བྱ་བ་ཡེས་ཤེས་ཀྱི་མཁའ་འགྲོ་མ་དངོས་གཅིག་ཚེ་རབས་སྔོན་མའི་ལས་མཐུན་ལ་བརྟེན་ནས་ལྷན་ཅིག་འདུས་པ་ལས་སྲས་རྒྱལ་མཚན་བཀྲ་ཤིས་དང་རྒྱལ་པོ་གྲགས་ཞེས་བྱ་〚བ་〛གཉིས་བྱུང་བ་ལས་གཅེན་རྒྱལ་མཚན་བཀྲ་ཤིས་ལ་སྲས་རྡོ་རྗེ་རྒྱལ་མཚན་ཞེས་སྔགས་སྙིང་མ་ལ་མཁས་ཅིང་ཡིད་དམ་ལྷའི་ཞལ་གཟིགས་པ་ཞིག་བྱུང་། དེ་ལའང་སྲས་འཇམ་དཔལ་རིན་ཆེན། ཐུགས་རྗེ་རིན་ཆེན། རྡོ་རྗེ་རིན་ཆེན་དང་གསུམ་བྱུང་སྟེ། དེ་གསུམ་ཡང་སྔགས་ཀྱི་ཡོན་ཏན་དང་ནུས་པ་ཤིན་ཏུ་ཆེ་བ། རིགས་གསུམ་དགོན་〈མགོན་〉པོའི་སྤྲུལ་པར་གྲགས་པའི་བར་པ་ཐུགས་རྗེ་རིན་ཆེན་ལ་སྲས་ཡང་དག་དཔལ། རིན་ཆེན་འབྱུང་གནས། ཤེན་〈གཤེན་〉རྗེ་གྲགས། རྡོ་རྗེ་གྲགས་དང་བཞི་འཁྲུངས། ཐམས་ཅད་ཀྱང་སྔགས་སྙིང་མའི་སྐོར་མཐའ་དག་ལ་མཁས་ཤིང་ནུས་པ་ལྡན་པ་བྱུང་། དཔྱིལ་རིན་ཆེན་འབྱུང་གནས་སྐུ་བྱ་ཆུང་གི་དུས་སུ་ཞང་པོས་ཁྲིམ་དུ་འཕྱིར་ཏེ་སྤྲུ་གར་ལ་སོགས་པ་བྱས་པས་དེ་ལ་དཔྱིལ་ཞང་ཁྲིམ་ཞེས་གྲགས། འདི་ཉིད་ཆོས་ཀྱི་བག་ཆགས་སད་པས་གསང་སྔགས་གསར་རྙིང་གི་ཆོས་མང་པོ་མཁྱེན་ཅིང་ནུབ་ཅིག་མནལ་ལམ་དུ་ཐུགས་རྗེ་ཆེན་པོའི་སྤྲུལ་པ་ཡིན་ཟེར་བའི་མི་དཀར་པོ་གཅིག་འོང་ནས། ས་བྱང་ཕྱོགས་བོད་ཀྱི་རྒྱལ་ཁམས་འདི། །ང་ཐུགས་རྗེ་ཆེན་པོའི་སྟོད་ཁམས་ཡིན། །ཁྱེད་པར་ལྷ་ཡི་རྣམ་སྤྲུལ་ངེད། །སྐལ་ལྡན་ཁྱེད་ཀྱི་བརྒྱུད་ལ་འཇུག །བྱང་ཆུབ་སེམས་པའི་གདུང་བརྒྱུད་བཟུང་། །ཅེས་གསུངས་ནས་མི་དཀར་པོ་དེ་སྟགས་འཚང་རིན་ཆེན་འབྱུང་གནས་ལ་ཐིམས་པས་སྤྲུལ་པ་ཡིན་པར་ངེས་ཤེས་བྱུང་། དེ་ནས་སྟགས་འཚང་རིན་ཆེན་འབྱུང་གནས་ཀྱི་ཇོ་མོ་ཆེ་བ་ལ་སྲས་

ཁྲི་མཁར། ཁྲི་སྐྱེས། ཁྲི་རྗོད་གསུམ་དང་རྗེ་མོ་ཆུང་བ་ལ་སྲས་དཀོན་མཁར། དཀོན་སེང་། དཀོན་ཐྲིན་གསུམ་བྱོན། ཁྲི་རྗོད་ལ་གདུང་རབས་མ་འཕེལ། ཁྲི་སྐྱེས་ལ་སྲས་སློབ་དཔོན་ཧུམ་ཀ་ར། ཧུམ་ཀ་ར་ལ་སྲས་སློབ་དཔོན་དམ་པ་ཕུར་མགོན། དེ་ལ་སྲས་སློབ་དཔོན་སངས་རྒྱས། དེ་ལ་སྲས་ཀུན་བཟང་རྡོ་རྗེ་དང་རྒྱ་མོ་བཀྲ་ཤིས་བྱུང་སྟེ་དེ་ནས་གདུང་རབས་མ་འཕེལ། ཐུགས་འཆང་རིན་ཆེན་འབྱུང་གནས་ཤངས་ཀྱི་གད་བུར་དུ་རྡོ་རྗེ་ཕུར་པ་ལ་སོགས་པའི་ཆོས་བཀའ་མང་པོ་གསན་དུ་འབྱོན་སྐབས་ཕྱག་ཕྱིར་རྗེ་མོ་ཆུང་བའི་སྲས་དཀོན་མཁར་སྐུ་མཆེད་གསུམ་པོ་ཡང་འཁྲིད་བྱོན་དུས། འབྲི་ཆེན་ཤེས་རབ་འབར་མཁས་པའི་སྙན་གྲགས་དབུས་གཙང་ཐམས་ཅད་ན་ཁྱབ་པའི་〈པས་〉ཡབ་ཀྱིས་ཀྱང་མཁས་བཙུན་ཆེན་པོའི་དྲུང་དུ་སྲས་སྐུ་མཆེད་གསུམ་པོ་རབ་བྱུང་ལ་བཏང་། དེའི་ཚེ་འབྲི་ཆེན་མྱང་སྟོད་བྱེ་མདའ་ན་ཆོས་ཀྱི་འཁོར་ལོ་བསྐོར་གྱིན་ཞུགས་པའི་སྤྱན་སྔར་སྐུ་མཆེད་གསུམ་གྱི་རབ་དུ་བྱུང་ཐོག་ཐོས་བསམ་ལ་རྩེ་གཅིག་ཏུ་དྲིལ། མཁན་པོས་ཆོས་གསུང་ཚད་ཐམས་ཅད་ལ་ཡང་གསན་ནོ། །ལ་སྟོད་པ་ཆེན་པོ་དཀོན་མཆོག་མཁར་ནི་སྐུ་སྐྱེ་བ་དུ་མ་ཆོས་ལ་སྦྱངས་ཤིང་བག་ཆགས་གསང་བའི་སྟོབས་ཀྱི་རིང་པོར་མ་ལོན་པར་མཁན་པོ་འབྲི་ཆེན་པོའི་སྐུའི་ཡོན་ཏན་ཐམས་ཅད་བུམ་པ་གང་བྱོས་ཐུགས་སུ་ཆུད་ནས་མཁས་པའི་གྲགས་པས་ཁྱབ་པར་འགྱུར་ཏོ། །གཞན་ཡང་སྐྱེས་བུ་དམ་པ་འདིས་བླ་མའི་མཆོག་བརྟེན་ཚུལ་ནི། སྐུ་གཞོན་ནུའི་དུས་སུ་ལོ་ཙ་བ་རིན་ཆེན་བཟང་པོ་ལས་བརྒྱུད་འགྲེལ་ལ་སོགས་པའི་གཞུང་མང་པོ་གསན་ཏེ་སྐུ་ནར་སོན་ཚེ་མཁས་པར་འགྱུར། (ལོ་ཙ་བ་རིན་ཆེན་བཟང་པོ་རྡོ་བོ་རྗེའི་གོང་ཕེབས་སྐབས་དུས་མི་འགྲིག) དབུ་ཚད་པ་ཁྱུང་རིན་ཆེན་གྲགས་ལ་ཚད་མའི་ཆོས་སྐོར་མཐའ་དག་དང་ས་སྐྱ་པ་འཁོན་ཀུན་དགའ་སྙིང་པོ་ལ་

དུས་འཁོར་དང་བརྒྱུད་གསུམ་མན་ངག་དང་བཅས་གསན་ཏེ་མཁྱེན་ཅིང་ཐུགས་སུ་ཆུད་པར་མཛད་ནས་མཁས་བཙུན་བཟང་གསུམ་ལྡན་པ་ཞིག་བྱུང་བ་བཅས་རྗེ་བཙུན་སྤྱན་རས་གཟིགས་ཀྱི་རྣམ་སྤྲུལ་གྱི་ཆེ་བའོ། །

དྲུག་པ། ཕྱག་དྲུག་ཡེ་ཤེས་ཀྱི་མགོན་པོའི་བཀའ་བབས་ཀྱི་ཆེ་བ་ནི། ལ་སྟོད་པ་དཀོན་མཆོག་མཁར་གྱིས་ཤངས་ཞོང་ཞོང་དུ་གྲུབ་ཆེན་ཁྱུང་པོ་རྣལ་འབྱོར་པའི་དྲུང་དུ་སྤྱིར་ཆོས་གདམས་ངག་མང་པོ་གསན་ཅིང་། ཁྱད་པར་བདེ་མཆོག་དང་། མགོན་པོའི་དབང་བསྐོར་རྣམས་མཛད་པའི་དུས་བདེ་མཆོག་དང་། མགོན་པོའི་ཞལ་གཟིགས། གྲུབ་ཆེན་ཁྱུང་པོ་རྣལ་འབྱོར་བའི་སློབ་མ་ཁྲི་ཚོ་བརྒྱད་ཡོད་པའི་བུ་ཆེན་གྱི་ཐོག་མ་དང་། མགོན་པོའི་མངའ་བསྐོས་པའི་ལ་སྟོད་པ་དཀོན་མཆོག་མཁར་ཞེས་པར་མངའ་གསོལ་ཐོག ཆོས་སྐྱོང་དྲན་བཞིན་དུ་ཉན་པའི་བཀའ་བསྒོ་དྲག་པོ་མཛད། མི་ཧི་པའི་ཐུགས་དམ་ཆོས་སྐྱོང་གི་ཐང་སྐུ་གནང་ཡང་བླ་མའི་ཐུགས་དམ་གྱི་རྟེན་ཞུས་ན་མི་འགྲིག་ཅེས་མ་བཞེས་ཀྱང་ཚུར་ཕྱིན་སྐབས་ཤང་〈ཤངས〉བྱེ་མདར་གྲོ་གསོལ་དུས་ཐང་སྐུ་དེ་ནམ་མཁའ་ལས་ལ་སྟོད་དཀོན་མཆོག་མཁར་གྱི་ཐུ་བར་ཕྱིན་བྱུང་སྟེ་གནས་སྙིང་གཟིམ་ཁང་དུ་བཞུགས་སུ་གསོལ་བ་བཅས་ཕྱག་དྲུག་ཡེ་ཤེས་མགོན་པོའི་བཀའ་བབས་ཀྱི་ཆེ་བའོ། །

བདུན་པ། འབྲི་ཆེན་ཤེས་རབ་འབར་གྱི་གདན་ས་དང་། མཛད་འཕྲིན་〚གྱི་ཆེ་བ་〛ནི་འབྲི་ཆེན་དེ་འཁྲུངས་ཡུལ་གཙང་པོ་ནང་པ་(གྱང་སྟོད་ཁུལ)། སྐུ་གཞོན་ནུ་ལ་ཡོལ་སྟོན་ཆོས་ཀྱི་དབང་ཕྱུག་གི་དྲུང་དུ་རབ་ཏུ་བྱུང་བར་མཛད་དེ་ཡོལ་སྐུ་མཆེད་ནས་ཆོས་དང་གདམས་པ་མཐའ་དག་གསན་ཅིང་ཐུགས་སུ་ཆུད་པར་མཛད། སྐྱེས་བུ་དེ་ནི་སྐྱེ་བ་མང་པོའི་སྔོན་རོལ་ནས་རྗེ་བཙུན་བྱམས

པ་མགོན་པོས་རྗེས་སུ་བཟུང་〈བཟུང་〉བའི་སྟོབས་ཀྱིས་ཡོལ་ཆེན་པོ་ལ་སློབ་མའི་མཆོག་ཏུ་མ་ཞིག་མཆིས་པའི་ནང་མཚན་འདི་ཉིད་མཁས་པའི་མཆོག་ཏུ་གྱུར་པས་མཁན་པོ་ཡོལ་གྱི་གདན་ས་ཐ་ཚོ་ཉི་ཤུ་རྩ་བཞི་དང་། རྗེ་སྲས་ཕུར་པ་འཕེལ་གྱིས་ཕུལ་བའི་ས་ཆ་དབང་རིགས་དང་བཅས་པ་ཐམས་ཅད་ཁོང་ལ་གཏད་ནས་གདན་ས་ལ་བསྐོས།

ཁོང་གིས་བླ་མའི་མཆོག་འབུམ་པ་ཊ་ཏེ་ཧ་འབུམ་ཕྲག་གསུམ་པ། རྗོག་ལོ་ཙ་བ་བློ་ལྡན་ཤེས་རབ་ལ་སོགས་པ་རྒྱ་བོད་ཀྱི་མཁས་གྲུབ་དུ་མ་ཞིག་བསྟན་ཏེ་གསུང་རབ་མཐའ་དག་ལ་མཁས་པར་གྱུར་ཅིང་ཁྱད་པར་བྱམས་ཆོས་ལྡེ་ལ་སོགས་པ་ཤེར་ཕྱོགས་ལ་བྱམས་མགོན་གཉིས་པ་ལྟར་གྱུར་ཅིང་བདུག་པོས་〈གདུག་སྤོས་〉དང་། མེ་ཏོག་གི་ཆར་འབབ་པ་ངེས་ཅན་དུ་བྱུང་། དགེ་བའི་བཤེས་གཉེན་འབྲི་དེ་ལ་སློབ་མའི་མཆོག་ཀུང་ཁྱུང་རིན་ཆེན་གྲགས་དང་། ལ་སྟོད་པ་དཀོན་མཆོག་མཁར་བྱང་ཆུབ་ཡེ་ཤེས། སྐལ་བ་ཕྱོགས་སྟོན་མདོག་པ་རྒྱང་གྲགས། རྒྱ་འདུལ་བ་འཛིན་བརྩོན་འགྲུས་འབར་ལ་སོགས་པ་གྲྭ་པ་དང་ཁྱིམ་པ་སྟོང་ཕྲག་རེ་ཙམ་བྱུང་སྟེ། གཙང་གི་མཁས་པ་ཕལ་ཆེར་ཁོང་གི་བུ་སློབ་ཏུ་མ་གྱུར་བ་མེད་ཅིང་། རྒྱལ་ཁམས་སུ་ཆོས་འཁོར་རྒྱ་ཆེན་པོའི་སྒོ་〈བསྐོར་〉ནས་སངས་རྒྱས་ཀྱི་བསྟན་པ་ཉིན་མོ་ལྟར་གསལ་བར་མཛད་དོ། །དེ་ནས་འབྲིའི་ཁྱད་འཕགས་བཅུ་གསུམ་རྒྱ་གར་གྱི་གསེར་སྐུ་ཐུབ་པ་དམར་པོ། བླ་བུམ་སྐུ་པོད་རྣམ་བཞི། གསེར་འབུམ་ཕྱིན་རླབས་ཆར་འབེབས། འབྲིའི་གདུགས་དཀར་པོ། མཆོད་རྟེན་བཀྲ་ཤིས་དར་ལྕང་། བླ་ཡོལ་འགྲན་ཟླ་ཀུན་བྲལ། ཕྲུག་ཚལ་ཉི་མ་རྒྱང་གྲགས། བུམ་པ་བཀྲ་ཤིས་འཁྱིང་〈འཛིང་〉རིང་། བེར་སེང་གེ་འཁྱིང་བསྒོལ། དཀར་ཡོལ་ཟླ་བ་ཁྲོན་ཆུང་། གྲུམ་རྩེ་གནམ་སྟོན་པོ།

གསེར་སྣ་བཀྲ་ཤིས་འོད་འབར། ཚིབས་པ་ངང་པ་འཕུར་ཤེས་ཀྱིས་ཐོགས་དྲངས་སྦྱར་ནས་ས་ཆ་ཡོན་བདག་དང་བཅས་ཇི་ལྟར་ཡོད་པའི་ཁ་ལ་འཁྱིང་གུང་ལ་སོགས་པའི་ཡོན་བདག་འཕེལ་རྒྱས་དང་བཅས་ལ་སྟོད་པ་དགོན་མཆོག་མཁར་ལ་གཏད་ནས་གདན་ས་བསྐྲུན་པ་བཅས་འབྲི་ཆེན་ཤེས་རབ་འབར་གྱི་གདན་ས་དང་མཛད་འཕྲིན་གྱི་ཆེ་བའོ། །

བརྒྱད་པ། བསྟན་སྲུང་མ་ཧ་ཀ་ལས་ལ་སྟོད་པ་དགོན་མཆོག་མཁར་ལ་དངོས་སུ་ཞལ་བསྟན་ནས་ཞལ་བཞེས་ཀྱི་ཆེ་བ་ནི་ལ་སྟོད་པའི་ཐུགས་ལ་མཁན་པོའི་བཀའ་ཡིན་པའི་〈པས〉གདན་ས་ནི་མཛད་དགོས་པར་བྱུང་ཡང་དུས་ངན་སྙིགས་མའི་དགོན་སྡེའི་བདག་དང་། མི་དམངས་ཀྱི་འགོ་དཔོན་ཇི་ཙུག་ཐད་དམ་དགོངས་རྩ་ན་མཁན་པོ་ལ་སྟོད་པའི་མདུན་དུ་ཆོས་སྐྱོང་ཕྱུག་དྲུག་པ་ཞལ་མངོན་སུམ་བསྟན་ཏེ་ཐུགས་གཡེང་མི་འཚལ་དགོན་པའི་བདག་གཉེར་ང་རང་གིས་བྱེད་གསུངས། རྒྱ་མི་འགྱུར་བའི་བདེན་ཚིག་གི་ཞལ་བཞེས་དངོས་སུ་མཛད་སྐབས་དེ་ནས་མཁན་ཆེན་ལ་སྟོད་པ་ཆེན་པོས་ཀྱང་དགོན་མ་ལག་གི་གཙུག་ལག་ཁང་དང་། ལྕགས་རི་འཁྱམས་སོགས་རྒྱ་སྐྱེད་དང་། ཉམས་གསོ་རྒྱ་ཆེར་མཛད། བྱེ་མདར་གཙུག་ལག་ཁང་གསར་བཞེངས། རྟེན་གསུམ་མང་པོ་དང་། ཤེར་ཕྱོགས་ཀྱི་མདོ་ཐམས་ཅད་བཞེངས་པ་སོགས་ཉམས་པ་གསོ་འཆད་མི་ཉམས་གོང་འཕེལ་གྱི་ཕྱག་སྲོལ་མཛད་པ་བཅས་བསྟན་སྲུང་མ་ཧ་ཀ་ལའི་ཞལ་བཞེས་ཀྱི་ཆེ་བའོ། །

དགུ་པ། སློབ་མའི་མཆོག་གྱུར་གྲུབ་ཐོབ་རྣམ་གསུམ་གྱི་ཆེ་བ་ནི་གྲུབ་ཐོབ་(ཁམས་པ་རྗེ་རྒྱལ་) དཔལ་ཕག་མོ་གྲུབ་པ། གྲུབ་ཐོབ་ཉི་ཕུག་པ་ཆོས་ཀྱི་གྲགས་པ། མཁན་པོ་དབང་ཕྱུག་རིན་ཆེན་གསུམ་གྱི་ཐོག་མ་མཛད་པའི་བུ་སློབ་

འདུལ་〈གདུལ་〉བྱ་དཔག་ཏུ་མེད་པ་རྒྱུད་སྨིན་ཅིང་གྲོལ་བའི་ཆོས་ཀྱིས་ཚིམས་པར་མཛད། ཆོས་ཉན་གྲྭ་པ་དཔེ་འགྲེམས་བརྒྱད་བརྒྱ་རེ་ཙམ་བྱུང་ཞིང་། དབྱར་ཐོག་ལ་བརྒྱད་སྟོང་འགྲེལ་ཆེན་འདྲི་བ་བདུན་བཅུ་ཐམ་པ་བྱུང་ངོ་། །དེ་ལྟར་འགྲོ་བ་མང་པོ་སྨིན་གྲོལ་གྱི་ལམ་ལ་བཀོད། སངས་རྒྱས་ཀྱི་བསྟན་པའི་བྱ་བ་རྒྱ་ཆེན་པོ་མཛད་པའི་སྐྱེ་བུ་དེ་དགུང་ལོ་བརྒྱ་བཞེས་པའི་ཚེ་ཧོང་པ་རང་གིས་བཏབ་པའི་དགོན་པ་གནས་གོག་ཉིད་དུ་སྐུ་གཤེགས། སྐུ་གདུང་ཡང་རིལ་པོ་གཅིག་ཏུ་མཆོད་རྟེན་གྱི་ནང་ན་བཞུགས་ཤིང་ད་ལྟ་གནས་གོག་ཏུ་གྲགས་པའི་ལྷ་ཁང་ཆུང་ངུའི་ནང་ན་མཆོད་རྟེན་གཉིས་བཞུགས་པའི་གཅིག་ཡིན་ནོ། །སློབ་མའི་མཆོག་གྱུར་གྲུབ་ཐོབ་རྣམ་གསུམ་གྱི་ཆེ་བའོ། །

བཅུ་པ། བརྒྱུད་པའི་མཆོག་གྱུར་གདུང་རྒྱུད་དང་། མཁན་རྒྱུད་བྱང་སེམས་རིམ་བྱོན་གྱི་ཆེ་བ་བཅས་སོ། །

དེ་ལྟར་གནས་རྙིང་དགོན་ནི་དུས་ཇི་ཙམ་〚ལ་〛ཆགས་སྙམ་ན། དུས་ནི་བསྟན་པ་ཕྱི་དར་གྱི་དུས་སུ་སློབ་དཔོན་ཆེན་པོ་མཚོ་སྐྱེས་རྡོ་རྗེའི་དངོས་སློབ་པ་ཕྱུགས་འཚང་ཆེན་པོ་རྒྱ་འཇམ་དཔལ་གསང་བ་ཉིད་དང་པོར་ཆོས་ཀྱི་རྒྱལ་པོ་ཁྲི་སྲོང་ལྡེའུ་བཙན་གྱི་ཡོན་མཆོད་དུ་གྱུར་ནས་སྐྱེས་བུ་འདི་ཉིད་སྐུ་ཚེ་རིང་པོ་ཞིག་བཞུགས་ཏེ་རིམ་བཞིན་རྒྱལ་པོའི་སྲས་སད་ན་ལེགས་འཛིན་ཡོན་དང་། དེའི་སྲས་མངའ་བདག་ཁྲི་རལ་པ་ཅན། ཆོས་རྒྱལ་ཁྲི་སྲོང་ལྡེའུ་བཙན་གྱི་ཆོས་བློན་ཆེན་པོ་མགོས་〈འགོས་〉ཁྲི་བཟང་པ་ཡབ་སྲས་བཅས་རྒྱལ་བློན་དེ་རྣམས་ཀྱི་བླ་མཆོད་དུ་འབྲེལ་ནས་བླ་མ་རྒྱལ་བློན་རྣམས་ཀྱི་མཛད་འཕྲིན་ཐབས་ཤེས་བཟུང་སྦྲེལ་〈འབྲེལ་〉བརྟེན་ནས་མྱང་སྟོད་སྐྱིགས་གནས་རྙིང་གཙུག་ལག་ཁང་དགེ་འདུན་གྱི་སྡེ་བཅས་ཇི་ལྟར་ཆགས་ཚུལ་དང་། ཆོས་གཞིས་ཡོན་བདག་བྱུང་

ཚུལ། གནས་དགོན་དེ་དག་སངས་རྒྱས་ཀྱི་བསྟན་པ་འཛིན་སྐྱོང་སྤེལ་གསུམ་གྱི་བླ་མ་དང་པོ་རྒྱ་འཇམ་དཔལ་གསང་བ་ནས་བཟུང་སྤྱན་རས་གཟིགས་ཀྱི་རྣམ་སྤྲུལ་སྐྱེས་བུ་དམ་པ་རིམ་པར་བྱོན་རིགས་བཅས་འདི་ལྟར།

དེ་ནི་ཐོག་མ་ཆོས་རྒྱལ་ཁྲི་སྲོང་ལྡེའུ་བཙན་དང་། རྒྱ་འཇམ་དཔལ་གསང་བ་རྣམ་གཉིས་མཆོད་ཡོན་དུ་འབྲེལ་ཚུལ་ནི། དཔལ་བསམ་ཡས་མི་འགྱུར་ལྷུན་གྱི་གྲུབ་པ་ན་ཆོས་སྐྱོང་བའི་རྒྱལ་པོ་ཁྲི་སྲོང་ལྡེའུ་བཙན་རྒྱལ་སྲིད་ཆོས་བཞིན་སྐྱོང་བའི་དུས་ཙ་ན། ནུབ་གཅིག་བཙན་པོའི་གནལ་ལམ་གྱི་ལྟས་ཤིན་ཏུ་བཟང་བ་གཅིག་བྱུང་། དེའི་སང་སྤྱི་དྲོའི་ཆ་ལ་རྒྱལ་པོས་ཕོ་བྲང་གི་ཡང་སྟེང་ནས་གཟིགས་དུས་བར་སྣང་ལ་འཇའ་མཚོན་〈ཚོན〉སྣ་ལྔ་པ་གཅིག་ཟུགས་པའི་སྣེ་གཅིག་དཔལ་བསམ་ཡས་དབུ་རྩེའི་རིགས་གསུམ་ལ་ཟུགས། སྣེ་གཅིག་རི་བོ་ཟངས་མདོག་ལ་ཟུགས་ཏེ་རི་ཟངས་མདོག་ལ་མེ་ཏོག་གི་ཆར་འབབ་ཀྱིན་འདུག་པ་གཟིགས་པས་མདངས་ཀྱི་རྨི་ལམ་དང་། ད་ལན་གྱི་ལྟས་དེ་ཅི་ཡིན་སྙམ་པ་དགོངས་ནས་ཡ་གི་ན་ཅི་འདུག་ལྟོས་ཤོག་གསུངས་བློན་པོ་ཞིག་བལྟར་བཏང་བས། དེས་ན་སྔགས་འཆང་ཆེན་པོ་གཅིག་ལ་ཛོ་མོ་ཡེ་ཤེས་ཀྱི་མཁའ་འགྲོའི་མཚན་རྟགས་ལྡན་པའི་བཟའ་མི་གཉིས་བཞུགས་ཡོད་པ་དེ་བཞིན་འདུག་ལགས་ཞུས་པས་དེ་པ་ངའི་གམ་དུ་བོས་ཤོག་གསུངས་ཏེ་གདན་དྲངས་ནས་རྒྱལ་པོ་ངའི་སྐུ་རིམ་པ་གྱིས་གསུངས་པས་རྒྱལ་པོའི་སྐུ་རིམ་པ་མཛད་དོ། །

ཆོས་རྒྱལ་ཁྲི་སྲོང་ལྡེའུ་བཙན་གྱི་སྐུ་རིང་ལ་གཙུག་ལག་ཁང་བརྒྱ་རྩ་བརྒྱད་དང་། མཆོད་རྟེན་བརྒྱ་རྩ་བརྒྱད་བཞེངས་པའི་དུས་སུ་བློན་པོ་གཙོ་ཆེ་བ་རྣམས་ལ་རྒྱལ་པོས་ཁྱེད་རྣམས་ཀྱིས་ཀྱང་སྒྲིབ་སྦྱོང་པའི་ཡན་ལག་ཏུ་ལྷ་ཁང་

རེ་དང་། མཆོད་རྟེན་རེ་བཞེངས་ཤིག་ཅེས་གསུངས་དོན་བློན་པོ་རྣམས་ཀྱིས་རྒྱལ་པོའི་ བཀའ་ བཞིན་ བཞེངས་ པའི་ ནང་ ཚན་ བློན་ པོ་ ཆེན་ པོ་ མགོས་〈འགོས་〉ཁྲི་བཟང་བའི་ལྷ་ཁང་དང་། མཆོད་རྟེན་ནི་ངོ་མཚར་ལྡན་པ་རྒྱལ་པོའི་ཐུགས་ཡུལ་དུ་འབབ་པ་བྱུང་བར་བརྟེན་རྒྱལ་པོ་ཐུགས་རབ་ཏུ་དགྱེས་ནས་དང་པོར་ཁྱེད་ཀྱི་བོད་ཡུལ་དུ་འདིར་སངས་རྒྱས་ཀྱི་ཆོས་དར་བའི་ཐབས་བློ་བརྟོན། ད་རེས་ཀྱང་ཁྱོད་ཀྱི་བཞེངས་པའི་ལྷ་ཁང་དང་། མཆོད་རྟེན་ཁོ་ན་མཚར་བར་འདུག་པས་ཁྱོད་ཀྱི་བྱ་དགའ་ལ་ས་ཁུལ་དུ་ཆོད་པའི་སྡེ་བར་གཅིག་སྟེར་བ་ཡིན་པས་ས་དམིགས་འཚོལ་ཅིག་གསུངས་བར་བརྟེན་བློན་པོ་མགོས་〈འགོས་〉ཀྱིས་མོན་སྐྱིད་ཆུ་ལྷ་ཁང་ཚུན་སྐར་ལ་མཆོ་གཞུགས་ཡན་ཆད། འབྲི་མཚམས་སླུག་པོ་ཚུན་གྱི་ས་ཆ་རྣམས་ཞུས་ཏེ་དེར་བློན་མགོས་〈འགོས་〉ཀྱིས་ཆོས་སྐྱོང་བའི་རྒྱལ་པོས་གནང་བའི་ས་ཆ་རྣམས་བཟུང་བ་ལ་བརྟེན་ནས་མགོས་〈འགོས་〉ཀྱི་ཕག་རི་མགོས་〈འགོས་〉ཡུལ་སྟོད་གསུམ་ཞེས་གྲགས་པ་བྱུང་ངོ་། །(གོང་གསལ་བློན་པོ་འགོས་ཁྲི་བཟང་པ་རྒྱལ་པོས་བྱ་དགའ་གནང་ཡུལ་དང་། རྒྱ་འཇམ་དཔལ་གསང་བའི་ཡོན་བདག་ཡིན་ལུགས་ཀྱང་། 《སྦྱང་ཆོས་འབྱུང་》ལས་རྒྱ་འཇམ་དཔལ་གསང་བའི་ཡོན་བདག་ཏུ་གྱུར་པའི་བློན་པོ་ཉི་འགོས་ཁྲི་བཟང་གི་སྲས་མགོས་〈འགོས་〉ཁྲི་འབྲིང་ཁང་བཟང་བྱ་བའི་སྲས་པད་མ་གོང་བཙན་ཟེར་བ་དེ་ཡིན་པས་མགོས་〈འགོས་〉ཁྲི་བཟང་ནི་པད་མ་གུང་བཙན་གྱི་མེས་པོ་ཡིན་ལུགས་བཅས་ཇི་ལྟར་དཔྱད་པ་ཞུ།)

དེ་ནས་ཆོས་རྒྱལ་ཁྲི་སྲོང་ལྡེའུ་བཙན་ཆེན་པོ་སྐུ་མྱ་ངན་ལས་འདས་འོག་ཐུགས་འཚང་ཆེན་པོ་རྒྱ་འཇམ་དཔལ་གསང་བས་ལྷ་སྲས་སད་ན་ལེགས་ཀྱི་རྩ་བའི་བླ་མ་ཡང་མཛད་པ་དང་། ཡང་རྒྱལ་པོ་སད་ན་ལེགས་ཀྱི་སྲས་མངའ་བདག་ཁྲི་རལ་པའི་ཀློག་གི་སློབ་དཔོན་དང་། རྩ་བའི་བླ་མ་ཡང་མཛད་དེ་ཆོས་རྒྱལ་འདི་ནི་དད་པ་དང་། བརྩོན་འགྲུས་ལྡན་པ། བསོད་ནམས་དང་མཐུ་

སྐབས་ཆེ་བ། སྤྱིར་ཆོས་བྱེད་ཀྱི་གང་ཟག་ཐམས་ཅད་ལ་དད་གུས་སུ་ལྡན་པ། ཡང་སློས་བླ་མ་ལ་ཤིན་ཏུ་མོས་པས་བླ་མའི་ཕྱིར་དུ་སྐུ་སྲོག་ཀྱང་འདོར་ནུས་པའི་སྐྱེས་བུ་དམ་པ་འདིས་སྤྱིར་བོད་ཡུལ་དུ་ལོ་པཎ་མང་པོ་སྤྱན་དྲངས་ནས་དམ་པའི་ཆོས་མང་དུ་བསྒྱུར་བ་དང་། བསྒྱུར་བཅོས་ནས་སྐད་གསར་བཅད་ཀྱིས་གཏན་ལ་ཕབ་པ། ཆོས་གྲྭ་དང་། སློམ་གྲྭ་སྟེར་ཡོད་རྣམས་ཀྱི་ཞབས་ཏོག་སྟེར་མེད་གསར་དུ་བཙུགས་ཏེ་ཆོས་པ་རྣམས་ཀྱི་ཞབས་ཏོག་སློར་མི་འཁྱུད་པ་མཛད་དེ་ཁ་བ་ཅན་གྱི་རྒྱལ་ཁམས་སུ་དམ་པའི་ཆོས་དར་ཞིང་རྒྱས་པར་མཛད། ཁྱད་པར་འོན་འཆང་རྗེས་དཔེ་མེད་ཀྱི་ལྷ་ཁང་རྒྱ་ཕིབས་དགུ་ཐོགས་མས་གཙོ་བྱས་གཙུག་ལག་ཁང་བཞེངས་པའི་ཞལ་ཏ་དང་། བཞེངས་ཚར་ནས་རབ་གནས་ཐམས་ཅད་རང་གི་རྩ་བའི་བླ་མ་སྔགས་འཆང་དགེ་བའི་བཤེས་གཉེན་ཆེན་པོ་རྒྱ་འཇམ་དཔལ་གསང་བ་ཉིད་ལ་ཞུ་གནང་མཛད་པ་ཡིན་ནོ། །

ཆོས་ཀྱི་བློན་པོ་མགོས་〈འགོས་〉དེ་ལ་སྲས་གཉིས་འཁྲུངས་ཏེ། ཁྱུང་ཐོད་རྩལ་དང་། རྡོ་རྗེ་རྩལ་གཉིས་སོ། །ཡབ་〚ཀྱིས་〛སྲས་གཉིས་ལ་ངས་ཚེ་སྟོད་ལ་རྒྱལ་པོའི་དགོངས་པ་བསྒྲུབས་པ་ཡིན་ཡང་། ད་སློས་ཚེ་གཞུགས་〈གཞུག་〉ངན་སོང་གསུམ་གྱི་སྒོ་འགེགས་ཤིང་མཐོ་རིས་ཐར་པའི་ལམ་སྟོན་པའི་བླ་མ་གཅིག་དགོས་པར་འདུག་པ་དེ་དབུས་ཀྱི་བསམ་ཡས་ན་ཆོས་རྒྱལ་མེས་དབོན་རྣམས་ཀྱི་མཆོད་གནས་ཨོ་རྒྱན་པད་མའི་དངོས་སློབ་ང་རང་གི་རྩ་བའི་བླ་མ་བཅས་ཡིན་པའི་རྒྱ་འཇམ་དཔལ་གསང་བ་ཞེས་པའི་སྔགས་འཆང་ཆེན་པོ་དེ་ཉིད་ཁྱོད་ཁྱུང་ཐོད་རྩལ་གྱིས་གདན་དྲངས་〈དྲོངས་〉པ་བགྱིས་ཤིག་གསུངས་ནས་གདན་འདྲེན་དུ་བཏང་བས་བླ་མས་ཀྱང་མྱང་སྟོད་དུ་ལས་ཀྱི་འབྲེལ་བ་ཡོད་འགྲོ་དགོས་གསུངས་ཏེ་མངའ་བདག་ཁྲི་རལ་པ་ཅན་གྱི་སྤྱན་སྔར་བྱོན་ནས་ངེད་

གཙང་དུ་བློན་པོ་མགོས་〈འགོས་〉ཀྱིས་འཕོད་མཁན་བྱུང་ནས་འགྲོ་དགོས་འདའ་བས་ངེད་ལ་གཞི་འཆའ་བའི་〚ས་〛ཆ་ཅིག་ཐུགས་ལ་བཏོག་དགོས་ཞུས་པས་རྒྱལ་པོས་དེ་ལྟར་བཞེད་པ་བཞིན་ཕུལ་ཏེ་སྟོད་ན་རུ་ལ་ཁ་〈ལག་ཁག་〉གསུམ། སྨད་ན་ཤེའུ་ལུང་གསུམ། བར་ན་སྐྱེགས་རུ་གསུམ་ས་ཆ་དང་། འབྲི་ཁྱུང་རྗེ་འབངས་དང་བཅས་རྣམས་བླ་མ་བརྒྱུད་པ་རྗེས་འཛིན་དང་བཅས་པ་ཤེས་སུ་ཚུགས་གསུངས་པའི་འཇའ་ས་གནང་བར་བརྟེན་བླ་མས་མགོས་〈འགོས་〉ཁྱུང་རྐོད་རྩལ་དང་ལྷན་ཅིག བློན་པོ་མགོས་〈འགོས་〉བཞུགས་གནས་སུ་ཕྱིན་ནས་ཡོང་ལ་ཆོས་མང་དུ་གནང་སྟེ་དེར་ལོ་གསུམ་བཞུགས། བློན་པོ་ཆེན་པོ་དགུང་ལོ་རེ་བདུན་ལ་སྐུ་ཡལ། དེའི་ཚེ་ཆོས་ཀྱི་རྒྱལ་པོ་ཁྲི་རལ་ཀྱིས་བོད་ཡུལ་དུ་བཞེངས་པའི་ལྷ་ཁང་ཡོངས་(གཙང་ཕྱོགས་མྱང་སྟོད་ཀྱི་ས་ཆར་)གནས་གསར་ལྷ་ཁང་། ཉན་ཚོ་ལྷ་ཁང་། བྱེ་མདའ་ལྷ་ཁང་། ལྷག་ཚུང་ལྷ་ཁང་། རྙིང་དེ་ལྷ་ཁང་རྣམས་བཞེངས་པའི་ཞལ་བཀོད་ལ་རྒྱ་འཛམ་དཔལ་གསང་བ་ཉིད་ཕྱིན་དུས་ཡོང་པ་སའི་དཔྱད་ལ་མཁས་པས་སྤྱིར་ན་མྱང་སྟོད་ཀྱི་ས་ཆ་རྣམས་གཏན་ལ་ཕབ་པར་མཛད། སྒོས་སུ་མྱང་སྟོད་རྒྱ་གར་གྱི་གླིང་གནས་རྙིང་རྡོ་རྗེའི་གདན་དང་མཚུངས་པའི་ས་པད་མ་འདབ་བརྒྱད་དང་། གནམ་འཁོར་ལོ་རྩིབ་བརྒྱད་འདྲ་བ། རྒྱབ་རི་སླང་པོ་ཆེ་ཉལ་བ་འདྲ་བ། ལོགས་བཀྲ་ཤིས་རྟགས་བརྒྱད་ཚང་བ། དབུས་ན་དཔལ་འབར་ཞིང་མཐའ་ནས་གཡང་ལུད་པའི་གནས་དགོས་འདོད་ཐམས་ཅད་ཆར་བཞིན་དུ་འབབ་ཅིང་། གྲུབ་ཐོབ་རྒྱུན་མར་ཕྱིན་པའི་ཞིང་མཁས་པ་བརྒྱ་ཕྲག་འདུ་བའི་གནས་བསྟེན་པ་ཙམ་གྱིས་ཉོན་མོངས་ངང་གི་〈གིས་〉ཞི་བའི་གནས་མཆོག་མ་འོངས་པ་ན་སངས་རྒྱས་ཀྱི་བསྟན་པ་རིན་པོ་ཆེ་ཆེས་ཆེར་དར་བའི་ས་ཕྱོགས་སུ་དགོངས་སོ། །

དེ་ལྟར་རྒྱལ་པོའི་བཞེད་པ་གཙུག་ལག་ཁང་ཐམས་ཅད་ལེགས་པར་གྲུབ་པར་བརྟེན་ལྷ་བཙན་པོ་ཉིད་ཐུགས་དགྱེས་ཏེ་བདག་གི་ཆབ་སྲིད་ཀྱི་ཕྱིད་བླ་མ་ལ་འབུལ་ཞུས་པས་མ་བཞེས་པར་བསྒྲགས་ཀྱི་ཕུ་རི་ཟངས་མདོག་ཉིད་ལ་སྟེར་བཞིན་ཐུགས་དམ་ལ་བཞུགས། དེ་ནས་བློན་པོ་མགོས་〈འགོས་〉ཀྱི་སྲས་ཆེ་བ་མགོས་〈འགོས་〉ཁྲུང་རྐོད་རྩལ་གྱིས་གཙུང་རྡོ་རྗེ་རྩལ་ལ་ཁྱོད་ཀྱིས་ཡབ་ཀྱི་རྗེས་བཟུང་ཞིག དེད་ཀྱི་〈ཀྱིས་〉རང་རེ་ཕ་བུའི་རྩ་བའི་བླ་མ་ཆེན་པོ་གདན་དྲངས་ཏེ་ཡོན་མཆོད་གཉིས་ཀྱིས་སྐྱེགས་སུ་གཞི་བཟུང་སྟེ་བླ་མའི་ཞབས་ཏོག་བྱ་གསུངས་ནས་སླར་ཡང་བླ་མ་མགོས་〈འགོས་〉ཡུལ་དུ་སྤྱན་དྲངས་ཏེ་དེ་ལྟར་གསོལ་བ་བཏབ་པ་ལ་བརྟེན་ནས་མྱང་སྟོད་སྐྱེགས་གནས་རྙིང་གཙུག་ལག་ཁང་རྟེན་དང་བརྟེན་པར་བཅས་དང་། དགེ་འདུན་གྱི་སྡེ་ཚུགས་པར་མཛད་དོ། (གནས་རྙིང་འདི་ལ་སྐྱེགས་གནས་རྙིང་ཟེར་བའི་ཕྱོགས་གཅིག་ཡོད། སྐྱེགས་ཟེར་བ་ནི་ས་ཆའི་མིང་གཞི་ཡིན་ལ་རྩིས་ཟེར་བ་ནི་མངའ་བདག་རྒྱལ་པོ་ཁྲི་རལ་གྱིས་བོད་ཡུལ་དུ་བཞེངས་པའི་ལྷ་ཁང་གྲངས་ཀ་ཚང་མ་ཚང་རྩིས་པའི་ས་ཡིན་པས་ན་རྩིས་གནས་རྙིང་ཞེས་ལོ་རྒྱུས་སུ་སྣང་ཞིང་། ཡང་གནས་རྙིང་ཞེས་པ་དེ་ལའང་ར་རྙིང་དང་། ས་རྙིང་ཕྱོགས་གཉིས་འབྲི་སྲོལ་སྣང་། ར་རྙིང་ནི་གནས་རྙིང་མའི་དོན་དང་། ས་སྙིང་ནི་ཇོ་བོ་རྗེ་དཔལ་ལྡན་ཨ་ཏི་ཤས་གནས་ཀྱི་རྙིང་〈སྙིང་〉པོར་འདུག་ཅེས་གསུང་ཚུལ་གནས་རྙིང་དགེ་འདུན་བགྲེས་སོང་གི་གསུང་རྒྱུན་འདུག)

དེ་དག་ཏུ་བླ་མའི་ཕྱོན་རིམ་ནི་ཐོག་མར་རྒྱ་འཇམ་དཔལ་གསང་བ་དང་། སྲས་པོ་བཞི་དང་། སྲས་མོ་གཉིས་འཁྲུན་པ་ནི་རྒྱལ་སྲས་ཡང་དག་སྐྱབས་དང་། རྒྱ་དཔལ་ཆེན་སྐྱབས། རྒྱ་བཀྲ་ཤིས་འཕེལ། རྒྱ་རིག་འཛིན། སྲས་མོ་ཇོ་རྗེ་ལྷམ་མེ་དང་། ཇོ་རྗེ་སྒྲོན་ནེ་གཉིས་སོ། །རྒྱ་ཇོ་སྲས་ཡང་དག་སྐྱབས་ཀྱི་སྲས་བདུད་འཛོམས། དེ་ལ་སྲས་གཉིས་ཏེ་ཇོ་སྲས་ཕུར་པ་སྐྱབས་དང་རྒྱ་ཇོ་སྲས་ཕུར་པ་འཕེལ་ལོ་(འདི་ནས་རྒྱ་འཇམ་དཔལ་གསང་བའི་གདུང་རྒྱུད་མ་འཕེལ་ལོ།) ཇོ་སྲས་

ཕུར་པ་སྐྱབས་དེ་ཞ་ལུ་རྒྱན་གོང་དུ་ལོ་སྟོན་རྡོ་རྗེ་དབང་ཕྱུག་གི་ཕྱྭན་ སྤར་དགེ་བསྙེན་གྱི་སྡོམ་པ་ཞུས་ནས་མཚན་ཡང་མཁན་པོའི་མཚན་དང་མཐུན་པར་རྡོ་རྗེ་དབང་ཕྱུག་ཅེས་བྱ་བར་བཏགས་ཏེ་ཁོང་གིས་ཆོས་མང་དུ་མཁྱེན། མཆོག་ཏུ་ཡང་དག་པ་ཅིག་ཡོད་ཀྱང་གང་ལའང་སྙིང་པོ་མི་འདུག་པས་ལྷོ་བྲག་མཁར་ཆུ་ལ་སྒྲུབ་པ་བྱེ་དགོངས་ནས་ཞིང་ཁང་ལ་སོགས་བཙོང་སྟེ་ཚ་མོ་མི་ལོ་བཅུ་བཞི་ལོན་པ་གཅིག〚གིས་ཉིན་གཉིས་ཀྱི་བསྐྱལ་མ་དང་〛བཅས་ལྷོ་བྲག་མཁར་ཆུ་ལ་སྒྲུབ་པ་སྐྱོན་དུ་ཐེགས། སྔན་རྟག་ཏུ་ངུའི་བཟའ་ཐབས་བཙུད་ལེན་ཉམས་བླངས་པས་སྒྲུབ་པ་ཐོན་སྟེ་ལོ་ལྔ་ཙུ་ལོན་ཙམ་ན་སྒྲ་དཀར་དང་། སོ་དང་སེན་མོ་ཐམས་ཅད་བརྗེས། དྲུག་ཅུ་ལོན་རྩ་ན་གཞོན་ཤ་ལྷའི་བུ་ལྷ་བུར་གྱུར། དེ་ནས་དགུང་ལོ་དྲུག་ཅུའི་སྐབས་གཙང་དུ་ཕྱིར་ཐེབས། ཀན་མོ་ལོ་བརྒྱད་ཅུ་ལོན་པ་གཅིག་ལ་ཡུལ་གྱི་ལོ་རྒྱུས་དྲིས་པས་ཁྱེད་འདི་འདྲའི་གཞོན་པས་རྒྱུས་ཆེ་བ་སུ་ཡིན་ཟེར་བས་འདི་བཞིན་ཡིན་གསུངས། སྔར་གྱི་ལོ་རྒྱུས་བརྟད་པས་ཀན་མོས་ཁྱེད་ཤི་ནས་ཚེ་འཕོས་སམ་ཟེར། མན་གསུང་། འོ་ན་ངའི་ཨ་ཁུ་ལྷོ་བྲག་མཁར་ཆུ་ལ་གཟིགས་པ་གཅིག་ཡོད་པ་དེ་ཡིན་ནམ་ཟེར། ཡིན་གསུང་པས་ཨ་ཁུ་དང་མཇལ་བར་དགའ་སྐྱོ་གཉིས་ལྡན་གྱི་ངང་ཚུལ་བྱུང་། དེ་ལ་གདམས་པ་གནང་ཏེ་ལོ་གསུམ་ཉམས་སུ་བླངས་པས་ཚེ་ལ་དབང་བའི་གྲུབ་པ་བརྙེས〈བརྙེད〉པ་ཞིག་བྱུང་སྟེ་ཁོ་དབོན་གཉིས་ཀ་ད་ལྟའང་སེ་བྲག་གི་རི་ལ་བཞུགས་ལུགས་སོགས་ཞིབ་ཚམ་བྲིས་སོ། །

གནས་རྙིང་བླ་མའི་གྲྭན་རིམ་ཁོངས་བསྒྲིགས་པའི་རྒྱ་འཇམ་དཔལ་གསང་བའི་ཡོན་བདག་ཆོས་རྒྱལ་ཁྲི་སྲོང་ལྡེའུ་བཙན་གྱི་ཆོས་བློན་ཆེན་པོ་མགོས〈འགོས〉ཁྲི་བཟང་པའི་རིགས་རུས་ལས་འཕེལ་བའི་མགོས〈འགོས〉རེ་

སྦྲིན་ཅེས་པར་གྲུས་གསུམ་བྱུང་སྟེ་ནམ་དར་དང་། དོན་རིན་རྒྱལ་རྒྱལ་གསུམ་གྱི་ལེ་〈ལེ་〉བེར་དང་། གདོང་བར། གྲངས་མེར་ཞེས་པའི་དགོན་པ་བཏབ་ཚུལ་ལས་དེ་མིན་རྣམ་ཐར་གཞན་མེད་ཀྱང་མགོས་〈འགོས་〉ནམ་དར་ལ་གྲུས་གསུམ་ཟེར་ཏེ་གཡུང་དྲུང་སྐྱབས་དང་ཡེ་ཤེས་སྐྱབས་བཙུན་ཆུང་གསུམ་ཏེ་གཡུང་དྲུང་སྐྱབས་ཀྱི་སྒྲུབ་པ་མཛད་དེ་གཤེན་རབས་མི་བོའི་ཞལ་གཟིགས། བོན་གྱི་གཏེར་མང་དུ་བཏོན། ལྷ་སྲིན་ཐམས་ཅད་དམ་ལ་འཛོགས་པ་ཞིག་བྱུང་སྟེ། དེ་ནས་མྱང་སྟོད་དུ་བོན་གྱི་བསྟན་པ་ཚུགས་ཟེར་རོ། །ཡེ་ཤེས་དཔལ་གྱིས་ལེ་པིར་〈པེར་〉བཟུང་ཞེས་ལས་དེ་མིན་ལོ་རྒྱུས་མི་སྣང་། མགོས་〈འགོས་〉བཙུན་ཆུང་གིས་མིང་སྲིད་མཐུན་པ་ལས་སྲིད་མོ་སྲུམ་ངོ་ཚ་སྙོལ་ནས་རྟ་ནག་ཏུ་ཐོན། ལྷས་ར་གཅིག་ཏུ་བུ་གཅིག་བཙས་པ་ལ་བརྟེན་ནས་མགོས་〈འགོས་〉ཁྱུག་པ་ལྷས་བཙས་ཅེས་བཏགས། དེ་ནི་དང་པོ་ནས་ཆོས་ཀྱི་བག་ཆགས་སད་པས་ཇོ་བོ་རྗེ་དཔལ་ལྡན་ཨ་ཏི་ཤ་དང་། པཎ་ཆེན་ག་ཡ་ཏ་ར་སོགས་རྒྱ་བོད་ཀྱི་མཁས་གྲུབ་དུ་མ་ཞིག་བརྟེན་པ་དང་། རྒྱ་བལ་དུ་ལན་བཅུ་གཉིས་ཙམ་བྱོན་ཏེ་པཎཏི་ཏ་བདུན་ཅུ་རྩ་གཉིས་བསྟེན་ནས་ཕྱི་ནང་གི་ཆོས་མཐའ་དག་ལ་མཁས་པར་མཁྱེན་ཅིང་། སངས་རྒྱས་ཀྱི་བསྟན་པ་གསལ་བར་མཛད་པ་ཞིག་བྱུང་ངོ་། །

རྒྱུད་པའི་མཆོག་གྱུར་གདུང་རྒྱུད་དང་མཁན་བརྒྱུད་བྱུང་སེམས་རིམ་བྱོན་གྱི་མཛད་འཕྲིན་སྐོར།

མཁན་པོ་དཀོན་སེང་ནི། འབྲི་ཆེན་ཤེས་རབ་འབར་ལ་རབ་ཏུ་བྱུང་ཞིང་འབྲི་ཆེན་དང་། རང་གི་གཅེན་པོ་གཉིས་ལས་སྡེ་སྣོད་ཀྱི་ཆོས་མཐའ་དག་གསན་ཅིང་ཐུགས་སུ་འཆུད་པར་མཛད་དེ་གཅེན་པོའི་གདན་ས་ལོ་གཅིག་

མཛད་ནས་གཅེན་པོས་བཏབ་པའི་དགོན་པ་སྐྱིོགས་གནས་གསར་ཉིད་དུ་བདེ་བར་གཤེགས་སོ། །

མཁན་པོ་དབང་ཕྱུགས་རིན་ཆེན་ནི། ཡབ་སློབ་དཔོན་ཁྱིམ་མཁར་ཞེས་པ་སྔགས་རྙིང་མ་བའི་ཆོས་མཐའ་དག་མཁྱེན་ཅིང་ནུས་པ་དང་ལྡན་པ་ཞིག་ཡིན། དགུང་ལོ་བཅུ་བཞི་པར་ལ་སྟོད་ཆེན་པོ་དགོན་མཁར་གྱི་སྐུ་དྲུང་དུ་རབ་ཏུ་བྱུང་། ཞེར་ཕྱོགས་ཚད་མ་འདུལ་བ་མངོན་པ་ལ་སོགས་པའི་སྡེ་སྣོད་མཐའ་དག་ཐུགས་སུ་ཆུད། ཕྱིར་ལྷོ་ལོ་ཙ་བ་ལས་ལོ་ཙ་མཁས་པར་སླབས། ས་སྐྱར་རྗེ་བཙུན་གྲགས་པ་རྒྱལ་མཚན་ལས་མན་ངག་དབང་དང་བཅས་དང་། འཛམ་དཔལ་མི་གཡོ་བ་སོགས་མང་དུ་གསན་ཏེ་དེ་རྣམས་མིང་དུ་མ་བཞག་པར་ལེགས་པར་མཁྱེན་ཅིང་ཐུགས་སུ་ཆུད་པར་མཛད་རྗེས་གདན་སར་བསྐྱོས་སོ། །ཁོང་གིས་སྙེར་རྡོ་རྗེ་དབང་གྲགས་དང་། གཙང་པ་འབྲི་རྒྱུར། མེ་ལུང་སྐུ་མཆེད་སོགས་བགྲངས་ལས་འདས་པར་བསླབ་པ་གནང་། ཕར་ཕྱིན་ལ་གྲྭ་པ་དཔེ་འགྲེམས་ཉིས་བརྒྱ་ལྷག་ཙམ་རེ་བྱུང་། བྲག་ཡོའི་གཙུག་ལག་ཁང་དུ་རྟེན་སྤྱན་རས་གཟིགས་ཀྱི་གསེར་སྐུ་དང་། གསེར་གྱི་འབུམ་རྒྱས་འབྲིང་སྟུས་གསུམ་བཞེངས། འཆད་མངས་སུ་དུས་གསུམ་སངས་རྒྱས་ཀྱི་སྐུ་བཞེངས། ཁྱེ་མདའི་ལྷ་ཁང་མཚར་བར་བཞེངས་པ་སོགས་ཀྱི་མཛད་འཕྲིན་ཆེ། གསང་སྔགས་རྙིང་མའི་མཚན་ཉིད་ཐམས་ཅད་ལ་ཤིན་ཏུ་མཁས་ཤིང་བསྒོམས་པའི་ཉམས་རྟོགས་བཟང་པོ་དང་ལྡན་པའི་ཡི་དམ་ལྷ་པག་〈དཔག〉ཏུ་མེད་པའི་ཞལ་གཟིགས་པ་ལ་ཐེ་ཚོམ་ཅུང་ཟད་མི་ཟའོ། །དེ་ལྟ་བུའི་སྐྱེ་བུ་དམ་པ་དེ་ནི་དགུང་ལོ་གྱ་བདུན་བཞེས་པའི་ཚེ་ཡི་དམ་ལྷ་ཚོགས་མཁའ་འགྲོ་ཆོས་སྐྱོང་སོགས་གཟིགས་སྣང་ངོ་མཚར་ཅན་དུ་མ་དང་བཅས་པའི་བདེ་བར་གཤེགས་ཞིང་ཕྱུར་ཞུགས་ལ་ཕུལ་ཆེ་

འཇའ་འོད་སྒྲ་མེ་ཏོག་གི་ཆར་ལ་སོགས་པ་བྱུང་། སྐུ་གདུང་ལ་གདུགས་གཡས་འཁྱིལ་དང་། རིང་བསྲེལ་དཔག་ཏུ་མེད་པ་བྱོན་ནོ། །

དེའི་གཙུང་པོ་སློབ་དཔོན་སྟོང་ཚབ་ཀྱང་སྔགས་རྙིང་མའི་ཆོས་སྐོར་མཐའ་དག་གསན་ཅིང་ཐུགས་སུ་ཆུད། ཡི་དམ་ལ་ཞུས་པ་ཐོན་པའི་བླ་མ་འདི་ཉིད་དགུང་ལོ་རེ་བརྒྱད་ལ་སྐུ་གཤེགས།

དེའི་སྲས་སློབ་དཔོན་བསོད་ནམ་〈ནམས་〉རིན་ཆེན་དང་། སློབ་དཔོན་གསང་བའི་རྡོ་རྗེ་ཀུན་མཁྱེན་ཟང་ཟང་པ་པད་མ་རིན་ཆེན་གསུམ་བྱོན། བསོད་ནམ་〈ནམས་〉རིན་ཆེན་གྱིས་མཁན་པོ་དབང་ཕྱུག་རིན་ཆེན་པའི་དྲུང་དུ་རབ་ཏུ་བྱུང་། མངོན་པ། ཕར་ཕྱིན། ཚད་མ་རྣམས་མཁས་པར་མཁྱེན། གདན་ས་ལོ་གཉིས་བཟུང་སྟེ་དགུང་ལོ་བཞི་བཅུ་ཞེ་བཞི་ལ་སྐུ་འདས་སོ། །

བར་པ་གསང་བ་རྡོ་རྗེས་རང་〖གི་〗ཡབ་ལ་〈ལས་〉ཡང་དག་དང་། ཕུར་པ། ཆོས་སྐྱོང་ལ་སོགས་པ་མང་དུ་གསན། གཞན་ཡང་ཁུ་ལུང་ཡོན་ཏན་རྒྱ་མཚོའི་རྒྱུད་འཛིན་རྒྱལ་ཚབ་ཁྲི་སྟོན་སེང་འོད་སོགས་ལས་གསང་སྔགས་རྙིང་མའི་ཆོས་སྐོར་མཐའ་དག་གསན་ཅིང་ཐུགས་སུ་ཆུད་པར་མཛད། གསར་མའི་སྔགས་མཆོག་ཀྱང་མང་དུ་མཁྱེན། དགུང་ལོ་རེ་གཅིག་ཕེབས་ཚེ་ཉིན་མ་རེ་ལ་དཔག་ཚད་མང་པོ་བགྲོད་པའི་རྐང་མགྱོགས་དང་ལྡན་པ་བྱང་ཆུབ་ཀྱི་སེམས་དང་ལྡན་ཞིང་སྒྲུབ་པ་ཐོབ་པའི་རྟགས་བསམ་གྱིས་མི་ཁྱབ་པ་སྟོན་ནུས་པ། ཧེ་རུ་ཀ་དང་། རྡོ་རྗེ་གཞོན་ནུ་ལ་སོགས་པའི་ཡི་དམ་མཁའ་འགྲོ་ཆོས་སྐྱོང་གྱིས་ཞལ་གཟིགས་པ། ལྷ་འདྲེ་ཐམས་ཅད་ཕྲན་དུ་འཁོལ་བའི་མཐུ་ནུས་རྫུ་འཕྲུལ་དང་ལྡན་པ་ཞིག་གོ །དེ་ལྟ་བུའི་བླ་མ་དེ་ཉིད་དགུང་ལོ་གྱ་དྲུག་ལ་སྐུ་གཤེགས་སོ། །

དེའི་གཙུང་པོ་འགྲོ་མགོན་ཟང་ཟང་པ་པད་མ་རིན་ཆེན་ནི་དགུང་ལོ་ཉེར་གཅིག་ལ་གནས་སྙིང་མཁན་པོ་དབང་ཕྱུག་རིན་ཆེན་པའི་དྲུང་དུ་རབ་བྱུང་མཛད། གསང་འདུས་རྒྱུད་གསུམ་མན་ངག་དང་། འབྲི་གུང་སྐྱུ་ར་ལ་〈ལས་〉བཀའ་རྒྱུད་ཀྱི་གདམས་ངག་ཐམས་ཅད་གསན་ཏེ་སྒྲུང་པ་ཉམས་ལེན་ལེགས་པར་མཛད། ཁོང་པའི་དཔོན་པོ་ཆོས་ཀྱི་རིན་ཆེན་ལ་སོགས་གདུལ་བྱ་ལས་དག་པ་དག་གིས་ཁོང་ཉིད་ཐུགས་རྗེ་ཆེན་པོ་ཞལ་གཅིག་ཕྱག་གཞིའི་〈བཞིའི་〉རྣམ་པར་མངོན་སུམ་གཟིགས་པ་བྱུང་བའི་སྐྱེས་ཆེན་དམ་པ་དེ་དག་དགུང་ལོ་དོན་གསུམ་བཞེས་པའི་ཚེ་བྲག་ཚུར་དུ་སྐུ་མྱ་ངན་ལས་འདས་སོ། །དེའི་གདན་ས་སློབ་དཔོན་ཆོས་ཀྱི་དབང་ཕྱུག་གིས་མཛད་དོ། །

ཡབ་གྲུབ་ཐོབ་རྣལ་འབྱོར་པ་ཆེན་པོ་སློབ་དཔོན་སྟོན་གསང་དང་ཡུམ་བུད་མེད་ཀྱི་སྐྱོན་ཤས་མ་གོས་པའི་ཡེ་ཤེས་མཁའ་འགྲོའི་མཚན་ལྡན་ལྷུམ་ལ་སྲས་བཞི་འཁྲུངས། ཡབ་ཀྱིས་ངའི་བུ་འདི་རྣམས་སེམས་ཅན་ལ་ཕན་ཐོགས་པའི་མཚན་དོན་ལྡན་པར་འོང་གསུངས་ནས་མཚན་བཏགས་ཏེ། གཅེན་པོ་ལ་ཆོས་ཀྱི་དབང་ཕྱུག དེ་འོག་ལ་ཆོས་ཀྱི་རིན་ཆེན། དེ་འོག་ལ་ཆོས་ཀྱི་གྲུབ་པ། དེ་འོག་ལ་ཆོས་ཀྱི་རྒྱལ་མཚན་ཞེས་བཏགས་སོ། །གཅེན་གྱིས་དགུང་ལོ་བདུན་པ་ལ་མཁན་པོ་ཟང་ཟང་པ་དང་། སློབ་དཔོན་ཡོལ་ཐང་སྟོན་བསོད་གཉིས་ལ་རབ་ཏུ་བྱུང་། ཡབ་ལས་ སྔགས་སྙིང་མའི་ཆོས་བསྐོར་དང་། གཞན་ཡང་བླ་མ་མང་པོ་ལས་སྔགས་མཚན་ཉིད་འབྲིད་གདམས་ངག་བསམ་གྱིས་མི་ཁྱབ་གསན་ཏེ་ཡོན་ཏན་ཆེ་བའི་གྲགས་པ་བྱུང་། ཆོས་ཉན་བསམ་ལས་འདས་པ་བྱུང་སྟེ་འགྲོ་དོན་རྒྱ་ཆེན་པོ་མཛད། མཁན་པོ་འདི་ཉིད་དགུང་ལོ་ང་བདུན་བཞེས་པའི་ཚེ་གནས་གསར་དུ་སྐུ་གཤེགས་སོ། །

མཁན་པོ་ཆོས་སྐྱོང་རིན་ཆེན་ནི། དང་པོ་སྐུ་སྐྱེ་བ་སྔ་མ་རྒྱ་གར་པཎ་ཏི་ཏར་སྐྱེ་བ་བཞེས་ནས་འགྲོ་བའི་དོན་བསམ་གྱིས་མ་ཁྱབ་པ་མཛད། འོད་གསལ་གྱི་ངང་ནས་འཛམ་བུ་གླིང་ཁ་བ་ཅན་གྱི་ལྗོངས་རྡོ་རྗེ་གདན་གྱི་བྱང་ནུབ་གཙང་ཅུང་པ་མཆོན་གར་དུ་འཁྲུངས། ཇོ་བོ་རྗེའི་སྤྲུལ་པར་སློབ་དཔོན་པ་〈དུ་〉མས་ལུང་བསྟན། རྗེ་ཟང་ཟང་པའི་ཡབ་སེ་སྟོན་རིན་གྲགས། ཁྲི་ཕུ་ལོ་ཙ་བ་བྱམས་པ་དཔལ། ས་སྐྱ་ལོ་ཙ་བ་ཀུན་དགའ་རྒྱལ་མཚན། འབྲི་གུང་གི་སྤྱན་སྔ་རིན་པོ་ཆེ་ལ་སོགས་པའི་བླ་མ་བཅུ་ཕྲག་གསུམ་བསྟེན་ཅིང་མཉེས་པར་བྱས་ནས་སྡེ་སྣོད་དང་། རྒྱུད་སྡེ་འཁྲིད། གདམས་པ། དབང་ཕྱག་ལེན། མན་ངག་ཕྲ་མོ་དང་བཅས་པ་བསམ་གྱིས་མ་ཁྱབ་པ་ཞིག་གསན་ནས་ཕལ་ཆེ་བ་མཁྱེན་ཅིང་ཐུགས་སུ་ཆུད་པ་དང་། ཉམས་ལེན་མཐར་ཕྱུག་པ་མཛད་དོ། །ཐེག་པ་གོང་འོག་གི་སྡོམས་ཁྲིམས་མཐའ་དག་ལ་ཤིན་ཏུ་གཅེས་པའི་མིག་འབྲས་བཞིན་དུ་འཛིན་པ་སྟེ། ཉེས་ལྟུང་〈ལྟུང་〉གི་དྲི་མ་ཅུང་ཟད་ཀྱང་མ་གོས་པར་མཛད་དེ། དགེ་བ་གང་བྱས་པ་གཞན་དོན་〚དུ་〛གྱུར་པ་ཞིག་བྱེད་དགོས་ཞེས་ཡང་ཡང་གསུངས་པ་མ་ཟད་གསང་སྔགས་ཀྱི་ཀུན་སྤྱོད་དང་ཡང་མི་འགལ་བའི་ཐུགས་དམ་གྱི་ལྷ་ཐུགས་རྗེ་ཆེན་པོ་དང་། འཇམ་དབྱངས། དགྱེ་རྡོར། བདེ་མཆོག་ལ་སོགས་པའི་རིམ་གཉིས་ཀྱི་རྣལ་འབྱོར་ལ་བསྟེན་པར་བཞུགས་ལ་རྗེས་མཐུན་མཚམས་སུ་གསང་སྔགས་ཀྱི་སྤྱོད་པ་དང་མི་བྲལ་བ་གྲུབ་པ་བརྙེས་པའི་རྡོ་རྗེ་འཛིན་པ་ཆེན་པོ་ཉིད་དོ། །ཁྲིད་སྟོན་ལ་འཇམ་དཔལ་གྱི་དབང་ཞུས་པའི་དུས་སུ་འཇལ་〈འཇམ་〉དཔལ་ལྷ་ཚོགས་ཐམས་ཅད་ཞལ་གཟིགས་ཤིང་ཁྲིད་སྟོན་ཉིད་ཀྱང་འཇམ་དཔལ་ཨ་ར་པ་ཙ་ནའི་རྣམ་པར་གཟིགས་སོ། །གཞན་ཡང་བླ་མའི་བྱིན་རླབས་དང་། རང་གི་སྙིང་སྟོབས་ཀྱི་རྟོག་པ་ཁྱད་པར་ཅན་ཐུགས་རྒྱུད་ལ་

འཁྲུངས་ནས་ཆུ་བོ་རྒྱུན་གྱི་རྣལ་འབྱོར་འཁོར་ཡུག་ཏུ་འགྲོ་བ་དང་མནལ་ལམ་བཟུང་ནས་བདག་ཉིད་ཧེ་རུ་ཀའི་དཔའ་བོ་གཅིག་པར་གྱུར་ཏེ་ཉི་མ་དང་། ཟླ་བའི་སྟེང་དུ་ཕྱིན་ནས་སངས་རྒྱས་ཀྱི་ཞིང་ཁམས་དུ་མ་གཟིགས་ཤིང་། རྡོ་རྗེ་གདན་དང་། ལྷ་ས་འཕྲུལ་སྣང་ལ་སོགས་པ་ཐམས་ཅད་ཇི་ལྟར་ཡོད་པ་བཞིན་གཟིགས་པ། དབུས་གཙང་དུ་ཧོར་དམག་ལྷགས་དུས་སྐྱེགས་གནས་གསར་དུ་སྐར་ཕབ། མི་མང་པོ་བསད། རྒྱ་ལམ་ལ་འགྲོ་བའི་མི་རྣམས་ཀྱང་འགའ་རེ་ངོངས་ནས་མ་གཏོགས་འགྲོ་མ་ནུས་པ་བྱུང་། དེའི་ཚེ་ཐམས་ཅད་ཀྱི་རྣ་བར་སྒྲོགས་ཆགས་སྒྲ་ཚོགས་ཀྱི་སྐད་ཀྱིས་སྒྲི་སྤགས་མང་པོ་འདོན་པའི་གནས་གསར་ཧོར་བོད་ཀྱི་མི་མ་ཡིན་གྱི་གང་བའི་འཇིགས་སྐྲག་བྱུང་བར་ཁོང་པ་ཉིད་ཀྱིས་མི་མ་ཡིན་རྣམས་བཏུལ་ནས་ཐར་བའི་ས་བོན་བཞག ས་ཕྱོགས་ཐམས་ཅད་བདེ་ཞིང་བྱིན་གྱི་བརླབས་ཏེ་སྨྱུང་རོའི་རྒྱལ་ཁམས་ཀྱི་སྐྱེས་བུ་ཐམས་ཅད་འཇིགས་སྐྲག་ལས་སྐྱོབ་དགོངས་ཏེ་བཞག་〈ཞག་〉གསུམ་དུར་ཁྲོད་གླིང་དེར་བཞུགས། རོ་རྣམས་ལ་ལ་ལ་ཟས་དང་། ལ་ལ་ལ་གློས་སྐྱོར་མཛད། བྱམས་དང་སྙིང་རྗེ་བྱང་ཆུབ་ཀྱི་སེམས་ལྟ་བའི་སྟེང་དུ་བཞུགས། ཧོར་བོད་ཀྱི་མི་མ་ཡིན་དང་། སྣང་སྲིད་ཀྱི་ལྷ་འདྲེ་ཐམས་ཅད་ཀྱི་ཚེ་འཕྲུལ་རྣམ་གསུམ་གྱི་སྒོ་ནས་བྱིན་ཆུ་དབར་རྗེ་བཙུན་མི་ལ་ཇི་ལྟར་བྱུང་བ་ལྟར་ཚེ་འཕྲུལ་བསམ་གྱི་མ་ཁྱབ་པ་བྱུང་། ཁྱད་པར་དུ་སྐྱེགས་གནས་གསར་གྱིས་ལྷུགས་རི་ཐམས་ཅད་གཡོག་པས་ཁྱབ་པའི་བྱ་ཤིན་ཏུ་ཆེ་བ་གཅིག་ཙུར་སྒྲ་དང་བཅས་ནས་བྱུང་སྟེ་ཉིད་ཀྱི་ཞབས་ཐེན་ཐེན་བྱེད་ཚུལ་སྟོན་པ་བྱུང་བ་ལ། ཉིད་ཀྱི་ཞབས་བརྐྱངས་ནས་གཅེས་འཛིན་ཕྱུངས་ཏེ་སྣང་བ་སེམས་ཀྱི་ཚེ་འཕྲུལ་དུ་མཁྱེན་དུ་སྣང་གདོན་གྱི་བར་གཅོད་ལ་ཡང་བག་ཚ་ཙུང་ཟད་ཀྱང་མ་བྱུང་བར་ལྟ་བའི་སྟེང་དུ་བཞག་པས་མཐར་བྱ་

གཞོག་པ་ཁྱེམ་བྱས་ནས་འཕུར། ཞག་གསུམ་སོང་དུས་ན་མི་མ་ཡིན་ཐམས་ཅད་དམ་ལ་བཏགས་ཤིང་ཐུན་མོང་གི་དངོས་གྲུབ་ཕུལ་ཆོས་ཀྱི་འབྲེལ་པ་ཞུས། སེམས་ཅན་རྣམས་ལ་མི་མ་ཡིན་གྱི་འཇིགས་ལས་སྐྱབས། ཞག་བཞི་སོང་བའི་སྤྱི་དྲོ་ས་ཚོག་ཅིན་ཕབ་ནས་བདག་མེད་རོ་རྣམས་རིར་སྐྱོལ། དེར་ཐུགས་དམ་གྱི་ཟོག་ཟོན་ནས་འཕྲིན་ལས་ནམ་མཁའ་དང་མཉམ་པར་གྱུར་ཏེ་ སྤྱིར་ཞང་རོའི་རྒྱལ་ཁམས་མི་བདེ་བ་ཐམས་ཅད་བདེ་ལ་བཀོད་པ་དང་། གཞན་ཡང་གདུལ་བྱ་དཔག་ཏུ་མེད་པ་ཐོས་བསམ་བསྒོམ་གསུམ་གྱི་རྒྱུད་སྨིན་པར་མཛད། སྐུ་འདའ་ཁར་ཁོ་བོ་གཟའ་སྐར་ཆེས་གྲངས་བཟང་བ་ཅིག་ལ་འགྲོ་བས་ཁྱོད་རང་རྣམས་ལྟོས་ཤིག་བྱ་བ་དང་ཁོ་བོ་བདེ་བ་ཅན་དུ་འགྲོ་གསུངས་པ་ལ་སོགས་པའི་གསུང་ངོ་མཚར་ཅན་མང་པོ་དང་བཅས་ཏེ་དགུང་ལོ་ལྔ་བཅུ་ང་བདུན་བཞེས་པའི་ཚེ་གླང་པ་འཕང་ཐང་དགོན་པར་དགོངས་པ་ཡོངས་སུ་མྱ་ངན་ལས་འདས་སོ། །འདི་དག་གི་རྣམ་པར་ཐར་པ་རྒྱས་པ་ནི་མཁན་པོ་རིན་ཆེན་དཔལ་བས་མཛད་པ་སོགས་སུ་ལྟ་བར་བྱའོ། །ཞེས་གསལ་ལོ། །

སློབ་དཔོན་ཆོས་ཀྱི་གྲུབ་པ་ནི་རང་གི་ཡབ་ལ་སོགས་ནས་གསང་སྔགས་རྙིང་མའི་ཆོས་སྐོར་མ་ལུས་གསན། འབྲས་མོ་དགོན་པར་འབྲུག་པའི་ཆོས་སྐོར་མཐའ་དག་གསན། རིན་པོ་ཆེ་ཟང་ཟང་པ་མཁན་ཆེན་ཆོས་རིན་སོགས་ནས་གསར་མའི་དབང་སྒྲུབ་ཐབས་རྣམས་དང་། འཁྲིད་གདམས་པ་དཔག་མེད་པ་གསན་རྒྱན་ལ་སྟོད་ཀྱི་བན་དེ་ཅིག་ལ་ཡོན་ཏན་དང་ནུས་པ་ཆེ་བར་གྲགས། སྐྱེས་བུ་དམ་པ་འདི་ཉིད་དགུང་ལོ་ལྔ་བཅུ་ང་གཅིག་གནས་ཚོག་ཏུ་སྐུ་གཤེགས་སོ། །

མཁན་པོ་ཆོས་ཀྱི་རྒྱལ་མཚན་ནི་སྐུ་འཁྲུངས་ཚེ་འཇའ་མཚོན་སྣ་ལྔ་བུ་

ཚུང་ལ་ཟླུགས་པ་སོགས་ངོ་མཚར་བའི་ལྟས་དུ་མ་དང་བཅས་ཏེ་འཁྲུངས། དགུང་ལོ་གསུམ་ལ་ཕེབས་ཚེ་ཡུམ་གྱིས་ཁྱེར་ནས་ཕྱོགས་གཞན་ལ་ཕྱིན་དུས་ཞལ་ནས། ནམ་མཁའ་སྤྲིན་གྱི་ཕུང་པོ་ཡིན། །ས་གཞི་རྡོ་ཡི་ཕུང་པོ་ཡིན། །སྣང་བ་སྒྱུ་མའི་ཕུང་པོ་ཡིན། །འཛིགས་པ་མི་འཚལ་གཤེགས་སུ་གསོལ། །ཞེས་གསུངས་པ་སོགས་སྐུ་གཞོན་ནུའི་དུས་ནས་ངོ་མཚར་བའི་མཚན་མ་མང་པོ་བསྟན་གནང་མཛད། དགུང་ལོ་བརྒྱད་ལོན་པའི་ཚེ་འབྲི་ཀློག་ལ་སོགས་པ་མཁྱེན། དགུང་ལོ་བཅུ་བཞི་པ་ལ་གནས་སྙིང་དུ་ཕྱིན། མཁན་པོ་དཔལ་ལྡན་བཟང་པོ་དང་། གཅེན་པོ་སློབ་དཔོན་ཆོས་དབང་པ་གཉིས་ཀྱི་དྲུང་དུ་རབ་བྱུང་མཛད་ནས་ཕར་ཚད་གསན་ཅིང་མཁྱེན་པ་མཛད་པ་དང་། ཤེར་ཕྱིན་མདོ་འགྲེལ་སྤྱོད་ཚིག་འདུལ་བ། མངོན་པ་ལ་སོགས་པ་གསན་ཅིང་ཐུགས་སྦྱོང་ཡང་མཛད། གཞན་ཡང་རྗེ་རིན་པོ་ཆེ་ཟང་ཟང་པ་སོགས་ལ་ཕྱི་ནང་གི་ཆོས་མཐའ་དག་གསན་ཅིང་སློ་འདོགས་བཅད་དོ། །ཆོས་འཁོར་རྒྱ་ཆེན་པོ་བསྐོར་ཡང་སྔོན་ལས་ཀྱིས་བར་སྐབས་སུ་སྟུན་གཞིའི་འོག་གདོན་གྱིས་གཟིར་བ་ཅིག་བྱུང་། དེ་ནས་ལོ་དགུ་སྒྲུབ་པ་ལ་རྩེ་གཅིག་ཏུ་བཞུགས་པས་སྟུན་ལས་གྲོལ། དཔལ་གསང་བའི་བདག་པོ་དངོས་སུ་གྲུབ། གཞན་ཡང་འགྲོ་དོན་མཛད་ཚུལ་ནི་ལ་སྟོད་གཡས་རུ་བའི་སྤང་དགོན་པའི་མི་སྡེ་རྣམས་ཀྱི་ཉིན་རེ་བཞིན་ཉ་འཕུམ་ཕྲག་མང་པོ་〈 པོའི་ 〉ཤས་འཚོ་བའི་སྐྱེ་བོ་སྡིག་ཅན་དེ་ཚོ་ལྟོ་ཕྱིར་དམྱལ་བར་འགྲོ་བའི་ལས་ངན་བསགས་པའི་ཉ་དང་། ཉ་པ་རྣམས་ལ་བདག་ཉིད་ཆེན་པོ་དེས་ཐུགས་རྗེའི་ཤུགས་ཀྱིས་སྐུ་ལུས་གཡོ་བ་དང་། ཞལ་ཟས་གསོལ་བ། ཐུགས་ལ་མི་དགོངས་པ་ཙམ་དུ་ཐུགས་བརྩེ་བའི་སྒོ་ནས་སྐྱེ་བོ་སྡིག་ཅན་རྣམས་ལ་དར་གོས་སོགས་འཚོ་བའི་མཐུན་རྐྱེན་གྱི་ནོམ་པ་རྩལ་ཏེ་དགེ་བའི་ལས་ལ་སྦྱར། ཉ་

རྣམས་སྲིད་པ་མ་ཞིག་གི་བར་དུ་མི་འཇིག་སྲོག་གི་སྐྱབས་སྦྱིན་མཛད་དོ། ། གཞན་ཡང་རི་གླུང་སྐམ་ཤེར་ལ་གནས་པའི་སེམས་ཅན་གྱི་སྲོག་ལ་སྡིག་ཧ་ཅན་གྱིས་གནོད་ཞིང་འཚེ་བར་བྱེད་པའི་ལས་རྣམས་གཞན་དོན་ལ་བསྒྱེལ་བར་མི་མངའ་བའི་ཐུགས་རྗེ་ཅན་འདིས་མི་དཔོན་རྣམས་དང་གྲོས་མཛད་ཅིང་། དཔོན་ཆེན་ཤཱཀྱ་བཟང་པོའི་གསུང་ཤོག་ཞུས་ནས་རི་གླུང་རྒྱ་བསྡེམས་མཛད་པ་དང་གཙང་ལའི་སེང་མ་འཇམ་ཞེས་བྱ་བར་དགྲ་ཇག་ཆོམ་རྐུན་གྱི་འཇིག་པ་ལས་སྐྲོལ་འདོན་པ་བཞག་པ་ལ་སོགས་འཕྲིན་ལས་བསམ་གྱི་〈 གྱིས་〉 མི་ཁྱབ་པ་ཞིག་མཛད་ནའང་འདིར་ཞིབ་ཏུ་མ་བྲིས་སོ། །དེ་ལྟར་བསྟན་པ་དང་། སེམས་ཅན་གྱི་བྱ་བ་རྒྱ་ཆེན་པོ་མཛད་པའི་སྐྱེས་བུ་དམ་པ་འདི་ནི་དགུང་ལོ་དྲུག་ཅུ་རེ་ལྔ་བཞེས་པའི་ཚེ་བྱང་སྟོད་ཤེ་ཁར་བདེ་བར་གཤེགས་སོ། །འདི་ཉིད་ཀྱི་རྣམ་པར་མཐར་〈 ཐར་〉 པ་རྒྱས་པ་ནི་རྒྱལ་བ་རིན་ཆེན་གང་〈 གངས་〉 པ་སོགས་པའི་མཛད་པ་རྣམས་སུ་བལྟ་བར་བྱའོ། །ཞེས་གསལ་ལོ། །

དེའི་གདན་ས་རིན་པོ་ཆེ་གངས་པས་མཛད་དེ། བླ་མ་འདི་ནི་ཡབ་སྟག་སྙིང་མ་བའི་གྲུབ་ཐོབ་ཆེན་པོ་ཆོས་ཀྱི་གྲུབ་པ་ལ་སྲས་ལྔ་བྱུང་བའི་གཉིས་པ་སྟེ་གངས་པས་ཐོག་མར་ཡོན་ཏན་ཀུན་གྱི་གཞི་མ་འབྲི་ཀློག་ནས་བཟུང་སྟེ་ཤེས་བྱའི་གནས་མཐའ་དག་ལ་སྦྱངས་ཙམ་དང་། བརྗོད་ཙམ་བསྟན་པས་རྩོལ་མེད་དུ་མཁྱེན་ཏེ་རང་གི་ཡབ་ལས་ཡང་དག་དང་། ཕུར་པའི་དབང་ཐོབ། གཞན་ཡང་སྔགས་སྔ་འགྱུར་དང་ཕྱི་འགྱུར་གྱི་གདམ་〈 གདམས་〉 ངག་མང་དུ་གསན། མཁན་པོ་རིན་ཆེན་བཟང་པོའི་དྲུང་དུ་ལམ་རིམ་གྱི་སྐྱེས་རབ་འབྲི་གུང་པའི་ཟབ་ཆོས་གཞན་མང་པོ་གསན། དེ་ནས་དགུང་ལོ་དགུ་བཞེས་པའི་ཚེ་མཁན་པོ་ཆོས་ཀྱི་རིན་ཆེན་གྱི་དྲུང་དུ་རབ་ཏུ་བྱུང་། མཚན་ཤཱཀྱ་བཤེས་གཉེན་

དུ་བཏགས་སོ། །དེ་ནས་མཁས་པ་ཆེན་པོ་བོ་སྟོན་སེང་གེ་འོད་དང་། མཁན་པོ་རིན་ཆེན་དབང་ཕྱུག་རིན་ཆེན་གྱི་ཉེ་གནས་རྗེ་བཙུན་མ་སྒྲོལ་མ་དང་། ཡེ་ཤེས་མགོན་པོ་ཕྱག་དྲུག་ལ་གྲུབ་པ་བརྙེས་པའི་སློབ་དཔོན་དམ་པ་དཀོན་གཉེར་རིན་ཆེན་སེ་འཕྲེང་པ། རིན་པོ་ཆེ་སེར་ལྡིངས〈སྡིངས་〉པ། ཆོས་རྗེ་མཐར་གླིང་པ་རྣམས་ལ〈ལས་〉སེ་སྟོད་རྒྱུད་སེའི་ཁྲིད་གདམས་པ་མན་ངག་ཕྲ་མོ་དང་བཅས་པ་གསན་ནོ། །དེ་ནས་དགུང་ལོ་ཉི་ཤུ་བཞེས་པ་དང་ཚོགས་སྟ་མའི་མཁན་པོ་ཆོས་ཀྱི་རིན་ཆེན་པའི་སྤྱན་སྔར་བསྙེན་པར་རྫོགས་པར་མཛད་ཅིང་། ལུང་དང་རིགས་པའི་སྒོ་ནས་ཐོས་བསམ་མཐར་ཕྱིན་པར་མཛད་དེ་སངས་རྒྱས་ཀྱི་བསྟན་པ་རིན་པོ་ཆེ་ཆེས་ཆེར་གསལ་བར་མཛད་དོ། །དེ་ནས་བླ་མ་འཕགས་པ་རྒྱ་ཡུལ་ནས་ས་སྐྱར་ཕེབས་པའི་ལམ་དུ་བསུ་བ་ལ་བྱོན་སྐབས་དེར་ཁ་བ་ཆེན་པོ་འབབ〈བབས་〉། སྟ་རྡོ་གཞན་ཐམས་ཅད་ཀྱི་ཕྱུ་ཐེར་ལ་ཁ་བ་ཆེན་པོ་ཆགས་ཀྱང་ཆོས་རྗེ་པ་བཞུགས་པའི་ཕྱུ་ཐེར་དང་། ཐོ་ཕྱེ་ལ་ཁ་བ་མ་ཆགས་པ་དང་། ཆོས་རྒྱལ་འཕགས་པ་བ་དང་ཆོས་ཀྱི་གསུང་གླེང་མཛད་པས་ཤིན་ཏུ་མཉེས་ཏེ་གངས་པ་དེ་བསྒོམ་ཆེན་པ་ཤེས་བྱ་རང་མེད་པ་ཅིག་ཡིན་བསམ་པ་ལ་ངེས་ལས་ཀྱང་ཁོང་ཆོས་རྒྱུས་ཞིབ་པར་སྣང་གསུངས་སྐད། དེའི་དུས་སུ་དབུས་གཙང་གི་དགེ་བའི་བཤེས་གཉེན་ཐམས་ཅད་ཀྱི་ནང་ནས་ཆོས་རྗེ་རིན་པོ་ཆེ་ཉིད་དང་། དབུས་ཀྱི་འབྲོའུ་རིན་པོ་ཆེ་གཉིས་ལ་ཐུགས་མཐོང་ཆེ་བར་བྱུང་སྐད་དོ། །དེས་ནས་ཡང་ཧ་སྒོའི་གངས་ལ་བྱོན་དུས་གཞི་བདག་གནོད་སྦྱིན་ཧར〈ཧ་〉སྒོས་ལྷ་རྫས་ཀྱི་རིན་པོ་ཆེའི་སྣོད་དུ་ཟས་སྣ་ཚོགས་པས་བསྐངས་ནས་ཕུལ་བ་སོགས་ངོ་མཚར་ཅན་དུ་མ་འདའ་སྟེ་ཞིབ་ཏུ་མ་བྲིས་སོ། །དེའི་ཚེ་ཡུལ་ལ་སྟོད་ཀྱི་ཕྱོགས་ནས་མཆོག་གི་དངོས་གྲུབ་བརྙེས་པའི་སྐྱེས་བུ་ཆེན་པོ་ཞིག་བཞུགས་སོ་ཞེས་

ཕྱོགས་ཐམས་ཅད་ལ་སྙན་པ་ཁྱབ་པར་གྱུར་ཏེ། དབུས་གཙང་གི་དགེ་བའི་བཤེས་གཉེན་མཁས་བཙུན་དམ་པས་ཐོག་གྲངས་〈 དྲངས་〉 འདུལ་〈 གདུལ་〉 བྱའི་ཚོགས་གྲངས་ལས་〚 འདས་ 〛 པ་འདུས་ཆེ་མགུར་མའང་འགའ་སྟེ། གཅིག་པོར་དབེན་པ་བསྟེན་པ་ཡིན། །ཀུན་གྱི་སྐྱབས་སུ་གྱུར་བར་མངའ། །ཅེས་དང་། །སྐྱེས་མེད་ངང་ལས་མ་གཡེལ་ཡང་། །སྣང་སྲིད་དབང་དུ་འདུས་པ་ཡིན། །ཉིན་པར་སྐྱེས་པོའི་ཚོགས་རྣམས་འདུ། །མཚན་མོ་མི་མ་ཡིན་པས་འདུ། ནང་ནོམ་བཟས་ནོར་སྤྲིན་〚 བཞིན་ 〛 འདུ། །ཞེས་སོགས་མང་དུ་གསུངས། དེའི་དུས་ལོངས་སྤྱོད་བསམ་གྱིས་མི་ཁྱབ་པ་གྲངས་ཀྱི་མི་ལངས་པ་བྱུང་ཚད་བཞེས་ནས་འགྲོ་བའི་མགོན་པོ་ཐར་པ་གླིང་པའི་དྲུང་དུ་ཕུལ་ནས་སྐྱེས་བུ་ཆེན་པོ་དེ་ནི་རྒྱལ་པོ་བྱམས་པའི་སྟོབས་སོ། །རྒྱལ་པོ་ཐམས་ཅད་སྦྱིན་གྱི་རྣམ་མཐར་〈 ཐར་〉 ལྟར་བདོག་པ་ཐམས་ཅད་ལ་མ་ཆགས་པར་གཏོང་བའི་སེམས་ཆེན་པོ་ཞིག་ཡིན་པས་སྦྱོང་དག་རྒྱ་ཆེན་པོ་མཛད་དོ། །དེ་ནས་རིང་པོར་མ་ཐོགས་པར་འགྲོ་བའི་མགོན་པོ་ཐར་གླིང་པ་དེ་དགོངས་པ་མྱ་ངན་ལས་འདའ་བར་བཞེད་ནས་བུ་སློབ་རྣམས་ལ་ད་ང་མི་སྡོད་དེ་ང་བས་ལྷག་པ་གངས་པ་ཡོད་ཞེས་གསུངས་པ་མྱ་ངན་ལས་འདས་རྗེས་ཐར་གླིང་དུ་བྱང་ཆུབ་ཆེན་པོའི་གསེར་བུམ་ཆེན་པོ་བཞེངས། བྲག་ཆུང་དུ་མཆོད་རྟེན་ཆེན་པོ་གཅིག་བཞེངས། ཆོས་ལྡིངས་〈 སྡིངས་〉 སུ་གཙུག་ལག་ཁང་ཆེན་པོ་བཞེངས། གདུལ་བྱ་རྣམས་ཀྱི་འགྲོ་དོན་རྒྱ་ཆེན་པོ་མཛད་དོ། །དེ་ནས་ལྷ་ཕུར་དུ་ཕྱིན། ལྷ་དོ་དང་ཕུར་ལྡིངས་〈 སྡིངས་〉 སུ་འགྲོ་དོན་རྒྱ་ཆེན་མཛད། ལྷ་དོར་གཟིམ་ཁང་བརྟེགས། ཚོགས་པ་བརྒྱད་བརྒྱ་ལྷག་ཙམ་བྱུང་། གདན་ས་ཆེན་པོ་དཔལ་སྣར་ཐང་དང་གྲོ་〈 ཁྲོ་〉 ཕུ་དང་། ཐར་པ་རྣམས་ནས་དགེ་བའི་བཤེས་གཉེན་མཁས་བཙུན་

མང་པོ་དེ་རྣམས་ཀྱིས་ཐོག་གྲངས་〈 དྲངས་〉ཁྲིད་ཞུ་གསར་པ་བརྒྱད་བརྒྱ་བཅུ་ཙམ་རེ་བྱུང་། དེའི་སྐབས་རྐོད་ཚང་པའི་སློབ་མ་དཔོན་སློམ་ཆེན་བཟང་པོ་བྱ་བ་གཅིག་ན་རེ་〈 རེས་〉རིན་པོ་ཆེ་འདི་ཕྱིན་ལས་དུས་ལ་བབ་པའི་རྟག་〈 རྟགས་〉གཅིག་འདུག ཡུལ་གྱི་འཕོང་ར། ཞིང་པའི་ལས་ཐོག རྒྱ་ལམ་གྱི་འགྲུལ་པ། ཐ་ན་བྱིས་པ་〈 པའི་〉རྗེ་སྐྱོང་ས་ནའང་། རྒྱལ་བ་རིན་ཆེན་གངས་པ་ལ་གསོལ་〚 བ་〛འདེབས་སོ་ཟེར་བ་དེང་ངེ་བ་གཅིག་རྒྱུན་ཆད་མེད་འདུག་ཟེར་སྙན་པར་གྲགས། དེ་ནས་ལ་སྟོད་པའི་གདན་འདྲེན་རིམ་པར་བྱུང་ཞིང་ནན་ཆེ་བས་ཆོས་སྡིངས་སུ་བྱོན། དེ་ནས་ཐར་གླིང་དུ་གདན་ཕེབས་པའི་ཉིན་པར་ནང་ཐམས་ཅད་འཇའ་འོད་ཀྱི་ཁྱེངས་པ་བྱུང་། འདུ་བ་རྣམ་གསུམ་རྒྱུན་མི་ཆད་པ་བྱུང་སྟེ། མཁས་བཙུན་བྱེད་ཁྱད་པ་གྲགས་པས་གདན་དྲངས། དགོན་པ་བྱེད་ཁྱད་ཀྱི་ཐོག་དྲངས་བརྒྱ་འབུལ་མཛད། གཞན་ཡང་འབུལ་བ་སྟོང་ར་ཙན་དང་། བརྒྱ་འབུལ། གསེར་གཡུ། ནས་ཁོ་ཁྲབ། དགོན་པ་ཞིང་གཞིས། གནག་ལུག་ལ་སོགས་པ་ཟད་མི་ཤེས་པ་ཕུག་ཏུ་བྱུང་བ་རྣམས་འདོད་ཡོན་ལ་ཞེན་པ་དང་བྲལ་བས་གསོག་འཇོག་མི་མཛད་ཅིང་སྡུག་ཅིང་ཕོངས་པ་རྣམས་ལ་སྦྱིར་བའི་རྒྱུན་མི་འཆད་ཕྱིས་པའི་མཐའ་དང་བྲལ་བ་ཞིག་ཡིན་པས་བུ་སློབ་རྣམས་ལ་ཡང་། ངའི་ལག་ལེན་འདི་ལྟར་ལགས། ཚེ་འདི་བློས་གཏོང་ནས་རི་ཁྲོད་འགྲིམ་པ་དང་གཅིག སྤྲང་པོའི་དམན་ས་བཟུང་ནས་ཀུན་ལ་དག་སྣང་སྦྱོང་བ་དང་གཉིས། ལས་རྒྱུ་འབྲས་ཀྱི་མདོར་ལེན་བྱེད་པ་དང་གསུམ། འདི་ངའི་རྗེས་སུ་འཇུག་པ་རྣམས་ཀྱིས་ཀྱང་ལག་ལེན་དེ་བཞིན་དུ་བགྱིས་ཤིག་གསུངས། དེའི་ཚེ་ཆོས་རྗེའི་ཞལ་ནས་བསྒོམ་པ་ཉེན་མཚན་ཁོར་ཡུག་དང་། །སྤྱོད་པ་གར་སྐྱེས་རང་གྲོལ་དང་། །ལྟ་བ་ཡོད་མེད་མཐའ་དང་བྲལ། །འབྲས་

བུ་སྐུ་གསུམ་ལྷུན་གྲུབ་འདི། །གངས་པ་བདག་གི་དགོངས་པ་ལགས། །ཞེས་སོགས་མགུར་འབུམ་བསམ་གྱིས་མི་ཁྱབ་པ་གཅིག་གསུངས་ཤིང་བཀའ་བརྒྱུད་ཐམས་ཅད་ཀྱི་མན་ངག་གི་བཅུད་ཐམས་ཅད་དོན་ཡོད་པར་མཛད་པའི་འདྲེན་མཆོག་དེ་ནི་དགུང་ལོ་རེ་ལྔ་བཞེས་པའི་ཚེ་ཞབས་སྐྱིལ་ཀྱང་། ཕྱག་མཉམ་གཞག་མཛད་ཅིང་འཁྲུལ་འཁོར་ལེགས་པར་བཅས་ནས་ཤ་ཕོ་ལུང་སྨན་ཆུར་བདེ་བར་གཤེགས་པའི་ཚུལ་བསྟན་ནོ། །འདི་ཉིད་ཀྱི་རྣམ་མཐར་〈ཐར་〉རྒྱས་པ་ནི་ཀུན་སྤྱང་དགའ་བཞི་པ་ཆེན་པོས་མཛད་པ་ལ་གསལ་ལོ། །

མཁན་ཆེན་རིན་ཆེན་དཔལ་བ་ནི། དགུང་ལོ་དྲུག་བདུན་གྱི་དུས་ཡབ་ཀྱི་དྲུང་དུ་འབྲི་ཀློག་རྣམས་མཁས་པར་བསླབས། ཡང་དག་གི་དབང་སྒྲུབ་ཐབས་ལ་སོགས་པ་རྙིང་མའི་ཆོས་སྐོར་དུ་མ་ཞིག་གསན། དུས་འཁོར་གྱི་རྩིས་མཁས་པར་བསླབས། དགུང་ལོ་བཅུ་གཅིག་ལ་བདག་གཞན་བརྗེ་བར་ནུས་པའི་སེམས་དཔའ་ཆེན་པོ་ཉེས་ལྷུང་〈ལྷུང་〉གི་དྲི་མས་ཟུང་ཟད་ཙམ་ཡང་མ་གོས་པ་མཁན་ཆེན་ཆོས་ཀྱི་རིན་ཆེན་དང་། གསེར་དང་བོང་བ་མཉམ་པ་འཛིན་ཆགས་ཀྱི་འཁྲི་བ་གཏན་ནས་མི་མངའ་བའི་རབ་ཆེན་ཆོས་ཀྱི་རྒྱལ་མཚན་པ་ཉིད་ཀྱི་དྲུང་དུ་རབ་ཏུ་བྱུང་། ཀུན་མཁྱེན་ཟང་ཟང་པ། སློབ་དཔོན་དམ་པ་དཀོན་གཉེར། ཆག་ལོ་ཙ་བ་ཆོས་རྗེ་དཔལ། མཁས་པ་བུ་སྟོན། འགྲོ་མགོན་འཕགས་པ། ཀུ་རུ་ཡེ་ཤེས། སློབ་དཔོན་མ་ཛམ་ལ་སོགས་པ་བླ་མ་བཅུ་བདུན་ཙམ། མདོ་བསྟན་བཅོས་རྒྱུད་མན་ངག དབང་ཕྱག་བཞེས། འཁྲིད་གདམས་པ་མན་ངག་ཕྲ་མོ་དང་བཅས་པ་བསམ་གྱི་མི་ཁྱབ་པ་གཅིག་གསན། མཁྱེན་པའི་ཡོན་ཏན་ནི་སྔ་སྟོད་ཀྱི་ཕར་ཕྱིན་ཚད་མ་རྣམས་ངེས་འདུལ་བ་མདོ་རྩ། དབུ་མ་རིག་པའི་ཚོགས་དྲུག གསང་སྔགས་ཀྱི་ཕྱག་ལེན་མང་པོ་དང་བཅས་པ

མཁས་པར་མཁྱེན་ཅིང་། ཉམས་ལེན་གྱི་ཁྲིད་རྣམས་ལ་ཡང་རྩལ་དུ་ཐོན་པ་ཞིག་མཛད་དོ། །མཁན་པོ་འདི་རིང་ལ་དཔལ་ལྡན་ས་སྐྱ་པ་ཡོན་མཆོད་དུ་འབྲེལ་ཏེ་ཁྲི་སྐོར་དང་། སྟོང་སྐོར་བཅད་པའི་རྣམ་གྲངས་མང་དུ་མཆེད་ཀྱང་ཞིབ་ཕྲམ་བཀོད། མཁན་པོ་འདི་ཉིད་ཀྱིས་དགུང་ལོ་ཉེ་ཤུ་རྩ་གཅིག་པ་ལ་ཚོག་ཕུ་མའི་མཁན་པོ་ཆོས་ཀྱི་རིན་ཆེན་པས་མཁན་པོ་མཛད་དེ་དད་པའི་དགེ་སློང་སོགས་མཁན་སློབ་གྲངས་ཚང་བའི་དབུས་སུ་བསྙེན་པར་རྫོགས་པ་མཛད་ཅིང་། སྡོམ་གསུམ་དང་ལྡན་པའི་གནས་རྙིང་གི་གདན་ས་ལོ་ཉི་ཤུ་ལྷག་པ་གཅིག་མཛད། གནས་རྙིང་གི་ལྕགས་རི་ཆོས་རྟེན་བརྒྱ་ཕྲག་མང་པོས་བསྐོར་བའི་ལྕགས་རི་བཞེངས། ཚོགས་ཐམས་ཅད་ཐོས་བསམ་སྒོམ་གསུམ་གྱི་སྲོལ་དུ་བཙུག དུས་ངན་པའི་འཁོར་གྱི་ལོག་སྒྲུབ་ལ་སོགས་པ་རྣམས་བརྩེ་〈བརྫེ་〉བ་ཆེན་པོས་གཟིལ་གྱིས་མནན་ནས་གང་ཟག་ལེ་ལོ་ཅན་བསླབ་པ་མི་འདོད་པ་རྣམས་བསླབ་པ་ལ་གནས་པར་བྱ་བའི་ཕྱིར། དགེ་འདུན་གྱི་ཁྲིམས་སུ་བཅའ་བ་ཆོས་དང་མཐུན་པའི་བཅའ་བ་དམ་པོ་མཛད། སྙན་པའི་གྲགས་པས་ས་སྟེང་ཁྱབ། དཔོན་ཆེན་ཀུན་དགའ་བཟང་པོའི་རྩ་བའི་བླ་མ་ཡིན་པ་དང་། མནལ་ལམ་དུ་ཡེ་ཤེས་དགོན་པོ་ཞལ་གཟིགས་ཤིང་། ཆོས་སྐྱོང་དང་སྲུ་གྲིབ་མ་ལྟར་གྲོགས〈འགྲོགས་〉པས་བཀའ་ཇི་ལྟར་བསྒོ་བ་བཞིན་འཕྲིན་ལས་རྣམས་སྒྲུབ་པས་གླིང་སྟོད་ཀྱི་ཕྱོགས་སུ་སངས་རྒྱས་ཀྱི་བསྟན་པ་དར་བར་མཛད་དོ། །སྐུ་འདའ་ཁར་གནས་རྙིང་པ་བསྐལ་པ་སྙིགས་དུས་སུ་ང་རང་ཡོང་གསུངས། མ་འོངས་པ་མཁྱེན་པའི་བླ་མ་དེ་ནི་དགུང་ལོ་ཞེ་བདུན་བཞེས་པའི་ཚེ་སྨིན་དྲུག་ཟླ་བའི་ཉི་ཤུ་བདུན་ལ་ས་སྐྱུར་སྐུ་གཤེགས་སོ། །ཕྱུར་གནས་རྙིང་ལ་གདན་དྲངས་པའི་རྗེས་ལ་དཀར་གཞལ་མ་ཕྱིན་པའི་ཉིན་པར་ནམ་མཁའ་ཐམས་ཅད་འོད་ཀྱི་གང་བ་དེ་

དུས་ཀྱི་དུས་མཆོད་སྐབས་དཀར་གཞལ་འོང་བ་སྐྱེ་བོ་ཐམས་ཅད་〚ཀྱི་〛མཐུན་སྣང་དུ་གྲུབ་པའོ། །

བདག་ཉིད་ཆེན་པོ་བྱམས་པ་དཔལ་བ་ནི་མཁན་ཆེན་ཆོས་ཀྱི་རིན་ཆེན་པའི་དྲུང་དུ་རབ་བྱུང་མཛད། ཕར་ཕྱིན་དང་། ཚད་མ་མཁས་པར་མཁྱེན། གནས་སྙིང་དུ་ཕར་ཚད་ཀྱི་གྲྭ་ས་བཙུགས། གྲྭ་པ་དཔེ་འགྲེམས་བརྒྱ་སྐོར་རེ་འདུས། མཁས་པ་བཙུན་པ། བྱང་ཆུབ་ཀྱི་ཐུགས་སྐྱོང་པ་ལགས་སོ། །བླ་མ་དེ་ནི་དགུང་ལོ་སོ་བདུན་བཞེས་ཚེ་གདུག་གུའི་ཟླ་བའི་ཉེར་ལྔ་ལ་གནས་སྙིང་〚དུ་〛ཞི་བར་གཤེགས་སོ། །

མཁན་ཆེན་རིན་ཆེན་བཟང་པོ་ནི་བླ་མ་འཇམ་དཔལ་གསང་ལྡན་ལ་སྲས་བདུན་སྐྱོན་〈ཀྱོན་〉པའི་ཐོག་མ། ཁོང་གི་ཡབ་ཀྱི་དྲུང་དུ་ཀློག་མཁས་པར་བསླབ། ཡང་དག་དང་ཕུར་པའི་དབང་དང་། སྒྲུབ་ཐབས་ལ་སོགས་འགའ་ཞིག་གསན། རིན་པོ་ཆེ་ཐར་གླིང་པའི་དྲུང་དུ་ལམ་འབྲས་དང་། ལམ་རིམ་སོགས་གསན་ཅིང་དགུང་ལོ་བཅུ་བཞི་པའི་ཐོག་གནས་སྙིང་མཁན་པོ་རིན་ཆེན་དཔལ་བ་དང་། སློབ་དཔོན་བྱམས་པ་དཔལ་བ་གཉིས་ཀྱི་དྲུང་དུ་རབ་ཏུ་བྱུང་བར་མཛད་ནས་ཕར་ཕྱིན་མཁས་པར་མཁྱེན། གཞན་ཡང་བླ་མ་ལྷ་སྣང་པ། རིན་པོ་ཆེ་སེར་ཕྲེང་པ། རིན་པོ་ཆེ་སེར་ལྡིང་〈སྡིངས་〉པ། རྒྱལ་བ་གངས་ཆེན་པ་རྣམས་ཀྱི་དྲུང་དུ་ཐུགས་ཚད་ཉིད་ཁྲིད་གདམས་ངག་དབང་ཕྱག་བཞེས་བསམ་གྱི་〈གྱིས་〉མི་ཁྱབ་〚པ་〛གཅིག་གསན་ཅིང་ཐུགས་སུ་ཆུད་པར་མཛད་ནས་མཁན་པོ་ཆེན་པོའི་མཚན་གསོལ། རེ་ཞིག་དབེན་པ་ཁོ་ན་བརྟེན་ན་འགྲོ་དོན་ཆེ་བར་དགོངས་ནས་དབུས་རེའི་ལྷ་དོར་ལོ་བཅུ་གཉིས་ལྷག་ཅིག་དབེན་པ་གཙོ་བོར་མཛད། ལ་སྟོད་དུ་འཕགས་པ་ཤེས་རབ་ཀྱི་ཕ་རོལ་དུ་ཕྱིན་པ་སྟོང་

ཕྲག་བརྒྱ་པ་གསེར་ལ་བཞེངས། སྐྱེག〈སྐྱེགས་〉གནས་རྙིང་དུ་གཙུག་ལག་ཁང་ཆེན་པོ་བཞེངས། ལྷ་རྫོང་སྒྲུབ་པ་སྙིང་པོར་མཛད་པས་སྒོམ་ཆེན་པ་མང་པོ་གདམས་ངག་བརྒྱུད་ཀྱི〈ཀྱིས་〉ཚོམ〚པར་〛མཛད་སྐབས་གཞན་དུ་ཧར〈ཧ་〉སྒོའི་གངས་ཏི་སེའི་གངས། བདེ་ཆེན་ལྡིངས〈སྡིངས་〉། ཕྲིན་ཆུ་དབར། གནམ་སྐྱེ། བྱང་ཟང་ཟང་གི་རི་ཁྲོད་ཆེ་བ། ཆུང་བ། ཉང་རོ་ཆུ་སྒྲུགས་ཀྱི་ཆེ་ཆུང་དཔག་ཏུ་མེད་པ་རྣམས་སུ་བསྒོམ་སྒྲུབ་པ་མང་པོ་བཀྱེ་ནས་འཁོར་བ་དང་། ངན་སོང་ལས་ནི་ཁང་པ་བརྟན། མཐོ་རིས་དང་ཐར་པ་ལ་ནི་ཁང་པ་བཞག ཕ་དང་མ་ལ་སོགས་པ་གང་གིས་ཀྱང་ཕན་མ་བཏགས་པའི་ཕན་པ་རྒྱ་ཆེན་པོ་མཛད་ཅིང་། འགྲོ་བ་ཚད་མེད་པ་སྨིན་ཅིང་གྲོལ་བར་མཛད་དོ། །སྐུ་ཆེ་འདོར་ལ་ཉེ་ཆོ། ད་ནི་ཁོ་བོ་ཡང་འདིར་མི་སྡོད་ཅིང་གཞན་གཅིག་ཏུ་འགྲོ་གསུངས་པ་དང་། ད་ཁོ་བོ་ལ་ལོང་མི་དོག་སོགས་གསུང་སྟེ་དགུང་ལོ་ཞེ་བདུན་པའི་ཚེ་དབྱུག་པ་ཟླ་བའི་ཉི་ཤུ་ལྔའི་མཚན་མོ་ཕྱེད་ཡོལ་ལ་སྣང་སྲུ་ཐོ་བྲང་ལྡིངས〈སྡིངས་〉ཀྱི་རྐོད་ཚང་མར་སྐུ་གཤེགས་སོ། །

འདི་ཉིད་ཀྱི་གདན་ས་མཁན་ཆེན་རྩ་རི་པ་ཡོན་ཏན་རིན་ཆེན་པས་མཛད་པ་ཡིན་ཅིང་། ཁོང་སྐུ་ན་གཞོན་ནུར་རབ་ཏུ་བྱུང་བ་མཛད། ཕྱགས་ཚད་ཉིད་ཀྱི་ཡོན་ཏན་རྒྱ་ཆེར་མཁྱེན་ཅིང་། གནས་རྙིང་གི་ཐོག་གྲངས〈དྲངས་〉དགོན་མ་ལག་དང་བཅས་པའི་མཁན་པོ་མཛད། གནས་ཆེན་རྩ་རི་ལ་སོགས་པར་ཐུགས་དམ་ལ་རྩེ་གཅིག་ཏུ་བཞུགས་པའི་བླ་མ་དེ་ནི་དགུང་ལོ་ཞེ་དྲུག་བཞེས་པའི་ཚེ་ཡོལ་གྱི་སྲིད〈སྲིང་〉ཁང་དཀར་པོར་སྐུ་གཤེགས་སོ། །

མཁན་ཆེན་འདུལ་བ་འཛིན་པ་ཆེན་པོ་བསོད་ནམས་རིན་ཆེན་པ་ནི་ཡབ་ཡུམ་རིན་ཆེན་རྩ་རི་པ་དང་གཅིག་ཅིང་། སྐུ་གཞོན་ནུ་ནས་རབ་ཏུ་བྱུང་། ཕྱིར་

སྔགས་མཚན་ཉིད་ཀྱི་ཡོན་ཏན་མང་དུ་གསན། ཁྱད་པར་དམ་ཆོས་འདུལ་བ་ལ་རྩལ་དུ་ཐོན་ནས་རྒྱུན་དུ་ཐུགས་དམ་ངེས་པ་ཅན་ལ་བཞུགས། ལ་སྟོད་ཆོས་ལྡིངས་〈སྡིངས་〉ཀྱི་མཁན་པོ་ལོ་མང་མཛད་པའི་བླ་མ་དེ་ནི་དགུང་ལོ་བཞི་བཅུ་ཞེ་བདུན་བཞེས་པའི་ཚེ་སྤྱིལ་སེར་དུ་སྐུ་གཤེགས་སོ། །

བླ་མ་རྡོ་རྗེ་དཔལ་ལྡན་ཡང་〈ཡབ་〉ཡུམ་རྩ་རི་བ་དང་གཅིག་ཅིང་ཁོང་ནི་གསང་སྔགས་སྙིང་མའི་ཆོས་བསྐོར་མཐའ་དག་མཁྱེན་པར་མ་ཟད་ནུས་པ་དང་ལྡན་ཞིང་སྒོམ་འོད་གསལ་འཁོར་ཡུག་ཏུ་ཡོད་པ་ཤིག་གདུན་〈གདུང་〉འཛིན་དུ་བཞུགས་པའོ། །དེ་ལྟ་བུའི་བླ་མ་དེ་ནི་དགུང་ལོ་ང་གཅིག་བཞེས་ཆོས་ལྡིངས་〈སྡིངས་〉སུ་སྐུ་གཤེགས་སོ། །

མཁན་ཆེན་གཞོན་ནུ་རིན་ཆེན་ནི་ཡབ་ཡུམ་གཉིས་རྩ་རི་བ་དང་གཅིག་ཅིང་སྐུ་གཞོན་ནུའི་དུས་ཡོན་ཏན་ཀུན་གྱི་གཞི་མ་འབྲི་ཀློག་མཁས་པར་བསླབས། དགུང་ལོ་བཅུ་གཅིག་པ་ལ་གནས་སྙིང་དུ་སློབ་དཔོན་ཤེས་རབ་བརྩོན་འགྲུས་ཀྱི་སྐུ་དྲུང་དུ་ཕར་ཕྱིན་མཁས་པར་མཁྱེན། 〚ལ་〛སྟོད་ཆོས་ལྡིངས་〈སྡིངས་〉ཀྱི་མཁན་པོ་མཛད་ཅིང་། ཕྱག་རྗེས་ཆེན་པོ་ཡང་བཞག ཏར་〈ཏ་〉སྒོའི་གངས་ལ་སྒྲུབ་པ་ཡུན་རིང་མཛད། བླ་མ་དེ་ནི་ཐུགས་དམ་ཁོ་ནར་གཙོ་བོ་མཛད་པ་ཞིག་གོ དེ་ལྟ་བུའི་བླ་མ་དེ་ནི་དགུང་ལོ་དོན་དྲུག་བཞེས་ཚེ་〚ལ་〛སྟོད་ཆོས་ལྡིངས་〈སྡིངས་〉སུ་སྐུ་གཤེགས་སོ། །

མཁན་ཆེན་འཇམ་དབྱངས་ཤེས་རབ་རིན་ཆེན་པ་ནི། དགུང་ལོ་བརྒྱད་ལ་འབྲི་ཀློག་མཁས་པར་བསླབས། དགུང་ལོ་དགུ་བཞེས་པའི་ཚེ་ཆོས་ལྡིངས་〈སྡིངས་〉སུ་རབ་ཏུ་བྱུང་བར་མཛད། དེ་ནས་གནས་སྙིང་དུ་སློབ་དཔོན་ཤེས་རབ་བརྩོན་འགྲུས་ཀྱི་སར་ཕར་ཕྱིན་བསླབས། སྐུ་ཚེ་སྔ་མའི་སྦྱང་སྟོབས་ཀྱིས་

རིང་པོར་མ་ལོན་པར་བསྟན་བཅོས་ཀྱི་ཚིག་དོན་ཐམས་ཅད་མ་ལུས་པར་ཐུགས་སུ་ཆུད་ཅིང་མཁས་པར་མཁྱེན། དགུང་ལོ་བཅུ་གཅིག་ལ་རྒྱ་གར་སྐད་ནས་བསྒྱུར་བྱང་ཡན་ཆད་ཏེ་ཀ་གཞུང་གཉིས་ཀ་འབུམ་གཅིག་ཀྱང་མ་ལུས་པར་ཚར་རེ་གསུངས་པས་དགེ་བའི་བཤེས་གཉེན། གྲྭ་བུ་སློབ། ཡོན་བདག་ཐམས་ཅད་ཀྱིས་འདི་ནི་འཇམ་དཔལ་དབྱངས་སོ་ཞེས་སྙན་པའི་གྲགས་པས་ཁྱབ་པར་གྱུར་ཏོ། ཐུགས་དམ་ཁོ་ན་ལ་རྩེ་གཅིག་ཏུ་བཞུགས་པས་སྒྲུབ་བརྒྱུད་ཀྱི་བསྟན་པ་རྒྱས་པར་མཛད་དོ། །པར་ཚད་ཀྱི་གཞུང་བརྒྱ་རྩ་གཅིག་བཞེངས། དེ་རྣམས་མཁན་ཆེན་དཀའ་བཞི་པའི་ཕྲིན་ལས་རྒྱས་པའི་ཕྱིར་ཁོང་པ་ལ་གནང་། གསེར་སྐུ་ཐུབ་པ་ཆེན་པོ་གཅིག་བཞེངས། འདི་ལ་ངའི་ནང་རྟེན་བྱེད། ཉེ་གནས་ཀུན་ལ་ཁྱེད་རྣམས་བྱ་དཀའ་ཆུང་དུ་སོང་བ་ཡིན་གསུངས། འགྲོ་དོན་ཡང་མང་དུ་མཛད། ས་སྐྱ་འདིར་ཡང་བླ་བྲང་སོ་སོ་མང་པོར་གྱིས་ནས་སེམས་ཅན་འདི་རྣམས་ལ་སྐྱིད་རང་མི་འོང་བར་འདའ་〈གདའ་〉གསུངས་ནས་མ་འོངས་པ་མཁྱེན་པར་མངའ་བའི་སྐྱེས་བུ་དམ་པ་འདི་ནི་དགུང་ལོ་ང་བདུན་བཞེས་ཚེ་ངོ་མཚར་གྱི་བལྟས་དང་བཅས་ཏེ། ཡོལ་རིན་ཆེན་སྒང་དུ་སྐུ་གཤེགས་སོ། །

དེའི་གདན་ས་དཀའ་བཞི་པ་ཆེན་པོ་རིན་ཆེན་འབྱུང་གནས་དཔལ་བཟང་པོས་མཛད། དེ་ཡང་འགྲོ་རྣམས་དད་ཕྱིར་སྐུ་བལྟམས་ཚེ〚ངོ་མཚར་ལྟས་〛དུ་མ་དང་ལྡན་པའི་སྐྱེས་བུ་དམ་པ་འདི་ཉིད་དཔལ་གནས་སྙིང་གི་ཉེ་འཁོར་ཆོས་གཟུ་ན་མོ་ཆེ་ཞེས་བྱ་བར་འཁྲུངས་ཏེ་ཞབས་ཀྱི་མཐིལ་གཉིས་ལ་འཁོར་ལོའི་རི་མོ་མུ་ཁྱུད་དང་ཞབས་མཐིལ་ལ་སྐྱོང་མོ་མེད་ཅིང་སྐོམས་〈སྐོམ་〉པར་ཡོང་〈ཡོད་〉པ་ནི་ཀུན་གྱིས་མཐོང་བར་ཡོད་པའི་བདག་ཉིད་ཆེན་པོ་འདི་ཉིད་ནི་སྐུ་མཛེས་ཤིང་། མཚན་ལ་དཔལ་དང་ལྡན་པ། གསུང་མཉེན་ཅིང་

འཛམ་ལ་ཚངས་པའི་དབྱངས་ལྷ་བུ། ཐུགས་དང་རྩོན་ཤེས་རབ་ཕུན་སུམ་ཚོགས་ཤིང་སྙིང་རྗེ་ཤིན་ཏུ་ཆེ་བ་ཅི་དང་ཅི་མཛད་པ་ཐམས་ཅད་ཆོས་ཀྱི་བྱ་〚བ་〛ཁོན་མཛད་པ། སྲོག་ཆགས་ཆུང་ངུ་ཚོ་ལའང་སྙིང་རྗེ་གསུང་། ཕྱུག་གི་གྲིབ་མས་ཉི་མའི་ཚད་གདུང་སྐྱབ་པ་ཞིག་གོ །དགུང་ལོ་བརྒྱད་ལོན་ཚེ་འབྲི་ཀློག་བསླབས་པས་མྱུར་བར་མཁྱེན། དགུང་ལོ་བཅུ་ལ་མཁན་ཆེན་རིན་ཆེན་བཟང་པོ་དང་འདུ〈འདུལ་〉འཛིན་བསོད་ནམས་རིན་ཆེན་གཉིས་ཀྱི་དྲུང་དུ་རབ་ཏུ་བྱུང་ནས་ཆོས་ཀྱང་མང་དུ་གསན། སློབ་དཔོན་ཤེས་རབ་བརྩོན་འགྲུས་ཅན་དུ་མཚན་ཉིད་ཀྱི་སློབ་གཉེར་མཛད་ཚེ། མཁས་པ་ཡོན་ཏན་སློབ་པའི་དུས་ན་སྡུག །ཅེས་པ་ལྟར་གསོལ་གྱིས་ཤིན་ཏུ་བཀྲེན་པ། ཞག་གཉིས་གསུམ་རེ་ཙམ་གསོལ་མེད་པ། བླ་བྲང་དུ་ཐེངས་རེ་ཙམ་ཕྱིན་སྐབས་ཡང་ཉེ་གནས་པ་ཀུན་བཟའ་བཏུང་བྱེད་པ་དང་ཐུག་ཀྱང་བླང་ཡང་གསུང་མ་ནུས། ཁོང་ཚོས་འདྲེན་པ་ཡང་མ་བྱུང་། ན་བཟའ་ཡང་ཤྭ་མ་མེད་པར་ནུབ་མོ་མཁན་པོ་གཞོན་ནུ་བས་ཕྱམ་ཅི་གཅིག་གཡར་བཏང་། ཁོང་ང་ལ་བྱམས་པོ་ཅིག་ཡོད་གསུངས། ཡང་ཁོང་ལ་ཞལ་ནས་ཤིག་ནད་ཚབས་པོ་ཆེ་བཏབ་པ་མཁན་པོ་རིན་པོ་ཆེ་ཡིས་ལྷ་དོད〈དོར་〉པོས། ཤིག་སྲུང་བའི་ཐབས་མཛད་པས་ཤིག་རྒྱུན་ཆད། ཁྲོ་བོའི་དམིགས་པ་དང་སྲུབ་ཐབས་ཐོག་བསྙེན་པ་སྐྱིལ་དུ་བཅུག་ནས་གནས་སྙིང་དུ་ཕྱིན་པས་སློབ་དཔོན་གྱིས་ཀྱང་ཧུང་མི་ནུས། རྩེས་ཆེར་སོང་། རྨི་ལམ་དུ་གནོད་པ་སྐྱིལ་ཅན་འང་ཁོང་གི་ཁྲོ་བོའི་གཟི་བརྗིད་དང་རྣམ་འཕྲུལ་གྱིས་གནོད་བྱེད་ཀྱི་མི་དང་མི་མ་ཡིན་པ་ལ་ཅི་བྱ་མ་བྱུང་བ་མཁན་པོ་རིན་པོ་ཆེའི་བཀའ་དྲིན་དེ་གས་ཆོག་པར་ཡོད་གསུང་ངོ་། །དགུང་ལོ་བཅུ་གཅིག་པ་ལ་ཕ་རོལ་ཏུ་ཕྱིན་པ་ཐུགས་སུ་ཆུད། མཁས་པའི་དབང་པོ་རྒྱ་སྟོན་བསོད་རིན་ཆེན་ལ་སོགས་ནས

རྣམ་ངེས་གསན། བཙུ་དྲུག་ལོན་ཆེ་གྲྭ་པ་རྣམ་ངེས་ཀྱི་གཞུང་ཚར་ཟིན་པ་རྣམས་ལ་ཆོས་གོས་རེ་གནང་སྟེ་དམ་བཅའ་མཛད། ནམ་ཟླ་དུས་བཞིར་ཕར་ཚད་སོགས་ཆོས་གསུང་བ་ལ་རྩོལ་བ་དང་། གཡེང་བ་མི་མངའ་བར་ཐོར་ཆོས་ལ་སོགས་པ་མ་ཆག་པར་གསུངས་སོ། །དེ་ལྟར་ནའང་ཐུགས་སྐྱོ་ཤས་འཁྲུངས་ཏེ། བྱ་རྣམས་སྣན་པའི་སྐད་འབྱིན་ཞིང་། །ཆུ་རྒྱུན་དལ་བར་འབབ་པ་ཡི། །བདག་བཟུང་མེད་པའི་ས་ཕྱོགས་དེར། །ད་〈ང་〉ནི་ངེས་པར་སླེབ་རེ་རན། །རན་གྱི་མི་ཚད་ཨེན་ཙམ་ཕྱིས། །ཞེས་སོགས་མགུར་དུ་མ་ཞིག་གསུངས་ཤིང་སྒྲུབ་པ་ཡོན་གཅིག་མཛད་དགོངས་ནས་ཆོས་རྗེ་འདུལ་བ་འཛིན་པ་ལ་ཞུས་པས། དེའི་ཐད་〈དེ་འཐད་〉སྙོམ་པ་རང་གལ་ཆེ་གསུངས། ཐུགས་དགེས་〈དགྱེས་〉ནའང་མཁན་ཆེན་འཇམ་དབྱངས་པའི་གསུངས་གིས་འཆད་ཉན་གྱི་གསུང་རྒྱུན་དེ་ནས་བཤད་པའི་ཀོ་ཆ་ཆེན་པོ་བསྒམས་ཏེ། དགུང་ལོ་ཉེ་ཤུའི་ཐོག་ཏུ་མཁན་ཆེན་འདུལ་བ་འཛིན་པ་སོགས་དད་པའི་དགེ་འདུན་མཚན་ཉིད་དང་ལྡན་པ་གྲངས་ཚང་བའི་དབུས་སུ་བསྙེན་པར་རྫོགས་པར་མཛད་དེ་ཚུལ་ཁྲིམས་ཀྱི་ཉེ་ལྷུང་ཤིན་ཏུ་ཕྲ་བས་ཀྱང་མ་གོས་པར་མཛད། དེ་ནས་བླ་མའི་མཆོག་མང་པོ་བསྟེན་ཏེ་དགུང་ལོ་ཉེར་ལྔའི་ཐོག །ཚ་འཕྲུལ་ཆེན་པོའི་ཟླ་བ་ལ་གནས་སྙིང་གིས་ཐོག་དྲངས་དགོན་མ་ལག་དང་བཅས་པའི་མཁན་པོ་མཛད། ཡོང་ནི་ན་བཟའི་ཚགས་མི་བཤིག དབུ་ཏྲས་ལ་ཕབ་པའི་མནལ་མི་མཛད། མཉམ་བཞག་འབའ་ཞིག་ལ་བཞུགས་སྐབས་ཙོག་པུར་སྐྱ་ཁེམས་ལ་གཟན་མནལ་དུམ་རེ་མཛད་ན་ཞུས་པས། ལུས་ན་ཚ་མེད། ཐོས་བསམ་སྒོམ་གསུམ་བྱེད་པའི་མིས་གཉིད་ལ་རོ་ལོག་བྱེད་པ་སྙིང་རུས་པ་མེད་པ་ཡིན་ལུགས་གསུང་ངོ་། །དེ་ནས་ལྷུགས་རིའི་ནང་དུ་ཤའི་ཚོང་འདུས་འཚོག་པ་རྒྱུན་བཅད། མི་

རྟོག་ལ་〈ལས་〉ཤ་ཁྲེར་མ་འོང་གསུང་བའི་སྐད་ཕྱོགས་ཕྱོགས་སུ་བཏང་། ཁལ་པའི་རྟ་གཅིག་མ་གཏོགས་རྟའི་རིགས་དང་མི་སྐྱུ་རྟ་རྫི་གཅིག་མ་གཏོགས་འཁོར་ཐམས་ཅད་དགེ་འདུན་ཚུལ་ཁྲིམས་དང་ལྡན་པ་འཁྲིད། ཁོང་པ་རང་ཡང་ཞབས་ཐང་མཛད། ཡོན་བདག་རྣམས་ཆེ་བས་འདི་འདྲ་མ་མཛད། ཞུང་ཡང་རྟ་བཞོན་བཅུ་ཙམ་རེ་ཕྱིན་ན་ཞུས་པས་རྟ་རེའི་རྩ་ཡང་མི་འོང་གསུངས། སང་ཕོད་ནས་སྐྱུལ་ཁོག་རེ་དང་ཕོར་ཁོག་རེ་བསྣམས་ནས་ཕྱིན་པར་འདུག་ཟེར་བ་ལ་མི་རྟོག་ལ་འགྲོ་བ་འདི་དད་པ་ཅན་གྱི་ཚོགས་རྫོགས་པར་བྱ་བའི་ཕྱིར་དང་བླ་བྲང་ལ་ཕན་དུ་རེ་བས་འགྲོ། བླ་བྲང་ཁོག་པོ་འདི་དགེ་འདུན་སྡེའི་སྒྲིག་རང་ཡིན། འདི་ལ་ཕན་ན་དོན་དེ་ལས་ཆེ་བ་མེད་གསུང་ངོ་། །དེ་ནས་ཟུལ་ཕུར་ཡོན་ཏན་འབུམ་ལ་〈ལས་〉འདུལ་བ་གསན། མཁས་པར་མཁྱེན། གཞན་ཡང་ཆོས་མང་དུ་གསན། དེ་གའི་དབྱར་ཆོས་ནས་འདུལ་བ་གསུང་། འདུལ་བའི་གྲངས་བཅུགས། སྟག་ལོའི་རྒས་ཆོད་ལ་ཏྲེ་〈ཏེ་〉ཤྲི་སངས་རྒྱས་དཔལ་གྱི་ཐུགས་དགོངས་རྫོགས་ཕྱིར་ས་སྐྱུར་ཆོས་འཁོར་བསགས་དུས་མཁས་པ་རྣམས་དང་ཆོས་རྩོད་མཛད་པས། རྩོད་པ་བཟང་ཞིང་སློབ་པ་མྱུར་ལ་རྗེས་བརྗོད་དག་པས་འགྲན་པའི་ཟླ་ཐམས་ཅད་དང་བྲལ་ཞིང་མཁས་བཙུན་བཟང་གསུམ་གྱི་གྲགས་པས་ཁྱབ་པར་མཛད། དེའི་དུས་ན་མཁས་བཙུན་བཟང་གསུམ་ལ་སོགས་པའི་ཚོགས་པ་སྟོང་ཕྲག་འདུས་པ་ལ་ཕར་ཕྱིན། འདུལ་བ། ཚད་མ་རྣམ་ངེས་རྣམས་ཉེ་མ་ལྷ་ལ་རྫོགས་པར་གསུངས་པས། ཐམས་ཅད་ཀྱིས་སྨྲ་པའི་སྐུའི་མཛད་པར་ཐག་བཅད་ཅིང་། ཤིན་ཏུ་མོད་〈མོས་〉ཅིང་དད་པར་གྱུར་ཏོ། །དུས་རེ་ཞིག་གི་ཚེ་ས་ཕུག་གིས་མི་དཔོན་པགས་ཤ་ཀུན་དགའ་དང་། གྲྭ་པ་རྣམས་ཐུགས་བློས་ཆེར་བྱུང་བ་ལ་ཐུགས་ཡིད་དབྱུང་སྐྱེ་གནས་སྙིང་དུ་མི་

འཁོར་བར་གནས་ཆེན་རྣམས་ལ་ཕྱིན་པའི་དགོངས་པ་མཛད་ནས། ཡར་ལམ་
ས་སྐྱ་ལ་ཕྱིན། གཡའ་ལུང་དགོན་གསར་དུ་བཞུགས་པའི་ནུབ་མོ། མནལ་ལམ་
དུ་ཆོས་སྐྱོང་ཕྱིན་ནས་མི་འཁོར་བའི་བསམ་པ་མ་མཛད་མྱུར་དུ་འཁོར་རྗེས་
མཛོད་གསུངས་པ་དང་བར་འབྲོག་བེ་ལུང་དུ་ཕེབས་པའི་ནུབ་མོ་ཡང་གནས་
རྙིང་དུ་ཕེབས་དགོས་པའི་ཆོས་སྐྱོང་གི་ལྷས་བྱུང་སྐབས་གནས་རྙིང་དུ་འཁོར་
རྗེས་བྱས་གསུངས། དེ་ནས་གནས་ཆེན་རྣམས་ལ་ཕྱིན། ལོ་ཙ་བ་བློ་གྲོས་
བརྟན་པ་དཔལ་སྐྱིབས་ཕུག་ན་བཞུགས་པ་ཙན་ཕྱིན་ནས་ཚད་མ་སྡེ་བདུན།
བརྒྱད་སྟོང་། མདོ་འགྲེལ་ཐུབ་པ་དགོངས་རྒྱན་ལ་སོགས་ཆོས་བཀའ་མང་དུ་
གསན་ཏེ་སྐྱིད་གྲོང་ལ་ཕྱིན་པར་དགོངས་པ་མཁན་པོ་གནས་རྙིང་པ་ཁྲོས་ཟེར་བ་
ལོ་ཙ་བས་གསན་ཅིང་ཁོང་པར་〈པ་〉ཡིན་པར་དགོངས་ནས་ཐབས་སྣ་ཚོགས་
ཀྱིས་བསྐོར་〈འགོར་〉ཏེ་ཆོས་ལྷིངས་〈སྙིངས་〉པའི་འཚོལ་མཁན་ཀུན་གྱིས་
རྙེད་ནས་ཆོས་ལྷིངས་〈སྙིངས་〉སུ་གདན་དྲངས་མུར་གནས་རྙིང་པའི་གདན་
འདྲེན་པའང་སླེབས་ནས་ཚོགས་སུ་མང་ཇ་བསྐོལ་ནས་ཞུ་བ་བྱས་དུས། མཁན་
པོ་གང་〈གངས་པ་〉ཉིད་གོང་ན་བཞུགས་ཀྱང་། ད་རེས་ཀྱི་གཏམ་ལན་འདི་
བདག་གི་བགྱིས་གསུངས། ཆོས་ནས་ཆོས་དང་བསྟུན་བག་དང་ལྡན་ན་དགེ་
སློང་བཞི་སྡེ་གཅིག་ལས་མེད་ཀྱང་སངས་རྒྱས་ཀྱི་བསྟན་པ་དཀར་ཐེག་ལ་འགྲོ་
ངེས་གོང་མའི་གདན་ས་ཟིན་པ་ཡིན། བློ་ལས་སུ་མི་ཉུང་བ་གཅིག་གིས་སངས་
རྒྱས་ཀྱི་བསྟན་པ་ནག་སྲུལ་ཏེ་གཏོང་བ་ཡིན་གསུངས་པ་ལ་སོགས་པའི་ཞལ་ཏ་
དང་བཀའ་བསྒོ་ནན་ཆེན་མཛད། དེའི་སྟོན་དཔལ་གནས་རྙིང་དུ་ཕེབས།
འདུལ་〈གདུལ་〉བྱ་རྣམས་ཆོས་དང་། ཟང་ཟིང་གིས་ཚིམས་པར་མཛད།
སྐྱེས་བུ་དམ་པ་འདིས་མཁན་པོ་ལྷ་དོ་པ་སོགས་ལས་མདོ་བསྟན་བཅོས། རྒྱུད་

སྒྲུབ་ཐབས་འཁྲིད་གདམས་པ་དབང་ཕྱུག་བཞིས་སོགས་བསམ་གྱིས་མ་ཁྱབ་པ་གསན་ཅིང་ལེགས་པར་འཆད་ཐུབ་པ་མཛད་ཅིང་། ཐུགས་དམ་ལ་ལྷག་པར་བརྩོན་པར་མཛད་ཐོག དཔལ་གནས་སྙིང་གི་ཐོག་དྲངས་ཉང་གི་དགོན་མ་ལག་བཅས་པ་རྣམས་ཀྱི་བཤད་བརྒྱུད་དང་སྒྲུབ་བརྒྱུད་ཀྱི་བསྟན་པ་རྒྱས་པར་མཛད། དབུས་གཙང་ཐམས་ཅད་དུ་མཁས་བཙུན་བཟང་གསུམ་གྱི་སྙན་པས་ཁྱབ་ཅིང་དགེ་འདུན་སྡེའི་ཆོས་ཁྲིམས་ཀྱི་བཅའ་བ་རྣམས་ཤིན་ཏུ་དམ་པ་དང་། སྔར་སླ་བྲང་ནས་དགེ་འདུན་རྣམས་ལ་ཁྲལ་བབ་རེ་ཡོད་པ་རྣམས་རྒྱུན་བཅད། ལྷག་པར་ཕྱོགས་བཅུའི་དགེ་འདུན་ལ་བཀུར་བསྟི་དང་ཞབས་ཏོག་ཕུན་སུམ་ཚོགས་པར་མཛད་དོ། །དེ་ནས་འདི་སྐད་དོ། གཅིག་ཏུ་དོན་གཉིས་མི་སེམས་ཤིང་། །གདུལ་དཀའི་སེམས་ཉིད་མི་འདུལ་བར། །འཁོར་མང་ནང་དུ་ཆོས་འཆད་པ། །ཁེངས་གྲགས་གཡེང་བ་བདུད་ཀྱི་ལས། །ཅེས་གསུངས་ནས་སློབ་དཔོན་རིན་ཆེན་དབང་ཕྱུག་དཔལ་དགུང་ལོ་བཅུ་བཞི་བཞེས་དུས། རྒྱལ་ཚབ་དམ་པར་མངའ་གསོལ་ནས། ཁོང་པ་ཉིད་རྒོད་ཚང་དུ་བྱོན་ཏེ། འཕྲུལ་གྱི་ན་བཟའ་ཆོས་གོས་རྣམ་གསུམ་དང་པེམ་པོ་གཅིག་མ་གཏོགས་གཞན་ཅི་ཡང་མ་བསྣམས་པར་ཀུན་སྤང་ཆེན་པོ་མཛད་དོ། །རྒོད་ཚང་དུ་ཐུགས་རྩེ་གཅིག་ཏུ་གཞོལ། དེའི་ཚེ་རེ་འགའ་རྩམ་པ་བྲེ་རེས་ཟླ་བ་རེ་ཙམ་ཐུབ་པ་མཛད་ཅིང་རྟོག་པ་ཁྱད་པར་ཅན་འཁྲུངས། ཡི་དམ་གྱི་ལྷ་གཅིག་འགྲུབ་ན་ཐམས་ཅད་འགྲུབ་པ་དང་འདྲ་བར་འདུག་གསུངས་པ་སོགས་ངོ་མཚར་ཅན་གྱི་གསུང་སྒྲོས་མང་དུ་གསུངས། སྐྱེས་བུ་དམ་པ་འདིས་གཙུག་ལག་ཁང་སྙིང་པ་འདི་བསྟན་པའི་རྩ་བ་ཡིན་གསུངས། སྤྱན་བད་གོག་པ་རྣམས་གསོས། ཡོལ་ཆེན་པོའི་སྐུ་འདྲ་དང་ཡིགས་རིས་ལ་སོགས་པ་ལེགས་པར་མཛད། སྟེ་དར་བའི་རྟེན་འབྲེལ་

ལ་དགོངས་ནས་བ་གཞུག་གི་ག་ཊི་ཡང་མཛད་དོ། །ཡང་གནས་ཆེན་ཁྱད་པར་
ཅན་རྣམས་ལ་བྱ་བྲལ་སྒོམ་བུ་མཛད་ནས་ཕྱིན་ཅིང་། ཁྱད་པར་གངས་ཏི་སི་ལ་
ཕྱིན་པའི་ཚེ། བླ་མ་རྫོང་ཕུ་བས། ཏི་སི་〈སེ་〉ལ་ཕྱིན་པ་ལ་མི་རྒོད་དང་
གཅན་གཟན་གྱི་འཇིགས་པ་ཆེ་བས། དེ་བས་རྒྱལ་ཐང་ལ་བཞུགས་པར་ཞུ།
རྐྱེན་ངན་ཐེག་པའི་ཐུགས་དམ་གྱི་གདེང་ཅི་བདོག་ཞུས་པས། རྐྱེན་ངན་ཐེག་པ་
དགེ་སྦྱོར་གྱི་གདེང་ཙམ་མེད་ཀྱང་ད་ལྟ་རང་དུ་སྐྱེ་སྟད་〈ཐད་〉དེ་བཅད་ཀྱང་
ཞེ་སྡང་སྐད་ཅིག་མི་སྐྱེ་གསུངས་ནས་ཏེ་སི་〈ཏི་སེ་〉ལ་ཕྱིན། ངོ་མཚར་གྱི་རྟག
〈རྟགས་〉དུ་མ་ཞིག་བསྟན་ཅིང་འདུལ་〈གདུལ་〉བྱའི་དོན་རྒྱ་ཆེན་པོ་མཛད་
དོ། །གཞན་ཡང་ཀུན་སྤང་ཆེན་པོ་འདི་ལ་ཐུགས་རྗེས་བཟང་ཐལ་དུ་མངའ།
ཡིད་དམ་གྱི་ལྷ་མང་པོའི་ཞལ་གཟིགས། སྐྱེ་རྫོགས་གཉིས་ལ་མངའ་བརྙེས་པ་
སོགས་ཡོན་ཏན་གྱི་ཚོགས་བསམ་གྱིས་མ་ཁྱབ་པ་ལྡན་པ་ཞིག་ཡིན་ཀྱང་འདི་ནི་
ཡོན་ཏན་ཐམས་ཅད་སྦད་〈སྦས་〉པ་སོ་ན་གཙོ་བོར་མཛད་པ་ཞིག་གོ །དེ་ལྟ
བུའི་སྐྱེས་བུ་དམ་པ་འཛིན་ཆགས་ཀྱི་འཁྲི་བ་གཏན་ནས་མི་མངའ་〚བ་〛དེ་ནི་
དགུང་ལོ་ཞེ་དགུ་བཞེས་པའི་ཚེ་ངོ་མཚར་བའི་ལྟས་དཔག་ཏུ་མེད་པ་དང་བཅས
སླང་བུ་ཕོ་བྲང་ལྡིངས་〈སྡིངས་〉ཀྱི་སེང་གེ་རིར་ཆོས་ཀྱི་མྱ་ངན་ལས་འདས
སོ། །ཕུར་བཞུགས་〈ཞུགས་〉ལ་ཕུལ་བའི་ཚེ་འཇའ་འོད་ལ་སོགས་བསམ་གྱིས
མ་ཁྱབ་པ་དང་གདུང་ལ་ཚེ་དཔག་མེད་ཀྱི་སྐུ་དང་རིང་བསྲེལ་དུ་མ་ཞིག་བྱོན
ནོ། །

མཁན་ཆེན་རིན་ཆེན་དབང་ཕྱུག་བཟང་པོ་ནི་ཡབ་མཁན་པོ་ཙ་རི་བ་
ཡོན་ཏན་རིན་ཆེན་པ་དང་། ཡུམ་སྐྱང་སྒྲོན་མ་གཅིག་ཆོས་སྐྱིད་ལ་རི་ནང་སེ་
འཕྲང་དུ་སྐུ་འཁྲུངས། དགུང་ལོ་བཅུ་གཅིག་བཞེས་ཚེ་མཁན་པོ་འཇམ་

དབྱངས་ཤེས་རབ་རིན་ཆེན་པ་〘དང་〙སློབ་དཔོན་ཀུན་སྤྱང་དཀའ་བཞི་འཛིན་པ་ཆེན་པོ་རིན་ཆེན་འབྱུང་གནས་དཔལ་བཟང་པོར་རབ་ཏུ་བྱུང་བ་དགེ་ཚུལ་གྱི་སྡོམ་པ་རྣམ་པར་དག་པ་བླངས་སོ། །དེ་ནས་སྡེ་སྣོད་རྣམས་ལ་སྦྱངས་པ་མཛད་ཅིང་དཔལ་གནས་སྙིང་གེས་ཐོག་དྲངས་ལ་ཉང་གི་དགོན་མ་ལག་དང་བཅས་པའི་མཁན་པོ་མཛད། མཁས་བཙུན་བཟང་གསུམ་དང་ལྡན་པའི་སྒོ་ནས་ལ་ཉང་གི་བསྟན་པ་རྒྱས་པར་མཛད་དེ་དགུང་ལོ་ཉེ་ཤུའི་དུས་ཚོག་〈ཚོགས་〉སྟེ་མའི་མཁན་སློབ་དང་དགེ་འདུན་མཚན་ཉིད་དང་ལྡན་པ་གྲ་〈གྲངས་〉ཚང་བའི་དབུས་སུ་བསྙེན་པར་རྫོགས་པ་དགེ་སློང་གི་སྡོམ་པ་རྣམ་པར་དག་པ་ཐོབ་པ་ལ་མཉམ་པར་མཛད་དོ། །མཁན་པོ་འདིའི་རིང་ལ་གདུལ་བྱ་བུ་སློབ་ཀྱི་མཆོག་ཀུང་ཚད་མ་སྟེ་བདུན་ལ་དཔལ་ལྡན་ཆོས་ཀྱི་གྲགས་པ་ལྟ་བུ་མང་པོ་བྱུང་ངོ་། །དེ་ནས་དགུང་ལོ་སོ་བརྒྱད་བཞེས་པའི་ཚེ་གནས་སྙིང་ལྷུགས་རི་ཆེ་མོའི་འགྲམ་བཏིངས་མེ་མོ་ཕག་གི་ལོར་ལོ་གསུམ་ཁོངས་བར་ཆད་མེད་པར་གྲུབ་པ་ཡང་སྐྱེས་བུ་དམ་པ་འདི་ཉིད་ཀྱི་བྱིན་རླབས་དང་ཐུགས་རྗེའི་དཔལ་ལས་གྲུབ་ཅེས་སྐྱེས་པོ་〘ཀུན་〙མཐུན་པར་སྨྲ་བའི་སྒྲ་དབྱངས་ཕྱོགས་བཅུར་སྒྲོག་པའོ། །མཁན་པོ་འདི་ཉིད་ཀྱིས་གདན་ས་མ་ལག་བུ་སློབ་ཡོན་བདག་དང་བཅས་པ་ཤིན་ཏུ་དར་〘ཞིང་〙རྒྱས་པར་མཛད། དེ་ལྟ་བུའི་བླ་མ་དེ་ནི་ཞེ་བདུན་བཞེས་པའི་ཚེ་སྐྱན་ཆུ་གཟིམས་ཁང་དུ་གཤེགས་སོ། །

སློབ་དཔོན་ཀུན་དགའ་རྒྱན་མཚན་ནི་ཡབ་སློབ་དཔོན་རྡོ་རྗེ་དཔལ་ལྡན་དང་ཡུམ་རྗེ་མོ་ཚུལ་ཁྲིམས་རྒྱན་ཞེས་བྱ་བ་ལ་སྐུ་འཁྲུངས་ནས་རང་གི་ཡབ་ལ་སྙིང་མའི་ཆོས་བསྐོར་མང་དུ་གསན་ཅིང་གདུང་འཛིན་དུ་བཞུགས་སོ། །དེ་ལྟ་བུའི་བླ་མ་དེ་ནི་དགུང་ལོ་ལྔ་བཅུ་བཞེས་པའི་ཚེ་བྲག་ཚུང་དུ་སྐུ་གཤེགས་སོ། །

ཀུན་དགའ་རྒྱན་མཚན་གྱི་གཙུང་པོ་མཁན་ཆེན་དཀའ་བཞི་འཛིན་པ་རིན་ཆེན་བསམ་གཏན་ནི་ཡབ་སློབ་དཔོན་ཀུན་དགའ་དང་གཅིག་སྟེ་དང་པོར་མཚན་ཡང་ཀུན་དགའ་ཤེས་རབ་ཞེས་བྱ་བར་བཏགས་སོ། །དགུང་ལོ་བརྒྱད་པ་ལ་མཁན་པོ་འཇམ་དབྱངས་ཤེས་རབ་རིན་ཆེན་པ་དང་། སློབ་དཔོན་ཀུན་སྤྱང་དཀའ་བཞི་རིན་ཆེན་འབྱུང་གནས་དཔལ་བཟང་པོ། གྲིབ་ཚད་སློབ་དཔོན་ལྷ་རྗེ་པ་བསོད་ནམས་བཟང་པོ་རྣམས་ཀྱི་དྲུང་དུ་རབ་ཏུ་བྱུང་བར་མཛད། ཕར་ཕྱིན་ལ་གཟིགས་རྟོགས་མཛད་ཅིང་མྱུར་དུ་མཁྱེན། དགུང་ལོ་དགུ་ནས་བཅོ་ལྔ་བར་ཆོས་ལྷིངས་〈སྡིངས་〉སུ་ཕར་ཕྱིན་གྱིས་ཐོག་དྲངས་ཟབ་པ་དང་རྒྱ་ཆེ་བའི་ཆོས་མང་དུ་གསུངས། ཐོབ་〈ཐོས་〉བསམ་སྒོམ་གསུམ་ལ་གདུལ་བྱ་རྣམས་ལེགས་པར་བཀོད། དེ་ནས་ཡང་གནས་རྙིང་དུ་ཕྱིན། མཁན་ཆེན་འཇམ་དབྱངས་པ་དང་། མཁན་ཆེན་གཞོན་ནུ་བ། སློབ་དཔོན་སངས་རྒྱས་རྒྱལ་མཚན་སོགས་བླ་མ་བདུན་ཙམ་ནས་ཕྱི་ནང་གི་ཆོས་མཐའ་དག་གསན་ཅིང་སྒྲོ་འདོགས་ཆོད་པར་མཛད། དགུང་ལོ་ཉི་ཤུའི་ཐོག་ཏུ་ཚོག་〈ཚོགས་〉སྡེ་མའི་མཁན་པོ་འཇམ་དབྱངས་ཤེས་རབ་རིན་ཆེན་པས་མཁན་པོ་མཛད། དད་པའི་དགེ་འདུན་མཚན་ཉིད་དང་ལྡན་པ་གྲངས་ཚང་པ་དང་བཅས་པའི་དབུས་སུ་བསྙེན་པར་རྫོགས་པར་མཛད་དེ་ཐུགས་དམ་ལ་ཤིན་ཏུ་བརྩོན་པར་བཞུགས། མཁན་པོ་དེ་ཉི་དགུང་ལོ་ལྔ་བཅུ་བཞེས་པའི་ཚེ་ཟང་ཟང་ལྷུན་ནར་〈སྣར་〉བདེ་བར་གཤེགས་སོ། །དེའི་ཚེ་འོད་ཀྱི་གོང་བུ་རིལ་བ་ཙམ་ཞིག་ནུབ་ཕྱོགས་ལ་སོང་བ་སྐྱ་འཁོར་ཀུན་གྱི་〈གྱིས་〉མཐོང་ཟེར་རོ། །འདི་ཉིད་ཀྱི་རྣམ་པར་ཐར་པ་རྒྱས་པ་ནི་རྟོག་ལྡན་གྲུབ་པ་དཔལ་ལྡན་མགོན་གྱིས་མཛད་པ་ཉིད་དུ་བལྟ་བར་བྱའོ། །

མཁན་ཆེན་རིན་ཆེན་བློ་གྲོས་དཔལ་བཟང་པོ་ནི་ཡུམ་ཡེ་ཤེས་ཀྱི་མཁའ་འགྲོའི་མཚན་རྟགས་དང་ལྡན་པ་མ་གཅིག་ཀུན་དགའ་དབྱིངས་ཞེས་བྱ་བ་ལ་ལ་སྟོད་ཆོས་ལྡིངས་〈སྡིངས་〉སུ་སྐུ་འཁྲུངས་ཤིང་འདི་ནི་སྐུ་སྐྱེ་བ་བརྒྱུད་མར་ཆོས་བྱེད་ཀྱི་གང་ཟག་དམ་པར་འཁྲུངས་རྗེས། མཁན་ཆེན་རིན་ཆེན་བློ་གྲོས་བཟང་པོར་སྐུ་འཁྲུངས་ནས་དགུང་ལོ་བཅུ་བཞེས་པའི་ཚེ་མཁན་ཆེན་རིན་ཆེན་དཔང་ཕྱུག་པའི་དྲུང་དུ་རབ་ཏུ་བྱུང་བར་མཛད། ཕར་ཕྱིན་དང་འདུལ་བ་གཉིས་ལ་གཟིགས་རྟོག་མཐར་ཕྱིན་པར་མཛད་ནས་དགུང་ལོ་ཉེ་ཤུ་རྩ་གསུམ་པར་གནས་རྙིང་གིས་ཐོག་དྲངས་དགོན་མ་ལག་དང་བཅས་པའི་མཁན་པོ་མཛད། གདན་ས་ཐོག་ཏུ་ལོ་བཅུ་བརྒྱད་བཞུགས། དེའི་བར་གཞིས་བྱིས་〈བྱེས་〉ཀྱི་སློབ་དཔོན་དགེ་བའི་བཤེས་གཉེན་བརྒྱ་ཕྲག་མང་པོའི་བར་〈སར་〉གྲོང་ཁྱེར་སྐྱེ་བོའི་ཚོགས་དུ་མ་ཞིག་ལ་ཆོས་འཁོར་རྒྱ་ཆེན་པོ་རིམ་པ་མང་དུ་བསྐོར། ཁྱད་པར་དུ་ཁང་གསར་གོ་ཤྲིའི་དང་ཏའི་བསྟི་ཏུ་འཕགས་པ་དཔལ་སྐུ་མཆེད་ལ་སོགས་ལ་ཉང་གི་མི་ཆེན་མང་པོའི་བླ་མ་མཛད། ཆོས་སྡེ་ཆེན་པོ་མ་ལག་དང་བཅས་པ་དར་ཞིང་རྒྱས་པར་མཛད་དོ། །དེ་ལྟ་བུའི་བླ་མ་དེ་ནི་དགུང་ལོ་བཞི་བཅུ་ཞེ་གཅིག་བཞེས་པའི་ཚེ་གནས་རྙིང་གཟིམས་〈གཟིམ་〉ཁང་དུ་བདེ་བར་གཤེགས་སོ། །

མཁན་པོ་འཇམ་དབྱངས་རིན་ཆེན་རྒྱལ་མཚན་པ་ནི་མཁན་ཆེན་རིན་ཆེན་དཔལ་བཟང་པོ་དེ་ཉིད་སྐུ་མྱ་ངན་ལས་འདའ་ཁར་གནས་རྙིང་པ་བསྐལ་པ་སྙིག་དུས་ལ་ང་སླེབས་ཡོང་གསུངས། དེ་བར་གྱི་སྐུ་སྐྱེ་ཟང་〈ཟངས་〉གླིང་དུ་འཁྲུངས། རིག་པའི་གནས་ལྔ་ལ་མཁས་པའི་པཎ་ཏི་ཏར་གྱུར་ནས་རྩོལ་ངན་ཚར་གཅོད་པ་དང་འདུལ་〈གདུལ་〉བྱ་རྗེས་སུ་འཛིན་པར་གྱུར་ཏོ། །དེ་ལྟར་

རྗེ་རིན་པོ་ཆེ་འདི་ཉིད་ཀྱི་ཕྱིའི་ཡབ་སྲས་རིན་ཆེན་བློ་གྲོས་པ་ཡིན་པ་ལྟར་ལ་གསང་བའི་ཡབ་རྣམ་མཁྱེན་དཀའ་བཞི་པ་རིན་ཆེན་བསམ་གཏན་དཔལ་བཟང་པོ་ཡིན་ཏེ་དེས་བར་སྲིད་གཟིགས་སམ〈པའམ་〉བྱང་ཆུབ་སེམས་དཔའ་གཞན་དོན་དུ་སྲིད་པ་འཚོལ་བ་གཟིགས་ཤིང་། སྣར་ཀྱང་རང་རིགས་སུ་སྐྱོན། གདུལ་བྱ་སྨིན་གྲོལ་ལ་བགོད་པའི་བདག་ཉིད་ཡིན་པར་དགོངས་ནས་གསོལ་བྱ་བ་ཆོས་འཕགས་ལ་རིགས་དང་དུས་དང་སྐལ་ལྡན་ཅིག〈གཅིག་〉དགོས་དགོངས་པས་རིགས་ལྡན་གཅིག་ཁྱེད་ཤོག་གསུང་〈གསུངས་〉པས་མ་གཅིག་ལེགས་འབུལ་〈འབུམ་〉ཁྱེད་བྱུང་བ་ལ་རེ་ཞིག་བསླབ་པའི་འབུལ་ཚོག་མཛད་ཅིང་གསང་སྔགས་ནང་གི་རིགས་སྐྱུན་པའི་ཚོ་ག་མཛད་དེ་འདི་ལ་རང་གཞན་གྱི་བསྟན་པ་འཛིན་པའི་སྐྱེས་བུ་ཁྱད་པར་ཅན་ཞིག་བཙའ་བར་འགྱུར་རོ་གསུངས། དེ་ནས་ཞག་བདུན་ཐོག་ས་བཟང་པཎ་ཆེན་གྱི་དྲུང་དུ་ཕེབས་ནས་བཤགས་བསྐོམས་སྔོན་དུ་འགྲོ་བའི་སྒོ་ནས་ཕྱིར་བཅོས་ལེགས་པར་མཛད་དེ། བསླབ་པ་དང་བྲལ་བ་ཞག་བདུན་ལས་ཁྱད་པར་མེད་གསུངས། འཇིག་རྟེན་མ་དད་པ་སྣང་བའི་ཕྱིར་རེ་ཞིག་རྒྱས་སྲས་རིན་བློ་བའི་ཡིན་ནོ་ཞེས་བརྗོད་དེ་གསང་བར་བསྡམས་སོ། །མ་གཅིག་གི་གསུང་ལས་གཞན་དག་མངའ་〈མངལ་〉གྱིས་ནོན་ཚེ་སྡུག་བསྔལ་ཟེར་ནའང་བདག་ནི་ལུས་སེམས་ཤིན་ཏུ་བདེ། རྨི་ལམ་དང་ལྟས་ངོ་མཚར་ཅན་དུ་མ་བྱུང་གསུངས། བལྟམས་ཚེ་ལྟས་དཔག་ཏུ་མེད་པ་དང་བཅས་མཆོག་དཀར་གནས་འོག་གི་ཕུག་པར་འཁྲུངས། ཟླ་བ་གསུམ་བཞེས་པ་ན་རྣམ་མཁྱེན་རིན་ཆེན་བསམ་གཏན་པས་མཚན་ཆོས་སྐྱོང་རྒྱལ་མཚན་བྱ་བར་བཏགས། དུས་དེར་ཡུམ་སྲས་གཉིས་འཚོ་བ་འོ་རྒྱལ་ཏ། ཡུམ་གྱིས་ཡུར་མ་ལ་ཕྱིན་པ་ན་བྱ་རོག་གཉིས་ཀྱིས་རེ་མོས་བྱས་བྱ་ར་བྱས

ཞིང་བུ་ཆུང་མི་ཉན་པ་ན་ཡུམ་གྱི་ཐད་པོར་བྱ་རོག་གིས་འབྲས་སྐད་རྩུང་ཞིག་བཏོན། ཡུམ་གྱིས་མགྱོགས་པར་ཕྱོན་〚དེ་〛དུས་དགེ་འདུན་སྣང་པའི་ཚོགས་པ་བྱུང་དུ་ཕྱོན་པ་དང་ཁེལ་ཏེ། མཁན་པོ་དགྲ་བཅོམ་ཡོན་ཏན་རྒྱལ་མཚན་གྱི་ཞལ་ནས་བུ་ཆུང་འདི་སྤྲུལ་པའི་སྐུ་འགྲོ་བའི་དོན་ལ་བསམ་བཞིན་སྐྱེ་བ་བཞེས་པ་ཅིག་ཡིན་པར་འདུག རིང་པོར་མ་ཐོག་པ་སྐྱེ་རྒུ་རྣམས་ཀྱི་མཆོད་པའི་གནས་སུ་འགྱུར་བའི་〈བས་〉ཞབས་ཏོག་བྱ་གསུངས་ནས་མར་ལམ་སྟེབས་ནས་ཕྱོན།

དགུང་ལོ་གསུམ་པ་ལ་ཀློག་སློབ་པའི་ཚུལ་བསྟན་པས་སྔོན་གྱི་བག་ཆགས་བསད་པས་རིང་པོ་མ་ལོན་པར་མཁྱེན། དཔལ་གནས་སྙིང་གི་གཙུག་ལག་ཁང་ཆེན་མོའི་རྒྱ་མཐོང་སྐུ་ལོགས་ལ་ཕྱུག་རིས་ཀྱི་ཡིག་ཚད་བཞག་པའི་འཇུག་གི་བསྡོ་བ་ན་ཡིག་རིགས་བཅོ་བརྒྱད་ཟླུགས་〈གཟུགས་〉སུ་བཀོད་པ་ཡི་དགེ་བ་གང་དེ་འཛིན་བཅས་རྣམས་ལ་ཕྱིན་ཞེས་གསལ་བར་གསུངས།

དགུང་ལོ་བརྒྱད་ལ་བཞེས་པ་ན་རྣམ་མཁྱེན་དཀའ་བཞི་པ་ལས་བཀའ་གདམས་ལམ་རིམ་ཆོས་སྤྱོད་མང་བར་གསན། མཁན་ཆེན་རིན་ཆེན་བློ་གྲོས་པ་ལས་རྟ་མགྲིན་ཡང་གསང་གསན། དཔལ་ལྡན་བླ་མ་དམ་པ་བསོད་ནམས་རྒྱལ་མཚན་(འདི་ས་སྐྱའི་གདུང་བརྒྱུད་དེབ་ཐེར་དམར་པོ་གསར་མ་བཙམས་མཁན་) པའི་གསུང་ནས་དེ་རིང་སྐྱེས་བུ་དམ་པ་གཅིག་འབྱོན་པར་འདུག མདངས་སྐྱི་ལམ་དུ་འཕགས་པ་དོན་ཡོད་ཞགས་བཀའ་བསྒྲུང་ཀྱིས་བསྐོར་བ་ཅིག་རྨིས་གསུང་། དེ་ནས་རྗེ་དེ་ཉིད་ཕེབས། དཔལ་ལྡན་བླ་མ་དམ་པ་བསོད་ནམས་རྒྱལ་མཚན་པས་མཁན་〚པོ་〛མཛད། མདོར་ན་གནས་སྙིང་རང་ནས་ཕྱོན་པ་སོགས་གཞིས་བྱེས་ཀྱི་དགེ་འདུན་སྟོང་ཕྲག་མང་པོའི་དབུས་སུ་རབ་ཏུ་བྱུང་ཞིང་མཚན་ཡང་རིན་ཆེན་རྒྱལ་མཚན་དཔལ་བཟང་མངའ་གསོལ་ཏེ་གནས་སྙིང་སྤྲིན་བདག་ཏའི་སི་ཏུ

འཕགས་པ་རིན་ཆེན་པས་མཛད་དེ་ཡོན་མཆོད་ཞལ་ཕྲུས་ནས་རྗེ་ཉིད་བཞུགས་ཁྲི་ཆེན་མོའི་ཐོག་ཏུ་གདན་དྲངས། བྱང་ཆུབ་ཀྱི་མཆོག་ཏུ་ཐུགས་སྐྱེས། དཔལ་གནས་སྙིང་གི་དགོན་སྡེ་མ་ལག་དང་བཅས་པའི་མཁན་པོ་གསུམ་ཆོས་ཀྱི་རྒྱལ་པོར་མངའ་གསོལ། དེ་ནས་རྣམ་མཁྱེན་དཀའ་བཞི་པ་དེ་རྒྱལ་སྲས་རིན་ཆེན་བློ་གྲོས་དཔལ་ལྡན། བླ་མ་དམ་པ་བསོད་ནམས་རྒྱལ་མཚན་སོགས་བླ་མ་བཅུ་ཕྲག་གཅིག་དང་གསུམ་ནས་སྡེ་སྣོད་རྒྱུད་སྡེ་མདོ་བསྟན་བཅོས་དབང་ཕྲུག་བཞེས་ཁྲིད་གདམས་པ། མན་ངག་ཕྲ་མོ་དང་བཅས་པ་མ་ལུས་པ་གསན་ཅིང་དཀའ་སྤྱད་ཆེར་མཛད།

དགུང་ལོ་ཉི་ཤུར་ཕེབས་པ་ན། མདོ་ཙར། སྤྱམ་བསྙེན་པར་མ་རྫོགས་པར་ཕྱི་མ་བྱའོ། །ཞེས་པ་ལྟར་རིམ་གྱིས་བསྟན་པ་ལ་འཇུག་པའི་ཕྱིར་གུ་རུ་ཡེ་ཤེས་བྱང་ཆུབ་པས་མཁན་པོ་མཛད། མཁས་གྲུབ་ལྷ་དབང་པས་ལས་སློབ་མཛད་པའི་དགེ་སློང་རྣམ་དག་ཉི་ཤུ་ཙ་ལྔའི་དབུས་སུ་བསྙེན་པར་རྫོགས་པ་མཛད་དོ། །དགུང་ལོ་བཅུ་བཞིས་པའི་ཚེ་བཅུ་གཅིག་ཞལ་གྱི་སྒྲུང་གནས་མཛད་པས་འོད་གསལ་གྱི་ངང་ནས་རི་བོ་གྲུ་འཛིན་དུ་ཕྱིན་ནས་ཆོས་ཀྱི་དགའ་སྟོན་ལ་རོལ་བར་མཛད་པ་དང་། བྲག་ཐོག་གི་རྩེ་ནས་དབུས་རིའི་རྩེ་ལ་ཐུགས་རྗེ་ཆེན་པོ་གཙོ་འཁོར་གསུམ་རྒྱུན་ཆ་ལུགས་སོགས་གསལ་བར་གཟིགས་པ་དང་། གུ་རུ་ཤེས་རབ་བྱང་ཆུབ་པས་སྦྱིན་བསྲེགས་མཛད་པའི་མེ་ཐབ་ཏུ་མི་གཡོ་བ་གཟིགས་པ་དང་། རྗེ་རང་གི་མེ་ཐབ་ཏུའང་མི་གཡོ་བ་གཟིགས་པ་རིན་པོ་ཆེ་བསོད་ནམས་གྲུབ་པ་དང་། རིན་པོ་ཆེ་ཨ་རྡོ་བ་ལ་བྱ་རྗོགས་〈སྤྱོད་〉རྣལ་འབྱོར་བླ་མེད་སོགས་ཀྱི་དབང་ཞུས་〈ཞུ་〉དུས་རང་དང་བླ་མའི་ཕུང་ཁམས་སྐྱེ་མཆེད་སངས་རྒྱས་རིགས་ལྔར་གཟིགས་པ་དང་། ཡི་དམ་གྱི་ལྷ་གཞན་ཡང་དུ་

མ་གཟིགས་ཀྱང་བྱུང་རྒྱལ་དུ་མི་གསུང་པ་ནི་གསང་སྒྲོགས་སྤྱང་པའི་ཕྱིར་རོ།

དགུང་ལོ་ཉེ་ཤུ་རྩ་གཉིས་བཞེས་པའི་དུས་སླང་གི་ལོ་ལ་ཤར་ཁ་བ་སྒྲུ་མཆེད་(རྒྱལ་མཁར་རྩེའི་ཆོས་རྒྱལ་) སྡེ་གཟར་ལངས་སྐབས་བར་བཞུགས་མཛད་ཀྱང་ཕྱོགས་འཛིན་མཐོང་ལུགས་བྱུང་བས། ཐུགས་རྩུང་སྒྲིད་ལུགས་པའི་〈ལུག་པས་〉 གནས་དགོན་པོ་〈དབེན་པ་〉 ཁོ་ནར་བརྟེན་ནས་ཆོས་ལྷུད་མེད་རྩེ་གཅིག་ཏུ་སྒྲུབ་དགོངས་ཀུན་སྤངས་〈སྤང་〉 མཛད་དེ་ཕྱིན་པས་གནས་རྙིང་པས་བཙལ་བ་ན་གསོལ་བྱ་བས་བརྙེད་ཀྱང་རྗེ་ཉིད་ཀྱིས་མི་སྣང་བ་མཛད་པས་ད་ལྟ་རང་འདི་ན་ཡོད་པ་ལ་ཞེས་ཟེར་དགོས་བྱུང་སྟེ། སྤྲུལ་སྒྱུར་ལུས་ཀྱི་བཀོད་པ་བཤིགས་ཏེ་ད་〈ང་〉 ནི་འདི་ན་ཡོད་གསུངས་ནས་དགོན་པ་རྣམས་ཀྱང་དགའ་བདེས་ཁྱབ་པར་མཛད། ཡང་ཚབ་སྲིད་ཀྱི་བདག་པོ་ལ་སླར་ཡང་སྐན་བསྐུལ་བཏབ་སྟེ་ཐུགས་ཕམ་པའི་བཀའ་གྲོས་ལེགས་ཁྱབ་ཆེ་བ་མཛད་ནས་ཟིང་རྐྱེན་འཐབ་རྩོད་ཞི་བའི་ཞལ་ཏ་གནང་སྟེ་བཀུར་བའི་གནས་སུ་གྱུར། ཆོས་ཁྲིམས་ཀྱི་སྡོམ་ཞག་ལ་སོགས་པ་ལེགས་པར་མཛད། ཐོས་བསམ་སྒོམ་གསུམ་གྱི་བསྟན་པ་དར་བར་མཛད་དོ། །གནས་རྙིང་པའི་དགེ་བཤེས་གུའི་ཤའི་〈ཤྲཱི〉 བློ་གྲོས་བཟང་པོ་ཞེས་རྫོགས་ཆེན་བྱམས་པ་དཔལ་བ་ལ་ཆོས་ཞུ་རུ་ཕྱིན་དུས། བཤེས་〚གཉེན་བློ་〛 ཟང་〈བཟང་〉 པས་རྫོགས་〈འཛག་〉 ཆེན་པ་ལ་གནས་རྙིང་མཁན་པོ་རིན་ཆེན་རྒྱལ་མཚན་པ་འདི་གང་ཟག་བཟང་ངན་ཇི་འདྲ་ལགས་ཞུས་པས་གནས་རྙིང་ཕྱོགས་སུ་ཐལ་མོ་སྦྱར་ནས་འདི་ཐུགས་རྗེ་ཆེན་པོ་རྒྱལ་བ་རྒྱ་མཚོ་དངོས་ཡིན། གནས་རྙིང་པ་ཆོས་དང་ཟང་ཟིང་དཔལ་འབྱོར་ཆེ་བ་དེའི་སྟོབས་ཀྱིས་ཡིན་གསུངས། ཡང་ལྷོ་བྲག་གྲུབ་ཆེན་ནམ་མཁའ་རྒྱལ་མཚན་ལ་དཔོན་དཔོན་པོ་བཞི་འཕེལ་བྱ་བས་གནས་རྙིང་མཁན་ཆེན་རིན་ཆེན་རྒྱལ་

མཚན་པ་འདི་ཉམས་རྙོགས་ཇི་ཙམ་མངའ་བ་ཅིག་ལགས་སམ། གནས་རྙིང་འདི་རྒྱུན་བརྟོན་〈བརྟན་〉〖མི་བརྟན་〗ཇི་ལྟར་མཆི་ཞེས་མང་དུ་ཞུས་པས་འདི་སྤྲུལ་རས་གཟིགས་དངོས་ཡིན། སྐབས་སུ་མཆི་ཐལ་སྦྱོར་མཛད་མ་འོངས་པ་ན་མྱུང་སྟོད་ལུང་པ་གངས་སྟོངས་ཆེར་བྱུང་ནའང་གནས་རྙིང་པ་འདི་སོར་གནས་གསུང་ངོ། །

ཡང་སྟར་ཐང་དུ་རྟེ་ཐང་ཆོས་རྗེ་བ་དང་མཇལ་འཕྲད་ལ་ཕྱིན་དུས་སྟར་ཐང་མཁན་ཆེན་པའི་གཟིམས་〈གཟིམ་〉གཡོག་སྤྲུལ་ལྔ་〈སྔ་〉པ་སོགས་ཀྱིས་ཆོས་འབྲེལ་གཅིག་ཐུག་〈ཞུས་〉པས་ས་སྐྱ་པ་ནས་བརྒྱུད་པའི་སྣང་བ་མཐའ་ཡས་ཀྱི་ཉལ་སྒོམ་ཞེས་པའི་སྒོམ་སླ་ལ་དོན་ཆེ་བ་ཞིག་གནང་བ་གཞིས་བྱེས་ཀྱི་དགེ་བཤེས་མང་པོས་ཀྱང་ཞུ་སྐབས། སྟར་ཐང་སྤྲུལ་མངའ་〈སྔ་〉བས་རྗེ་གནས་རྙིང་པ་འདི་སྤྲུལ་པའི་གང་ཟག་ཁྱད་པར་ཅན་ངེས་སུ་འདུག ཆོས་འབྲེལ་ཞུ་བའི་ཐོ་རེངས་དེ་ངེས་དགེ་སྦྱོར་ལ་བསྡད་ཆེ་ཉམས་སྣང་ལ་ཁང་བུའི་དཀར་ཁྱུང་ན་ཚུར་འོད་དམར་སེར་སྣུམ་ལ་འཚེར་བ་ཅིག་ཤར་བྱུང་བ་ཉི་མ་ཤར་བ་ཡིན་ནམ་སྙམ། མགོ་བཏེག་ཏེ་བལྟས་པས། འོད་དེའི་ཀློང་ན་རྒྱལ་བ་འོད་དཔག་ཏུ་མེད་པ་པད་མ་ར་ཁའི་ལྷུན་པོ་ཐུན་མཚམས་ཉི་འོད་ཀྱི་གསལ་བར་བྱས་པ་ལྟ་བུ་མཚན་དཔེས་སྤྲས་པ་འཇིག་རྟེན་ཀུན་གྱི་མིག་གི་བུང་བ་སྟུང་པར་བྱེད་པར་〈པ་〉ཞིག་མཐོན་〈མཐོང་〉པས། ལུས་སྤུར་བས་བདེ་བས་ཀྲུས་པར་གྱུར་ཏོ་ཞེས་དང་། ཡང་ཡོས་ཀྱི་ལོ་ལ་དབུས་གཙང་གི་ས་ཆར་ས་གཡོས་ཆེན་པོ་བྱུང་ནས་ཁང་པ་ཞིག་པ་སོགས་སྡུག་བསྔལ་གྱི་ཉམས་ཐག་པའི་ཚེ་རྗེ་འདི་ཉིད་ཀྱིས་ཡར་འབྲོག་དང་དབུས་ཀྱི་ས་ཆའི་ཁང་པར་ཞག་བཞུགས་མཛད་པ་རྣམས་ལ་ས་གཡོས་ཀྱི་ཉེན་མ་བྱུང་ཞིང་ཁྱད་པར་གཙང་ཕྱོགས་ཡང་

སྒོམས་མྱུང་སྟོད་ལ་ས་གཡོས་ཆུང་བ་ནི། ཛྷེ་ཀ་རྨ་པའི་ཞལ་ནས། ད་ལྟ་ངེད་ལས་ལྷག་པའི་གནས་སྙིང་མཁན་ཆེན་སྤྱན་རས་གཟིགས་དངོས་དེ་བཞུགས་པའི་ཐུགས་ཛྷེ་ཡིན་གསུངས་སྤྱགས་པ་ཆེར་མཛད་དོ། །ཡང་ཛྷེ་ཉིད་ལྷ་སར་ཇོ་བོ་རིན་པོ་ཆེ་མཇལ་དུ་ཕྱིན་དུས་ཇོ་བོའི་ཐུགས་ཁ་ནས་སྤྱན་རས་གཟིགས་ཁ་ས་བཙན་སྒོར་〈སར་པ་ཧྲི་སྐར〉 མདའ་འཕངས་པ་ལྟར་ཕྱིན་ནས་ཛྷེ་ཉིད་ཀྱི་ཐུགས་ཀར་ཐིམ་པ་དགོན་གཉེར་གྱི་གསལ་པོར་མཐོང་ཞིང་གྲགས་པས་མཁན་ཆེན་གནས་སྙིང་པ་དེ་སྤྱན་རས་གཟིགས་ཀྱི་སྤྲུལ་པ་ཡིན་པར་འདུག་པ་བདེན་ངེས་ཡིན་སྐད་བྱུང་།

ཛྷེ་ཉིད་ལ་སྟོད་ཀྱི་གདན་ས་གོང་མར་ཕྱིན་ཞོར་ལ་ཟར་གྱི་ཇོ་བོ་མཇལ་དུ་ཕྱིན་པས་བར་སྣང་འཛའ་སྣ་ལྔ་པ་འོད་ཟེར་དཔག་ཏུ་མེད་པ་འཕྲོ་བ་ཞིག་ཇོ་བོའི་ཐུགས་ཀ་དང་ཛྷེ་ཉིད་ཀྱི་ཐུགས་ཀ་འབྲེལ་བ་གདུལ་བྱ་ལས་དག་པ་རྣམས་ཀྱིས་མཐོང་སྐད། ཐ་སྙད་ཀྱི་ཆོས་རྣམས་མཐུན་〈རྒྱུན〉 པ་དང་འདྲ་བར་དགོངས་ནས་སྐབས་འགའ་ཞིག་ཏུ་གསང་གཅོད་འབབ་ཞིག་ལ་གཤེགས་ཞིང་། རིམ་གཉིས་ཀྱིས་རྣལ་འབྱོར་ལ་དུས་རྟག་ཏུ་བརྩོན་པར་མཛད་པས་ཡི་དམ་ལྷ་དཔག་ཏུ་མེད་པས་〈པའི〉 ཞལ་གཟིགས་ཤིང་ཐུགས་ཤེས་ཐོག་མེད་དུ་མངའ་བ་དང་ཞར་བྱུང་གི་ཡོན་ཏན་ཡང་གཞལ་ཡས་ཁང་གི་བྲིས་ཐིག་སློམས་བླངས་ཀྱི་གཞལ་ཡས་ཁང་གི་བཀོད་པ་བདེ་བར་གཤེགས་པའི་སྐུ་གཟུགས་ཀྱི་ཚ་〈ཕྱག〉 ཚད་མཆོད་རྟེན་བརྒྱད་ལ་སོགས་པའི་ཐིག་ཚད་ཀྱི་བཤད་པ་དང་ཕྱག་ལེན་མཁས་པ་ཡིག་རིགས་བཅོ་བརྒྱད་དང་། ལག་རྩིས། བྱེད་རྩིས་སྐྲའི་ས་རིགས་〈རིས〉 ལ་སོགས་པ་རྩིས་ཀྱི་རིགས་རྣམས་དང་གསོ་དཔྱད་ཀྱི་རིགས་ཕལ་ཆེར་ཐུགས་ལ་མངའ་ཞིང་སྨན་གྱི་སྦྱིན་པ་རྒྱ་ཆེར་མཛད་པས་ནད་པ་ནད་ལས་གྲོལ་

བ་ཡང་ཇེ་སྙེད་དོ། །

འགྲོ་བའི་དོན་ཡང་དཔལ་ལྷུན་གནས་རྙིང་གིས་ཕྱོག་དྲངས་གདན་ས་གོང་འོག་དགོན་མ་ལག་གི་ཆབ་སྲིད་དང་བཅས་པའི་མཁན་པོ་མཛད། ཤར་ཁ་པའི་ཞལ་ངོ་ཏའི་སི་ཏུ་འཕགས་པ་རིན་ཆེན། གནང་〈ནང་〉ཆེན་ཀུན་དགའ་འཕགས་ཡབ་སྲས། ཏའི་སི་ཏུ་བསོད་ནམས་དཔལ་ཡབ་སྲས་སོགས་ཞལ་ངོ་བཅོ་ལྔ་ཙམ་དང་། ཤར་ཙོང་ཁ་པ་སོགས་བླ་ཆེན་དང་སྡེའི་ཆོས་དཔོན་ཆེན་པོ་རྣམས་ཀྱིས་ཆོས་འབྲེལ་ཞུས་ཤིང་ཡང་སྐབས་གཅིག་ན་པཎ་ཏེ་ཏ་སྲི་ཧི་དང་ལོ་ཆེན་རིན་ཆེན་བཟང་པོ་ཡན་མན་གྱིས་བསྒྱུར་བའི་སྔགས་རྙིང་མ་དང་། གསར་མའི་རྒྱུད་དང་། རྒྱུད་སྡེ་བཞིའི་པོ་ཏི་གང་ན་དགོན་ཞིང་གཅེས་པ་མང་པོ་དང་། ཐེག་པ་ཆེ་འབྲིང་ཆུང་གསུམ་ཀུན་གསལ་བར་བྱེད་པ་རྒྱ་གར་རྒྱ་ནག་གི་བསྟན་བཅོས་ཚང་མ་ཞ་ལུ། ཆོས་ལུང་། ལ་སྟོད་བྱང་སོགས་སྟོད་སྨད་ཀུན་ནས་བསགས་ཤིང་བཞེས་ཏེ་ན་བཟའ་སྐུ་རག་རྒྱན་བཟང་པོ་དང་བཅས་ཟུར་སྤྱིལ་ལྷ་ཁང་དུ་བཞུགས་པ་མཛད་དོ། །

གཞན་ཡང་རྒྱ་ཕུན་སུམ་ཚོགས་པ་རྒྱ་ཧོར་ནས་ཕྱུང་བའི་གོས་རིན་པོ་ཆེ་དང་། འཕགས་པའི་གནས་བརྟན་བཅུ་དྲུག་གི་གོས་སྐུའི་རྒྱུ་འགྱུར་དར་གོས་དང་རྒྱན་བགྲངས་ཀྱི་མི་ལང་བ་བཅས་བཟོའི་ཆ་ཚད། ལྷའི་གྲལ་བཀོད། ཁ་མདོག་གི་སྤྱིལ་སོགས་དྲས་ཚེམས་ཀྱི་ཞལ་བཀོད་དེ་རང་ཉིད་ཀྱིས་མཛད་པའི་གོས་སྐུ་ཆེ་མོ་འགྲོ་བའི་བསོད་ནམས་ཀྱི་དཔལ་དུ་བཞེངས་པར་མཛད། ཡང་རྗེ་ཉིད་ཀྱི་སྣན་པ་རྒྱ་ནག་རྒྱལ་པོའི་སྣན་དུ་གྲགས་པ་ལ་བརྟེན་ནས་ཆེན་པོ་དངོས་གྲུབ་རིན་ཆེན་པས་རྒྱ་ནག་ཆོས་ཀྱི་རྒྱལ་པོའི་བཀའ་དང་དུ་བླངས་ནས་རྒྱ་ནག་ཙུང་ཇོར་ཕྱིན་ཏེ་གནས་རྙིང་མཁན་པོ་རྒྱུད་པར་བཅས་པ་ལ་ས་ཆེན་དབང་

བསྒྱུར་ཞིལ་གྱི་དམ་ཁ་དང་། འཇའ་ས་མངའ་རིས་ཀྱི་གནང་སྦྱིན་བཅས་རྩལ་བ་རྗེ་ཉིད་ཀྱི་ཕྲིན་ལས་ཀྱི་མཐུ་དཔལ་ལོ། །དེ་ནས་རྒྱལ་ཚབ་ཏུ་མཁན་པོ་རིན་ཆེན་གྲུབ་ཉིད་བསྐོ་བཞག་མཛད། དེ་ནས་རྟག་འཛིན་ཅན་རྣམས་ཆོས་ལ་བསྐུལ་ཕྱིར་གློ་བུར་སྣང་ཚུལ་དྲག་པོ་བསྟན་ནས་དགུང་ལོ་ལྔ་བཅུ་ང་དགུའི་ཐེག〈ཐོག་〉གཟུགས་སྐུ་ཆོས་དབྱིངས་སུ་ཐིམས་ཏེ་ཐུགས་དམ་གསོལ་འདེབས་པར་ལ་རྗེ་ཉིད་རང་གི་སྐུའི་གསལ་སྣང་སྟོན་པ་དང་། འཇའ་འོད་མེ་ཏོག་གི་ཆར་རོལ་མོའི་སྒྲ་ལ་སོགས་པ་ངོ་མཚར་བའི་ལྟས་དཔག་ཏུ་མེད་པ་བྱུང་ངོ་། །རྗེ་ཉིད་ཀྱི་ནང་རྟེན〈རྟེན〉སྒྲུབ་དུས་དང་། གྲུབ་རྗེས་རབ་གནས་མངའ་གསོལ་གྱི་ཚེ་ཡང་རྟེན་བཀྲ་ཤིས་འོད་འབར་ལ་རྗེ་ཉིད་〚ལ་〛དངོས་སུ་ཐིམས་པའི་གསལ་སྣང་ཀུན་གྱི་〈གྱིས་〉མཐོང་བ་བྱུང་ཞིང་དེ་ཕྱིན་ལོ་དུས་ཀྱི་མཆོད་པ་ཡང་དཀར་ཕུབ་དུས་མཆོད་ཆེན་མོར་གྲགས་པ་མ་ཆག་པར་ཡོད་པ་ལགས་སོ། །

དེའི་གཙུང་རིན་པོ་ཆེ་སངས་རྒྱས་རིན་ཆེན་རྒྱལ་མཚན་དཔལ་བཟང་པོ་ནི་ཡབ་སྲས་རིན་ཆེན་བློ་གྲོས་པ་ཡིན་ལ་ཡུམ་ནི་གཡག〈གཉགས་〉མོ་ཀུན་དགའ་འདྲེན་བྱ་བ་ལ་མེ་ཕོ་རྟའི་ལོ་ཆོས་ལྡིངས〈སྡིངས་〉སུ་འཁྲུངས་ཞིང་དགུང་ལོ་བཅུ་གཉིས་པ་ལ་ས་བཟང་པཎ་ཆེན་གྱི་དྲུང་དུ་རབ་ཏུ་བྱུང་བར་མཛད། པར་ཚད་ཀྱི་གཞུང་ཁྲིད་རྣམས་དམ་འཛིན་མཛད་ནས་ཆོས་ལྡིངས〈ལྡིངས་〉སུ་དབྱར་དགུན་གྱི་ཆོས་འཆད་མཛད། ཡབ་ལ〈ལས་〉སྔགས་གསར་སྙིང་གི་ཁྲིད་དང་ཆོས་བཀའ་སོགས་བུམ་པ་གང་བྱོའི་ཚུལ་དུ་གསན། གནས་སྙིང་དུ་ཡང་ཕྱོགས་ཀྱི་གྲྭ་བསྐོར་བ་རྣམས་ལ་ལན་འདེབས་མཛད། ལ་སྟོད་དང་གནས་སྙིང་གྱི་བར་ལམ་འགའ་ཞེབས་རེས་གཅིག་ལ་འཇམ་དབྱངས་རིན་ཆེན་རྒྱལ་མཚན་གྱི་ཐུགས་དམ་རྟ་མགྲིན་ཡང་གསུང་གི་བྲིས་སྐུ་ལ་རབ་

གནས་མཛད་ཚེ་ཧ་སྐད་བཏོན་པར་གྲགས་པའི་བྱིན་རླབས་ཅན་གྲགས་པ་སོགས་ཆོས་དང་ཟང་ཟིང་གི་ལོངས་སྤྱོད་ཤིན་ཏུ་ཆེ་བ་དང་བཤད་ཉན་སྒོམ་སྒྲུབ་ཀྱང་ཤིན་ཏུ་དར་བར་མཛད་ཅིང་། གཡས་རུ་བྱང་གི་དགོན་པ་གཅིག་ལ་བཟང་བར་གྲགས་པར་གྱུར་། གདུལ་བྱའི་དོན་དཔག་ཏུ་མེད་པ་མཛད་དེ་མེ་ཕག་གི་ཧ་པས་ཉ་བའི་ཚེ་འཕྲུལ་ཆེན་པོར་གྲགས་པའི་ཆོས་བཅུ་ལ་གདུལ་བྱ་གཞན་དུ་རྒྱ་ཆེ་བ་ལ་དགོངས་ནས་ཆོས་ལྡིངས་〈སྡིངས་〉སུ་མྱ་ངན་ལས་འདའ་བའི་ཚུལ་བསྟན་ནོ། །

དེའི་གཅུང་པོ་སྔགས་འཆང་དཔལ་འབྱོར་རིན་ཆེན་རྒྱལ་མཚན་དཔལ་བཟང་པོ་ནི་ཡབ་སྲས་རིན་ཆེན་བློ་གྲོས་པ་ཡིན་ལ་ཡུམ་མྱང་སྟོད་ཆུ་སུ་མ་རིན་ཆེན་འབུམ་བྱ་བ་ལ་ཞི་བ་ཞེས་བྱ་བ་ས་མོ་བྱི་〈བྱའི་〉ལོ་སྨང་ཁ་རུ་འཁྲུངས། ཡབ་ལས་གསང་སྔགས་ཀྱི་ཆོས་མང་དུ་གསན། འབྲི་གློག་དང་། སྐར་རྩིས་ནག་རྩིས་རྣམས་ཞལ་དུ་〚སྦྱང་བ་〛མཁྱེན་ཅིང་བྱང་ཆུབ་སེམས་དཔའ་ཆེན་པོར་བཞུགས་པས་ངམ་ངམ་ཤུགས་ཀྱིས་གནས་སྙིང་པའི་གདུང་བརྒྱུད་འདི་གཙོ་ཡིན་པ་རང་གིས་ཚོག་པ་ཅིག་འདུག་ཟེར་སྐད། དེ་ནས་ཟང་ཟིང་གི་ནོར་ལ་སྙིང་པོ་བླང་དགོས་པར་དགོངས་ནས། འབག་སྤྱི་པ་ཞིས་དང་། ལུང་མོ་ཁང་གསར་སོགས་འཛལ་ནས་དགེ་འདུན་གྱི་བསོས་ཚུལ་གྱི་གཞི་རྟེན་ལ་སྦྱར་ནས་བསོས་ཚུལ་བཅུ་གཅིག་དེང་སང་བར་མ་ཆག་པར་ཡོད་པ་འདི་མཛད་པའི་དེབ་གཏེར་ན་གསལ་བ་དེ་ཡིན། དེ་ལྟ་བུའི་བླ་མ་དེ་ནི་ཀུན་འཛིན་ཞེས་པ་ས་ཕོ་བྱི་བའི་ལོ་སྨིན་དྲུག་གི་ཉ་བའི་ཚེས་བཅོ་བརྒྱད་ལ་སྨང་ཁ་གཟིམ་ཁང་དུ་སྐུ་གཤེགས་སོ། །

མཁན་ཆེན་འཇམ་དབྱངས་རིན་ཆེན་གྲུབ་པ་ནི་འཕགས་པ་འཇིག་རྟེན་

དབང་ཕྱུག་དགེ་སྒྲོང་གི་ཆ་བྱད་དུ་ཐོན་སྐབས་མཁན་ཆེན་རིན་ཆེན་རྒྱལ་མཚན་
དཔལ་བཟང་པོ་ལ་སྤྱན་རས་གཟིགས་ཀྱི་གདུང་དྲི་མ་མེད་པ་འདི་འཆང་ནས་ལ་
〈ཚད་ན་〉ཉང་གི་གདུལ་བྱ་རྣམས་རེ་སྐོང་〈འདོད་〉དང་བྲལ་བར་འདུག
པས་གདུང་རྒྱུད་སྤེལ་བའི་ཞུ་བ་བདག་པོ་ནང་ཆེན་ཀུན་དགའ་འཕགས་པས་
ཞུས་ཤིང་ཁྱད་པར་རྗེ་རང་ཉིད་ཀྱི་ཟབ་ལམ་འཁྲིད་བཀའ་རྣམས་ཀྱི་འབྱུང་
ཁུངས་དམ་པ་ལྷ་དོ་བ་ཆོས་རྗེ་བདེ་ལེགས་རིན་ཆེན་པས་ཀྱང་ནན་གྱིས་གསོལ་
བ་བཏབ་ཅིང་ཞུ་ཕུལ་བའི་ངོར་མཁན་པོ་ཟེའུ་པག་ཤའི་དཔོན་བརྒྱུད་ཀྱི་སྲས་མོ་
དཔོན་མོ་སྲས་སྐྱིད་ཞེས་བྱ་བ་བཞེས་ཏེ་སྲས་པོ་སྐུ་མཆེད་གཉིས་བྱུང་། དེ་ཡང་
མ་དག་དབང་བརྟུལ་རྣམས་ཀྱིས་མཁན་པོ་བུད་མེད་དང་འགྲོགས་པ་བསླབ་པ་
དང་བྲལ་བ་ཞེས་སྨྲར་བ་འདེབས་ཤིང་ལས་ངན་གསོག་པ་རྣམས་ནི་རང་གི་ཐར་
པའི་སྲོག་རྩ་གཅོད་པར་ཟད་ཀྱིས་མཁན་པོ་རིན་པོ་ཆེ་ཉིད་ལ་ནི་ཉེས་པའི་སྐྱོན་
རང་བཞིན་གྱིས་མ་གོས་པར་ཡིན་ཤིང་། དེའི་རྒྱུ་མཚན་ཡང་ཨུ་རྒྱན་གྱི་རྒྱལ་པོ་
ཨིན་དྲ་བོ་ཏི་〈ཧྲི〉ལ་བཙུན་མོ་ལྔ་བཅུ་རྩ་གཅིག་ཡོད་པ་དེ་རྣམས་ཚོགས་གསོག
པར་བྱ་བའི་ཆེད་དུ་ཆུ་བོ་ཆེན་པོ་གཅིག་གི་ཕ་རོལ་གྱི་འགྲམ་དུ་སློབ་དཔོན་ཆེན་
པོ་ལ་བ་བ་〈པ་〉ཡབ་ཡུམ་གྱི་སྤྲུལ་པོ་བྱས་ཏེ་སྤྲའི་བྲེ་ཐང་ལ་བཙུན་མོ་རྣམས་
རེས་མོས་ཀྱིས་ནང་རེ་བཞིན་འཚོ་བ་སྐྱེལ་དུ་བཅུག་པ་ལ་དུས་ལན་ཅིག་བཙུན་
མོ་ཚུང་ཤོས་ལ་རེས་མོས་བབ་པའི་ཚེ་རྒྱལ་པོས་བསྔོ་〈བགོ་〉བ་བརྗེད་ནས་ནམ་
ཕྱེད་ལ་ཐུགས་དྲན། དེར་གྲུབ་ཐོབ་ཀྱི་ཆོ་བ་ན་མ་རེ་ཆག་ན་མུ་གེ་ལོ་བཅུ་གསུམ་
འོང་བས། བཙུན་མོ་ལ་བསྐོད་〈བགོས་〉ཏེ་སྐྱེལ་དུ་བཏང་བའི་ཚེ། བཙུན་མོ་
ན་རེ། ད་ནམ་སྲོས་པས་ཤ་དང་འབྲས་ཆན་དང་ཆང་གི་རྫ་ཁྱེར་ནས་ཚུལ་ཇི་
ལྟར་བྱས་ནས་འགྲོ་ཞུས་པས། རྒྱལ་པོ་ན་རེ། རྒྱལ་པོ་ཨིན་དྲ་བོ་ཏིས་〈ཧྲིས་〉

མི་ཚང་སྐྱིད་སྐྱང་པའི་དགེ་བས་ཆུ་བོ་གྱེན་ལ་བཟློག་པར་གྱུར་ཅེས་ཆུ་ཁར་སླེབས་པ་དང་གྱིས་ལ་སོང་དེས་ཆུ་འཆད་ཀྱིས་ཟེར་རོ། །དེར་བཙུན་མོའི་བསམ་པ་ལ་བདག་རང་གིས་སྣ་དྲངས་པའི་བཙུན་མོ་ལྔ་བཅུ་རྩ་གཅིག་ཡོད་པ་ལ་མི་ཚང་སྐྱིད་སྐྱང་པའི་དགེ་བ་གང་འོང་། ང་ལ་ཆད་པ་གཙོད་པ་ཡིན་ཏེ་འོང་། བྲོས་པའི་ཐབས་ནི་མེད་སྐམ་དུ་ཕྱིན་ནས་ཆུ་ཁར་སླེབས་པ་དང་། རྒྱལ་བདེན་ཡང་སྲིད་སྐམ་ནས་དེ་སྐང་〈སྐད་〉བྱས་པས། ཆུ་བོ་གྱེན་ལ་ལོག་སྟེ་ཐང་དུ་སོང་ནས་དེར་སླེབས་ནས་སློབ་དཔོན་ལ་ཚོ་བ་དྲངས་ནས་བདག་ཆུ་ལ་ཇི་ལྟར་བྱས་ནས་འགྲོ་ཞུས་པས་སློབ་དཔོན་གྱིས་ཕྱི་དྲོའི་ཁ་ཟས་སྐྱང་བའི་དགེ་བས་ཆུ་བོ་གྱེན་ལ་ལོག་ཅིག་གྱིས་ལ་སོང་གསུང་། དེར་བཙུན་མོའི་བསམ་པ་ལ། ཕྱི་དྲོའི་ཁ་ཟས་ཏེ་ད་ལྟ་རང་གི་〈གིས་〉གསོལ་བ་འདི་ཡིན་ཏེ་བདེན་པའང་སྲིད་སྐམ་ནས་ཆུ་ཁར་སླེབས་པ་དང་དེ་སྐད་བྱས་པས་ཆུ་བོ་གྱེན་ལ་སོང་སྟེ་རྒྱུན་ཆད་ནས་ཐར། ངོ་མཚར་སྐྱེས་ཤིང་ཁྱིམ་དུ་སླེབས་པ་〘དང་〙རྒྱལ་པོ་ལ་ཞུས་པས་རྒྱལ་པོའི་ཞལ་ནས་ཀྱང་ཐ་མལ་པའི་ཆག་པ་སྤྱོད་པ་མ་ཡིན། སློབ་དཔོན་འཕི་〈ལ་བ་〉པས་ཀྱང་ཐ་མལ་གྱི་ཁ་ཟས་གསོལ་བ་མ་ཡིན་གསུང་བ་དང་། གཞན་ཡང་སློབ་དཔོན་རྡོ་རྗེ་དྲིལ་བུ་པ་ལ་ཆུང་མ་དང་བུ་དང་བུ་མོ་བྱུང་ཡང་གྲོང་ཁྱེར་ས་ཚའི་ཕྱིག་སྤྱོད་འཁོར་བཅས་ཀྱིས་ཕྲེལ་〈ཁྲེལ་〉བསྐུས་པས་སློབ་དཔོན་གྱིས་ཇི་ལྟར་མེ་ཏོག་པད་མ་ནི་འདམ་གྱི་ཉེས་པས་མ་གོས་ལྟར་ཐབས་མཆོག་ལྡན་པའི་རྣལ་འབྱོར་ལ་འདོད་པས་〈པའི་〉ཉེས་པས་མ་གོས་པ་ཕྱིག་ཅན་ཁྱོད་ཀྱིས་ག་ལ་ཤེས་གསུངས་ཤིང་བུ་དང་བུ་མོ་དང་ཆུང་མ་གསུམ་ནམ་མཁའ་ལ་འཕངས། བུ་རྡོ་རྗེར་གྱུར་ཕྱག་གཡས་སུ་བསྣམས། བུ་མོ་དྲིལ་བུར་གྱུར། 〘ཕྱག་གཡོན་དུ་བསྣམས།〙སློབ་དཔོན་རང་ཧེ་རུ་ཀར་གྱུར་ནས་སྟེང་གི་

བར་སྣང་ལ་བཞུགས་སོ། །ཞེས་〖པ་〗ལྟར་སྤྲུལ་པའི་འགྲོ་དོན་མཛད་པའི་སེམས་དཔའ་ཆེན་པོ་དེ་ཡང་དཔེ་རྣམས་དང་མཚུངས་པས་ལོག་བལྟ་དང་བཀུར་འདེབས་བྱར་མི་རུང་བའོ། །

དེ་ལྟར་དེའི་སྲས་གཙེན་པོ་རིན་ཆེན་གྲུབ་པ་ནི་དགུང་ལོ་བདུན་ལ་རང་གི་གཙུང་རྒྱལ་མཚན་རིན་ཆེན་པ་དང་དུས་མཉམ་དུ་ཀློག་ཡིག་མཐར་ཕྱིན་པར་མཁྱེན། དེ་ནས་དགུང་ལོ་བཅུ་གཉིས་བཞེས་པའི་ཚེ་རང་གི་གཙུང་དང་ལྷན་གཅིན་ཏུ་སྤྲུལ་པའི་སྐུ་འཇམ་དབྱངས་རིན་ཆེན་རྒྱལ་མཚན་དཔལ་བཟང་པོས་མཁན་པོ་མཛད། ལུང་རིག་གི་མངའ་བདག་ཆེན་པོ་བསམ་གཏན་བཟང་པོས་ལས་སློབ་མཛད་དེ་དགེ་ཚུལ་གྱི་སྡོམ་པ་བཞེས། དེ་རྗེས་ཆེན་པོ་བསམ་〖གཏན་〗བཟང་པས་〈པོས་〉སློབ་དཔོན་མཛད་དེ་ཕར་ཕྱིན་བྱ་ཧྲི་ག་〈ཏི་ག་〉དང་སྒྲེལ་པ་〈འགྲེལ་〉རྣམ་འགྲེལ། སྤྱོད་འཇུག་རྣམས་ལ་ཐུགས་སྦྱང་མཛད། གཞན་ཡང་རྒྱལ་ཚབ་རྗེ། མཁས་གྲུབ་རྗེ་འདུལ་འཛིན་གྲགས་རྒྱལ་རྣམས་ལ་དགེ་ལྡན་པ་ཕྱོགས་ཀྱི་ཆོས་མང་པོ་གསན། ལྷ་སར་ཐུགས་དམ་རྒྱུན་གཅོད་ཞག་བདུན་སྒྲེལ་མཛད་པས་ཕྱག་ཕྱི་བ་རྣམས་སྐུ་གཤེགས་པར་འདུག་སྙམ་དངངས་སྐྲག་བྱུང་སྐད། སྲས་པའི་ཐུགས་དམ་བསམ་གྱི་མི་ཁྱབ་པ་མངའ་བའི་བདག་ཉིད་དེ་གནས་སྙིང་གི་གདན་ས་དགུང་ལོ་ཉི་ཤུ་ནས་ལྔ་བཅུའི་བར་ཏེ་ལོ་གསུམ་བཅུ་སོ་གཅིག་མཛད། སྐུ་སྐྱེ་སྟོན་མ་ལ་རྒྱ་གར་དུ་པན་ཏི་ཏ་གཅིག་དང་རྩོད་པ་མཛད་པས་རྗེ་ཉིད་རྒྱལ་བས་པན་ཏི་ཏ་དེ་ལ་ངན་སྔགས་ཀྱིས་དམའ་ཕབ་པའི་རྐྱེན་འབྲེལ་གྱིས་སྐུ་ཚེ་འདིར་སྐུ་གཟུགས་ཆུང་བ་དང་འཁོར་འབངས་ཞལ་ལ་མི་ཉན་པ་བྱུང་བ་དེ་ཡིན་པར་འདུག རྗེ་དེ་ཉིད་ཀྱི་རྣམ་ཐར་གངས་བཟང་ཀུན་དགའ་དཔལ་བ་མཁའ་འགྲོས་ལུང་བསྟན་ནས་མཛད་པ་ཡིན་ཟེར་

བ་ཉི་〈ན་〉གསལ་བར་ཡོད་དོ། །ཟབ་པ་དང་རྒྱ་ཆེ་བའི་ཆོས་ཀྱི་འཁོར་ལོ་དཔག་ཏུ་མེད་པ་བསྐོར། དེ་དུས་ཀྱི་བཞུགས་ཁྲི་དེ་ལ་བྱིན་རླབས་ཆགས་པར་གྲགས་ཏེ་ཐེང་གཞུང་དུ་ཆར་ཆེས་པ་ན་བཞུགས་ཁྲི་དེ་ལ་མར་མེ་ཕུལ་ཚེ་ཆར་ཆུང་དུ་འགྲོ་བ་དང་ཆར་དཀོན་པའི་ཚེ་བཞུགས་〚ཁྲི་〛དེ་ལ་ཁྲུས་གསོལ་བས་ཆར་མེད་ལ་གང་འདོད་ཕེབས་པས་མི་རྣམས་ཀྱིས་ཆེས་ཆེར་བསྟོད་པར་བྱེད། རྗེ་དེ་ཉིད་ཆུ་མོ་ལུག་གི་ལོ་ལ་འཁྲུངས་ནས་ཆུ་ཕོ་སྤྲེའུ་ཧོར་ཟླ་བཅུ་པའི་ཉེར་ལྔ་ལ་གནས་རྙིང་གཟིམས་ཁང་ལྔ་ཐོག་རྩེར་སྣང་བའི་རྐྱེན་གློ་བུར་བ་གཅིག་བྱུང་ནས་དགོངས་པ་མྱ་ངན་ལས་འདའ་བའི་ཚུལ་བསྟན་ནོ། །

རྗེ་རྒྱལ་མཚན་རིན་ཆེན་ནི་སྐུ་སྐྱེ་བ་སྔ་མ་རྒྱལ་བ་ཡང་དགོན་པ་དེའི་སྐུ་སྐྱེ་སྟག་〈སྟག་〉སྟོན་བསམ་བསྟན་འོད་ཟེར་དེའི་སྐུ་སྐྱེ་རྟིང་མ་རྗེ་འདི་ཉིད་ཡིན་ལ། འདིའི་ཡབ་འཇམ་དཔལ་དབྱངས་རིན་ཆེན་རྒྱལ་མཚན་ཡིན་པ་དང་། སྐུ་ཆེར་སྨྱུར་པ་ན་བགྲོ་གླེང་དང་། དཀྱིལ་འཁོར་འབྲི་བ་དང་ཆོས་འཆད་པའི་རྣམ་འགྱུར་འབའ་ཞིག་མཛད། རྗེ་བཙུན་དོན་རིན་པ་ལ་ཀློག་དང་ཡི་གེའི་རིགས་ལྔ་སོགས་མང་དག་དང་བྱེད་རྩིས་ལ་སོགས་པ་མང་པོ་ལ་སླབ་སྦྱངས་མཛད། དགུང་ལོ་བཅོ་ལྔ་པ་ལ་ཡབ་ལ་〈ལས་〉དགེ་བསྙེན་གྱི་སྡོམ་པ་བཞེས་མཚན་ཡང་རྒྱལ་མཚན་རིན་ཆེན་དུ་བཏགས། ཕར་ཕྱིན། རྣམ་ངེས། སྦྱོར་འཇུག་སོགས་ལ་གསན་སྦྱང་མཛད། གནས་རྙིང་གི་ཚོགས་སུ་གྲྭ་བསྐོར་བ་མཁས་པ་རྣམས་ལ་ལན་འདེབས་〚མཛད་པ་〛མ་ཟད། དགུང་ལོ་བཅོ་བརྒྱད་པ་ལ་རྒྱལ་ཚབ་དར་མ་རིན་ཆེན། འདུལ་བ་གྲགས་པ་རྒྱལ་མཚན། མཁས་གྲུབ་དགེ་ལེགས་དཔལ། སྣར་ཐང་མཁན་པོ་གྲགས་པ་བསོད་ནམས་སོགས་ལས་རབ་ཏུ་བྱུང་། རྒྱལ་ཚབ་རྗེ་ལས་ཕར་ཕྱིན། འདུལ་བ། མངོན་པ། སྤྱོད་

འཇུག་ དབུ་མ། གསང་འདུས་ཀྱི་བརྒྱུད་སྒྲོན་གསལ་སོགས་གསན། ཡབ་ལ་ནེ་ནེ་གུའི་ཆོས་བསྐོར། ན་རོའི་ཆོས་དྲུག ཀོད་ཚང་བའི་ཁྲིད་ཆེན་བརྒྱད། སོ་ནག་ཏྲིལ་གསུམ་སྐྱེ་རྡོ་རྗེའི་རིགས་ཐམས་ཅད། རྔ་མགྲིན་རྡོ་རྗེ་ཕྲེང་བ་ཀྱི་ཡ་ས་མཱུ། རས་ཆུང་སྙན་བརྒྱུད་སོགས་ཤིན་ཏུ་མང་བ་གསན། སྨན་ཆུ་གཟིམ་ཁང་དུ་ཚེ་དཔག་མེད་འབར་ར་བ་ནས་བརྒྱུད་པའི་ཚེ་སྒྲུབ་ཟླ་བ་གཅིག་མཛད་པས་དུས་མ་ཡིན་པའི་འཆི་བའི་ལྟས་བཟློག་ནས་ལོ་བཅུ་གཉིས་སྐུ་ཚེ་བསྲིངས་པ་ཡིན་ནོ།། །

ཐུགས་དམ་གྱི་རིམ་པ་མང་དུ་ཡོད་ཀྱང་གཙོ་བོ་རས་ཆུང་སྙན་རྒྱུད་ལ་མཛད་པས་ཐྲིན་དང་ལ་ཕྱི་ཐུགས་དམ་བརྩེ་གཅིག་ལ་བཞུགས་པས་ཐྲིན་དུ་དྲི་མེད་མཆོད་རྟེན་འཛམ་བུ་ཆུ་བོའི་གསེར་ལས་གྲུབ་པ། རྒྱ་དཔང་མཐོ་ཆེ་བས་སེང་ཁྲིའི་སྟེང་ན་བདག་ཅག་གི་སྟོན་པ་ཐུབ་པ་རིན་པོ་ཆེ་ལ་སྐལ་བཟང་གི་སངས་རྒྱས་སྟོང་དང་བྱང་ཆུབ་སེམས་དཔའ་དང་བཅས་པས་བསྐོར་བ་དང་། བུམ་པའི་ནང་ན་འཁོར་ལོ་བདེ་མཆོག་གི་ལྷ་ཚོགས་བཞུགས་པའི་སྟེང་ན་〚རྡོ་རྗེ་〛འཆང་ནས་མི་ལ་〈ལའི་〉བར་བརྒྱུད་པའི་བླ་མ་རྣམས་ཞལ་འཛུམ་པའི་མདངས་ལྡན་དུ་བཞུགས་པའི་ཞལ་གཟིགས་ཤིང་། རྗེ་མི་ལ་ལས་སྙན་རྒྱུད་ཀྱི་དཀའ་གནད་འགའ་ཞིག་ཚིག་དུ་དཀྲོལ་ནས་གནང་ཞིང་སྙན་རྒྱུད་འདི་ནུབ་འགྲོ་བར་འདུག་པས་འགྲོ་དོན་ཆེས་ཆེར་སྤེལ། རྡོ་རྗེའི་ཚིག་རྐང་དང་ལུས་མེད་གཉིས་ལ་འབྲེལ་པ་རེ་གྱིས་གསུང་། ལུང་བསྟན་ཐོབ་པ་དང་རིགས་ལྔའི་ཕྱག་མཚན་གྱི་རྣམ་པའི་གསེར་གྱི་ཆར་བབས་པ་ཕྱག་འོག་ཏུ་ཆུག་པ་རྣམས་ཕྱག་ཏུ་བསྣམས་རྒྱུ་བྱུང་ཞིང་། དུས་དེར་ཏིང་ངེ་འཛིན་ལ་ཞ་ལྷ་དྲུག་འཁྲུམས་པ་བྱུང་བ་དང་། ལ་ཕྱིར་རྡོ་ལ་ཕྱག་ཞབས་ཀྱི་རྗེས་འཇོགས་པ་གནང་བ་དང་། ལྷ་སར་

ཇོ་བོ་འཇལ་དུས་ཁྲིན་དུ་བྱུང་བའི་རིགས་ལྔའི་ཕྱག་མཚན་གྱི་གསེར་རྣམས་བཏུས་ནས་ཆོ་འཕྲུལ་གྱི་དུས་ཆེན་བར་ལ་གསེར་ཞོ་ལྔའི་གསེར་ཚབ་གསོལ་བ་དང་མར་ཁལ་བརྒྱད་བརྒྱའི་དཀར་མེ་ཕུལ་བ། དེ་དུས་རྗེ་ཉིད་དང་ཇོ་ཞལ་རྣམ་གཉིས་ཆོས་ཀྱི་འགྲོ་བ་མཇོད་ཅེས་གླེང་། བསམ〚ཡས་〛མཆིམས་ཕུར་ལྷ་མོའི་དབང་མཛད་པས་སྒྲ་མ་རུའི་སྒྲ་གྲགས་པ་དང་། སྔོ་ཁ་བཞིའི་དགོན་པ་མཚར་ཁང་ནས་གདན་འདྲེན་བྱུང་སྟེ་སྐྱེས་〈སྐྱིད་〉ཆུའི་ཇོ་བོ་མཇལ་བ་ལ་ཕྱིན་པས་ནམ་མཁའ་ལ་འཇའི་གུར་ཕུབ། ལྷ་ཁང་དུ་ཕེབས་པས་དཀོན་གཉེར་ན་རེ། ཇོ་བོ་ཞལ་འཛུམ་འཛུམ་མཛད་ནས་གསུང་གླེང་མཛད་ཀྱིན་གདའ་བ་ལ་ཕྱག་ཕྱིར་ཡོང་བ་རྣམས་ཀྱིས་ཅི་གསུང་གིན་གདའ་ཡི་ཞུས་མྱུར་བར་སྣང་དེར་རྟེང་ཤག་གི་སྐད་འདྲ་བ་སྟེང་སྒྲལ་ཟེར〚བ་〛བྱུང་། རྗེ་ཡིན་ཞུས་པས་ང་ལ་ལྷ་སའི་ཇོ་བོ་རིན་པོ་ཆེ་ཡིན་སྙམ་པའི་དད་པ་ལྷང་བ་ཅིག་ལས་གཞན་མ་བྱུང་གསུངས་ནས་གསུང་མ་འདོད།

དེ་ནས་དཀོན་〈དགོན་〉པ་རྫོང་བྲག་བྱ་བ་སྟོན་སློབ་དཔོན་པད་མ་འབྱུང་གནས་ཀྱིས་བྱིན་གྱིས་རླབས། བདེ་བར་གཤེགས་པའི་འཕེལ་གདུང་སྔོན་གྱི་ལྷ་སྲིན་གདུག་པ་ཅན་འདུལ་ཞིང་བྲག་དཀྱིལ་དུ་གཏེར་དུ་སྦས་བཞག་པ་ཅིག་ཡོད་པ་དེ་རྣམ་མཁྱེན་རིན་ཆེན་རྒྱལ་མཚན་འདི་ཉིད་ལ་མཁའ་འགྲོས་ལུང་བསྟན་གནང་སྟེ་རྣལ་ལམ་དུ་གསལ་བར་བྱུང་པ་མགོན་པོ་དོ་རྗེ་ཟེར་བ་ལ་ལུང་བསྟན་གནང་སྟེ་སྤུ་གྲི་ལུང་པའི་དཀྱིལ་བྲག་སེང་གེ་ཁ་གནམ་ལ་གདངས་འདྲ་བ། གཡས་སེང་གེ་སྤར་བ་སྟེང་བ་འདྲ་བ། གཡས་གཡོན་ན་ཆུ་འབབ་པ། ལུང་པའི་ཁ་ཤར་ལྷས〈གཏད་〉པ། ཡར་མར་ཕར་ཚུར་ག་ནས་ཀྱང་མི་ཐར་བ་འདྲ་བའི་བྲག་སྐྱིབས་ཆུ་དང་བྲག་འཕྲད་པའི་མཚམས་ན་བྲག་སྒོ་འདྲ་བ་ཅིག

ཡོད་དེ་རྡོ་རྗེ་འདིས་གཤོག་ལ་དེས་ན་སོལ་ཁྲུང་ཆེན་པོ་གཅིག་གི་སྟེང་ན་སྦལ་པ་ཆེན་པོ་ཅིག་ཡོད། དེ་དབུགས་དེང་དེང་འདུག་ན་དེ་ལ་མ་འཛིགས་པར་ཤེར་གྱི་འདིས་དེའི་སྦུགས་པ་གཤོག་ལ་དེའི་ནང་ན་བསེའི་སྒྲོམ་ཆེན་པོ་ཅིག་ཡོད། དེའི་ནང་ན་ཤེལ་གྱི་མཆོད་རྟེན་ཤིན་ཏུ་མཚར་བ་དྭངས་བ་ལྟ་བས་ཚོག་མ་ཤེས་པ་ཅིག་ཡོད། དེའི་ནང་ན་བདེ་བར་གཤེགས་པའི་རིང་བསྲེལ་ཕུག་རོན་གྱི་སྒོང་ང་ཙམ་ལ་རིང་བསྲེལ་གཅིག་དུ་མ་ཉིད་འགྱུར་ཞིང་རེ་འགའ་མི་མངོན་ཅིག་ཡོད།

〖དེ་ཐོན་ལ་〗རི་སེང་གེའི་སྣར་སྡེངས་འདྲ་བ་དེའི་ཁར་སོ་ཕག་གི་མཆོད་རྟེན་གཅིག་བཞེངས་ལ་དེའི་ནང་དུ་བཞུགས་སུ་ཆུག མོན་སྦྲ་གྲོ་བ་རྣམས་ཀྱི་བདེ་སྐྱིད་དེ་ལས་འབྱུང་བ་ཡིན་གསུངས་ཏེ་ན་བཟའ་བེར་ཕྱམ་གཅིག་དང་ཐུབ་པ་རིན་པོ་ཆེའི་གསེར་སྐུ་ཁྲི་རྒྱབ་ཡོལ་བྱིན་རླབས་ཅན་ཞིག རྒྱ་རྫ་སྤྲས་ཀྱི་རྡོ་རྗེ་དྲིལ་བུ་དང་མཁའ་སྤྱོད་ཀྱི་རལ་གྲི དུང་དཀར་གཅིག་བཅས་ལྷ་གནང་ནས་མགོན་པོ་རྡོ་རྗེ་བས་སྦྲ་གྲོ་ཕྱོགས་ལ་བྱོན། བླ་མས་ལུང་བསྟན་པའི་གནས་དེ་གང་ན་ཡོད་སྙམ། སྦྲ་གྲོའི་ལུང་པ་ཐམས་ཅད་ན་བཙལ་བས་པར་ཙང་དུ་ཡོན་བདག་ཕུག་པོ་གཅིག་གི་ནང་དུ་གདན་དྲངས་བསྙེན་བཀུར་བཟང་པོ་བྱས། གནས་དེ་ནས་ལུང་པའི་ཡུལ་གཟིགས་པས། ལུང་པ་རང་ཉམས་དགས་དགོངས། དེ་ནུབ་གཟིམས་པས་མནལ་ལམ་དུ་ལུང་པ་དགའ་བ་བྲག་ལ་བཏང〈གཏད་〉ཡང་རྫོར་〈རྫོང་〉དབེན་པའི་བྲག་སྟེང་ན་ཟེར་བུད་མེད་བབ་ཆགས་པ་གཅིག་ནུབ་ཀྱི་བྲག་གསེབ་དེ་རུ་སོང་བ་རྨིས། མནལ་སད་པ་ན་ལུང་པའི་ཕུ་འོད་ཀྱིས་ཁྱབ་པའི་ནང་ན་འོད་ཤིན་ཏུ་གསལ་བ་ཅིག་རེས་གསུམ་དུ་འགྲོ། རེས་གཉིས་འགྲོ རེས་ལྷར་འགྲོ་བ་ཅིག་འདུག་པ་དེ་བྲག་ཆེན་པོ་དེའི་དཀྱིལ་དུ་ཐིམ་སོང་། ཡང་མི་ནག་པོ་རལ་པ་བཅིངས་པ་མདའ་གཞུ་ཁྱེར་བ་ར་

ལ་ཞོན་པ་ཅིག་བྱུང་ནས་བླ་མ་གནས་ཡག་ཏུ〈ཡ་གི་ཏུ་〉ཤེལ་གྱི་མཆོད་རྟེན་གཟིགས་སུ་ཕྱིན་པ་ཡིན་ནམ་ཟེར། ཡིན་བྱས་པས་འཛུམས་བྱས་སོང་། དེར་བླ་མས་ལུང་བསྟན་པའི་གནས་དེ་འདི་ཡིན་པ་འདྲ་དགོངས་ནས་ནམ་ལངས་པ་དང་ལུང་པའི་ཕུ་ནས་ཡར་ཕྱིན། ལུང་པ་ལ་ཅི་ཟེར་གསུངས་པས་དགའ་དྲག〈བྲག་〉ཟེར་སྐད། མདང་གི་རྨི་ལམ་མི་ར་བཞོན་པ་དེའི་ཟེར་ལུགས་མཆོད་རྟེན་འདིའི་ནང་བཞུགས་ཐག་ཆོད་འདུག་དགོངས། ཡར་ཕྱིན་པས་བྲག་གསེབ་ན་ར་གཅིག་གིས་སྤྱད་སྤྱད་ཟེར་ཡང་བྲག་ལ་འཛེགས་པས་བྲག་དང་ཚེར་མ་ལམ་ཐར། ན་བཟའ་སྟེང་མ་རྣམས་བཞག་ཏེ་རྡོ་རྗེ་དང་གྲི་བསྣམས་ནས་ཕྱིན་པས་ར་དཀར་ཅིག〈གཅིག་〉བྲག་དེ་ལ་འཛེགས་སོང་བའི་རྗེས་བསྙེགས་པས་ཆུ་བྲག་ཅུང་ཟད་འཐབ་སའི་བྲག་སྒོ་འདྲ་བར་ར་མ་དེས་འོ་མ་གཏོར་གྱིན་སོང་བས་བླ་མས་ལུང་བསྟན་འདི་རང་ཡིན་པར་འདུག་དགོངས། བྲག་སྒོ་འདྲ་བ་དེ་ལ་རྡོ་རྗེ་དེ་བརྟེན་དགོས་དགོངས་ཙམ་ལ་བྲག་ལ་སེར་ཁ་གས། གཅིག་རྒྱབ་པས་བྲག་སྒོ་ཞིག་སྒོ་སྤར་ཇི་ལྟར་གསུངས་པ་ལྟར་སྦྱལ་པ་མིག་ཧྲིག་ཧྲིག་ལག་པ་དེང་དེང་འདུག་པས་ཅུང་ཟད་ཞེ་སྡང་སྐྱེས་བླ་མའི་ཞལ་ཏ་ཡིན་དགོངས། བྲག་འཇམ་པ་ཙམ་ལ་ཆུ་ངར་གྱི་སྦལ་པ་བཞག ནང་གི་བསེའི་སྒྲོམ་བུ་ཐོན་པའི་ནང་ནས་ཤེལ་གྱི་མཆོད་རྟེན་ཕྱིན། ལུང་པ་ཐམས་ཅད་འཇའ་དང་འོད་ཀྱིས་ཁེངས། མཆོད་རྟེན་ན་བཟས་སྒྲིལ་ནས་ཞག བྲག་ཁ་དེ་ར་དགོན་པ་བཙུགས། ལུང་པའི་མི་རྣམས་ལ་དེང་〈ངེད་〉འདིར་སྒོང་〈བསྐོར་བ་〉བྱེད་པའི་མཆོད་རྟེན་〚ཞིག་བཞེང་གསུངས་ནས་མཆོད་རྟེན་〛བརྩིགས་ཤིང་མཆོད་རྟེན་འགྲུལ་བས་འདིའི་ནང་ན་མི་ཡོད་པ་ཡིན་ནམ་ཟེར། དེར་མཆོད་རྟེན་འདི་ཆུང་སྟབས་མིས་འཁྱེར་བ་སྲིད་ཟེར་ད་ལྟའི་མཆོད་〚རྟེན་〛། རྡོ་ལ་བརྩིགས་པ་དེ་བཞེངས་

པ་ཡིན་ནོ། །མི་ནག་ར་བཙོན་པ་དེ་ནི་མཆོད་བརྟེན་དེའི་གཏེར་སྲུང་དམ་ཅན་མགར་བ་ནག་པོ་ཡིན་ནོ། །མི་རྣམས་ཀྱིས་རྫོང་བྲག་གི་མཆོད་རྟེན་འགྱུལ་མི་འགྱུལ་ལྟའོ་ཟེར་བ་ལ། དྲུང་གིས་མཆོད་རྟེན་འདི་ཉིད་སློབ་དཔོན་ཆེན་པོ་པད་མ་འབྱུང་གནས་ཀྱིས་སྔོ་མོན་གྱི་ལྷ་སྲིན་གདུག་པ་ཅན་རྣམས་ལྷུང་མི་ཐུབ་པ་ཡིན། ཁྱོད་རང་རྣམས་འདི་འདྲ་བའི་རྟེན་དང་མཇལ་བ་ཡང་བསོད་ནམས་བསགས་པ་ཡིན། ཕྱག་ཚོལ་ལ་ངའི་རམ་བུ་ཐེག་གསུངས། ཕྱག་མཆོད་ཡན་ལག་བདུན་པ་རྒྱས་པ་ཅིག་ཕུལ་བས་མཆོད་རྟེན་འགྱུལ་འགྱུལ་ཡོམ་ཡོམ་བྱས་པས། རྣམ་དཀར་སློབ་དཔོན་ན་རེ་འགྱུལ་བ་ཡིན་ནམ་ངས་འཇུ་ཟེར། ཁོང་གིས་འཇུས་པས། དྲིད་ནས་འཁྱིལ་ལ་ཁད་ཅིག་བྱུང་བས་ང་ལྡབས་〈སྡབས་〉པ་ཡིན་ནམ་ཁྱོད་ཀྱིས་འཇུས་དང་ཟེར། ལྷུང་གི་ཕ་རྗོ་སེང་གེ་དཀར་མོ་བྱ་བ་ལ་བྱས་པས་ཕ་རྗོས་ངས་བཟུང་མི་དགོས། འདི་འགྱུལ་ངེས་ཅན་དུ་འདུག འདི་པའི་〈འདི་པའི་〉གདུང་བརྒྱུད་གཞན་དང་མི་འདྲ་བ་གཅིག་ཡིན་པར་འདུག མཁན་ཆེན་དཀའ་བཞི་པ་རིན་ཆེན་བསམ་གཏན་དཔལ་སྦྱིན་དུས་ལའང་འགྱུལ་འདུག གཞན་དུས་བཟང་དང་། གང་ཟག་བཟང་པོ་བྱུང་ན་འགྱུལ། དེ་སྐབས་དགའ་བྲག་དང་། བྱེའུ་རྒུ་པ་དང་། དོར་པོ་སྐན་པ་རང་འཐག་སྣང་པ་མ་འཚམ་པས་སྤྲ་གྲོ་བཤགས་པ་ཆོས་〈ཚོ〉བརྒྱད་དང་། དོར་པོ་བྲག་བརྒྱད་ཕན་ཚུན་དམག་བསགས་ནས་མི་དང་དུད་འགྲོ་དཔག་མེད་འཆི་བར་ཉེ་བ་ལ་ཕྱོགས་ཕྱོགས་སུ་ཆོས་ཀྱི་འབྲེལ་བ་དང་རྟ་དང་། གོས་དར། འབྲུ་དང་བ་གླང་སོགས་མང་པོ་གནང་། འདི་འདྲ་བའི་སྡིག་གཡོས་མ་བྱེད་ངན་སོང་ན་སྡུག་བསྔལ་འདི་འདྲ་ཡོད་〈ཡོང་〉གསུངས། ལས་རྒྱུ་འབྲས་ཀྱི་ཆོས་གསུངས་པས་གཉིས་ཀས་འཐབ་མོ་མི་བྱེད་པའི་དམ་བཅའ་ཕུལ་ཐོག་དགེ་བསྙེན་དང་།

བསྙེན་གནས་ཡན་ལག་བརྒྱད་པ་སོགས་ཆོས་འབྲེལ་ཞུས་ཏེ་ས་ཕྱོགས་དེའི་སྡིག་ཅན་དཀར་པོ་དགེ་བའི་ལམ་ལ་བཀོད་དོ། །

དེ་ནས་ཁྲིམ་བུ་ལ་ཕེབས། སྟོན་རྣམ་མཁྱེན་རིན་ཆེན་བསམ་གཏན་དཔལ་དེ་ཉིད་དགེ་སྟེང་བླ་མ་བསོད་ནམས་བཟང་པོ་བྱ་བར་སྐུ་སྐྱེ་བ་བཞེས་དུས་བཏབ་པའི་དགོན་པར་ཨ་དཔོན་རྒྱལ་མོ་དཔལ་བྱ་བས་ལྕེ་〈ཉེ་〉གནས་བྱེད་བཞིན་པར་སྐུ་གཤེགས་པ་ལ། དེ་དུས་བླ་མས་ང་སྐྱེ་བ་ཕྱི་མ་གནས་སྙིང་པའི་གདུང་རྒྱུད་གཅིག་ཏུ་ཚེ་རབས་སྔ་མའི་སྨོན་ལམ་གྱི་འབྲེལ་བས་སྐྱེས་པ་འདྲ་བས། གལ་ཏེ་ང་སྐྱེས་འདུག་ཟེར་ན་ཨ་དཔོན་གྱི་ངའི་དགོན་པ་ང་རང་ལ་འཕྲོད་〖པ་〗དགོས་སོ་གསུངས། སྐུ་ཁྲིམ་རྗེས་ལོ་སོང་བ་ན་དྲི་རྟོགས་བྱས་པས་གནས་སྙིང་པའི་དགོན་པ་ལ་གདུང་རྒྱུད་གཅིག་འཁྲུངས་འདུག་ཟེར། ལོ་ལྔ་སོང་བ་དང་ཨ་དཔོན་གྱིས་སྤྲང་རྫུས་བཏབ་ཏེ་ལྟར་འོང་བ་ན་གནས་འོག་ན་བུ་རྫི་མ་གཅིག་གི་འཁྲིས་ན་བུ་ཆུང་བཞུགས་འདུག་པ་ལས་ཨ་དཔོན་ལ་ཨ་དཔོན་གསུང་བྱུང་བ་ལ་ཨ་དཔོན་གྱིས་འཇུས་ཏེ་ངའི་བླ་མ་བྱས་དུས་〈དུས་〉ནས་〈པས་〉བུ་རྫི་མས་བུ་ཆུང་ཁུར་ནས་སྤྲང་པོ་ཁྱོད་ཀྱིས་ངེད་གདུང་རྒྱུད་ལ་མ་འཇུས་ཟེར། 〖དེར་བུ་ཆུང་གིས་〗ལོ་བཞི་ནས་གནས་སྙིང་དུ་ཤོག་གསུངས། ལོ་བཞི་ནས་གནས་སྙིང་དུ་ལ་སྤྱོད་ནས་གདུང་བརྒྱུད་ཆུང་ཆུང་ཕེབས་ཟེར། དེ་ནས་ཨ་དཔོན་གྱིས་འོང་སྟེ་■རྒྱུའི་རལ་གྲི་ཨང་པོ་བསྟོན་ནས་བཟོས་པའི་ལྷུགས་སྐྱིད་གཅིག་ཡོད་པ་ཁྱེར་ཡོང་ནས་ངོ་མཁྱེན་ནམ་མི་མཁྱེན་ནམ་སྙམ་ཞུས་བས་འདི་ང་རང་གི་རྒྱ་རལ་པ་བཟོས་པ་ཡིན་གསུངས་ནས་ཞི་བར་གཤེགས་སྐབས་ཞལ་ཆེམས་གསུངས་པ་དང་མཐུན་པར་བྱུང་། དགུང་ལོ་བཅོ་ལྔ་བཞེས་ཚེ་སྟོར་གདན་དྲངས་ནས་དགོན་པ་མཚན་〈མཚར་〉ཁང་གི་མགོ་བྱས་དགོན་མ་ལག

དང་སྐུ་གསུང་ཐུགས་རྟེན་ཆོས་གཞི་ཡོན་བདག་དང་བཅས་པ་བླ་མ་གོང་མ་བཞུགས་པའི་དུས་ལྟར་ཚང་མ་ནོར་འཁྲུལ་མེད་པར་ཕྱག་ཏུ་ཕུལ།

དེ་ནས་ཆོས་ལྡིངས་〈སྡིངས་〉སུ་ཐུགས་དམ་ཐུབ་ཆེན་སྐུ་ལ་གནོ་(ནོ་)〈གཉྫོ་〉ལ་བཞེངས་དུས་གངས་ཏི་སེའི་རྩེ་ནས་མགོན་པོ་ཞལ་བཞི་པ་ཛེ་གེའི་ཚ་ལུགས་སུ་བསྟན་ནས་གཉྫི་རའི་སྒྲ་ལས་མ་འོངས་པའི་ལུང་བསྟན་མང་དུ་མཛད་ཅིང་བཞད་པ་དང་། ཕག་མོ་ལྷེ་བའི་དུར་ཁྲོད་དུ་དམར་ཆུང་མའི་དབང་མཛད་དུས་བར་སྣང་ལ་ཌ་རུའི་སྒྲ་གྲགས་པ། ཧ་སྐོར་〈སྐོར་〉རྡོ་རྗེ་ཕུང་〈ཕུར་〉པའི་བསྙེན་པ་མཛད་དུས་སློབ་དཔོན་པད་མ་དངོས་སུ་བྱོན་ནས་ཀི་ལ་ཡ་གསུངས་ཤིང་ཡེ་ཤེས་ཀྱི་སྣང་ཐ་ལས་གྲུབ་པའི་ཕུར་པའི་དཀྱིལ་འཁོར་ཆེན་པོ་གཅིག་བསྟན་པ་ཅེར་དུ་བལྟས་ནས་གཟིགས་དགོངས་པ་ལ་ཡེ་ཤེས་འདི་ནི་ཆེས་ཕྲ་ཞིང་རྡོ་རྗེ་ནམ་མཁའི་དཀྱིལ་ལྟ་བུ་ཅེས་གསུངས། བུ་ཕྲོད་ཀྱི་ཚེའི་བར་ཆད་སེལ་ཡོང་གསུངས་ནས་དཔའ་བོ་མཁའ་འགྲོ་ནམ་འཁའ་གང་བ་དང་བཅས་པ་དང་ཀྱེ་རྡོ་རྗེ་སྡོག་〈རྡོག་〉ལུགས་ཀྱི་ཐུགས་དམ་མཛད་དུས་ལྷ་མོ་ཀུ་རུ་ཀུ་ལླེ་དངོས་སུ་བྱོན་ནས་ཚེ་དཔག་མེད་ཀྱི་ཚེའི་བུམ་པ་འདི་སྤྱིལ་〈སྤྱིལ་〉དུ་བཏང་བ་ཡིན་གསུངས། བུམ་པ་ཕྱི་ལྟས་ནང་གསལ་ནང་ལྟས་ཕྱི་གསལ་གཅིག་ནས་བདུད་རྩི་དམར་པོ་གཅིག་བཞེས་པའི་སྣང་བ་བྱུང་བས་ཞག་འགའ་གསོལ་བཞེས་མ་དགོས་པ་བྱུང་། བདེ་མཆོག་ལཱུ་ཡི་པའི་ཐུགས་དམ་མཛད་དུས་གནའ་ལམ་དུ་རྗེ་བཙུན་མི་ལ་ལ་རེམ་ལྷའི་དམར་ཁྲིད་གསུངས་པའི་སྣང་བ་སོགས་ངོ་མཚར་བའི་མཛད་པའི་རྣལ་〈རྣམ་〉གྲངས་མང་བའི་བླ་མ་འདི་ཉིད་དགུང་ལོ་རེ་བཞིའི་ཐོག་སྐུ་མྱ་ངན་ལས་འདའ་ཁར། ང་མི་ལ་རས་པ་ལྟ་བུར་འདི་ལྟར་བྱེད་པ་ཡིན་གསུངས་ནས་རླུང་ཐུན་གཅིག་བཟུང་ནས་ཧེ་ཀཀ་ཞེས་གསུང་བ་

ཙམ་ནས་དབུའི་གཙུག་ནས་ཐོབ་ཟེར་བའི་སྨྲ་ཆེར་བྱུང་འཕྲུལ་གཟིམ་ཁང་འོད་ཀྱི་བཀང་སྟེ་མྱུ་ངན་ལས་འདའ་བའི་ཚུལ་བསྟན་ནོ། །

ཇོ་འཇམ་དཔལ་ཀུན་དགའ་བདེ་ལེགས་རིན་ཆེན་རྒྱལ་མཚན་དཔལ་བཟང་པོ་ནི་ཡབ་སྤྲུལ་པའི་སྐུ་རྗེ་ཇོ་འཆང་རྒྱལ་མཚན་རིན་ཆེན་ཡིན་ལ་ཡུམ་ངམ་རིངས་བསམ〈མ་〉དོན་གྲུབ་བཟང་མོ་བྱ་བ་ལ་ཆོས་ལྷིངས〈སྡིངས་〉སྤྱི་〈སྐྱེས་〉འཕྲེང་དུ་འཁྲུངས་སྐབས་ནམ་མཁའ་ལ་འཇའི་གུར་དང་མེ་ཏོག་གི་ཆར་སྤྲོས་དྲི་ཞིམ་པས་གང་བ་མི་རྣམས་ཡིད་རང་བཞིན་གྱིས་བདེ་བར་ཁྱབ་པར་གྱུར་ཏོ། །བཅུ་གསུམ་བཞེས་ཚེ་ཆོས་ལྷིངས〈སྡིངས་〉ནས་དཔལ་ལྡན་གནས་སྙིང་གི་མཁན་པོར་གདན་དྲངས་སྐབས་ཆོས་ལྷིངས〈སྡིངས་〉དང་གནས་སྙིང་གི་བར་ལ་འབྱུང་བ་གཡོ་བ་དང་། བཞུགས་ཁྲིར་གདན་འཁོད་བྱུང་ཆུབ་མཆོག་ཏུ་ཐུགས་བསྐྱེད་སྐབས་ནམ་མཁའ་འཇའ་འོད་ཀྱི་ཁྱབ་པ་དང་ནོར་རྒྱུས་ཀྱི་དབྱུལ་གདུང་ལས་འོད་དཀར་པོ་ཅིག་བྱུང་ནས་ཆོས་ཁྲི་ལ་ཐུག་པ་ཀུན་གྱིས་མཐོང་། ལྷ་སར་ཇོ་བོ་མཇལ་བར་ཕེབས་དུས་བསམ་གྲུབ་གླིང་དུ་གཟིམ་སྐབས་ཇོ་བོའི་ཐུགས་ཁ་ནས་འོད་ཟེར་དཀར་པོ་འཕྲོ་བ་བསམ་གྲུབ་གླིང་ལ་ཐུགས་འདུག་པ་དགོན་གཉེར་དང་། འཕགས་སྐྱེ་བའི་སྤྱོང་གནས་པས་མཐོང་། གནས་སྙིང་པ་རང་ལ་མགོན་པོའི་བཀའ་བབས་པའི་ཆོས་སྐོར་ཡོངས་སུ་རྫོགས་པར་གསན། ཆོས་རྗེ་ཨ་ནན་པ་དང་། ཆོས་རྗེ་ཀུན་དགའ་རྒྱལ་མཚན་པ་ནས་བརྒྱུད་པའི་གུར་ཞལ། ས་སྐྱ་བཀའ་འབུམ་རྣམས་དང་མདོ་ཕྲན་མང་པོ་ཞིག་ཀྱང་གསན། རྒྱུད་འབུམ་གྱི་ལུང་ཡང་ཕལ་ཆེ་བ་གསན་ཞིང་དགུང་ལོ་ཉི་ཤུ་བཞེས་པ་ན་ཚེ་འཕྲུལ་ཆེན་པོའི་ཆོས་བརྒྱུད་ལ་བཀྲ་ཤིས་ལྷུན་པོར་མཁན་པོ་(རྒྱལ་བ་སྐུ་ཕྲེང་དང་པོ་)པཎ་ཆེན་དགེ་འདུན་གྲུབ་པའི་སྤྱན་སྔར་སྡོམ་བརྩོན་སྡེ་སྣོད་འཛིན་པ་ཆེན་

པོ་བཅུ་གསུམ་གྱི་དབུས་སུ་བསྙེན་པར་རྫོགས། དགེ་སློང་གི་སྡོམ་པ་བཞེས་ནས་སྔར་བས་ཀྱང་བསླབ་པ་ལ་གཅེས་སུ་མཛད་པས་དབུས་གཙང་གི་ཆོས་དཔོན་གཅིག་ལ་བསླབ་ཚུལ་འགྲན་པས་ཟླ་ཐམས་ཅད་དང་བྲལ་བྱུང་།

དགུང་ལོ་ཉེ་ཤུ་རྩ་གསུམ་བཞེས་པ་ན། ལ་སྟོད་ལ་ཕེབས་ཏེ་བྱང་ངམ་རིངས་སྐུ་འབུམ་རྣམ་རྒྱལ་དུ་གཟིམ་པའི་ནུབ་མནལ་ལམ་དུ་རྗེ་བཙུན་ས་ཆེན་གྱི་བཏང་བ་ཡིན་ཟེར་བའི་སྔགས་པ་ཤམ་ཐབ་སྐྱ་འཛོལ་ལེ་གཅིག་ན་རེ། དྲུང་མཁན་ཆེན་པ་ད་རེས་ཕྱིན་པ་ཅིས་ཀྱང་ལེགས། རིན་པོ་ཆེ་རྒྱལ་མཚན་པ་སྐུ་ཁམས་སྙེལ་ཡུན་རིང་པོ་སོང་། ད་ལམ་མཇལ་ཙམ་ཡོང་བར་བདོག རས་ཆུང་སྙན་བརྒྱུད་ཀྱི་དཀའ་གནད་དེ་ད་ལན་ཅིས་ཀྱང་ཆོས་པར་མཛོད་ལ་ཕྱིན་ཞུ་ཡིན་གདའ་འོ་ཟེར། མནལ་སད་པ་ན་རྗེ་ས་ཆེན་གྱི་ཐུགས་རྗེ་ཡིན་ངེས། སྙན་བརྒྱུད་ལ་བདོག་པ་ཅིས་ཀྱང་ཡོད་དགོས་སོ། །ཐམས་ཅད་མཁྱེན་པ་དགེ་འདུན་གྲུབ་ཀྱི་ཞབས་དྲུང་དུ་ཕར་ཚད། དབུ་མ། འདུལ་བ། སྙན་ངག་མེ་ལོང་། གཞན་ཡང་མན་ངག་དབང་ལུང་སོགས་གསན་སྦྱོང་ལོ་གསུམ་མཛད། དགུང་ལོ་སུམ་ཅུ་རྩ་གསུམ་གྱི་བར་ལ་དཔལ་གནས་སྙིང་དུ་གཞི་གསུམ་གྱི་ཆོ་ག་བཙུགས། དབྱར་ཞལ་བཞེས། དུས་བཟང་གཉིས་ལ་གསོ་སྦྱོང་དང་དབྱར་དགུན་གྱི་སྤྱི་ཆོས་མ་ཆག་པ། རྟེན་གསུམ་རྣམས་བཞུགས་པའི་གཙུག་ལག་ཁང་ཅིག་བཞེངས་དགོངས་ཡོད་པ་ལ་ཐུགས་འཆང་གྲུབ་པ་བརྙེས་པའི་རྗེ་རྗེ་འཆང་མཐུ་ཆེན་གྲགས་པ་རྒྱལ་མཚན་གྱིས་ཐོག་དྲངས་གྲྭ་ཚང་སོ་སོའི་སློབ་དཔོན་ལས་འཛིན་དགེ་འདུན་རྣམས་ཀྱིས་དེ་བཞིན་གྱི་དགོངས་པ་ཡོད་ཕྱིན་ངེད་རྣམས་ཀྱིས་སྐྱབ་པས་འདིར་བཞུགས་པའང་གནང་དགོས་ཟེར།

ཆུ་ཕོ་འབྲུག་ལོ་ཧོར་ཟླ་ལྔ་པའི་གཟའ་སྐར་བཟང་བའི་ཉིན་གཟིམ་ཁང་

གི་འགྲམ་བཏིང་། ལྷན་སྐྱེས་བདེ་ཆེན་པོ་བྲང་དུ་མཚན་གསོལ། དེའི་གཙང་ཁང་གི་ལྟེ་བར་དར་བདག་དང་སྨན་སྣ་ཚོགས་ལས་གྲུབ་པའི་གོན་ལ་གྲང་གསེར་དང་གསེར་ཨོག་ཞུས་པའི་དབུས་སུ་རྗེ་རྒྱལ་མཚན་རིན་ཆེན་གྱི་ཐུགས་དམ་ནང་རྟེན་དང་བུམ་ལྷའི་ནང་ན་རིགས་ལྔ་མཐའི་བྲག་རི་ལ་མཁན་པོ་ཛྙཱ་ཧྲི་ས་ཏ། སློབ་དཔོན་པད་མ། ཆོས་རྒྱལ་ཁྲི་སྲོང་། ཁྲི་རལ། གནས་རྙིང་པ་རང་གི་མཁན་བརྒྱུད་རིམ་པར་བྱོན་རྣམས་དང་ཇོ་བོ་ཡབ་སྲས་སོགས་སྐྱེས་ཆེན་དམ་འགའ་དང་། མགོན་པོ་ཕྱག་དྲུག་པའི་སྐུ་རྣམས་སྨན་སྐུར་བཞེངས། ཕྱིའི་སྒོ་གདོང་གཡས་ལ་སྟོན་པ་སངས་རྒྱས་ལ་གནས་བརྟན་བཅུ་དྲུག་གིས་བསྐོར་བའི་ཞིང་ཁམས་དང་། དེའི་གཡས་ན་རྗེ་ཙོང་ཁ་པ་ཆེན་པོ་ལ་ལམ་རིམ་བརྒྱུད་པས་བསྐོར་བ། དེའི་གཡས་ན་རྒྱལ་བ་སེང་གེའི་ང་རོ་ལ་གྲུབ་ཆེན་བརྒྱད་ཀྱིས་བསྐོར་བ། ཡར་ཁྱུ་ལ་སྟག་ཞོན་གཙོ་འཁོར་རྣམས་ཀྱི་རིས་མོ། སྒོ་གདོང་གཡོན་ལ་མངོན་པར་དགའ་བའི་ཞིང་བཀོད་དང་སྒྲོལ་མའི་ཞིང་བཀོད་ལས་སྒྲིབ་མའི་ལུགས་གཞིར་བཀོད་པའི་རི་མོ། མགོན་ཁང་ན་སྨན་སྐུའི་རྡོ་རྗེ་འཇིགས་བྱེད་དང་། མགོན་པོ་ཕྱག་དྲུག ལྷམ་དྲལ་འཁོར་ཚོགས་དང་སྤྱན་གཟིགས། འདིའི་མདོ་ན་མདོ་རྒྱུད་ཀྱི་གསུང་རབས་གསར་དུ་བཞེངས་པ་སོགས་ཟབ་ཅིང་རྒྱ་ཆེ་བ་དང་། རབ་གནས་དུས་ངོ་མཚར་བའི་ལྟས་འགའ་ཡང་བྱུང་། གསུང་བའི་སྐུ་འདྲ་མཐོང་གྲོལ་ཆེན་མོ་གཙོ་བོར་བཞུགས་པའི་གཡས་གཡོན་ལ་རྒྱལ་ཚབ་རྗེ་དང་མཁས་གྲུབ་རྗེའི་སྐུ་འདྲ་སོགས་བླ་མའི་སྐུ་འདྲ་ཐོགས་གཅིག་དང་རི་མོ་ལ་ཕྱག་དྲུག་པ་དང་དམ་ཅན་ཆོས་རྒྱལ་གྱི་སྐུ་རྣམས་བཞུགས་ཤིང་། རྟེན་གསུམ་འདི་རྣམས་ཀྱི་སྤྱན་ཐར་ས་རྒྱན་གནམ་རྒྱན་སོགས་ཀུན་བཟང་མཆོད་པའི་སྦྱིན་ཕུང་བསམ་གྱིས་མི་ཁྱབ་པ་འབུལ་བ་མཛད། དེ་ནས་

བཀྲ་ཤིས་ལྷུན་པོར་ཕེབས། ཐམས་ཅད་མཁྱེན་པ་དགེ་འདུན་གྲུབ་ཀྱི་སྐུ་སྐྱེའི་(རྒྱལ་དབང་སྐུ་ཕྲེང་གཉིས་པ་དགེ་འདུན་རྒྱ་མཚོའི་) རབ་བྱུང་མཁན་པོ་མཛད།

དེ་ནས་གནས་སྙིང་དུ་ཕེབས་གསེར་སྐུ་ཀུན་བཀྲིས་སྐུ་མདུན་པོས་ཏེ། སྤྱི་སོར་ངེད་སྟོད་ཕྱོགས་ཕྱིན་དུས་སྦྱིན་བདག་དད་ཅན་རྣམས་ཀྱིས་གསེར་དང་ཟངས་སྟོབས་ཆེ་རབས་ཅིག་སྟེར་མི་བྱུང་བ་འདི་རྣམས་ལ་མ་གྲུར་སེམས་ཅན་ཐམས་ཅད་དང་། སྦྱིན་བདག་རྣམས་ཚོགས་རྫོགས་ཤིང་། སྐེ་འདི་ལའང་ཕན་ཕྱིར་སྟོན་པ་ཐུབ་པའི་དབང་པོའི་སྐུ་སོགས་རྟེན་དང་རྟེན་པར་བཅས་མང་དུ་བཞེངས་པའི་ཕྲོ་ལ་ངའི་བྱ་བའི་འཧུག་དེ་ཙམ་ལ་གྱིས། འདིའི་རྗེས་རྣམས་འཛམ་དཔལ་སྙིང་པོས་བྱེད་དགོས་གསུང་བའི་ཞལ་ཏ་མཛད། སྐེ་འདི་འཛིན་པ་ལ་འདི་འདྲ་དགོས་པ་དང་། འདི་བཞིན་གྱིས་སོགས་དང་ཁྱད་པར་དབྱར་གནས་གཞི་གསུམ་དུས་བཟང་གསོ་སྦྱོང་རིགས་གྲྭ་ཆགས་མེད་བསླབས་ཚུགས་ཤིན་ཏུ་དམ་པའི་ངོས་ནས་དགེ་འདུན་གྱི་སྡེ་མཐོང་བ་ཙམ་གྱིས་དང་བ་འདྲེན་པ་ཞིག་འཚོས་ཅི་ཐུབ་མཛོད། དབྱར་ཆོས་འདི་འཛུགས་པ་ལ་ངེས་ཀྱིས་དཀའ་ལས་ཆེན་པོ་བྱས་པ་ཡིན་པས་མ་ཆགས་པ་གལ་ཆེ་གསུང་། མྱུ་ངན་མ་བྱེད་ཚོགས་རྒྱལ་གྱི་གཏོར་ཁ་རྣམས་གསོས། དཀོན་མཆོག་ལ་མཆོད་པ་རྒྱས་པ་རང་ཅིག་བཤམས། གཏོར་མ་བརྒྱ་རྩ་དེ་ཡང་མགྱོགས་བཤམས་ལ་སྙིང་དུ་རྒྱུགས་ལ་ཕྱོགས་གཏོར་གཅིག་ཀྱང་གཏོང་གསུང་། དེ་རྣམས་གྲུབ་ཟིན་པ་དང་ཕུང་པོ་ལ་ཆགས་ནས་བསྣད་པས་དགོས་པ་མེད་དྲི་བཟང་སོགས་ཀྱི་ཁྲབས་ཡུལ་བྱེད་དགོས་གསུང་པ་དང་། ང་ལ་རིན་པོ་ཆེ་རྡོ་རྗེ་འཆང་རྒྱལ་མཚན་རིན་ཆེན་དེ་ཉིད་ཀྱིས་དབང་གདམས་ངག་ཁྲིད་སྟོབས་དེ་ཙམ་གཅིག་གནང་བ་ཚད་མི་གསོན་ཅིང་འདི་ལྟར་བྱེད་གསུང་། སྐུ་ལུས་དྲུག་ཆེངས་ཀྱི་འཕྲུལ་འཁོར་བཅས

ནས་ན་རོ་ཆོས་དྲུག མར་པ། མི་ལ། རས་ཆུང་པ་ནས་རྒྱུད་པའི་སྙན་བརྒྱུད་ཡིད་བཞིན་གྱི་ནོར་བུ་དཔལ་གསང་བ་འདུས་པའི་གདམས་ངག་གི་གནད་བསྐྱེད་འཕོ་ཁྲིད་པར་ཡེ་ཤེས་མཁའ་འགྲོ་ནི་གུ་མའི་གདམས་ངག་གི་གནད་ཟབ་ཀུན་དང་ཐུན་མོང་མ་ཡིན་པ་མཁའ་སྤྱོད་སུམ་ཕྲུགས་ཀྱི་གནད་ཟབ་མོ་ཉིད་ཀྱི་ཐུགས་དམ་གྱི་འཕོ་དམིགས་མཛད་ནས་ཧེ་ཀཀ་ཞེས་པ་ཙམ་གཟིམ་ཁང་ཐག་སྲ་དང་འོད་ཀྱིས་གང་ཞིང་བསིལ་བ་དང་དྭངས་པའི་སྣང་བ་དཔག་ཏུ་མེད་པ་ཤར་བས་སྐུ་འཁོར་ན་ཡོད་པའི་རྗེ་འཇམ་དཔལ་བ་དང་དགེ་བཤེས་བློ་གྲོས་པ་ཚོགས་རྒྱལ་གསུམ་ཀུང་རིག་པ་གཏན་ལ་འབེབས་མི་ཐུབ་པ་ཙམ་བྱུང་སྐད། དམར་སེར་ཅན་ཞེས་པ་མེ་མོ་སྦྲུལ་གྱི་ལོ་ཧོར་ཟླ་བཞི་པའི་ཚེས་བཅོ་བརྒྱད་ཀྱི་ཐོ་རངས་དཀར་བའི་ཆ་ཡོངས་སུ་རྫོགས་པ་ལ་ཆོས་ཀྱི་དབྱིངས་རྣམ་པར་དག་པ་ཉིད་དུ་དགོངས་པ་མྱ་ངན་ལས་འདའ་བའི་ཚུལ་བསྟན། ལོ་རྗེས་མ་ལ་དངུལ་གདུང་བཟོ་སྐྲུན་ཞུས། སྐུ་གདུང་ལ་མེ་མཆོད་ཕུལ་བས་དབུ་ཐོད་ལ་སྟོན་པ་སངས་རྒྱས་དང་འཁོར་ལོ། བདེ་མཆོག སྐུའི་སོག་མགོ་ལ་གུར་མགོན། ལྷན་སྣ་ལ་བྱམས་མགོན་རྣམས་གསལ་བར་བྱོན། བར་མགོ་གཡས་ཀྱི་ཚིག་ལ་འོད་ཟེར་ཁ་མདོག་ཚོགས་ཀྱི་དྲ་བའི་གོང་བུར་སྦྲེལ་བ་དང་རིང་བསྲེལ་ནི་བགྲངས་བ་ལས་འདས་པ་བྱོན་ནོ། །

མཐུ་ཆེན་གྲགས་པ་རྒྱལ་མཚན་ནི་དགུང་ལོ་བརྒྱད་དུ་ཕེབས་ཚེ་རབ་ཏུ་བྱུང་། མཚན་ཡང་མཁན་པོའི་མཚན་ལྟར་གནང་། དེའི་སྟོན་ཁར་ཆོས་ལྡིངས〈སྡིངས་〉སུ་ཆེ་འདོན་མཛད། ལོ་གཅིག་རིང་གློག་ཡིག་བསླབ་ཏེ་དགུང་ལོ་བཅུ་གཅིག་ལ་རྗེ་རྒྱན་མཚན་རིན་ཆེན་གྱིས་མགོན་པོའི་བཀའ་ལུང་རྣམས་རྫོགས་པར་གནང་། དེས་གནས་སྙིང་ལ་གདན་དྲངས། བཅུ་བཞི་བཞེས་ཚེ་

མཁན་པོ་རྒྱལ་མཚན་རིན་ཆེན་པ་གནས་སྙིང་དུ་ཕེབས་དུས་མཁན་ཆེ་ཀུན་དགའ་བདེ་ལེགས་པ་ལ་དབང་ལུང་རྣམས་ཕོག་ཚད་བུ་འདི་ལ་དབང་ལུང་རྣམས་འཕོགས་གསུང་། རས་ཆུང་སྙན་བརྒྱུད་ཆ་ཚང་ཞིང་ཚང་བ། རྡོ་རྗེ་ཕྲེང་བ་གྲི་ཡ་ས་མུཙྪ་ཏོ། མི་ཏྲ་བརྒྱ་རྩ། སྒྲུབ་ཐབས་བརྒྱ་རྩ། དུས་འཁོར་རྣ་འབྲོ་ཤོང་གསུམ། གསང་བ་འདུས་པ། འཕགས་སྐོར་ལུགས་བཅོ་ལྔ། ཡེ་ཤེས་ཞབས་ལུགས་གཉིས། བདེ་མཆོག་ལུགས་བཅོ་བརྒྱད། ནག་པོ་པ་དང་དྲིལ་བུ་པ་ལུགས་བདུན་ཙམ། ཕག་མོ་རིགས་མང་བ། སྐྱེ་རྡོར་ས་ལུགས་སོགས་རིགས་མི་འདྲ་བ་ལྔ་ཙམ་ལ་ཀྱེ་རྡོར་བཞི་བཅུ་ཙམ། བདག་མེད་མའང་རིགས་མཚུངས། འཇིགས་བྱེད་གཤེད་དམར་ནག་གདོང་དྲུག་སོགས་ཀྱང་རིགས་མི་གཅིག་པ་ཤིན་ཏུ་མང་བ། བདེ་མཆོག་མཁའ་འགྲོ་རྒྱ་མཚོ་རྡོ་རྗེ་མཁའ་འགྲོ་རྒྱུན་མཐོང་གདན་སོགས་དང་བཅུ་གཅིག་ཞལ་སོགས་དོན་ཡོད་ཞགས་པ། སྨན་ལྷ་རྣམས་ཀྱི་སྟོང་གནས་ཕྱི་འགྲེལ་སོགས། ཕྱག་ན་རྡོ་རྗེ་རིགས་ཤིན་ཏུ་མང་བ། ཕྱག་རྡོར་མི་སྟོན་པར་ཞོག མི་འཁྲུགས་པ་དང་ཚེ་དཔག་མེད་རིགས་མི་གཅིག་པ་དུ་མ་དང་། མདོར་ན་རྗེ་རང་ཉིད་ལ་དབང་ཇི་ལྟར་མངའ་བ་རྣམས་ལོ་གསུམ་གྱི་བར་ལ་དལ་མེད་དུ་གནང་བས་སྐུ་དྲིན་ཤིན་ཏུ་ཆེ་བ་བྱུང་།

དེ་ནས་གནས་སྙིང་གི་ཆོས་ཁྲིམས་འདི་ལ་བཅོས་གཅིག་བྱས་ན་འགྲི 〈འགྲིག〉 མིན་ཆོས་རྗེ་ཀུན་དགའ་བདེ་ལེགས་ལ་ཞུས་པས་ཅིས་ཀྱང་འཐད། སློབ་དཔོན་བགྲེས་གཞོན་སྤྱི་པ་དང་བཅས་པ་རྣམས་ལ་གྲོས་ཀྱིས་གསུང་པ་ལྟར་འདི་འདྲ་ཅིག་མཛད་མཁན་མ་བྱུང་བར་ལས་པ་ཡིན། ཆོས་ཁྲིམས་སྐྱར་སྡེམས་ཅིག་བྱུང་ན་གནས་སྙིང་འདི་ཆོས་སྡེ་རང་དུ་འགྲོ་བ་གསུང་མོས་མཐུན་གྱིས་དེ་དུས་ཆང་འཚོང་བ། བལ་འཁེལ་འཐག་བྱེད་པ་སོགས་ཆོས་ཁྲིམས་རྣམས

བསྟམས། བུད་མེད་གནས་ནང་དུ་བསྟད་ས་མེད་པ་བཅའ་ཁྲིམས་བསྒོམས་ཏེ་སྟེའི་ཞབས་ཏོག་ཏུ་གང་འགྱུར་མཛད། ཀུན་དགའ་བདེ་ལེགས་ནེ་〈ནི་〉རྗེ་རིན་པོ་ཆེ་ཙོང་ཁ་པའི་དངོས་སློབ་སེམས་དཔའ་ཆེན་པོ་མཆོག་གྲུབ་པའི་སྐུ་སྐྱེ་ཡིན་པ་ལ་ཐེ་ཚོམ་མེད་གསུང་། ཐུགས་ཤིན་ཏུ་གུས། གདན་འདྲེན་ཞུས། གསང་སྔགས་ཀྱི་བཀའ་མང་པོ་ཁྱད་པར་མི་ཏྲི་བརྒྱ་རྩ་སོགས་བཀའ་ལུང་མང་པོ་གསན་ཏེ་བླ་མའི་མཆོག་ཏུ་མཛད་དོ། །སེམས་དཔའ་ཆེན་པོ་མཆོག་གྲུབ་པ་ནི་བྱང་ཆུབ་ཐུགས་འཁྱོངས་ཤིང་དབུ་ལ་གཙུག་གཏོར་ཡོད།

བླ་མ་འདིས་ལན་ཅིག་ལྷོ་ཕྱོགས་ལ་མཁན་ཆེན་ཀུན་དགའ་བདེ་ལེགས་ཀྱི་དབུ་ལ་གདུང་གི་འབུལ་སྡུད་ལ་ཕེབས། ཚེབས་རྟ་རྐུན་མས་ཁྱེར་དུས། རྟའི་རྗེས་གང་རྐྱེབ་ལ་མེ་འབར་མི་སྣད་ཁྱབ་པས་རྐུན་མ་ཤིན་ཏུ་དྲེད་དེ། ཁྱེད་རང་གནས་སྙིང་པའི་རྟ་ཡོད་དོ་ཟེར། མཚན་མོ་རྟ་བསྐྱལ་བས་ཐམས་ཅད་ཡ་མཚན་ཅིང་གནས་སྙིང་པའི་ཆོས་སྐྱོང་གི་གྲགས་པ་ཐོན། ཁོང་པ་རང་ཡང་ལྷོ་ཕྱོགས་ལ་ཕེབས་སྐབས། དགོན་གསར་བའི་དགའ་བཞི་པ་གྲགས་དཀོན་ལ་བཀའ་ཤོག་གནང་དུས། ཁོས་ང་ལ་གནང་སྙིང་མཁན་པོའི་ཡི་གེ་མི་དགོས་བྱས་བསྒྱུར་〈བསྒྱུར་〉བས། ཞག་བདུན་ནས་རིག་པ་འཚོལ་〈འཚོལ་〉། སྨྲན་ལྷོག་བརྒྱབ་ནས་འདས། ཡང་སྤྱ་འགྲོ་〈གྲོ་〉དགོན་པར་ཚེབས་རྟ་མི་ངན་གྱིས་རྐུས་པས་མི་དམར་པོ་གཉིས་ནགས་གསེབ་ནས་བྱུང་བ་མཐོང་ནས་རྟ་སླར་ཏེ་བྲོས། མི་དམར་པོ་དེ་གཉིས་གནོད་སྦྱིན་ལྷམ་སྲིང་ངོ་། །གོང་གསལ་ལོ་རྒྱུས་རྣམས་ཁོང་པ་ཉིད་ལ་གཞན་གྱིས་བསྐུལ་ངོར་གསུང་ལུགས་གསལ་ལོ། །

མཁན་པོ་རིན་པོ་ཆེ་པན་ཆེན་འཇམ་དཔལ་སྙིང་པོ་ནི་བསྐལ་པ་དཔག་ཏུ་མེད་པའི་སྔོན་རོལ་དུ་ཚོགས་གཉིས་ཀྱི་སྤྱོད་པ་རླབས་པོ་ཆེ་གོམས་པ་མཐར་

ཕྱིན་པས། རང་དོན་དུ་ཆོས་སྐུ་བསྙེས་ཟིན་ཡང་། སྔོན་གྱི་སྨོན་ལམ་དང་སྙིང་རྗེའི་དབང་གིས་གཟུགས་སྐུ་གཅིག་གིས་གདུལ་བྱ་དག་མ་དག་སྣ་ཚོགས་པའི་དོན་དུ་འཁོར་བ་མ་སྟོངས་ཀྱི་བར་དུ་ཞིང་འདིར་སོ་སོའི་སྐྱེ་བོའི་ཚུལ་བཟུང་ནས་བསྟན་དོན་མཛད་ཚུལ་དོན་ཚན་བདུན་གྱི་སྒོ་ནས་ཤེས་པར་བྱ་བ་ལ་ཐོག་མ་ཡུམ་གྱི་ལྷུམས་སུ་འཇུག་དུས་ཐོ་རེངས་ཟླ་བའི་འོད་དང་བསྟུན་ནས་སྒྲ་དང་འོད་སྐར་དམར་སྤོ་གསུམ་དང་ས་གཡོ་བ་སོགས་པའི་ལྟས་ངོ་མཚར་བ་དང་། མངལ་ན་གནས་པའི་བར་ལ་ཡང་ཡུམ་ལ་ཉམས་བདེ་བ་ལ་སོགས་པ་དང་ལྡན་ཞིང་། མངའ་རིས་ཀྱི་བླ་མ་མང་པོས་དབང་རབ་གནས་སོགས་མཛད་པའི་རྨི་ལམ་དང་དུང་དཀར་སྒྲ་ཆེ་ལ་གསལ་བ་འགའ་ཐུས་པའི་རྨི་ལམ་སོགས་མཚན་མ་བཟང་པོ་དུ་མ་བྱུང་རྗེས་བདེ་བར་འཁྲུངས། གཞོན་ནུ་སློ་རྡོ་བའི་ཚོ་ག་ཡང་མཛད་ཅིང་མཚན་ཆོས་སྐྱོང་བསམ་གྲུབ་ཅེས་བཏགས། འཁྲུངས་པའི་ཚེ་ནམ་མཁའ་ལ་གཟའ་སྐར་གྱི་འོད་འཕྲོ་ཞིང་བདུད་རྩིའི་ཆར་ཟིམ་བུ་འབབ་པས་ཡུལ་གྱི་འབྲུ་བཅུད་དང་། ལོ་ཕྱུགས་འཕེལ་རྒྱས་སུ་གྱུར་པས་སྐྱེ་འགྲོ་རྣམས་ཚིམས་པར་གྱུར་ཏོ། །དགོང་ལོ་ལྔ་བཞེས་དུས་རྩེད་གྲོགས་བྱིས་པ་རྣམས་ལ་ཆོས་འཆད་ཚུལ་དང་། དབང་བསྐུར་ཚུལ་སོགས་བྱིས་པའི་སྤྱོད་ཚུལ་ལས་འདས་པའི་མཛད་སྤྱོད་འབའ་ཞིག་མཛད་དོ། །དགུང་ལོ་བདུན་པ་ལ་ཡོན་ཏན་ཀུན་གྱི་གཞི་མ་ཡི་གེ་འབྲི་ཀློག་མཛད་སྐབས་བརྡ་ཙམ་བསྟན་པས་མཁྱེན། ཀུན་དགའ་དཔལ་འབྱོར་གྱིས་གསེར་གྱི་གླེགས་བམ་བཞེངས་པ་རབ་གནས་མཛད་ཅིང་རབ་གནས་ཀྱི་མེ་ཏོག་བར་སྣང་ལ་འཆགས་པ་སོགས་ངོ་མཚར་བའི་ལྟས་དང་། ཡོན་བཤད་བསྔོ་བ་སོགས་མཛད་པས་དེ་ན་གནས་པ་རྣམས་མི་ཕྱེད་པའི་དད་པ་དང་ལྡན་པར་གྱུར་ཏོ། །

དགུང་ལོ་བརྒྱད་པ་ལ་གདན་ས་གོང་ཆོས་ལྡིངས་〈སྡིངས་〉སུ་ཆེ་འདོན་མཛད་རྒྱུ་ཡིན་ནའང་རྗེ་ཀུན་དགའ་བདེ་ལེགས་རིན་ཆེན་རྒྱལ་མཚན་དཔལ་བཟང་པོ་ཀུན་སྤྱངས་མཛད་ནས་དབུས་ཕྱོགས་ལ་ཕྱག་ཕེབས། ཡབ་གནས་རྙིང་སྟེའི་མཛད་པ་ཕྲ་རག་ལ་བཞུགས་དགོས་བྱུང་བས་འགྱངས་ཏེ་དེ་རྗེས་བསྟན་པ་ལ་རབ་ཏུ་བྱུང་ཚུལ་ནི་རྗེ་ཀུན་དགའ་བདེ་ལེགས་ཀྱིས་མཁན་པོ་མཛད་པའི་དགེ་བའི་བཤེས་གཉེན་བཅུ་ཕྲག་གཅིག་གི་དབུས་སུ་དགེ་ཚུལ་སྡོམ་པ་བཞེས་ཏེ་མཚན་རིན་ཆེན་འཇམ་དཔལ་སྙིང་པོ་དཔལ་བཟང་པོ་ཞེས་པར་གསོལ། བསླབ་བྱ་ཕྲ་རག་རྗེ་ཆེན་པོ་ནས་ཀྱང་བསླབ་པར་མཛད་དོ། །

མང་དུ་ཐོས་པ་འཚོལ་བའི་ཚུལ་ནི་རྗེ་ཀུན་དགའ་བདེ་ལེགས་ཀྱིས་བཀའ་བསྐོས་མཛད་དེ་ཆོས་རྗེ་བྱང་ཆུབ་ཡོན་ཏན་པ་ལ་དགེ་ལུགས་ཀྱི་དཔལ་རྡོར་རྗེ་འཇིགས་བྱེད་བཅུ་གསུམ་མའི་དབང་བཞི་རྫོགས་པར་གསན། དགུང་ལོ་བཅུ་གཅིག་བཞེས་ཚེ། རྗེ་ཀུན་དགའ་བདེ་ལེགས་ལྷ་ཐོག་རྩེར་ཕེབས་ཏེ་ཆོས་ཀྱི་རྒྱལ་སྲིད་དུ་དབང་བསྐུར་བཀྲ་ཤིས་མངའ་གསོལ་མཛད། གདན་ས་ཆེན་པོའི་ཁྲི་ཐོག་ཏུ་ཕེབས་སྐབས་ནམ་མཁའ་ལ་འཇའ་སྤྲིན་གྱི་གུར་དང་མེ་ཏོག་གི་ཆར་འབབ་པ་ལ་སོགས་ངོ་མཚར་བའི་ལྟས་དཔག་ཏུ་མེད་པ་བྱུང་ཞིང་སྐུ་མཚན་དཔེའི་དཔལ་དང་ལྡན་པ། ལྟ་བའི་ཚིག་མི་ཤེས་ཤིང་གསུངས་ཚངས་པའི་དབྱངས་ཀྱིས་ལེགས་བཤད་གསར་པའི་སྨན་མཆོག་རྩལ་〈སྩལ་〉བས་མཁས་པ་རྣམས་མགུ་བ་བསྐྱེད། ཐུགས་ཟབ་ཡངས་མི་འཇིགས་པའི་སྤོབས་པ་དང་ལྡན་པས་དེར་ཚོགས་པའི་སྐྱེ་འགྲོ་ཐམས་ཅད་ཀྱི་རྒྱུད་ལ་ཐར་པའི་ས་བོན་ཁྱད་པར་ཅན་སྐྲུན་པར་མཛད། བཅོ་ལྔ་བཞེས་པའི་ཚེ་ཆོས་གྲྭ་ཆེན་པོ་བཀྲ་ཤིས་ལྷུན་པོར་ཕེབས་དུས་པཎ་ཆེན་གྱིས་གཙོ་མཛད་པའི་དགེ་འདུན་

པས་ཕྱུག་དང་བསུ་བ་མཛད། པཎ་ཆེན་ཡེ་ཤེས་རྩེ་མོའི་དྲུང་དུ་ལོ་དྲུག་གི་བར་དུ་ཕར་ཚད་འདུལ་མཛོད་སོགས་ལ་གསན་སྦྱོང་མཛད་དེ་ལེགས་པར་ཐུགས་སུ་ཆུད། ཡང་དགུང་ལོ་བཅོ་ལྔ་བཞེས་པའི་ཚེ་གནས་སྙིང་དུ་གྲྭ་སྐོར་ལ་ཕྱིན་པའི་དཀའ་བཅུ་རབ་འབྱམས་རྣམས་ལ་ཕར་ཕྱིན་གྱི་ལན་འདེབས་གནང་བས་ཐུགས་རབ་ཕུལ་དུ་ཕྱིན་པའི་མཚན་གྲགས་ཐོབ། སློབ་པོ་རྣམས་ཀྱི་གཙུག་གི་ནོར་བུ་ལྟ་བུར་གྱུར་རོ། །དགུང་ལོ་བཅུ་བདུན་བཞེས་སྐབས་རྗེ་པན་ཆེན་ཡེ་ཤེས་རྩེ་མོས་གཙོ་མཛད་པའི་བཀྲ་ཤིས་ལྷུན་པོའི་ཚོགས་པ་རྒྱ་མཚོ་ཚོས་བར་ལ་སྤྱན་དྲངས་ཡོལ་དུ་བཞུགས་གནང་མཛད། དགུན་ཆོས་དང་པོ་ལ་ཐོགས་ཁལ་གསུམ་མ་དང་། གཉིས་པ་ལ་ཐོགས་ཁལ་ཕྱེད་དང་གཉིས་མ་ཕུལ། མང་ཇ་དང་མང་འབྲས་ལ་སོགས་པའི་ཟང་ཟིང་གི་བསྙེན་བཀུར་ཕུན་སུམ་ཚོགས་པ་མཛད་དེ་གཞིས་བྱེས་ཀྱི་དགེ་འདུན་ཐམས་ཅད་ལ་རྗེ་ཀུན་དགའ་བདེ་ལེགས་དང་། པན་ཆེན་ཡེ་ཤེས་རྩེ་མོ་རྣམས་གཉིས་ཀྱིས་སྡེ་སྣོད་སོ་སོའི་ཟབ་པ་དང་རྒྱ་ཆེ་བའི་ཆོས་ཀྱི་འཁོར་ལོ་བསྐོར། དེ་ནས་བསྟན་པའི་རྩ་བ་སོ་སོར་ཐར་པའི་ཁྲིམས་ཁོན་ལ་རག་ལས་པར་གཟིགས་ནས་སོ་སོ་ཐར་པའི་ཁྲིམས་ཀྱི་གཞི་བཟུང་ལུང་དང་རིག་པའི་ཡོན་ཏན་དུ་མས་ཡོངས་སུ་བལྷམས་པའི་དགེ་འདུན་གྱི་གྲྭ་འཛུགས་པར་བཞེད་ནས་ཕྱོགས་ཀྱི་གྲྭ་ས་ན་ཡོད་པའི་གནས་སྙིང་པ་རང་གི་ལུང་འཛིན་པ་རྣམས་ཀྱང་འདུས་ཏེ་གནས་སྙིང་དུ་དབྱར་ཆོས་བཙུགས། ཡོལ་གྱི་ལྷ་ཁང་དུ་ཐུགས་ཚུལ་བཏང་། མཆོད་ཁང་ཤར་པས་ཐོགས་ཁང་〈ཁལ་〉གཉིས་མ་ཕུལ། མང་ཇ་ལ་སོགས་པའི་བསྙེན་བཀུར་ཕུན་སུམ་ཚོགས་པ་མཛད་དོ། །

བསྙེན་པར་རྫོགས་ནས་བསྟན་པའི་བདག་པོར་གྱུར་པའི་ཚུལ་ནི་ཤིང་མོ་

ཡོས་ལོའི་ལྷ་མཆོད་ཆེན་མོ་ལ་བྱ་བཏང་སེམས་དཔའ་ཆེན་པོ་བཀྲ་ཤིས་ལྷུན་པོ་ནས་སྤྱན་དྲངས། ཟླ་བ་སྨན་ཆུ་གཟིམ་ཁང་དུ་འཛམ་དབྱངས་ཀུན་དགའ་བདེ་ལེགས་ཀྱིས་མཁན་པོ། བྱ་བཏང་སེམས་དཔའ་ཆེན་པོས་ལས་སློབ། པཎ་ཆེན་ཡེ་ཤེས་རྩེ་མོས་གསང་སྟོན་མཛད་དེ་ཕུན་སུམ་ཚོགས་པའི་དགེ་འདུན་གྱི་དབུས་སུ་བསྙེན་པར་རྫོགས་པར་མཛད་དོ། །

བསྟན་པ་ལ་བྱ་བ་མཛད་ཚུལ་ནི་དང་པོར་ཆོས་འཆད་དང་། གྲྭ་ཚང་ལ་སོགས་པ་ཐམས་ཅད་ཀྱང་མཚན་ཉིད་ཀྱི་གཞི་རྟེན་ཁོ་ན་ཡིན་པ་ལ་བར་སྐབས་ཤིན་ཏུ་གྲྭ་ཚང་སོ་སོས་རྒྱབ་མཛད་པས་གྲྭ་པ་རེ་རེའི་དགོངས་ཚད་དུ་སོང་སྟེ་དགོན་སྡེ་ང་གི་བྱ་བར་སོང་བའི་ཤིན་ཏུ་མཛད་དཀའ་བར་ཡོད་ཀྱང་རྗེ་ཉིད་སློན་ལམ་ཐབས་པོ་ཆེ་གྲུབ་པའི་ཕྱིན་མཐུས་སོ་སོ་ལ་ཞལ་ཏ་གནང་། ལེགས་བཅོས་མཛད་དེ། མཚན་ཉིད་ཁོ་ནའི་མཐུན་རྐྱེན་དུ་སྒྱུར་བར་མཛད་པ་ཡིན་ནོ། །གཞན་ཡང་ཕྱོགས་ནས་ཕྱིན་པའི་གྲྭ་བསྐོར་བར་བསྙེན་བཀུར་དང་གནང་སྦྱིན་གྱི་ནོམ་པ་ཡང་མཛད་དོ། །རྗེ་ཆེན་མོས་ཞལ་ཏ་མཛད་པའི་ཡོལ་གྱི་འདུ་ཁང་བཞེངས། གཙང་ཁང་དུ་བྱམས་པའི་ཐུགས་ཀར་བྱ་བཏང་རྗེའི་སྐུ་གདུང་བཞུགས། དེ་ནས་རྗེ་ཆེན་མོ་ཆོས་དབྱིངས་སུ་གཤེགས་པའི་ཚུལ་བསྟན་པས་སྟོན་པ་ཐུབ་པའི་དབང་པོ་དང་། ཉེ་བའི་སྲས་བརྒྱད། གནས་བརྟུ། རྒྱལ་ཆེན་བཞི། ཁྱམས་སྒོ་ཁང་། རུང་ཁང་ལ་སོགས་པ་ཐམས་ཅད་རྗེ་འདས་འགྲོ་སྐྱོང་མཐར་ཕྱིན་མཛད། རྗེ་ཀུན་དགའ་བདེ་ལེགས་ཀྱི་སྐུ་གདུང་རིན་པོ་ཆེའི་མཆོད་རྟེན་རྒྱུ་རིན་ཆེན་དུ་མས་གྲུབ་པ། བཟོ་ཁྱད་ཕུལ་དུ་ཕྱིན་པ། སྐྱེ་འགྲོ་ཐམས་ཅད་ཀྱི་མིག་གི་བདུད་རྩིར་གྱུར་པ་བཞེངས་པར་མཛད་དེ་དགའ་སྟོན་ཕུན་སུམ་ཚོགས་པ་མཛད། གྲུབ་པ་ཉམས་ལེན་གནང་ཚུལ་ནི་སྔར་གསན་པའི་

དོན་རྣམས་དོན་ཡོད་མཛད་པར་དགོངས་ནས་ལ་སྟོད་བྱང་ལ་ཐེགས། གདན་ས་ཆོས་ལྡིངས་〈སྡིངས་〉སུ་ཕེབས། རྟ་སྒོར་ཕེབས་རྗེས་ན་མི་རྣམས་ཀྱིས་ད་ལྟ་བྱུང་ཤིན་ཏུ་གྲང་བས་རེ་ཞིག་འགྲོན་པ་མི་ལེགས་ཞུས་ཀྱང་དཔོན་སློབ་འཁོར་ཞུང་ཤས་དང་བཅས་རྟ་མགོའི་〈སྒོའི་〉གངས་ལ་བཤེགས། ཟང་ཟང་རྟ་ཐོག་ཏུ་ཁ་བས་བསྙོན་ཀྱང་སློབ་དཔོན་བཞུགས་པའི་〈སའི་〉སྐོར་དུ་ཁ་བ་ཡི་ནས་མ་བབས་པའི་བྱིན་རླབས་ཤིན་ཏུ་ཆེ་བ་བྱུང་། རྟ་ཆ་ༀསྦྱབས་ཟེར་བའི་གཞུང་ཆེན་པོ་ཞིག་ཏུ་ཕེབས་དུས་དེར་ཆིབས་རྟ་བརླག་པ་ཕྱོགས་ཐམས་ཅད་དུ་བཙལ་ཀྱང་མ་རྙེད། སང་སྔ་དྲོ་རྟ་རྣམས་བཞུགས་སར་ཁ་གཏད་ཡོད་པས་གཞི་བདག་གིས་གཉེར་བྱས་པར་གྲགས། གཟིམ་ཕུག་ཏུ་སྤེན་〈སྤེན་〉མའི་བཞུགས་གདན་མཛད་དེ་ཉིན་མཚན་འཁོར་ཡུག་ཏུ་ཐུགས་དམ་འབའ་ཞིག་ལ་བཞུགས། གནས་ཆེན་གྱི་སྐྱོང་ཚད་ཀྱི་རྣམ་པས་སྐུ་ལས་ཤིག་ནད་ཀྱི་རྣམ་པ་བྱུང་། འཚོ་ཆས་བཀྲེན་པས་འོ་རྒྱལ་ཡང་སྟོན་གྱི་གངས་ཆེན་རས་པ་རྣམས་ཀྱིས་གནས་འདིར་གྲུབ་པ་བསྙེན་པས་རང་རེ་འདི་འདྲར་བསྐལ་པ་བཟང་ཞེས་ཐུགས་དམ་ལ་སྒྲོ་བཞུགས་མཛད། དེ་ནས་གཞི་བདག་ལ་གཏང་རག་ཕུལ་བས་ཟེར་མོའི་མངའ་ནས་རྫོང་འབྲི་གཅིག་གི་ཤ་ཕྱེད་ལྷག་ཙམ་དང་། ཀོ་བ་ཚང་མ་རྙེད་པས་ཕྱུག་ཕྱི་བ་རྣམས་ལ་ཤིན་ཏུ་ཕན་པ་གཅིག་བྱུང་བ་ནི་གཞི་བདག་གིས་ཕུལ་བ་ཞེས་ཟེར་རོ། །

བསྟན་〖པ་〗ལ་བྱ་བ་མཛད་ཚུལ་ནི་ཐོག་མར་ལྷང་ཁྲེ་ལུང་དུ་གྲགས་པའི་གཞིས་ཀ་དབྱར་གནས་ཀྱི་ཞབ་ཐལ་སྦྱོར་བར་མཛད། གྲྭ་ཚང་སོ་སོ་དང་། ངན་དབང་ཅན་གྱིས་ཆོས་ཞིང་བཟུང་རིགས་བཞེས་ཏེ་ལྷ་མིའི་ཆོས་ཁྲིམས་སུ་སྨིན་འགྲོ་དང་བསྟན་པའི་མིག་རྐྱེན་དུ་གནོད་པའི་སྒྲིག་ཆས་རྣམས་ཉམས་པ་

གསོ་ཆུད་མི་ཉམས་གོང་འཕེལ་མཛད་པ་སོགས་སྤྱི་སྒོས་ཡོངས་ལ་བཀའ་དྲིན་ཆེ་བར་གྱུར། རྒྱལ་བ་འོད་དཔག་མེད་གཙོ་འཁོར་བདུན་གྱི་གོས་སྐུ་ཆེ་མོ་གསར་བཞེངས་བསྐྲུངས་པའི་རབ་གནས་ཚོ་ག་མཛད་པའི་ཚེ་ཡུལ་ཕྱོགས་སུ་ཆར་བབས་པ་ལ་སོགས་པའི་ངོ་མཚར་བྱུང་། གཟིམ་ཁང་དང་། ན་བཟའ་སྐུའི་མཐའ་སྐོར་ཐམས་ཅད་དུ་ཚུལ་ཁྲིམས་ཀྱི་དྲི་ངད་བསྣང་〈ལྡང་〉བ། རིག་པའི་གནས་མཐའ་དག་ལ་ཤིན་ཏུ་མཁས་པ་ཀུན་གྱི་མིག་ལམ་དུ་གྱུར་པ་ཡིན་ནོ། །ཆོས་སྐད་འདི་ཉིད་ཀྱི་གཞི་གསུམ་གྱི་ཕྱག་ལེན་དང་། དབུར་ཆོས་རིགས་ལུང་དང་བཅས་པ་རྗེ་འདི་ཉིད་ཀྱི་རྣམ་དཀར་གྱི་མཛད་པའི་བཀའ་དྲིན་ཁོ་ན་ཡིན་པའི་བདག་ཉིད་ཆེན་པོ་འདི་ནི་སྐྱེ་འཆི་མི་མངའ་ཡང་གདུལ་བྱ་རྫོགས་ཅིང་། རྟག་འཛིན་ཅན་རྣམས་ཆོས་ལ་བསྐུལ་ཕྱིར་ཉེ་དགུར་གཟུགས་སྐུ་ཆོས་དབྱིངས་སུ་ཐིམས་སོ། །སྐུ་ཡལ་བ་ནས་ཐུགས་དགོངས་རྫོགས་ཐབས་མ་གྲོལ་གྱི་བར་དུ་ནམ་མཁའ་གཡའ་དག་ལ་མེ་ཏོག་གི་ཆར་དང་དྲི་བཟང་གི་ངད་ལྡང་བ། སྐུ་གདུང་ཞུར་སྦྱངས་སྐབས་ངོ་མཚར་བའི་ལྟས་ཤེལ་ལྷར་དྭངས་བའི་སྐུ་གདུང་ལ་རིང་བསྲེལ་ཁ་དོག་སྣ་ལྔ་པ། ཚེམས་ལ་དུང་གཡས་འཁྱིལ་བ་སོགས་གདུལ་བྱའི་དད་རྟེན་དུ་བྱོན་པ་ཡིན་ནོ། །

མཁན་པོ་རིན་ཆེན་རྡོ་རྗེ་ནི་ཡབ་མཐུ་ཆེན་གྲགས་པ་རྒྱལ་མཚན་དང་། ཡེ་ཤེས་མཁའ་འགྲོའི་མཚན་ལྡན་ཡུམ་བྱང་སེམས་ཐུགས་རྗེ་རྒྱལ་མོ་གཉིས་ཀྱི་སྲས་སུ་ངོ་མཚར་བའི་ལྟས་དུ་མ་དང་བཅས་ཏེ་བལྟམས་སོ། །དགུང་ལོ་བཞི་ལ་ཡུམ་དང་བཅས་ཏེ་གདན་ས་གནས་སྙིང་དུ་གདན་དྲངས། ཁོང་ནི་སྔོན་བྱང་ཆུབ་སེམས་དཔའི་སྤྱོད་པ་རླབས་པོ་ཆེར་སྒོམས་པའི་སྟོབས་ཀྱིས་དམན་པ་རྣམས་ལ་ལྷག་པར་བརྩེ་ཞིང་བྱིས་པའི་རྩེད་གྲོགས་རྣམས་ལ་ཆོས་སྟོན་པ་སོགས་

བྱིས་པའི་སྤྱོད་ཚུལ་ལས་འདས་པ་ཞིག་གོ །དགུང་ལོ་བདུན་པ་ལ་འཇམ་དབྱངས་ཀུན་དགའ་བདེ་ལེགས་ཀྱི་དྲུང་དུ་དགེ་བསྙེན་གྱི་སྡོམ་པ་བཞེད་དེ་མཚན་རིན་ཆེན་རྡོ་རྗེ་ཞེས་བྱ་བར་བཏགས། འདི་ནི་པཎ་ཏི་ཏར་འདུག་ཅེས་ཡང་ཡང་གསུང་ཞིང་ཐུགས་དགྱེས་ཆེན་པོས་རྗེས་སུ་བཟུང་བར་མཛད་དོ། །དགུང་ལོ་བཅུ་པ་ལ་གདན་ས་ཆོས་ལྡིངས་〈སྡིངས་〉སུ་ཆེ་འདོན་མཛད་དུས་བཤད་གསར་མཛད་པས་མཁས་པ་རྣམས་དགའ་བ་སྐྱེད་ཅིང་། ཡོན་མཆོད་ཐམས་ཅད་ལ་མི་ཕྱེད་པའི་དད་པ་ཐོབ། དེ་ནས་རང་གཞན་གྱི་སྒྲིབ་པ་སྦྱོང་ཐབས་ལ་དོན་ཞགས་ཀྱི་སྒྲུང་གནས་དབུ་ཚུགས་རང་གི་ཡབ་མཐུ་ཆེན་གྲགས་པ་རྒྱལ་མཚན་གྱི་དྲུང་ནས་གཤིན་དམར་ལྷ་བཅུ་གསུམ་མའི་དབང་གཞི་ཡོངས་སུ་རྫོགས་པ་དང་། གཞན་ཡང་ཕྱག་རྡོར་གཏུམ་ཆེན་ཕྱི་ནང་གསང་གསུམ་ཨུ་ཙུ་ཡ་ན་ཧ་མགྲིན་མགོན་པོའི་དབང་ལུང་གི་མན་ངག་ལུང་དང་བཅས་གསན་ཅིང་ཚོགས་མེད་ཐུགས་སུ་ཆུད་པར་མཛད་དོ། །

བསྟན་པ་ལ་རབ་ཏུ་བྱུང་བའི་མཛད་པ་ནི་པཎ་ཆེན་ཡེ་ཤེས་རྩེ་མོས་མཁན་པོ་མཛད་པའི་མཁས་མང་དགེ་འདུན་གྱི་དབུས་སུ་རབ་ཏུ་བྱུང་ནས་རང་གི་གཅེན་པོ་རྗེ་འཇམ་དཔལ་བ་ལས་མདོ་དྲན་པ་ཉེར་གཞག མདོ་སྡེ་མཛངས་བླུན། ལས་བརྒྱ་པ། འཇམ་དབྱངས་ཀུན་དགའ་བདེ་ལེགས་ཀྱི་གསུང་འབུམ་ཐོར་བུ་བ་ལ་སོགས་པའི་ལུང་མང་དག ཁྲིད་པར་འདུལ་བ་མཐུ〈མཐུན་〉སོང་བ་ནས་བཟུང་སྐྱེ་རིག་པའི་གནས་དུ་མ་གསན། ཤེར་ཕྱིན་གྱི་འགྲེལ་བཤད་སྙིང་པོའི་རྒྱན་མཚན་ཡོངས་སུ་རྫོགས་པ་གསན་ཅིང་རིང་པོར་མ་ལོན་པར་སློབ་པོ་རྣམས་ཀྱི་གཙུག་གི་ནོར་བུ་ལྟ་བུར་གྱུར་ཏོ། །

སློབ་པ་ཉམས་སུ་བཞེས་ཚུལ་ནི། བྱང་རིགས་ཁམས་འདི་ཤིན་ཏུ་གྲང་

ལ་དགྲ་ཉེན་ཤིན་ཏུ་ཆེ་ཡང་དབེན་པའི་ཡོན་ཏན་གྱི་ཐུགས་འཕྲོག་སྟེ་ཐེ་ཚོམ་མེད་པར་རྟར་〈རྟ་〉སྒོའི་གངས་ལ་གཤེགས། གསང་བ་ཆོས་ཕུག་ཏུ་སྤྱེན་མའི་སྤྲུལ་བུར་ཐུགས་དམ་ལ་རྩེ་གཅིག་ཏུ་གཞོལ་ཏེ་རྟོག་པ་ཁྱད་པར་ཅན་འཁྲུངས། གཞི་བདག་ཆེན་པོས་བསྙེན་བཀུར་ཞབས་ཏོག་བྱས། དེ་ནས་ཕེབས་སྐབས་ཆིབས་པ་གསུམ་རྟ་རྐུན་གྱིས་འཁྱེར་བས་ཆིབས་རྟ་ངོ་མ་དེའི་ཟེ་བ་ལ་མེ་འབར། བྲག་གཙོང་ལ་ལྷུང་ནས་མི་ཤི། གཞན་མི་གཉིས་ཀྱང་འཁྲོ་ས་གཞན་མ་རྙེད་པར་རྗེའི་དྲུང་དུ་རྟ་གསུམ་དང་བཅས་བཤགས་པ་ཕུལ་བས་ཆོས་སྐྱོང་བཀའ་བཙན་ཅིང་མཐུ་ཆེ་བའི་སྙན་གྲགས་བྱུང་ངོ་། །ནད་གདོན་དྲག་པོས་ཟིར་བ་རྣམས་ལ་བྱིན་རླབས་དང་། ཞལ་ཆབ། ཕྱག་མདུད་གནང་བ་ཙམ་གྱིས་སྐད་ཅིག་དེ་ཉིད་ལ་ནད་ལས་གྲོལ་བ་སོགས་ཐུགས་རྗེ་བྱིན་རླབས་བསམ་གྱིས་མི་ཁྱབ་པའི་སྒོ་ནས་འགྲོ་བ་མཐའ་ཡས་པའི་དོན་མཛད་པ་ཡིན་ནོ། །ཡབ་ཡུམ་གཉིས་ཀྱིས་གདུང་སྲེལ་མཛད་དགོས་པའི་ཞུ་ནན་ཆེ་བ་ལ་བརྟེན། སེམས་ཅན་མགུ་བྱ་མ་གཏོགས་པ་རྒྱལ་བ་གཉེས་〈མཉེས་〉པའི་ཐབས་གཞན་མེད་ཞེས་གསུངས་པ་ལྟར་སློ་སྣ་ཁྲིད་ཕྱིར་ཡུལ་ཤའུ་རིང་ནས་སེམས་མ་དྲུང་མཆོག་པ་ཁབ་ཏུ་བཞེས་ཀྱང་འཛིག་རྟེན་གྱི་ཁ་ན་མ་ཐོ་བས་ཟུང་ཟད་ཀྱང་མ་གོས་པའི་ཚུལ་ནི་འདམ་ལས་སྐྱེས་པའི་པད་མ་ལྟ་བུའོ། །

བསྙེན་པར་རྫོགས་པའི་ཚུལ་ནི་པཎ་ཆེན་ཡེ་ཤེས་རྩེ་མོས་མཁན་པོ་མཛད་པའི་དགེ་འདུན་གྲངས་ཚང་གི་དབུས་སུ་བསྙེན་པར་རྫོགས་ཏེ་ཚངས་སྤྱོད་དང་ལྡན་པར་གྱུར་ཏོ། །དེ་ནས་གནས་རྙིང་གཟིམ་ཁང་ལྷ་ཐོག་རྩེར་ཆོས་ཀྱི་རྒྱལ་སྲིད་དུ་དབང་བསྐུར། བཀྲ་ཤིས་མངའ་གསོལ་མཛད་དོ། དེ་ནས་རྗེ་འཇམ་དཔལ་སྙིང་པོའི་དངུལ་གདུང་རིན་པོ་ཆེ་དཔངས་སུ་རྒྱ་མཐོ་བཅུ་དྲུག་ཡོད་པ་

རིན་པོ་ཆེའི་རྒྱན་དུ་མས་སྤྲས་པ། སྐྱེ་རྒྱུའི་མིག་གི་བདུད་རྩིར་གྱུར་བ་ལེགས་བསྐྲུན་མཛད། ཐམས་ཅད་མཁྱེན་པ་དགེ་འདུན་རྒྱ་མཚོ་རྗེ་འཇམ་དབྱངས་ཀུན་དགའ་བདེ་ལེགས་ཀྱི་དངུལ་གདུང་མཇལ་བར་གནས་སྙིང་དུ་ཐེབས་སྐབས་སྐུ་གསུང་ཐུགས་ཀྱི་རྟེན་དང་ཟང་ཟིང་གི་འབུལ་བ་མང་པོ་ཕུལ། གསུང་ཆོས་ཕར་ཞུ་ཚུར་ཞུས་མཛད། དེ་ནས་གཟུངས་སྒྲུབ་ཀྱི་གནམ་གང་ཉིན་བཞུགས་ཁྲི་སྟོན་པོའི་ཐོག་རྗེ་ཐམས་ཅད་མཁྱེན་པ་དགེ་འདུན་རྒྱ་མཚོས་གཙོ་མཛད་པའི་ཆོས་སྡེ་གོང་འོག་གི་དགེ་འདུན་སྟོང་ཕྲག་མང་པོ་དང་། གཞན་ཡང་སྐྱེ་བོའི་ཚོགས་གྲངས་ལས་འདས་པ་རྣམས་ལ་གསུང་ཚངས་པའི་དབྱངས་ཀྱིས་ཐེག་པ་ཆེན་པོའི་སེམས་བསྐྱེད་རྩལ་སྐབས་གསུང་ཆོས་དབུ་བརྩམས་པ་ནས་མ་གྲོལ་གྱི་བར་བཞུགས་ཁྲིར་འཇའ་ཚོན་གྱི་གུར་དབྱིབས་མང་པོར་ཁེབས་ཤིང་མེ་ཏོག་གི་ཆར་བབས་པས་ཐམས་ཅད་དད་གུས་ཆེས་ཆེར་རྒྱས་ཏེ་རྗེ་ཉིད་ལ་སངས་རྒྱས་དངོས་ཀྱི་འདུ་ཤེས་སྐྱེས་པ་བྱུང་ངོ་། །དེ་ནས་དཀལ་ཐེབས་〈དཀར་ཐེགས་〉ཆེན་མོ་ལ་ཞིག་གསོས་ཀྱི་གྲབས་གནང་བས་དམངས་ཀྱིས་དེ་མ་ཐག་བཤིག་རལ་བྱུས་ན་ཆོས་སྐྱོང་བཀའ་བཙན་ཞུས་པས། ཆོས་སྐྱོང་གི་ཁག་ང་རང་གིས་འཁྱེར་གསུང་། རྩ་ཤིག་མཛད་ནས་ཐོག་སོ་གཉིས་དང་ཇ་ཁང་། ཏུང་ཁང་། གཞན་ཡང་ཁང་པ་བཞི་ཙམ་ལ་སོགས་པ་ཐམས་ཅད་རྫོགས་པར་སྒྲུབ་པོ། །རྗེ་བདག་ཉིད་ཆེན་པོ་འདིའི་སྐུ་དུས་ལ་སྔོ་སྤུ་གྲོ་ཟམ་གསར་གྱི་དགོན་པ་སྟོང་ཕུག་ནང་ཟེར་བ་དང་། ཡང་སྔོ་ཞག་ཤུལ་དགོན་པ། ཡང་སྔོ་གོ་ཐོག་དགོན་པ། ས་དམར་སྒང་། སྤང་སྤྱིལ་སྒང་རྣམས། ཡང་སྔོ་སེང་ལྷུན་དགོན་པ། དབུ་མ་དགོན་པ། ཤིང་སྟོན་དགོན་ནུ་〈མ་〉བུ་བཅས་ཀྱི་དགོན་མ་ལག་དང་ས་ཚ་དབང་རིགས་དང་བཅས་པ་འབུལ་བཞེས་ཀྱིས་དེབ་ཐེར་གསར་དུ་

འགོད་གནང་མཛད།

དེ་ནས་སྣེ་གདོང་སྡེ་སྲིད་དང་། རིན་སྤུངས་པའི་དབར་དཔོན་བློན་མི་མཐུན་པའི་དབང་གིས་རྒྱལ་རྗེ་ཁུལ་སོགས་གཙང་ཁུལ་འགྲོ་ཀུན་ཁོས་སོ་མི་ཕེབས་པའི་སྡེ་གཟར་ཆེར་ལངས་སྐབས་བདག་ཉིད་ཆེན་པོ་འདི་ཉིད་ཀྱིས་བདག་པས་གཞན་གཅེས་ཀྱི་གོ་ཆ་བསྒོས་ཏེ་ཟང་ཟིང་གི་དངོས་པོའི་གནང་སྦྱིན་རྒྱ་ཆེ་དང་འབྲེལ་ཆོས་སྲིད་གཉིས་ཀྱི་སྒོ་ནས་ཐབས་མཁས་ཐུགས་རྗེའི་ལེགས་སྐྱེལ་ཉེས་འགོག་གི་ཐབས་ཚུལ་ལྷུར་བཞེས་ཀྱིས་སྤྱི་སྒོས་ཡོངས་ལ་བཀའ་དྲིན་ཆེ་བའི་མཛད་འཕྲིན་དང་། གཞན་ཡང་བླ་མ་རྗེ་དཔོན་སོགས་ངང་འདུས་ཀྱི་སེར་སྐྱ་དུ་མ་ཞིག་ལ་ཆོས་ཀྱི་འཁོར་ལོ་རྒྱ་ཆེན་པོ་བསྐོར་བའི་མཛད་པ་རྣམ་ཐར་མང་ན་ཡང་། མདོར་བསྡུས་ཀྱིས་ཞིབ་པ་མ་བྲིས་སོ། །མེ་མོ་བྱི་བའི་ལོ་ལ་དབུས་གཙང་གི་ཕྱོགས་སུ་ཟིང་ཆེན་པོ་ལང་སྟེ་མི་རྣམས་ཕྱིའི་ལུགས་དང་ནང་གི་བྱེད་སྤྱོད་ཐམས་ཅད་འགྱུར་ཏོ། །ལྕགས་ཕོ་སྟག་ལོའི་དབྱར་ཆོས་ལ་ཆག་འགོའི་གྲོས་ཀྱི་སྣང་ཡེ་མེད་པའི་བྱ་བ་ཕྲན་ཚེགས་གཅིག་ལ་གྲྭ་ཚང་གཅིག་ཙམ་མ་གཏོགས། སྡེ་འདིའི་གྲྭ་ཚང་ཐམས་ཅད་འཁྲུག གོ་མཚོན་ཐོག ཁང་པ་མེས་བསྲེགས་ཤིང་བཤུབ་སོགས་པའི་བྱེད་སྤྱོད་ངན་པ་ལག་ལེན་བསྟར་བས་རྗེ་ཉིད་ཀྱིས་གྲྭ་ཚང་སོ་སོའི་སློབ་དཔོན་དང་སྤྱི་ཆོས་སོགས་ལ་གསོལ་ཇ་གནང་སྟེ། འོ་སྐོལ་ཆེ་〈ཚོ〉སྤྱིར་ཆོས་མཛད་པ་ཡིན་པ་དང་། སྒོས་དབྱར་ཞལ་བཞེས་མཛད་པའི་མཁས་བཙུན་ཤ་སྟག་ལགས་པས་བསྟན་པ་སྤྱི་སྒོས་ལ་དགོངས་བཞེས་ཞལ་ཏ་གནང་ཡང་བཀའ་དྲངས་ལེན་ཇི་བཞིན་མ་བྱུང་།

དེ་ནས་རྗེ་ཉིད་ཀྱིས་སྔར་སྡེ་འདིའི་ཆེད་དུ་རང་གི་སྐྱིད་སྡུག་གང་ཡང་སྨོང་བ་ཡིན་ཏེ་ཁོང་རྣམས་ལ་དེས་ཚོག་ན་ང་ལ་ཡང་དེས་ཚོག་གི་གསུངས།

ཐམས་ཅད་ཐུགས་ཀྱིས་ཤེང་བཏང་སྟེ། ཐུགས་དམ་སོགས་ཡའང་གཡེལ་པོ་རང་མཛད་པས་ཐུགས་ཚ་བས་མི་འགས། ཕྱིར་ནད་མཆོན་མྱུ་གེའི་བསྐལ་པ་དང་། དུས་ཤིན་ཏུ་སྙིགས་མའི་རང་མདངས་ཀྱིས་ད་ལོ་རང་རེ་སྐུ་ཆག་ཤིན་ཏུ་ཆེ་བས་ཐུགས་དམ་སྐུ་རིམ་མཛད་དགོས་ཞེས་གསོལ་བ་བཏབ་ཀྱང་། ང་ལ་རེ་ཞིག་སྡེ་འདིའི་བྱ་བ་བྱེད་ལོང་མི་འདུག་ཅེས་གསུང་ནས་ལྷ་མཆོད་ཆེན་མོའི་དུས་མཆོད་དང་། ཧོར་ཟླ་བཅུ་གཉིས་པའི་དུས་མཆོད་ཆེན་མོར་གྲགས་པའང་གཟབ་པ་མ་མཛད་པར་སྟོང་བའི་ཚུལ་བསྟན་པར་བླ་མ་ཆོས་ཀྱི་སྐུ་ལ་འདས་གྲོང་མི་མངའ་ཡང་གདུལ་བྱ་སྨིན་གྲོལ་ལ་བཀོད་ཕྱིར་ངོ་མཚར་བའི་ལྟས་དུ་མ་དང་བཅས་ཏེ་གཟུགས་སྐུ་ཆོས་དབྱིངས་སུ་ཐིམ་པའི་ཚུལ་བསྟན་ཏོ། །

མཁན་པོ་ཆོས་ཀྱི་རྡོ་རྗེ་རིན་ཆེན་ནི་འབྲུངས་ནས་ཟླ་བ་དྲུག་ཙམ་ན་རྗེ་འཇམ་དཔལ་སྙིང་པོའི་གསོལ་བྱ་བ་ཆོས་འཕེལ་བྱ་བས་གསོལ་ཇ་འབུལ་དུ་ཡོང་དུས་ངོ་མཁྱེན་ནས་བཞངས་〈བཞད་〉པས་སྐུ་ཚེ་སྔ་མའི་གསོལ་བྱ་བ་ཡིན་པར་མཁྱེན་ནས་རྗེ་འདི་ཉིད་སྐུའི་སྐྱེ་བ་ཡིན་པར་ཐེ་ཚོམ་མ་བྱུང་། སྨྲ་མཁྱེན་པ་ཙམ་ན་ཡུམ་ལ་ལྷན་སྐྱེས་ན་ངའི་དྲིལ་བུ་དང་། ཐང་སྐུ་ཡོད་གསུང་པ་དང་། གུང་〈དགུང་〉ལོ་བདུན་བཞེས་ནས་གནས་སྙིང་དུ་ཕེབས་དུས་གཅེན་མཁན་ཆེན་རིན་ཆེན་རྡོ་རྗེས་བསུ་བ་སེར་སྦྲེང་སོགས་ཀྱིས་གདན་ཞུས་སྐབས་ཡ་གི་ལྷན་སྐྱེས་ཡིན་གསུང་། ལྷན་སྐྱེས་སུ་ཕེབས་ཙ་ན་འདི་གཟིམ་ཆུང་ཡིན། འདི་ན་མགོན་ཁང་ཡོད། ནུབ་ཏུ་ཕེབས་པ་དང་འོ་འདི་མགོན་ཁང་གི་སྒོ་ཡིན་ཞེས་གསུངས་ཏེ་ཐུགས་དགྱེས་པའི་གསུང་འཕྲོས་དང་། དེ་ནས་གནས་སྙིང་ནང་དུ་ཟང་ཟིང་མང་དུ་བྱུང་བ་ཡང་རྗེ་འདི་ཉིད་ཕེབས་ནས་མི་མཐུན་པ་རྣམས་ཉེ་བར་ཞི་ཞིང་

འགྲིག་པས་གདུང་རྒྱུད་འདིའི་ཐུགས་རྗེ་བཀའ་དྲིན་ཡིན་ཞེས་ཐུན་མོང་མ་ཡིན་པར་གླེང་། དགུང་ལོ་བཅུ་གཉིས་བཞེས་དུས་གནས་སྙིང་དུ་ཐེབས་སྐབས་འོ་ཅག་གི་མགོན་པོ་འདི་རང་གཟི་བརྗིད་ཆེ་གསུང་། མགོན་པོའི་སྐུའི་སྣང་བ་བསྟན་པར་གནང་ཡང་། ཇི་འདྲ་ཞིག་གདའ་ཞུ་དུས་དེ་འདྲ་ཅིག་འདུག་གསུང་བ་མ་གཏོགས་གསུང་མ་ཉན། དེ་ནས་རིང་པོར་མ་ལོན་པར་རང་གི་གཅེན་མཁན་ཆེན་རིན་ཆེན་རྡོ་རྗེ་རྒྱལ་མཚན་དཔལ་བཟང་པོས་མཁན་པོ་མཛད་དེ་རབ་ཏུ་བྱུང་བར་མཛད་ལུགས། དེ་མིན་མཛད་པ་རྣམ་ཐར་ཞིབ་ཆ་མ་མཆིས་པ་བཅས་བླ་མ་འདི་ཉིད་ནས་རྣམ་ཐར་རིན་ཆེན་གཏེར་མཛོད་ནང་གསལ་གནས་སྙིང་དུ་བླ་མའི་བྱོན་རིམ་གྱི་ལོ་རྒྱུས་རྫོགས་སོ། །

དེའི་གཤམ་དུ་སྐབས་དེར་བོད་ཁྲི་སྐོར་བཅུ་གསུམ་དབྱེ་བའི་ལམ་ལུགས་ལ་བརྟེན་ཁྲི་སྐོར་གྱི་སྟོང་དཔོན་ཕྱུག་ཞང་དང་། སྟོང་དཔོན་རིན་ཚུལ། སྟོང་དཔོན་མཆོག་གི་རིན་ཆེན་ཟེར་བ་ལ་སོགས་པའི་སྟོང་དཔོན་རིམ་བྱུང་ཞིག་གིས་ཀྱང་གནས་སྙིང་གི་གཙུག་ལག་ཁང་རྟེན་དང་བརྟེན་པར་ཉམས་གསོ་དང་། གསར་བཞེངས། ལྟུགས་རི་རྒྱ་སྐྱེད། གཞན་ཡང་ལྷ་མིའི་སྲི་ཞུ་མང་དག་ཞིག་ཞུས་པའི་ལོ་རྒྱུས་སྣང་ཡང་ཞིབ་ཏུ་མ་བྲིས་པ་བཅས་མདོར་ན་ལོ་རྒྱུས་ཡི་གེར་འཁོད་པའི་སྐྱོགས་གནས་སྙིང་གི་ཆགས་རབས་ཆེ་རགས་ཙོང་གསལ་དེ་ཙམ་ལས་ཕྲ་ཞིབ་མི་སྣང་ཡང་། མཁན་ཐོག་རིམ་པར་རྒྱུན་ཆགས་སུ་བྱུག་ལེན་ཡོང་མུས་དང་། མཐོང་བ་བརྒྱུད་པའི་ངག་རྒྱུན་ལྟར་ན་ད་སྔ་སོར་གནས་སྙིང་འདི་ལ་སེ་རག་གྲྭ་ཚང་། སྐྱིད་ཚལ་གྲྭ་ཚང་། ཟུར་ཁང་གྲྭ་ཚང་། མཆོད་ཁང་གྲྭ་ཚང་། ནག་པོ་ཤར་གྲྭ་ཚང་བཅས་གྲྭ་ཚང་ལྔ་ཡོད་ལ་དེ་དག་གི་ཆོས་ལུགས་ཀྱང་གཞི་རྩའི་ཐོག་ཚོང་ཁ་པའི་དུས་ནས་དགེ་ལྡན་རིང་ལུགས་གཅིག་གྱུར་ཡིན་ཅིང་།

དགོན་གྱི་ཆོས་སྲུང་ནི་གཙོ་བོ་མགོན་པོ་ཕྱག་དྲུག་དང་། མགོན་པོ་སྟག་བཞོན་ལྷམ་དྲལ། དཔལ་ལྡན་ལྷ་མོ། ཚངས་པ་དྲག་པོ། ཆོས་བདག་ཧ་སྒོ་མཆེད་བདུན་རྣམ་གསུམ། གཉེར་གཏད་ཀླུ་ཏ་པ་ལ་བཅས་ཡིན། །

ཆོས་ལུགས་ཀྱི་བྱེད་སྒོའི་ཐད་པོད་ཟླ་དང་པོའི་ནང་ལོ་རེས་མོས་ཀྱིས་གཏུགས་དཀར་བཟློག་ཆེན་དང་། སྒྲོལ་མ་གཡུལ་མདོས། ཟླ་བ་གཉིས་པའི་ནང་འབུམ་སྒྲོག་བདུན་གཅིག་དང་། རྟ་མགྲིན་གྱི་དབང་ཆེན་བདུན་ཕྲག་གཅིག ཚེ་དཔག་མེད་ལྷ་དགུའི་དཀྱིལ་འཁོར་སྒྲུབ་མཆོད་བདུན་ཕྲག་གཅིག ཟླ་བ་གསུམ་པར་སྨྱུང་རས་གཟིགས་དོན་ཡོད་ཞགས་པའི་ཆོ་ག་བདུན་ཕྲག་གཅིག ཟླ་བཞི་པའི་ཚེས་ལྔ་ནས་སྨྱུང་རས་གཟིགས་དོན་ཡོད་ཞགས་པ་དང་། གསང་འདུས། འཇིགས་བྱེད། ཚེ་དཔག་མེད་ལྷ་དགུ ཁྱད་པར་མདའ་ཆར་ནས་བརྒྱུད་པའི་རྟ་མགྲིན་ཡང་གསང་གི་གཟུངས་སྒྲུབ། ཚེས་བཅོ་ལྔ་ཉིན་རྟ་མགྲིན་དྲག་པོ་གཙོ་བོར་གྱུར་པའི་ཁྲོ་བོ་བཞི་དང་སྒོ་མ་བཞི་བཅས་ཀྱི་གར་འཆམ། ཚེས་བཅུ་དྲུག་ཉིན་རྟ་མགྲིན་ཞི་བའི་གར་འཆམ། ཚེས་བཅུ་བདུན་ཉིན་རྟ་མགྲིན་གྱི་ལིང་ཀའི་བསྒྲལ་ཆོག་གར་འཆམ། ཚེས་བཅོ་བརྒྱད་ན་རྟ་མགྲིན་གྱི་མདོས་གཏོར་གར་འཆམ་བཅས་ཉིན་བཞིའི་རིང་གནས་སྙིང་གཟུངས་སྒྲུབ་ཀྱི་འཆམ་ཞེས་པ་རྒྱུག་གི་ཡོད་པ་དང་། ཟླ་བ་བཞི་པའི་ཚེས་ཉེར་གཉིས་ནས་ཉིན་ལྔའི་རིང་རྟ་མགྲིན་གྱི་ཆོ་ག་དང་། གཏང་རག རྒྱུན་གཏན་ཡར་ངོ་མར་ངོའི་གསོ་སྦྱོང་། ཟླ་བ་དྲུག་པའི་ཚེས་བཅོ་ལྔ་ནས་ཟླ་བ་བདུན་པའི་ཚེས་སུམ་ཅུ་བར་དབྱར་ཞལ་ཞེས〈བཞེས〉ཟླ་ཕྱེད་གཉིས་རིང་རྒྱུན་ཚོགས་འགག་དབྱེ་བཅས། ཟླ་དགུ་པའི་ཚེས་དགུ་ནས་ཚེས་བཅོ་ལྔ་བར་འཇིགས་བྱེད་ཀྱི་སྒྲུབ་མཆོད་བདུན་ཕྲག་གཅིག ཟླ་བ་བཅུ་པའི་ཚེས་བཅོ་ལྔ་ནས་ལྷ་མཆོད་ཀྱི་ཆོ་ག

བདུན་ཕྲག་གཅིག་དང་། ལྷ་མཆོད་ཀྱི་དུས་ཆེན། ཟླ་བ་བཅུ་གཅིག་པའི་ཚེས་ཉེར་བདུན་ཉིན་གནས་སྙིང་མཁའ་འགྲོ་ཀུན་དགའ་བདེ་ལེགས་ཀྱི་སྐུ་མཆོད། ཟླ་བཅུ་གཉིས་ནང་ཚེ་དཔག་མེད་ལྷ་དགུའི་སྒྲུབ་མཆོད་དང་། དགུ་གཏོར་ཉིན་འདུ་ཁང་ནང་དུ་ཆོས་རྒྱལ་ཡབ་ཡུམ་གྱི་གར་འཆམ་བཅས་རྒྱུན་འཛུགས་སུ་ཕྱག་ལེན་ཡོད།

སྐུ་གསུང་ཐུགས་རྟེན་ཐད། དེ་སྔ་གཙང་ཁང་གི་རྟེན་གཙོ་འཇམ་དཔལ་གསང་བས་བཞེངས་གནང་མཛད་པའི་སྐུ་རྒྱ་ཨ་ག་ལས་གྲུབ་པའི་ཐུབ་དབང་ཐོག་ཚད་མ་མཆོག་ཟུང་ཉིད་དང་འདུ་ཁང་གི་རྟེན་གཙོར་གསེར་ཟངས་ལས་གྲུབ་པའི་རྒྱ་གར་རྡོ་རྗེ་གདན་གྱི་ཐུབ་པའི་དབང་པོ་དངོས་དང་གཉིས་སུ་མེད་པའི་ཐུབ་བང་〈དབང་〉བཀྲ་ཤིས་འོད་འབར། ཧ་མིང་གོང་མས་སྩལ་བའི་ཕྲིས་ཐང་ཐུབ་དབང་ཆབ་སེལ་མ། མགོན་ཁང་ནང་གྲུབ་ཐོབ་མདའ་ཆར་གྱི་ཕྱག་བཟོའི་ཧ་མགྲིན་དང་། མགོན་པོ་ཕྱག་དྲུག་སོགས་དང་། རྒྱ་འཇམ་དཔལ་གསང་བའི་སྲས་དང་བུ་སློབ་ཀྱིས་བཞེངས་པའི་ནང་རྟེན་དུ་འདུ་ཁང་ནང་སྤྱན་རས་གཟིགས་ཀྱི་སྐུ་ལི་མ་དང་། ཕྱི་རྟེན་དུ་གནས་སྙིང་ལྷ་ཁང་ནང་དུ་རྒྱ་འཇམ་དཔལ་གསང་བའི་སྐུ་གདུང་རིལ་བུ་དང་། ཆོས་རྒྱལ་ཁྲི་རལ་གྱི་འཇའ་ས་གཟྲུངས་ཞུགས་སུ་ཡོད་པའི་མཆོད་རྟེན་བཀྲ་ཤིས་སྒོ་མང་། འདུ་ཁང་ནང་གི་ཤར་ཕྱོགས་ལྗིབས་རིས་ལ་རྗེ་བཙུན་སྒྲོལ་དཀར་གྱི་སྣང་བརྙན། རྒྱལ་བ་དགེ་འདུན་གྲུབ་ལ་བཀྲ་ཤིས་ལྷུན་པོ་ཕྱག་འདེབས་པར་མཛད་རྒྱུའི་ལུང་བསྟན་གསུང་བྱོན་མར་གྲགས་པའི་ཕྲིས་རྙིང་མཚར་སྡུག་ལྡན་པ། གཞིག་གསོའི་སྐབས་ཉམས་ཆག་མེད་པར་ད་ལྟའང་འཇལ་རྒྱུ་ཡོད་པ་དང་། སྔར་བླ་བྲང་ཡིན་པའི་དབུ་རྩེ་གཙུག་ལག་ཁང་ཞེས་པ་དེང་སང་ཡོད་ཤུལ་ནང་དེ་སྔ་གསེར་

ཟངས་ལས་གྲུབ་པའི་སྨན་སྣ་བདེ་གཤེགས་བརྒྱད་སོགས། གསུང་རྟེན་བཀའ་བསྒྱུར་སོགས་སྣ་ཚོགས་ཐོག་ཚད་མར་ཡོད་པའི་ཁོངས་རྗེ་ཙོང་ཁ་པ་ཆེན་པོས་ཞུགས་ལུང་གནང་སྩོལ་བའི་འབུམ་ཆ་ཚང་། དབུ་རྩེ་འདུ་ཁང་གི་སྒོ་མཆོར་གྱི་བྱང་ངོས་ལྷེབས་རིས་ལ་བོད་དུ་རྗེ་ཙོང་ཁ་པའི་འདྲ་སྐུའི་ཐོག་མར་གྲགས་པ་མི་ཚད་ལྷག་ཙམ་རྗེ་རང་ཉིད་ཀྱིས་རབ་གནས་གནང་ལུགས་དང་། ཕྱག་ནས་གཏོར་གནང་སྐབས་ཞལ་རས་ལ་སྨྲུམ་ཚགས་ཆགས་ལུགས། ཞལ་མཆུའི་ཕྱོགས་ལའང་ཕྱག་ནས་ཀྱི་འབྲུ་རྫོག་གཅིག་སྦྲུར་ཡོད་པ་དེ་རྗེ་རིང་པཇ་ཏེ་ཏ་གནས་གཟིགས་སུ་ཕེབས་སྐབས་བསྣམས་པའི་ལོ་རྒྱུས་ལྡན་པ་མ་ཟད། དངུལ་ཆུའི་རྣམ་ཐར་ནའང་གསལ་ཡོད་ཚོད་ལྟར་འདྲ་སྐུ་རིན་པོ་ཆེ་ད་ལྟ་དངོས་སུ་མཇལ་རྒྱུ་ཡོད་པ་བཅས་ཡི་གེར་འཁོད་པའིདཔྱད་གཞི་གོང་གསལ་ཐོག་དགོན་སྡེའི་གྲྭ་སློབ་བགྲེས་སོང་ད་ཡོད་ཀྱི་ངག་རྒྱུན་གསུང་སྒྲོལ་དང་དགོན་གྱི་གནའ་རབས་ཀྱི་ཆགས་ཤུལ། ལོ་རྒྱུས་དངོས་དཔང་འགའ་ཞིག་བཅས་ལ་བརྟག་ཅིང་དཔྱད་ནས་དགོན་གནས་འདི་ལ་མཁན་པོ་འཇམ་དབྱངས་རིན་ཆེན་རྒྱལ་མཚན་གྱི་སྐུ་དུས་ཙམ་ལ་དགེ་འདུན་ཁྲི་ཕྲག་གི་ཞལ་གྲངས་ལོང་པའི་གྲྭ་ཚོགས་ཆེ་ཞིང་། བཤད་སྒྲུབ་ཀྱི་ཕྱག་ལེན་རྣམ་པར་དག་པའི་རྗེ་ཙོང་ཁ་པ་ཆེན་པོ་ཡང་ཕྱི་རྗེས་སུ་དགོན་འདིར་ཞབས་ཀྱིས་བཅག་སྟེ་ཕར་ཕྱིན་གྱི་གྲྭ་བསྐོར་མཛད་ལུགས་སོགས་རྗེའི་གསུང་རྣམ་དད་པའི་འཇུག་ངོགས་དང་། ཐུབ་བསྟན་མཛེས་པའི་རྒྱན་གཅིག་སོགས་ལ་གསལ་བ་ལྟར་མཁས་གྲུབ་མང་པོ་འདུ་བའི་གནས། སྐྱེ་འགྲོའི་བསོད་ནམས་ཀྱི་ཞིང་མཆོག་བརྟགས་པར་འོས་པ་ཞིག་ཡིན་པ་མ་ཟད། ད་ལྟ་དེ་ཕྱིའི་འདུ་ཁང་སྟོང་ཤུལ་དབུ་རྩེ་སྙིང་མ་ཞེས་པར་ཁྲི་ཁང་ཞེས་ལོ་རྒྱུས་ཁང་མིང་དུ་ཆགས་ཤིང་མི་རྣམས་ཀྱི་ངག་རྒྱུན་དུ་གནས་པ་འདིའི་

ཐོག་ནས་དོན་དུ་གནས་པའི་གྲགས་པ་གོང་མ་ཆེན་པོའི་སྙན་དུ་འགྲོལ་བར་བརྟེན་སྐབས་དེའི་མཁན་པོ་འཇམ་དབྱངས་རིན་ཆེན་རྒྱལ་མཚན་འཚོ་གཞིས་ཀྱི་སྐབས་སུ་རྒྱ་ནག་ཆོས་ཀྱི་རྒྱལ་པོའི་བཀའ་ལུང་དང་དུ་བླངས་ཏེ་ཆེན་པོ་དངོས་གྲུབ་རིན་ཆེན་རྒྱ་ནག་ཙོང་དོར་གོང་མའི་སྐུའི་དྲུང་དུ་ཆེད་བཏང་ཐོག་གོང་མ་ཆེན་པོས་གནས་སྙིང་མཁན་པོ་རྒྱུད་པར་བཅས་ལ་ས་ཆེན་དབང་བསྒྱུར་གྱི་ཤེལ་གྱི་ཐམ་ཁ་དང་། འཇའ་ས། མངའ་རིས་ཀྱི་གཟིགས་བཟོས་སྩལ་བ་མ་ཟད། མུ་མཐུད་གོང་མ་ཏ་མིང་སྐབས་སྩལ་བའི་ཐུབ་དབང་ཆབ་སིལ་མ་ཞེས་པའི་བྲིས་ཐང་གཡས་གཡོན་ལ་ཏ་མིང་གོང་མས་གནང་བའི་སྨོན་ཚིག་བོད་རྒྱ་ཤན་སྦྱར་གྱི་ཡི་གེ་བཀོད་པ་ད་ལྟའང་གནས་སྙིང་དགོན་པའི་ནང་རྟེན་གྱི་གཙོ་བོར་མཇལ་རྒྱུ་ཡོད་པ་འདི་ཐོག་ནས་སྐབས་དེའི་ལོ་རྒྱུས་ཀྱི་དཔྱད་གཞི་གཞན་མ་སྙིང་ཀྱང་གོང་མ་ཏ་མིང་སྐབས་སུའང་ཆབ་སྲིད་ཀྱི་ཐོག་ནས་འབྲེལ་བ་མཚོན་པ་དང་མཆོད་བཀུར་གཟིགས་སྐྱོང་གི་ཡུལ་ཞིག་ཡིན་པ་གོར་མ་ཆགས།

འོན་ཀྱང་དུས་རབས་བཅོ་བརྒྱད་པའི་ནང་དབུས་གཙང་སྡེ་གཟར་དོན་སྐྱིད་ནང་མི་དབང་ཕོ་ལྷས〈ལྷའི〉བཀའ་དཔྱད་ཐོག་སྟེ་གནས་སྙིང་ཆོས་གཞིས་འཛིན་བདག་ཡར་འབྲོག་བསམ་ལྡིང་དགོན་པར་སྤྲོད་དགོས་བྱུང་ཀྱིན་ལྷ་མིའི་མཆོད་རྒྱུན་ཁམས་ཆགས་ཀྱིས་བཤད་སྒྲུབ་ཀྱི་ཕྱག་ལེན་དང་། དགོན་གྱི་གཙུག་ལག་ཁང་རིམ་འཁོར་སོགས་ཀྱིས་མཐར་དགེ་འདུན་སྟོང་ཕྲག་མན་ཆད་རིམ་ཆགས་སོང་སྟེ་སྟར་སྒྲོལ་མ་སྟོང་ཙམ་དུ་གནས་ཤིང་། བོད་ཤིང་འབྲུག་ལོ་སྟེ་སྤྱི་ལོ་༡༩༠༤ལོར་དབྱིན་ཇི་བཙན་རྒྱལ་རིང་ལུགས་པས་བོད་ལ་བཙན་འཛུལ་བྱེད་སྐབས་གནས་སྙིང་དགོན་པ་གཡུལ་ས་གཙོ་གནད་དུ་འཁེལ་ཏེ་བཙན་འཛུལ་དམག་དཔུང་ཕོན་ཆེ་དགོན་པར་དཔུང་འཇུག་གིས་དགྲ་བོས་

འབར་རྫས་ལ་བརྟེན་ནས་ལྷུགས་རེར་སྤྱི་ཁྲི་བཅུ་ཙམ་ཡོད་པའི་ཁ་ཐོ་བཏོན་ཏེ་ནང་དུ་འཇུལ་ནས་དྲག་པོའི་འཇིགས་སྐུལ་དང་། ཞི་བའི་བླུ་ཁྲིད་བྱས་ཀྱང་གང་ལའང་མ་ལྟོས་པར་རང་གི་མེས་པོའི་རྒྱལ་ཁབ་དང་ཕ་ཡུལ་གྱི་ཞི་བདེ་སྲུང་སྐྱོབ་སྟོན་གཤེགས་དཔའ་བོའི་དགྲ་ཤ་ལེན་རྒྱུར་ཤི་བར་མི་སྐྲག་པར་དགྲ་བོར་དམར་འཛིང་བྱ་རྒྱུའི་དམ་བཅའ་བཀོད་དེ་དགྲ་བོར་དམར་རྫིང་དྲག་པོས་དགྲ་བོའི་དམག་དཔོན་རྫ་ཤ་སབ་ཀྱི་དཔུང་པ་བཅད་ནས་དམར་གསོད་དང་། དགྲ་དམག་ལ་ཤི་རྨས་ཁྲག་གི་ཆུ་རྒྱུན་རྒྱུགས་པའི་ཉེས་ཆད་དྲག་པོ་བཅད་པའི་རྒྱལ་སྲུང་དཔའ་བོའི་མཚན་སྙན་ད་ལྟའང་སྐྱེ་བོའི་ངག་གི་མེ་ལོང་དུ་གསལ་བ་བཞིན། སྐབས་དེར་རང་ཕྱོགས་ཀྱི་དཔུང་དམག་དང་ཤི་གསོན་མཉམ་འཁྱུར། བློ་རྩེ་གཅིག་སྒྲིལ་གཟེངས་སུ་ཐོན་པའི་དགེ་འདུན་པ་གང་མཚམས་ཤི་རྨས་ཀྱི་གནས་ཚུལ་བྱུང་ཡོད་པ་སྨོས་ཅི། དེ་སྐབས་འདུ་ཁང་དེང་དུས་གཙུག་ལག་ཁང་འདི་དག་ལའང་གཏོར་བཤིག་ཚབས་ཆེན་ཐོག་པ་དང་། སྐུ་གསུང་ཐུགས་རྟེན། མཆོད་ཆས། དགེ་འདུན་སྡེར་གྱི་དངོས་ཆས་ཐོར་གྱུར་སོགས་བསྟན་རྒྱུན་ཉམས་ཆགས་ཀྱི་གེགས་བར་ཚབས་ཆེན་བྱུང་བ་ཞིབ་ཏུ་བརྗོད་ཀྱི་མི་ལང་ཀྱང་། དེ་རྗེས་ཧ་ལའི་བླ་མ་སྐུ་ཕྲེང་བཅུ་གསུམ་པའི་སྐུ་དུས་དེ་སྐབས་བོད་ས་གནས་སྲིད་གཞུང་གིས་རྒྱལ་རྩེ། འདུས་བྱུང་། དབང་ལྡན། པ་རྣམ། རྣམ་གླིང་བཅས་རྫོང་གཞིས་ཁག་ལྔའི་མི་དམངས་སྐུལ་ཏེ་དགོན་པའི་རྟེན་གསུམ་གཙུག་ལག་ཁང་བཅས་པར་ཉམས་གསོ་བྱེད་སྐབས་སྔ་མོའི་འདུ་ཁང་རྒྱ་ཁྱོན་ལ་གཙང་ཁང་ཀ་བ་གཉིས་དང་། འདུ་ཁང་ཀ་བ་བཞི་བཅུ་ཞེ་ལྔ་ཡོད་པའི་ཐོག་བརྩེགས་ལྔ་ལྡན་ཡང་གཙང་ཁང་ཀ་བ་གཉིས་དང་འདུ་ཁང་ཀ་བ་སུམ་ཅུ་ཡོད་པའི་ཐོག་བརྩེགས་གསུམ་ལྡན་དུ་ཁྱུ་བསྐྱུ་བྱས་ཏེ་རྟེན་གསུམ་གཙུག་ལག་ཁང་གི་གནས

གཞི་མ་སྟོང་ཙམ་བྱུང་ཡང་། སྔར་གྱི་བསྟན་རྒྱུན་ཕྱག་ལེན་ཆ་ཚང་གྲ་རྒྱས་སུ་གཏོང་མ་ཐུབ།

སྤྱི་ལོ་༡༩༥༩ལོར་དམངས་གཙོའི་བཅོས་བསྒྱུར་སྐབས་ཧང་གིས་ཆོས་དད་རང་མོས་ཀྱི་མཛད་ཕྱོགས་སྲིད་ཇུས་དང་། གནས་སྙིང་དགོན་པའི་གནའ་རབས་ཀྱི་ལོ་རྒྱུས་རིང་ཞིང་སྔ་ཕྱིར་རྒྱལ་གཅེས་བཙན་རྒོལ་གྱི་དར་ཆ་གསལ་བའི་གནས་འབབ་〈བབས་〉བཅས་ལ་〖བརྟེན་ནས་〗། རིག་གནས་སྲུང་སྐྱོབ་ཀྱི་དགོན་པའི་ཐོབ་ཐང་གཞིར་བཟུང་ཆོས་བྱེད་གྲྭ་པའི་འཚོ་རྟེན་ས་ཞིང་དང་། ཁོར་ཡུག་སླ་ཚལ་འོས་འཚམས་བཅས་གནང་སྟེ་རྒྱལ་གཅེས་ཁྲིམས་སྲུང་གི་ཆོས་དད་བྱེད་སྒོ་རང་སོར་འཛོག་གནང་མཛད་དོན་སྐབས་དགེ་འདུན་ཞལ་གྲངས་༣༠སྐོར་ནས་སྔར་སྲོལ་ཆོས་ཕྱོགས་བྱེད་སྒོའི་ནང་ནས་གནས་སྙིང་གཟུངས་སྒྲུབ་ཀྱི་བྱེད་སྒོ་འགའ་ཞིག་ཁུ་བསྡུ་བྱས་པ་ཐུད། དེ་མིན་གཞི་གསུམ་ཕྱག་ལེན་གཙོ་བོར་བྱས་པའི་ཆོས་ཕྱོགས་ཀྱི་བྱེད་སྒོ་རང་ནུས་གང་ལྟོགས་ཡོངས་སུ་སྤྱོད་པ་བྱུང་ཡང་། རིག་གནས་གསར་བརྗེའི་སྐབས་གཡོན་ཐལ་ལམ་ཕྱོགས་ཀྱི་གེགས་བར་འོག་སྐུ་གསུང་ཐུགས་རྟེན་གཏོར་བཤིག་དང་། གཙུག་ལག་ཁང་གྲྭ་ཤག་བཅས་མང་ཚོགས་སྤྱི་སྒེར་བདག་ཏུ་བཟུང་ཞིང་། གྲྭ་པ་རྣམས་ཆོས་ལུགས་བྱེད་སྒོ་དང་ཁ་བྲལ་ཏེ་ཁྱིམ་སྐྱོང་འཚོ་ཐབས་བྱ་དགོས་བྱུང་བ་བཅས་ཀྱིས་གནས་སྙིང་མིང་གི་ལྷག་མ་ཙམ་དུ་གྱུར་ཡང་། ཧང་གི་སྐབས་བཅུ་གཅིག་པའི་ཚང་འཛོམས་གྲོས་ཚོགས་གསུམ་པའི་མཛད་ཕྱོགས་སྲིད་ཇུས་མི་རིགས་སྲིད་ཇུས་སྤྱི་དང་། ཆོས་དད་རང་མོས་ཀྱི་སྲིད་ཇུས་སླར་གསོ་དོན་འཁྱོལ་བཀའ་དྲིན་ཆེ་འོག་གནས་སྙིང་དགོན་པའི་ཆོས་ལུགས་བྱེད་སྒོ་སླར་གསོ་ཡོང་ཆེད་

མི་དམངས་སྲིད་གཞུང་གིས་དངུལ་སྒོར་ཁྲི་༡༡འདོན་སྤྲོད་གནང་བ་མ་ཟད། དེ་སྔོན་སྤྱི་སྐོར་གཞུང་ལེན་བྱས་པའི་འདུ་ཁང་དང་གཙང་ཁང་ཕྱིར་སློག་དང་དགོན་པའི་ཆོས་སྤྱོད་བྱེད་སྒོ་གཙོ་བོ་གནས་རྙིང་གཟུངས་སྒྲུབ་ཚུགས་རྒྱུ། ཆོས་དད་གྲྭ་པ་གསར་འཇུག་བྱེད་རྒྱུ་བཅས་སྒོ་གང་སར་རིམ་པ་ས་སོའི་སྡེ་ཚན་ལས་ཁུངས་ནས་རྒྱབ་སྐྱོར་ཤུགས་ཆེན་ཐོབ་ཐོག དེ་སྔའི་རྟེན་གསུམ་ཕོངས་ནས་ཐུབ་དབང་ཆབ་སེལ་མ་ཙམ་ལས་གཞན་མ་རྙེགས་མེད་དུ་གྱུར་སྐབས་དད་ལྡན་མང་ཚོགས་ཀྱི་རེ་བ་སྐོང་བ་དང་། དགོན་པའི་ཆ་རྐྱེན་ཚང་བའི་ཆེད་དུ་རང་སྐྱོང་ལྗོངས་དང་ཆོས་དོན་ཅུས་ནས་གསེར་ཟངས་དང་། ལི་མ་ལ་སོགས་པའི་སྐུ་རྒྱུ་འདྲ་མིན་སྣ་ཚོགས་ཀྱི་སྐུ་བརྙན་གསོལ་རས་གནང་བ་ཐོབ་སོང་། ད་མཚམས་དགེ་འདུན་ཞལ་གྲངས་ཉི་ཤུ་རྩ་དགུ་བར་གསར་དུ་འཕེལ་རྒྱས་བྱུང་ཐོག རྒྱུན་ཚོགས་དང་། གཞི་གསུམ་ཕྱག་ལེན། སྤར་སྒྲོལ་གཟུངས་སྒྲུབ་ཀྱི་བྱེད་སྒོ་གང་ཅམ་སླར་གསོ་བྱུང་ནས་རྒྱ་ཆེའི་ཆོས་དད་སེར་སྐྱ་མི་དམངས་ཀྱིས་ཧང་གི་སྲིད་ཇུས་ལ་ཡི་རངས་གུས་བཀུར་གྱིས་བསྟགས་བརྗོད་ཞུ་བཞིན་ཡོད་པ་ནི་མིག་སྔའི་སྤྱོད་ཡུལ་དུ་གནས་པ་ལྟར་ང་ཚོས་ད་རེས་དགོན་འདིའི་བྱུང་རབས་དང་། འཕེལ་འགྱིབ། ད་ལྟའི་གནས་ཚུལ་བཅས་ཇི་མ་ཇི་བཞིན་སྙིང་བསྡུས་སུ་བཀོད་པ་འདིའང་གཅིག་ནས་རྒྱལ་གཅེས་ལོ་རྒྱུས་ཀྱི་དོན་སྙིང་ལྡན་པ་དང་། གཉིས་ནས་ཆོས་དད་མང་ཚོགས་ཀྱི་བསམ་པའི་རེ་བ་མཚོན་པ་བཅས་ཀྱི་ཆེད་དུ་དཔྱད་གཞིར་བསྒྲིགས་ཁུལ་བྱས་ཀྱང་དཔྱད་གཞིའི་ཡིག་ཆ་དཀོན་ལ་ཆ་རྒྱུས་ཞིབ་པའི་རྒན་རབས་ཉུང་བ། ང་ཚོའི་རིག་གནས་ཀྱི་ཤེས་བྱ་དམའ་བ་བཅས་ཀྱིས་མ་ལྡེང་བའི་ཆ་ཇེ་སྐྱེད་ཡོང་རྒྱུར་ལོ་རྒྱུས་ཀྱི་ཐུགས

མངའ་ལྷན་ཞིང་རྣམ་དཔྱོད་བློ་གྲོས་ཀྱི་འཇུག་པ་ལྡན་པ་རྣམས་ཀྱིས་ལེགས་སྤེལ་ཉེས་ཞིའི་སློབ་སྟོན་དང་ཁ་སྐོང་དཔྱད་གཞི་ལྷུག་འདོན་གནང་རྒྱུའི་རེ་བའང་ཞུ་རྒྱུ་ཡིན། །

གཞིས་རྩེ་ས་གནས་སྲིད་གྲོས་ཀྱི་རིག་གནས་ལོ་རྒྱུས་དཔྱད་གཞིའི་རྒྱུ་ཆ་ཞིབ་འཇུག་རྩོམ་སྒྲིག་ཚོགས་ཆུང་གིས་སྤྱི་ལོ་༡༩༨༩ ལོའི་ཟླ་ཆེས་ལ་བསྒྲིགས། །

གནས་རྙིང་བ་ཆོས་རྩེ་རྣམ་རྒྱལ་ཕུན་ཚོགས་ཀྱིས་སྤྱི་ལོ་༢༠༠༠ ལོའི་ཟླ་བ་དང་པོར་སྐྱར་པར་ཞུས།

《ཀཿཐོག་སི་ཏུའི་དབུས་གཙང་གནས་ཡིག》ནང་གསལ་བའི་གནས་སྐོར་དགོན་པའི་གནས་ཡིག་ཐུང་ཏུ།

གནས་སྐོར་དྲི་གཙང་ཁང་དུ། འཇམ་དབྱངས་རིན་ཆེན་རྒྱལ་མཚན་གྱིས་བཞེངས་པའི་ཐུབ་ཆེན་ཐོག་གཉིས་ཟངས་གསེར། ཀུན་དགའ་ལེགས་ཀྱི་ཡུམ་གྱི་དགོངས་རྫོགས་ཐུབ་དབང་དང་། གཡོན་དུ་འབྲི་ཆེན་ཤེས་རབ་འབར་གྱི་ནང་རྟེན་ཐུབ་དབང་ཟངས་གསེར་ཐོག་སོ་དང་། སངས་རྒྱས་ལི་མ་མི་ཚད་ཙམ་བདུན། མཆོད་རྟེན་ཕྱི་ལིང་དམག་གིས་བཞེངས་པ་དང་། ཕྱི་རོལ་ལྷ་ཁང་ཀ་བ་ཞི་ལྔ་ནང་། གོས་སྐུ་ཆེན་མོ་གསུམ། ར་ལོའི་ཐུགས་དམ་འཇམ་དབྱངས་ལི་མ་དང་། རྗེ་དགེ་འདུན་གྲུབ་པར་ཞལ་གཟིགས་སྒྲོལ་དཀར་ངོས་བྲིས་གར་གཟིགས་མ་མི་ཚད་ཚུགས་ལེགས། ཆོས་བརྩེགས་པོད་ལྔ་བརྒྱ་ཙམ་འཕོར་བ། འདིར་སློབ་དཔོན་པདྨའི་དངོས་སློབ་ སྔགས་འཆང་རྒྱ་འཇམ་དཔལ་གསང་བའི་གདུང་རབས་བཞི་བཅུ། དེ་ནས་གནས་སྐོར་མཁན་རབས་བཞི་བཅུ་བཅས་བརྒྱད་ཅུ་བྱོན་པ་ཡིན། གནས་སྐོར་འཇམ་དཔལ་གསང་བའི་མགོན་ཁང་གི་སྦུག་ས་གདུང་འཛིག་རན་ལ་ཁད་པའི་ནང་དུ་མཁན་ཆེན་ཛྙ་ཧྲི་ས་ཏྲའི་གདུང་། ཕྱི་ཁྲམས་སྦུག་དེ་ཉང་རང་རྩེས་ཀྱི་དུས་གསུམ་སངས་རྒྱས་ཀྱི་སྐུ་ཐོག་སོ་ཅན་གཅིག་འཛམ། དེའི་ཉེ་སྲུས་བརྒྱད་ནང་དུ་ཡོད། སྔགས་འཆང་འཇམ་དཔལ་གསང་བ་དགུང་ལོ་བརྒྱད་ཅུ་རྒྱ་བརྒྱད་བཞུགས་པའི་སྐུ་སྔགས

རྒན་རྡོ་རྗེ་དང་ཛམྦྷ་འཛིན་པ། དབུས་སུ་གྲུབ་ཐོབ་འདར་ཕྱང་ཕྱག་བཟོས་པདྨ་དབང་ཆེན་ཡང་གསང་ཁྲོས་པ་ལྷུམ་མེ་ར་བ། འཁོར་རྣམས་བཅས། རི་ནག་དཔོན་པོའི་སྲས་ཀུན་མཁྱེན་བློ་གྲོས་འཕེལ། གཡོན་སྒྲུག་ཏུ་མཁས་གྲུབ་ཁྱུང་པོའི་དངོས་སློབ་ལ་སྟོད་དཀོན་མཆོག་མཁར་གྱིས་བཞེངས་པ་མགོན་པོ་ཕྱག་དྲུག་པ་དང་། མི་ཏྲི་པའི་ཞངས་མཚལ་གྱིས་བྲིས་མགོན་པོ་ཕྱག་དྲུག་འཕུར་ཐང་། སྟག་ཞོན་བཅས། སེ་ར་གྲྭ་ཚང་དུ་ཕྱག་དྲུག་པ་བྱིན་ཅན་དང་། རྗེ་ཡབ་སྲས་སོགས། དུས་འཁྲུགས་ལ་རྟགས་བསྟན་པའི་མཆོད་རྟེན་ནོར་བུ་བསམ་འཕེལ་རྡོ་སྐུའི་ར་བ་བཅས།

སྐྱིད་ཚལ་གྲྭ་ཚང་དུ། བྱང་སེམས་ཟླ་བ་རྒྱལ་མཚན་གྱི་ཐུགས་དམ་གསོ་སྐྱོང་རྟེན་ཐུབ་དབང་རིན་པོ་ཆེ་དང་། སྨན་རས་གཟིགས་ལི་མ། ཕྱི་གླིང་དམག་འཁྲུགས་ཀྱིས་གཏོར་བ་སྐུ་ལི་མ་ཆེ་ཆུང་ཉིས་བརྒྱ་ལྷག བཀའ་གདམས་གདུང་རྟེན་ཉིས་བརྒྱ་ཙམ་བཅས། དབུ་རྩེའི་གཙང་ཁང་དེར་ཆོས་རྗེ་ས་པཎ་གྱི་ཐུགས་བསྐྱེད་གསུངས་པའི་ཆོས་ཁྲི་དང་། འབྲི་ཆེན་ཤེས་རབ་འབར་དང་། ཆོས་རིན་པའི་བཞུགས་ཁྲིའི་ཤུལ། དབུས་སུ་རྟེན་གཙོ་ལ་ཁྱད་འཕགས་ནང་། ཐུབ་སྐུ་ཡོལ་སྐུ་མཆེད་གསུམ་གྱིས་བཞེངས་པ་འདོད་སྐུ་ལི་མ་ཐོག་ཕྱེད་གཉིས་ཁྱད་འཕགས་དང་། འཇམ་དབྱངས་རིན་ཆེན་རྒྱལ་མཚན་དགོངས་རྫོགས་དངུལ་སྐུ་རྡོ་རྗེ་འཆང་མི་ཚད་གསེར་དུ་ཉམས་གསོས་བྱས་པ། འཇམ་དབྱངས་རིན་ཆེན་རྒྱལ་མཚན་དམར་གདུང་། ཀུན་དགའ་བདེ་ལེགས་དངུལ་གདུང་། ཕྱག་རྡོར་གཏེར་མ། རྒྱ་འཇམ་དཔལ་གསང་བའི་ཐུགས་དམ་སྨན་རས་གཟིགས། ཐང་རྒྱལ་ཕྱག་བཟོ་རྣམ་ཐར་ནས་བྱུང་བའི་ཚེ་དཔག་མེད། ཕྱི་ཁྱམས་སུ་འབུམ་ཆ་བདུན་རྩ་ཐོར། ཐུབ་སྐུ་བལ་བྲིས་ཐང་ཀ་ཆེ་བཅས་ཡོད།

ཛེ་རིན་པོ་ཆེས་ཕར་ཕྱིན་གྲྭ་བསྐོར་མཛད་པའི་བཞུགས་ཁྲི་ཆོས་སྡེ་འདི་ཕྱི་གླིང་དམག་མིས་གཏོར་བས་ཡིད་ཕམ་པ་འདུག དར་མ་རིན་ཆེན་འབྲུངས་ཡུལ་འདི་ནས་སོ། །

དེ་ནས་འོག་དེ་ཙུ་རི་ངོས་ནས་གཡེན་དུ་འཛེགས་ཏེ་སྒྲུབ་ཕུག་སྐས་གཟར་ལ་གཡེན་དུ་ཕྱིན་པས་ད་ལྟ་བཀྲ་ཤིས་ལྷུན་པོའི་མངའ་རིས་དགེ་སློང་ཞིག་གི་སྤྲུལ་སྐུ་བཞུགས་གནས་བྱང་སེམས་ཟླ་བ་རྒྱལ་མཚན་གྱི་སྒྲུབ་ཕུག་ཏུ་འདྲ་ཞལ་དང་། འཕགས་པ་སྤྱན་རས་གཟིགས་མི་ཚད་ཙམ་མ་ཡོང་བ། དགེ་སློང་མ་དཔལ་མོའི་འདྲ་ཞལ། འབུམ་སོགས་དཔེ་ཆ་བཅས། ཕོག་ཁར་བྲག་ཕུག་དང་མགོན་ཁང་། དེའི་རྩེ་རིའི་སྒྲུབ་ཕུག་ཁ་སོགས་སུ་མི་མི་ཐར་བའི་ངོས་གཟར་ལ་སྒྲུབ་ཕུག་ཏུ་བྱང་སེམས་ཟླ་བ་རྒྱལ་མཚན་གྱི་སྐུ་ཆས་ཆོ་ཡོད་པར་གྲགས། ཡང་འོག་ཏུ་ཨ་ཙི་ཚོགས་པའི་ཚོགས་ཁང་ཀ་བ་བཞིར། ཐུབ་སྐུ། ཟླ་བ་རྒྱལ་མཚན། སྤྱན་རས་གཟིགས་སོགས་ཡོད་པ་བཅས། འདི་ནས་མར་མཁས་གྲུབ་དགེ་ལེགས་དཔལ་བཟང་གདན་ས་ལྷུང་ར་ཟེར་བ་གྲོང་པར་སོང་དབུས་ཐུབ་སྐུ་ལི་མ་བྱིན་ཅན་ཡོད་ཟེར།

མཆན། བོད་ལྗོངས་བོད་ཡིག་དཔེ་སྙིང་སྐྲུན་ཁང་ནས་༡༩༨༨ལོའི་ཟླ་བ་དགུ་པར་དཔར་དུ་བསྐྲུན་པའི་《ཀཿཐོག་སི་ཏུའི་དབུས་གཙང་གནས་ཡིག་》གམ་མཚན་བྱང་རྒྱས་པར《སི་ཏུ་པ་ཆོས་ཀྱི་རྒྱ་མཚོའི་གངས་ལྗོངས་དབུས་གཙང་གནས་སྐོར་ལམ་ཡིག་ནོར་བུ་ཟླ་ཤེལ་གྱི་སེ་མོ་དོ་ཞེས་བྱ་བ་བཞུགས་སོ།》ཞེས་བྱ་བའི་ཤོག་གྲངས་༢༨༣ – ༢༨༧བར་གསལ།

གནས་སྙིང་དགོན་པའི་ཇོ་སྲོད་མདོར་བསྡུས།

སྔོ་བཟང་།

ཆོས་འབྱུང་དེབ་ཐེར་ཁག་ནང་གསལ་བ་ལྟར་ན་སྔར་གནས་སྙིང་འདི་ལ་བསེ་རག་གྲྭ་ཚང་དང་། སྐྱིད་ཚལ་གྲྭ་ཚང་། ཟུར་ཁང་གྲྭ་ཚང་། མཆོད་ཁང་གྲྭ་ཚང་། ནག་པོ་ཤར་གྲྭ་ཚང་བཅས་ལྔ་ཡོད་ལ་དེ་དག་གི་ཆོས་ལུགས་ཀྱང་གཞི་རྩའི་ཐོག་རྗེ་ཙོང་ཁང་པའི་སྐྱ་དུས་ནས་དགེ་ལྡན་རིང་ལུགས་གཅིག་འགྱུར་ཡིན་ཞིང་། དགོན་པའི་ཆོས་སྲུང་ནི་གཙོ་བོ་མགོན་པོ་ཕྱག་དྲུག་དང་། མགོན་པོ་སྟག་བཞོན། དཔལ་ལྡན་ལྷ་མོ། རྣམ་ཐོས་སྲས། ལྕམ་སྲིང་། ཚངས་པ་དྲག་པོ། ཆོས་བདག་ཧ་སྒོ་མཆེད་བདུན། གཉེར་གཏད་ཀློ་ཏ་པ་ལ་བཅས་ཡིན།

ཆོས་ལུགས་བྱེད་སྒོའི་ཐད་བོད་ཟླ་དང་པོའི་ནང་ལོ་རེས་མོས་ཀྱིས་གདུགས་དཀར་བཟློག་ཆེན་དང་། སྨོལ་མ་གཡུལ་མདོས། བོད་ཟླ་གཉིས་པའི་ནང་འབུམ་སྒྲོག་བདུན་ཕྲག་གཅིག ཏ་མགྲིན་ཡང་གསང་གི་དབང་ཆོག་བདུན་ཕྲག་གཅིག ཚེ་དཔག་མེད་ལྷ་དགུའི་དཀྱིལ་འཁོར་སྒྲུབ་མཆོད་བདུན་ཕྲག་གཅིག བོད་ཟླ་གསུམ་པའི་ནང་སྨྱུང་རས་གཟིགས་དོན་ཡོད་ཞགས་པའི་ཚོ་ག་བདུན་ཕྲག་གཅིག བོད་ཟླ་བཞི་པའི་ཆོས་ལྔ་ནས་སྨྱུང་རས་གཟིགས་དོན་ཡོད་ཞགས་པ་དང་། གསང་འདུས། འཇིགས་བྱེད། ཚེ་དཔག་མེད་ལྷ་དགུ། ཁྱད་པར་གྲུབ་ཆེན་འདར་འཆར་ནས་བརྒྱུད་པའི་ཏ་མགྲིན་ཡང་གསང་གི་གཟུངས་སྒྲུབ། ཆོས་བཅོ་ལྔ་ཉིན་ཏ་མགྲིན་དྲག་པོ་གཙོ་བོར་གྱུར་པའི་ཁྲོ་བོ་བཞི་དང་སྒོ་མ་བཞི་བཅས་ཀྱི་གར་འཆམ། ཆོས་བཅུ་དྲུག་ཉིན་ཏ་མགྲིན་ཞི་

བའི་གར་འཆམ། ཆོས་བཅུ་བདུན་ཉིན་ཏ་མགྲིན་གྱི་ལིངྒའི་བསྒྲལ་ཆོག་གི་གར་འཆམ། ཆོས་བཅོ་བརྒྱད་ཉིན་ཏ་མགྲིན་གྱི་མདོས་གཏོར་གར་འཆམ་བཅས་ཉིན་བཞིའི་རིང་གནས་སྙིང་གཟུངས་སྒྲུབ་ཀྱི་གར་འཆམ་རྒྱུག་གི་ཡོད། བོད་ཟླ་བཞི་པའི་ཚེས་ཉི་ཤུ་གཉིས་ཉིན་ནས་ཉིན་ལྔའི་རིང་ཏ་མགྲིན་གྱི་ཚོ་ག་དང་གཏང་རག་ཚོ་ག རྒྱུན་ལྡན་ཡར་ངོ་མར་ངོའི་གསོ་སྦྱོང་། བོད་ཟླ་དྲུག་པའི་ཚེས་བཅོ་ལྔ་ནས་བོད་ཟླ་བདུན་པའི་ཚེས་གསུམ་ཙུ་བར་དབྱར་ཞལ་བཞེས་དང་དགག་དབྱེ་མཛད། བོད་ཟླ་དགུ་པའི་ཚེས་དགུ་ནས་ཚེས་བཅོ་ལྔ་བར་འཇིགས་བྱེད་ཀྱི་སྒྲུབ་མཆོད་བདུན་ཕྲག་གཅིག བོད་ཟླ་བཅུ་པའི་ཚེས་བཅོ་ལྔ་ནས་བླ་མཆོད་ཚོ་ག་བདུན་ཕྲག་གཅིག་དང་ལྔ་མཆོད་ཀྱི་དུས་ཆེན། བོད་ཟླ་བཅུ་གཅིག་པའི་ཚེས་ཉི་ཤུ་བདུན་ཉིན་གནས་སྙིང་མཁན་པོ་ཀུན་དགའ་བདེ་ལེགས་ཀྱི་དགོངས་རྫོགས་དུས་ཆེན། བོད་ཟླ་བཅུ་གཉིས་པའི་ནང་ཚེ་དཔག་མེད་ལྷ་དགུའི་སྒྲུབ་མཆོད་དང་། ཆོས་ཉེར་དགུ་ཉིན་ཆོས་རྒྱལ་ཡབ་ཡུམ་གྱི་གར་འཆམ་དང་དགུ་གཏོར་གྱི་གཏོར་རྒྱག་བཅས་རྒྱུན་འཛུགས་སུ་ཡོད།

དགོན་པའི་སྐུ་གསུང་ཐུགས་རྟེན་གྱི་ཐད་དེ་སྔ་གཙང་ཁང་གི་རྟེན་གཙོ་རྒྱ་འཇམ་དཔལ་གསང་བས་བཞེངས་གནང་མཛད་པའི་སྐུ་རྒྱུ་ཨར་ཀ་ལས་གྲུབ་པའི་ཐུབ་དབང་ཐོག་ཚད་མ་མཆོག་ཟུང་གཉིས་དང་། འདུ་ཁང་གི་རྟེན་གཙོར་གསེར་ཟངས་ལས་བསྐྲུན་པའི་རྒྱ་གར་རྡོ་རྗེ་གདན་གྱི་ཐུབ་པའི་དབང་པོ་དང་གཉིས་སུ་མེད་པའི་ཐུབ་དབང་བཀྲ་ཤིས་འོད་འབར། ཏཱ་མིང་གོང་མས་གནང་བའི་བྲིས་ཐང་ཐུབ་དབང་ཆབ་གསལ་མ། མགོན་ཁང་ནང་གྲུབ་ཐོབ་འདར་འཆར་གྱི་ཕྱག་བཟོའི་ཏ་མགྲིན་དང་། མགོན་པོ་ཕྱག་དྲུག་སོགས་དང་། རྒྱ་འཇམ་དཔལ་གསང་བའི་གྲས་དང་བུ་སློབ་ཀྱིས་བཞེངས་པའི་ནང་རྟེན་དུ་འདུ་

ཁང་ནང་སྤྱན་རས་གཟིགས་ཀྱི་སྐུ་ལི་མ་དང་། ཕྱི་རྟེན་དུ་གནས་རྙིང་ལྷ་ཁང་དུ་རྒྱ་འཇམ་དཔལ་གསང་བའི་སྐུ་གདུང་རིལ་བུ་དང་། ཆོས་རྒྱལ་ཁྲི་རལ་གྱིས་འཛའ་ས་གཟུངས་བཞུགས་སུ་ཡོད་པའི་མཆོད་རྟེན་བཀྲ་ཤིས་སྒོ་མང་སོགས་དང་། དབུ་རྩེ་འདུ་ཁང་ནང་གསེར་ཟངས་ལས་གྲུབ་པའི་སྨན་བླ་བདེ་གཤེགས་བརྒྱད། གསུང་རྟེན་བཀའ་འགྱུར་སོགས་སྣ་ཚོགས་ཐོག་ཚད་མར་ཡོད་པའི་ཡོངས་རྗེ་ཙོང་ཁ་པ་ཆེན་པོས་ལྷུགས་ལྕུང་གནང་སྒྲོང་བའི་འབུམ་རྒྱས་འབྲིང་བསྡུས་གསུམ། ལྷོབས་རིམ་ལ་བོད་དུ་རྗེ་ཙོང་ཁ་པའི་འདྲ་སྐུའི་ཐོག་མར་གྲགས་པ་མི་ཚད་ཙམ་རྗེ་རང་ཉིད་ཀྱིས་རབ་གནས་གནང་སྒྲོང་བའི་འདྲ་སྐུ་རིན་པོ་ཆེ་ད་ལྟ་དངོས་སུ་མཇལ་རྒྱུ་ཡོད། མཁན་ཆེན་འཇམ་དབྱངས་རིན་ཆེན་གྱི་སྐུ་དུས་ལ་བཞེངས་པའི་འཕགས་པའི་གནས་བརྟན་བཅུ་དྲུག་དང་། སྤྱན་རས་གཟིགས་ཕྱག་སྟོང་སྤྱན་སྟོང་། རྒྱལ་བ་འོད་དཔག་མེད་བཅས་ཀྱི་གོས་སྐུའི་རྒྱུ་འཁྱེར་རྒྱ་ཧོར་ནས་ཕྱུང་བའི་དར་གོས་དང་མུ་ཏིག་གི་རྒྱན་གྲངས་ལས་འདས་པ་བཏང་ནས་གནས་རྙིང་གོས་སྐུ་ཆེན་མོ་འགྲོ་བའི་བསོད་ནམས་ཀྱི་དཔལ་དུ་བཞེངས་པ་སོགས་དང་དེ་མིན་གྱི་གོས་ཐང་གི་ཐང་སྐོར་གྲངས་ལས་འདས་པ་ཡོད།

དགོན་པའི་འཕེལ་འགྲིབ་ཀྱི་སྐོར་རགས་ཙམ་གླེང་ན།

སྤྱི་ལོ་༡༠༤༨ཙམ་ལ་རིགས་གསུམ་མགོན་པོའི་རྣམ་སྤྲུལ་ཡོལ་སྟོན་སྐུ་མཆེད་གསུམ་ལ་ཇོ་བོ་རྗེ་དཔལ་ལྡན་ཨ་ཏི་ཤས་ལུང་བསྟན་གནང་སྟེ་ཕྱུང་ཕུའི་རྒྱུད་ལ་བཞུགས་ལ་ཡར་རྒྱུགས་ས་པདྨ་འདབ་བརྒྱད། གནམ་འཁོར་ལོ་རྩིབས་བརྒྱད། ལོགས་བཀྲ་ཤིས་རྟགས་བརྒྱད། རྒྱབ་རི་གླང་ཆེན་ཉལ་འདྲ་ཡོད། དེར་རྒྱུགས་ལ་གནས་རྒྱབས། ཕྱིས་བསྟན་པའི་རྒྱུན་ལ་ཕན་གསུངས་པ་ལ་བརྟེན་སྐུ་མཆེད་གསུམ་གྱིས་ཡར་ཕྱིན་ནས་ཡོལ་ཆོས་དབང་གིས་ལུང་བསྟན་གྱི་

ས་ཆ་འདི་ཡིན་པར་འདུག་དགོངས་ནས་གནས་སྙིང་དུ་ཕྱིན། ཇོ་སྲས་ཕུར་པ་འཕེལ་ལ་བསམ་གཏན་བསྒོམ་པའི་ས་ཆ་གཅིག་བསླངས་པས་རི་གདོང་ཡ་གི་ཡོལ་ཙམ་ན་ས་ཕུག་བདོག་པས་དེར་ཞུགས་ཟེར། ས་ཕུག་དེ་ལ་ཨ་མེས་ཡོལ་ཞེས་དེང་སང་གི་བར་དུ་གྲགས་པ་དེ་ཡིན། ཇོ་སྲས་ཕུར་པ་འཕེལ་ལ་སོགས་གནས་སྙིང་པ་རྣམས་ཀྱི་གྲོགས་ལྡན་ཡོལ་ཆེན་པོས་མཛད་ནས་ཇོ་བོ་དྷི་པཾ་ཀ་རས་རབ་གནས་ཞབ་འཚོ་ནས་མཛད་པས་དུས་ཚོས་སྙིང་རབ་གནས་ཀྱི་མེ་ཏོག་གནས་སྙིང་དུ་བབས་སོ། །

ཡོལ་ཆོས་ཀྱི་དབང་ཕྱུག་གིས་ཇོ་སྲས་ཕུར་པ་འཕེལ་ལ་ཁྱོད་ཀྱི་དགོན་པར་ངེད་ཀྱིས་དགེ་འདུན་གྱི་སྡེ་ཞིག་བཙུགས་ན་མི་མཉེས་པ་མི་འབྱུང་ངམ་ཞུས་པས་ཇོ་སྲས་ཞིན་ཏུ་དགྱེས། ངའི་བསམ་པའི་དོན་འགྲུབ་གསུངས་གནས་སྙིང་གི་ས་ཆ་མ་ལག་དགོན་པ་རྟེན་གསུམ་གྱི་ནང་རྟེན་ཡོན་བདག་དང་བཅས་ཡོལ་ཆེན་པོའི་ཕྱག་ཏུ་ཕུལ། ཡོལ་གྱིས་བཀའ་གདམས་པའི་གྲྭ་ས་བཟང་པོ་བཙུགས་ནས་གནས་སྙིང་དགོན་མ་ལག་གི་དགོན་བདག་མཁན་པོ་མཛད་ནས་བཤད་སྒྲུབ་རྣམ་པར་དག་པས་བསྟན་པ་རྒྱས་པར་མཛད། དེ་རྗེས་གནས་སྙིང་མཁན་རྒྱུད་ནང་ནས་མཚན་སྙན་ཆེ་བ་འབྲི་ཆེན་ཤེས་རབ་འབར་དང་། ལ་སྟོད་དཀོན་མཆོག་མཁར་སོགས་མཁས་ཤིང་གྲུབ་པ་ཐོབ་པའི་བླ་མ་རིམ་པར་བྱུང་བའི་ནང་ནས་མཁན་རྒྱུད་ཞི་གཉིས་པ་མཁན་ཆེན་འཇམ་དབྱངས་རིན་ཆེན་རྒྱལ་མཚན་ནི་མཚན་སྙན་རྒྱ་བོད་ཡོངས་ལ་གྲགས་ཆེ་ཞིང་དེའི་དུས་གནས་སྙིང་དུ་དགེ་འདུན་ཁྲི་ཁ་ལོངས་པའི་ཞལ་གྲངས་བྱུང་ཞིང་གྲྭ་ཚོགས་ཆེ་ཞིང་བཤད་སྒྲུབ་ཀྱི་ཕྱག་ལེན་རྒྱུན་རྣམས་པར་དག་པ་ཡོད།

མཁན་པོ་དེ་ཉིད་ཀྱི་སྐུ་དུས་སུ་འཇམ་མགོན་བླ་མ་ཆོས་ཀྱི་རྒྱལ་པོ་ཙོང་ཁ་

པ་ཆེན་པོ་སྐུ་གཞོན་ནུའི་སྐབས་གནས་སྙིང་དུ་ཐེངས་གཉིས་ཙམ་ཞབས་ཀྱིས་བཅགས་ནས་གནས་སྙིང་གཟུངས་སྒྲུབ་ཆེན་མོའི་སྐབས་ཕར་ཕྱིན་གྱི་གྲྭ་སྐོར་མཛད་པ་དང་། དེར་བཞུགས་རིང་གནས་སྙིང་གི་གྲྭ་ཚོགས་དང་། ཕྱུག་ཕྱི་ལ་ཕྱིན་པ་འགའ་ཞིག་གིས་མངོན་པ་ཀུན་བཏུས་གསུངས་བར་ནན་གྱིས་གསོལ་བ་བཏབ་པས། དེ་ཐོང་ཀུན་བཏུས་ལ་ཆེད་དུ་གཏད་ནས་གཟིགས་རྟོགས་མ་མཛད་ཀྱང་དེ་དུས་ཙུང་ཟད་གཟིགས་པས་ཐུགས་ལ་གསལ་བར་ཤར་བ་བཞིན་གསུང་བཤད་མཛད་པས། དེས་ཉན་པ་པོ་ཀུན་གྱི་བློ་འཕེལ་བ་དང་གཞུང་དཔྱོད་པ་ལ་ཤིན་ཏུ་ཕན་པར་གྱུར་ཏོ། །འདི་ནི་རྗེ་རིན་པོ་ཆེས་དགེ་འདུན་མང་པོ་ལ་གཞུང་ཆེན་མོ་གསུངས་པའི་ཐོག་མ་ཡིན་ཞེས། 《རྗེ་ཙོང་ཁ་པ་ཆེན་པོའི་རྣམ་ཐར་ཆེན་མོ》ཞེས་པར་གསལ།

ཁྱད་པར་རྗེ་བདག་ཉིད་ཆེན་པོའི་ཐུགས་སྲས་རྒྱལ་ཚབ་རིན་པོ་ཆེ་འདི་ཉིད་འཁྲུངས་ཡུལ་མྱང་སྟོད་ནས་ཡིན་པ་དང་། སྐུ་ན་ཕྲ་བའི་དུས་སུ་གནས་སྙིང་མཁན་པོ་འཇམ་དབྱངས་རིན་ཆེན་རྒྱལ་མཚན་ལས་རབ་བྱུང་མཛད། མཚན་ལ་དར་མ་རིན་ཆེན་ཞེས་གསོལ། དེ་ནས་གངས་ཅན་པ་ཀུན་དགའ་དཔལ་དང་། དཀའ་བཞི་པ་རིན་ཆེན་རྡོ་རྗེ་དང་། རྗེ་བཙུན་རེད་མདའ་བ་ལ་སོགས་བརྟེན་ནས་བཀའ་བསྟན་བཅོས་ལ་སྦྱངས་པས་ས་སྐྱ་དང་། གསང་ཕུ། རྩེད་ཐང་རྣམས་སུ་དཀའ་བཅུའི་གྲྭ་སྐོར་གནང་སྟེ། ལེགས་པར་སྦྱངས་པའི་མཁས་ཆེན་རྣམས་ཀྱང་ལེགས་བཤད་ཀྱིས་ཐུགས་ཡིད་དབང་མེད་དུ་འཕྲོག་པའི་ལུང་རིགས་སྨྲ་བའི་མཁས་པ་ཆེན་པོར་གྱུར། གནས་སྙིང་དུ་ལན་གྲངས་མང་པོར་ཞབས་པད་འཁོད་དེ་ཟབ་རྒྱས་ཀྱི་ཆོས་ཀྱི་འཁོར་ལོ་རྒྱ་ཆེར་བསྐོར། མདོར་ན་གནས་སྙིང་དུ་དགེ་ལྡན་གདན་སར་མ་ཕེབས་པའི་ཐོང་དང་ཕེབས་

ནས་ཀྱང་ཕྱིན་པ་བཅས་ཆོས་འཁོར་ལན་བཞིར་བསྐོར་ཞིང་། 《རྣམ་འགྲེལ་གྱི་རྣམ་བཤད་ཐར་ལམ་གསལ་བྱེད་》ཅེས་པའི་ལེགས་བཤད་གནས་སྙིང་གཙུག་ལག་ཁང་དུ་ལྷུགས་རྩོམས་གནང་། དེ་ནས་དགུང་ལོ་དྲུག་ཅུ་རེ་བརྒྱད་བཞེས་པ་ལྷུགས་མོ་ཕག་ལོ་ཧོར་ཟླ་བཅུ་པའི་གཟའ་ཚེས་དགེ་བ་ལ། མཁས་གྲུབ་དགེ་ལེགས་དཔལ་བཟང་པོ་ཞེས་མཚན་ཡོངས་སུ་གྲགས་པ་ཉིད་དགེ་ལྡན་གྱི་གདན་སར་རང་གི་རྒྱལ་ཚབ་ཏུ་དབང་བསྐུར་བར་མཛད་དོ། །དགུང་ལོ་རེ་དགུ་བཞེས་པའི་ཚེ་ཞིང་ཁམས་གཞན་གྱི་འགྲོ་དོན་ལ་དགོངས་ནས་ཆུ་ཕོ་བྱི་ལོ་ཧོར་ཟླ་ལྔ་པའི་སྟོན་གྱི་ཟླ་བའི་ཡར་ངོའི་ཚེས་བརྒྱད་ལ་ལྷ་སའི་པོ་ཏ་ལར་མྱ་ངན་ལས་འདའ་བའི་ཚུལ་བསྟན། དེ་ནས་བཟུང་སྐུ་བདུན་ཕྲག་གསུམ་གྱི་བར་དུ་དབུས་གཙང་ཐམས་ཅད་དང་ཁྱད་པར་དགེ་ལྡན་དང་ལྷ་ས། གནས་སྙིང་རྣམས་སུ་གསེར་བཙོ་མའི་མེ་ཏོག་དང་། གཞན་ཡང་ཙམ་པ་ཀ་དང་། པདྨ་ར་ག་ལྷ་བུའི་ཁ་དོག་དང་ལྡན་པའི་ཆར་ཆེན་པོ་བབས་སོ། །

དེ་རྗེས་རབ་བྱུང་བརྒྱད་པའི་བགྲང་བྱ་ཉེར་གསུམ་སྟེ་སྤྱི་ལོ་༡༩༥༨ ལོར་གཙང་ཉང་སྟོད་རིག་པའི་འབྱུང་གནས་ཀྱི་སའི་ཆར་འཁྲུངས་པའི་སེ་ར་རྗེ་བཙུན་ཆོས་ཀྱི་རྒྱལ་མཚན་མཆོག་དགུང་གྲངས་བདུན་གྱི་དུས་སུ་གནས་སྙིང་ཆོས་རྗེ་ཀུན་དགའ་བདེ་ལེགས་ལས་དགེ་བསྙེན་གྱི་སྡོམ་པ་དང་དབང་ལུང་མན་ངག་སོགས་གཞུང་ཀུན་ཐུགས་སུ་ཆུད་པར་མཛད་ནས། དཔལ་གྱི་ཆོས་སྡེ་ཆེན་པོ་བཀྲ་ཤིས་ལྷུན་པོའི་སློབ་གཉེར་མཐར་ཕྱིན་བསྐྱངས་ཏེ་ལྷ་ས་ལྡན་འི་ལུང་བསྟན་བཞིན་སེ་ར་ཐེག་ཆེན་ཆོས་གླིང་དུ་ཕེབས་ཏེ་གཞུང་བཤད་ཁྲིད་ལུང་དབང་བཀུར་གདམས་ངག་མཐའ་ཡས་པ་གསན། དགུ་གྲངས་ཉེར་བདུན་ལ་གཙང་ཕྱོགས་སུ་ཕེབས་ཏེ་གནས་སྙིང་བསེ་རག་གྲྭ་ཚང་དུ་ལོ་གསུམ་རིང་ཆོས་ཀྱི་འཁོར་ལོ་རྒྱ་ཆེར་བསྐོར་ཏེ་

བཤད་སྒྲུབ་འཆད་ཉན་གྱི་རྒྱུན་ཉམས་མེད་ཀྱི་དཔལ་ལ་གནས།

འོན་ཀྱང་ དུས་རབས་བཅོ་བརྒྱད་པའི་ནང་ དབུས་གཙང་སྟེ་གཟར་གྱི་དོན་རྐྱེན་རྗེས་ (སྤྱི་ལོ་༡༧༢༨ལོ་) མི་དབང་ཕོ་ལྷས་བཀའ་བཅས་ཕོག་སྟེ་གནས་སྙིང་ཆོས་གཞིས་འཛིན་བདག་ཡར་འཁྲོག་བསམ་སྡིངས་དགོན་པར་སྤྲོད་དགོས་བྱུང་རྐྱེན་ལྷ་མིའི་མཆོད་རྒྱུན་ཉམས་ཆགས་ཀྱི་གནས་སུ་གྱུར་ཏེ་བཤད་སྒྲུབ་སློབ་གཉེར་གྱི་ཕྱག་ལེན་དང་། དགོན་པའི་གཙུག་ལག་ཁང་རིམ་ཕོར་སོགས་ཀྱིས་མཐར་དགེ་འདུན་སྟོང་ཕྲག་མན་ཆད་རིམ་ཆགས་སོང་སྟེ་གནས་སྙིང་དགོན་པར་ཉམས་ཉེས་ཚབས་ཆེན་བྱུང་ནས་ སྔར་སྲོལ་མ་སྟོང་ཙམ་གྱི་གནས་སུ་གྱུར།

དེ་རྗེས་བོད་ཞིང་འབྲུག་ལོ་སྟེ་སྤྱི་ལོ་༡༩༠༤ལོར་དབྱིན་ཇིའི་དཔུང་དམག་བོད་དུ་ལྷགས་ཏེ་གནས་སྙིང་དགོན་པ་འདི་བཞིན་གཡུལ་སར་གྱུར་ནས་དེ་སྔའི་ཚོགས་ཆེན་འདུ་ཁང་ལ་གནོད་སྐྱོན་ཚབས་ཆེན་ཕོག་པ་སོགས་བསྟན་རྒྱུན་ཉམས་ཆགས་ཀྱི་གེགས་བར་ཚབས་ཆེན་ཕོག་པ་ཞིག་ཏུ་བརྗོད་ཀྱིས་མི་ལངས།

དེ་རྗེས་ རྒྱལ་དབང་སྐུ་ཕྲེང་བཅུ་གསུམ་པའི་སྐུ་དུས་དགོན་པའི་རྟེན་གསུམ་གཙུག་ལག་ཁང་བཅས་པར་ཉམས་བཟོ་མཛད་ནས་སྔ་མོའི་འདུ་ཁང་རྒྱ་ཁྱོན་ལ་གཙང་ཁང་ཀ་བ་གཉིས་དང་འདུ་ཁང་ཀ་བ་བཞི་བཅུ་ཞེ་ལྔ་ཡོད་པའི་ཕོག་བརྩེགས་ལྔ་ལྡན་གྱི་འཆར་བཀོད་ཡོད་ཀྱང་གཙང་ཁང་ ཀ་བ་གཉིས་དང་འདུ་ཁང་ཀ་བ་སུམ་ཅུ་ཡོད་པའི་ཕོག་བརྩེགས་གསུམ་ལྡན་དུ་ཁྱེ་བསྡུ་བྱས་ཏེ་རྟེན་གསུམ་གཙུག་ལག་ཁང་གི་གནས་གཞི་མ་སྟོང་ཙམ་བྱུང་ཡང་། སྔར་གྱི་བསྟན་རྒྱུན་ཕྱག་ལེན་ཆ་ཚང་གྲ་རྒྱུས་སུ་གཏོང་མ་ཐུབ།

༡༩༥༩ལོར་དམངས་གཙོའི་བཅོས་བསྒྱུར་སྐབས་གནས་སྙིང་དགོན་པ་

འདི་བཞིན་རིག་དངོས་སྲུང་སྐྱོབ་ཀྱི་དགོན་པའི་ཐོབ་ཐང་གཞིར་བཟུང་སྟར་སྲོལ་ཆོས་ཕྱོགས་བྱེད་སྒོ་ཁག་མུ་མཐུད་སྤེལ་གྱི་ཡོད་ཀྱང་རིག་གནས་གསར་བརྗེའི་གཡོན་ཐལ་ལམ་ཕྱོགས་ཀྱི་གནོད་བཤིག་འོག་རྒྱལ་ཡོངས་སྤྱི་དང་འདྲ་བར་གནས་སྟེང་དགོན་པའི་སྐུ་གསུང་ཐུགས་རྟེན་དང་ལྷ་ཁང་སོགས་ལ་ཚད་ལས་འདས་པའི་གནོད་སྐྱོན་ཐོག་སྟེ་མིང་གི་ལྷག་མར་གྱུར།

ལོ་རབས་བརྒྱད་ཅུའི་ནང་ཆོས་དད་རང་མོས་ཀྱི་སྲིད་ཇུས་འོག་གནས་སྟེང་དགོན་པའི་ཆོས་ལུགས་ཁག་སྐར་གསོ་ཡོང་ཆེད་རྒྱལ་ཁབ་ནས་སྔ་རྗེས་སུ་མ་དངུལ་བཏང་བ་དང་དད་ལྡན་མང་ཚོགས་རྣམས་ཀྱི་ཞལ་འདེབས་ཕུལ་བ་བཅས་སྤྱི་ལོ་ཆིག་སྟོང་དགུ་བརྒྱ་བརྒྱད་ཅུ་གྱ་གསུམ་ལོར་དེ་སྔའི་སྐུ་ཞབས་བགྲེས་སོང་ཐན་འཇིགས་བྲལ་ལ་སོགས་དགེ་སློང་ཐན་རབས་ཁག་ཅིག་གིས་བསྟན་དོན་ལྷབས་ཆེར་དགོངས་ཏེ་ཐོག་མའི་མ་དགོན་གཙུག་ལག་ཁང་དང་དེ་མིན་ལྷ་ཁང་ཁག་ལ་ཉམས་གསོ་ཞུས་ཏེ་འདུ་ཁང་གི་གཙང་ཁང་དུ་ཐུབ་དབང་གཙོ་འཁོར་དང་། མགོན་ཁང་ནང་རྟ་མགྲིན་ཡང་གསང་དང་མགོན་པོ་སོགས་ཀྱི་སྐུ་བརྙན་ཕྲུག་བཟོ་ཚད་ལྡན་གྱིས་ཉམས་གསོ་ཞུས་ཡོད། དེ་རྗེས་སྐྱབས་རྗེ་རིན་ཆེན་བསྟན་པའི་རྒྱལ་མཚན་མཆོག་བསྟན་འགྲོའི་དོན་ལ་དགོན་འདིར་ཞབས་སོར་འཁོད་དེ་མདོ་སྔགས་ཆོས་ཀྱི་འཁོར་ལོ་རྒྱ་ཆེན་པོ་བསྐོར། སྤྱི་ལོ་ཆིག་སྟོང་དགུ་བརྒྱ་གོ་དགུ་ལོར་དབུ་རྩེ་ལྷ་ཁང་ལ་ཁྱོན་ཡོངས་ནས་ཉམས་གསོ་བྱས། དེའི་རྗེས་གནས་སྟེང་དགོན་གྱི་སྐུ་ཞབས་བློ་བཟང་བྱམས་པ་ལགས་ནས་གཙོས་གྲྭ་མང་རྣམས་ཀྱིས་རྣམ་དཀར་གྱི་ཐུགས་འདུན་བཟང་པོ་བཅངས་ནས་ལྷ་ཁང་ཁག་ལ་རྟེན་བཞེངས་དང་ཉམས་གསོ་ཞུས་པ། ད་ལྟའི་འདུ་ཁང་ཆེན་མོའི་ནང་གཡས་སུ་གསུང་བརྟེན་བཀའ་འགྱུར་དང་། སྐུ་བརྟེན་རྗེ་ཡབ་སྲས་གསུམ།

གཡོན་དུ་གསུང་བརྙེན་བསྟན་འགྱུར་དང་སྐུ་བརྙེན་སློབ་དཔོན་པདྨ་འབྱུང་གནས་ཀྱི་འདྲ་སྐུ་དང་ཉིད་ཀྱི་ཐུགས་སྲས་རྒྱ་འཇམ་དཔལ་གསང་བའི་འདྲ་སྐུ། སྐྱབས་རྗེ་རིན་ཆེན་བསྟན་པའི་རྒྱལ་མཚན་མཆོག་གི་འདྲ་སྐུ་བཅས་བཞེངས། གཙང་ཁང་ནང་དུ་ཐུབ་དབང་གཙོ་འཁོར་གྱི་གཡས་གཡོན་དུ་ཉེ་སྲས་བརྒྱད་དང་། བླ་མ་ལྷ་ཁང་ནང་རྗེ་བཙུན་བྱམས་མགོན་དང་། རིག་གསུམ་མགོན་པོ། རྗེ་ཙོང་ཁ་པའི་སྐུ་བརྒྱད་རུ་ཙམ། ཡབ་སྲས་གསུམ་གྱི་གསུང་འབུམ་སོགས་རྟེན་གང་ཙམ་བཞེངས་ཡོད། གཙུག་ལག་ཁང་གི་ཡང་ཐོག་ཏུ་གསེར་ཟངས་ཀྱི་རྒྱལ་མཚན་རི་དྭགས་ཆོས་འཁོར་དང་བཅས་བཞེངས། རྩེའི་ལྷ་ཁང་ཁག་དང་། བཀའ་འགྱུར་ལྷ་ཁང་། རྟ་མགྲིན་ལྷ་ཁང་བཅས་ལ་ནང་བརྟེན་ཉམས་གསོ་དང་རིག་དངོས་ཁག་ལ་གཞི་རྩའི་སྲུང་སྐྱོབ་མི་ཉུང་བ་ཞུས་ཡོད། དབུ་རྩེ་ལྷ་ཁང་དུ་བརྟེན་གཙོ་གསེར་ཟངས་ལས་གྲུབ་པའི་ཐུབ་དབང་སྟེ་དགུ་རིན་པོ་ཆེ་ཐོག་ཚད་གཉིས་ལྡན་དང་གཡས་གཡོན་དུ་སྤྱན་རས་གཟིགས་དང་། འཇམ་དཔལ་དབྱངས་ཁྲི་རྒྱབ་ཡོལ་གཟྫི་ལ་དང་བཅས་པ། ད་དུང་གསེར་ཟངས་ཀྱི་རྣམ་རྒྱལ་མཆོད་རྟེན་ཐོག་ཚད་མ་དང་། སྐྱབས་རྗེ་རིན་ཆེན་བསྟན་པའི་རྒྱལ་མཚན་མཆོག་གི་དདྟུལ་གདུང་བྱང་ཆུབ་མཆོད་རྟེན། གསེར་ཟངས་ཀྱི་ཇོ་བོ་རིན་པོ་ཆེ་དང་། བྱམས་འཇམ་དབྱངས་མི་ཚད་ཙམ་སོགས་གསར་བཞེངས་དང་ཉམས་གསོ་མི་ཉུང་བ་ཞུས་ཡོད། ལྷག་པར་སྐྱབས་རྗེ་རིན་ཆེན་བསྟན་པའི་རྒྱལ་མཚན་མཆོག་གི་ཐུགས་རྗེའི་དྲིན་གྱིས་ད་ཆ་དགོན་པའི་ཆོས་ཕྱོགས་བྱེད་སྒོ་ཆེ་ག་ཕྱག་ལེན་དང་། སློབ་གཉེར་སོགས་ལ་མི་ཉམས་པའི་རྒྱུན་སྐྱོང་ཁྱུལ་ཙམ་མཆིས་ལ་འབྱུང་གྱུར་བཤད་སྒྲུབ་སློབ་གཉེར་དེ་བས་རྒྱུན་བཟང་ཆ་ཚང་བའི་སྒོ་ནས་འཕེལ་ཞིང་རྒྱས་པའི་ལེགས་སྨོན་ཞུ་རྒྱུ་དང་བཅས་རེ་ཞིག་རྫོགས་སོ། །

གནས་སྙིང་ཀྲེན་ཐོ།

རྩོམ་པ་པོ།	བདེ་ལེགས་ག་པ་དཔོན་པོ་ནམ་མཁའ་སོགས།
དཔེ་སྒྲིག་འགན་འཁུར་བ།	བུ་ཆུང་དབང་འདུས།
དཔེ་སྐྲུན་འགྲེམས་སྤེལ།	བོད་ལྗོངས་བོད་ཡིག་དཔེ་སྙིང་དཔེ་སྐྲུན་ཁང་།
པར་འདེབས་ཚན་པ།	སི་ཁྲོན་འཇའ་ཚོན་པར་འདེབས་འགན་འཁྲི་ཚད་ཡོད་ཀུང་སི།
དེབ་ཚད།	850 × 1168 1/32
པར་ཤོག	12.75
པར་གྲངས།	1,001 – 3,000
པར་གཞི།	2011ལོའི་ཟླ10པར་པར་གཞི་དང་པོ་བསྒྲིགས།
པར་ཐེངས།	2024ལོའི་ཟླ1པོར་པར་ཐེངས་གཉིས་པ་བཏབ།
དཔེ་རྟགས།	ISBN 978 – 7 – 80589 – 172 – 9མི་ཡིག(བོད།)
རིན་གོང་།	31.00